제3판

물권법

특별부록 남북한 물권법의 비교

김 영 규 저

진원사

제3판 머리말

제2판 발간 이후 판시된 최근 판례와 실질적 민법의 개정에 따라 관련 부분을 고쳐 제3판을 발간하였다. 독자 여러분께 감사의 마음을 전한다.

2019. 2. 13. 김 영 규

제2판 머리말

본서의 초판이 발간된 2013년 3월 이후 민법은 2013년 4월 5일 제21차 개정(법률 11728호, 2013년 7월 1일 시행), 2014년 10월 15일 제22차 개정(법률 12777호, 2015년 10월 15일 시행), 2014년 12월 30일 제23차 개정(법률 12881호, 2015년 10월 15일 시행), 2015년 2월 3일 제24차 개정(법률 13125호, 2016년 2월 4일 시행)을 하였다. 특히 2013년 4월 5일 제21차 개정에서는 민법 제253조를 개정하여 유실물의 소유권이 습득자에게 귀속되는 기간을 1년에서 6개월로 단축하였다. 이에 제2판에서는 위의 유실물습득의 공고기간의 단축 등 초판 이후 개정된 민법의 내용을 반영하였고 저당권 등에서 관련 판례를 수정하였으며, 초판에서 미진하였던 오탈자를 바로 잡는 등의 수정을 하였다.

여전히 한파가 계속되고 있는 출판계의 불황 속에서도 제2판의 출판을 쾌히 승낙해 주신 양진수 사장님과 이 책이 출간되도록 수고하신 편집부 여러분들에게 감사드리며, 앞으로 절차탁마(切磋琢磨) 거듭하여 양서(良書)로서 거듭나는 노력을 다할 것을 다짐한다.

2015. 2. 25. 김 영 규

머 리 말

물권은 배타적 지배권으로서 물건에 대한 사람의 직접 지배를 충족시키는 수단이고, 채권은 타인에게 재화나 용역 등의 이행을 청구함으로써 물적 지배라는 목적을 달성하게 하는 간접적인 수단이 된다.

여기서 사람과 물건과의 관계, 즉 물권관계를 규율하는 물권법은 사적 소유와 사유재산권에 기초하는 자유민주주의체제의 재산관계를 형성·규율하는 중요한 제도적 기반이 된다.

물권법 강의를 처음 시작한 때로부터 20여 성상(星霜)이 흘러갔지만 학생들에게 제대로 된 도움을 주고 있는지에 대한 부담감은 여전하고, 과연 교과서를 집필할 만한 역량이 충분한지에 대해서도 자신 있게 고개를 끄덕이지 못한다. 그럼에도 불구하고 그간의 강의내용을 정리하고 다음 몇 가지의 집필 동기를 가지고 이 책을 감히 세상에 내놓게 되었다.

첫째, 학생들의 입장에서, 물권법을 체계적으로 쉽게 이해할 수 있도록 길잡이 역할을 하는 교과서를 집필하고자 노력하였다.

둘째, 학설의 다툼이 심하거나 난해한 내용이라 하더라도 방만하게 다루지 않고 꼭 알아야 하는 핵심내용에 대해서만 통설과 판례 및 유력한 소수설 등을 알아보기 쉽게 정리하였다.

셋째, 학문과 수험 모두에서 반드시 숙지하여야 할 중요 판례들을 2012년도 분까지 빠짐없이 언급하였다. 각 부분마다 관련 판례의 핵심 내용을 주제별로 이해하기 쉽게 정리하였으며, 특히 주요한 쟁점이 되는 주제에 대해서는 '사례 & 판례연구'라는 목차를 통하여 사건의 개요와 하급심 및 대법원판결의 요지를 알기 쉽게 소개하고 있다.

넷째, 최근 입법의 개변을 보이고 있는 실질적 물권법의 제정 또는 개정내용을 충실히 반영하였다. 특히 최근에 제정되어 시행되고 있는 동산·채권 등의 담보에 관한 법률(2012. 6. 11.부터 시행, 법률 제10366호)의 주요내용을 담보물권의 한 부분으로 편입하여 제6절 동산담보권·채권담보권에서 기술하였다. 또 부동산등기부 전산화사업의 완료에 따라 종이등기부를 전제로 한 규정을 정비하기 위해 2011년 10월 13일부터 시행되고 있는 개정 부동산등기법(2011. 4. 12. 개정, 법률 제10580호)의 주요내용을 관련 부분에 수록하였다. 이 밖에도 '공장 및 광업재단저당법'(2009. 3. 25. 시행)과 '자동차 등 특정동산 저당법'(2009. 9. 28. 시행)도 특수저당권 등에 그 주요내용을 반영하였다.

다섯째, 특기할 사실은, 우리의 물권법에 해당하는 북한 민법 제2편 '소유권제도'의 주요내용을 설명하고 이를 토대로 남북한 물권법의 총칙과 각칙의 차이점을 비교하여 설명하였다. 또 물권법의 형식적 법원인 남북한 민법의 제2편의 조문을 대비시켜 수록하였다. 이는 통일을 바라보는 시대적 상황에서 민법을 공부하는 학생들의 시야를 보다 넓혀주는 계기가 되어주리라 기대하며, 또한 장차 통일이 될 경우에 제정하게 될 통일 민법의 물권법의 제정방향을 가늠해 볼 수 있는 중요한 기회가 되어 줄 것이다.

이상과 같은 점에 유의하여 본서를 집필하였으나, 탈고하고 보니 여전히 많이 아쉽다. 부족한 부분들은 앞으로 독자의 질정(叱正)을 겸허히 받아들여서 더욱 좋은 교과서가 되도록 노력할 것을 다짐한다.

경제불황 등으로 출판계의 거듭되는 어려움 속에서도 이 책의 출판을 결정해주신 진원사의 양진수 사장님과 편집 및 교정에 수고해주신 편집부 여러분에게 고마움을 전한다.

끝으로 초심의 마음으로 늘 변함없는 사랑과 믿음을 보내주는 아내와 자녀들에게 고마움을 전하며, 삶의 주인이신 하나님께 감사드린다.

2013. 2. 25.

김 영 규

일러두기

1. 이 책에서 소개한 판결, 결정은 다음과 같이 인용하였다.
   - 대법원 2012. 3. 29. 선고 2011다74932 판결 → 대판 2012. 3. 29. 2011다74932
   - 대법원 1994. 3. 22. 93다9392 전원합의체 판결 → 대판〈전〉 1994. 3. 22. 93다9392
   - 대법원 2009. 5. 28. 고지 2008마109 결정 → 대결 2009. 5. 28. 2008마109
   - 헌법재판소 2004. 8. 26. 2003헌바99 전원재판부 결정 → 헌재결〈전〉 2004. 8. 26. 2003헌바99

2. 이 책에서 인용한 법령 중 민법의 규정은 민법이라고 표시하지 않고 조문으로만 인용하였다.

3. 이 책에서 인용한 법령 중 그 명칭이 긴 것은 다음과 같이 약칭하여 인용하였다.
   - 가등기담보 등에 관한 법률 → 가등기담보법 또는 가담법
   - 공간정보의 구축 및 관리 등에 관한 법률 → 공간정보법
   - 동산·채권 등의 담보에 관한 법률 → 동산·채권담보법
   - 부동산등기법 → 부등법
   - 부동산등기규칙 → 등기규칙
   - 부동산 거래 신고 등에 관한 법률 → 부동산거래신고법
   - 부동산실권리자 명의등기에 관한 법률 → 부동산실명법
   - 상가건물임대차보호법 → 상임법
   - 입목에 관한 법률 → 입목법
   - 주택임대차보호법 → 주임법
   - 집합건물의 소유 및 관리에 관한 법률 → 집합건물법
   - 채무자의 회생 및 파산에 관한 법률 → 채무자회생법

4. 이 책에서 저자의 이름으로만 인용된 저서는 다음과 같다.

- 강태성, 물권법(제3판), 대명출판사, 2009 → 강태성
- 고상룡, 물권법, 법문사, 2003 → 고상룡
- 곽윤직·김재형, 물권법(제8판), 박영사, 2016 → 곽윤직·김재형
- 권용우, 물권법(제5전정판), 법문사, 2002 → 권용우
- 김상용, 물권법, 화산미디어, 2009 → 김상용
- 김용한, 물권법론(재전정판), 박영사, 1996 → 김용한
- 김준호, 물권법(전정판), 법문사, 2009 → 김준호
- 김증한·김학동, 물권법(제9판), 박영사, 1998 → 김학동
- 김형배·김규완·김명숙, 민법학강의(제10판), 신조사, 2011 → 김형배·김규완·김명숙
- 송덕수, 물권법, 박영사, 2012 → 송덕수
- 양형우, 민법의 세계(제10판), 피엔씨미디어, 2018 → 양형우
- 오시영, 물권법, 학현사, 2009 → 오시영
- 이영준, 물권법(전정신판), 박영사, 2009 → 이영준
- 이은영, 물권법(제4판), 박영사, 2006 → 이은영
- 지원림, 민법강의(제11판), 홍문사, 2013 → 지원림
- 홍성재, 물권법, 대영문화사, 2006 → 홍성재

차 례

제1편 물권법 총칙

제1장 물권법 총론 · 3

제2편 물권법 각칙

제2장 ‖ 용익물권 ‣ 314

제3장 담보물권 · 377

특 별 부 록

제 1 편

물권법 총칙

제1장 물권법 총론

제1절 서 설

Ⅰ. 물권법의 의의

물권과 채권을 구분하는 전통적 견해에 따르면, 물권은 '사람의 물건'에 대한 정적(靜的)인 재산권이고, 채권은 '사람과 사람'(채권자와 채무자) 사이의 동적(動的)인 재산권이다(Gustav Radbruch, *Einführung in die Rechtswissenschsft*, 6. Aufl., 1925; 我妻 榮, 近代法における債權の優越的地位, 有斐閣, 1955, 7~8면). 따라서 물권은 배타적 지배권으로서 물건에 대한 사람의 직접 지배를 충족시키는 수단이고, 채권은 타인에게 재화나 용역 등의 이행을 청구함으로써 물적 지배라는 목적을 달성하게 하는 간접적인 수단이다. 여기서 물권과 채권은 모두 헌법(10조, 119조)에 의하여 보장되는 대표적인 재산권이고 자유시장 경제질서를 뒷받침하는 토대가 된다(곽윤직·김재형 2면).

여기서 물권관계를 규율하는 물권법은 각종의 재화(물건)에 대한 사람의 지배관계를 규율하는 사법(私法)으로서 '실질적 물권법'과 '형식적 물권법'으로 나누어진다.

1. 실질적 물권법

사람이 재화를 직접 지배·이용하는 재산관계를 규율하는 사법 전체를 일컫는다.

2. 형식적 물권법

민법전 중 물권편(제2편 : 185조~372조)을 일컫는다. 즉 민법 제2편은 각종의 물건(재화)에 대한 사람의 지배관계를 규율하는 물권법의 중심을 이루는 형식적 물권법으로서 크게 9개장으로 구성되어 있으며, 이는 모든 물권에 공통적으로 적용되는 것을 규율하는 제1장 총칙과 사람의 물건에 대한 지배권인 개개의 물권을 다루는 제2장 내지 제9장의 '각칙'으로 나누어볼 수 있다.

또한 제1장 총칙에서는 물권의 종류와 물권법정주의(185조), 부동산물권변동(186조, 187조), 동산물권변동(현실의 인도·간이인도·점유개정·목적물반환청구권의 양도 : 188조~190조), 물권의 소멸(혼동 : 191조)을 규정하고 있다.

또 물권법의 각칙에서는 제2장 점유권(192조~210조), 제3장 소유권(211조~278조)과 타인 소유물에 대한 사용·수익하는 것을 그 내용으로 하는 용익물권에 대하여 제4장 지상권(279조~290조), 제5장 지역권(291조~302조), 제6장 전세권(303조~319조)을 각각 규정하고 있다. 위에 이어서 채권자가 담보를 위하여 타인 소유물에 대한 처분권능을 지배하는 것을 그 내용으로 하는 담보물권에 대하여 제7장 유치권(320조~328조), 제8장 질권(329조~355조), 제9장 저당권(356조~372조)에 대하여 각각 규정하고 있다.

Ⅱ. 물권법의 법원

민법의 법원(法源), 즉 재판의 기초인 실질적 민법의 존재형식은 민법 제1조에 의하여 성문법(成文法)과 불문법(不文法)으로 나뉘는데 물권법의 법원도 당연히 민법 제1조의 적용을 받는다.

1. 성 문 법

(1) 민법 제2편(형식적 물권법)

(2) 민법 제2편 이외에 실질적 물권법인 성문법

이에는 민사에 관하여 특례를 규율하기 위하여 제정된 특별법(특별 민법법규), 민법전에 규정되어 있는 실체적 규정을 구체화하기 위한 절차를 규정한 부속법(민법 부속법률)을 들 수 있다. 이 밖에 공법적 규정 중에도 물권에 관한 것은 실질적 물권법에 포함되는 것들이다.

1) 민사에 관하여 특례를 규율하기 위하여 제정된 특별 민법법규

위의 성격을 띠는 법률 중 특히 재산법과 관련한 것으로는 가등기담보 등에 관한 법률, 공익법인의 설립 운영에 관한 법률, 공장 및 광업재단저당법, 국가배상법, 대한민국과 아메리카합중국 간의 상호방위조약 제4조에 의한 시설과 구역 및 대한민국에서의 합중국 군대의 지위에 관한 협정의 시행에 관한 민사특별법, 동산·채권 등의 담보에 관한 법률, 부동산실권리자명의등기에 관한 법률, 부재선고 등에 관한 특별조치법, 상가건물임대차보호법, 부동산거래신고법, 이자제한법, 입목에 관한 법률, 자동차 등 특수동산저당법, 주택임대차보호법, 집합건물의 소유 및 관리에 관한 법률 등을 들 수 있다.

2) 민법전의 실체적 규정을 구체화하기 위한 민법 부속법률

위의 성격을 띠는 법률 중 대표적인 것으로는 공유 부동산의 등기 촉탁에 관한 법률, 민사조정법, 민사집행법, 부동산등기법, 유실물법, 공간정보법 등을 들 수 있다.

3) 공법적 규정 중 민사에 관한 것

위의 성격을 띠는 법률 중 대표적인 것으로는 공익사업을 위한 토지 등의 취득 및 보상에 관한 법률, 광업법, 공인중개사법, 부동산거래신고법, 국유재산법, 국토의 계획 및 이용에 관한 법률, 농지법, 도로법, 수산업법, 특허법, 하천법, 항공법 등을 들 수 있다.

2. 관 습 법

관습법이 성문법에 대하여 어떠한 지위를 가지느냐에 관하여 민법은 "민사에 관하여 법률에 규정이 없으면 관습법에 … 의한다."고 규정하고 있으므로, 관습법은 원칙적으로 성문법에 규정이 없는 때에 한하여 보충적으로 그 효력이 인정된다.

그러나 민법 제185조는 물권의 종류에 관하여 "물권은 법률 또는 관습법에 의하는 외에는 임의로 창설하지 못한다."고 규정하고 있다. 이는 민법 제1조의 예외규정으로서 물권의 창설과 관련하여 관습법에 대하여 성문법에 대하여 대등적 효력이 인정된다.

이 밖에 형식적 물권법에서는 다음의 경우에는 법률 자체에서 관습법이 성문법에 우선하여 적용되도록 명문규정을 두고 있다. 이에 따라 물에 관한 공사의 비용부담(224조), 수류의 변경(229조), 공유하천 용수권(234조), 경계에 관한 비용부담·경계선부근의 건축(237조 3항·242조) 등의 상린관계와 특수지역권(302조)의 경우에는 관습법은 성문법에 대하여 우선하여 적용된다.

3. 판 례 법

판례법이란 법원의 판결(判決)을 통하여 밝혀진 이론이나 법칙인 판례(判例)의 형태로 존재하는 법으로서, 판례법의 법원성(法源性)을 인정하게 되면 먼저 내려진 법원의 판결이 그 후 유사한 사건에 관하여 구속력을 갖게 되는 '선례구속(先例拘束)의 원칙'이 적용된다. 그러나 성문법주의를 취하는 우리나라에서는 판례법의 법원성을 인정할 아무런 근거규정이 없고, 판례법에 법원성을 인정하면 법원에 입법권을 부여하는 결과가 되어 권력분립의 원칙에 어긋난다. 또 법원조직법 제8조는 '상급심재판의 기속력'에 관하여 "상급법원의 재판에 있어서의 판단은 당해 사건에 관하여 하급심을 기속한다."고 규정하고 있으므로, 하급심법원은 판례를 따르지 않아도 위법하지 않으므로 선례구속의 원칙이 제도적으로 보장되어 있지 않다. 그러나 현실적으로 분쟁의 당사자나 법원에서 선례(先例)의 태도가 어떠한 입장인가의 여부는 중요하다.

Ⅲ. 물권법의 특질

물권법은 같은 재산법인 채권법에 대비하여 볼 때, 다음과 같이 서로 다른 성질을 갖는다. 또 우리 물권법에는 채권법과 달리 로마법적 요소와 게르만법적 요소가 서로 섞여 있다.

1. 강행법규성·비자치성

채권법은 그 성질상 사적 자치가 인정되는 범위가 대단히 넓으므로, 이에 관한 규정은 대체로 임의규정이다. 이에 비하여 물권법은 배타성을 가지는 절대권인 물권에 관하여 규정하는 것이므로, 사적 자치가 허용되는 범위가 좁다.

2. 고유성·특수성

재화의 유통과정에 관한 법률관계를 규율하는 매매법 등의 채권법은 재화의 유통이 세계적 규모로 행하여짐에 따라 그 규정도 국제성·보편성이라는 성질을 띤다. 이에 비하여 물권법에는 채권법에 비하여 우리 고유의 관습과 전통에 따른 특유한 제도가 많다(예컨대 전세권·명의신탁·양도담보 등).

3. 사회성·공공성

채권법은 당사자 사이에 채권·채무관계에서의 신뢰관계가 상대적으로 중요시되므로, 신의칙의 지배를 보다 강하게 받는다. 이에 비하여 물권법은 제3자에게 영향이 큰 소유권 등의 물권을 규율하므로 사회성·공공성의 제한을 보다 강하게 받는다.

4. 로마법적 요소와 게르만법적 요소

채권법은 로마법의 지배를 강하게 받고 있다. 이에 비하여 독일의 물권법을 모법(母法)으로 계수한 우리 물권법은 독일 물권법과 같이 로마법적 요소와 고유법인 게르만법적 요소가 서로 섞여 있다. 우리 물권법의 로마법적 요소와 게르만법적 요소의 대표적인 것은 다음과 같다.

(1) 로마법적 요소

가) 개인주의적 소유권개념
나) 소유권과 제한물권의 엄격한 구별
다) 소유권과 점유권의 대립
라) 공동소유에 있어서 공유제도

(2) 게르만법적 요소

가) 부동산과 동산의 구별

나) 부동산등기제도

다) 동산의 선의취득

라) 공동소유에 있어서 합유 및 총유의 인정

제2절 물권의 본질

Ⅰ. 물권의 의의 및 성질

1. 물권의 의의

물권은 그의 객체인 물건을 직접 지배해서 이익을 얻는 것을 내용으로 하는 배타적 권리이다. 다음과 같이 물권은 권리의 분류 가운데서 특히 재산권·비전속권·지배권·절대권으로서의 성질을 띤다.

(1) 물권은 내용을 기준으로 파악하면, 일정한 물건을 지배함으로 사용·수익·처분 등의 재산적 이익을 향수하는 권리이므로 재산권이다. 또 양도·상속이 가능하고 특정 권리자에게 전속되어야 함을 요하지 않으므로 비전속권이다.

(2) 물권은 작용을 기준으로 파악하면, 일정한 물건을 직접적·배타적으로 지배하는 것이 그 본질이므로 이는 가장 전형적인 지배권이다.

(3) 물권은 의무자의 범위를 기준으로 파악하면, 특정의 상대방이라는 것이 없고 모든 자에게 주장할 수 있는 권리이므로 절대권이다.

2. 물권의 특질

물권은 같은 재산권인 채권에 대비하여 볼 때 다음과 같은 서로 다른 성질을 갖는다.

(1) 특정의 물건에 대한 직접적 지배

채권은 그 권리실현에 있어서 채무자의 행위를 필요로 하다. 이에 비하여 물권은 특정의 물건을 직접 지배하는 것을 그 내용으로 하는 권리이므로, 권리내용의 실현에 타인의 행위를 필요로 하지 않는다.

(2) 특정의 물건에 대한 배타적 지배

채권은 배타성이 없어서 동일 내용의 채권이 동시에 여러 개 병존할 수 있고, 또한 그 사이에 우열·강약이 없다. 이에 비하여 물권은 물건에 대한 직접적 지배를 그 내용으로 하므로 동일물 위에 두 개의 물권(예컨대 두 개의 소유권 또는 성질을 같이 하는 두 개 이상의 제한물권)이 존재할 수 없다. 다만 등기(또는 대항력)를 갖춘 부동산 임차권과 등기된 환매권은 '대항력'이 있으므로, 물권과 채권의 중간적 성질을 갖는다(일명, '채권의 물권화').

(3) 권리보호의 절대성

채권은 원칙적으로 채무자에 대해서만 주장할 수 있는 상대권(相對權)·대인권(對人權)이다. 이에 비하여 물권은 특정의 상대방이라는 것이 없고 모든 자에 대하여 그 효력이 있는 절대권(絶對權)·대세권(對世權)이다.

(4) 그 밖의 특질

물권은 위에서 살펴본 것 이외에도 그 객체가 특정되어 있어야 하는 특정성, 외부에서 귀속과 내용을 알 수 있도록 그 겉모습을 갖추어야 하는 공시성, 우선적 효력이 인정되는 우선성, 권리(물권) 침해에 따른 회복행위를 제3자에 대해서도 주장할 수 있는 물권적 청구권이 인정되는데 따른 물상청구성(물권적 청구권 중 침탈된 물건이 어디에 있든지 그 반환을 주장할 수 있는 물권적 반환청구권이 인정되는데 따른 물상청구성을 추급성이라 함) 등이 인정된다. 이에 비하여 채권은 위의 성질이 인정되지 않는다.

이 밖에 물권은 채권과 마찬가지로 비전속권이므로 양자 모두 양도성(처분성)이 있으나, 채권의 양도성은 상당 부분 제한된다(449조, 450조 참조). 따라서 물권은 채권보다 강한 양도성을 갖는다는 점에서 서로 대비된다.

Ⅱ. 물권의 주체와 객체

1. 물권의 주체

물권의 주체(主體)는 권리주체와 마찬가지로 자연인과 법인이다.

또한 외국인의 권리능력에 대하여 우리 헌법은 “외국인에 대하여는 국제법과 조약에 정한 바에 의하여 그 지위를 보장한다.”고 규정하고 있으므로(동법 6조 2항), ‘내외국인평등주의’가 적용된다. 그러나 외국인은 한국의 선박 또는 항공기의 소유권을 취득할 수 없다(선박법 2조, 항공법 6조).

또한 외국인의 토지소유권에 관하여는, 상호주의(외국인의 본국이 자국민에게 인정하는 정도와 같이 권리능력을 인정하는 주의)에 의하여 제한되고 토지취득을 위한 계약체결일부터 60일 이내에 대통령령으로 정하는 바에 따라 신고관청에 신고하거나 허가를 받아야 한다(부동산거래신고법 7조-9조).

또 광업권은 조약과 외국인이 속하는 국가에서 대한민국 국민에 대하여 그 국가의 국민과 동일한 조건으로 광업권을 갖는 것을 인정하는 경우, 대한민국이 그 외국인에 대하여 광업권을 갖는 것을 인정하는 경우에는 그 외국인이 속하는 국가에서도 대한민국 국민에 대하여 그 국가의 국민과 동일한 조건으로 광업권을 갖는 것을 인정하는 경우에 한하여 외국인은 광업권을 가질 수 있다(광업법 10조의2 : 2010. 1. 27. 신설).

2. 물권의 객체

(1) 원칙적으로 물건일 것

물권의 객체는 원칙적으로 물건이어야 한다(192조, 211조, 279조 참조). 여기서, 물건이라 함은 ‘유체물(有體物) 및 전기·기타 관리할 수 있는 자연력’을 말한다(98조). 그러나 예외적으로 채권, 그 밖의 권리도 물권의 객체가 될 수 있다. 즉 준점유의 객체는 재산권이고(210조), 유가증권은 유치권의 객체가 될 수 있다(320조).

또 권리질권의 객체는 주식·채권·지식재산권 등의 재산권이며(345조), 지상권·전세권도 저당권의 객체가 될 수 있다(371조).

(2) 원칙적으로 현존·특정된 물건일 것

물권의 객체는 현존·특정되어야 한다.

물권은 물건에 대한 직접적·배타적 지배를 본질적 내용으로 하기 때문에 '특정물'이 아니거나 '현존하지' 않는 물건에 관하여서는 물권은 성립할 수가 없다. 다만 공장재단이나 광업재단을 대상으로 한 재단저당에 있어서 집합물 위의 물건은 구성부분의 변경이 있어도 저당권의 객체로서의 특정성을 잃지 않는다.

또 판례는 양식장 안의 뱀장어 전부에 대하여 양도담보를 설정한 경우에, 위 양도담보권은 양식장 안에 있는 현재의 뱀장어 전부에 미치는 것으로 판단하여 변동하는 집합물을 객체로 한 양도담보를 인정하고 있다.

관련판례

변동하는 집합물을 객체로 한 양도담보 인정

① 양식장 안의 뱀장어 전체를 목적으로 하는 양도담보 설정도 유효하다. 이 경우, 집합물에 대한 양도담보권설정계약이 이루어지면 그 집합물을 구성하는 개개의 물건이 변동되거나 변형되더라도 한 개의 물건으로서 동일성을 잃지 않는 것으로 보아야 하므로, 양도담보권의 효력은 항상 현재의 집합물 위에 미치는 것으로 볼 수 있다. 또, 양도담보권자가 담보권설정계약 당시 존재하는 집합물을 점유개정의 방법으로 그 점유를 취득하게 되면 그 후 양도 담보설정자가 그 집합물을 이루는 개개의 물건을 반입하였다 하더라도 그때마다 별도의 양도담보권설정계약을 맺거나 점유개정의 표시를 하여야 하는 것은 아니다(대판 1990. 12. 26. 88다카20224).

② 일단의 증감 변동하는 동산을 하나의 물건으로 보아 이를 채권담보의 목적으로

삼는 이른바 유동집합물에 대한 양도담보설정계약의 경우에, 양도담보의 효력이 미치는 범위를 명시하여 제3자에게 불측의 손해를 입지 않도록 하고 권리관계를 미리 명확히 하여 집행절차가 부당히 지연되지 않도록 하기 위하여 그 목적물을 특정할 필요가 있으므로, 담보목적물은 담보설정자의 다른 물건과 구별될 수 있도록 그 종류, 소재하는 장소 또는 수량의 지정 등의 방법에 의하여 외부적·객관적으로 특정되어 있어야 하고, 목적물의 특정 여부 및 목적물의 범위는 목적물의 종류, 장소, 수량 등에 관한 계약의 전체적 내용, 계약 당사자의 의사, 목적물 자체가 가지는 유기적 결합의 정도, 목적물의 성질, 담보물 관리와 이용방법 등 여러 가지 사정을 종합하여 구체적으로 판단하여야 한다(대판 2003. 3. 14. 2002다72385).

(3) 원칙적으로 하나의 독립한 물건일 것

1) 일물일권주의

물권의 객체는 원칙적으로 하나의 독립한 물건이어야 한다. 여기서 '독립한 물건'이라 함은 거래상 하나로 취급되는 것을 말하며, 이는 "하나의 물건 위에는 서로 양립할 수 없는 내용의 물권은 하나밖에 존재할 수 없다."는 일물일권주의(一物一權主義)의 원칙에 따른 것이다. 이에 따라 원칙적으로 하나의 물건의 일부 또는 다수 물건을 객체로 하는 물권은 성립하지 않는다. 따라서 일물일권주의의 원칙상, 물건의 일부분, 구성부분에는 물권이 성립할 수 없는 것이어서 구분 또는 분할의 절차를 거치지 아니한 채 하나의 부동산 중 일부분만에 관하여 따로 소유권보존등기를 경료하거나, 하나의 부동산에 관하여 경료된 소유권보존등기 중 일부분에 관한 등기만을 따로 말소하는 것은 허용되지 아니한다(대판 2000. 10. 27. 2000다39582).

2) 일물일권주의에 대한 예외

그러나 일정한 경우에는 하나의 독립한 물건이 아니어도 물권이 성립한다(일물일권주의의 예외). 즉 1필의 토지의 일부·1동의 건물의 일부(집합건물의 구분소유)·수목·미분리의 과실·재단저당권의 목적이 되는 재단의 구성물, 동산담보권의 대상이 되는 수개의 동산(동산·채권단보법 2조 2호, 3조 2항) 등에는 하나의 독립한 물건이 아니더라도 예외적으로 물권이 성립한다.

3) 독립한 물건의 판단기준

물권의 객체로서 하나의 독립한 물건이냐의 여부는 물리적 모습뿐만 아니라 거래관념을 아울러 고려하여 결정된다.

가) 토 지

부동산으로서의 '토지'는 무한대로 전개되는 물리적 지표를 말하는 것이 아니라 인위적으로 구분되고 토지등기부, 지적 공부(토지대장, 임야대장)에 1필의 토지로 등록된 일정범위의 지면을 말한다.

토지소유권은 정당한 이익이 있는 범위 안에서 토지의 상하에 미치므로(212조), 토사(土砂)·암석(巖石) 따위의 토지의 본질적 구성부분과 종속정착물에도 효력이 미친다. 그러나 정당한 이익의 범위를 넘어서 소유권을 주장하면 권리남용이 될 수 있다.

또 토지의 경계(境界)가 진실한 경계선과 다르게 지적 공부에 잘못 등록된 경우, 실제의 경계에 의하여 확정된다(대판 2000. 5. 26. 98다15446).

그러나 지하의 미채굴의 광물에 대하여는 광업권자만이 이를 채굴할 수 있으므로, 토지소유권의 효력이 미치지 못한다(광업법 2조).

관련판례

물권의 객체로서의 토지

① 토지(임야) 내의 자연석을 조각하여 석불(石佛)을 조각한 경우, 석불은 토지와는

독립하여 소유권의 대상이 된다(대판 1970. 9. 22. 70다1494).

② 온천수는 그것이 용출하는 토지의 구성부분으로서 독립한 물권의 객체가 아니며 토지소유권의 범위에 속하므로, 온천이용권은 토지소유권과 독립한 물권이 아니다(대판 1970. 5. 26. 69다1239).

③ 토지소유자가 토지소유권이 미치는 범위 내에서 적법하게 건축허가를 받고 그 건물을 건축한 행위가 그 인접에 위치하고 있는 민간지상파방송사업자의 방송을 위한 전파송신에 영향을 미치더라도 특별한 사정이 없는 한 그 사실만으로 곧 민간지상파방송사업자의 권리를 침해하여 불법행위가 성립한다고 볼 수 없다(대판 2003. 11. 28. 2003다43322).

④ (구) 지적법에 의하여 어떤 토지가 지적공부에 1필의 토지로 등록되면 그 토지의 경계는 다른 특별한 사정이 없는 한 이 등록으로써 특정되고, 지적공부를 작성함에 있어 기점을 잘못 선택하는 등의 기술적인 착오로 말미암아 지적공부상의 경계가 진실한 경계선과 다르게 잘못 작성되었다는 등의 특별한 사정이 있는 경우에는 그 토지의 경계는 지적공부에 의하지 않고 실제의 경계에 의하여 확정하여야 한다(대판 2000. 5. 26. 98다15446).

⑤ 토지소유권의 상실원인이 되는 포락(浦落)은 토지가 바닷물이나 하천법상 적용하천의 물에 개먹어 무너져 바다나 적용하천에 떨어져 그 원상복구가 사회통념상 불가능한 상태에 이르렀을 때를 일컫는 것이지 바닷물이나 적용하천의 유수가 아닌 사실상의 하천(보통하천)이나 준용하천의 물에 무너져 내려 사실상의 하상이 되어 그 원상복구가 어렵게 된 때까지를 포함하는 것은 아니다(대판 1989. 2. 28. 88다1295).

⑥ 토지의 소유권은 정당한 이익이 있는 범위 내에서 토지의 상하에 미치므로 토지 소유자는 법률의 제한 범위 내에서 그 소유 토지의 지표면 아래에 있는 지하수를 개발하여 이용할 수 있다 할 것이나, 소유권 방해제거·예방청구권에 관한 민법 제214조의 규정과 용수장해로 인한 용수권자의 손해배상청구권 및 원상회복청구권에 관한 민법 제236조의 규정을 종합하여 보면, 어느 토지 소유자가 새로이 지하수 개발공사를 시행하여 설치한 취수공 등을 통하여 지하수를 취수함으로 말미암아 그 이전부터 인근 토지 내의 원천에서 나오는 지하수를

이용하고 있는 인근 토지 소유자의 음료수 기타 생활상 필요한 용수에 장해가 생기거나 그 장해의 염려가 있는 때에는, 생활용수 방해를 정당화하는 사유가 없는 한 인근 토지 소유자는 그 생활용수 방해의 제거(원상회복)나 예방을 청구할 수 있다(대판 1998. 4. 28. 97다48913).

⑦ 한번 포락되어 해면 아래에 잠김으로써 복구가 심히 곤란하여 토지로서의 효용을 상실하면 종전의 소유권이 영구히 소멸되고, 그 후 포락된 토지가 다시 성토되어도 종전의 소유자가 다시 소유권을 취득할 수는 없다(대판 1992. 9. 25. 92다24677).

⑧ 물권의 객체인 토지 1필지의 공간적 범위를 특정하는 것은 지적도나 임야도의 경계이지 등기부의 표제부나 임야대장·토지대장에 등재된 면적이 아니므로, 부동산등기부의 표제부에 토지의 면적이 실제와 다르게 등재되어 있어도 이러한 등기는 해당 토지를 표상하는 등기로서 유효하다. 또한 부동산등기부의 표시에 따라 지번과 지적을 표시하고 1필지의 토지를 양도하였으나 양도된 토지의 실측상 지적이 등기부에 표시된 것보다 넓은 경우 등기부상 지적을 넘는 토지 부분은 양도된 지번과 일체를 이루는 것으로서 양수인의 소유에 속한다(대판 2016. 6. 28. 2016다1793).

나) 건 물

건물은 인공적으로 만들어진 건조물(建造物)로서 부동산등기법은 토지등기부와 별도로 건물등기부를 두고 있으며(동법 14조), 이에 관하여 법률행위로 인한 물권의 득실변경은 등기하여야 효력이 발생한다(186조). 건축 중인 건물이 언제부터 토지와는 별개의 독립한 부동산으로서 취급되는 것인가는 중요하며, 이에 관해서 판례는 사회통념상 독립한 건물이라고 볼 수 있는 평가받기 위해서는 최소한의 기둥과 지붕 그리고 주벽(主壁)이라는 형태와 구조를 갖출 것을 요구하고 있다(대판 2002. 4. 26. 2000다16350).

관련판례

건물의 독립성과 관련 판례

① 1동의 건물 중 구분된 각 부분이 구조상, 이용상 독립성을 가지고 있는 경우에 그 각 부분을 1개의 구분건물로 하는 것도 가능하고, 그 1동 전체를 1개의 건물로 하는 것도 가능하기 때문에, 이를 구분건물로 할 것인지 여부는 특별한 사정이 없는 한 소유자의 의사에 의하여 결정된다고 할 것이므로, 구분건물이 되기 위하여는 객관적, 물리적인 측면에서 구분건물이 구조상, 이용상의 독립성을 갖추어야 하고, 그 건물을 구분소유권의 객체로 하려는 의사표시 즉 구분행위가 있어야 하는 것으로서, 소유자가 기존 건물에 증축을 한 경우에도 증축 부분이 구조상, 이용상의 독립성을 갖추었다는 사유만으로 당연히 구분소유권이 성립된다고 할 수는 없고, 소유자의 구분행위가 있어야 비로소 구분소유권이 성립된다고 할 것이며, 이 경우에 소유자가 기존 건물에 마쳐진 등기를 이와 같이 증축한 건물의 현황과 맞추어 1동의 건물로서 증축으로 인한 건물표시변경등기를 경료한 때에는 이를 구분건물로 하지 않고 그 전체를 1동의 건물로 하려는 의사였다고 봄이 상당하다(대판 1999. 7. 27. 98다35020).

② 신축 건물이 경락대금 납부 당시 이미 지하 1층부터 지하 3층까지 기둥, 주벽 및 천장 슬라브 공사가 완료된 상태이었을 뿐만 아니라 지하 1층의 일부 점포가 일반에 분양되기까지 하였다면, 비록 토지가 경락될 당시 신축 건물의 지상층 부분이 골조공사만 이루어진 채 벽이나 지붕 등이 설치된 바가 없다 하더라도, 지하층 부분만으로도 구분소유권의 대상이 될 수 있는 구조라는 점에서 신축 건물은 경락 당시 미완성 상태이기는 하지만 독립된 건물로서의 요건을 갖추었다(대판 2003. 5. 30. 2002다21592).

다) 입목과 수목의 집단

입목(立木)이란 토지에 부착된 수목의 집단으로 특히 그 소유자가 입목에 관한 법률(이하 '입목법'이라 약칭함)에 의한 소유권보존등기를 한 수목의 집단을 말한다.

입목은 독립한 부동산으로 그 명의자에게 소유권이 취득되며, 소유권양도 또는 저당권설정시에는 입목등기부에 의하여 공시된다(입목법 2조·3조·12조 이하).

입목에 관하여 인정되는 물권은 소유권과 저당권뿐이며, 입목법은 이들 물권변동에 관하여 특별규정을 두고 있지 않으므로, 민법(186조, 187조)에 의하게 된다.

라) 명인방법과 지상물

'명인방법'(明認方法)은 수목의 집단, 미분리의 과실, 농작물 등의 지상물을 토지로부터 분리하지 않은 채로 토지소유권으로부터 분리·독립해서 거래하는데 이용되는 관습법상의 공시방법이다(예컨대 농작물의 경우에 논이나 밭의 주위에 새끼를 둘러치고 소유자 이름을 쓴 말뚝을 세우는 것).

명인방법을 갖추면 그 지상물에 대한 소유권을 취득하고, 독립해서 거래의 객체로 된다(소유권만의 인정). 여기서, 명인방법은 특정성과 계속성을 요한다.

또한 농작물에 대하여 판례는, 명인방법을 갖추지 않은 경우에도 수확기에 이르면 언제나 경작자의 소유에 속한다는 입장을 추하고 있다.

관련판례

입목, 명인방법과 지상물

① 수목의 이중매매에 있어서는 관습법에 의하여 수목소유권의 변동에 관한 공시방법으로 인정되어 있는 명인방법을 먼저 한 사람에게 수목의 소유권이 인정된다(대판 1967. 2. 28. 66다2442).

② 수목이 2중으로 양도된 경우, 먼저 명인방법을 갖춘 자는 후에 양도인으로부터 입목을 양수받은 자가 입목등기를 갖춘 경우에도 명인방법을 갖춘 자가 입목등기 명의자보다 우선하여 소유권을 취득한다는 입장을 취하고 있다(대판 1972. 10. 25. 72다1389).

③ 명인방법으로서의 공시는 소유자의 이름을 알 수 있도록 표시하면 충분하고, 그 취득원인 등을 표시할 필요는 없지만 공시가 계속되어야 한다(대판 1989. 10. 13. 89다카9064).

④ 토지의 주위에 울타리를 치고 그 안에 수목을 정원수로 심어 가꾸어 온 사실만으로는 명인방법을 갖추었다고 보기 어렵다(대판 1991. 4. 12. 90다20220).

⑤ 적법한 경작권이 없이 타인의 토지를 경작하였더라도 그 경작한 입도가 성숙하여 독립한 물건으로서 존재를 갖추었으면 입도의 소유권은 경작자에게 귀속한다는 것이 당원의 확립된 견해(당원 1963. 2. 21. 선고 62다913 판결, 1968. 3. 19. 선고 67다2729 판결, 1969. 2. 18. 선고 68다906 판결 각 참조)이므로 이와 같은 취지에서 위 입도의 소유권이 경작자인 원고에게 있다고 한 원심 판결은 정당하다(대판 1979. 8. 28. 79다784).

제3절 물권의 종류

Ⅰ. 물권법정주의

1. 의 의

'물권법정주의'(物權法定主義)란 물권의 종류와 그 내용을 민법 기타의 법률에서 제한하고 그 당사자가 그 이외의 물권을 자유로이 창설하는 것을 금지하는 법원칙으로서 이를 일명 '물권한정주의'(物權限定主義)라고도 한다. 이는 대부분의 근대 물권법에서 인정하는 원칙으로서 물권법정주의가 인정되면 절대권인 물권의 유형과 내용은 법률에 의해서 확정되고 관련 규정은 강행규정성을 띠게 된다. 이에 비하여 상대권인 채권발생약정인 계약의 유형은 예시적인 것에 불과하며 관련 규정은 임의규정성을 띠게 된다.

우리 민법도 물권의 종류와 관련해서 "물권은 법률 또는 관습법에 의하는 외에는 임의로 창설하지 못한다."고 규정하여 물권법정주의를 선언하고 있다. 우리 민법 제185조는 법률 외에 '관습법'에 의한 물권창설의 근거를 밝히고 있다는 점에서 특색이 있으며, 이는 1958년 민법을 제정하면서 우리의 고유한 물권을 조사·수용할 여유가 없었던 입법의 현실을 고려한 태도로 평가할 수 있다(송덕수 16면).

2. 인정이유와 문제점

(1) 인정이유

물권법정주의는 물권의 유형을 단순화하기 위한 것으로서, 이를 취하는 인정이유는 다음과 같이 정리할 수 있다.

첫째, 봉건시대의 토지 등을 둘러싼 복잡한 지배관계를 단순화하여 소유권과 이를 제한하는 제한물권의 종류와 유형을 법정화하기 위함이다.

둘째, 배타적인 지배권인 물권의 유형을 단순화하여 제3자가 용이하게 물권을 알 수 있도록 함으로써 물권거래의 원활·안전을 도모하기 위하여서이다. 이를 위하여 물건에 대한 배타적인 지배권인 물권의 존재를 제3자가 용이하게 알 수 있도록 공시방법을 갖추어야 하는데, 이와 같은 공시의 원칙을 관철하기 위하여서는 물권의 종류와 내용을 미리 법률로 정해서 단순화할 필요가 있다.

(2) 문 제 점

민법 그 밖의 법률에서 정한 물권의 종류와 내용은 극히 한정되어 있다. 따라서 물권법정주의를 관철하게 되면 물권 현실에서 필요로 하는 새로운 종류나 내용의 물권의 필요성에 대한 거래계의 수요에 탄력적으로 적응하기 어렵게 된다. 이러한 결함은 자동차 등 특정동산 저당법, 가등기담보법, 동산·채권담보법 등 민사특별법의 제정과 관습법에 의한 물권 창설에 의하여 보완할 수밖에 없다.

3. 민법 제185조의 해석

민법 제185조는 "물권은 법률 또는 관습법에 의하는 외에는 임의로 창설하지 못한다."고 규정하여 물권법정주의를 선언하고 있으며, 이의 구체적 내용은 다음과 같다.

(1) ‘법률’의 의미

여기서 ‘법률’은 민법 기타 헌법상의 의미의 법률(국회를 통과한 협의의 법률, 형식적 의미의 법률)만을 의미한다. 따라서 명령이나 규칙은 법률에 포함되지 않는다.

(2) ‘관습법’ 에 의한 물권창설의 인정

제185조는 관습법에 의한 물권창설을 인정하고 있으며, 이는 모든 물권을 찾아내어 성문화시키기 어려운 입법기술상의 한계를 보완하기 위한 것이다. 여기서 관습법은 보충적 효력설에 따라 법령에 저촉되지 않는 범위 안에서 민사관계를 규율하는 법원으로서의 효력이 있는 것으로 이해하여야 하나(대판 1983. 6. 14. 80다3231; 대판〈전〉 2005. 7. 21. 2002다1178), 전통의 힘이 강하게 작용하는 물권창설과 관련하여 관습법은 성문법에 대한 대등적 효력이 예외적으로 인정된다. 이에 대해서는 법률이 폐기 또는 개정되지 않는 한 서로 다른 내용의 물권이 병존하는 것은 물권법정주의의 취지에 반하게 되므로, 법률에 규정이 없는 때에 한해서만 관습법에 의해 물권이 성립하는 것으로 이해하는 보충적 효력설이 대립하고 있다(곽윤직·김재형 20면, 김상용 34면, 김준호 460면). 생각건대 민법 제185조는 명문으로 물권창설의 근거에 대해서 법률과 관습법을 대등하게 규정하고 있고, 관습법에 의한 물권인 동산양도담보나 관습법상의 법정지상권·분묘기지권 등의 경우에는, 우리 민법상의 물권인 소유권·질권·지상권 등과 대등한 지위에서 물권으로서의 효력이 인정된다는 점에서 대등적 효력설이 타당하다(양형우 365면, 이영준 18면, 김준호 460면).

(3) ‘임의로 창설하지 못한다.’의 의미

제185조에서 ‘임의로 창설하지 못한다.’의 의미는 물권의 종류와 내용에 모두 적용된다. 즉 새로운 종류의 ‘물권창설금지’(종류강제)와 물권의 내용이나 효력의 ‘임의적 변경금지’(내용강제)를 모두 의미한다.

(4) 강행규정성

제185조는 강행규정이므로, 이에 위반하는 법률행위는 무효이다.

다만 종류강제에 위반한 법률행위의 효력은 전부 무효이나(예컨대 동산을 대상으로 저당권을 설정하기로 하는 담보설정계약), 내용강제에 위반한 법률행위의 효력은 민법 제137조의 일부무효의 법리(내용강제 위반 약정 전부를 무효로 하나, 그 무효부분이 없더라도 법률행위를 하였을 것이라고 인정될 때에는 나머지 부분은 유효)에 따라 처리하는 것이 타당할 것이다(이영준 20면).

관련판례

물권법정주의

① 민법 제185조는, "물권은 법률 또는 관습법에 의하는 외에는 임의로 창설하지 못한다."고 규정하여 이른바 물권법정주의를 선언하고 있고, 물권법의 강행법규성은 이를 중핵으로 하고 있으므로, 법률(성문법과 관습법)이 인정하지 않는 새로운 종류의 물권을 창설하는 것은 허용되지 아니한다(대판 2002. 2. 26. 2001다64165).

② 관습상의 사도통행권 인정은 물권법정주의에 위배된다(대판 2002. 2. 26. 2001다64165).

Ⅱ. 물권의 종류와 분류

1. 민법이 인정하는 물권

민법이 인정하는 물권은 점유권·소유권·지상권·지역권·전세권·유치권·질권·저당권의 8종이 있다.

8종의 물권은 다음과 같이 분류기준에 따라 여러 가지로 나누어진다.

〈민법이 인정하는 물권의 분류〉

- 점유권
- 본 권
  - 소유권
  - 제한물권
    - 용익물권
      - 지상권
      - 지역권
      - 전세권
    - 담보물권
      - 유치권
      - 질 권
      - 저당권

(1) 점유권과 본권

점유권은 사람이 물건을 사실상 지배(점유)라는 존재의 상태 그 자체에 대해 인정되는 물권이고, 본권은 사람의 물건에 대한 사실상 지배를 묻지 않고 지배할 수 있는 당위의 상태에 대해 인정되는 물권이다.

(2) 소유권과 제한물권

본권에는 소유권과 제한물권이 있다. 소유권은 사람이 물건을 사용·수익·처분 등 전면적으로 지배할 수 있는 물권(완전물권)이고, 제한물권은 다른 사람의 소유물을 대상으로 그 일면적인 지배만을 할 수 있는 물권이다. 특히 제한물권은 '다른 사람의 소유물'을 대상으로 사용가치 또는 교환가치의 지배를 그 내용으로 한다는 점에서 타물권(他物權)이라고도 한다.

(3) 용익물권과 담보물권

제한물권은 다시 용익물권과 담보물권으로 나누어진다. 이 중 지상권·지역권·전세권은 타인 소유물에 대한 사용·수익하는 것을 그 내용으로 하는 용익물권이고, 유치권·질권·저당권은 채권자가 담보를 위하여 타인 소유물에 대한 처분권능을 지배하는 것을 그 내용으로 하는 담보물권이다.

(4) 부동산물권과 동산물권

민법이 인정하는 8종의 물권 중 부동산을 대상으로 하는 부동산물권은 질권을 제외한 일곱 가지이다. 또한 동산을 대상으로 하는 동산물권은 점유권·소유권·유치권·질권이다. 따라서 동산과 부동산 모두를 객체로 할 수 있는 물권은 점유권·소유권·유치권 세 가지이다.

2. 민법 이외의 법률이 인정하는 물권

민법 이외의 법률이 인정하는 물권으로는 상사유치권·상사질권·선박저당권 등 상법상의 물권 및 그 밖의 특별법상의 물권이 있다. 여기서 특별법상의 물권으로 대표적인 것은 가등기담보법에 의한 가등기담보권, 부동산양도담보권(동법 1조), 입목법에 의한 입목저당권(동법 3조), 공장 및 광업재단 저당법에 의한 공장저당권, 공장재단저당권, 광업재단저당권(동법 3조, 10조, 52조), 자동차 등 특정동산 저당법에 의한 소형선박저당권, 자동차저당권, 항공기저당권, 건설기계저당권(동법 3조), 농지법에 의한 농지저당권(동법 13조), 동산·채권담보법에 의한 동산·채권담보권(동법 3조, 34조)등을 들 수 있다.

이 밖에 광업권(광업법 3조, 7조)과 어업권(수산업법 2조, 16조)은 물건을 직접 지배해서 사용·수익·처분 등의 지배를 하지 않지만 물권과 같이 일정한 물건(일정한 광구에 속하는 미채굴의 광물, 일정한 어장에 속하는 수산 동식물)에 대한 배타적(독점적) 권리라는 점에서 준물권(準物權)이라고 하며 물권과 같이 취급한다.

3. 관습법이 인정하는 물권

법률 이외에 관습법이 인정하는 물권으로는 관습법상의 법정지상권, 분묘기지권 등이 있다. 이 밖에 가등기담보법의 적용을 받지 않는 동산양도담보는 비전형 담보로서 관습법에 의한 담보물권이라고 할 수 있다(김상용 38면, 이은영 35면). 다만 동산양도담보에 대해서는 소유권이전의 형식에 의한 변칙적인 담보로서 담보물권이 아니며, 판례에 의해 인정되는 것일 뿐 물권이 아니라는 견해가 있다(송덕수 22면).

이 밖에 판례는 온천에 관한 권리, 공원이용권, 무허가건물양수인의 권리, 사인의 토지에 대한 관습상의 통행권 등에 대해서 관습에 의한 물권의 지위를 부정하고 있다.

관련판례

관습법에 의한 물권의 부인

① 미등기 무허가건물의 양수인이라도 그 소유권이전등기를 경료하지 않는 한 그 건물의 소유권을 취득할 수 없고, 소유권에 준하는 관습상의 물권이 있다고도 할 수 없다. 그리고 현행법상 사실상의 소유권이라고 하는 포괄적인 권리 또는 법률상의 지위를 인정하기도 어렵다(대판 2006. 10. 27. 2006다49000).

② 온천에 관한 권리를 관습법상의 물권이라고 볼 수 없고 또한 온천수는 민법 제235조, 제236조 소정의 공용수 또는 생활상 필요한 용수에 해당하지 아니한다(대판 1970. 5. 26. 69다1239).

③ 민법 제185조는, "물권은 법률 또는 관습법에 의하는 외에는 임의로 창설하지 못한다."고 규정하여 이른바 물권법정주의를 선언하고 있고, 물권법의 강행법규성은 이를 중핵으로 하고 있다. 따라서 법률(성문법과 관습법)이 인정하지 않는 새로운 종류의 물권을 창설하는 것은 허용되지 아니한다. 따라서 관습상의 사도통행권 인정은 물권법정주의에 위배된다(대판 2002. 2. 26. 2001다64165).

제4절 물권의 효력

Ⅰ. 개 관

물권은 그 종류 각각에 따라 특유한 개별적 효력이 있다. 그러나 모든 물권에 공통되는 일반적 효력으로서는 우선적 효력(優先的 效力)과 물권적 청구권(物權的 請求權)이 있으며, 이들 효력은 물권의 배타적 지배권이라는 특질로부터 비롯되는 것이다.

Ⅱ. 우선적 효력

1. 의 의

물권의 우선적 효력은 동일 물건 위에 물권과 채권, 또는 서로 다른 물권이 존재하는 경우에 물권이 채권, 또는 다른 물권에 우선하여 다루어지는 효력을 말한다.

2. 물권 상호 간의 우선적 효력

(1) 물권은 배타적 지배권이므로, 동일한 물건 위에 그 성질과 내용을 같이 하는 수개의 물권이 성립할 수 없으나, 성질과 내용이 다른 물권은 병존할 수 있게 된다.

(2) 먼저 동일한 물건 위에 소유권과 제한물권이 병존하게 되면, 타인 소유물에 대한 일면적 지배권인 제한물권이 존재하는 동안 당연히 소유권은 제한을 받게 된다. 따라서 이 경우에는 성질상 타물권(他物權)인 제한물권이 소유권에 우선한다.

(3) 다음으로 동일한 물건 위에 수개의 제한물권이 존재하는 경우, 이들 상호간에서는 성립 선후에 따른다. 즉 시간적으로 먼저 성립한 물권이 나중에 성립한 물권보다 우선한다. 이를 일명 선성립주의(先成立主義)라고 한다. 여기서 성립 선후에 따라서 우선적 효력이 정해지는 것에 관하여 로마법의 법언은 "시간에 있어서 앞서는 것이 권리에 있어서 앞선다."(prior tempore, potior iure)라고 한다. 또한 게르만의 법언도 "일찍 방앗간에 나온 사람이 먼저 방아를 찧는다."고 하여 병존할 수

있는 물권 상호 간의 우선적 효력을 성립 선후에 의하는 것으로 다루고 있었다.

(4) 점유권·광업권은 본권 및 토지소유권과 서로 병존하여 대립이 없기 때문에 그 성질상 우선적 효력이 인정되지 않는다. 또 점유권은 동일한 물건 위에 직접점유와 간접점유가 서로 병존할 수 있다(191조, 194조).

또한 유치권도 유치적 작용에 따른 사실상의 우선변제적 작용이 인정되므로, 우선적 효력이 문제되지 않는다.

3. 채권보다 우선하는 효력

(1) 원 칙

물권과 채권이 동일 물건을 대상으로 성립하는 경우에는 그 성립시기의 전후와는 관계없이 직접적 지배권으로서 절대적인 물권이 상대적인 채권보다 우선한다. 여기서 채권에 대한 물권의 우선적 효력에 관하여 법언(法諺)은 '매매는 임대차를 깨뜨린다.'라고 한다. 이는 매매에 의하여 새로이 소유권을 취득한 매수인은 매매목적물에 대하여 먼저 임차권을 취득하였던 임차인의 임차권을 배제할 수 있음을 상징적으로 나타내는 표현이다.

위 원칙에 따라 또한 채무자가 파산한 경우 소유권자는 환취권(還取權)을 행사해서 채권자에 우선하여 파산재단에 들어있는 재산을 되찾아올 수 있고(채무자회생법 407조), 또 담보물권자는 별제권(別除權)을 행사해서 채권자보다 우선하여 변제받을 수 있다(동법 411조). 또 채무자가 강제집행을 당한 경우 소유권자는 제3자 이의의 소를 제기 할 수 있고, 담보물권자는 배당절차에 참가해서 우선변제권을 행사할 수 있다(민사집행법 48조, 88조, 145조, 217조, 247조).

(2) 예 외

다음의 경우에는 일정한 요건을 갖춘 채권이 먼저 존재하면 그 채권은 물권보다 우선한다.

1) 부동산임차권이 등기된 때에는 그때부터 물권과 동일한 효력을 가지게 되어, 제3자에게 그 효력을 주장할 수 있다(621조). 이것을 '부동산임차권의 물권화'라고

한다. 한 걸음 더 나아가, 주거용건물(주택) 및 상가건물(점포)에 관한 임대차의 경우에 등기 없이 물권적 효력을 가지므로{주택임대차보호법(이하 '주임법'이라 약칭함) 3조 1항, 상가건물임대차보호법(이하 '상임법'이라 약칭함) 3조 1항}, 이는 민법에 대한 특례를 이룬다.

2) 부동산물권의 변동을 청구하는 채권, 예컨대 매매에 의하여 매수인이 가지게 되는 소유권이전청구권(채권)은 가등기를 갖추고 있다가, 이에 의한 본등기를 하게 되면 물권에 우선하는 효력이 생긴다{부동산등기법(이하 '부등법'이라 약칭함) 91조}.

(3) 법률의 규정에 의한 우선특권

법률이 일정한 권리를 보호할 목적으로 순위를 별도로 정하는 경우(우선특권)에는 이에 의하게 되므로, 시간의 선후에 의하지 않게 된다. 이러한 경우로는 근로기준법에 의한 임금우선특권(동법 38조), 주택임대차보호법에 의한 보증금우선특권(동법 8조, 12조), 상가건물임대차보호법에 의한 보증금우선특권(동법 14조), 상법에 의한 우선특권(동법 468조, 788조) 등이 있다.

Ⅲ. 물권적 청구권

1. 서 설

(1) 의 의

물권적 청구권은 물권의 내용실현이 어떤 사정으로 인하여 방해 당하고 있거나 또는 방해 당할 염려가 있는 경우에 물권자가 침해상태를 자기의 지배하에 두고 있는 자(방해자)에 대하여 그 방해의 제거 또는 예방에 필요한 일정한 행위를 청구할 수 있는 권리이다. 이를 일명 물상청구권(物上請求權)이라고도 한다.

(2) 인정근거

물권의 내용실현이 침해를 당하고 있을 때 물권적 청구권 이외에도 민법상의 보호수단으로는 자력구제(209조)나 불법행위로 인한 손해배상청구권(750조)이 있다. 먼저 자력구제의 경우, 비록 자신의 물건이라고 하더라도 일단 다른 사람의 지배 아래에 들어가면 이에 대하여는 물리적 강제에 의하여 되찾는 것은 허용되지 않는다(209조). 또 불법행위로 인한 손해배상청구권의 경우에, 우리 민법은 금전배상이 원칙이고 또 상대방에게 귀책사유(고의 또는 과실)가 있어야 하므로 그 물건 자체를 돌려받는 것에도 한계가 있게 된다.

따라서 위 수단은 권리침해시 직접적·배타적 지배권인 물권의 내용을 실현시키기에는 한계가 있기 때문에 위 한계를 극복하고 물권내용의 완전한 실현이 방해되고 있는 경우에, 그 방해를 제거하여 물권의 실효성을 회복하기 위하여 인정되는 것이 물권적 청구권이다.

(3) 다른 청구권과의 관계

민법은 "점유권에 기인한 소와 본권에 기인한 소는 서로 영향을 미치지 아니한다."고 규정하고 있다(208조 1항). 따라서 본권에 기인한 물권적 청구권과 점유권에 기인한 물권적 청구권은 서로 경합한다.

이 밖에 물권적 청구권과 다른 청구권과의 상호관계는 다음과 같다.

1) 계약상의 청구권

타인의 물건을 점유하는 것을 내용으로 하는 계약관계(예컨대 임대차, 사용대차 등)가 종료한 후에 무단으로 점유하고 있는 자가 있는 경우, 목적물 소유자는 계약관계 종료에 기초한 청구권 이외에 물권적 청구권도 행사할 수 있다. 따라서 계약상의 청구권과 물권적 청구권은 서로 경합한다.

2) 불법행위로 인한 손해배상청구권

물권적 청구권 행사의 상대방이 고의 또는 과실에 의하여 물권의 내용실현을 적극적으로 침해하고 있는 경우에는, 침해의 모습에 따른 물권적 반환청구권이나 방해제거청구권 이외에 불법행위에 근거한 손해배상청구권도 병존하여 주장할 수 있다(204조 1항, 205조 1항). 따라서 불법행위로 인한 손해배상청구권과 물권적 청구권은 서로 경합한다.

3) 부당이득반환청구권

무단점유자에 대하여 소유권자 등의 회복자는 물권적 청구권 또는 부당이득반환청구권을 행사할 수 있다. 여기서 물권적 청구권을 행사하는 경우에 발생하는 점유자와 회복자 사이를 규율하는 제201조 내지 제203조 등의 관련 규정은 부당이득의 법리와 궤를 같이 한다(김형배, 김규완, 김명숙 436면). 따라서 물권적 청구권은 부당이득반환청구권과 경합을 인정할 실익이 없으나, 악의의 부당이득반환청구권의 경우에는 물권적 청구권과 경합한다. 또한 민법 제103조의 반사회질서의 법률행위에 의한 이행의 경우는, 불법원인급여가 되어 원래의 소유권자의 물권적 청구권의 행사가 제한되므로(746조 본문), 반사적으로 수익자에게 소유권이 귀속된다(대판 1997. 7. 25. 97다362).

2. 물권적 청구권의 성질과 소멸시효

(1) 물권적 청구권의 성질

1) 물권적 청구권의 법적 성질에 대하여는, 물권으로부터 비롯되나 물권과는 독립한 청구권이라는 독립청구권설이 통설이다(곽윤직·김재형 27면, 김상용 48면, 송덕수 31면, 이영준 47면).

2) 물권적 청구권은 청구권이라는 점에서 채권과 같으나, 특정의 상대방이 없는 권리라는 점에서 채권과 다르다.

3) 물권적 청구권은 물권과 독립한 청구권이나 물권에 의존하는 권리이므로, 물권과 운명을 같이 한다(수반성). 따라서 물권이 양도되면 물권적 청구권도 그에 수반하여 양도되고, 물권이 소멸하면 원칙적으로 물권적 청구권에 그에 수반하여 소멸한다.

4) 물권이 채권에 우선하므로, 물권적 청구권도 채권적 청구권에 우선한다. 따라서 파산의 경우, 물권자는 파산채무자의 채권자를 배제하고 환취권(還取權)에 의하여 우선적으로 보호된다(채무자회생법 407조 참조).

(2) 물권적 청구권과 소멸시효

1) 학 설

물권적 청구권이 물권과 독립하여 소멸시효에 걸리느냐의 여부에 대해서는 다음과 같이 학설이 대립하고 있다.

먼저 부정설은, 물권적 청구권은 물권과 독립한 청구권이나 물권에 의존하는 권리이므로, 물권이 존재하는 한 그와 독립하여 물권적 청구권만이 소멸시효에 걸리지 않는다고 이해하는 견해로서 다수설이다(김상용 49면, 송덕수 34면, 이은영 79면, 지원림 448면, 홍성재 26면).

위에 대하여 절충설(제한적 긍정설)은, 소유권은 소멸시효에 걸리지 않으므로 소유권에 기인한 물권적 청구권은 소멸시효에 걸리지 않으나, 소유권 이외의 물권은 소멸시효에 걸리므로(162조 2항) 제한물권에 기인한 물권적 청구권은 독립하여 소멸시효에 걸린다고 이해하는 견해로서 소수설이다(고상룡 672면, 곽윤직·김재형 30면).

또 긍정설은 제한물권은 물론이고 물권적 청구권도 민법 제162조 제2항이 규정하는 '소유권 이외의 재산권'에 해당하므로 20년의 소멸시효에 걸린다는 입장을 취하고 있다(이영준 53면).

2) 판 례

판례는 소유권에 기인한 물권적 청구권은 소멸시효에 걸리지 않는다는 태도를 취하고 있다(대판 1982. 7. 27. 80다2968).

3) 사 견

물권적 청구권은 상린권과 공유물분할청구권에서와 마찬가지로 이와 분리되어 처분할 수 없는 수반성을 띤다. 또 물권이 존재하는 한 그 권리실현을 위한 물권적 청구권은 존재하여야 하고 이는 그 기초가 되는 물권이 무엇이냐에 따라 달라질 성질의 것이 아니다. 따라서 물권이 있는 한 이로부터 독립하여 물권적 청구권만이 소멸시효에 걸리지 않는 것으로 이해하여야 할 것이다.

관련판례

물권적 청구권과 소멸시효

① 채권담보의 목적으로 이루어지는 부동산 양도담보의 경우에 있어서 피담보채무가 변제된 이후에 양도담보권설정자가 행사하는 등기청구권은 양도담보권설성자의 실질적 소유권에 기한 물권적 청구권이므로 따로 시효로 소멸되지 아니한다 (대판 1979. 2. 13. 78다2412).

② 부동산매매계약이 합의해제되면 매수인에게 이전되었던 소유권은 당연히 매도인에게 복귀되는 것이므로 합의해제에 따른 매도인의 원상회복청구권은 소유권에 기인한 물권적 청구권이라 할 것이고, 따라서 이는 소멸시효의 대상이 아니다 (대판 1982. 7. 27. 80다2968).

③ 공사금 등 채권의 담보를 위하여 공유수면매립면허를 양도받으면서 장차 그 명의로 취득하게 되는 매립지 중 일부를 처분하여 자신의 위 채권에 충당하는 등의 방법으로 채권을 정산받으며 그 나머지 매립지는 원래 매립면허자에게 양도하기로 약정하였다. 그 후 공유수면매립공사를 완성하여 준공인가를 받음으로써 공유수면매립법 제14조의 규정에 따라 매립지의 소유권을 취득한 경우 그는 위 채권의 담보목적의 범위 내에서 위 매립지의 소유권을 취득한 것이고 대내적으로는 그 소유권이 원래의 매립면허자에게 남아 있다고 봄이 상당하다. 따라서 그 후 공사시행자 자신의 명의로 취득한 위 매립지 중 일부를 처분하여 원래의 면허자에 대한 위 채권의 만족을 얻었다면 원래의 면허자는 피담보채무의 소멸을 이유로 나머지 매립지에 관한 소유권이전등기절차이행을 청구할 수 있다. 그리고 이와 같은 등기청구권은 소멸시효의 대상이 되지 않는다(대판 1993. 12. 21. 91다41170).

④ 채권담보의 목적으로 이루어지는 부동산 양도담보의 경우에 있어서 피담보채무가 변제된 이후에 양도담보권설정자가 행사하는 등기청구권은 양도담보권설정자의 실질적 소유권에 기한 물권적 청구권이므로, 따로이 시효소멸되지 아니한다 (대판 1979. 2. 13. 78다2412).

3. 물권적 청구권의 종류와 내용

(1) 기초가 되는 권리에 의한 분류

민법은 이에 대하여 그 기초가 되는 물권이 무엇이냐에 따라 점유권에 기인한 물권적 청구권(204조~206조)과 본권에 기인한 물권적 청구권으로 나누어 인정하고 있다. 또한 뒤의 것은 소유권에 관하여 물권적 청구권을 규정하고(213조, 214조), 이를 다른 제한물권(지상권·지역권·전세권·저당권)에 준용하고 있다(290조, 301조, 319조, 370조).

여기서 유치권(留置權)은 점유를 본체로 하므로, 점유권에 관한 규정에 의하여 물권적 청구권을 인정하게 된다. 따라서 유치권은 별도의 규정을 두고 있지 않다.

또 질권의 경우 민법이 별도의 물권적 청구권의 규정을 두고 있지 않은 것은 입법의 불비이므로, 질권의 경우에는 소유권에 기인한 물권적 청구권 규정(213조, 214조)이 유추적용되어야 할 것이다(통설).

(2) 방해의 모습에 의한 분류

1) 물권적 반환청구권

이는 물권자가 도난당한 물건의 반환을 청구하는 경우와 같이 목적물의 점유침탈을 당했을 때에 물권자가 그 반환 및 손해배상을 청구할 수 있는 권리를 말한다(204조, 213조). 그러나 점유자가 그 물건을 점유할 권리가 있는 때에는 반환을 거부할 수 있다(213조 단서).

또 지역권과 저당권은 점유를 수반하지 않는 권리이므로, 물권적 방해제거청구권과 방해예방청구권과 인정될 뿐 점유의 침탈에 따른 물권적 반환청구권은 인정되지 않는다(301조, 370조 참조).

2) 물권적 방해제거청구권

이는 물권자가 목적물의 점유침탈 이외의 사정으로 물권의 내용실현이 방해되었을 때에 그 방해를 제거할 수 있는 입장에 있는 자에 대하여 그 방해의 제거 및 손해배상을 청구할 수 있는 권리를 말한다(205조, 214조).

3) 물권적 방해예방청구권

이는 물권자가 방해가 생길 염려가 있는 경우에 그 방해의 예방 또는 손해배상의 담보를 청구할 수 있는 권리를 말한다(206조, 214조).

위의 설명을 그림으로 나타내면 다음과 같다.

〈물권적 청구권의 종류와 내용에 관한 도시〉

종 류	요 건	청구의 내용
물권적 반환청구권	점유의 상실(침탈)	목적물의 반환청구 및 손해배상청구
물권적 방해제거청구권	점유상실 이외의 사정으로 인한 방해	방해의 제거청구 및 손해배상청구
물권적 방해예방청구권	물권의 침해가 발생할 염려	방해원인의 예방청구 또는 담보제공의 청구

관련판례

물권적 청구권과 손해배상

소유자가 자신의 소유권에 기하여 실체관계에 부합하지 아니하는 등기의 명의인을 상대로 그 등기말소나 진정명의회복 등을 청구하는 경우에, 그 권리는 물권적 청구권으로서의 방해배제청구권(민법 제214조)의 성질을 가진다. 그러므로 소유자가 그 후에 소유권을 상실함으로써 이제 등기말소 등을 청구할 수 없게 되었다면, 이를 위와 같은 청구권의 실현이 객관적으로 불능이 되었다고 파악하여 등기말소 등 의무자에 대하여 그 권리의 이행불능을 이유로 민법 제390조상의 손해배상청구권을 가진다고 말할 수 없다. 위 법규정에서 정하는 채무불이행을 이유로 하는 손해배상청구권은 계약 또는 법률에 기하여 이미 성립하여 있는 채권관계에서 본래의 채권이 동일성을 유지하면서 그 내용이 확장되거나 변경된 것으로서 발생한다. 그러나 위와 같은 등기말소청구권 등의 물권적 청구권은 그 권리자인 소유자가 소유권을 상실하면 이제 그 발생의 기반이 아예 없게 되어 더 이상 그 존재 자체가 인정되지 아니하는 것이다. 이러한 법리는 선행소송에서 소유권보존등기의 말소등기청구가 확정되었다고 하더라도 그 청구권의 법적 성질이 채권적 청구권으로 바뀌지 아니하므로 마찬가지이다.

[대법원장 양승태, 대법관 이상훈, 대법관 김용덕의 별개의견] 청구권이 발생한 기초가 되는 권리가 채권인지 아니면 물권인지와 무관하게 이미 성립한 청구권에 대하여는 그 이행불능으로 인한 전보배상을 인정하는 것이 법리적으로 불가능하지 아니하며, 이를 허용할 것인지는 법률 정책적인 결단이므로, 이미 대법원에서 이를 허용하여 채권에 못지않게 물권을 보호하는 견해를 취한 것은 구체적 타당성 면에서 옳고, 확정판결을 거쳐 기판력이 발생되어 있는 경우에는 더욱 그러하다고 보이며, 장기간 이와 같은 견해를 유지하여 온 판례들을 뒤집어 물권 내지는 물권자의 보호에서 후퇴하여야 할 이론적·실무적인 필요성이 없다. 따라서 선행소송에서 본래적 급부의무인 소유권보존등기 말소등기절차를 이행할 의무가 현존함이 확정된 경우, 그 이행불능 또는 집행불능에 따른 전보배상책임을 인정하는 것이 가능하다(대판〈전〉 2012. 5. 17. 2010다28604).

4. 물권적 청구권의 행사

(1) 행사의 요건

물권적 청구권을 행사하기 위한 요건은 방해의 모습에 따른 종류에 따라 다르나, 그 공통요건으로 침해의 사실과 침해의 위법성을 요한다.

1) 침해의 사실

여기서 침해의 사실은 현재 물권을 침해하고 있거나 장차 침해할 염려가 있는 것을 말하며, 침해자의 고의나 과실은 그 요건이 아니다. 따라서 침해의 사실은 주관적이 아닌 객관적인 기준에 의하여 판단된다.

2) 침해의 위법성

침해의 사실이 법질서에 어긋나는 것이이야 한다. 따라서 물권내용의 완전한 실현이 침해된 경우라 할지라도 상대방의 방해가 정당한 권원(權原)에 의한 경우(예컨대 전세권·임차권에 의하여 전세권자·임차인이 설정자의 소유권을 제한하는 경우〈213조 단서〉), 물권내용 자체가 제한되는 명문규정이 있는 경우(예컨대 상린관계의 규정〈216조~244조〉), 물권적 청구권의 행사가 권리남용이 되는 경우 등에는 그 행사가 제한된다.

(2) 행사의 당사자

1) 행사의 주체(청구권자)

물권적 청구권 행사의 주체는 물권을 가지는 자로서, 목적물을 점유하고 있음을 요하지 않는다. 따라서 물권적 청구권자는 물권에 대한 지배를 침탈당한 자, 침탈 이외의 원인으로 현재 물권을 방해 당하고 있는 자, 장차 방해 당할 염려가 있는 물권자이다.

2) 행사의 상대방(피청구자)

물권내용의 원만한 실현에 방해되는 원인을 자기의 지배하에 두고 있는 자는 그의 고의·과실을 묻지 않고 상대방이 된다. 따라서 행사의 상대방은 스스로 물권의 내용실현을 적극적으로 침해한 자(적극적 침해자)뿐만 아니라, 자기의 지배에 속하는 사실에 의하여 물권의 침해상태를 가져오게 한 자(소극적 침해자)도 포함된다. 따라서 불법점유자라 하여도 그 건물을 다른 사람에게 인도하여 현실적으로 점유를 하고 있지 않은 이상, 그 자를 상대로 한 인도(명도)청구는 부당하다.

(3) 행사의 비용부담

목적물의 반환, 방해의 제거, 방해의 예방에 드는 비용을 청구권자인 물권자가 부담할 것인가 아니면 피청구권자인 상대방이 부담할 것인가가 문제된다.

1) 학 설

여러 학설이 대립되나, 그 주요한 것은 다음과 같다.

가) 행위청구권설

이는 물권적 청구권이란 물권자가 상대방으로 하여금 적극적인 회복행위를 주장하는 것이라고 이해하는 견해이다. 이 견해는 다시 언제나 상대방이 비용을 부담하여야 하다는 입장(장경학 134면)과 일정한 범위에서 예외를 인정하는 입장으로 나누어 볼 수 있다.

특히 뒷 것의 입장으로는 물권적 청구권은 행위청구권이지만 비용부담 문제는 변제비용의 부담에 관한 규정인 민법 제473조의 유추적용(비용은 원칙적으로 채무자의 입장에 있는 상대방의 부담으로 하여야 하나, 상대방과 관계없이 침해상태가 발생한 때에는 채권자의 입장에 있는 물권자의 부담으로 한다)에 의하여 해결하여야 한다는 입장(이영준 49면), 물권적 청구권은 원칙적으로 행위청구권이나 반환청구의 경우 상대방(현재의 점유자)이 스스로 점유를 취득한 것이 아닌 때에는 예외적으로 상대방에게 인용만을 청구하여야 한다는 입장(김상용 53면) 등으로 나누어 볼 수 있다.

나) 인용청구권설

이는 물권적 청구권이란 물권자가 하는 회복행위에 대하여 상대방으로 하여금 소극적인 인용의무를 부담시키는 것이라고 이해하는 견해이다. 여기서 물권적 청구권의 성질을 그대로 비용부담의 문제로 연계시켜서 인용청구권설을 이해하면 청구권자가 비용을 부담하게 된다.

그러나 인용청구권설을 취하면서도 비용부담의 문제는 책임원리에 의하여 해결해야 한다는 입장에 따라 당사자 일방에게 귀책사유가 있으면 그 당사자가 비용을 부담하여야 하나, 당사자 모두에게 귀책사유가 없는 경우에는 공평의 원리에 따라 당사자가 절반하여 비용을 부담해야 한다는 견해가 있다(김용한 54면).

다) 책 임 설

이는 방해상태가 상대방의 귀책사유에 의하여 생긴 경우에는 상대방에게 적극적인 배제행위(비용부담)도 청구할 수 있으나 상대방의 책임 없는 사유로 침해상태가 생긴 경우에는 물권자 자신이 비용을 부담하여 이를 배제하고 인용의무만을 부담케 하여야 한다는 견해이다(곽윤직·김재형 32면).

라) 민법 第758조 유추적용설

이는 책임법의 원리에 따라 상대방의 귀책사유가 있는 경우에는 상대방의 비용부담으로 제거를 청구하여야 하나, 당사자 모두에게 귀책사유가 없는 경우에는 민법 제758조를 유추적용하여 물권자가 제거비용을 부담해야 한다는 견해가 있다(고상룡 38면).

마) 신의칙설

이는 물권적 청구권의 비용을 청구권자인 물권자가 부담할 것인가 아니면 피청구권자인 상대방이 부담할 것인가는 일률적으로 말할 수 없고 관련 사정을 종합하여 신의칙에 따라 결정하여야 한다는 견해이다(이상태 34면).

2) 판 례

판례는 물권적 청구권의 비용부담 문제에 대해서 별도로 밝히고 있지 않으나, 그 성질에 대해서는 상대방으로 하여금 적극적인 회복행위를 주장하는 것으로 이해하고 있다. 즉 판례는 물권적 청구권에 관한 다툼에서 상대방인 피고에게 토지의 인도, 건물의 철거 등을 명하고 있다(대판 1968. 4. 16. 67다2778; 동 1967. 2. 28. 66다2228; 동 1999. 7. 9. 98다57457·57464; 동 1999. 7. 27. 98다47528). 따라서 판례는 물권적 청구권행사의 비용부담에 대하여 행위청구권설의 입장에서 상대방이 행사비용을 부담하도록 하는 입장을 취하고 있는 것으로 평가된다.

3) 사 견

물권적 청구권은 물권자인 청구권자가 상대방으로 하여금 적극적인 회복행위를 주장하는 권리이므로, 이에 따른 비용은 원칙적으로 상대방이 부담하여야 한다. 그러나 상대방에게 침해와 관련하여 귀책사유가 없는 경우에는 가혹할 것이므로, 이를 어떻게 해결할 것인가가 가장 비용부담의 핵심 쟁점이 된다.

이에 대하여 우리 민법은 별도의 명문규정을 두고 있지 않으나 현행법의 해석상 가장 유사한 관련 규정은 변제비용의 부담을 규정하는 민법 제473조라고 평가할 수 있다. 따라서 민법 제473조를 유추적용하여 물권적 청구권의 비용부담은 원칙적으로 채무자의 입장에 있는 상대방의 부담으로 하여야 하나, 상대방과 관계없이 침해상태가 발생한 때에는 채권자의 입장에 있는 물권자가 부담하는 것으로 이해하여야 할 것이다.

사례&판례 연구 **물권적 청구권의 행사와 그 제한 〈소유권에 기인한 물권적 청구권 행사의 제한과 권리남용의 요건〉【대판 1993. 5. 14. 93다4366】**

《사건의 개요》

원고 甲(재단법인 운경 새마을사업회)은 대구시 중구 XX동 소재 A(대지 84.3㎡)의 소유자이고, 옆 토지인 중구 서문로의 B(36.7㎡)는 피고 乙의 토지로 乙은 B토지 위에 건물 C(2층건물)를 소유하고 있었는데, C는 A토지 중 0.3㎡를 침범하고 있는 것으로 판명되었다.

그런데, 甲은 자기의 A토지와 인접한 대지 D를 취득하여 A토지 위에 건립되어 있는 기존병원의 확장공사를 하는 한편, 대로변에 위치한 乙 소유의 건물 C(위 병원의 전면에 위치)를 매수하려고 하였으나 성사되지 않자 甲은 乙의 C건물이 자기의 A토지를 0.3㎡ 침범하였다는 이유로 소유권에 기인한 물권적 청구권행사의 일환으로 침범부분에 대한 건물철거 및 그 침범토지부분을 자기에게 인도할 것을 청구하였다.

이러한 甲의 주장에 대하여 피고 乙은 침범부분이 극히 작고 침범한 건물을 철거하는데 막대한 비용이 소요될 뿐만 아니라 건물의 효용을 크게 해치는 반면 원고 甲으로서는 이를 인도받는다 하더라도 그 토지상에 이미 건물이 축조되어 있어 경제적 가치가 크지 않으므로 위 甲의 청구는 권리남용에 해당한다고 항변하였다.

【판시사항】

가. 권리행사가 권리남용에 해당하기 위한 요건

나. 건물철거소송에 이른 사정, 계쟁토지가 0.3m^2에 불과한 점, 철거에 상당한 비용이 들고 철거 후에도 잔존 2층 건물의 효용이 크게 감소되리라는 점 등에 비추어 권리남용에 해당하지 않는다는 원심판결을 심리미진을 이유로 파기한 사례

【판결요지】

가. 권리의 행사가 주관적으로 오직 상대방에게 고통을 주고 손해를 입히려는 데 있을 뿐 이를 행사하는 사람에게는 아무런 이익이 없고 객관적으로 사회질서에 위반된다고 볼 수 있으면 그 권리의 행사는 권리남용으로서 허용되지 아니 한다고 할 것이고, 권리의 행사가 상대방에게 고통이나 손해를 주기 위한 것이라는 주관적 요건은 권리자의 정당한 이익을 결여한 권리행사로 보여지는 객관적인 사정에 의하여 추인할 수 있다.

나. 건물철거소송에 이른 사정, 계쟁토지가 0.3㎡에 불과한 점, 철거에 상당한 비용이 들고 철거 후에도 잔존 2층 건물의 효용이 크게 감소되리라는 점 등에 비추어 권리남용에 해당하지 않는다는 원심판결을 심리미진을 이유로 파기한다.

제2장 물권변동

제1절 서 설

Ⅰ. 물권변동의 의의 및 원인

1. 의 의

'물권변동'(物權變動)은 물권의 발생·변경·소멸을 통틀어서 일컫는 말로서, 이를 물권의 주체를 중심으로 보면 물권의 취득·변경·상실(물권의 득실변경)이 된다.

2. 물권변동의 원인

물권변동은 그 원인이 되는 법률요건에 기초하여 나타나는 효과로서, 이에는 다음의 것들이 있다.

(1) 법률행위

이는 물권변동을 일어나게 하는 법률요건으로서 가장 중요한 것이며, 이를 특히 물권행위라고 한다.

(2) 법률의 규정

물권변동은 법률의 규정에 의하여서도 발생하는데, 이에는 취득시효(245조 이하) 등 민법이 규정하는 것과 공용징수(공익사업을 위한 토지 등의 취득 및 보상에 관한 법률 45조) 등 민법 이외의 법률이 규정하는 것이 있다.

(3) 판 결

물권변동은 물권의 발생, 변경, 소멸을 명하는 일정한 판결(형성판결)에 의하여서도 일어난다.

Ⅱ. 물권변동의 모습

물권변동은 물권이라는 권리의 변동이므로, 그 모습은 민법총칙에서 본 권리변동의 예와 같다.

〈물권변동의 모습 도시(圖示)〉

- ㉠ 물권의 취득(발생)
  - 원시취득(절대적 발생)
  - 승계취득(상대적 발생)
    - 이전적 승계
      - 특정승계
      - 포괄승계
    - 설정적 승계
- ㉡ 물권의 변경
  - 주체의 변경
  - 내용의 변경
  - 작용의 변경
- ㉢ 물권의 상실(소멸)
  - 객관적 상실(절대적 소멸)
  - 주관적 상실(상대적 소멸)

1. 물권의 취득(발생)

(1) 원시취득(절대적 발생)

이는 전 권리자인 타인의 권리에 기초하지 아니한 권리의 취득을 말한다. 즉, 전에 존재하지 않던 새로운 권리가 발생하는 것으로서, 절대적 발생이라고도 한다. 예컨대 민법이 정한 요건을 갖춤으로써 새롭게 소유권을 취득하는 시효취득(245조), 선의취득(249조), 무주물선점(252조), 유실물습득(253조), 매장물발견(254조)

등과 신축건물의 소유권취득이 이에 해당한다.

(2) 승계취득(상대적 발생)

이는 전 권리자인 타인의 권리를 기초로 하는 권리의 취득을 말한다. 이는 전에 존재하던 권리가 권리자에게 발생하는 것으로서, 상대적 발생이라고도 한다. 예컨대 매매, 증여, 교환, 상속 등에 의한 소유권 등의 권리취득이 이에 해당한다. 이는 다시 이전적 승계(취득)와 설정적 승계(취득)의 두 가지로 나누어진다.

1) 이전적 승계

이는 순수한 승계취득이다. 즉, 권리가 동일성을 유지하면서 그 주체의 변경이 일어나는 것으로서, 이는 또 다시 특정승계와 포괄승계로 나누어진다.

가) 특정승계

이는 하나의 권리취득원인에 의하여 하나의 권리가 취득되는 것을 말한다. 예컨대 매매·증여·교환 등은 이에 해당한다. 특히 판례는 아파트체납관리비에 대한 경락인의 승계 여부와 관련하여 경락인을 '특정승계인'(집합건물의 소유 및 관리에 관한 법률 제18조의 특별승계인)으로 보고 있으므로(대판 2001. 9. 20. 2001다8677; 헌재 2013. 5. 30. 2011헌바201), 이에 의하면 경매는 일종의 '특정승계'로서의 성질을 갖는다.

나) 포괄승계

이는 하나의 권리취득의 원인에 의하여 다수의 권리가 일괄해서 취득되는 것을 말한다. 예컨대 상속·포괄유증·회사의 합병·회사의 인수 등은 이에 해당한다.

2) 설정적 승계

이는 전 권리자인 타인이 자기의 권리를 그대로 보유하면서 그 권리에 기초하여 새로운 권리가 권리자에게 취득되는 것을 말한다. 예컨대 저당권 등의 제한물권의 설정과 전대차·전전세 등은 이에 해당한다.

(3) 원시취득과 승계취득의 구별의 실익

원시취득과 승계취득을 구별하는 실익은 뒤의 것은 원래 존재하고 있던 권리를 이어받는 것이다. 따라서 전권리자가 권리에 대하여 부담하고 있던 하자나 제한이 원칙적으로 권리취득자(승계취득자)에게 승계되나, 앞의 것은 새롭게 권리를 취득하는 것이므로 권리취득자(원시취득자)가 원칙적으로 아무런 하자나 제한이 없는 권리를 취득하게 된다.

관련판례

도급계약상 완성된 건물의 소유권에 대한 원시취득

일반적으로 자기의 노력과 재료를 들여 건물을 건축한 사람이 그 건물의 소유권을 원시취득한다. 그러나 도급계약에서는 수급인이 자기의 노력과 재료를 들여 건물을 완성하더라도 도급인과 수급인 사이에 도급인명의로 건축허가를 받아 소유권보존등기를 하기로 하는 등 완성된 건물의 소유권을 도급인에게 귀속시키기로 합의한 경우로 보일 때에는 그 건물의 소유권은 도급인에게 원시적으로 귀속된다(대판 2003. 12. 18. 98다43601).

관련판례

시효취득의 성질

시효로 인한 부동산 소유권의 취득은 원시취득으로서 취득시효의 요건을 갖추면 곧 등기청구권을 취득하는 것이고 또 타인의 소유권을 승계취득하는 것이 아니어서 시효취득의 대상이 반드시 타인의 소유물이어야 하거나 그 타인이 특정되어 있어야만 하는 것은 아니므로 성명불상자의 소유물에 대하여 시효취득을 인정할 수 있다(대판 1992. 2. 25. 91다9312).

2. 물권의 변경

이는 권리가 그 본질의 동일성을 유지하면서 주체·내용·작용에 변경을 가져오는 것을 말한다.

(1) 주체의 변경

이는 권리의 동일성을 유지하면서 권리자(주체)의 변경이 있는 것을 말한다. 이의 모습으로는 권리의 이전적 승계의 객관적 측면·공유물의 분할·공유자의 수효의 증감 등이 있다.

(2) 내용의 변경

이는 권리의 동일성을 유지하며 권리의 내용에 변경이 있는 것으로, 이는 다시 수량적 변경과 성질적 변경으로 나누어진다.

1) 수량적 변경

이는 권리의 수량에 변경을 가져오는 것으로, 양적 변경이라고도 한다. 이의 모습으로는 권리의 목적물의 증감, 물건의 부합 등 첨부에 의한 양적 증가, 물건의 일부멸실, 제한물권의 설정으로 인한 소유권 내용의 감소 등을 들 수 있다.

2) 성질적 변경

이는 권리의 성질에 변경을 가져오는 것으로, 질적 변경이라고도 한다. 이의 모습으로는 물건의 인도청구권이 이행불능으로 인해 손해배상채권(금전채권)으로 변경되는 경우, 물상대위 등을 들 수 있다.

(3) 작용의 변경

이는 권리의 동일성을 유지하면서 권리의 작용과 관련하여 변경이 있는 것이다. 이의 모습으로는 저당권의 순위변경(순위승진)의 경우를 들 수 있다.

3. 물권의 상실(소멸)

이는 권리가 어떤 원인에 의하여 권리주체로부터 이탈되는 것을 말한다.

(1) 객관적 상실(절대적 소멸)

이는 기존의 권리 자체도 소멸하는 것을 말한다(예컨대 목적물의 멸실·소멸시효완성에 의한 지상권의 소멸).

(2) 주관적 상실(상대적 소멸)

이는 기존의 권리 자체는 소멸하지 않는 것을 말한다. 이는 이전적 승계를 이전 권리자의 입장에서 본 것이다(예컨대 매매에서 소유권을 상실한 매도인의 입장).

Ⅲ. 공시의 원칙과 공신의 원칙

1. 공시의 원칙

(1) 의 의

이는 물권의 변동은 반드시 외부에서 인식할 수 있는 표상, 즉 공시방법(公示方法)을 갖추어야 한다는 원칙을 말한다. 이는 "물권이 있으면 공시가 이에 따라야 한다."는 취지로서, 거래의 안전을 위하여 인정되는 원칙이다.

(2) 공시방법에 관한 입법주의

이에 관하여는 등기나 인도를 성립요건으로 하는 형식주의(성립요건주의)와 이를 대항요건으로 하는 의사주의(대항요건주의)의 두 가지가 있다. 우리의 현행 민법은 구민법이 취하던 의사주의와 달리 형식주의를 취하고 있다(186조, 188조).

(3) 부동산 물권변동과 공시의 원칙

부동산에 관한 물권변동은 외부에서 쉽게 인식할 수 있도록 등기하여야 한다(186조). 그러나 그것이 법률행위가 아닌 법률의 규정에 의한 물권변동인 경우, 즉 상속·공용징수·판결·경매 등의 경우에는 등기를 요하지 않는다(187조 본문). 다만 이 경우에는 등기 없이는 처분하지 못한다(187조 단서).

따라서 부동산물권변동의 공시방법은 등기이다. 여기서 등기(登記)는 등기부라는 법정 공부에 등기사항을 기재하는 국가공무원이 행하는 공법상의 행위를 말한다.

(4) 동산물권변동과 공시의 원칙

동산물권의 양도의 경우에도 제3자가 인식할 수 있도록 인도가 필요하다(188조).

따라서 동산물권변동의 공시방법은 인도(引渡)이다. 여기서 인도는 물권에 대한 점유의 이전을 말한다. 이에는 현실의 인도와 관념적 인도로서의 간이인도·점유개정·목적물반환청구권의 양도가 있다(188조~190조).

(5) 특별한 공시방법

1) 명인방법

수목의 집단·미분리의 과실 등의 소유권 취득에 관하여는 관습법상의 공시방법인 명인방법(明認方法)이 있다.

2) 등 록

동산 중에도 자동차·항공기·선박·건설기계 등 특수동산(의제부동산)에 대한 물권변동에 관하여는 등록(登錄)을 하여야 한다.

3) 그 밖의 공시방법

분묘기지권은 평장이나 암장이 아닌 봉분(封墳) 모양의 분묘에 대해서만 인정되며, 이 경우, 봉분이 분묘기지권의 존재를 인식하는 공시방법이라고 할 수 있다.

(6) 공시의 원칙의 확장

공시의 원칙은 물권뿐만 아니라 다른 법률관계에서도 거래의 안전, 법률관계의 명확화 등을 위해서도 인정된다. 따라서 공시의 원칙은 물권에 한(限)한 현상이 아니다.

위의 대표적인 것으로는 물권과 마찬가지의 배타적 권리의 경우를 들 수 있다. 즉 광업권과 조광권(광업법 38조~39조, 58조~59조)과 어업권(수산업법 2조, 16조~17조)은 물권과 같이 일정한 물건(일정한 광구에 속하는 미채굴의 광물, 일정한 어장에 속하는 수산

동식물)에 대한 배타적 권리인 준물권(準物權)의 존재를 인식시키기 위하여 등록을 요하도록 하고 있다.

또 저작·발명·디자인·상표·실용신안 등 사람의 정신적·지능적 창작물을 독점적으로 이용하는 것을 내용으로 배타적 권리인 지식재산권의 경우에도 등록을 공시방법으로 채택하고 있다. 즉 특허권·디자인권(의장권)·상표권·실용신안권의 경우에는 등록하여야 효력이 발생하며(특허법 85조·87조·101조, 디자인보호법 37조·39조·48조, 상표법 39조·41조·56조, 실용신안법 18조·21조·28조), 저작권은 등록하여야 제3자에게 대항할 수 있다(저작권법 53조~55조).

이 밖에 비영리법인의 설립등기(33조, 54조)·회사의 설립등기(상법 172조)·채권양도의 통지(450조 이하)와 혼인·인지·입양과 같은 가족법상의 행위와 신고(812조, 859조, 878조) 등에도 공시의 원칙이 확장 적용된다.

2. 공신의 원칙

(1) 의 의

이는 물권의 존재를 추측케 하는 등기 또는 점유와 같은 공시방법인 겉모습, 외관(外觀)을 갖춘 경우에는 비록 그 공시가 진실한 권리관계와 일치하지 않는 경우일지라도 그 공시를 신뢰하여 거래하는 자를 보호하여야 한다는 원칙을 말한다. 이는 "공시가 있으면 물권이 이에 따라야 한다."는 취지로서, 진정한 권리자의 희생을 전제로 거래의 안전을 보호하고자 하는 법원칙이다. 따라서 공신의 원칙은 거래의 안전을 도모하는 장점이 있으나, 정적 안전(진정한 권리자)의 희생이라는 약점도 아울러 가지고 있다. 이에 따라 공시의 원칙을 채택하고 있는 나라에서도 반드시 공신의 원칙을 채택하고 있지는 않다(예컨대 프랑스 민법과 일본 민법은 공시의 원칙을 채택하고 있으나, 부동산물권변동의 경우에는 공신의 원칙은 채택하고 있지 않다).

위 원칙은 게르만법에서 유래하는 것으로서, 로마법에서는 진정한 권리자의 개인주의적 소유권보호를 위해서 위 원칙을 채택하지 않았다.

(2) 부동산물권변동과 공신의 원칙

1) 원 칙

우리 민법은 부동산의 공시방법인 등기에 공신력을 인정하지 않고 있다. 그 이유는 등기에 공신의 원칙(공신력)을 인정하기 위한 사전적, 사후적 조치가 마련되어 있지 않기 때문이다. 즉 등기에 공신력을 인정하기 위해서는 등기를 하기 전의 사전적 조치로서 등기공무원에게 등기에 관한 실질적 심사권이 마련되어야 한다.

그러나 현행법에는 등기공무원에게 형식적 심사권만이 있으므로, 등기절차상으로는 부실등기의 가능성이 있고 등기기록의 목적물표시가 진실한 내용과 일치하지 않는 경우도 있게 되므로 공신력을 인정하면 혼란이 생길 염려가 있게 된다. 또한 공신력을 인정하기 위해서는 등기를 한 후의 사후적 조치로서 무권리자의 등기를 진실한 것으로 믿은 양수인의 보호에 따라 권리를 잃게 되는 진정한 권리자의 보호수단으로 국가배상제도가 마련되어야 한다.

그러나 현행법상으로는 위 국가배상제도가 마련되어있지 않기 때문에 등기의 공신력을 인정할 수 없다.

2) 예 외

그러나 민법과 특별법은 거래안전을 위하여 등기의 공신력을 인정하는 것과 같은 예외적인 규정들을 두고 있다. 이러한 것으로는 민법의 비정상적 의사표시인 것을 모르고 직접 새로운 이해관계를 맺은 선의의 제3자 보호규정과 계약해제의 효과인 원상회복과 제3자 보호규정(107조 2항·108조 2항·109조 2항·110조 3항, 548조 1항 단서), 가등기담보법상 청산절차를 거치기 않은 것을 모르고 청산의무 있는 부동산의 소유권이전등기를 한 선의의 제3자 보호규정(동법 11조 단서), 부동산실명법상 무효의 명의신탁 부동산으로부터 새로운 이해관계를 맺은 제3자 보호규정(동법 4조 3항) 등을 들 수 있다.

(3) 동산물권 변동과 공신의 원칙

동산의 점유에는 무권리자로부터 동산을 선의로 인도받은 양수인을 보호하기 위한 선의취득을 통하여 제도적으로 공신의 원칙이 인정되고 있다(249조). 그 이유는 동산은 그 거래가 빈번하므로 거래의 안전을 보호할 필요가 부동산의 경우보다 훨씬 크고, 또한 점유(인도)는 공시방법으로 불완전하므로 이의 보완을 위해서도 공신력을 인정할 필요가 있기 때문이다.

따라서 동산을 평온·공연·선의·무과실로 점유한 자는 즉시 그 동산 위의 물권(소유권·질권)을 취득한다(249조, 343조).

(4) 공신의 원칙의 확장

공신의 원칙은 물권뿐만 아니라 널리 권리관계나 사실관계의 존재가 추단(推斷)되는 경우에도 인정된다. 즉 사실관계가 추단되는 경우로서 의사표시에 있어서의 표시주의(107조 1항, 109조 1항)의 경우에도 공신의 원칙이 적용된다.

또, 권리관계의 존재가 추단되는 경우로서 표현대리(125조·126조·129조), 영수증 소지자에 대한 변제(470조), 채권의 준점유자에 대한 변제(471조), 지시채권의 소지자에 대한 변제(518조) 등의 경우에도 공신의 원칙이 인정된다. 따라서 공시의 원칙과 마찬가지로 공신의 원칙도 물권에 한(限)한 현상이 아니다.

제2절 물권변동을 일으키는 법률행위(물권행위)

Ⅰ. 물권행위의 의의 및 종류

1. 의 의

(1) 물권행위의 개념

물권행위(物權行爲)는 물권의 변동(물권의 발생·변경·소멸)을 목적으로 하는 의사표시를 요소로 하는 법률행위이다.

그러나 물권행위의 개념에 대해서는 물권변동을 목적으로 하는 당사자 사이의 물권적 의사표시의 합치라고 이해하는 입장(이은영 121면)과 물권변동을 목적으로 하는 당사자 사이의 물권적 의사표시나 그 합치와 더불어 등기·인도를 구성요소로 하는 법률행위라고 이해하는 입장(고상룡 62면, 이영준 66면, 장경학 167면)이 있다.

그러나 앞의 것은 물권적 의사표시의 합치가 아닌 물권적 단독행위의 개념을 설명하는 데에 난점이 있고, 뒤의 것은 공시방법(등기·인도)은 물권행위와는 독립된 요소라고 하여야 하므로 타당하지 않다(송덕수 51면). 또 공법상의 행위인 등기를 사법상의 행위인 물권행위의 일부로 이해하는 것도 타당하지 않다. 물권행위의 대표적인 모습으로는 소유권이전의 합의·저당권 등 제한물권의 설정계약·소유권의 포기 등을 들 수 있다.

(2) 채권행위와의 구별

물권행위는 재산행위로서 채권행위와 대립되는 개념이다. 즉 채권행위는 채권발생을 목적으로 하는 법률행위(예컨대 매매 등의 채권계약)로, 이행의 문제를 남긴다는 특징이 있다. 이에 비하여 물권행위는 물권변동을 목적으로 하는 법률행위(예컨대 소유권의 이전의 합의)로, 이행의 문제를 남기지 않는다.

예컨대 매도인 甲과 매수인 乙 사이에 甲 소유의 A건물을 3억원에 매매계약을 체결하면 채권행위로서 매매계약이나, A에 대한 소유권이전의 합의를 하면 물권행위가 된다. 여기서 매매계약이라는 채권행위의 이행행위로서 소유권이전의 합의라는 물권행위가 행하여지면 채권행위는 물권행위의 원인행위가 된다.

또한 물권행위는 직접 재산권의 변동(권리의 발생·변경·소멸)을 목적으로 하는 행위로서 처분행위이므로, 그 행위가 유효하기 위해서는 처분자에게 처분능력과 권한이 있어야 하며, 무권한자의 처분행위는 무효가 된다. 다만 무권한자의 처분행위에 대해 처분권자의 추인이 있게 되면 그 행위는 소급하여 유효가 된다(133조 참조).

다만 채권행위가 언제나 물권행위의 원인행위가 되는 것은 아니므로 소유권의 포기와 같이 채권행위 없는 물권행위도 있고, 동산의 현실매매와 같이 채권행위와 물권행위가 같이 행하여지는 경우도 있다.

2. 종 류

법률행위가 의사표시의 수와 모습에 따라 단독행위·계약·합동행위로 나누어지는 것과 마찬가지로 물권행위도 이들 세 가지로 나눌 수 있다.

(1) 물권적 단독행위

1) 상대방 있는 단독행위

이는 물권자의 의사표시가 상대방에게 도달하여야 효력이 발생되는 단독행위를 말한다. 제한물권의 포기·승역지(承役地) 소유자의 위기(299조) 등은 이에 속한다.

2) 상대방 없는 단독행위

이는 효력발생에 있어서 의사표시가 상대방에게 도달함을 요하지 않는 단독행위를 말한다. 소유권의 포기·점유권의 포기 등은 이에 속한다.

(2) 물권계약(물권적 합의)

이는 물권행위 중에서 가장 중요한 것이다. 이는 채권발생을 목적으로 하는 좁은 의미의 계약, 즉 채권계약과 구별하기 위하여 '물권적 합의'라고도 한다. 소유권이전의 합의, 지상권·전세권·저당권 등 제한물권의 설정계약 등은 이에 해당한다.

(3) 물권적 합동행위

이는 같은 목적(방향)을 가진 행위자 2인 이상의 의사표시의 합치에 의하여 성립하는 법률행위를 말한다. 이의 대표적인 모습으로는 수인(數人)의 공유자의 공유물에 대한 소유권 포기를 들 수 있다.

(4) 방식 및 적용법규

1) 방 식

등기, 인도까지를 그 내용으로 이해하는 견해(장경학 167면)에 의하면 물권행위는 요식행위가 된다. 그러나 물권적 의사표시만이 물권행위를 구성하는 요소이며, 등기와 인도는 물권행위 이외에 물권변동이라는 효과를 가져오기 위한 독립된 요소라고 하여야 하므로 물권행위는 특별한 방식을 요하지 않는 불요식행위(不要式行爲)이다. 따라서 물권행위는 무방식(無方式)으로 할 수 있다.

다만 부동산등기특별조치법에 의하여 '계약을 원인으로 한 소유권이전등기를 신청할 때'에는 일정한 요건을 갖춘 검인계약서를 제출하여야 한다(동법 3조). 따라서 앞의 한도 안에서 물권행위는 요식행위가 되는 것으로 이해하여야 한다. 이에 대해서는 등기신청시에 그 서면을 제출하라는 의미일 뿐 물권행위를 검인계약서로 하라는 취지는 아니라고 해석하는 견해가 있다(김학동 48면, 송덕수 54면).

그러나 현실적으로 부동산물권변동을 가져오는 물권행위를 불요식행위로 하고 그 원인행위인 계약을 다시 검인계약서로 작성하여 등기신청을 하는 경우는 극히 이례적인 것이므로 부동산등기특별조치법 제3조에 따라 계약을 원인으로 한 소유권이전등기를 신청하면서 검인계약서를 제출하는 한도 안에서 이루어지는 물권행위는 요식행위로 이해하여야 할 것이다.

2) 적용법규

가) 총칙편의 규정

물권행위는 법률행위이므로, 민법총칙편의 법률행위에 관한 규정이 모두 적용된다. 따라서 물권행위에도 조건 또는 기한을 붙일 수 있다. 또 물권행위에도 대리가 인정되나, 인도(점유의 이전)와 같은 사실행위에는 대리가 적용되지 않는다.

또 등기신청은 공법상의 행위이나 대리의 규정이 유추 적용되는 것으로 이해하여야 할 것이다. 다만 부동산등기법은 대리인에 의한 신청을 인정하고 있으며(동법 24조 1항 1호), 등기신청에는 쌍방대리가 인정되므로 쌍방대리를 금지하는 민법 제124조는 적용되지 않는다(통설).

나) 채권편의 규정

물권행위 중 소유권이전의 합의, 제한물권 설정계약 등의 물권적 합의는 넓은 의미의 계약이다. 따라서 물권적 합의의 경우에는 채권편의 계약의 성립에 관한 규정이 유추 적용되는 것으로 이해하여야 할 것이다.

Ⅱ. 물권변동에 있어서의 의사주의와 형식주의

1. 개 관

물권행위의 효력으로서 물권변동은 일어난다. 이 경우 물권행위, 즉 당사자의 의사표시만으로 물권변동이 일어나는 것으로 하느냐, 그 밖에 일정한 형식을 갖추어야 비로소 효력이 생긴 것으로 할 것인가는 입법정책에 따라 다르다. 여기서 의사주의(意思主義)와 형식주의(形式主義)의 갈림이 있다.

2. 의사주의(대항요건주의, 불법주의)

(1) 의 의

이는, 물권의 변동은 그것을 목적으로 하는 의사표시(물권행위)만으로 일어나며, 그 밖에 등기나 인도는 제3자에 대한 대항요건이 될 뿐이라고 하는 입법주의이다. 의사주의는 프랑스 민법이 전형적으로 취하고 있기 때문에 불법주의(佛法主義)라고도 하며, 일명 대항요건주의(對抗要件主義)라고도 한다. 따라서 공시의 원칙은 다음에서 다룰 형식주의 아래에서는 물론이고, 의사주의 아래에서도 인정되나, 의사주의 아래에서의 공시(등기·인도)는 대항요건이 될 뿐이다.

(2) 장 점

의사주의를 채택하면 공시방법이 갖추어지지 않아도 물권행위만으로 물권변동이 일어나므로, 개인의사자치(계약자유·사적 자치)의 원칙에 충실하게 된다. 따라서 당사자의 의사를 보다 존중하게 된다. 또 다음의 형식주의에 비하여 거래의 신속을 가져온다.

(3) 단 점

의사주의를 채택하면 공시방법이 없어도 물권적 의사표시만으로 물권변동이 일어나므로, 외부에서 물권변동의 존부·시기를 알기가 어렵게 된다. 또한 물권변동의 효력에 있어서 당사자 사이에서는 공시방법이 없어도 효력이 발생하고 제3자에게 대항하기 위해서는 공시방법을 필요로 하게 되므로, 당사자와 제3자 사이를 분열시키게 되며, 이에 따라 형식주의에 비하여 거래안전을 해할 수 있게 되는 단점이 있게 된다.

3. 형식주의(성립요건주의, 독법주의)

(1) 의 의

이는, 물권의 변동은 물권행위 이외에 등기나 인도라는 공시방법을 갖출 때에 비로소 일어난다고 하는 입법주의이다. 이는 독일민법이 전형적으로 취하고 있기 때문에 독법주의(獨法主義)라고도 하며, 일명 성립요건주의(成立要件主義)라고도 한다.

여기서 형식주의는 법률행위(물권행위)로 인한 물권변동에 있어서 형식을 필요로 한다는 것이다 따라서 형식주의는 모든 물권변동(예컨대 법률의 규정에 의한 물권변동)에 있어서 일정한 형식을 필요로 하는 것을 말하는 것이 아니다.

(2) 장 점

위에서 기술한 의사주의의 단점은 형식주의의 장점이 된다. 즉 형식주의를 채택하면 의사주의에 비하여 물권변동시기가 명확하고, 그 효력이 획일적이다(당사자 사이와 제3자 사이에서 효력의 분열이 없다). 또 등기와 거래관계가 일치하므로 의사주의에 비하여 상대적으로 물권의 존재·변동과정이 명료하고 거래의 안전이 확보되게 된다.

(3) 단 점

위에서 기술한 의사주의의 장점은 형식주의의 단점이 된다. 즉 형식주의를 채택하면 공시방법의 구비를 요구하므로 당사자에게 번거롭게 되고, 이에 따라 의사주의에 비하여 거래의 신속을 해하게 된다. 또 진실한 권리자가 희생될 위험이 있다.

4. 민법의 태도

(1) 구민법의 의사주의에서 현행 민법의 형식주의로의 전환

구민법은 의사주의를 취하고 있었으나, 현행 민법은 "물권변동의 존부(存否)와 시기를 명확히 함으로써 거래안전을 기하고 당사자 사이의 관계와 제3자와의 관계를 다르게 취급함으로써 법률관계를 복잡하게 하는 것을 피한다."는 입법취지에 따라 종래의 의사주의를 버리고 형식주의를 취하고 있다(186조, 188조~190조).

(2) 경과규정과 민법의 개정

1) 소유권이전에 관한 경과규정과 부칙 제10조 제1항

위에서 기술한 대로 우리 민법은 '법률행위로 인한 부동산소유권이전'에 관하여 구법 당시에는 등기를 요하지 않는 의사주의를 취하고 있었다. 그러나 신법인 현행 민법에서는 등기를 요하는 형식주의를 취함에 따라 1958년 2월 22일 민법을 제정하면서(1960. 1. 1. 시행) 민법 부칙 제10조 제1항에 "본법 시행일 전의 법률행위로 인한 부동산에 관한 물권의 득실변경은 이 법 시행일로부터 3년 내에 등기하지 아니하면 그 효력을 잃는다."는 경과규정(經過規定 : 구법시대에 발생한 어떤 사항이 신법시대에도 계속 진행되는 경우에 신법과 구법 사이에 서로 충돌되는 규정을 해결하기 위하여 만들어진 규정)을 두게 되었다.

2) 민법 제2차 개정과 부칙 제10조 제1항의 개정

1962년 12월 31일 제2차 개정(법률 1250호)에서는 부칙 제10조(소유권이전에 관한 경과규정)의 제1항에서 "본법 시행일전의 법률행위로 인한 부동산에 관한 물권의 득실변경은 이 법 시행일로부터 3년 내에 등기하지 아니하면 그 효력을 잃는다."고 규정하던 등기기간을 '3년'에서 '5년'으로 개정하여 그 기간을 2년 더 연장하였다(1963. 1. 1. 시행).

이는 법률행위로 인한 부동산에 관한 물권변동에서 구민법이 '등기'를 요하지 않던 대항요건주의(의사주의)에서 새로 제정된 현행 민법이 '등기'를 요하는 성립요건주의(형식주의)로 입법이 변모됨에 따른 충돌을 조절하기 위해서 둔 경과규정이다. 즉 제정 민법의 시행일인 1960년 12월 31일로부터 등기기간 3년이 만료되는

1962년 12월 31일까지 실제 소유권이전의 합의를 하고 매매대금도 수수되었으나 양수인(매수인)이 이전등기를 하지 않음으로 해서 소유권을 취득하지 못하게 되는 경우를 구제하기 위한 개정이었다.

3) 민법 제3차 개정과 부칙 제10조 제1항의 개정

1964년 12월 31일 제3차 개정(법률 1668호)에서는 제2차 개정과 같은 조문인 부칙 제10조(소유권이전에 관한 경과규정) 제1항의 등기기간을 '5년'에서 '6년'으로 개정하여 그 기간을 1년 더 연장하였다(1965. 1. 1. 시행). 이는 제2차 개정에서의 취지와 같은 이유에서 이루어진 개정이었다.

참조내용

민법의 형식주의 채택과 민법 부칙 제10조 제1항 위헌 여부

(1) 이 사건 법률조항(민법 부칙 제10조 제1항)이 위헌이라는 주장은 아래에서 보는 바와 같이 타당하다고 할 수 없다.

(가) 등기의 해태시 법률행위에 따른 부동산물권변동의 효력 자체를 상실케 한 것은 일응 권리의 소급적 박탈에 해당한다고 볼 여지는 있다. 그러나 이 사건 법률조항은 민법이 물권변동에 관하여 종전의 의사주의를 버리고 일시에 형식주의로 전환하는 과정에서 발생할 수 있는 권리관계의 혼란을 최소화하고 일정 기간 종전 물권자의 권리를 보호하며 나아가 등기를 핵심으로 하는 형식주의의 조기 정착을 위하여 불가피하게 두게 된 경과규정이라고 볼 수 있다.

(나) 이 사건 법률조항으로 인하여 구민법 하의 물권변동의 효력이 부인되더라도 구민법 하에서 행해진 법률행위의 채권적 효력까지 부정할 것은 아니다. 따라서 종전 권리자는 계속 등기청구권을 보유하게 되고, 이러한 등기청구권은 비록 채권적 권리라 하더라도 그 권리자가 목적부동산을 점유하고 있는 한 소멸시효가 진행되지 않는 등 종전 권리자를 보호할 길이 없는 것이 아니다.

또한 이와 같은 채권적 등기청구권자의 지위는 구민법 하에서 법률행위로 물권을 취득하였으되 등기를 경료하지 아니하였던 사람과 비교하여 볼 때 제3자에 대한 대항적 효력 등에서 실질적으로 크게 차이가 나지 않는다고도 볼 수 있는 것이다.

(다) 한편 소정의 기간 내에 등기를 마치지 않은 종전 권리자에 대하여 그 물권을 상실케 하지 않고도 민법 제187조 단서와 유사한 처분권한의 제한 또는 과태료 부과 등 방식을 통해 형식주의의 정착 및 관철이라는 목적을 달성할 수 있다고 볼 여지도 있다.

그러나 민법 제187조와 같은 처리방식은 등기 해태시 필연적으로 실체법상의 권리관계와 등기부상의 권리관계가 불일치하는 현상으로 인하여 등기의 외관을 신뢰한 선의의 제3자에게 불측의 손해를 입힐 우려가 있는 등의 난점을 갖고 있어 완벽한 대안이라고 보기 어렵다. 또 과태료 부과와 같은 조치 역시 과연 제때에 등기를 경료하지 않아 온 종전 시중의 관행을 불식시키고 형식주의를 관철하는 데 얼마만큼 효과를 발휘할 수 있을 것인지도 의문인 것이다.

(라) 또한 이 사건 법률조항에 대한 몇 차례의 개정을 통해 등기기간을 연장한 것은 새로운 입법의 시행에 따른 충격과 부작용을 최소화하고 시행착오를 방지하기 위한 조치로서, 이를 두고 이 사건 법률조항의 위헌성을 스스로 드러내는 것이라고 보는 것은 지나친 비약이라고 할 것이다. 또한 나아가 우리 민법이 형식주의를 채택한 것은 물권변동에 관한 입법적 결단의 산물로서 외국의 입법례를 들어 그와 같은 입법정책적 사항을 비난하는 것은 적절치 못하다고 할 것이다.

(마) 이와 함께 법원의 판례가 이 사건 법률조항에 의하여 구민법에 따른 물권변동의 효력이 부인되어 종전 권리자가 그 권리를 상실하는 것이 정당하다는 것을 전제로 종전 권리자의 보호를 위하여 시도한 여러 가지 해석이 오랜 기간 집적되어 하나의 규범으로 굳어진 상황에서 이제 와서 이 사건 법률조항에 대한 위헌무효의 선언을 한다면 그로 인하여 부동산 권리관계를 둘러싼 극심한 혼란이 초래될 것임이 명백하다는 점을 고려하지 않을 수 없는 것이다.

(2) 무엇보다 이 사건 법률조항의 위헌 여부가 문제된 선행 사건에서 헌법재판소는,

이 사건 법률조항에 의하여 민법 시행일로부터 6년 내에 등기를 하지 않으면 구민법 하에서 법률행위로 취득한 물권을 상실하도록 한 것은 우리 민법이 부동산물권변동에 있어서 형식주의로의 획기적인 대전환을 함에 있어서 파생되는 여러 가지 복잡한 법률문제를 가급적 피하고 거래의 안전을 도모하며 새로운 제도를 조속히 정착시키기 위한 공익적 요청에서 나온 불가피한 경과조치로서 이를 가지고 소급입법에 의한 재산권박탈이라거나 부당한 재산권의 침해라고 볼 수 없고 평등권이나 행복추구권을 침해하는 것이라고도 할 수 없다는 취지에서 관여 재판관 전원의 일치된 의견으로 합헌 결정을 한 바 있는데(헌재 1996. 12. 26. 93헌바67, 판례집 8-2, 800, 803~805 참조), 이 사건에 있어서 이와 같은 판단을 바꿔야 할 만한 사정변경이 있다고 할 수 없다.

(3) 따라서 이 사건 법률조항은 소급입법에 의한 재산권 박탈에 해당한다거나 과잉금지의 원칙에 위반하여 재산권, 평등권, 인간의 존엄권 및 행복추구권을 침해하는 규정이라고 볼 수 없을 뿐 아니라 신뢰보호의 원칙이나 법치주의와 같은 헌법상의 기본원리를 침해한다고 할 수도 없다(헌재 2004. 8. 26. 2003헌바99).

Ⅲ. 물권행위의 독자성과 무인성

1. 물권행위의 독자성

(1) 의 의

법률효과라는 측면에서 볼 때 채권발생을 목적으로 하는 법률행위인 채권행위(예컨대 매매 등의 채권계약)와 물권변동을 목적으로 하는 법률행위인 물권행위(예컨대 소유권의 이전의 합의)는 서로 구별된다. 즉 매도인 甲과 매수인 乙 사이에 甲 소유의 A건물을 3억원에 매매계약을 체결하면 이는 채권행위이나, A에 대한 소유권이전의 합의를 하면 물권행위가 된다.

위와 같이 이론상 물권행위는 그 원인행위인 채권행위와 별개의 것으로 구별되지만, 현실적으로도 채권행위와 원칙적으로 별개의 행위로 행하여져야만 하는가?

이것이 이른바 물권행위의 독자성(獨自性)의 문제이다.

(2) 학 설

우리 민법은 물권변동에 관하여 형식주의를 취하고 있지만 물권행위의 독자성 인정 여부에 대한 직접적 규정을 두고 있지 않기 때문에 물권행위의 독자성을 인정할 것인가에 대하여 학설은 대립하고 있다

1) 독자성 인정설

이는, 민법 제186조에서 규정하는 부동산에 관한 '법률행위'나 제188조에서 규정하는 동산에 관한 '물권양도'는 처분행위로서 물권행위를 의미하고, 채권행위만으로 물권행위가 있었던 것으로 해석하는 것은 채권행위의 성질이나 당사자의 의사에 부합하지 않는다고 한다(강태성 199면, 김용한 85면, 김준호 44면, 이영준 66면, 이은영 140면).

따라서 이 견해는 형식주의를 취하는 우리 민법의 관련 규정(186조, 188조)은 간접적으로 물권행위의 독자성을 인정하는 것으로 이해하고 있으며, 물권행위는 등기서류를 교부한 때 비로소 이루어지는 것으로 이해한다.

2) 독자성 부정설

이는, 민법 제186조에서 규정하는 부동산에 관한 '법률행위'나 제188조에서 규정하는 동산에 관한 '물권양도'는 채권행위가 합체된 물권행위를 의미하고, 거래의 실제에 있어서 채권행위와 등기와의 중간에 물권행위라고 볼 만한 행위를 의식적으로 하는 일은 없다고 한다(곽윤직· 김재형 54-55면, 김상용 112면).

(3) 판 례

판례는, 매매계약 해제의 경우 매수인에게 이전되었던 물권의 지위는 당연히 매도인에게 복귀하는 것으로 판단하여 물권행위의 독자성을 부정하고 있다(대판 1974. 6. 11. 74다542; 동 1995. 5. 12. 94다18881).

(4) 사 견

우리 민법은 물권변동에 관하여 형식주의를 취하고 있기는 하지만 물권행위의 독자성을 인정하는 별도의 규정이 없으며, 일반인은 물권행위 자체를 의식하지 못하면서 거래를 하는 것이 현실임을 고려할 때 독자성은 부정되어야 할 것이다(송덕수 65면).

또한 부동산등기특별조치법에 의하여 '계약을 원인으로 한 소유권이전등기를 신청할 때'에는 일정한 요건을 갖춘 검인계약서를 제출하여야 하는데(동법 3조), 이에 따라 계약을 원인으로 한 소유권이전등기를 신청하면서 검인계약서를 제출하는 한도 안에서 이루어지는 물권행위는 채권행위와 합체해서 행하여지는 것으로 이해하여야 할 것이다(권용우 73면).

다만 물상보증인으로 하여금 담보물권을 설정케 하는 채권행위(예컨대 금전소비대차계약)는 채권자와 채무자 사이에 행하여지고 물권행위(담보물권 설정계약)는 물상보증인과 담보물권자인 채권자 사이에 행하여지게 되므로 이 경우 물권행위는 채권행위와 독자성을 띠게 된다(권용우 74면).

2. 물권행위의 무인성

(1) 의 의

물권행위는 일반적으로 그 원인이 되는 채권행위의 이행으로써 행하여지게 된다. 여기서 물권행위의 원인된 채권행위가 무효·취소·해제 등으로 실효(失效)된 경우에 물권행위의 효력도 실효되는가의 여부가 문제된다. 즉 물권행위가 채권행위의 무효 등 그 효력에 영향을 받으면 유인성(有因性)을 띠게 되고, 영향을 받지 않으면 무인성(無因性)을 띠게 된다.

(2) 학 설

1) 무인성설

이는, 물권행위의 독자성 인정설을 전제로 주장되는 견해이다. 이에 따르면 물권행위는 채권행위와는 별개 독립의 행위이므로, 그 유효성의 여부도 별도로 판단하여야 하고, 물권적 법률관계는 모든 사람에 대하여 명백한 것을 이상으로 하여야 하므로 당사자 사이에서만 효력을 가지는 원인행위의 유효성 여부로 인하여 제3자에게 영향을 주는 것은 부당하다고 한다.

또 이에 의하면 등기관의 심사범위를 물권행위로 한정함으로써 거래를 보다 간편하게 할 수 있으며, 민법을 제정하면서 입법자는 등기, 인도를 물권행위의 효력요건으로 규정하면서 독자성을 규정한 것은 무인성을 전제로 한 것으로 이해한다(강태성 148면, 김용한 91면, 오시영 74면).

물권행위의 독자성을 인정하는 견해는 대체적으로 '상대적 무인설'을 취하고 있으며, 이는 물권행위는 원칙적으로 무인이지만 당사자가 채권행위의 유효를 물권행위의 '조건'으로 한 때(당사자가 유인으로 하려는 의사표시를 한 때)에는 유인으로 된다는 견해이다.

그러나 무인설을 취하는 경우에도, 취소의 원인(제한능력, 사기·강박·착오)이 채권행위와 물권행위에도 공통되는 경우, 반사회질서의 법률행위(불공정한 법률행위)의 무효 또는 그 밖의 무효원인이 채권행위와 물권행위에 공통되는 경우, 채권행위의 유효를 물권행위의 조건으로 하는 경우 등에는 물권행위는 채권행위와 유인성을 띠게 된다.

2) 유인성설

이는, 물권행위의 독자성 부정설을 전제로 주장되는 견해이다. 이에 따르면 무인성론을 취하면 악의의 제3자까지도 보호하는 결과가 되어 부당하며, 무인론에 의하더라도 상대적 무인론에서와 같이 물권관계가 불확실한 경우가 많으며, 법적 확실성보다도 정당한 이익을 보호가 더 높이 평가되어야 한다고 한다.

또 이에 의하면 무인설을 취하게 되는 경우 무효인 매매로 매수인이 이전받은 후 파산하면 매도인은 파산재단의 채권자로서 채권자평등의 원칙에 따른 금전채권만을 갖게 되는 한계가 있다고 주장한다(고상룡 77면, 곽윤직· 김재형 57-58면, 김상용 125면, 김준호 46면, 이영준 82면).

(3) 판 례

판례는, 물권행위의 독자성을 부정하는 것과 같은 맥락에서 매매계약인 채권행위가 해제된 경우에 매수인에게 이전되었던 물권의 지위가 당연히 매도인에게 복귀하는 것으로 판단하고 있다. 즉 판례는, "매도인이 계약금만 지급받은 단계에서 매수인에게 소유권이전등기를 경료하여 주고 가등기를 경료받았는데 매수인이 대금지급의무를 이행하지 아니하자 판결에 의해 본등기를 경료한 사안에서, 계약이 적법하게 해제되면 그 계약의 이행으로 변동이 되었던 물권은 당연히 그 계약이 없었던 상태로 복귀하는 것이므로, 위 가등기 및 이에 기한 본등기가 미지급된 매매잔대금을 담보하기 위한 등기라고 하더라도 매수인이 계속하여 매매에 의한 채무를 이행하지 아니하여 매매계약이 적법하게 해제된 것이라면, 매도인으로부터 매수인에게 넘어갔던 소유권은 당연히 복귀하여 매도인이 그 소유자라 할 것이다"고 판시하여 물권행위의 독자성을 부정하고 유인성을 인정하는 입장을 취하고 있다(대판 1995. 5. 12. 94다18881).

(4) 사 견

물권행위의 독자성 여부에 대한 사견에서 기술한 바와 같이 물권행위는 검인계약서의 사용 등으로 독자성이 부정되므로 자연스럽게 유인성을 띠게 된다. 따라서 물권행위는 채권행위와 원칙적으로 하나의 행위로 합체되어 행하여지게 되므로, 유인성을 띠는 것으로 이해되어야 한다.

제3절 부동산물권의 변동

Ⅰ. 부동산등기

1. 등기의 의의

부동산등기는 등기관이 등기부라는 공적 장부에 부동산에 관한 일정한 권리관계를 기록하는 공법상의 행위 또는 일정한 권리관계 그 자체를 말한다.

여기서 부동산등기를 규율하는 부동산등기법(이하 '부등법'이라 약칭함)은 1960년

1월 1일부터 시행된 이후 현재까지 여러 차례의 개정을 거쳐 오늘에 이르고 있다. 특히, 2008년 3월 21일의 개정에서는 법의 문장을 원칙적으로 한글로 적고, 어려운 용어를 쉬운 용어로 바꾸며, 길고 복잡한 문장은 체계 등을 정비하여 간결하게 하는 등 국민이 법 문장을 이해하기 쉽게 정비하였다. 또한 2011년 4월 12일의 개정에서는 부동산등기부 전산화사업의 완료로 등기사무처리가 전산정보처리조직에 따라 수행되고 있고 전자신청이 전국적으로 시행되고 있으므로 종이등기부를 전제로 한 규정을 정비하고, 법률에 직접 규정하기에 적합하지 아니한 사항을 대법원규칙으로 위임하거나 삭제하여 탄력적인 등기절차를 운용하며, 악용의 소지가 있는 예고등기제도를 폐지하여 부동산에 관한 국민의 권리보전을 도모하고 거래의 안전성을 높이려는 것을 그 개정이유로 하고 있다.

2. 등기사항과 등기부

(1) 등기되어야 할 물건

'등기되어야 할 물건'은 부동산으로서, 토지·건물·입목(立木)이다(99조 1항, 입목법 3조). 여기서 토지는 정당한 이익이 있는 범위 내에서의 상하를 포함하는 일정범위의 지면으로서(212조), 토지는 지적에 관한 법률이 정하는 절차에 따라 구분하여 그 구분된 구역마다 지번을 부여하게 되고, 이 지번이 부여된 토지의 1필지가 물건으로서 등기의 대상이 된다.

(2) 등기되어야 할 권리

1) 부동산 물권

등기되어야 할 권리는 원칙적으로 부동산 물권이다. 즉 부동산 물권 중 점유권과 유치권을 제외한 소유권·지상권·지역권·전세권·저당권 등의 5종이다(부등법 3조 참조). 유치권이나 점유권은 점유 그 자체가 그 권리의 공시방법이고 따로 등기를 요하지 아니하고 점유를 잃으면 그 권리는 소멸하게 되므로, 유치권·점유권은 등기를 할 수 없는 물권이다.

2) 그 밖의 권리

이 밖에 부동산물권은 아니지만 권리질권은 저당권부채권을 목적으로 하여 질권을 설정하는 것으로 저당권에 부기등기의 방식으로 이뤄지며, 그 등기의 효력이 저당권에 미친다(348조).

또한 부동산임차권·부동산 환매권과 동산·채권담보권에도 등기능력이 인정된다(592조·621조, 부등법 2조·3조, 동산·채권담보법 2조 7호).

참조내용

동산·채권담보권과 등기능력

동산·채권·지식재산권을 목적으로 하는 담보권과 그 등기 또는 등록에 관한 사항을 규정하여 자금조달을 원활하게 하고 거래의 안전을 도모하며 국민경제의 건전한 발전에 이바지함을 목적으로 2010년 6월 10일 법률 제10366호로 동산·채권 등의 담보에 관한 법률(이하, '동산·채권담보법'이라 약칭함)이 제정되었다(2012년 6월 11일 시행).

위 법은 동산·채권을 담보로 제공하기 위하여 이루어진 등기로서 담보등기를 할 수 있도록 규정하고 있으며(동법 2조 7호), 이에 따라 부동산등기법도 동산·채권 담보권의 등기능력을 인정하고 있다(동법 3조 7호).

(3) 등 기 부

1) 의 의

등기부는 부동산의 물적 현황이나 권리관계에 대해서, 전산정보처리조직에 의하여 입력·처리된 등기정보자료를 대법원규칙으로 정하는 바에 따라 편성한 것을 말한다(부등법 2조 제1호). 등기부는 토지등기부와 건물등기부의 2종이 있다. 등기부의 등기기록은 부동산의 표시에 관한 사항을 기록하는 표제부와 소유권에 관한 사항을 기록하는 갑구(甲區) 및 소유권 외의 권리에 관한 사항을 기록하는 을구(乙

區)를 둔다(동법 15조).

등기기록은 표제부, 갑구, 을구로 구성되며, 구분건물의 표제부는 '1동 건물의 표제부'와 '전유부분의 표제부'로 구성되며, 표시등기만 된 구분건물이나 규약상 공용취지가 등기된 구분건물은 전유부분의 표제부만 있고 갑구, 을구는 편철되지 아니한다.

2) 등기부의 편성

등기부 편성에 관한 입법주의로는 물권의 객체인 부동산을 단위로 하여 편성하는 물적편성주의, 물권자를 단위로 하여 편성하는 인적편성주의, 물권변동에 관한 문서를 연대순으로 편성하는 연대적 편성주의가 있다.

이 중 우리 부동산등기법은, 등기부에는 1필의 토지 또는 1동의 건물에 대하여 1용지를 사용한다고 규정함으로써 물적 편성주의를 취하고 있다(동법 15조 1항).

3) 등기기록의 구성

1등기기록은 표제부, 갑구, 을구가 기본이 되며, 등기부를 편성할 때에는 1필의 토지 또는 1개의 건물에 대하여 1개의 등기기록을 둔다. 다만, 1동의 건물을 구분한 건물에 있어서는 1동의 건물에 속하는 전부에 대하여 1개의 등기기록을 사용한다(부동법 15조 1항).

등기기록을 개설할 때에는 1필의 토지 또는 1개의 건물마다 부동산고유번호를 부여하고 이를 등기기록에 기록하여야 하며, 구분건물에 대하여는 전유부분마다 부동산고유번호를 부여한다(등기규칙 12조).

갑구는 소유권에 관한 사항란이고 을구는 소유권 이외의 권리에 관한 사항란이다. 그러나 을구는 반드시 설치하여야 하는 것은 아니고 기재사항이 없을 때에는 두지 아니할 수 있다.

가) 표 제 부

표제부는 부동산의 표시를 기록하는 곳으로 대장의 기록과 일치하여야 한다.

토지 등기기록의 표제부는 표시번호, 접수연월일, 소재와 지번(地番), 지목(地目), 면적, 등기원인을 기록하여야 한다(부등법 34조).

또한 건물 등기기록의 표제부는 표시번호, 접수연월일, 소재와 지번(地番) 및 건물번호(다만, 같은 지번 위에 1개의 건물만 있는 경우에는 건물번호는 기록하지 아니한다), 건물의 종류, 구조와 면적(부속건물이 있는 경우에는 부속건물의 종류, 구조와 면적도 함께 기록한다), 등기원인, 도면의 번호를 기록하여야 한다.

여기서 도면의 번호는 같은 지번 위에 여러 개의 건물이 있는 경우와 집합건물의 소유 및 관리에 관한 법률 제2조 제1호의 구분소유권(區分所有權)의 목적이 되는 건물(구분건물)인 경우로 한정한다(부등법 40조 1항).

구분건물인 경우에 등기관은 소재, 지번 및 건물번호 대신 1동 건물의 등기기록의 표제부에는 소재와 지번, 건물명칭 및 번호를 기록하고 전유부분의 등기기록의 표제부에는 건물번호를 기록하여야 한다(부등법 40조 2항).

나) 갑 구

등기관이 갑구에 등기할 때에는 순위번호, 등기목적, 접수연월일 및 접수번호, 등기원인 및 그 연월일, 권리자 등의 사항을 기록하여야 한다. 이 중 권리자에 관한 사항을 기록할 때에는 권리자의 성명 또는 명칭 외에 주민등록번호 또는 부동산등기용등록번호와 주소 또는 사무소 소재지를 함께 기록하여야 한다(부등법 48조 1항 및 2항).

갑구에는 소유권보존등기, 소유권이전등기, 소유권이전청구권가등기, 소유권변경·경정등기, 소유권말소등기, 소유권의 처분제한등기인 압류·가압류등기, 처분금지가처분등기, 경매신청등기, 소유권의 소멸약정, 환매권의 등기 등을 기록한다.

다) 을 구

을구도 갑구처럼 등기관이 등기할 때에는 순위번호, 등기목적, 접수연월일 및 접수번호, 등기원인 및 그 연월일, 권리자 등의 사항을 기록하여야 한다. 이 중 권리자에 관한 사항을 기록할 때에는 권리자의 성명 또는 명칭 외에 주민등록번호 또는 부동산등기용등록번호와 주소 또는 사무소 소재지를 함께 기록하여야 한다(부등법 48조 1항 및 2항).

을구에는 소유권 이외의 권리인 지상권·지역권·전세권·저당권·권리질권·임차권을 등기하는 란이다. 이러한 권리의 설정·변경·이전·소멸·처분의 제한을 등기한다.

3. 등기의 종류

(1) 사실의 등기와 권리의 등기

1) 사실의 등기

이는 부동산의 상황(예컨대 토지의 소재지·지번·지목·면적 등)을 밝혀주는 등기를 말하며, 표제부에의 등기가 이에 속한다. 이를 표제부에의 등기라고도 하며, 이 등기는 부동산의 현황을 먼저 대장(토지대장·건물대장)에 등록하고 이에 일치시키기 위하여 하는 등기이다.

또 구분건물에 있어서는 권리의 등기와는 독립적으로 표시에 관한 등기를 등기할 사항으로 규정하고 있다(부등법 46조). 즉 1동의 건물에 속하는 구분건물 중의 일부만에 관하여 소유권보존등기를 신청하는 경우에 나머지 구분건물에 관하여는 표시에 관한 등기를 동시에 신청하도록 규정하여, 구분건물에 있어서는 부동산의 표시에 관한 등기를 독립한 등기사항으로 인정하고 있다.

2) 권리의 등기

이는 갑구·을구의 사항란에 하는 부동산의 권리관계에 관한 등기를 말하며, 이를 사항란의 등기라고도 하며, 권리변동의 효력이라는 등기의 실체법상의 효력은 이 권리의 등기에 관하여서만 인정된다.

이에는 보존등기와 권리변동의 등기가 있다. 이 중 보존등기는 미등기의 부동산에 처음으로 행하여지는 등기를 말하며, 건물의 신축·토지의 매립 등의 경우에 하는 등기이다. 또 권리변동의 등기는 소유권의 보존등기를 기초로 하여 행하여지는 등기를 말하며, 소유권이전등기·제한물권의 설정등기는 이에 속한다.

(2) 등기의 내용에 의한 분류

1) 기입등기(記入登記)

이는 새로운 실체법상의 등기원인에 기인하여 어떠한 사항을 등기부에 새로이 기입하는 종국등기이며, 보통 등기라고 하면 이를 가리킨다. 소유권보존등기, 소유권이전등기, 저당권설정등기 등은 기입등기에 해당한다.

2) 변경등기(變更登記)

이는 기존의 등기를 일부 변경하는 등기를 말하는데, 이에는 다음의 두 가지가 있다.

가) 경정등기(更正登記)

이는 등기절차에 착오 또는 빠진 부분이 있어서 원시적으로 등기와 실체관계가 일치하지 않는 경우(예컨대 소유권이전등기에 있어서 등기관이 소유자의 주소를 잘못 기재한 때)에 이를 바로 잡기 위하여 하는 등기이다. 경정등기는 실질적인 권리관계를 표시함에 족한 경우에 한하여 유효하며, 실질적인 권리관계와 동일성 또는 유사성이 인정될 수 없는 경우에는 그 등기가 무효이므로 경정등기도 허용되지 않는다(대판 1975. 4. 22. 74다21881).

나) 좁은 의미의 변경등기

이는 등기가 경료된 후에 등기와 실체관계와의 불일치가 있게 된 때, 즉 후발적으로 생긴 불일치가 생긴 경우(예컨대 소유자의 성명의 변경·지상권의 존속기간의 변경·저당권의 피담보채권의 이율변경 등)에 이 불일치를 바로잡기 위하여 하는 등기이다.

3) 말소등기(抹消登記)

이는 등기에 대응하는 실체관계가 없는 경우(예컨대 피담보채권의 변제에 의한 저당권의 소멸)에 그 등기를 법률적으로 소멸시킬 목적으로 행해지는 등기이다. 말소등기는 등기사항 전부의 부적법을 이유로 전부 말소한다는 점에서 일부의 부적법을 이유로 일부만을 말소하는 변경등기나 경정등기와는 다르다.

여기서 등기가 불법하게 말소된 경우, 그 말소등기는 실체관계에 부합하지 않으므로 무효이다.

4) 회복등기(回復登記)

이는 기존의 등기가 부당하게 소멸한 경우에 이를 회복하여 등기를 실체관계에 합치하게 하기 위하여 행해지는 등기이다. 다만 등기부가 멸실된 경우에는 부동산등기법에 정한 기간 및 절차에 따라 회복등기를 하지 아니한 부동산은 미등기부동산으로 처리하고, 통상의 절차에 의하여 새로운 등기를 신청하여야 하며, 그 방법으로서는 소유권보존등기를 할 수 밖에 없다(대판 2003. 1. 10. 2002다11144).

회복등기는 구등기의 소멸원인에 따라 말소회복등기와 멸실회복등기의 두 가지가 있다.

가) 말소회복등기(抹消回復登記)

이는 구등기의 전부 또는 일부가 부적법하게 말소된 경우에 이를 실체관계에 합치시키기 위하여 행하여지는 회복등기이다. 여기서 말소회복등기청구의 상대방은 현재의 소유명의자가 아니라 말소 당시의 소유명의자이다(판례). 또 등기가 불법하게 말소된 경우, 진정한 권리자는 권리를 잃지 않으며, 말소회복등기를 청구할 수 있다(판례).

나) 멸실회복등기(滅失回復登記)

이는 등기부의 전부 또는 일부가 멸실한 경우에 이를 실체관계에 합치시키기 위하여 행하여지는 회복등기이다.

5) 멸실등기(滅失登記)

이는 부동산의 전부가 멸실하여 존재하지 않게 된 경우에 행하여지는 등기이다. 멸실등기는 사실의 등기이지만, 부동산이 멸실한 때에는 그 부동산 위의 권리도 소멸하므로 그 등기부를 폐쇄한다(예컨대 건물이 철거된 경우에 하는 등기).

(3) 등기의 방법 내지 형식에 의한 분류

1) 주등기(독립등기)

이는 다음의 부기등기에 대하여 사용되는 용어이며, 기존의 등기의 표시번호나 순위번호에 이어서는 독립한 번호를 붙여서 하는 등기이다. 원칙적으로 등기는 주등기의 형식으로 행하여진다.

2) 부기등기(附記登記)

이는 기존의 등기에 이어지는 독립한 번호를 갖지 않으며 기존의 특정등기(당해 부기등기에 대한 주등기)의 번호를 그대로 사용하고, 다만 이 번호(즉, 주등기의 번호)의 아래쪽에 '부기 몇 호'(예컨대 2번 등기 3호)라는 부기호수를 기재하여 행하는 등기이다. 부기등기로 행하여지는 등기로서는 변경등기, 경정등기, 환매특약, 소유권 이외의 권리의 이전등기, 권리질권등기, 전대차 등이 있다.

(4) 등기의 효력에 의한 분류

1) 종국등기(終局登記)

이는 등기의 본래의 효력, 즉 물권변동의 효력을 발생케 하는 등기이며, 보통의 등기(예컨대 소유권이전등기, 각종 권리의 설정등기, 전세권의 변경·말소등기 등)는 모두 이에 속한다. 가등기에 대하여 이를 '본등기'라고도 한다.

2) 예비등기(豫備登記)

이는 등기의 본래의 효력인 물권의 변동에는 직접 관계가 없고 다만 간접적으로 이에 대비하여서 하는 등기로서, 이에는 가등기가 있다. 여기서 가등기(假登記)는 부동산물권 또는 부동산임차권의 변동을 목적으로 하는 청구권을 보전하려고 할 때, 또는 이들 청구권이 시기부 또는 정지조건부이거나 그 밖의 장래에 확정될 것인 때에 하는 등기이다(부등법 91조). 종래 부동산등기법은 예고등기를 예비등기의 한 모습으로 인정하고 있었으나, 2011년 4월 12일 부동산등기법의 개정에 의하여 폐지되었다.

참조내용

부동산등기법의 개정과 예고등기의 폐지

① 예고등기의 의의

종래 부동산등기법상 예고등기(豫告登記)란 부동산에 등기원인의 무효나 취소로 인한 등기의 말소소송이나 말소회복소송이 제기되었을 때에 이러한 소제기 사실을 그 부동산을 거래하려고 하는 자에게 알림으로써 경고하기 위하여 수소법원(受訴法院)의 촉탁에 의하여 하는 등기로 이해되고 있었다.

② 종래 예고등기와 관련 판례

종래 예고등기와 관련해서 판례는, 소의 제기가 있었다는 것에 관한 경고를 주는 효력밖에 없었으며, 수소법원의 촉탁에 의하여 행하여지기 때문에, 수소법원이 예고등기의 촉탁을 게을리한 경우에는 국가배상책임이 인정된다는 태도를 취하고 있었다(대판 1966. 9. 27. 66다182).

또 판례는, "당해 제소 내용상 관련 학설이나 판례가 전무하거나, 서로 엇갈리기 때문에 예고등기 촉탁이 필요한 사안인지에 대하여 부정적인 판단을 한 것에 과실이 있다고 볼 수 없는 경우, 혹은 예고등기가 되어 있었다 하더라도 제3자가 마찬가지의 거래행위를 하였을 것이라고 볼 수 있는 경우 등 특별한 사정이 없는 한, 등기원인의 무효 또는 취소로 인한 등기의 말소 또는 회복의 소가 제기되었음에도 불구하고 담당 공무원이 예고등기의 촉탁을 하지 아니한 탓으로 제3자가 등기명의인으로부터 권리를 취득할 수 있다고 믿고 그 부동산에 관한 거래를 하였다가 그 소송의 결과에 따라 불측의 손해를 입게 되었다면 이는 담당 공무원이 그 직무를 집행함에 당하여 과실로 법령에 위반하여 타인에게 손해를 가한 때에 해당하여 국가는 국가배상법 제2조 제1항에 따라 손해배상책임을 진다."고 판시하고 있었다(대판 1998. 9. 22. 98다2631).

③ 부동산등기법의 개정과 예고등기의 폐지

예고등기는 본래 등기의 공신력이 인정되지 아니하는 법제에서 거래의 안전을 보호하기 위하여 인정되는 제도이다. 그러나 예고등기로 인하여 등기명의인이 거래상 받는 불이익이 크고 집행방해의 목적으로 소를 제기하여 위 등기가 행하여지는 사례가 있는 등 그 폐해가 크게 되었다.

이에 따라 2011년 4월 12일 부동산등기법을 전부 개정하면서 예고등기제도가 폐지되었다(구 부등법 4조, 39조, 170조 및 170조의2 삭제).

4. 등기의 신청

(1) 원 칙

1) 당사자에 의한 공동신청주의

등기는 원칙적으로 등기권리자와 등기의무자의 공동신청에 의함을 원칙으로 하며, 이를 '공동신청주의'라고 한다. 이는 등기에 의하여 불이익을 받게 되는 자를 등기권리자와 같이 등기신청에 참여시킴으로써 등기의 진정을 확보하고 거짓 등기가 행하여지는 것을 최소화하기 위하여 마련된 제도이다.

부동산등기법도 등기는 법률에 다른 규정이 있는 경우를 제외하고는 당사자의 신청 또는 관공서의 촉탁이 없으면 이를 하지 못한다고 규정하고(동법 22조 1항), 등기권리자와 등기의무자 또는 그 대리인이 등기소에 출석하여 신청하여야 한다고 규정하여(동법 23조), 등기의 공동신청주의 원칙을 밝히고 있다. 등기는 부동산등기법과 규칙에 따른 방문신청, 전자신청의 요건을 갖춘 경우에만 허용된다(동법 56조~71조). 또한 출석을 하여 등기를 신청한 경우라 하더라도 공동신청의 경우에 당사자 일방만이 출석하거나, 당사자라고 출석한 자가 다른 사람이거나, 당사자 본인이 출석하였으나 행위능력(등기의무자의 경우) 또는 의사능력(등기권리자의 경우)이 없는 경우에는 이를 출석하였다고 볼 수 없기 때문에 그 등기신청은 각하사유가 된다(동법 29조 4호).

2) 관공서의 촉탁

관공서의 촉탁에 의한 등기신청은 관공서가 지니고 있는 높은 신뢰를 바탕으로 당사자에 의한 신청에 갈음하여 등기를 촉탁하는 것을 말한다.

부동산등기법도 등기절차는 관공서의 촉탁에 의하여도 개시되도록 규정하고 있고(동법 22조 1항), 촉탁에 의한 등기의 절차에 대하여는 법률에 다른 규정이 있는 경우를 제외하고는 신청으로 인한 등기에 관한 규정을 준용한다고 규정하고 있다(동법 22조 2항).

(2) 예 외

1) 직권에 의한 등기

당사자의 신청이 없이 등기관이 직권으로 등기를 하기 위해서는 법률에 근거가 있어야 한다. 예컨대 등기관이 미등기부동산에 대하여 법원의 촉탁에 따라 소유권의 처분제한의 등기를 할 때에는 직권으로 소유권보존등기를 하고, 처분제한의 등기를 명하는 법원의 재판에 따라 소유권의 등기를 한다는 뜻을 기록하는 것은 등기관이 직권으로 하는 등기이다(부등법 66조).

이에 따라 당사자에게 신청의무가 없거나, 등기관의 착오나 빠뜨림이 있는 경우, 당사자의 편의를 주기 위한 경우 또는 신청이나 촉탁의 전제되는 등기 등은 직권에 의한 등기가 이루어지게 된다.

2) 단독신청

공동신청에 의하지 않더라도 등기의 진정을 보장할 수 있거나, 또는 등기의 성질상 등기의무자가 있을 수 없는 경우에는 등기권리자에 의한 단독신청이 예외적으로 인정된다.

가) 판결로 인한 등기

판결에 의한 등기는 승소한 등기권리자 또는 등기의무자만으로 신청할 수 있다(부등법 23조 4항). 따라서 甲이 해제조건부로 자기 소유 부동산을 乙에게 매각하고 乙의 명의로 이전등기된 상태에서 해제조건이 성취되어 甲이 다시 乙에게 이전등기를 신청할 것을 요구하였으나, 乙이 이에 응하지 않는 경우에 甲은 승소판결을 얻어서 甲이 단독으로 이전등기를 신청할 수 있게 된다.

나) 상속으로 인한 등기

상속, 법인의 합병, 그 밖에 대법원규칙으로 정하는 포괄승계에 따른 등기는 등기권리자가 단독으로 신청할 수 있다(부등법 23조 3항). 따라서 상속등기는 등기의무자가 사망하고 존재하지 아니하므로 등기권리자만으로 이를 신청할 수 있고, 포괄유증이나 회사의 합병의 경우도 상속의 경우와 마찬가지로 그 대상 부동산에 대해서 단독으로 신청할 수 있다.

다) 가등기와 가등기의 말소등기

가등기도 가등기권리자와 가등기의무자가 공동으로 신청함이 원칙이나, 가등기권리자가 가등기의무자의 승낙서나 법원의 가등기가처분명령 정본을 첨부하여 단독으로 신청할 수 있다(부등법 89조).

또한 가등기의 말소는 가등기명의인이 단독으로 이를 말소신청할 수 있고 가등기의무자 또는 가등기에 관하여 등기상 이해관계 있는 자는 가등기명의인의 승낙을 받아 단독으로 가등기의 말소를 신청할 수 있다(동법 93조).

라) 토지수용으로 인한 등기

수용으로 인한 소유권이전등기는 등기권리자만으로 신청할 수가 있다(부등법 99조). 이는 법이 정한 엄격한 절차에 따라 등기 때문에 진정성이 보장되기 때문이다.

마) 미등기부동산소유권의 보존등기

부동산등기법은 건물신축 등으로 미등기부동산을 원시취득한 자가 이미 취득한 소유권을 공시하기 위하여 하는 소유권보존등기(所有權保存登記) 또는 소유권보존등기의 말소등기(抹消登記)는 등기명의인으로 될 자 또는 등기명의인이 단독으로 신청할 수 있도록 규정하고 있다(동법 23조 2항). 이는 등기의무자 자체가 존재하지 않으므로, 단독신청의 대상이 된다.

바) 등기명의인 표시의 변경등기

부동산등기법은 등기명의인 표시변경등기에 대해서 등기명의인의 표시의 변경 또는 경정의 등기는 해당 권리의 등기명의인만으로 등기를 신청할 수 있도록 규정하고 있다(부등법 56조). 따라서 주소변경 등의 등기를 할 때에는 등기의무자가 존재하지 않기 때문에 등기명의인 단독으로 등기를 신청할 수 있게 된다.

사) 등기명의인과 부동산의 표시의 변경등기

부동산등기법은 부동산표시의 변경등기나 경정(更正)의 등기는 권리의 등기가 아니므로 소유권의 등기명의인이 단독으로 신청할 수 있도록 규정하고 있다(부등법 23조 5항).

아) 사망 등으로 인한 권리소멸의 말소등기

등기명의자의 사망 또는 법인의 해산으로 권리가 소멸한다는 약정이 등기되어 있는 경우에 사람의 사망 또는 법인의 해산으로 그 권리가 소멸하였을 때에는, 등기권리자는 그 사실을 증명하여 단독으로 해당 등기의 말소를 신청할 수 있다(부등법 55조).

자) 등기의무자의 소재불명으로 인한 말소등기

등기권리자가 등기의무자의 소재불명으로 인하여 이와 공동으로 등기의 말소를 신청할 수 없는 때에는 공시최고(公示催告) 후 제권판결(除權判決)이 있으면 등기권리자가 그 사실을 증명하여 단독으로 말소등기를 신청할 수 있다(동법 56조).

차) 혼동으로 인한 말소등기

소유권과 소유권을 목적으로 한 다른 권리(예컨대 지상권, 전세권), 소유권 이외의 권리와 그를 목적으로 한 다른 권리(예컨대 지상권을 목적으로 한 저당권)가 동일인에게 귀속되면 그 다른 권리들은 혼동에 의하여 소멸된다(191조). 위 경우, 혼동으로 인한 말소등기는 소유자 또는 소유권 이외의 권리자가 단독으로 말소를 신청할 수 있게 된다.

5. 등기청구권

(1) 의 의

등기청구권(登記請求權)은 등기권리자 또는 등기의무자 일방이 등기신청을 하고자 할 때 다른 일방이 이에 협력하지 않을 경우에 이에 협력할 것을 청구하는 권리를 말한다. 여기서 '등기권리자'는 등기로 인하여 등기부상 이익을 얻는 자이고, '등기의무자'는 불이익을 입는 자이다.

이는 등기의 공동신청주의에서 비롯되는 것이므로(부등법 23조), 건물의 보존등기와 같이 단독신청에 의한 것인 경우에는, 성질상 등기청구권이 문제될 여지가 없다(통설).

일반적으로 등기청구권의 행사는 등기권리자가 하게 되나, 등기의무자도 공과금부담의 면제 등 이익을 받는 수가 있으므로 등기권리자에 대하여 등기청구권을 가진다고 할 수 있다. 특히 등기의무자가 하는 등기청구권을 등기인수청구권(登記引受請求權)이라고 한다. 통설은 이에 대해서 등기청구권의 모습으로 이해하고 있으나, 이를 등기수취청구권(登記受取請求權)으로 부르면서 실체법상의 권리라기보다는 등기법상의 권리로 이해하여야 한다는 견해도 있다(이영준 21면).

등기청구권은 사법상의 권리로서 실체법상의 권리이다. 따라서 등기청구권은 등기관이라는 국가기관에 대하여 등기신청을 할 수 있는 공법상의 권리인 등기신청권과는 구별된다.

(2) 발생원인과 성질

1) 법률행위로 인한 경우

이 경우는 채권적 청구권이므로, 소멸시효에 걸린다(다수설). 이에 비하여 등기청구권을 물권적 기대권으로부터 발생하는 일종의 물권적 청구권으로 본다면 소멸시효에 걸리지 않는다고 보게 된다.

판례는 부동산 매수인이 목적물을 이전받아 점유(사용·수익)하고 있는 경우에 등기청구권은 소멸시효에 걸리지 않는다고 한다(대판〈전〉 1976. 11. 6. 76다148). 또한 판례는 미등기매수인이 목적부동산을 제3자에게 매도(전매)하여 전득자(전매인)가 목적물을 점유하고 있는 경우에도 등기청구권은 소멸시효로 걸리지 않는다고 한다(대판〈전〉 1999. 3. 18. 98다32175).

2) 시효로 인한 물권취득의 경우

이 경우는 제245조 제1항에 등기에 의하여 물권의 지위를 갖추기 전에 발생하는 권리이므로 채권적 청구권이다(통설). 따라서 이 경우의 등기청구권은 소멸시효에 걸린다. 판례도 통설과 같은 입장을 취하고 있다(대판 1996. 3. 8. 95다34866).

3) 실체관계와 등기가 일치하지 않는 경우

이 경우는 이미 취득된 물권의 지위를 기초로 발생하는 권리이므로 물권적 청구권이다(통설). 따라서 이 경우의 등기청구권은 독립하여 소멸시효에 걸리지 않는다. 판례도 통설과 같은 입장을 취하고 있다(대판 1996. 3. 8. 95다34866).

4) 부동산 환매권과 부동산 임차권

이 경우는 채권에 기초하여 발생하는 채권적 청구권이므로(592조, 621조), 소멸시효에 걸린다(통설).

(3) 행사방법

등기청구권의 행사에 관하여는 특별한 방식을 용하지 않으며 상대방에 대한 의사표시로 행사할 수 있고, 이에 응하지 않을 때는 의사표시에 갈음하는 판결(389조 2항 전단)로 행사할 수 있다.

관련판례

등기청구권과 소멸시효

① 소유권이전등기청구권은 채권적 청구권이므로 10년의 소멸시효에 걸리지만 매수인이 매매 목적물인 부동산을 인도받아 점유하고 있는 이상 그 소멸시효가 진행되지 아니한다(대판 1991. 3. 22. 90다9797).

② 토지에 대한 취득시효 완성으로 인한 소유권이전등기청구권은 그 토지에 대한 점유가 계속되는 한 시효로 소멸하지 아니하고, 그 후 점유를 상실하였다고 하더라도 이를 시효이익의 포기로 볼 수 있는 경우가 아닌 한 이미 취득한 소유권이전등기청구권은 바로 소멸되는 것은 아니나, 취득시효가 완성된 점유자가 점유를 상실한 경우 취득시효 완성으로 인한 소유권이전등기청구권의 소멸시효는 이와 별개의 문제로서, 그 점유자가 점유를 상실한 때로부터 10년간 등기청구권을 행사하지 아니하면 소멸시효가 완성한다(대판 1996. 3. 8. 95다34866).

③ 시효제도는 일정 기간 계속된 사회질서를 유지하고 시간의 경과로 인하여 곤란해지는 증거보전으로부터의 구제를 꾀하며 자기 권리를 행사하지 않고 소위 권리 위에 잠자는 자는 법적 보호에서 이를 제외하기 위하여 규정된 제도라 할 것인바, 부동산에 관하여 인도, 등기 등의 어느 한 쪽만에 대하여서라도 권리를 행사하는 자는 전체적으로 보아 그 부동산에 관하여 권리 위에 잠자는 자라고 할 수 없다 할 것이므로, 매수인이 목적 부동산을 인도받아 계속 점유하는 경우에는 그 소유권이전등기청구권의 소멸시효가 진행하지 않는다(대판〈전〉 1999. 3. 18.

98다32175).

[다수의견] 부동산의 매수인이 그 부동산을 인도받은 이상 이를 사용·수익하다가 그 부동산에 대한 보다 적극적인 권리 행사의 일환으로 다른 사람에게 그 부동산을 처분하고 그 점유를 승계하여 준 경우에도 그 이전등기청구권의 행사 여부에 관하여 그가 그 부동산을 스스로 계속 사용·수익만 하고 있는 경우와 특별히 다를 바 없으므로 위 두 어느 경우에나 이전등기청구권의 소멸시효는 진행되지 않는다고 보아야 한다(대판〈전〉 1999. 3. 18. 98다32175).

[반대의견] 부동산의 매수인이 매매목적물을 인도받아 이를 사용·수익하고 있는 동안에는 그 소유권이전등기청구권의 소멸시효가 진행하지 않는다고 보아야 할 것이나, 매수인이 목적물의 점유를 상실하여 더 이상 사용·수익하고 있는 상태가 아니라면, 매도인에 대한 관계에서 권리의 주장 내지 행사가 계속되고 있다고 볼 만한 사정이 없고, 비록 매수인이 그 부동산을 다른 사람에게 처분하고 인도하여 준 경우라고 하더라도 그 처분은 타인의 권리를 전매한 것에 불과할 뿐이고 그 소유권을 처분 내지 행사하였다고 볼 수는 없으며, 그 인도 또한 매수인이 새로운 매매계약에 따른 자신의 의무를 이행한 것에 지나지 아니할 뿐만 아니라 오히려 그 점유를 이전함으로써 목적물에 대한 사용·수익의 상태에서 벗어나게 된 것이어서 위 처분 내지 인도를 가리켜 매도인에 대한 관계에서 권리 행사라고 볼 수도 없는 것이므로, 점유의 상실원인이 무엇이든지 간에 점유 상실 시점으로부터 그 이전등기청구권의 소멸시효가 진행한다고 봄이 상당하다(대판〈전〉 1999. 3. 18. 98다32175).

④ '부동산 실권리자명의 등기에 관한 법률' 시행 전에 명의수탁자가 소유하는 부동산에 관하여 명의신탁자와 사이에 사후적으로 그 부동산을 명의신탁자를 위하여 '대외적으로만' 보유하는 관계에 관한 명의신탁약정이 이루어진 다음 위 법 제11조에서 정한 유예기간 내에 실명등기 등을 하지 않고 그 기간을 경과함으로써 위 법 제12조 제1항, 제4조에 의하여 위 명의신탁약정이 무효로 됨에 따라 명의수탁자가 당해 부동산에 관한 완전한 소유권을 취득하게 된 경우, 위 유예기간이 경과하기 전까지는 명의수탁자는 명의신탁약정에 따라 당해 부동산에 관한 소유명의를 취득한 것으로서 명의신탁자는 언제라도 명의신

탁약정을 해지하고 당해 부동산에 관한 소유권을 취득할 수 있었다고 할 것이므로, 명의수탁자는 위 법 시행에 따라 당해 부동산에 관한 완전한 소유권을 취득함으로써 당해 부동산 자체를 부당이득하였다고 보아야 하고, 위 법 제3조 및 제4조가 명의신탁자에게 소유권이 귀속되는 것을 막는 취지의 규정은 아니므로 명의수탁자는 명의신탁자에게 자신이 취득한 당해 부동산을 부당이득으로 반환할 의무가 있다(대판 2010. 2. 11. 2008다16899).

사례&판례 연구 **등기청구권의 행사와 소멸시효 적용 〈미등기매수인의 전매와 등기청구권의 소멸시효〉【대판 1999. 3. 18. 98다32175】**

《사건의 개요》

피고 甲은 1970. 3. 11. 임야의 소유지분(17분의 1) A를 소외 망 乙에게 매도 및 인도하였고, 乙은 1971. 12. 29. 원고 丙에게 A를 미등기인채로 전매 및 인도한 후 사망하였다.

그 후 丙은 甲을 상대로 하여 乙의 상속인들(한○○ 등 9인)을 대위하여 1970. 3. 11의 매매를 원인으로 한 소유권이전등기를 청구하였다

이에 甲은 乙이 A를 丙에게 매도 및 인도하여 줌으로써 점유를 상실한 1971. 12. 29부터 10년이 경과함으로써 乙의 甲에 대한 소유권이전등기청구권은 시효로 소멸하였다고 항변하였는바, 원심은 甲의 주장을 받아들여 丙의 소유권이전등기청구를 배척하였다.

【판시사항】

[1] 부동산 매수인이 부동산을 인도받아 스스로 계속 점유하는 경우, 소유권이전등기청구권의 소멸시효 진행 여부(소극)

[2] 부동산 매수인이 부동산을 인도받아 사용·수익하다가 제3자에게 그 부동산을 처분하고 점유를 승계하여 준 경우, 소유권이전등기청구권의 소멸시효 진행 여부(소극)

【판결요지】

[1] 시효제도는 일정 기간 계속된 사회질서를 유지하고 시간의 경과로 인하여 곤란해지는 증거보전으로부터의 구제를 꾀하며 자기 권리를 행사하지 않고 소위 권리 위에 잠자는 자는 법적 보호에서 이를 제외하기 위하여 규정된 제도라 할 것인 바, 부동산에 관하여 인도, 등기 등의 어느 한 쪽만에 대하여서라도 권리를 행사하는 자는 전체적으로 보아 그 부동산에 관하여 권리 위에 잠자는 자라고 할 수 없다 할 것이므로, 매수인이 목적 부동산을 인도받아 계속 점유하는 경우에는 그 소유권이전등기청구권의 소멸시효가 진행하지 않는다.

[2] [다수의견] 부동산의 매수인이 그 부동산을 인도받은 이상 이를 사용·수익하다가 그 부동산에 대한 보다 적극적인 권리 행사의 일환으로 다른 사람에게 그 부동산을 처분하고 그 점유를 승계하여 준 경우에도 그 이전등기청구권의 행사 여부에 관하여 그가 그 부동산을 스스로 계속 사용·수익만 하고 있는 경우와 특별히 다를 바 없으므로 위 두 어느 경우에나 이전등기청구권의 소멸시효는 진행되지 않는다고 보아야 한다.

6. 등기의 효력

(1) 본등기의 효력

1) 권리추정력

등기에는 등기부상에 기록된 바와 같은 실질적인 권리관계가 존재할 것이라는 추정을 일으키는 효력이 있는데, 이를 '권리추정력'이라고 한다.

학설(다수설)과 판례에 의하면, 부동산에 관한 소유권이전등기가 있는 이상 그 절차는 정당한 것으로 추정되며, 소유권이전등기가 경료되어 있는 경우에는 제3자에 대해서뿐만 아니라 그 전소유자에 대해서도 적법한 등기원인에 의하여 소유권을 취득한 것으로 추정된다.

또 등기에 추정력이 인정되는 결과 등기의 내용을 신뢰하고 거래하는 것은 선의인데 무과실도 추정되며, 등기명의인의 보존등기가 있는 경우에, 전소유자가 그에게 소유권을 양도한 사실을 부인하면 그 보존등기의 추정력은 깨어지고, 그 보존등기명의자가 양수의 사실을 입증할 책임이 있다.

관련판례

등기추정력과 번복

구 부동산소유권이전등기 등에 관한 특별조치법에 의하여 경료된 소유권이전등기의 말소를 구하기 위한 요건 및 소유 명의인이 아닌 제3자를 거쳐 양수한 경우에도 같은 법에 의한 소유권이전등기를 마칠 수 있다(대판 2011. 2. 24. 2010다88477).

그 밖의 등기의 추정력

① 소유권보존등기가 경료되어 있으면 원칙적으로 그 등기명의인에게 소유권이 추정되나, 그 보존등기명의인이 보존등기하기 이전의 소유자로부터 부동산을 양수한 것이라고 주장하고 전소유자가 양도사실을 부인하는 경우에는 보존등기의 추정력은 깨어진다. 따라서 이 경우에 그 보존등기의 명의인이 그 양수사실을 입증하여야 한다(대판 1982. 9. 14. 82다카707).

② 등기부상의 명의인을 소유자로 믿고서 그 부동산을 매수하여 점유하는 자는 특별한 사정이 없는 한 과실 없는 점유자에 해당하나, 등기부를 조사하지 않아서 소유명의자가 매도인과 다름을 알지 못한 경우에 매수인은 비록 선의이더라도 과실이 있는 것으로 추정된다(대판 1982. 5. 11. 80다2881).

③ 부동산에 관하여 소유권이전등기가 마쳐져 있는 경우 그 등기명의자는 제3자에 대하여서뿐만 아니라, 그 전 소유자에 대하여서도 적법한 등기원인에 의하여 소유권을 취득한 것으로 추정된다(대판 2000. 3. 10. 99다65462).

④ 임야소유권이전등기 등에 관한 특별조치법(이하, '특별조치법'이라 한다)에 따라 등기를 마친 자가 보증서나 확인서에 기재된 취득원인이 사실과 다름을 인정하더라도 그가 다른 취득원인에 따라 권리를 취득하였음을 주장하는 때에는, 특별조치법의 적용을 받을 수 없는 시점의 취득원인 일자를 내세우는 경우와 같이 그

주장 자체에서 특별조치법에 따른 등기를 마칠 수 없음이 명백하거나 그 주장하는 내용이 구체성이 전혀 없다든지 그 자체로서 허구임이 명백한 경우 등의 특별한 사정이 없는 한 위의 사유만으로 특별조치법에 따라 마쳐진 등기의 추정력이 깨어진다고 볼 수는 없으며, 그 밖의 자료에 의하여 새로이 주장된 취득원인 사실에 관하여도 진실이 아님을 의심할 만큼 증명되어야 그 등기의 추정력이 깨어진다고 할 것이다(대판 2001. 11. 22. 2000다71388).

⑤ 부동산에 관한 등기부상 소유권이전등기가 경료되어 있는 이상 일응 그 절차 및 원인이 정당하다고 추정을 받게 되고 그 절차 및 원인의 부당을 주장하는 당사자에게 입증책임이 있으나, 등기절차가 적법하게 진행되지 아니한 경우로 볼 만한 의심스러운 사정이 있음이 입증되는 경우에는 그 추정력은 깨어진다(대판 2003. 2. 28. 2002다46256).

⑥ 소유권이전청구권 보존을 위한 가등기가 있다 하여, 소유권이전등기를 청구할 어떤 법률관계가 있다고 추정할 수 없다(대판 1979. 5. 22. 79다239).

⑦ 전 등기명의인이 미성년자이고 당해 부동산을 친권자에게 증여하는 행위가 이해상반행위라 하더라도 일단 친권자에게 이전등기가 경료된 이상, 필요한 절차를 적법하게 거친 것으로 추정된다(대판 2002. 2. 5. 2001다72029).

---

2) 형식적 확정력

등기가 일단 절차를 갖추게 되어 있는 이상은 그 유효·무효를 묻지 않고, 등기절차상 이것을 전제로 삼아야 한다는 효과가 생기는데, 이를 '형식적 확정력'이라고 한다. 예컨대 무효인 등기일지라도 말소등기에 의하지 아니하고는 그 등기를 말소할 수 없게 된다.

3) 공신력의 유무

등기의 공신력은 부동산물권의 공시방법인 등기에 의하여 공시된 물권이 진실에 반하는 경우에도 무권리자의 등기를 신뢰한 자인 양수인에게 그가 신뢰한 바대로 부동산에 대한 물권의 효력을 인정하는 것을 말한다.

그러나 우리 민법상 부동산물권변동과 관련하여 공시방법인 등기에는 공신의 원칙이 인정되지 않으므로, 등기에는 공신력이 없다. 그 이유는 등기에 공신의 원칙(공신력)을 인정하기 위한 사전적 조치로서 등기공무원의 등기에 관한 실질적 심사권과 사후적 조치로서 권리를 잃게 되는 진정한 권리자의 보호수단으로 국가배상제도가 마련되어 있지 않기 때문이다.

따라서 매수인 丙이 매도인 乙로부터 A 주택의 소유권을 이전받아 자기 丙의 명의로 등기를 하였는데, 나중에 乙은 무권리자이고 진정한 소유자는 甲으로 밝혀졌다면 乙의 등기는 원인무효로서 말소의 대상이 되고 이에 따라 丙의 등기도 말소되게 된다. 따라서 위 경우 丙은 소유권을 잃게 되고 보호받지 못하게 됨은 물론 A를 丙으로부터 丁이 양수하였어도 丁의 등기도 말소되게 된다.

위에 따라 우리 민법상 등기의 공신력이 인정되지 않게 되는 결과로 부동산거래에 있어서 원칙적으로 선의의 제3자가 보호를 받지 못하게 됨이 원칙이다.

그러나 민법과 특별법은 거래안전을 위하여 등기의 공신력을 인정하는 것과 같은 예외적인 규정들을 두고 있다(107조 2항·108조 2항·109조 2항·110조 3항, 548조 1항 단서, 가등기담보법 11조 단서, 부동산실명법 4조 3항).

4) 창설적 효력

등기에는 물권변동을 일으키는 효력인 창설적 효력이 있다(186조). 이러한 물권변동의 효력은 등기를 신청한 때가 아니고, 실제로 등기부에 기록된 때에 발생한다. 다만 등기가 실행되지 않는 한 등기의 유효·무효의 문제는 생길 여지가 없다.

미등기 무허가건물의 양수인이라 할지라도 그 소유권이전등기를 경료받지 않는 한 건물에 대한 소유권을 취득할 수 없고, 그러한 건물의 취득자에게 소유권에 준하는 관습상의 물권이 있다고 볼 수 없다(대판 1996. 6. 14. 94다53006). 따라서 이 경우 양수인은 소유권이전등기를 갖추어야 창설적 효력이 인정된다.

5) 순위확정적 효력

동일 부동산에 관하여 등기된 두 개 이상의 권리 사이의 순위는 등기를 한 시기에 따라 권리의 순위가 정해지는 효력을 '순위확정적 효력'이라고 한다(등기법 5조). 이에 따라 동일한 부동산에 서로 다른 채권자가 2개의 저당권설정등기를 하면 먼저 한 자가 1번 저당권자가 되고, 후에 한 자가 2번 저당권자가 된다.

그러나 부기등기의 순위는 주등기의 순위에 의하고 부기등기 상호 간의 순위는 그 전후에 의한다.

6) 점유적 효력

등기부취득시효에 있어서는 등기가 마치 동산취득시효에 있어서의 점유와 같은 효력을 가진다고 할 수 있는데(245조 2항), 이를 '점유적 효력'이라고 한다. 즉 민법은 부동산소유권의 일반취득시효의 점유기간이 20년으로 규정하고 있음에 비하여(245조 2항) 등기부시효취득의 점유기간을 10년으로 함으로써 등기가 10년간의 점유를 갈음하는 효과를 갖게 된다.

7) 대항적 효력

등기는 등기사항을 당사자 외에 제3자에게 대항할 수 있는데, 이를 '등기의 대항력'이라고 한다. 민법은 부동산임차권(621조 2항)·부동산 환매권(592조)에 대하여 등기를 한 경우, 그때부터 제3자에게 대항력이 발생함을 규정하고 있다. 또 지상권, 지역권, 전세권, 저당권에 관한 일정한 사항 즉, 존속기간, 이자, 지료와 그 지급시기, 변제기 등도 등기할 수 있는데, 이들이 등기된 때에는 제3자에게 대항할 수 있다.

(2) 가등기의 효력

1) 본등기 후의 효력

가등기를 한 후에 본등기를 하면 본등기의 순위는 가등기의 순위에 의하게 되므로(부등법 91조), 본등기를 한 가등기에 대하여는 순위보존적 효력이 있다.

위에서 '순위에 의한다.'는 것은 본등기의 물권변동을 일으키는 효력이 가등기의 당시에 소급한다는 것이 아니라, 다만 주등기의 순위가 가등기의 순위로 소급한다는 의미이다. 따라서 가등기에 기인한 본등기가 행하여지더라도 순위만 가등기한 때로 보존될 뿐이며, 물권변동의 시기까지 소급되지는 않는다.

여기서 가등기에 의하여 순위 보전의 대상이 되어 있는 물권변동청구권이 양도된 경우, 그 가등기상의 권리의 이전등기를 가등기에 대한 부기등기의 형식으로 경료할 수 있는지 여부에 대해서, 판례는 '가등기의 가등기'를 인정하고 있다. 즉 "가등기는 원래 순위를 확보하는 데에 그 목적이 있으나, 순위 보전의 대상이 되는 물권변동의 청구권은 그 성질상 양도될 수 있는 재산권일 뿐만 아니라 가등기로 인하여 그 권리가 공시되어 결과적으로 공시방법까지 마련된 셈이므로, 이를 양도한 경우에는 양도인과 양수인의 공동신청으로 그 가등기상의 권리의 이전등기를 가등기에 대한 부기등기의 형식으로 경료할 수 있다고 보아야 한다."고 판시하고 있다(대판〈전〉 1998. 11. 19. 98다24105).

가등기가 이루어진 경우에도 소유권등기명의자는 그 부동산을 여전히 처분할 수 있으나, 가등기권자가 본등기를 하면 가등기와 본등기 사이에 된 등기는 본등기와 저촉되고 직권말소의 대상이 되지만, 말소등기 없이 가등기의 본등기를 할 수 있다.

특히 2011년 개정 부동산등기법은 등기관이 가등기에 의한 본등기를 한 경우 가등기 이후에 된 등기로서 가등기상 권리를 침해하는 등기의 말소절차를 명확히 하기 위하여 등기관이 가등기에 의한 본등기를 한 경우 가등기상 권리를 침해하는 등기를 지체 없이 직권으로 말소하도록 규정하고 있다(동법 92조).

2) 본등기 전의 효력

가등기 후에 본등기가 없는 한 가등기 자체로는 아무런 실체법상의 효력은 없다. 다만 후에 본등기를 하면 그 등기의 순위가 가등기의 순위에 의하게 되어 가등기 후 본등기 전에 그 부동산에 대하여 거래하는 자의 권리는 가등기의 순위보존적 효력에 따라 직권으로 말소될 수 있다는 것에 대한 사실상의 경고적 효력이 있게 된다.

판례도 "가등기에 터 잡은 본등기를 하는 것은 그 가등기에 의하여 순위보전된 권리의 취득이며 (구)부동산등기법 제2조 소정의 등기사항으로서의 처분의 제한이라고는 볼 수 없으므로 가등기에 기한 본등기금지가처분은 등기할 사항이라 할 수 없다."고 판시하여 가등기 자체에 대한 처분금지의 효력을 부정하고 있다(대결 1978. 10. 14. 78마28).

Ⅱ. 법률행위에 의한 부동산 물권변동

1. 원칙 : 형식주의

(1) 제186조의 해석 및 적용범위

우리 민법은 법률행위로 인한 부동산물권변동에 관하여 형식주의를 채용하고 있으므로(186조), 물권행위와 등기를 모두 갖추었을 때 성립 내지 효력이 발생한다.

여기서 제186조의 원칙이 적용되는 것은, 부동산물권에 관한 취득·변경·상실(득실변경)이며, 그 권리의 변동에 등기가 요구되는 것은 소유권·지상권·지역권·전세권·저당권의 5종이다.

(2) 민법 제186조의 적용범위에 관한 특수문제

우리 민법은 법률행위에 의한 부동산물권변동에는 등기를 그 요건으로 하고 있으나(186조), 법률행위에 의하지 않는 경우에는 등기 없이 그 효력이 발생하는 것으로 규정하고 있다(187조). 그런데, 일정한 경우에는 제186조의 물권변동이냐, 또는 제187조의 물권변동이냐에 관하여 논의가 있으며, 그 주요한 것들로는 다음을 들 수 있다.

1) 원인행위의 실효와 물권의 회복

가) 물권행위의 원인행위인 채권행위가 취소 또는 해제된 경우에, 그 실효된 원인행위의 이행으로서 발생한 물권변동은 등기를 말소하지 않더라도 당연히 복귀하느냐, 아니면 말소등기를 하여야만 복귀하느냐의 여부가 문제된다.

나) 위의 경우는 법률의 규정에 의한 물권변동이므로(141조, 548조 참조), 말소등기 없이 물권이 당연히 복귀하는 것으로 이해하여야 한다.

2) 물권행위의 취소와 등기

가) 물권행위에 취소원인이 있어서 취소권의 행사로 물권변동이 소급적으로 복귀함에 있어서 당연히 복귀하느냐, 아니면 말소등기를 하여야만 복귀하느냐의 문제이다.

나) 위의 경우도 '원인행위의 실효와 물권의 회복'에서와 마찬가지로 법률의 규정에 의한 물권변동이므로(141조 참조), 말소등기 없이 물권이 당연히 복귀하는 것으로 이해하여야 한다.

3) 재단법인(財團法人) 설립에 있어서 출연재산의 귀속시기

가) 이에 관하여 민법 제48조는, 재단법인의 설립을 위한 출연재산은 생전처분으로 법인을 설립하는 때에는 법인이 성립된 때(동조 1항)에, 유언으로 설립하는 때에는 유언의 효력이 발생한 때(동조 2항)에 각각 법인에 귀속한다고 규정하고 있다. 법인이 성립하는 시기는 설립등기를 한 때이고(33조), 유언의 효력이 발생하는 시기는 유언자가 사망한 때이다(1073조 1항).

여기서 그 출연재산 속에 물권이 포함되어 있는 경우에 그 물권이 재단법인에 귀속하는 것은 제186조, 제188조에 의하여 등기 또는 인도를 한 때이냐, 아니면 제48조를 제187조가 말하는 '기타 법률의 규정'으로 보아 등기나 인도 없이 제48조가 정하는 일정한 시기에 재단법인에 귀속한다고 볼 것인가 문제된다.

나) 그런데 이에 관하여 다수설은 제48조는 제187조가 말하는 '기타 법률의 규정'으로 보아 등기나 인도를 요하지 않고 출연재산이 법인에 귀속한다고 이해한다.

이에 대해서 소수설은 재단법인설립행위는 법률행위이므로, 재단법인설립자가 물권을 출연한 때에는 제48조의 요건을 갖춘 때에 당연히 법인에 귀속하지 않고 물권변동에 필요한 등기나 인도 등 물권변동의 효력발생요건(186조, 188조)을 갖춘 때에 비로소 법인에 귀속한다고 하는 이해한다.

다) 판례는 출연재산이 출연자와 법인 사이의 대내관계에서는 등기 없이 법인에 귀속하나(187조 참조), 제3자와의 대외관계에서는 등기함으로써 법인에 귀속된다(186조 참조)는 절충석 입장을 취하고 있다(대판 1979. 12. 11. 78다481·482).

라) 요컨대 제48조는 제187조의 '기타 법률의 규정'에 포함되므로 형식주의의 원칙에 배치되지 않는다. 또한 소수설에 따르면 출연재산이 재단법인에 등기나 인도를 할 때까지는 재산이 없는 상태가 되어 '재산 없는 재단법인'이 있게 되어 재단법인의 본질에 반하게 되므로 출연재산은 제48조의 요건을 갖춘 때에 당연히 법인에 귀속하게 된다고 해석하여야 할 것이다.

4) 제한물권의 소멸청구와 제한물권의 소멸

가) 민법 제287조는, 지상권자가 2년 이상의 지료를 지급하지 아니한 때에는 지상권설정자가 당해 권리를 소멸청구할 수 있도록 규정하고 있다. 또 민법 제311조는, 전세권자가 설정계약 또는 목적부동산의 성질에 의해 정해진 용법으로 사용·수익하지 않는 경우에 전세권설정자는 전세권의 소멸을 청구할 수 있도록 규정하고 있다(311조 1항).

나) 위의 경우, 지상권설정자의 소멸청구에 의한 지상권의 소멸과 전세권설정자의 소멸청구에 의한 전세권의 소멸이 제187조에 의한 물권변동으로 보아 말소등기 없이 당연히 소멸하는 것으로 이해할 것인가, 아니면 제186조에 의한 물권변동으로 보아 말소등기를 필요로 할 것인가의 여부가 문제된다.

다) 요컨대 여기서 전세권설정자의 소멸청구권은 형성권이고 제311조에 의한 전세권의 소멸이므로 전세권설정자의 소멸청구에 의하여 당연히 전세권은 소멸하는 것으로 새겨야 할 것이다(187조 참조).

5) 제한물권의 소멸통고와 제한물권의 소멸

가) 전세권의 존속기간을 약정하지 않은 경우 각 당사자는 언제든지 상대방에 대하여 전세권의 소멸을 통고할 수 있고, 상대방이 이 통고를 받은 날로부터 6월이 경과하면 전세권은 소멸한다(313조). 여기서 전세권의 소멸통고도 지상권자나 전세권설정자의 소멸청구에서와 마찬가지로 전세권의 소멸이 말소등기 없이 당연히 소멸하는 것으로 이해할 것인가(187조), 아니면 말소등기를 필요로 할 것인가(187조)의 여부가 문제된다.

나) 위 경우, 당사자의 전세권의 소멸통고권은 형성권이고 제313조에 의한 전세권의 소멸이므로 당사자의 소멸통고에 의하여 당연히 전세권은 소멸하는 것으로 새겨야 할 것이다(187조 참조).

6) 소멸시효의 완성과 제한물권의 소멸

가) 민법은 소유권 이외의 물권도 소멸시효에 걸리는 것으로 하고 있다(162조 2항). 그 결과, 지상권·지역권·전세권 등의 부동산물권이 소멸시효에 걸리게 되는데, 이러한 부동산물권에 관하여 소멸시효가 완성되게 되면 등기 없이 당연히 소

멸하는가, 아니면 말소등기를 하여야 소멸하는가의 문제가 있다.

나) 요컨대 현행 민법이 구민법의 시효의 원용규정(145조)을 삭제한 것은 입법자의 의사가 절대적 소멸설을 따르고자 하는 태도이므로, 제한물권에 대하여 소멸시효가 완성되면 말소등기 없이 권리가 당연히 소멸하는 것으로 새겨야 할 것이다.

사례&판례 연구 **부동산물권변동과 형식주의 적용 〈재단법인출연재산의 귀속시기〉 【대판 1979. 12. 11. 78다481·482】**

《사건의 개요》

출연자 甲은 그의 생존시인 1956. 4. 10. 자기 소유인 A(서울 관악구 상도동 223 소재 760평)를 재단법인 ○○사의 설립을 위하여 출연하였고, ○○사는 1960. 5. 9. 설립허가를 얻어 같은 달 20일에 설립등기를 마쳤다.

한편 위 토지에 대하여 1965. 3. 10. 乙 앞으로 소유권이전등기가 경료된 후 이에 터잡아 피고 丙 및 丁 각 공유지분이전등기 및 가등기가 차례로 경료되었다. 이에 ○○사는 소유권에 기인하여 乙·丙·丁을 상대로 각 등기의 말소를 청구하자, 피고들은 ○○사는 자기 명의의 소유권이전등기가 없었으므로, A소유권을 취득하지 못한 것이라고 항변하였는바, 원심은 위 ○○사는 민법 제48조에 의거하여 소유권이 귀속되었으므로, 피고들의 등기는 원인무효의 등기라고 하여 판시하였다.

【판시사항】

재단법인의 설립에 있어서 출연재산의 귀속시기

【판결요지】

재단법인을 설립함에 있어서 출연재산은 그 법인이 성립된 때로부터 법인에 귀속된다는 민법 제48조의 규정은 출연자와 법인과의 관계를 상대적으로 결정하는 기준에 불과하여 출연재산이 부동산인 경우에도 출연자와 법인 사이에는 법인의 성립 외에 등기를 필요로 하는 것은 아니지만, 제3자에 대한 관계에 있어서, 출연행위는 법률행위이므로 출연재산의 법인에의 귀속에는 부동산의 권리에 관한 것일 경우 등기를 필요로 한다.

2. 물권행위와 등기와의 관계

(1) 물권행위의 형식

민법은 형식주의를 채용하고 있으므로 법률행위에 의한 물권변동은 물권행위와 공시방법의 두 요건을 갖춘 때에 일어나게 되는데, 여기서 물권행위와 공시방법인 등기가 서로 어떤 관계에 있는 것으로 볼 것인가가 문제된다. 이에 관하여 소수설은 두 요건을 합한 것이 물권행위라고 보고 있으나, 다수설은 등기를 제외한 물권적 의사표시만을 물권행위의 요소로 본다.

(2) 공시방법으로서의 등기

등기는 부동산물권의 공시방법이며, 물권행위가 있어도 등기 없이는 물권변동이 일어나지 않는다. 이런 점에서 등기는 부동산 물권변동에 관하여 법률이 요구하는 또 하나의 요건이라 할 수 있다(186조 참조).

1) 중간생략등기

가) 의 의

이는 부동산이 전전 이전된 경우에 그 중간과정의 전부 또는 일부에 관하여 등기할 것을 생략하고 등기명의인인 최초의 양도인으로부터 직접 최후의 취득자에로의 등기를 가리킨다.

나) 유효성 여부

① 학설의 개관

중간생략등기의 유효성 여부에 관하여는 종래 여러 가지 학설이 제기되고 있으며 크게 그 주요한 것으로는 무효설과 유효설로 대별할 수 있다. 또 무효설은 절대적 무효설과 상대적 무효설로 나누어볼 수 있고, 유효설은 조건부 유효설, 물권적 기대권설, 독일 민법 유추적용설 등으로 나누어볼 수 있다.

② 무 효 설

먼저 무효설을 보면, 절대적 무효설은 중간생략등기는 이를 금지하고 처벌하는 규정(부동산등기특별조치법 2조, 8조, 9조)인 효력규정에 위반하는 것으로 무효라고 한다(김상용 167면). 또 상대적 무효설은, 형식주의 아래에서는 등기가 부동산물권변동의 효력발생요건으로 되어 있어서 등기 없이는 부동산물권은 이전되지 않는 만큼 물권변동의 과정을 공시하지 못하므로 중간생략등기의 무효이나, 거래안전을 고려해서 선의의 제3자에게 양도된 경우에는 유효라고 한다(장경학 228면, 231면).

③ 유 효 설

다음으로 유효설을 보면, 조건부 유효설은 중간생략등기는 양도인과 양수인 및 중간취득자 3자가 합의를 요하며, 3자가 합의가 없어도 양도인으로부터 직접 양수인에게 소유권이전등기가 경료되면 그 등기를 실체관계에 부합하는 것으로서 유효하다고 한다(권용우 151~152면, 이영준 131면).

또 물권적 기대권설은, 양도인과 중간취득자 사이에 이미 물권적 합의가 있고 이전등기에 필요한 서류가 교부된 경우 중간취득자는 부동산물권을 취득하지 못하였지만 물권적 기대권을 가지게 되므로 중간취득자가 양수인에게 위 물권적 기대권을 양도하게 되면 양수인은 양도인에게 직접 등기의 이전을 청구할 수 있다고 한다(김학동 91~92면). 또 독일 민법 유추적용설은, 양도인과 중간취득자 사이에 부동산의 매매가 있고 다시 중간취득자와 양수인 사이에 그 부동산을 전매하는 채권행위가 있게 되면 양도인과 양수인에 채권행위가 있었던 것으로 다루어지기 때문에 양수인은 양도인에게 직접 등기의 이전을 청구할 수 있다고 한다(곽윤직· 김재형 123면).

④ 사 견

요컨대 중간생략등기의 유효성 여부는 실제 관행상 이루어지는 중간생략등기를 현행법 아래에서 어떻게 사법적으로 처리할 것인가에 관한 문제라고 할 수 있다. 위의 견해 중 무효설은 등기의 공신력이 없는 우리 법제 아래에서는 중간생략등기를 무효로 취급한다면 거래의 안전을 해할 염려가 있어서 취할 수 없다고 새겨야 할 것이다(송덕수 151면).

따라서 중간생략등기의 유효하다고 이해하여야 하나 위에서 든 논거 중 물권적 기대권설은 물권적 기대권설을 인정하지 않게 되면 유효성의 논거가 되지 못하고, 독일 민법 유추적용설은 우리 민법에 논거가 있는 경우에는 현행법에서 근거를 찾는 것이 타당하다는 면에서 그 한계가 있다고 할 수 있다. 따라서 중간생략등기는 양도인과 양수인 및 중간취득자 3자가 명시적 또는 묵시적 합의를 하면 당사자 모두의 의사에 합치하는 것으로 유효하다고 해석되어야 하며, 3자가 합의가 없어도 양도인으로부터 직접 양수인에게 소유권이전등기가 경료된 경우에는 현재의 진실한 권리상태를 공시하는 것으로서 그 등기는 실체관계에 부합하는 것으로서 유효한 것으로 해석하여야 할 것이다.

다) 중간생략등기 유효성과 판례이론

① 적법한 등기원인에 기해 중간생략등기가 경료된 이상 중간생략등기에 관한 관계당사자 사이의 합의가 없었다는 이유만으로 그 등기가 무효가 되지는 않는다(대판 1969. 7. 8. 69다648).

② 부동산의 양도계약이 순차 이루어져 최종 양수인이 중간생략등기의 합의를 이유로 최초 양도인에게 직접 그 소유권이전등기청구권을 행사하기 위하여는 관계당사자 전원의 의사합치, 즉 중간생략등기에 대한 최초 양도인과 중간자의 동의가 있는 외에 최초의 양도인과 최종의 양수인 사이에도 그 중간등기생략의 합의가 있었음이 요구된다(대판 1994. 5. 24. 93다47738).

③ 부동산등기특별조치법상 중간생략등기를 금지하는 규정은 단속규정으로서, 당사자 사이의 중간생략등기의 합의에 관한 사법상의 효력까지 무효로 되는 것은 아니다(대판 1993. 1. 26. 92다39112).

④ 부동산의 양도계약이 순차 이루어져 최종 양수인이 중간생략등기의 합의를 이유로 최초 양도인에게 직접 그 소유권이전등기 청구권을 행사하기 위하여는 관계 당사자 전원의 의사합치, 즉 중간생략등기에 대한 최초 양도인과 중간자의 동의가 있는 외에 최초 양도인과 최종 양수인 사이에도 그 중간등기 생략의 합의가 있었음이 요구된다. 따라서 비록 최종 양수인이 중간자로부터 소유권이전등기 청구권을 양도받았다고 하더라도 최초 양도인이 그 양도에 대하여 동의하지 않고 있다면 최종 양수인은 최초 양도인에 대하여 채권양도를 원인으로 하여 소유권이전등기 절차이행을 청구할 수 없다(대판 1995. 8. 22. 95다15575).

⑤ 부동산의 매매로 인한 소유권이전등기청구권은 물권의 이전을 목적으로 하

는 매매의 효과로서 매도인이 부담하는 재산권이전의무의 한 내용을 이루는 것이고, 매도인이 물권행위의 성립요건을 갖추도록 의무를 부담하는 경우에 발생하는 채권적 청구권으로 그 이행과정에 신뢰관계가 따르는 것이다. 따라서 소유권이전등기청구권을 매수인으로부터 양도받은 양수인은 매도인이 그 양도에 대하여 동의하지 않고 있다면 매도인에 대하여 채권양도를 원인으로 하여 소유권이전등기절차의 이행을 청구할 수 없다. 그리고 매매로 인한 소유권이전등기청구권은 특별한 사정이 없는 이상 그 권리의 성질상 양도가 제한되고 그 양도에 채무자의 승낙이나 동의를 요한다고 할 것이므로 통상의 채권양도와 달리 양도인의 채무자에 대한 통지만으로는 채무자에 대한 대항력이 생기지 않으며 반드시 채무자의 동의나 승낙을 받아야 대항력이 생긴다(대판 2001. 10. 9. 2000다51216).

⑥ 최초 매도인과 중간 매수인, 중간 매수인과 최종 매수인 사이에 순차로 매매계약이 체결되고 이들 간에 중간생략등기의 합의가 있은 후에 최초매도인과 중간매수인 간에 매매대금을 인상하는 약정이 체결된 경우, 최초매도인은 인상된 매매대금이 지급되지 않았음을 이유로 최종 매수인 명의로의 소유권이전등기의무의 이행을 거절할 수 있다(대판 2005. 4. 29. 2003다66431).

⑦ 최종 양수인이 중간생략등기의 합의를 이유로 최초 양도인에게 지접 중간생략등기를 청구하기 위하여는 관계 당사자 전원의 의사합치가 필요하다. 그러나 당사자 사이에 적법한 원인행위가 성립되어 일단 중간생략등기가 이루어진 이상 중간생략등기에 관한 합의가 없었다는 이유만으로는 중간생략등기가 무효라고 할 수는 없다(대판 2005. 9. 29. 2003다40651).

⑧ 부동산이 전전양도된 경우에 중간생략등기의 합의가 없는 한 그 최종 양수인은 최초 양도인에 대하여 직접 자기명의로의 소유권이전등기를 청구할 수는 없다 할 것이다. 그리고 부동산의 양도계약이 순차 이루어져 최종 양수인이 중간생략등기의 합의를 이유로 최초 양도인에게 직접 그 소유권이전등기청구권을 행사하기 위하여는 관계당사자 전원의 의사합치, 즉 중간생략등기에 대한 최초 양도인과 중간자의 동의가 있는 외에 최초 양도인과 최종 양수인 사이에도 그 중간등기생략의 합의가 있었음이 요구된다(대판 1991. 4. 23. 91다5761).

⑨ 최초 양도인이 중간등기생략을 거부하고 있어 매수인란이 공란으로 된 백지의 매도증서와 위임장 및 인감증명서를 교부한 것만으로는 중간등기생략에 관한 합의가 있었다고 할 수 없다(대판 1991. 4. 23. 91다5761).

관련판례

토지거래허가구역 안의 토지에 대한 중간생략등기

① 토지거래허가구역 안의 토지에 대한 중간생략등기는 설사 최초매도인과 최종매수인을 당사자로 하는 관할청의 허가를 받았다 하더라도 각 거래시마다 허가를 받지 않았다면 무효이다(대판 1997. 11. 11. 97다33218).

② 토지거래허가구역 내의 토지가 관할 관청의 허가 없이 전전매매되고 그 당사자들 사이에 최초의 매도인으로부터 최종 매수인 앞으로 직접 소유권이전등기를 경료하기로 하는 중간생략등기의 합의가 있는 경우, 이러한 중간생략등기의 합의란 부동산이 전전매도된 경우 각 매매계약이 유효하게 성립함을 전제로 그 이행의 편의상 최초의 매도인으로부터 최종의 매수인 앞으로 소유권이전등기를 경료하기로 한다는 당사자 사이의 합의에 불과할 뿐 그러한 합의가 있다고 하여 최초의 매도인과 최종의 매수인 사이에 매매계약이 체결되었다는 것을 의미하는 것은 아니고, 따라서 최종 매수인은 최초 매도인에 대하여 직접 그 토지에 관한 토지거래허가 신청절차의 협력의무 이행청구권을 가지고 있다고 할 수 없으며, 설사 최종 매수인이 자신과 최초 매도인을 매매 당사자로 하는 토지거래허가를 받아 최종 매수인 앞으로 소유권이전등기를 경료하더라도 그러한 소유권이전등기는 적법한 토지거래허가 없이 경료된 등기로서 무효이다(대판 1996. 6. 28. 96다3982).

③ 국토이용관리법에 의하여 허가를 받아야 하는 토지거래계약이 처음부터 허가를 배제하거나 잠탈하는 내용의 계약인 경우에는 허가 여부를 기다릴 것도 없이 확정적으로 무효로서 유효화될 여지가 없는바, 토지거래허가구역 내의 토지가 거래허가를 받거나 소유권이전등기를 경료할 의사 없이 중간생략등기의 합의

아래 전매차익을 얻을 목적으로 소유자 甲으로부터 부동산중개업자인 乙, 丙을 거쳐 丁에게 전전매매한 경우, 그 각각의 매매계약은 모두 확정적으로 무효로서 유효화될 여지가 없고, 각 매수인이 각 매도인에 대하여 토지거래허가 신청절차 협력의무의 이행청구권을 가지고 있다고 할 수 없으며, 따라서 丁이 이들을 순차 대위하여 甲에 대한 토지거래허가 신청절차 협력의무의 이행청구권을 대위행사할 수도 없다(대판 1996. 6. 28. 96다3982).

④ 국토이용관리법상 허가구역 안에 있는 토지에 관한 매매계약을 체결하고자 하는 당사자는 공동으로 관할관청의 허가를 받아야 하는바, 소유자인 최초 매도인이 중간 매수인에게 매도하고 이어 중간 매수인이 최종 매수인에게 순차 매도하였다면 각 매매계약의 당사자는 각각의 매매계약에 관하여 토지거래허가를 받아야 하는 것이며, 당사자들 사이에 최초의 매도인으로부터 최종 매수인 앞으로 직접 소유권이전등기를 경료하기로 하는 중간생략등기의 합의가 있었다고 하더라도 이러한 중간생략등기의 합의란 부동산이 전전 매도된 경우 각각의 매매계약이 유효하게 성립함을 전제로 그 이행의 편의상 최초의 매도인으로부터 최종의 매수인 앞으로 소유권이전등기를 경료하기로 한다는 당사자 사이의 합의에 불과할 뿐, 최초의 매도인과 최종의 매수인 사이에 매매계약이 체결되었다는 것을 의미하는 것은 아니므로 최초 매도인과 최종 매수인 사이에 매매계약이 체결되었다고 볼 수 없고, 설사 최종 매수인이 자신과 최초 매도인을 매매당사자로 하는 토지거래허가를 받아 자신 앞으로 소유권이전등기를 경료하였더라도 그러한 최종 매수인 명의의 소유권이전등기는 적법한 토지거래허가 없이 경료된 등기로서 무효이다(대판 1997. 3. 14. 96다22464).

2) 실제와 다른 등기원인에 의한 등기

가) 의 의

실제와 다른 등기원인(예컨대 증여에 관하여 소유권이전등기를 하여야 할 것을 매매에 의하는 경우인 은닉행위)에 의하여 한 등기이더라도, 이것이 실체관계에 부합하면 유효하다(학설·판례).

나) 실제와 다른 등기원인에 의한 등기와 판례이론

① 상속이나 대물변제로 인한 소유권이전등기를 함에 있어서 매매를 원인으로 하는 소유권이전등기를 하는 행위는 유효하다(대판 1955. 4. 27. 4287민상336).

② 증여에 의한 소유권이전등기를 매매에 의한 것으로 한다든지, 원인무효에 의한 말소등기를 진정한 등기명의의 회복을 위한 소유권이전등기의 형식을 취하는 것은 현재의 권리상태를 반영하는 것으로서 유효하다(대판 1980. 10. 14. 79다232).

③ 부동산등기는 현재의 진실한 권리상태를 공시하면 그에 이른 과정이나 태양을 그대로 반영하지 아니하였어도 유효한 것이므로, 등기명의자가 전소유자로부터 부동산을 취득함에 있어 등기부상 기재된 등기원인에 의하지 아니하고 다른 원인으로 적법하게 취득하였다고 하면서 등기원인행위의 태양이나 과정을 다소 다르게 주장한다고 하여 이러한 주장만 가지고 그 등기의 추정력이 깨어진다고 할 수 없다(대판 1994. 9. 13. 95다10160; 동 1996. 2. 27. 95다42980).

3) 무효등기의 유용

가) 의 의

어떤 등기가 행하여졌으나 실체관계에 부합하지 않아 무효로 된 등기가 있는 경우, 후에 실체관계에 부합한 상태가 새롭게 생긴 경우에는 그 무효등기는 제3자의 이익을 해하지 않는 한 그대로 유용(流用)할 수 있다고 본다(제한적 유효설 : 학설·판례). 여기서 등기는 현재의 진실한 권리관계를 공시하면 족한 것이므로, 위조문서에 의한 등기이더라도 실체관계에 부합하면 유효하다(학설·판례).

나) 무효등기의 유용과 판례이론

① 불타버린 건물의 소유권등기를 새로이 신축한 건물에 유용(流用)할 수 없다(대판 1980. 11. 11. 80다441).

② 무효로 된 등기가 있는 경우 후에 실체관계에 부합한 상태가 새롭게 생긴 경우에는 그 무효등기는 제3자의 이익을 해하지 않는 한 그대로 유용할 수 있다(대판 1989. 10. 27. 87다카425).

③ 실질관계의 소멸로 무효로 된 등기의 유용은 그 등기를 유용하기로 하는 합의가 이루어지기 전에 등기상 이해관계가 있는 제3자가 생기지 않은 경우에는

허용된다(대판 2002. 12. 6. 2001다2846).

④ 무효등기의 유용에 관한 합의 내지 추인은 묵시적으로도 이루어질 수 있으나, 위와 같은 묵시적 합의 내지 추인을 인정하려면 무효등기 사실을 알면서 장기간 이의를 제기하지 아니하고 방치한 것만으로는 부족하고 그 등기가 무효임을 알면서도 유효함을 전제로 기대되는 행위를 하거나 용태를 보이는 등 무효등기를 유용할 의사에서 비롯되어 장기간 방치된 것이라고 볼 수 있는 특별한 사정이 있어야 한다(대판 2007. 1. 11. 2006다50055).

4) 중복등기

가) 의 의

중복등기(重複登記)는 동일 부동산에 관하여 등기명의인을 달리하여 경료된 등기로서, 이중등기(二重登記)라고도 한다.

나) 이중등기의 효력과 판례이론

① 소유권보존등기명의인이 동일인인 경우에는 그 실체관계의 부합 여부를 가릴 것 없이 먼저 행하여진 등기가 유효하다(대판 1983. 12. 13. 83다카743).

② 등기명의인을 달리하여 중복된 소유권보존등기가 경료된 경우에는 먼저 이루어진 소유권보존등기가 원인무효되지 아니하는 한 뒤에 된 소유권보존등기는 비록 그 부동산의 매수인에 의하여 이루어진 경우에도 1부동산1용지주의를 채택하고 있는 부동산등기법 아래에서는 무효이다(대판〈전〉 1990. 11. 27. 87다카2961).

③ 동일 부동산에 관하여 등기명의인을 달리하여 중복된 소유권보존등기가 경료된 경우에는 먼저 된 소유권보존등기가 원인무효가 되지 아니하는 한 나중 된 소유권보존등기는 1부동산1용지주의를 채택하고 있는 현행 부동산등기법 아래에서는 무효라고 해석함이 상당하다. 또한 동일 부동산에 관하여 중복된 소유권보존등기에 터 잡아 등기명의인을 달리하는 각 소유권이전등기가 경료된 경우에 등기의 효력은 소유권이전등기의 선후에 의하여 판단할 것이 아니고 각 소유권이전등기의 바탕이 된 소유권보존등기의 선후를 기준으로 판단하여야 한다. 그리고 그 이전등기가 멸실회복으로 인한 이전등기라 하여 달리 볼 것은 아니다(대판 2001. 2. 15. 99다66915; 2008. 2. 14. 2007다63690).

다) 중복등기기록의 정리

등기관이 같은 토지에 관하여 중복하여 마쳐진 등기기록을 발견한 경우에는 대법원규칙으로 정하는 바에 따라 중복등기기록 중 어느 하나의 등기기록을 폐쇄하여야 한다. 이에 따라 폐쇄된 등기기록의 소유권의 등기명의인 또는 등기상 이해관계인은 대법원규칙으로 정하는 바에 따라 그 토지가 폐쇄된 등기기록의 소유권의 등기명의인의 소유임을 증명하여 폐쇄된 등기기록의 부활을 신청할 수 있다(부등법 21조).

위의 중복등기기록의 정리는 규칙(34조~41조)의 규정에서 정한 절차에 따르며, 이에 따른 중복등기기록의 정리는 실체의 권리관계에 영향을 미치지 아니한다(등기규칙 33조).

① 소유권의 등기명의인이 같은 경우의 정리

중복등기기록의 최종 소유권의 등기명의인이 같은 경우에는 나중에 개설된 등기기록(후등기기록)을 폐쇄한다. 다만, 후등기기록에 소유권 외의 권리 등에 관한 등기가 있고 먼저 개설된 등기기록(선등기기록)에는 그와 같은 등기가 없는 경우에는 선등기기록을 폐쇄한다(등기규칙 34조).

② 소유권의 등기명의인이 다른 경우의 정리

중복등기기록 중 어느 한 등기기록의 최종 소유권의 등기명의인이 다른 등기기록의 최종 소유권의 등기명의인으로부터 직접 또는 전전하여 소유권을 이전받은 경우로서, 다른 등기기록이 후등기기록이거나 소유권 외의 권리 등에 관한 등기가 없는 선등기기록일 때에는 그 다른 등기기록을 폐쇄한다(등기규칙 35조).

또한 중복등기기록의 최종 소유권의 등기명의인이 다른 경우로서 어느 한 등기기록에만 원시취득사유 또는 분배농지의 상환완료를 등기원인으로 한 소유권이전등기가 있을 때에는 그 등기기록을 제외한 나머지 등기기록을 폐쇄한다. 이 경우 소유권보존등기가 원시취득사유 또는 분배농지의 상환완료에 따른 것임을 당사자가 소명하는 경우에도 위와 같으며, 위 경우에는 부동산등기법(58조)에 따른 직권에 의한 등기의 말소 절차를 이행한다(등기규칙 36조).

또 중복등기기록의 최종 소유권의 등기명의인이 다른 경우로서 제35조와 제36

조에 해당하지 아니할 때에는 각 등기기록의 최종 소유권의 등기명의인과 등기상 이해관계인에 대하여 1개월 이상의 기간을 정하여 그 기간 내에 이의를 진술하지 아니하면 그 등기기록을 폐쇄할 수 있다는 뜻을 통지하여야 한다.

위의 통지를 받고 어느 등기기록의 최종 소유권의 등기명의인과 등기상 이해관계인이 이의를 진술하지 아니하였을 때에는 그 등기기록을 폐쇄한다. 다만 모든 중복등기기록의 최종 소유권의 등기명의인과 등기상 이해관계인이 이의를 진술하지 아니하였을 때에는 그러하지 아니하다. 위에 따라 등기기록을 정리할 수 있는 경우 외에는 대장과 일치하지 않는 등기기록을 폐쇄하며, 위에 따른 정리를 한 경우 등기관은 그 뜻을 폐쇄된 등기기록의 최종 소유권의 등기명의인과 등기상 이해관계인에게 통지하여야 한다(등기규칙 37조).

③ 지방법원장의 허가가 필요한 중복등기기록 정리

등기관이 위 규칙(36조와 37조)에 따라 중복등기기록을 정리하려고 하는 경우에는 지방법원장의 허가를 받아야 한다(등기규칙 38조).

④ 당사자의 신청에 의한 정리

중복등기기록 중 어느 한 등기기록의 최종 소유권의 등기명의인은 자기 명의의 등기기록을 폐쇄하여 중복등기기록을 정리하도록 신청할 수 있다. 다만, 등기상 이해관계인이 있을 때에는 그 승낙이 있음을 증명하는 정보를 첨부정보로서 등기소에 제공하여야 한다. 등기관은 위에 따른 중복등기기록의 정리신청이 있는 경우에는 위 규칙(34조부터 37조까지)의 규정에도 불구하고 그 신청에 따라 등기기록을 폐쇄하여야 한다(등기규칙 39조).

3. 등기를 갖추지 않은 부동산취득자의 법적 지위

(1) 등기를 갖추지 않은 부동산취득자의 법적 지위

등기를 갖추지 않은 부동산취득자(예컨대 미등기매수인)는, 형식(이전등기)이 갖추어지지 않았으므로, 소유권이전의 효력은 없다. 그러나 부동산을 점유하고 있으므로, 점유보호청구권 등 점유자로서의 보호를 받게 된다.

위 경우, 매도인은 등기부상의 소유자임을 이유로 매수인에 대하여 소유권에 기인한 목적물반환청구권을 행사할 수 없다.

또 법률상 등기명의자가 소유권자이므로 취득자는 강제집행에 대해 이의를 제기할 수 없다. 또한 등기명의자에게 파산선고가 내려지면 취득자는 환취권(還取權)을 행사할 수 없다.

이 밖에 미등기건물을 전소유자로부터 매수하여 점유하고 있는 자는 그 점유중인 건물에 대하여 법률상 또는 사실상 처분을 할 수 있는 지위에 있는 자의 지위에 있으므로 그 건물에 대한 철거처분권이 있다. 또 토지의 매수인이 아직 소유권이전등기를 경료받지 아니하였다 하여도 매매계약의 이행으로 그 토지를 인도받은 때에는 매매계약의 효력으로서 이를 점유·사용할 권리가 생기게 된 것으로 보아야 하고, 또 매수인으로부터 위 토지를 다시 매수한 전득자로 그 토지의 점유사용권을 취득한다.

(2) 미등기건물 매수인의 지위와 판례이론

① 건물철거는 그 소유권의 종국적 처분에 해당되는 사실행위이므로 원칙으로는 그 소유자(민법상 원칙적으로는 등기명의자)에게만 그 철거처분권이 있다 할 것이고, 예외적으로 건물을 전소유자로부터 매수하여 점유하고 있는 등 그 권리의 범위 내에서 그 점유중인 건물에 대하여 법률상 또는 사실상 처분을 할 수 있는 지위에 있는 자에게도 그 철거처분권이 있다(대판 2003. 1. 24. 2002다61521).

② 미등기건물에 대한 양도담보계약상의 채권자의 지위를 승계하여 건물을 관리하고 있는 자는 건물의 소유자가 아님은 물론 건물에 대하여 법률상 또는 사실상 처분권을 가지고 있는 자라고 할 수도 없다 할 것이어서 건물에 대한 철거처분권을 가지고 있는 자라고 할 수 없다(대판 2003. 1. 24. 2002다61521).

③ 토지의 매수인이 아직 소유권이전등기를 경료받지 아니하였다 하여도 매매계약의 이행으로 그 토지를 인도받은 때에는 매매계약의 효력으로서 이를 점유·사용할 권리가 생기게 된 것으로 보아야 하고, 또 매수인으로부터 위 토지를 다시 매수한 자는 위와 같은 토지의 점유사용권을 취득한 것으로 봄이 상당하므로 매도인은 매수인으로부터 다시 위 토지를 매수한 자에 대하여 토지 소유권에 기한 물권적 청구권을 행사하거나 그 점유·사용을 법률상 원인이 없는 이익이라고 하여

부당이득반환청구를 할 수는 없다고 할 것인 바, 이러한 법리는 대물변제 약정에 의하여 매매와 같이 부동산의 소유권을 이전받게 되는 자가 이미 당해 부동산을 점유·사용하고 있거나, 그로부터 다시 이를 임차하여 점유·사용하고 있는 경우에도 마찬가지로 적용된다(대판 2001. 12. 11. 2001다45355).

Ⅲ. 법률행위에 의하지 않는 부동산 물권변동

1. 원 칙

(1) 의 의

법률의 규정·판결에 의하여 상속·국가의 행위 등으로 일정한 시기에 부동산물권변동이 일어나도록 객관화된 경우에는 권리의 공백상태를 최소화할 필요성이 요청된다. 이에 따라 민법 제187조는 법률행위에 의하지 않는 부동산물권변동에 있어서 등기를 요하지 않도록 규정하고 있다.

(2) 제187조의 태도

민법 제187조는 법률행위에 의하지 않는 부동산물권의 변동은 등기 없이도 그 효력이 생긴다는 원칙을 밝히고 있다. 즉 제187조는 "상속·공용징수·판결·경매·기타 법률의 규정에 의한 부동산에 관한 물권의 취득은 등기를 요하지 아니한다. 그러나 등기를 하지 아니하면 이를 처분하지 못한다."고 규정하고 있다.

여기서 법률행위에 의하지 않는 물권변동의 경우 실체법상의 등기사항이 아니라는 의미이며, 절차법상 등기사항이 아니라는 의미인 것은 아니다. 따라서 법률행위에 의하지 않고 물권변동이 발생하였다 하더라도 등기를 하여야만 이를 처분할 수 있고, 또 등기를 함으로써 자기의 물권을 공시할 수 있게 된다.

(3) 적용범위

민법 제187조는 등기 없이도 그 효력이 생기는 부동산물권변동에 대해서 '취득'에 대해서만 규정하고 있으나, 이는 취득은 물론이고 물권의 취득·변경·상실(물권의 득실변경) 모두에 관하여 적용된다.

(4) 적용대상

제187조의 규정이 적용되는 것은 상속, 판결, 경매, 그 밖의 법률의 규정에 의한 경우는 다음과 같다.

1) 상 속

위의 경우, 상속이 개시하는 때인 피상속인이 사망한 때에 부동산물권은 상속인에게 포괄적으로 이전된다.

또 위의 적용대상에는 회사의 합병 등 포괄승계를 포함한다.

2) 판 결

위의 경우, 판결에 의하여 등기 없이 물권변동의 효력이 생기는 것은 형성판결만을 의미한다. 여기서 형성판결은 권리변동의 형성을 목적으로 하는 판결로서 등기와 관계없이 그 판결확정으로서 선언한 법률관계의 발생·변경·소멸이 이루어진다.

따라서 형성판결에 의하여 물권이 변동되는 시기는 그 판결확정시이며, 이의 대표적인 모습으로는 공유물분할판결(269조 1항), 사해(詐害)행위의 취소판결(406조), 상속재산분할의 판결(1013조 2항) 등을 들 수 있다.

한편 피고에게 일정한 사항을 명하는 판결인 이행판결의 경우에는 판결에 따라 등기를 하여야 권리변동의 효력이 생기므로, 그 판결확정만으로는 물권변동이 발생하지 않는다.

또 법률관계의 진부(眞否)를 확인하는 판결인 확인판결의 경우에도 기존의 법률관계를 확인하는 것에 불과하므로 판결에 의하여 물권변동의 효력이 발생하지 않는다.

3) 경 매

위의 경우, 경매는 민사집행법에 의하여 국가기관인 법원의 주관 아래 공경매만을 의미한다. 따라서 법원에 의하지 않고 당사자의 청약과 승낙에 의한 계약의

한 모습인 사경매(私競賣)는 포함하지 아니한다. 여기서 공경매에 의하여 물권변동이 발생하는 때(소유권을 취득하는 시기)는 경락인인 매수인이 매각부동산의 매각대금을 완납한 때이다.

4) 그 밖의 법률의 규정

위의 경우, 등기를 요하지 않고 물권변동의 효력이 발생하는 법률은 본래의 의미에 있어서의 법률뿐만 아니라, 관습법도 포함한다.

법률의 규정에 따라 등기를 요하지 않는 부동산물권변동의 모습으로는 신축한 건물에 대한 소유권 취득, 회사의 합병·형성판결에 의한 부동산소유권취득, 주물인 가옥에 대한 종물인 창고의 소유권취득, 법정지상권 및 관습법상의 법정지상권의 취득, 법정저당권의 취득, 혼동에 의한 제한물권의 소멸, 부동산에의 부합, 피담보채권의 소멸로 인한 저당권의 소멸, 대위(代位)로 인한 저당권의 이전 등을 들 수 있다.

관련판례

민법 제187조의 적용

① 등기 없이 부동산물권변동이 생기는 판결은 형성판결에 국한된다(대판 1982. 10. 12. 82다129).

② 부동산의 매수인이 매도인을 상대로 부동산소유권이전등기절차의 이행을 청구하는 소송을 제기하여 원고의 승소판결이 확정된 경우인 이행판결의 경우에는 등기를 요한다(대판 1982. 10. 12. 82다129).

③ 구 토지수용법 제67조 제1항에 의하면, 기업자는 토지를 수용한 날에 그 소유권을 취득하며 그 토지에 관한 다른 권리는 소멸하는 것인바, 수용되는 토지에 대하여 가압류가 집행되어 있어도 토지의 수용으로 기업자가 그 소유권을 원시취득함으로써 가압류의 효력은 소멸되는 것이고, 토지에 대한 가압류가 그 수용 보상금 청구권에 당연히 전이되어 그 효력이 미치게 된다고는 볼 수 없다(대판 2000.

7. 4. 98다62961).

신축건물의 소유권취득

① 건축주의 사정으로 건축공사가 중단되었던 미완성의 건물을 인도받아 나머지 공사를 마치고 완공한 경우, 그 건물이 공사가 중단된 시점에서 이미 사회통념상 독립한 건물이라고 볼 수 있는 형태와 구조를 갖추고 있었다면 원래의 건축주가 그 건물의 소유권을 원시취득하고, 최소한의 기둥과 지붕 그리고 주벽이 이루어지면 독립한 부동산으로서의 건물의 요건을 갖춘 것이라고 보아야 한다(대판 2002. 4. 26. 2000다16350).

② 건축업자가 타인의 대지를 매수하여 그 대금을 지급하지 아니한 채 그 위에 자기의 노력과 재료를 들여 건물을 건축하면서 건축허가 명의를 대지소유자로 한 경우에는, 부동산등기법 제131조의 규정에 의하여 특별한 사정이 없는 한 건축허가명의인 앞으로 소유권보존등기를 할 수밖에 없는 점에 비추어 볼 때, 그 목적이 대지대금 채무를 담보하기 위한 경우가 일반적이라 할 것이고, 이 경우 완성된 건물의 소유권은 일단 이를 건축한 채무자가 원시적으로 취득한 후 채권자 명의로 소유권보존등기를 마침으로써 담보 목적의 범위 내에서 위 채권자에게 그 소유권이 이전된다고 보아야 한다(대판 2002. 4. 26. 2000다16350).

2. 예 외

법률행위에 의하지 않는 부동산물권변동의 경우이더라도 부동산의 일반(점유)취득시효에 의하여 소유권을 취득하려면 반드시 등기를 요하므로(245조 1항), 이는 제187조의 유일한 예외가 된다. 따라서 부동산의 일반(점유)취득시효는 법률행위에 의하지 않는(법률의 규정에 의한) 물권변동이지만, 권리취득을 위하여서는 등기를 필요로 한다.

제4절 동산물권의 변동

Ⅰ. 개 관

민법이 인정하는 동산물권으로서 소유권과 점유권·유치권·질권이나, 점유권·유치권·질권에 관한 물권변동에 대해서는 별도의 특별규정이 적용된다(192조~210조, 320조~328조, 329조~344조). 따라서 본 절에서는 동산물권의 변동 중 소유권에 관한 것 중 그 취득에 관한 것을 다루게 된다. 여기서 동산소유권의 취득은 권리자로부터의 취득과 무권리자로부터의 취득(선의취득)으로 나뉜다.

Ⅱ. 권리자로부터의 취득

1. 원 칙

민법은 동산물권의 변동에 관하여서도 형식주의를 채용하고 있으므로, 동산에 관한 물권의 양도는 그 동산을 인도하여야 효력이 생긴다(188조 1항).

2. 인 도

'인도'(引渡)는 점유의 이전을 말한다. 인도는 현실의 인도를 원칙으로 하나 민법은 이 밖에 간이인도·점유개정·목적물반환청구권 등의 관념적인 인도에 대해서도 인도를 인정한다.

(1) 현실의 인도

이는, 양도인이 동산에 대한 사실상의 지배를 양수인에게 이전하는 것을 말한다(188조 1항). 예컨대 물건을 교부하는 것과 같다.

여기서 물건의 인도 여부는 사회관념상 목적물에 대한 양도인의 사실상 지배인 점유가 동일성을 유지하면서 양수인의 지배로 이전된 경우라고 평가할 수 있는지 여부에 달려 있다. 그러므로 현실의 인도가 있다고 하려면 양도인의 물건에 대한 사실상의 지배가 동일성을 유지한 채 양수인에게 완전히 이전되어 양수인은 목적물에 대한 지배를 계속적으로 확고하게 취득하여야 하고, 양도인은 물건에 대한 점유를 완전히 종결하여야 한다(대판 2003. 2. 11. 2000다66454).

(2) 간이인도

이는, 양수인이 이미 동산을 그 동산을 점유한 때에, 당사자의 의사표시(물권적 합의)만으로 인도에 갈음하는 것을 말한다(188조 2항). 예컨대 乙이 甲으로부터 임차하고 있던 물건을 매수하는 경우와 같다.

(3) 점유개정

이는, 당사자의 계약으로 양도인이 그 동산의 점유를 계속하는 때에 당사자의 의사표시만으로 인도에 갈음하는 것을 말한다(189조). 예컨대 甲이 동산을 乙에게 매도하고, 그 동산의 임차인으로서 계속 점유하는 경우와 같다.

(4) 목적물반환청구권의 양도

이는, 제3자가 점유하고 있는 동산에 관한 물권을 양도하는 경우에 양도인이 제3자에 대한 반환청구권을 양수인에게 양도함으로써 동산의 인도에 갈음하는 것을 말한다(190조). 예컨대 甲이 丙에게 임대한 동산을 乙에게 양도하는 경우에 乙도 계속하여 丙에게 임대하려고 하는 때에는, 양도인 甲이 직접 점유자 丙에 대하여 가지는 목적물반환청구권을 양수인 乙에게 양도하면 인도한 것과 마찬가지의 효력이 있다.

3. 인도와 관련된 문제

선박은 등기가 공시방법인데, 이를 대항요건으로 하고 있다(상법 743조 참조).

자동차·항공기 소유권의 득실변경은 등록하여야 효력이 발생한다(자동차관리법 6조, 항공법 5조).

부동산의 종물인 동산은 주물인 부동산이 처분되면 그 효과를 받는다(100조 2항).

Ⅲ. 무권리자로부터의 취득(선의취득)

1. 서 설

(1) 의 의

동산을 점유하는 자를 정당한 권리자로 믿고 평온·공연·선의·무과실로 거래한 자는 비록 그 자가 권리자가 아닌 경우에도 그 동산에 대한 권리를 취득하는 것을 '선의취득'(善意取得)이라 한다. 이는 동산의 점유에 공신의 원칙이 인정된 것으로서 거래안전을 도모하기 위한 제도이다(249조). 따라서 우리 민법상 공신의 원칙이 적용되지 않는 부동산에는 선의취득이 인정되지 않는다.

(2) 연 혁

게르만법의 "사람은 자기가 신뢰를 둔 곳에서 그 신뢰를 찾아야 한다."·"손이 손을 지켜야 한다."는 원칙에서 유래된 제도이다. 그러나 로마법에서는 진정한 권리자의 개인주의적 소유권보호를 위해서 선의취득을 부정하고 있었다. 로마법의 이러한 태도는 "어느 누구도 자기가 가지는 권리 이상의 것을 다른 사람에게 넘겨줄 수 없다."는 법언에 잘 나타나 있다.

2. 선의취득의 요건

(1) 목적물에 관한 요건

선의취득의 목적물은 동산이어야 한다. 따라서 부동산과 저당권 등 부동산에 대한 권리는 선의취득의 대상이 될 수 없다(통설). 판례도 "민법 제249조의 동산에 대한 선의취득은 점유인도를 물권변동의 요건으로 하는 동산의 소유권취득에 관한 규정으로서, 동법 제343조에 의하여 동산질권에 준용되나, 저당권의 취득에는 적용될 수 없다."고 판시하고 있다(대판 1985. 12. 24. 84다카2428).

부동산은 선의취득의 적용을 받지 않으므로, 토지·건물 등은 선의취득의 목적이 되지 않는다. 또 입목·명인방법에 의하여 공시되는 지상물(예컨대 수목의 집단·미분리의 과실)은 선의취득의 대상이 될 수 없으나, 입목(立木)이 토지로부터 분리된 경우에는 선의취득의 목적이 된다.

또한 자동차 등 특수동산은 법률상 부동산으로 취급되므로, 선의취득의 대상이 아니다.

여기서 선의취득은 거래의 안전을 위한 것이므로, 공적 목적에 사용되는 공물(公物)이나 문화재와 같은 불융통물(不融通物)은 선의취득의 대상이 아니다.

또 금전·유가증권은 보다 강한 유통성이 요구되는 것으로, 민법상 선의취득의 적용을 받지 않는다.

(2) 양도인에 관한 요건

1) 양도인이 점유자일 것

양도인은 점유자이지만 무권리자이어야 한다. 선의취득은 양도인의 점유에 공신력을 주는 제도이므로, 양도인이 목적물의 점유자이어야 함은 당연하다.

여기서, 양도인의 점유는 직접점유이든 간접점유이든, 또 자주점유이든 타주점유이든 이를 묻지 않는다.

2) 양도인이 무권리자일 것

양도인은 무권리자이어야 한다. 여기서 양도인이 무권리자인 경우로서는 소유권을 가지지 않는 경우(예컨대 임차인·수치인을 소유자로 잘못 알고 거래를 하는 경우)가 가장 전형적이다.

무권대리인이 처분한 경우는 처분권한 없는 자가 한 처분이지만, 이 경우에 선의취득을 인정하면 무권대리제도가 무의미하게 될 것이므로 선의취득은 적용되지 않는다(통설).

(3) 양수인(讓受人)에 관한 요건

1) 양수인이 평온·공연·선의·무과실로 점유를 취득하였을 것

양수인은 평온·공연·선의·무과실로 점유를 취득하여야 한다.

여기서, '평온'(平穩)이란 강폭(强暴)의 반대이고, '공연'(公然)은 은비(隱秘)의 반대이다. 또 '선의'란 양도인이 무권리자라는 사실을 알지 못하는 것이고, '무과실'이란 사실을 알지 못하는데 과실이 없다는 것을 의미한다. 이 중 양수인의 평온·공연·선의는 당연히 추정된다(197조 1항). 그러나 양수인의 무과실의 점유의 추정 여부에 대해서는 학설과 판례의 대립이 있다. 이에 관하여 긍정설은 선의취득의 경우 점유자는 본권에 대한 적법추정을 받으므로 양도인은 처분권이 있는 것으로 추정되어 그와 거래하는 양수인은 양도인에게 처분할 권리가 있다고 믿는데 과실이 없다고 하여야 하므로, 양수인의 무과실이 추정된다는 입장을 취하고 있다(고상룡 161면, 곽윤직·김재형 165면, 김용한 287면, 지원림 526면).

이에 대해서 부정설은 민법 제197조 제1항의 점유의 추정에 무과실은 포함되지 않으므로, 양수인의 무과실도 추정되지 않는다는 태도를 취하고 있다(김상용 214면, 송덕수 201면, 양형우 462면, 이영준 288면).

판례는 "선의취득에서 양수인의 평온·공연·선의는 추정되나(197조 1항 참조), 무과실은 추정되지 않으므로 선의취득을 주장하는 자가 이를 입증하여야 한다."고 판시하여 부정설과 같은 입장을 취하고 있다(대판 1959. 8. 27. 4291민상678).

요컨대 민법은 점유의 추정에 무과실의 추정 규정을 두고 있지 않으며, 선의취득을 하고자 하는 양수인은 진정한 권리자인 소유자에 비해서 어떻게 양도인의 점유를 진정한 것으로 믿었는지를 입증하기가 보다 용이할 것이므로, 부정설의 태도에 따라 양수인 스스로 무과실의 점유임을 입증하는 것으로 이해하여야 할 것이다.

2) 양수인이 동산의 점유를 취득할 것

선의취득의 요건으로서의 양수인의 점유취득에 있어서 관념적 인도도 포함시킬 것인가에 대해서는, 민법상 인도는 현실의 인도에 한하지 않으므로 이를 긍정하여야 할 것이다. 판례도 "선의취득은 유효한 거래행위로 취득자가 점유를 취득하여야 하는데, 그 방법으로 현실의 인도(188조 1항) 이외에, 간이인도(188조 2항)도 인정된다."고 판시하고 있다(대판 1981. 8. 20. 80다2530).

또 판례는 "양도인이 소유자로부터 보관을 위탁받은 동산을 제3자에게 보관시킨 경우에 양도인이 그 제3자에 대한 반환청구권을 양수인에게 양도하고 지명채권 양도의 대항요건을 갖추었을 때에는 동산의 선의취득에 필요한 점유의 취득 요건을 충족한다."고 판시하여 '목적물반환청구권의 양도'에 의한 선의취득을 인정하고 있다(대판 1999. 1. 26. 97다48906).

그러나 선의취득을 위한 양수인의 점유취득에서 점유개정에 의한 경우도 인정할 것인가에 대해서는 견해의 대립이 있다. 이에 대해서 다수설은, 관념적 인도 중 점유개정의 경우에는 진정한 권리자의 지배로부터 목적물이 이탈되지 않았고 이에 따라 양수인의 점유상태가 충분하지 못하며, 이 경우에도 선의취득을 인정하게 되면 진정한 권리자에게 지나치게 가혹한 결과가 될 것이므로 점유개정에 의한 선의취득은 부정되어야 한다는 부정설의 태도를 취하고 있다(곽윤직·김재형 166면, 김용한 288면, 이영준 283면, 이상태 134면, 이은영 317면).

이에 대하여는 점유개정도 관념적 인도로서 인도에 해당하므로 점유개정에 의한 선의취득도 인정되어야 한다는 긍정설(김기선 217면)과 점유개정에 의한 선의취득도 인정되나 양수인은 진정한 권리자보다 먼저 현실의 인도를 받은 경우에 비로소 점유를 취득한 자가 동산의 소유권을 확정적으로 취득한다는 절충설(고상룡 163면, 김상용 216면)이 각각 대립하고 있다.

이에 대해서는, 절충설과 유사한 입장을 취하면서도 점유개정에 의한 선의취득은 부정되어야 하나, 다만 사후적으로 다른 인도방법(현실의 인도, 목적물반환청구권의 양도)을 갖추면 선의취득할 수 있다는 견해도 있다(지원림 525면).

판례는 부정설과 같이 "선의취득에서 양수인의 점유취득은 점유개정이 아니어야 한다."는 태도를 취하고 있다(대판 1978. 1. 17. 77다1872).

요컨대 점유개정은 동산이 현실적으로 양도인의 점유 아래 있고 물건에 대한 지배가 아직 진정한 소유자로부터 벗어난 것이 아니므로, 선의취득이 부정되어야 한다는 부정설과 판례의 태도가 타당하다.

동산의 소유자가 이를 2중으로 양도하고 각 점유개정의 방법으로 양도인이 계속해서 점유를 하는 경우, 양수인들 간에는 먼저 현실의 점유를 취득한 자가 소유권을 취득한다(판례).

(4) 거래행위에 관한 요건

선의취득은 거래의 안전을 보호하기 위한 제도이므로, 양수인은 유효한 거래행위로 양도인의 점유를 승계했어야 한다. 따라서 양도인과 양수인 사이에 물권취득을 위한 거래행위가 당사자 사이의 무능력·의사표시의 흠결·대리권의 부존재 등으로 무효·취소의 사유가 있는 경우에는 선의취득은 적용되지 않는다.

또한 선의취득은 양수인이 '거래행위'에 의하여 점유를 승계한 경우에 적용되므로, 타인의 산림을 자기의 것으로 오신하여 벌채한 경우 등에는 적용되지 않는다.

또 선의취득에서의 거래는 개별적 승계취득을 전제로 한 점유취득으로 이해하여야 할 것이므로 상속 등 포괄승계에 의한 취득에는 적용이 없게 된다(통설). 다만 이와 별개로 상속 등 포괄 승계에 의해서 점유취득을 한 자가 평온·공연·선의·무과실로 점유하고 5년의 점유기간을 갖춘 경우엔, 선의취득과 별개로 선의취득시효의 요건을 갖추어 동산을 시효취득할 수 있게 된다(246조 2항).

3. 선의취득의 효과

취득자는 거래행위의 목적물의 물권을 즉시 취득한다. 선의취득에 의하여 취득되는 물권은 소유권(249조)과 질권(343조)에 한한다.

여기서 선의취득에 의한 권리취득의 모습을 원시취득과 승계취득 중 어느 것으로 이해할 것인가의 여부가 문제될 수 있다. 이에 대해서는 전소유자에게 존재하고 있던 제한이 선의취득에 의하여 소멸하지 않고 그대로 존속하는 것으로 이해하는 것이 전소유자와 선의취득자 및 제3자 사이의 이해관계를 합리적으로 규율할 수 있다는 것을 이유로 승계취득으로 구성해야 한다는 견해가 제기되고 있다(이영준 289면).

그러나 선의취득은 처분자인 양도인의 권리에 기초하지 않고 거래안전을 위하여 민법 제248조의 의하여 권리를 취득하는 것이므로 성질상 원시취득으로 이해하는 것이 타당하다(통설). 따라서 선의취득에 의하여 전소유자에게 있었던 제한은 원칙적으로 소멸한다.

이 밖에 선의취득의 경우, 양수인이 무상으로 선의취득을 한 경우에는 부당이득반환의무를 부담해야 한다는 견해가 제기되고 있다(김상용 218면, 이영준 290면). 그러나 선의취득은 민법 제249조에 의한 적법한 권리취득으로서 '법률상 원인 없이'

권리를 취득하는 것이 아니므로, 취득자는 진실한 권리자인 원권리자에 대하여 부당이득반환의무를 부담하지 않는다(통설).

또한 선의취득제도는 권리외관을 중시하여 이를 신뢰한 자의 소유권 취득을 인정하고 진정한 소유자의 추급을 방지함으로써 거래의 안전을 확보하기 위하여 법이 마련한 제도로서 법률효과가 법률의 규정에 의하여 발생된다. 그러므로 선의취득자가 임의로 이와 같은 선의취득 효과를 거부하고 종전 소유자에게 동산을 반환받아 갈 것을 요구할 수 없다(대판 1998. 6. 12. 98다6800).

4. 도품·유실물에 관한 특칙

(1) 의 의

민법은 선의취득의 대상이 된 그 동산이 도품(盜品)이나 유실물(遺失物)인 때에는 피해자 또는 유실자는 일정기간(2년간) 동안은 그 반환을 청구할 수 있도록 하는 특칙을 규정하고 있다(250조, 251조). 이는 지배자의 의사에 기초하지 않고 점유를 이탈한 동산에 관하여는 거래안전보다 진실한 권리자(피해자 또는 유실자)를 보호할 필요성이 더욱 크기 때문이다.

판례는 특칙의 적용과 관련해서 "점유보조자가 가게의 물건을 임의로 처분한 경우, 이는 점유자의 의사가 관계된 위탁물횡령의 경우와 다를 바 없으므로, 도품에 해당하지 않고 민법 제250조의 적용이 없다."고 판시하고 있다(대판 1991. 3. 22. 91다70).

(2) 특칙의 적용범위

선의취득에 대해서 도품·유실물에 관한 특칙이 민법 제250조가 적용되는 것은 도품·유실물에만 적용되며 금전이 아닌 동산에 한한다.

여기서 '도품'이라 함은 절도나 강도에 의하여 적극적으로 점유자의 의사에 반하여 그 점유를 빼앗긴 물건을 말하고, 사기·공갈·횡령 등에 의한 경우는 포함되지 않는다. '유실물'이라 함은 점유자의 의사에 의하지 않고, 그 점유를 이탈한 물건으로서 도품이 아닌 물건을 말한다.

또 금전에 관하여 적용이 배제되는 것은 강한 유통성을 확보할 필요성 때문이다.

(3) 특칙의 내용

1) 피해자 또는 유실자의 반환청구권

도품·유실물에 관한 특칙에 따라 피해자 또는 유실자는 2년간 도품이나 유실물의 취득자에 대하여 반환청구권을 행사할 수 있다. 여기서, 반환청구권자는 피해자 또는 유실자이며, 상대방은 현재 동산을 점유하고 있는 자이며, 전득자도 포함된다.

여기서 반환청구기간 2년은 권리소멸을 법원이 직권으로 인정하는 제척기간이다. 다만 이에 대해서는 시효기간으로 이해하는 다른 견해도 있다(이영준 296면, 이은영 322면). 위의 2년의 기간 동안 도품 또는 유실물의 소유권은 반환청구 당함을 해제조건으로 하여 취득자에게 속하는 것으로 이해하여야 한다(통설).

또한 도품·유실물에 대한 반환청구기간 2년의 기산점은 상대방이 '목적물을 취득한 때'가 아니고, '도난 또는 유실한 날'로부터이다.

2) 대가의 변상

도품·유실물에 관한 특칙에 따라 피해자 또는 유실자가 도품이나 유실물에 대한 반환청구권을 행사하는 경우, 이에 따른 회복은 무상이 원칙이지만 선의취득자가 경매·공개시장 그 밖에 이와 유사한 시장(예컨대 행상인)에서 이를 취득한 경우에는 그 대가를 보상(변상)하여야 한다(251조).

종래 대가변상에 관한 제251조와 관련하여서는 고물영업법과 전당포영업법에서 고물상·전당포영업자(전당포주)기 갖는 전문적 삼식력에 높은 주의의무를 부담시키고자 취득자가 고물상·전당포영업자인 경우에는 피해자 또는 유실자가 1년간 무상으로 반환청구할 수 있도록 하였었다. 그런데, 위 법들은 현재 모두 폐지되었으므로, 제251조에 대한 예외적 조치(입법)는 없다.

관련판례

경매 및 자동차와 선의취득

① 채무자 이외의 자의 소유에 속하는 동산을 경매한 경매절차에서 그 동산을 경락받아 경락대금을 납부하고 이를 인도받은 경락인은 동산의 소유권을 선의취득한다(대판 1998. 6. 12. 98다6800).

② 채무자 이외의 자의 소유에 속하는 동산을 경매한 경우에도 경매절차에서 그 동산을 경락받아 경락대금을 납부하고 이를 인도받은 경락인은 특별한 사정이 없는 한 소유권을 선의취득 한다고 할 것이지만, 그 동산의 매득금은 채무자의 것이 아니어서 채권자가 이를 배당 받았다고 하더라도 채권은 소멸하지 않고 계속 존속한다고 할 것이다. 따라서 배당을 받은 채권자는 이로 인하여 법률상 원인 없는 이득을 얻고 소유자는 경매에 의하여 소유권을 상실하는 손해를 입게 되었다고 할 것이니, 그 동산의 소유자는 배당을 받은 채권자에 대하여 부당이득으로서 배당받은 금원의 반환을 청구할 수 있다(대판 1998. 3. 27. 97다32680).

③ 자동차관리법 제6조는 "자동차 소유권의 득실변경은 등록을 하여야 그 효력이 생긴다."라고 규정하고 있다. 이는 현대사회에서 자동차의 경제적 효용과 재산적 가치가 크므로 민법상 불완전한 공시방법인 '인도'가 아니라 공적 장부에 의한 체계적인 공시방법인 '등록'에 의하여 소유권 변동을 공시함으로써 자동차 소유권과 이에 관한 거래의 안전을 한층 더 보호하려는 데 취지가 있다. 따라서 자동차관리법이 적용되는 자동차의 소유권을 취득함에는 민법상 공시방법인 '인도'에 의할 수 없고 나아가 이를 전제로 하는 민법 제249조의 선의취득 규정은 적용되지 아니함이 원칙이다(대판 2016. 12. 15. 2016다205373).

제5절 지상물에 관한 물권의 변동

Ⅰ. 개 관

부동산으로서의 '토지의 정착물은' 토지에 고정적으로 부착되어 토지로부터 쉽게 이동할 수 없는 물건이다. 토지의 정착물 중 교량, 담, 도랑, 도로의 포장 등은 토지의 구성부분과 마찬가지로 취급되어 토지소유자에 귀속되는 종속정착물이다.

그러나 토지의 정착물 중 수목의 집단, 미분리의 과실, 농작물 등의 지상물은 원칙적으로 토지의 구성부분으로서 토지소유자에게 귀속됨이 원칙이나, 예외적으로 입목에 관한 법률에 의하여 등기된 수목인 입목(동법 3조), 명인방법을 갖춘 지상물(地上物)은 토지와 별개로 다루어지는 반독립정착물로서 입목등기명의자나 명인방법을 갖춘 자에게 귀속된다.

다음에서는 입목과 명인방법에 관한 물권변동을 살펴본다.

Ⅱ. 입목에 관한 물권변동

1. 의 의

'입목'(立木)은 토지에 부착된 수목의 집단으로 특히 그 소유자가 입목에 관한 법률(이하 '입목법'이라 약칭함)에 의한 소유권보존등기를 한 수목의 집단을 말한다.

입목은 독립한 부동산으로 그 명의자에게 소유권이 취득되며, 소유권양도 또는 저당권설정시에는 입목등기부에 의하여 공시된다(입목법 2조, 3조, 12조 이하).

2. 입목에 관한 물권의 변동

입목에 관하여 인정되는 물권은 소유권과 저당권뿐이며, 입목법은 이들 물권변동에 관하여 특별규정을 두고 있지 않으므로, 결국 민법 제186조와 제187조에 의하게 된다.

이 밖에 입목법은 민법 제366조에 같은 맥락에서 법정지상권을 인정하고 있다.

즉 동일 소유자의 소유에 속하는 토지와 입목이 존재하고 입목과 토지 모두나 어느 하나 위에 저당권이 설정되었다가 저당권의 실행(경매)으로 입목소유자와 토지소유자가 각각 다르게 되는 경우에는, 토지소유자는 입목소유자에게 지상권을 설정한 것으로 본다. 이 경우 지료는 당사자의 약정에 의하나, 법원이 결정한다(동법 6조).

Ⅲ. 명인방법에 관한 물권변동

1. 의 의

'명인방법'(明認方法)은 지상물을 토지로부터 분리하지 않은 채로 토지소유권으로부터 분리·독립해서 거래하는데 이용되는 관습법상의 공시방법이다(예컨대 농작물의 경우에 논이나 밭의 주위에 새끼를 둘러치고 소유자 이름을 쓴 말뚝을 세우는 것). 그러나 지상물이더라도 등기를 공시방법으로 하는 경우(예컨대 건물, 입목)에는 입목법(立木法)이나 명인방법에 의한 거래가 부정된다.

여기서 적법한 명인방법으로 인정되기 위하여서는 현재의 소유자가 누구라는 것이 명시되어야 한다. 또 명인방법은 특정성과 계속성을 요한다. 따라서 벌채의 착수나 1회적인 공시만으로는 명인방법이라고 할 수 없다.

판례도 "특정하지 않고 매수한 수목에 대하여 그 수목을 특정하지 않은 채 한 명인방법은 물권변동의 효력을 나타내지 못한다."고 판시하여 명인방법에 특정성을 요하고 있다(대판 1975. 11. 25. 73다1323).

2. 명인방법에 관한 물권변동

명인방법을 갖추면 그 지상물에 대한 소유권을 취득하고, 독립해서 거래의 객체로 된다. 따라서 명인방법이 갖추어진 지상물은 입목의 경우와 마찬가지로 토지와 별개로 소유권의 객체로 된다. 이에 따라 명인방법에서도 등기와 같은 창설적 효력이 인정된다.

다만 명인방법을 갖춘 지상물은 입목과 달리 저당권의 객체가 될 수는 없다.

관련판례

지상물에 관한 물권변동

① 수목의 이중매매에 있어서는 관습법에 의하여 수목소유권의 변동에 관한 공시방법으로 인정되어 있는 명인방법을 먼저 한 사람에게 수목의 소유권이 인정된다(대판 1967. 2. 28. 66다2442).

② 수목이 2중으로 양도된 경우, 먼저 명인방법을 갖춘 자는 후에 양도인으로부터 입목을 양수받은 자가 입목등기를 갖춘 경우에도 명인방법을 갖춘 자가 입목등기 명의자보다 우선하여 소유권을 취득한다(대판 1972. 10. 25. 72다1389).

③ 명인방법으로서의 공시는 소유자의 이름을 알 수 있도록 표시하면 충분하고, 그 취득원인 등을 표시할 필요는 없지만 공시가 계속되어야 한다(대판 1989. 10. 13. 89다카9064).

④ 토지의 주위에 울타리를 치고 그 안에 수목을 정원수로 심어 가꾸어 온 사실만으로는 명인방법을 갖추었다고 보기 어렵다(대판 1991. 4. 12. 90다20220).

⑤ 적법한 경작권이 없이 타인의 토지를 경작하였더라도 그 경작한 입도가 성숙하여 독립한 물건으로서 존재를 갖추었으면 입도의 소유권은 경작자에게 귀속한다는 것이 당원의 확립된 견해(당원 1963. 2. 21. 선고 62다913 판결, 1968. 3. 19. 선고 67다2729 판결, 1969. 2. 18. 선고 68다906 판결 각 참조)이므로 이와 같은 취지에서 위 입도의 소유권이 경작자인 원고에게 있다고 한 원심 판결은 정당하다(대판 1979. 8. 28. 79다784).

제6절 물권의 소멸

Ⅰ. 의 의

물권의 절대적 소멸원인에는 모든 물권에 공통된 것과 각종의 물권마다 특유한 것이 있다. 여기서 모든 물권에 공통한 일반적 소멸원인으로서는 목적물의 멸실·소멸시효·물권의 포기·혼동·공용징수·몰수 등이 있다.

Ⅱ. 물권의 일반적 소멸원인

1. 목적물의 멸실

물권의 객체인 물건이 멸실하면 물권도 당연히 소멸한다. 따라서 토지가 바다나 적용하천에 떨어져 그 원상복구가 불가능한 상태에 이르게 된 포락(浦落)이 있게 되면, 토지소유권은 소멸하고 그 후 성토가 되어도 종전 소유자가 다시 소유권을 취득할 수는 없다.

그러나 물건이 멸실하더라도 멸실물의 가치변형물 위에 종래 소유권과 담보물권 등 처분권 있는 물권자의 지위가 미치는 물상대위성은 인정되므로, 이는 절대적인 것이 아니다. 특히 민법은 우선변제권 있는 담보물권은 담보물의 멸실, 훼손 또는 공용징수로 인하여 담보물권설정자가 받을 금전 그 밖의 물건에 대하여도 이를 행사할 수 있으며, 이 경우에는 그 지급 또는 인도 전에 압류하여야 함을 규정하고 있다(342조).

관련판례

토지소유권의 멸실

① 한번 포락되어 해면 아래에 잠김으로써 복구가 심히 곤란하여 토지로서의 효용을

상실하면 종전의 소유권이 영구히 소멸되고, 그 후 포락된 토지가 다시 성토되어도 종전의 소유자가 다시 소유권을 취득할 수는 없다(대판 1992. 9. 25. 92다24677).

② 토지소유권의 상실 원인이 되는 포락이라 함은 토지가 바닷물이나 적용 하천의 물에 개먹어 무너져 바다나 적용하천에 떨어져 그 원상복구가 불가능한 상태에 이르렀을 때를 말하고, 그 원상회복의 불가능 여부는 포락 당시를 기준으로 하여 물리적으로 회복이 가능한지 여부를 밝혀야 한다. 뿐만 아니라 원상회복에 소요될 비용, 그 토지의 회복으로 인한 경제적 가치 등을 비교 검토하여 사회통념상 회복이 불가능한지 여부를 기준으로 하여야 하는 것이다. 그리하여 복구 후 토지가액보다 복구공사비가 더 많이 들게 되는 것과 같은 경우에는 특별한 사정이 없는 한 사회통념상 그 원상복구가 불가능하게 되었다고 볼 것이며, 또한 원상복구가 가능한지 여부는 포락 당시를 기준으로 판단하여야 하므로 그 이후의 사정은 특별한 사정이 없는 한 이를 참작할 여지가 없는 것이다(대판 2000. 12. 8. 99다24677).

2. 소멸시효

(1) 소멸시효의 적용과 물권의 범위

민법은 물권의 소멸시효에 관하여 "소유권 이외의 재산권은 20년간 행사하지 않으면 소멸시효가 완성한다."고 규정하고 있다(162조 2항). 따라서 소유권은 존속기간에 제한이 없는 권리로서 항구성이라는 특성을 띠므로 성질상 소멸시효에 걸리지 않는다.

위의 규정에 따라 소유권 이외에도 다음의 물권은 소멸시효의 적용을 받지 않게 된다. 먼저 점유권은 사람의 물건에 대한 사실상의 지배인 점유를 함으로써 취득하고 이를 상실함으로써 당연히 소멸하는 권리이므로 소멸시효에 걸리지 않는다.

또 유치권은 점유를 존속요건으로 하므로, 점유권과 마찬가지로 소멸시효에 걸리지 않는다. 다만 소멸시효와 관련해서 유치권의 행사는 소멸시효의 진행에 영향을 미치지 않으므로(326조), 채권자가 유치권만 행사할 뿐 적극적인 권리행사를 하지 않으면 피담보채권의 소멸시효의 완성으로 유치권도 소멸할 수 있다.

또한 유치권 이외에도 담보물권은 피담보채권과 법률적 운명을 같이하는 성질인 부종성을 가진다. 따라서 담보한 채권이 소멸시효의 완성으로 인하여 소멸하면 담보물권도 소멸하나(369조), 피담보채권과 독자적으로 담보물권만이 소멸시효에 걸리지 않는다.

그러므로 소멸시효에 의하여 소멸하게 되는 물권은 위의 물권을 제외한 용익물권에 한정된다. 다만 용익물권 중 전세권에 대해서는 그 존속기간이 10년을 넘지 못하기 때문에 20년의 소멸시효에 걸리지 않게 된다는 견해가 제기되고 있다(고상룡 170면, 송덕수 211면). 그러나 전세권의 경우도 20년간 권리를 행사하고 있지 않으면 시효로 소멸하는 것으로 해석하여야 할 것이다(다수설).

결국 소유권 이외의 물권 중 지상권·지역권·전세권은 20년간 행사하지 않으면 시효로 소멸한다(162조 2항).

(2) 말소등기에 의한 물권의 소멸 여부

물권의 소멸시효의 적용과 관련해서는 물권자가 지상권·지역권 등을 20년간 행사하지 않으면 말소등기 없이도 당연히 소멸하는가, 아니면 말소등기를 함으로써 소멸하는가의 여부가 문제된다.

이는 소멸시효완성의 효과를 어떻게 이해할 것인가에 따라 견해를 달리하게 된다. 먼저 절대적 소멸설은, 소멸시효가 완성되면 권리 자체가 당연히 소멸한다고 해석하는 견해로서 다수설이다. 이 견해에 따르면 소멸시효의 완성으로 물권은 당연히 소멸하게 되므로, 물권은 20년의 권리불행사로 말소등기 없이 당연히 소멸하게 된다.

이에 대해서 상대적 소멸설은, 권리가 당연히 소멸하는 것이 아니고 다만 소멸시효의 이익을 받을 자에게 권리의 소멸을 주장할 권리가 생길 뿐이라고 해석하는 견해로서 소수설이다. 이 견해에 따르면 시효의 이익을 받을 자가 상대방에게 권리소멸을 주장하여 등기의 말소를 청구해서 등기가 말소된 때에 비로소 그 물권이 소멸하게 된다(김상용 154면, 김용한 127면, 김학동 76면).

요컨대 현행 민법은 구민법의 시효의 원용규정(145조)을 삭제하고 있고, 더욱이 소멸시효에 의한 물권의 소멸은 법률의 규정에 의한 것으로서 제187조의 적용을 받게 되므로 다수설의 입장에 따라 말소등기 없이 물권은 소멸시효로 인하여 낭연히 소멸하는 것으로 이해하여야 할 것이다.

3. 물권의 포기

물권소멸을 목적으로 하는 물권자의 일방적 의사표시인 물권의 포기로 물권은 소멸한다. 특히 부동산 물권의 포기는 법률행위이므로, 등기하여야 효력이 발생한다(186조 참조).

여기서 제한물권의 포기는 상대방 있는 단독행위이며, 점유권·소유권의 포기는 상대방 없는 단독행위이다.

그러나 물권의 포기가 다른 사람의 이익을 침해하는 경우에는, 일방적 의사표시로서의 행위가 제한된다. 이와 관련해서 민법은 지상권 또는 전세권을 목적으로 저당권을 설정한 자는 저당권자의 동의 없이 지상권 또는 전세권을 소멸하게 하는 행위를 하지 못하도록 규정하고 있다(371조 2항).

또한 물권의 포기가 존립의 기초가 되는 재산의 처분행위인 경우에는 선량한 풍속 그 밖의 사회질서에 위반한 사항을 내용으로 하는 법률행위로서 무효가 된다(103조).

4. 혼 동

(1) 의 의

'혼동'(混同)은 서로 대립하는 두 개의 법률상 지위가 동일인에게 귀속하는 것을 말한다. 여기서 '서로 대립'한다는 의미는 병존시킬 법률상의 가치가 없는 것을 의미한다.

(2) 소유권과 제한물권과의 혼동

1) 원 칙

동일한 물건에 대한 소유권과 제한물권이 동일인에게 귀속하는 경우에는 그 제한물권이 소멸한다(191조 1항 본문). 예컨대 저당권자가 소유권을 상속하거나 또는 저당부동산을 매수하여 소유권을 취득하는 경우 등이다.

2) 예 외

그러나 그 제한물권이 제3자의 권리의 목적인 때에는 소멸하지 않는다(191조 1항 단서). 예컨대 甲이 乙 소유의 토지 위에 지상권을 가지고 있고, 그 지상권이 제3자 丙의 저당권의 목적으로 되어 있는 경우에는, 甲이 그 토지의 소유권을 취득하더라도 甲의 지상권은 소멸하지 않는다. 만일, 이때에 소멸을 인정한다면 제3자 丙에게 부당한 손해를 주게 되기 때문이다.

위의 제191조 제1항 단서는 제한물권이 제3자의 권리의 목적인 경우에 관해서만 규정하고 있으나, 이를 넓게 해석하여 "'본인 또는 제3자'의 이익을 위하여 필요한 경우에는 소멸하지 않는다."고 하는 것이 통설의 태도이다. 따라서 2번 저당권이 있는 부동산의 1번 저당권자가 저당권설정자인 소유권자의 지위를 취득한 경우에, 1번 저당권이 혼동으로 인하여 소멸한다면 2번 저당권이 1번 저당권으로 순위가 상승하여 2번 저당권자에게 부당한 이익을 주는 반면에 1번 저당권자의 이익을 침해하기 때문에 1번 저당권은 혼동으로 소멸하지 않는다.

판례도 "소유권과 제한물권(저당권)이 동일인에게 귀속한 경우에 원칙적으로 제한물권이 소멸하나, 그 제한물권이 제3자의 권리 목적인 때에는 소멸하지 않는다.

여기서 예외적으로 제한물권이 소멸하지 않는 경우는 '제3자의 이익'뿐만 아니라 '본인(선순위저당권자)의 이익'을 위하여 필요한 경우에도 적용된다."는 입장을 취하고 있다(대판 1998. 7. 10. 98다18643).

3) 소유권과 임차권이 동일인 귀속과 혼동

또한 민법 제191조는 소유권과 임차권이 동일인에게 귀속된 경우의 혼동에도 적용된다. 따라서 동일한 물건에 대한 소유권과 임차권이 동일인에게 귀속하는 경우에도 민법 제191조 제1항 단서가 적용되어 그 임차권은 소멸한다(통설).

판례도 학설과 마찬가지로 "부동산에 대한 소유권과 임차권이 동일인에게 귀속하게 되는 경우 임차권은 혼동에 의하여 소멸하는 것이 원칙이지만, 그 임차권이 대항요건을 갖추고 있고 또한 그 대항요건을 갖춘 후에 저당권이 설정된 때에는 혼동으로 인한 물권소멸 원칙의 예외 규정인 민법 제191조 제1항 단서를 준용하여 임차권은 소멸하지 않는다."는 태도를 취하고 있다(대판 2001. 5. 15. 2000다12693).

관련판례

채권과 물권의 혼동

① 채권은 채권과 채무가 동일한 주체에 귀속한 때에 한하여 혼동으로 소멸하는 것이 원칙이므로, 어느 특정의 물건에 관한 채권을 가지는 자가 그 물건의 소유자가 되었다는 사정만으로는 채권과 채무가 동일한 주체에 귀속한 경우에 해당한다고 할 수 없어 그 물건에 관한 채권이 혼동으로 소멸하는 것은 아닌바, 토지를 乙에게 명의신탁하고 장래의 소유권이전의 청구권 보전을 위하여 자신의 명의로 가등기를 경료한 甲이, 乙에 대하여 가지는 가등기에 기한 본등기청구권은 채권으로서, 甲이 乙을 상속하거나 乙의 가등기에 기한 본등기 절차 이행의 의무를 인수하지 아니하는 이상, 甲이 가등기에 기한 본등기 절차에 의하지 아니하고 乙로부터 별도의 소유권이전등기를 경료받았다고 하여 혼동의 법리에 의하여 甲의 가등기에 기한 본등기청구권이 소멸하는 것은 아니다(대판 1995. 12. 26. 95다29888).

② 어떤 물건에 대한 소유권과 제한물권이 동일한 사람에게 귀속한 경우 그 제한물권은 혼동에 의하여 소멸하는 것이 원칙이지만, 본인 또는 제3자의 이익을 위하여 그 제한물권을 존속시킬 필요가 있다고 인정되는 경우에는 민법 제191조 제1항 단서의 규정상 혼동으로 소멸하지 않는 것(대판 1998. 7. 10. 98다18643 등 참조)임은 상고이유에서 지적하는 바와 같다. 그러나 기록에 의하면, 피고 1은 2001. 10. 29. 교보생명보험 주식회사로부터 이 사건 건물을 매수하여 같은 해 12. 7. 이전등기를 경료한 다음, 같은 날 주식회사 국민은행 앞으로 근저당권설정등기와 박정호 앞으로 소유권이전등기청구권보전을 위한 가등기를 각 순차로 경료한 사실을 알 수 있는바, 그렇다면 피고 1이 위와 같이 이 사건 건물의 소유권을

취득하기 전에 이 사건 건물에 관하여 유치권을 가지고 있었다고 하더라도 이는 그 유치권이 앞에서 본 혼동으로 소멸하지 아니하는 경우에 해당하지 아니한다고 할 것이다(대판 2008. 5. 8. 2007다36933).

③ 채권은 채권과 채무가 동일한 주체에 귀속한 때에 한하여 혼동으로 소멸하는 것이 원칙이고, 어느 특정의 물건에 관한 채권을 가지는 자가 그 물건의 소유자가 되었다는 사정만으로는 채권과 채무가 동일한 주체에 귀속한 경우에 해당한다고 할 수 없어 그 물건에 관한 채권이 혼동으로 소멸하는 것은 아닌바, 매매계약에 따른 소유권이전등기청구권 보전을 위하여 가등기가 경료된 경우 그 가등기권자가 가등기설정자에게 가지는 가등기에 기한 본등기청구권은 채권으로서 가등기권자가 가등기설정자를 상속하거나 그의 가등기에 기한 본등기절차 이행의 의무를 인수하지 아니하는 이상, 가등기권자가 가등기에 기한 본등기절차에 의하지 아니하고 가등기설정자로부터 별도의 소유권이전등기를 경료받았다고 하여 혼동의 법리에 의하여 가등기권자의 가등기에 기한 본등기청구권이 소멸하지는 않는다 할 것이다(대판 1995. 12. 26. 95다29888).

④ 한편 그와 같이 가등기권자가 별도의 소유권이전등기를 경료받았다 하더라도, 가등기 경료 이후에 가등기된 목적물에 관하여 제3자 앞으로 처분제한의 등기가 되어 있거나 중간처분의 등기가 되어 있지 않고 가등기와 소유권이전등기의 등기원인도 실질상 동일하다면, 가등기의 원인이 된 가등기의무자의 소유권이전등기의무는 그 내용에 좇은 의무이행이 완료되었다 할 것이어서 가등기에 의하여 보전될 소유권이전등기청구권은 소멸되었다고 보아야 하므로, 가등기권자는 가등기의무자에 대하여 더 이상 그 가등기에 기한 본등기절차의 이행을 구할 수 없는 것이다(대판 2007. 2. 22. 2004다59546).

(3) 제한물권과 그 제한물권을 목적으로 하는 다른 권리와의 혼동

1) 원 칙

제한물권과 그 제한물권을 목적으로 하는 다른 제한물권이 동일인에게 귀속하는 경우에, 그 다른 권리는 소멸한다(191조 2항).

2) 예 외

이 경우에도 그 다른 권리가 제3자의 권리의 목적인 때에는 소멸하지 않는다(191조 2항·1항 단서의 준용).

(4) 혼동으로 소멸하지 않는 물권

점유권은 소유권 그 밖의 본권인 물권과 양립할 수 있으므로, 성질상 혼동이 적용되지 않는다(191조 3항).

또 광업권은 토지소유권과는 별개의 물권이므로, 혼동이 적용되지 않는다(광업법 3조).

(5) 혼동의 효과

혼동으로 인한 물권소멸의 효과는 절대적이므로, 일단 소멸한 권리는 부활하지 않는다. 이는 법률의 규정에 의한 물권변동이므로 등기나 인도를 필요하지 않는다(187조 참조). 그러나 혼동을 일으킨 원인이 존재하지 않게 되거나, 그 원인행위가 무효·취소·해제 등으로 효력을 잃게 된 때에는 처음부터 혼동이 생기지 않았던 것이 되어 소멸되었던 물권은 부활하게 된다.

판례도 저당권자가 그 설정자로부터 목적부동산을 매수하여 이전등기를 마쳐서 저당권이 혼동으로 소멸된 경우, 그 후 이전등기가 원인무효가 되면 혼동으로 소멸했던 저당권이 부활하는 것으로 이해하고 있다(대판 1971. 8. 31. 71다1386).

5. 공용징수

공익을 위해서 국가·지방자치단체인 수용자의 공용징수(公用徵收)가 이루어지면 수용자는 물권을 원시취득하고, 피징수자의 그 목적물 위의 권리는 모두 소멸한다(공익사업을 위한 토지 등의 취득 및 보상에 관한 법률 45조 이하 참조).

6. 몰 수

몰수(沒收)는 형벌의 일종으로서 재산권박탈을 내용으로 재산형이다(형법 41조 9

호). 물수가 이루어지면 국가는 재산을 원시취득하고 피몰수자의 그 목적물 위의 물권은 소멸하게 된다.

제 2 편

물권법 각칙

제1장 점유권과 소유권

제2장 용익물권

제3장 담보물권

제1장 점유권과 소유권

제1절 점 유 권

제1관 서 설

Ⅰ. 점유제도

1. 의 의

'점유제도'(占有制度)는 사람이 물건을 사실상 지배하고 있는 경우에 그 지배를 정당화시켜 주는 권리(본권)가 있느냐의 여부를 묻지 않고 그 사실상의 지배상태에 대하여 권리의 적법추정력(200조), 선의의 점유자의 과실수취권(201조 1항), 점유물의 멸실·훼손에 대한 책임(202조), 점유물에 지출한 비용에 대한 상환청구권(203조), 점유보호청구권(204조~206조), 자력구제(209조) 등의 여러 가지 법률효과(200조~209조)를 주는 민법상의 제도를 말한다.

2. 점유제도의 근거

점유제도를 인정하는 근거를 밝히는 것은 점유제도의 사회적 작용이 무엇인가를 밝히는 문제이다.

이에 대해서는 학자들 사이에 여러 견해가 나누어지고 있으나 대체로 점유자가 그 점유상태를 계속 유지함으로써 얻게 되는 이익의 보호를 통하여 사회의 평화와 질서유지, 거래의 신속성 확보와 거래안전의 보호, 본권의 보호와 법적 안정성 등으로 정리할 수 있다.

나아가 점유제도는 동산물권의 공시방법의 작용을 하는 것으로 이해할 수 있다.

Ⅱ. 점유제도의 연혁

1. 포세시오

'포세시오'(Possessio)는 로마법에서 유래한 것으로, 소유권 그 밖의 권리를 고려하지 않고 점유라는 사실적 측면만을 파악한 점유제도이다. 즉 포세시오는 본권과의 관련 없이 물건에 대한 사실상의 지배만을 점유로서 다루는 것으로서, 우리 민법에서 이에 유래하는 것은 점유보호청구권, 선의점유자의 과실수취권, 비용상환청구권 등을 들 수 있다.

2. 게 베 레

'게베레'(Gewere)는 게르만법에서 유래한 것으로, 소유권 그 밖의 권리를 표현하는 것으로 파악한 점유제도이다. 즉 게베레는 물건에 대한 사실상의 지배라는 사실과 본권과의 관련하여 점유를 다루는 것으로서, 우리 민법에서 이에 유래하는 것은 권리(본권)의 적법추정, 자력구제권, 선의취득, 물권의 공시 등을 들 수 있다.

제2관 점 유

Ⅰ. 점유와 점유권

1. 점유의 개념

(1) 점유의 의의

물건에 대한 사실상의 지배를 '점유'(占有)라고 한다. 그리고 '사실상의 지배'라 함은 사회관념상 물건이 어떤 사람의 지배에 속한다고 인정되는 객관적인 관계를 말한다.

(2) 점유에 관한 입법주의와 우리 민법의 태도

1) 점유에 관한 입법주의

가) 점유이론의 대립

점유가 성립하기 위하여서는 사람의 물건에 대한 사실상의 지배인 소지(所持)라는 객관적 요소만으로 충분한가, 이 외에 점유자에게 별도로 어떤 의사인 주관적 요소도 필요로 하는가를 두고 독일 보통법 시대 이후 많은 논의가 이루어져 왔다. 여기서 소지만을 요한다는 입장을 주관주의(주관설)라 하고, 어떤 의사를 별도로 요한다는 입장을 객관주의(객관설)라고 한다.

나) 주관주의

주관주의는 다시 소유의 의사를 필요로 한다는 견해인 '소유자의사설'(Savigny가 주장), 사실상 모든 방향으로 물건을 지배할 의사가 필요하다는 '지배자의사설'(Windscheid가 주장), 물건을 자기의 이익을 위하여 소지하는 의사를 필요로 한다는 '자기를 위하여 소지하는 의사설'(Dernburg가 주장) 등으로 견해가 나뉘었다.

다) 객관주의

객관주의는 다시 특별한 의사는 필요하지 않으나, 점유가 성립하기 위하여서는 물건을 지배하려는 의사인 점유설정의사가 필요하다는 소지의사설(Jhering이 주장)과 점유는 순전히 객관적인 지배상태이고 물건을 지배하려는 아무런 의사도 필요하지 않다는 순객관설(Bakker가 주장)로 견해가 나뉘었다.

2) 우리 민법의 태도

민법은 점유에 대해서 "물건을 사실상 지배하는 자는 점유권이 있다."고 규정하고 있다. 이는 구민법이 "점유권은 자기를 위하여 하는 의사를 가지고 소지함으로 인하여 취득한다."는 규정(동법 180조)에 따른 주관주의의 태도를 변경한 것이다. 따라서 우리 민법의 규정은 문리해석을 하면 점유는 물건에 대한 사실상의 지배, 즉 소지(所持)만 있으면 충분하다는 순객관설을 취하는 것으로 평가할 수 있다.

위 민법(192조 1항)의 해석과 관련해서 우리나라의 통설은 소지의사설을 취하나, 소수설은 순객관설을 취한다.

그렇다는 것이지, 소유권보존등기의 경우에도 마찬가지라고 볼 수는 없다. 소유권보존등기는 이전등기와 달리 해당 토지의 양도를 전제로 하는 것이 아니어서, 보존등기를 마쳤다고 하여 일반적으로 등기명의자가 그 무렵 다른 사람으로부터 점유를 이전받는다고 볼 수는 없기 때문이다(대판 2013. 7. 11. 2012다201410).

2) 점유설정의사

점유의 개념을 이해하는 민법의 통설은 객관주의 중 특별한 의사인 심소는 필요치 않으나, 점유가 성립하기 위하여서는 물건을 지배하는 의사인 '점유설정의사'가 필요하다는 견해인 소지의사설을 취하는 것으로 해석하고 있다. 다만 이에 대해서는 소수설은 점유는 순전히 객관적인 지배상태이고, 아무런 소지의사도 필요치 않다는 견해인 순객관설을 취하고 있다(고상룡 186면, 이은영 338면). 따라서 통설에 의하면 점유가 성립하기 위해서는 '점유설정의사'가 있어야 한다.

여기서 점유설정의사는 법률행위에서 의사표시의 구성요소로서의 의사(효과의사)가 아니고 사실상의 지배를 하려는 자연적 의사를 말한다. 따라서 점유설정의사는 행위능력이 없는 사람에게 인정될 수 있음은 물론이고, 의사능력이 없는 어린이에게도 인정될 수 있다.

이에 대해서는 의사능력이 있어야 독립하여 점유할 수 있는 점유설정의사를 인정하는 입장이 있다(송덕수 220면). 그러나 부모의 사망으로 인해 상속인이 된 의사능력이 없는 어린이에게도 상속재산에 대한 점유가 인정되어야 함을 고려할 때(193조), 점유설정의사는 반드시 의사능력이 전제되지 않아도 무방한 것으로 이해하여야 할 것이다. 판례도 10세 어린이에 대해서 아버지의 사망으로 인해 당연히 상속인으로서의 자주점유를 인정하고 있다(대판 1990. 12. 26. 90다5733).

2. 점유보조자

(1) 의 의

어떤 자가 가사상·영업상 그 밖의 유사한 관계에 의하여 타인의 지시를 받아 물건에 대한 사실상의 지배를 하는 때에는 그 타인만이 점유자가 되고, 물건을 사실상 지배하고 있는 자는 '점유보조자'(占有補助者)가 된다(195조). 예컨대 가사도우미, 점원, 근로자 등은 집주인, 점포주인, 사용자 등과의 관계에서 하는 물건의 점유에 있어서 점유보조자이며, 그에게 점유에 대한 지시를 내리는 타인은 직접점유자가 된다.

(2) 요 건

1) 물건에 대한 사실상의 지배

어떤 자(점유보조자)가 타인(점유주)을 위하여 물건에 대한 사실상의 지배를 행사하고 있어야 한다. 여기서 사실상의 지배는 객관적으로 평가되는 것으로 충분하며, 점유보조자가 점유주를 위하여 사실상의 지배를 한다는 의사는 필요하지 않다.

2) 점유보조관계

어떤 자(점유보조자)가 타인(점유주) 사이에 점유에 대한 지시를 주고받는 점유보조의 관계인 사회적 종속관계가 존재하여야 하고, 점유보조자의 물건에 대한 사실상의 지배가 그 관계를 기초로 하여야 한다. 여기서, '점유보조의 관계'라 함은 사회적 의미에 있어서 상하자(上下者) 사이의 명령·복종의 종속관계를 말한다.

제195조는 가사상 또는 영업상의 관계를 예시하고, 그 밖의 타인의 지시를 받는 유사한 관계에 대해서도 점유보조관계의 성립을 인정하고 있다. 이러한 관계가 생기는 기초는 계약이나 친족관계와 같은 사법상의 법률관계일 수도 있고, 공법상의 법률관계일 수도 있다. 또 그 관계가 반드시 유효하여야 하는 것은 아니다.

여기서 점유보조관계는 제3자가 반드시 외부에서 인식할 수 있는 것을 요건으로 하지 않는다(통설). 이에 대해서는 거래안전을 이유로 인식가능성을 요건으로 주장하는 견해가 있으나(고상룡 189면, 이영준 329면), 점유보조관계는 외부에 공시되지 않고도 이루어질 수 있는 것임을 고려할 때 통설의 태도가 타당하다.

부부 사이에는 원칙적으로 점유보조관계가 성립하지 않는다. 즉 처는 부(夫)와의 관계에서 평등한 지위에 있으므로 부부의 공유재산과 혼인생활의 유지에 필요한 주택 등의 물건의 지배에 대해서 부부는 공동점유자가 된다.

또 법인과 기관 사이에 점유보조관계가 성립하느냐의 여부가 문제된다. 법인의 본질론에 관한 법인실재설에 의하면 이사 등의 대표기관은 자연인의 심장, 두뇌와 같이 법인이라는 조직체의 대내적 구성부분에 해당하게 되므로, 법인과 이사 등의 대표기관 사이에는 점유보조관계가 성립하지 않는다.

이 밖에 점유보조관계는 물건에 대한 본권과 별도로 객관적 사실에 의하여 다루어지는 개념이므로, 자기소유의 물건에 대해서도 점유보조관계가 성립할 수 있다. 따라서 부모가 사준 장난감에 대하여 소유자인 어린이는 부모를 점유주로 하는 점유보조자가 된다.

(3) 효 과

점유주만이 점유자이고, 점유보조자는 점유권을 갖는 점유자가 아니다. 그러므로 점유권의 효력이 원칙적으로 인정되지 않는다.

그러나 점유보조자는 점유의 침해시 현장에 있게 되므로, 자력구제권을 행사할 수 있다(통설).

3. 점 유 권

점유권은 점유라는 사실을 법률요건으로 하여 생기는 물권을 말한다. 이 점유권에 대하여 점유를 정당하게 하는 권리를 '본권'(本權)이라고 한다. 여기서 본권은 '점유할 수 있는 권리, 또는 점유할 권리라고 할 수 있다. 예컨대 소유권·지상권·전세권·질권 등의 물권과 사용수익을 내용으로 하는 임차권 등의 채권은 모두 본권을 포함하는 권리이다. 따라서 본권이 없는 점유권의 전형적인 모습으로는 도인(盜人)의 도품(盜品)에 대한 것을 들 수 있다.

Ⅱ. 점유의 모습

1. 직접점유와 간접점유

(1) 의 의

타인의 점유를 매개로 하는 점유를 '간접점유'(間接占有)라 하고(194조), 타인의 매개 없이 점유자 스스로 하는 점유를 '직접점유'(直接占有)라 한다. 민법 제194조는 이 간접점유를 규정하여 간접점유자에게 점유권을 인정하고 있다. 여기서 간접점유를 인정하는 이유는, 타인을 매개로 하여 물건에 대한 사실상의 지배를 행사하고 있는 자에게도 점유권의 효력을 인정하는 등 법적 보호를 인정할 필요성과 간접점유를 통해서 인도의 모습이 관념적 인도에까지 그 확대가 가능하도록 뒷받침하기 위해서이다.

(2) 간접점유의 성립요건

1) 특정인의 직접점유가 있을 것

여기서, '특정인'이라 함은 이른바 점유매개자(占有媒介者)를 의미하며, 간접점유자와 일정한 법률관계에 서는 자이다.

2) 특정인과 간접점유자 사이에 점유매개관계가 있을 것

점유매개관계로서, 민법 제194조는 지상권·전세권·질권·사용대차·임치를 예시하고, 그 밖의 관계를 들고 있다. 제194조가 예시하는 이외의 이른바 '그 밖의 관계'에 해당하는 것으로는 양도담보·도급·위임·위탁매매·운송계약 등 계약에 의하는 것과 유언집행자·친권자·후견인 등이 있다. 여기서 직접점유자의 점유권은 간접점유자로부터 비롯된 것이어야 한다.

또한 점유매개관계는 중첩적으로 이루어질 수도 있다.

3) 간접점유자는 직접점유자에 대하여 반환청구권을 가질 것

간접점유가 성립하기 위해서는, 간접점유자는 점유매개자인 직접점유자에 대해서 반환청구권을 가져야 한다. 이 반환청구권은 점유매개관계를 성립시킨 법률관계에 따라 임대차·사용대차·임치 등의 채권관계에서 비롯된 경우는 채권적 청구권이고, 지상권·전세권·질권 등의 물권관계에서 비롯된 경우는 물권적 청구권이다.

또한 위 반환청구권은 조건부이거나 기한부이더라도 가능하며, 또 그 반환청구권에 대하여 항변권이 있는 경우이더라도 무방하다.

(3) 간접점유의 효과

간접점유자도 점유권을 가진다. 따라서 점유권의 효력은 간접점유자에게도 인정되며, 직접점유자가 그 점유를 침탈당하거나 방해당하고 있는 경우에는 간접점유자도 점유보호청구권을 가진다(207조). 그러나 간접점유자는 점유의 침해시 현장에 있는 것이 아니므로, 성질상 간접점유자에게 자력구제권은 인정되지 않는다(통설).

또 간접점유가 성립한 경우, 직접점유자는 간접점유자에 대하여 간접점유의 기초가 되는 점유매개관계에서 발생하는 권리를 행사할 수 있음은 물론이고 점유보호청구권과 자력구제권도 행사할 수 있다.

2. 자주점유와 타주점유

(1) 의 의

소유의 의사로써 하는 점유를 '자주점유'(自主占有)라 하고, 그 이외의 점유를 '타주점유'(他主占有)라고 한다. 따라서 타주점유는 타인의 소유권을 가지고 있다는 것을 전제로 해서 하는 점유이다. 여기서 '소유의 의사'의 유무는 점유취득의 원인이 된 사실, 즉 권원의 성질에 의하여 객관적으로 정하여진다. 따라서 지상권자·전세권자·질권자·수치인 등은 소유의 의사가 없는 타주점유자인 반면에, 매수인·수증자·도인(盜人) 등은 자주점유자이다.

(2) 자주점유와 타주점유의 모습

1) 자주점유

상속인은 피상속인이 타주점유인 경우에는 그 점유를 승계하는 것이 원칙이나, 새로운 권원이 있는 경우에는 자기만의 자주점유를 주장할 수 있다(대판 1996. 9. 20. 96다25319).

선대의 점유가 타주점유인 경우 상속인의 점유가 자주점유가 되기 위하여서는 점유자가 소유자에 대하여 소유의 의사가 있는 것을 표시하거나 새로운 권원에 의하여 다시 소유의 의사로써 점유를 시작하여야 한다(대판 1996. 9. 20. 96다25319).

지방자치단체가 도로개설공사의 시공자로서 사후 감정가격에 의하여 보상하기로 하고 소유자의 승낙을 얻어서 토지를 점유하는 것은 자주점유이다(대판 1991. 7. 12. 91다6139).

2) 타주점유

타인의 토지 위에 분묘를 설치 또는 소유한 자의 토지점유는 그 점유권원의 성질상 타주점유이다(대판 1992. 5. 26. 94다2844).

재산의 처분에 관하여 주무관청의 허가를 요하는 경우에 매수자가 매매당시 그 허가가 없었다는 사실을 알고 있었으면 그 매매계약이 무효임을 알았다고 봄이 경험칙상 타당하고, 위와 같은 경우에는 계약에 따라 목적물을 인도받아 점유하고 있다고 하더라도 그 점유는 자주점유라고 할 수 없다(대판 1979. 12. 26. 79다1806).

명의신탁에 의하여 부동산의 소유자로 등기된 자는 그 점유권의 성질상 자주점유라 할 수 없어 신탁부동산의 소유권을 취득할 수 없고, 또 수탁자 명의의 등기를 신탁자의 등기로 볼 수도 없으므로 신탁자에게 등기부취득시효가 인정될 수 없다(대판 1987. 11. 10. 85다카1664).

자주점유와 타주점유의 구별에 관하여 '권원의 성질'에 의해 객관적으로 정하고 있는 바, 타인의 토지 위에 분묘를 설치 또는 소유하는 자는 그 분묘의 보존 및 관리에 필요한 범위 내에서만 타인의 토지를 점유하는 것이므로, 점유권원의 성질상 소유의 의사가 추정되지 아니한다(대판 1994. 11. 8. 94 31549).

실제로 매매계약이 성립하고 매도인이 계속점유하는 경우에는 타주점유이다(대판 1981. 3. 24. 80다1525).

공유부동산은 공유자 한 사람이 전부를 점유하고 있다고 하더라도, 다른 특별한 사정이 없는 한 권원의 성질상 다른 공유자의 지분비율의 범위 내에서는 타주점유이다(대판 1996. 7. 26. 95다51861).

통상 부동산을 매수하려는 사람은 매매계약을 체결하기 전에 그 등기부등본이나 지적공부 등에 의하여 소유관계 및 면적 등을 확인한 다음 매매계약을 체결하므로 매매 대상토지의 면적이 공부상 면적을 상당히 초과하는 경우에는 계약당사자들이 이러한 사실을 알고 있었다고 보는 것이 상당하다. 그리고 그러한 경우에는 매도인이 그 초과부분에 대한 소유권을 취득하여 이전하여 주기로 약정하는 등의 특별한 사정이 없는 한 그 초과부분은 단순한 점용권의 매매로 보아야 할 것이다. 따라서 그 점유는 권원의 성질상 타주점유에 해당하고, 매매가 아닌 증여라고 하여 이를 달리 볼 것은 아니다(대판 2004. 5. 14. 2003다61054).

(3) 자주점유의 추정

권원의 성질상 자주점유인지 타주점유인지를 판정할 수 없는 때에는 점유자는 소유의 의사를 가지고 자주점유를 하는 것으로 추정된다(197조 1항). 따라서 민법상 자주점유가 추정되므로, 그 추정을 번복하려는 자가 이를 입증하여야 한다(대판 1996. 9. 20. 92다37871).

또한 점유자가 점유 개시 당시 소유권취득의 원인이 될 수 있는 법률행위 기타 법률요건 없이 그 법률요건이 없다는 사실을 잘 알면서 타인소유의 부동산을 무단점유한 사실이 입증된 경우에도 특별한 사정이 없는 한 자주점유라는 추정은 깨어진다(대판 2003. 8. 22. 2001다23225).

그러나 매매계약에 의하여 목적토지의 점유를 취득한 경우에는, 그 계약이 타인의 토지매매에 해당하여 소유권을 취득할 수 없었다는 사실의 입증만으로 곧바로 자주점유의 추정이 번복되지 않는다(대판 1990. 11. 27. 90다카27280).

또 국가 등이 취득시효의 완성을 주장하는 토지의 취득절차에 관한 서류를 제출하지 못하고 있다고 하더라도, 점유의 경위와 용도 등 여러 가지 사정을 감안할 때 국가 등이 점유 개시 당시 공공용 재산의 취득절차를 거쳐서 소유권을 적법하게 취득하였을 가능성을 배제할 수 없는 경우에는, 국가의 자주점유의 추정을 부정하여 무단점유로 인정할 것이 아니다(대판 2014. 3. 27. 2010다94731·94748).

(4) 구별의 실익

이를 구별하는 실익은 취득시효(245조~248조)·무주물선점(252조)·점유자의 회복자에 대한 책임(202조) 등에서 볼 수 있다.

3. 선의점유와 악의점유

(1) 의 의

'선의점유'(善意占有)는 점유할 권리인 본권이 없음에도 불구하고 그것이 있다고 잘못 믿는 점유를 말하고, '악의점유'(惡意占有)는 본권이 없음을 알거나 의심을 가지면서 하는 점유를 말한다.

(2) 선의점유의 추정

점유자가 선의인지 또는 악의인지 분명하지 않은 때에는 점유자는 선의로 점유하는 것으로 추정된다(197조 1항). 그러나 선의점유자가 본권에 관한 소에서 패소하면 그 소가 제기된 때에 소급하여 악의였던 것으로 본다(197조 2항).

(3) 구별의 실익

이를 구별하는 실익은 점유자의 과실수취권(201조)·점유자의 회복자에 대한 책임(202조)·취득시효(245조~248조)·선의취득(249조~251조) 등에서 나타난다.

그러나 점유자의 비용상환청구권, 점유보호청구권은 악의의 점유자에게도 인정되므로, 이는 선의점유와 악의점유를 구별하는 실익이 아니다.

관련판례

민법 제197조 제2항의 '본권에 관한 소'의 의미와 지배

민법 제201조 제1항에 의하면, 선의의 점유자는 점유물의 과실을 취득한다고 규정되어 있고, 민법 제197조 제1항에 의하면, 점유는 선의인 것으로 추정되도록 규정되어 있으나, 같은 조 제2항에는 선의의 점유자라도 본권에 관한 소에 패소한 때에는 그 소가 제기된 때로부터 악의의 점유자로 본다고 규정되어 있는바, 위 민법 제197조 제2항의 취지와 부당이득반환에 관한 민법 제749조 제2항의 취지 등에 비추어 볼 때, 여기서의 본권에 관한 소에는 소유권에 기하여 점유물의 인도나 명도를 구하는 소송은 물론 부당점유자를 상대로 점유로 인한 부당이득의 반환을 구하는 소송도 포함된다(대판 2002. 11. 22. 2002다6213).

4. 과실 있는 점유와 과실 없는 점유

(1) 의 의

이는, 선의점유를 다시 구별하는 것이다. 즉 과실(過失) 없는 점유는 본권이 없는데도 있다고 잘못 믿는 데에 과실이 없는 점유를 말하고, 과실(過失) 있는 점유는 잘못 믿는 데에 과실이 있는 점유를 말한다.

(2) 구별의 실익

이를 구별하는 실익은 등기부취득시효와 선의취득시효(245조~246조)·선의취득(249조~251조) 등에서 나타난다.

5. 하자 있는 점유와 하자 없는 점유

(1) 의 의

점유의 하자(瑕疵)란 악의·과실·강포(强暴)·은비(隱秘)·불계속(不繼續) 등 완전한 점유로서의 효력발생을 방해하는 모든 사정을 말한다. 여기서 강포(强暴)는 평온(平穩)의 반대이고, 은비(隱秘)는 공연(公然)의 반대이다.

또 악의는 본권이 없음을 알거나 의심을 가지면서 하는 점유를 말하고 과실은 본권이 없는데도 있다고 잘못 믿는 데에 과실이 있는 점유를 말하고, 불계속은 점유의 실현상태가 끊어짐이 있는 것을 말한다.

하자 있는 점유는 위와 같은 결함(하자)이 있는 점유를 말하고, 하자 없는 점유는 위와 같은 결함이 없는 평온·공연·선의·무과실의 계속점유를 말한다.

(2) 점유의 추정

점유의 평온·공연·선의·계속은 추정된다(197조 1항, 198조). 그러나 무과실은 추정되지 않는다.

(3) 구별의 실익

이를 구별하는 실익은 취득시효(245조~248조)·선의취득(249조~251조) 등에서 나타난다.

6. 단독점유와 공동점유

단독점유는 하나의 물건에 관하여 한 사람이 점유하는 경우를 말하고, 공동점유는 2인 이상이 공동하여 동일물을 점유할 경우를 말한다.

제3관 점유권의 취득과 상실

Ⅰ. 점유권의 취득

1. 직접점유의 취득

(1) 원시취득

물건에 대한 사실상의 지배가 성립되면 그 법률효과로서 당연히 점유권이 취득된다(197조 1항). 무주물선점(252조), 유실물습득(253조), 매장물발견(254조), 타인의 물건을 훔쳐서 하는 절취 등에 의한 점유권의 취득은 원시취득이다.

(2) 승계취득

점유권의 승계취득도 일반적인 권리취득의 경우와 마찬가지로 포괄승계와 특정승계가 있는데, 앞의 것의 예로서는 상속을 들 수 있고, 뒤의 것의 예로는 점유권의 양도를 들 수 있다. 점유권의 양도는 양도의 합의와 점유물의 인도로써 그 효력이 생긴다(196조).

2. 간접점유의 취득

(1) 간접점유의 설정

종래 직접점유자였던 자가 간접점유자로 되는 경우, 소유자는 간접점유를 취득한다. 예컨대 소유자가 그 소유물을 임대차 또는 사용대차하면, 임차인 또는 사용차주는 직접점유자로 되고, 소유자는 간접점유자로 된다(196조).

(2) 점유개정

점유개정은 당사자의 계약으로 양도인이 그 동산의 점유를 계속하면서 양수인이 인도받은 것으로 보는 경우이다(189조. 예컨대 소유자 甲이 동산 A를 乙에게 매도하고 계속하여 그 동산의 임차인으로서 점유를 하는 경우에 甲과 乙의 계약만으로 乙이 인도받은 것으로 하는 경우). 이와 같은 점유개정에 의한 점유권 양도 후 양도인이 계속하여 점유하는 경우, 양도인은 직접점유자로 되고 양수인은 간접점유자로 된다.

(3) 간접점유의 양도

목적물반환청구권의 양도는 제3자가 점유하고 있는 동산에 관한 물권을 양도하는 경우에는 양도인이 그 제3자에 대한 반환청구권을 양수인에게 양도함으로써 동산을 인도한 것으로 보는 경우이다(190조). 여기서 양도되는 물권이 점유권인 경우에는 간접점유자가 직접점유자에게 가진 목적물반환청구권의 양도에 의하여 양수인에게 간접점유를 취득시키게 된다.

3. 점유승계의 효과

점유자는 자기의 점유만을 주장할 수도 있고 전점유자인 양도인의 점유를 아울러 주장할 수도 있다. 여기서 양도인의 점유를 아울러 주장하는 경우에는, 그 하자도 승계된다(199조).

이에 따라 양도인 甲이 악의의 점유를 15년간 계속한 후 乙이 그 점유를 승계하여 선의로 5년간 점유하였을 때, 乙은 甲의 점유를 병합하여 악의점유 20년을 주장할 수도 있고 자기 점유인 선의점유 5년을 주장할 수도 있게 된다.

또한 상속인은 포괄승계인이므로, 새로운 권원에 의하여 자기 고유의 점유를 개시하지 않는 한 피상속인의 점유를 떠나 자기만의 점유를 주장할 수 있다.

Ⅱ. 점유권의 상실

1. 물권일반의 소멸원인

점유권은 물권일반의 소멸원인에 의하여 상실된다. 그러나 성질상 혼동은 점유권의 적용을 받지 않고(191조 3항), 소멸시효도 성질상 적용되지 않으므로, 위 사유에 의하여서는 상실되지 않는다.

2. 직접점유의 상실

직접점유는 다음의 사유에 의하여 상실된다.

(1) 점유자의 자유의사에 기인한 상실

직접점유는 점유권의 양도·점유의 포기에 의하여 상실된다.

(2) 점유자의 자유의사에 기인하지 않은 상실

직접점유는 유실·도난에 의하여 상실된다.

3. 간접점유의 상실

간접점유는 점유를 매개하는 직접점유자의 점유상실(예컨대 임차인의 임차물에 대한 점유상실)에 의하여 상실된다.

또 간접점유는 간접점유자와 점유매개자인 직접점유자 사이의 점유매개관계의 단절에 의해서도 상실된다.

제4관 점유권의 효력

Ⅰ. 개 관

점유권을 단순한 사실이 아닌 독립적인 물권으로 인정하는 이유는, 종국적인 권리로서의 본권은 아니지만 사람의 물건에 대한 사실상의 지배에 대해서 여러 가지 법률효과를 부여하고 있기 때문이다.

여기서 점유권의 구체적 내용에 해당하는 권리와 의무를 점유권의 효력이라고 할 수 있다. 이에 대해서 민법은 권리의 적법추정력, 선의의 점유자의 과실취득권과 악의점유자의 과실반환의무, 점유물의 멸실·훼손에 대한 점유자의 회복자에 대한 책임, 점유물에 지출한 필요비 및 유익비에 대한 점유자의 회복자에 대한 상환청구권, 점유권에 기인한 물권적 청구권인 점유보호청구권, 점유권침해에 따른 사력에 의한 구제수단인 자력구제 등을 규정하고 있다(200조~209조).

이 밖에 점유권의 효력과 관련해서 무주물선점·취득시효 등에서의 본권 취득적 효력과 동산물권의 공시·선의취득 등에서의 본권 공시적 효력을 드는 견해도 있다(김상용 272면). 이에 대해서는 점유권의 효력과 직접적인 관계가 없고 관련되는 곳에서 설명한다.

Ⅱ. 권리(본권)의 적법추정

1. 추정의 범위

점유자가 점유물에 대하여 행사하는 권리는 적법하게 보유한 것으로 추정한다(200조). 이는 사실상의 지배를 일단 정당한 것으로 보호하고자 하는 것으로 점유제도의 핵심을 이룬다.

그러나 등기된 부동산에 관하여는 그 등기에 추정력이 있으므로, 이 추정규정은 동산과 미등기부동산에 한하여 인정된다(통설). 판례도 등기된 부동산에는 등기에 그 추정력이 있으므로, 점유의 추정규정(200조)은 등기된 부동산에 관하여는 적용되지 않는다는 입장을 취하고 있다(대판 1982. 4. 13. 81다780).

여기서 점유에 대해서 적법추정이 인정되는 권리는 동산을 대상으로 한 소유권·질권은 물론이고 채권도 포함된다. 따라서 사용차주·임차인·수치인으로서 동산을 점유하고 있는 자는 그에 따른 채권이 지위를 보유한 것으로 추정되어야 할 것이다.

2. 추정의 효과

점유자의 권리추정력은 점유자의 이익뿐만 아니라 불이익을 위하여서도 인정된다. 따라서 점유추정의 효과는 점유자뿐만 아니라 타인도 주장할 수 있다.

다만 소유자로부터 권리를 취득하였다는 이유로 점유하는 자는 그 소유자에 대하여서는 추정을 원용할 수 없다(통설). 따라서 점유자는 소유자로부터 임차권 등의 추정을 주장할 수 없으므로 점유자 스스로 권리의 취득사실을 증명하여야 할 입증책임이 있다고 해석하여야 하며, 판례도 통설과 같은 입장을 취하고 있다(대판 1964. 12. 8. 64다714). 다만 이에 대해서는, 민법 제200조가 예외규정을 두고 있지 않고 등기 추정력과의 균형을 고려할 때 위 경우에도 추정이 인정되어야 한다는 긍정설이 주장되고 있다(송덕수 241면, 이영준 374면).

관련판례

점유자의 권리추정 규정의 부동산물권에 대한 적용 여부

점유자의 권리추정의 규정은 특별한 사정이 없는 한 부동산 물권에 대하여는 적용되지 아니하고 다만 그 등기에 대하여서만 추정력이 부여된다(대판 1982. 4. 13. 81다780).

Ⅲ. 점유자와 회복자의 관계

1. 의 의

점유자가 점유물에 대하여 본권이 있음을 입증하지 못하는 상태에서 본권을 가진 자가 반환청구권을 행사하면 점유자는 점유물을 본권을 가진 자에게 반환하여야 한다. 여기서 물건을 점유하고 있던 점유자와 본권을 주장하여 이를 반환받는 자인 회복자 사이에는 점유물의 반환 이외에도 마무리하여야 할 권리·의무의 문제가 남게 된다.

이와 관련해서 민법은 점유자의 점유 중에 생긴 과실의 취득과 반환 여부, 점유자가 책임 있는 사유로 목적물을 멸실 또는 훼손한 경우의 책임의 범위, 점유자가 목적물의 점유 중에 지출한 비용의 상환청구 등을 어떻게 처리해야 할 것인가에 대하여 규정하고 있다(201조~203조).

2. 선의점유자의 과실취득권과 악의점유자의 과실반환의무

(1) 선의점유자의 과실취득권

선의점유자는 점유물의 과실을 취득할 권리인 과실취득권(果實取得權)이 있다(201조 1항). 민법이 이 규정을 둔 취지는 과실수취권을 내용으로 하는 본권이 있는 것으로 잘못 믿은 선의의 점유자는 그 과실을 수취하여 소비하는 것이 일반적이므로, 이를 보호하고자 둔 부당이득의 특칙이라고 할 수 있다.

여기서 선의는 과실의 수취권을 포함하는 소유권·지상권·전세권·임차권 등의 본권이 있다고 믿는 것을 말한다. 여기서 선의인데 무과실을 요하느냐와 관련해서 제201조 제1항은 별도의 규정을 두고 있지 않다. 따라서 점유자의 선의와 관련해서 잘못 믿을 만한 근거는 있어야 하나 무과실은 그 요건이 아니라고 이해하여야 할 것이다(통설).

또 선의점유자가 취득하는 과실은 천연과실과 법정과실을 포함한다. 여기서 선의를 판단하는 기준은 천연과실에 있어서는 원물로부터 분리할 때이고(102조 1항), 법정과실에 있어서는 선의인 존속기간 일수의 비율로 취득하게 된다(102조 2항).

또 물건을 사용하여 얻게 되는 이익, 즉 사용이익도 과실에 준하여 선의점유자가 취득하는 범위에 포함된다(통설). 따라서 건물 등 물건을 사용함으로 얻은 이득은 과실에 준하는 것이므로, 선의의 점유자는 법률상 원인 없이 타인의 물건을 점유사용하고 이로 말미암아 손해를 입혔다고 하더라도 그 점유사용으로 인한 이득을 반환할 필요가 없다(대판 1996. 1. 26. 95다44290).

이 밖에 법률행위가 무효, 취소, 해제 등으로 실효된 경우에, 제201조의 적용 여부가 문제될 수 있다.

먼저 계약이 해제된 경우, 그 효과와 관련해서 판례는 "계약해제의 효과로서의 원상회복의무를 규정한 민법 제548조 제1항 본문은 부당이득에 관한 특별 규정의 성격을 가진 것이라 할 것이어서, 그 이익 반환의 범위는 이익의 현존 여부나 선의, 악의에 불문하고 특단의 사유가 없는 한 받은 이익의 전부라고 할 것이다."고 판시하고 있다(대판 1998. 12. 23. 98다43175). 따라서 계약이 해제된 경우, 민법 제548조는 부당이득 규정의 특칙으로서의 성격을 띠므로, 제201조의 적용은 배제되는 것으로 이해하여야 할 것이다.

그러나 법률행위가 무효 또는 취소된 경우, 그 효과와 관련해서 판례는 "쌍무계약이 취소된 경우 선의의 매수인에게 민법 제201조가 적용되어 과실취득권이 인정되는 이상 선의의 매도인에게도 민법 제587조의 유추적용에 의하여 대금의 운용이익 내지 법정이자의 반환을 부정함이 형평에 맞다."고 판시하고 있다(대판 1993. 5. 14. 92다45025).

따라서 법률행위가 무효 또는 취소된 경우, 민법 제201조는 부당이득 규정인 제748조의 특칙으로서의 성격을 띠므로, 점유자의 과실취득에 관한 제201조가 적용되어야 할 것이다.

관련판례

선의점유자의 과실취득권

① 선의점유자의 과실수취권에서의 '선의'라 함은 과실의 수취를 포함하는 본권(소유

권, 지상권, 전세권, 임차권 등)이 있다고 믿는 것을 말한다(대판 1992. 12. 24. 92다92114).

② 선의점유자가 과실을 수취할 수 있는 범위에서 부당이득은 성립하지 않는다(대판 1981. 9. 22. 81다233).

③ 민법 제201조 제1항은 "선의의 점유자는 점유물의 과실을 취득한다."라고 규정하고 있는바, 여기서 선의의 점유자라 함은 과실수취권을 포함하는 권원이 있다고 오신한 점유자를 말하고, 다만 그와 같은 오신을 함에는 오신할 만한 정당한 근거가 있어야 한다(대판 2000. 3. 10. 99다63350).

④ 선의의 점유자로서 과실수취권이 있는 때에는 그 점유자에게 과실(過失)이 있으면 불법행위로 인한 손해배상책임이 인정된다(대판 1966. 7. 19. 66다994).

⑤ 토지를 사용함으로써 얻는 이득은 그 토지로 인한 과실과 동시할 것이므로, 민법 제201조 제1항에 의하여 선의의 점유자는 비록 법률상 원인 없이 타인의 토지를 점유·사용하고 이로 말미암아 그에게 손해를 입혔다 하더라도 그 점유·사용으로 인한 이득을 그 타인에게 반환할 의무는 없다(대판 1995. 5. 12. 95다573).

---

(2) 악의점유자의 과실반환의무

악의점유자는 수취한 과실을 반환하여야 하며 소비하였거나 과실로 인하여 훼손 또는 수취하지 못한 경우에는 그 과실의 대가를 보상하여야 한다(201조 2항).

또한 폭력 또는 은비에 의한 점유자는, 그가 선의점유자인 경우에도 악의점유자로 다루어진다(201조 3항).

또 선의의 점유자라도 본권에 관한 소에 패소한 때에는 그 소가 제기된 때로부터 악의의 점유자로 본다(197조 2항). 따라서 선의점유자가 본권에 관한 소에서 패소자가 되면 소가 제기된 이후에는 악의점유자로 의제되므로, 그때부터 과실취득권이 없다.

또한 악의점유자의 과실반환의무를 부담하는 경우, 민법 제741조 제2항에 따라 이자도 가산하여 지급할 것인지의 여부가 문제된다. 이에 대하여 판례는 제201조 제2항이 제741조 제2항의 특칙이 아니므로, 부당이득반환의무를 부담하는 악의의 점유자는 이자에 대하여도 가산하여 반환하여야 한다는 태도를 취하고 있다(대판 2003. 11. 14. 2001다61869).

이 밖에 선의의 점유자로서 과실수취권이 있는 때에도 과실(過失)이 있으면 불법행위책임이 인정되므로(대판 1966. 7. 19. 66다994), 악의점유자가 과실이 있는 경우에도 당연히 불법행위책임의 경합도 인정된다(통설).

관련판례

악의점유자의 과실반환의무와 제748조 제2항의 적용 여부

타인 소유물을 권원 없이 점유함으로써 얻은 사용이익을 반환하는 경우 민법은 선의 점유자를 보호하기 위하여 제201조 제1항을 두어 선의 점유자에게 과실수취권을 인정함에 대하여, 이러한 보호의 필요성이 없는 악의 점유자에 관하여는 민법 제201조 제2항을 두어 과실수취권이 인정되지 않는다는 취지를 규정하는 것으로 해석된다. 따라서 악의 수익자가 반환하여야 할 범위는 민법 제748조 제2항에 따라 정하여지는 결과 그는 받은 이익에 이자를 붙여 반환하여야 하며, 위 이자의 이행지체로 인한 지연손해금도 지급하여야 한다(대판 2003. 11. 14. 2001다61869).

3. 점유물의 멸실 및 훼손에 대한 책임

(1) 의 의

점유물이 점유자의 책임 있는 사유로 인하여 멸실 또는 훼손된 때에는 불법행위가 되므로, 제750조에 따라 그 손해를 배상하여야 함이 원칙이다. 그러나 이에 대해서 민법 제202조는 선의점유자를 고려한 특칙을 규정하고 있다.

여기서 점유자의 '책임 있는 사유'의 의미에 대해서는 '자기 재산에 대한 것과 동일한 주의'를 위반한 것을 뜻한다(송덕수 245면, 이영준 351면). 또 제202조를 적용함에 있어서 '멸실'은 물건에 대한 물리적 멸실은 물론이고, 물건이 제3자에게 양도되어 그 반환이 불가능하게 된 경우도 포함된다.

(2) 악의점유자의 책임

점유물이 점유자의 책임 있는 사유로 인하여 멸실 또는 훼손한 때에는 악의의 점유자는 그 손해의 전부를 배상하여야 한다(202조 전단).

(3) 선의점유자의 책임

소유의 의사를 가지고 점유하는 자주점유자는 이익이 현존하는 한도에서 배상해야 한다(202조 후단 반대해석). 따라서 이 경우, 선의점유자는 점유물이 현존하는 상태대로 반환하면 된다.

그러나 소유의 의사가 없는 타주점유자는 악의점유자와 마찬가지로 손해의 전부를 배상해야 한다(202조 후단). 이는 타주점유자가 타인의 물건을 점유한 경우를 고려해서, 특별히 보호할 필요가 없다는 취지에서 악의점유자와 같이 취급한 것이다.

4. 점유자의 비용상환청구권

(1) 비용일반

점유자가 일단 비용을 지출하여 회복자에게 이익을 얻게 한 경우, 이는 일종의 부당이득에 해당하는 것(필요비·유익비)이 되므로 그 반환을 청구하는 제도다. 다만 사치비의 상환청구는 인정하지 않는다. 이 청구권은 부당이득반환청구권의 성질을 갖는다.

여기서 비용상환청구권은 점유자의 선의를 요하지 않으므로, 점유자가 자기에게 본권이 없음을 알면서 타인의 물건을 점유하여도 필요비 또는 유익비를 지출한 경우에는 그 상환을 청구할 수 있다(통설). 또 점유자의 비용상환청구권은 소유의 의사 여부와 관계없이 행사할 수 있다.

(2) 필요비의 청구

점유물의 유지·보존·현상유지를 위한 필요비는 회복자에게 청구할 수 있다(202

조 1항 본문). 여기서 필요비는 물건을 사용함에 있어서 통상의 용도에 적합한 상태를 유지하는 데 지출되는 비용을 말하며 보존비, 수선비, 보험료, 공조(公租), 공과(公課) 등이 이에 속한다.

다만 점유자가 과실을 취득한 때에는 통상의 필요비는 청구할 수 없다(202조 1항 단서). 따라서 기계장치의 점유자가 그 기계장치를 실제로 가동하여 실질적인 이득을 얻은 경우, 그 기계장치의 계속 사용에 따라 손상된 부품의 교체 수리에 비용이 소요되면 점유자는 회복자에 대하여 그 소요된 비용의 상환을 청구할 수 없다(대판 1996. 7. 12. 95다41161).

또한 선의점유자가 과실을 취득한 경우에도 특별의 필요비(예컨대 예측하지 못한 천재지변으로 인하여 지출한 응급복구비)에 대하여 상환청구할 수 있다.

(3) 유익비의 청구

점유자는 점유물을 개량하기 위하여 지출한 금액, 그 밖의 유익비에 관하여는 그 가액의 증가가 현존하는 경우에 한하여 회복자의 선택에 좇아 그 지출금액이나 증가액의 상환을 청구할 수 있다(203조 2항). 여기서 유익비는 물건의 개량하거나 경제적 가치를 객관적으로 증가시키기 위하여 지출한 비용을 말한다.

또한 위의 점유자의 회복자에 대한 유익비상환청구권은 점유자가 계약관계와 같은 적법하게 점유할 권리를 가지지 않아 소유자의 소유물반환청구에 응하여야 할 의무가 있는 경우에 인정된다. 그러므로 점유자가 유익비를 지출할 당시 계약관계와 같은 적법한 점유권원을 가진 경우, 계약관계의 상대방이 아닌 점유회복 당시의 상대방에 대하여 민법 제203조 제2항에 따른 유익비의 상환을 구할 수는 없다(대판 2003. 7. 25. 2001다64752).

관련판례

제203조 제2항의 적용

민법 제203조 제2항에 의한 점유자의 회복자에 대한 유익비상환청구권은 점유자가 계약관계 등 적법하게 점유할 권리를 가지지 않아 소유자의 소유물반환청구에 응하여야 할 의무가 있는 경우에 성립하는 것으로서, 점유자가 유익비를 지출할 당시 계약관계 등 적법한 점유의 권원을 가진 경우에 그 지출비용 또는 가액증가액의 상환에 관하여는 그 계약관계를 규율하는 법조항이나 법리 등이 적용된다(대판 2009. 3. 26. 2008다34828).

---

(4) 비용상환청구권의 행사시기

점유자의 비용상환청구권은 점유자가 회복자로부터 점유물의 반환을 청구받거나 회복자에게 점유물을 반환한 때에 비로소 회복자에 대하여 행사할 수 있다(통설). 판례도 "민법 제203조 제1항, 제2항에 의한 점유자의 필요비 또는 유익비 상환청구권은 점유자가 회복자로부터 점유물의 반환을 청구받거나 회복자에게 점유물을 반환한 때에 비로소 회복자에 대하여 행사할 수 있다 할 것이다."고 판시하여 학설과 같은 태도를 취하고 있다(대판 1993. 12. 28. 93다30471, 30488; 동 1994. 9. 9. 94다4592).

(5) 비용상환청구권과 유치권의 행사

점유자가 선의점유 등 적법한 점유로서의 요건을 갖춘 경우에 필요비 또는 유익비에 대한 상환청구권이 생긴 경우에 이는 견련관계에 있는 채권으로서, 회복자가 비용상환의무를 이행할 때까지 유치권을 행사할 수 있게 된다(320조).

다만 점유자가 특히 유익비의 상환을 청구하는 경우에, 회복자는 법원에 대하여 상당한 상환기간의 허여(許與)를 청구할 수 있고(203조 3항), 그러한 유예기간이 허여(허락)되면 점유자의 유치권은 성립되지 않는다.

Ⅳ. 점유보호청구권

1. 의 의

점유보호청구권(占有保護請求權)은 점유의 침해가 있는 경우에 본권의 유무를 묻지 않고 점유자가 그 침해의 배제, 예방을 청구할 수 있는 권리를 말한다.

점유보호청구권을 인정하는 이유는 점유가 불법하게 침해되는 경우에 본권에 대한 입증이 없어도 점유의 침해에 따른 배제, 예방을 주장할 수 있도록 함으로써 점유권을 보호하고 점유제도의 목적을 달성하기 위함이라고 할 수 있다.

2. 성 질

점유보호청구권은 점유권의 침해에 대하여 그 회복을 청구하는 물권적 청구권, 즉 점유권에 기인한 물권적 청구권이다.

그러므로 점유보호청구권은 물권의 일반적 효력으로서의 물권적 청구권과 그 성질과 내용을 기본적으로 같이 하며, 다음에서는 제204조 내지 제208조를 중심으로 점유보호청구권의 특칙을 중심으로 살펴본다.

3. 종류 및 내용

점유보호청구권의 내용도 물권의 효력에서 살펴본 물권적 청구권의 일반법리가 적용되고, 그 침해의 모습에 따라 점유물반환청구권, 점유물방해제거청구권, 점유물방해예방청구권의 3가지가 있다. 그러나 점유보호청구권에는 몇 가지 특칙이 있다.

(1) 점유물반환청구권(점유의 회수)

1) 내 용

점유자가 점유의 침탈을 당한 때에는 그 물건의 반환 및 손해의 배상을 청구할 수 있다(204조 1항). 여기서 '침탈'은 점유자가 자기의 의사에 의하지 않고 사실상의 지배를 빼앗기는 것으로서 사기·횡령 등에 의하여 점유자가 점유물을 인도해 준 경에는 침탈에 해당하지 않는다. 또 점유를 침탈한 자의 고의나 과실은 요건이 아니나, 침탈을 이유로 하는 손해배상을 청구하는 경우에는 불법행위의 요건으로서 고의 또는 과실이 있어야 한다(750조).

점유물반환청구권자는 점유를 침탈당한 자로서 직접점유자인가 간접점유자인가, 자주유자인가 타주점유자인가, 본권이 있는 자인가 여부를 묻지 않는다.

또 청구의 상대방은 점유를 침탈한 자 및 그 포괄승계인이다. 그러나 점유물반환청구권은, 선의의 특별승계인에 대하여는 행사하지 못한다(204조 2항). 그러나 승계인이 악의인 때에는 그 반환을 청구할 수 있다.

2) 제척기간

점유물반환청구권은 침탈당한 날로부터 1년 안에 행사하여야 한다(204조 3항). 여기서 1년이라는 제척기간은 재판 외에서 권리를 행사하는 것으로 족한 기간이 아니라 반드시 그 기간 내에 소를 제기하여야 하는 출소기간(出訴期間)으로 이해하여야 한다(대판 2002. 4. 26. 2001다8097).

관련판례

점유물반환청구권자

① 점유자가 점유의 침탈을 당한 때에는 그 물건의 반환 등을 청구할 수 있다(민법 제204조 제1항 참조). 이러한 점유회수의 소는 점유를 침탈당하였다고 주장하는 당시에 점유하고 있었는지만을 살피면 되는 것이다.

여기서 점유란 물건이 사회통념상 사람의 사실적 지배에 속한다고 보이는 객관적 관계에 있는 것을 말하고 사실상의 지배가 있다고 하기 위하여는 반드시 물건을 물리적·현실적으로 지배하는 것만을 의미하는 것이 아니고 물건과 사람 사이의 시간적·공간적 관계와 본권관계, 타인지배의 배제가능성 등을 고려하여 사회관념에 따라 합목적적으로 판단하여야 한다.

그리고 점유회수의 소의 점유에는 직접점유뿐만 아니라 간접점유도 포함되나, 간접점유를 인정하기 위해서는 간접점유자와 직접점유를 하는 자 사이에 일정한 법률관계, 즉 점유매개관계가 필요하다. 이러한 점유매개관계는 직접점유자가 자신의 점유를 간접점유자의 반환청구권을 승인하면서 행사하는 경우에 인정된다(대판 2012. 2. 23. 2011다61424·61431).

② 甲 등이 乙 주식회사가 소유하는 건물 정문과 후문 입구 등에 '甲 등이 점유, 유치 중인 건물임. 관계자 외 출입을 금함'이라는 내용의 경고문을 부착하였다. 그리고 그중 건물 2층 일부는 직접점유하고 나머지 부분은 乙 회사와 임대차계약을 체결한 임차인 丙 등이 직접점유하였던 사안에서, 제반 사정에 비추어 임차 부분의 직접점유자인 丙 등에게 반환청구권을 갖는 자는 丙 등과 임대차계약을 체결하였던 乙 회사뿐이다. 그런데 위 임대차계약은 甲 등과 丙 등 사이의 점유매개관계를 인정할 기초가 될 수 없는데도, 甲 등이 乙 회사와 함께 건물 관리에 관여하였다는 사정 등을 들어 점유매개관계를 인정하면서 임차 부분에 관하여도 甲 등의 점유회수청구를 인용한 원심판결에 간접점유의 성립요건인 점유매개관계에 관한 법리오해 등의 위법이 있다(대판 2012. 2. 23. 2011다61424·61431).

(2) **점유물방해제거청구권**(점유의 보유)

1) 내 용

점유자가 점유의 침탈 이외의 방법으로 점유의 방해를 받은 때에 점유의 방해를 받은 때에는 그 방해의 제거 및 손해의 배상을 청구할 수 있다(205조 1항).

여기서 방해는 침탈 이외의 방법으로 점유가 침해되고 있는 것으로서, 방해자의 고의나 과실은 요건이 아니다. 그러나 방해를 이유로 방해자인 상대방에게 손해배상을 청구하는 경우에는 고의 또는 과실이 있어야 한다(750조).

점유물방해제거청구권자는 침탈 이외의 방법으로 점유의 방해를 받고 있는 점유자이다. 또 상대방은 현재 방해를 자기의 지배 아래 두고 있는 자이다.

2) 제척기간

점유물방해제거청구권은 방해가 종료한 날로부터 1년 안에 행사하여야 한다(205조 2항). 그러나 방해가 종료한 후에는 방해제거의 문제는 일어나지 않으므로, 위의 제척기간 1년은 손해배상의 청구에 관해서만 적용된다. 여기서 제척기간 1년은 점유의 회수의 경우(204조 3항)와 마찬가지로 출소기간이다(대판 2002. 4. 26. 2001다8097; 동 2016. 7. 29. 2010다94731·94748).

또 공사로 인하여 방해를 받은 경우에는 공사착수 후 1년을 경과하거나 공사가 완성된 때에는 청구할 수 없다(205조 3항).

(3) 점유물방해예방청구권(점유의 보전)

1) 내 용

점유자가 점유의 방해를 받을 염려가 있는 때에는 그 방해의 예방 또는 손해배상의 담보를 청구할 수 있다(206조 1항).

여기서 점유의 방해를 받을 염려는 점유자의 주관적인 입장이 아니고 구체적인 사정을 고려해서 경험칙 내지 사회통념에 따라 객관적으로 판단되어야 한다.

점유물방해예방청구권자는 점유의 방해를 받을 염려가 있는 점유자이다. 또 상대방은 현재 방해를 받을 염려가 있는 상태를 만들어내는 자로서, 고의나 과실을 요하지 않는다.

또한 점유물방해예방청구권의 내용으로 '방해예방의 청구'는 방해를 일으킬 수 있는 원인을 제거하여 방해를 미리 방지하는 조치를 청구하는 것으로서, 상대방의 작위 또는 부작위를 청구하는 것이다. 또 '손해배상의 담보'는 장래의 손해발생에 대비하여 미리 제공케 하는 담보로서, 인적 담보나 물적 담보 또는 금전의 공탁 등 어느 것이라도 무방하다(김상용 288면, 송덕수 255면).

또 장래의 손해가 현실화된 되어 손해배상을 청구하게 되어 불법행위의 요건으로서 상대방의 고의·과실을 필요로 하지만(750조), 손해배상의 담보를 청구할 경우에는 방해를 일으킬 수 있는 염려만 있으면 족하므로 상대방의 고의·과실을 필요로 하지 않는다.

2) 제척기간

공사로 인하여 방해를 받을 염려가 있는 경우에는 위의 점유물방해제거청구권의 경우와 마찬가지로 공사착수 후 1년을 경과하거나 그 공사가 완성한 때에는 방해의 예방을 청구하지 못한다(206조 2항, 205조 3항).

4. 점유의 소와 본권의 소와의 관계

(1) 점유의 소와 본권의 소

'점유의 소'는 점유보호청구권에 기인한 소를 말하고, '본권의 소'는 소유권·지상권·전세권 등 '점유할 수 있는 권리'에 기인한 소를 라고 한다. 예컨대 甲이 점유하면서 소유하고 있던 물건을 乙이 훔친 경우에, 甲은 점유물반환청구권을 행사할 수도 있고, 소유물반환청구권을 행사할 수도 있다. 앞의 것은 점유라는 사실상태를 그대로 유지하기 위한 것을 목적으로 하는 점유의 소이고, 뒤의 것은 당연히 있어야 할 점유할 수 있는 지배상태를 실현시키기 위한 것을 목적으로 하는 본권의 소이다.

(2) 점유의 소와 본권의 소와의 관계

점유의 소와 본권의 소는 서로 영향을 미치지 아니하며(208조 1항), 점유권에 기인한 소는 본권에 관한 이유로 재판하지 못한다(208조 2항). 따라서 점유권에 기인한 소와 본권에 기인한 소는 동시에 제기할 수도 있고 각각 별도로 제기할 수도 있다. 이에 따라 본권의 소에서 패소한 경우에도 점유의 소를 제기할 수 있다.

여기서 점유의 소는 분쟁을 신속히 해결해야 할 필요가 있으므로, 법원조직법상의 명문규정은 없지만 관례상 지방법원 단독판사의 관할로 되어 있다.

관련판례

점유보호청구권의 제척기간의 성질

민법 제204조 제3항과 제205조 제2항에 의하면 점유를 침탈당하거나 방해를 받은 자의 침탈자 또는 방해자에 대한 청구권은 그 점유를 침탈당한 날 또는 점유의 방해행위가 종료된 날로부터 1년 내에 행사하여야 하는 것으로 규정되어 있다. 그런데, 여기에서 제척기간의 대상이 되는 권리는 형성권이 아니라 통상의 청구권인 점과 점유의 침탈 또는 방해의 상태가 일정한 기간을 지나게 되면 그대로 사회의 평온한 상태가 되고 이를 복구하는 것이 오히려 평화질서의 교란으로 볼 수 있게 되므로 일정한 기간을 지난 후에는 원상회복을 허용하지 않는 것이 점유제도의 이상에 맞고 여기에 점유의 회수 또는 방해제거 등 청구권에 단기의 제척기간을 두는 이유가 있는 점 등에 비추어 볼 때, 위의 제척기간은 재판 외에서 권리행사하는 것으로 족한 기간이 아니라 반드시 그 기간 내에 소를 제기하여야 하는 이른바 출소기간으로 해석함이 상당하다(대판 2002. 4. 26. 2001다8097).

V. 자력구제

1. 의 의

점유권 등 권리자의 권리가 침해되는 경우, 그에 대한 구제(救濟)가 필요하게 되며, 권리의 침해에 대한 구제가 바로 권리의 보호이다. 근대의 법치국가에서는 권리의 보호·구제는 국가의 공권력구제에 의함이 원칙이고, 개인에 힘인 사력(私力)에 의한 구제는 예외적으로만 허용되며 자력구제도 이의 한 모습이다.

자력구제(自力救濟)는 점유권의 침해시 점유보호청구권을 보전하기 위해서 국가기관에 의한 구제를 기다릴 여유가 없는 경우에 피해자가 스스로의 사력(私力)에 의하여 침해받는 점유권의 구제를 실현하는 것을 말한다(209조). 이를 일명 '자조'(自助)라고도 한다.

2. 종 류

민법이 인정하는 자력구제권에는 다음의 두 가지가 있다.

(1) 자력방위권(自力防衛權)

이는 점유를 부당히 침탈 또는 방해하는 행위에 대하여 자력으로 이를 방위할 수 있는 권리를 말한다(209조 1항). 여기서 자력방위권 행사의 대상이 되는 행위는 아직 '침탈 또는 방해가 일어나기 전의 행위'이어야 한다. 따라서 현실적으로 점유의 침탈 또는 방해가 일어나면 자력탈환권이니 점유물반환청구권을 행사하여 구제받을 수밖에 없다.

(2) 자력탈환권(自力奪還權)

이는 점유를 침탈당한 경우에 자력으로써 부동산일 때에는 점유자는 침탈 후 직시(直時) 가해자를 배제하여 이를 탈환할 수 있고, 동산일 때에는 점유자는 현장에서 또는 추적하여 가해자로부터 이를 탈환할 수 있는 권리를 말한다(209조 2항).

여기서 '직시'(直時)는 사회관념상 가해자를 배제하여 점유를 회복하는 데 필요하다고 인정되는 '속히' 또는 '빨리'라는 뜻으로 이해된다. 따라서 자력탈환권은 침탈의 현장성(또는 추적 가능성)을 전제로 행사할 수 있는 권리로서, 침탈당한 후 그 사실을 상당한 기간이 경과한 후에 알았다면 자력탈환권은 행사할 수 없게 된다(대판 1993. 3. 26. 91다14116). 따라서 현장성을 벗어난 점유침탈의 경우에는 점유물반환청구권을 행사하여 구제받아야 하고 자력탈환권을 행사할 수 없다.

3. 관련문제

(1) 효 과

여기서 자력구제가 인정되면 위법성이 조각되므로, 불법행위가 성립하지 않는다. 그러나 상당성을 초과하여 조각의 범위를 넘어서 자력구제를 하는 과잉자구(過剩自救)와 자력구제의 요건이 갖추어지지 않았음에도 불구하고 있는 것으로 잘못 알고 자력구제를 하는 오상자구(誤想自救)의 경우에는 자력구제에 해당하지 않는다. 따라서 과잉자구·오상자구의 경우에는 위법성이 조각되지 않으므로, 이로 인하여 상대방에게 손해를 발생시킨 경우에는 불법행위가 성립한다.

(2) 자력구제권자

점유자에게는 자력구제권이 인정되나, 간접점유자에게는 인정되지 않는다. 단 점유보조자에게는 점유권은 없으나, 자력구제권은 인정된다.

관련판례

자 력 구 제

민법 제209조 제2항 전단은 '점유물이 침탈되었을 경우에 부동산일 때에는 점유자는 침탈 후 직시(直時) 가해자를 배제하여 이를 탈환할 수 있다'고 하여 자력구제권 중 부동산에 관한 자력탈환권에 관하여 규정하고 있다. 여기에서 '직시(直時)'란 '객관적으로 가능한 한 신속히' 또는 '사회관념상 가해자를 배제하여 점유를 회복하는 데 필요하다고 인정되는 범위 안에서 되도록 속히'라는 뜻으로, 자력탈환권의 행사가 '직시'에 이루어졌는지는 물리적 시간의 장단은 물론 침탈자가 확립된 점유를 취득하여 자력탈환권의 행사를 허용하는 것이 오히려 법적 안정 내지 평화를 해하거나 자력탈환권의 남용에 이르는 것은 아닌지 함께 살펴 판단하여야 한다(대판 2017. 9. 7. 2017도9999).

제5관 준 점 유

Ⅰ. 의 의

준점유(準占有)는 점유를 수반하지 않는 재산권을 사실상 행사하는 것을 말한다(210조). 이는 점유를 수반하는 재산권에는 점유권을 인정하는 것과 같은 맥락에서 재산권을 사실상 행사하는 모습에 대해서 권리의 적법추정 등 점유권의 규정을 적용함으로써 점유의 개념을 확장하기 위한 것이다.

Ⅱ. 준점유의 요건과 효과

1. 요 건

민법상 준점유의 요건은 재산권을 사실상 행사하는 것이다(210조). 이를 나누어 보면 다음과 같다.

(1) 점유를 수반하지 않는 재산권일 것

준점유의 객체는 점유를 수반하지 않는 재산권이다. 따라서 점유를 수반하는 재산권에 관하여는 점유가 성립하므로 준점유가 성립될 여지가 없다.

또 준점유는 재산권을 전제로 하므로, 재산권이 아닌 가족권·인격권에도 준점유가 인정되지 않는다.

결국 점유를 수반하지 않는 재산권으로서 준점유의 대상이 될 수 있는 경우로는, 물권 중에서 점유를 수반하지 않는 지역권·저당권과 채권 및 특허권·상표권 등 지식재산권, 어업권·광업권 등 준물권을 들 수 있다.

(2) 재산권을 사실상 행사하고 있을 것

점유를 수반하지 않는 재산권이 어떤 자의 사실적 지배하에 있다고 인정할 수 있는 객관적 사정이 있으면 준점유가 성립된다. 예컨대 지명채권에서 채권증서를 소지하고 있는 경우, 예금채권에서 예금증서 와 비밀번호 및 인장을 소지하고 있는 경우에는 채권의 준점유가 성립하게 된다(대판 1985. 12. 24. 85다카840).

2. 효 과

준점유에도 권리의 적법추정, 선의점유자의 과실취득권과 악의점유자의 과실반환의무, 비용상환청구권, 점유보호청구권 등 점유의 규정이 준용된다(210조). 단 선의취득의 규정은 적용되지 않는다.

또 채권의 준점유자에 대하여 채무자가 선의·무과실로 한 변제는 유효하다(470조).

관련판례

채권의 준점유

① 채권의 준점유자라고 하려면 채권의 사실상 귀속자와 같은 외형을 갖추어야 하므로 예금채권의 준점유자는 예금통장과 그에 찍힌 인영과 같은 인장을 소지하여야 한다(대판 1985. 12. 24. 85다카880).

② 예금명의자가 아니고 예금통장도 소지하지 않은 예금행위자에 불과한 자는 금융실명제가 시행된 후에는 극히 예외적인 특별한 사정이 인정되지 않는 한 예금채권을 준점유하는 자에 해당될 수가 없다(대판 2002. 6. 14. 2000다38992).

③ 민법 제470조에 정하여진 채권의 준점유자라 함은, 변제자의 입장에서 볼 때 일반의 거래관념상 채권을 행사할 정당한 권한을 가진 것으로 믿을 만한 외관을 가지는 사람을 말하므로 준점유자가 스스로 채권자라고 하여 채권을 행사하는 경우뿐만 아니라 채권자의 대리인이라고 하면서 채권을 행사하는 때에도 채권의 준점유자에 해당한다(대판 2004. 4. 23. 2004다5389).

제2절 소 유 권

제1관 서 설

Ⅰ. 소유권의 의의 및 성질

1. 의 의

소유권(所有權)은 법률의 범위 안에서 그 소유물을 사용·수익·처분 등 전면적으로 지배할 수 있는 권리를 말한다(211조). 소유권은 물건을 전면적으로 지배한다는 점에서 일면만을 지배하는 제한물권과 다르다.

2. 법적 성질

소유권의 성질로는 다음의 일곱 가지를 들 수 있는데, 이는 소유권에만 특유한 성질과 다른 물권에도 인정되지만 소유권에도 공통적으로 인정되는 성질로 나누어볼 수 있다.

(1) 소유권만의 특유한 성질

1) 전면성(全面性)

소유권은 물건에 대한 전면적 지배를 그 내용으로 하는 권리다. 즉 소유권의 내용은 물건에 대한 사용가치와 교환가치의 전부에 미친다.

2) 혼일성(渾一性)

소유권의 내용은 물건에 대한 혼일된 지배의 권능으로부터 나온다. 즉 소유권은 물건의 사용·수익·처분 등 여러 가지 권능이 단순한 결합이 아니라 모든 권능의 원천이 되는 포괄적 지배권이다.

3) 탄력성(彈力性)

소유권은 제한물권의 설정 여부에 따라 지배의 내용이 제한 또는 확장된다. 즉 소유권은 전세권 등의 제한을 받으면 그 권능의 일부를 행사할 수 없게 되지만 그 제한이 소멸하면 본래의 모습으로 되돌아간다.

4) 항구성(恒久性)

소유권에는 시간적으로 존속기간의 제한이 없다. 이에 따라 소유권은 소멸시효에 걸리지 않는다(162조 2항).

(2) 다른 물권에서도 인정되는 소유권의 성질

1) 대물지배성(對物支配性)

소유권은 물건을 대상(객체)으로 하는 권리이다. 따라서 채권과 같은 권리에 대해서는 소유권은 성립될 수 없다. 즉 물권의 객체는 예외적으로 물건이 아닌 채권 등에도 성립할 수 있으나(345조, 371조) 소유권의 객체인 소유물은 예외 없이 반드시 물건이어야 한다. 따라서 물건이 아닌 채권 등의 재산권에 대해서는 소유권이 성립될 수 없다.

2) 관념성(觀念性)

소유권은 물건을 현재 지배하고 있느냐의 여부를 불문하고 지배할 수 있는 권리이다. 즉 소유권은 권리자의 현실적인 지배의 유무와는 관계없이 전면적으로 지배할 수 있다는 것에 근거한 관념적인 지배권이다.

3) 절대성(絕對性)

소유권은 배타성을 가지는 권리이므로 누구에 대해서나 주장할 수 있다. 따라서 소유권이 침해되면 소유자는 그 침해상태를 자기의 지배에 두고 있는 자가 누구냐에 관계없이 침해의 배제를 내용으로 하는 물권적 청구권을 행사하여 보호받을 수 있다(213조, 214조).

Ⅱ. 소유권의 내용과 제한

1. 소유권의 내용

민법은 소유권의 내용과 관련해서 "소유자는 법률의 범위 내에서 그 소유물을 사용·수익·처분할 권리가 있다."고 규정하고 있다(211조). 이에 따라 소유권의 주된 내용은 소유자가 법률의 범위 안에서 소유물에 대하여 갖는 '사용', '수익', '처분'의 권능이라고 할 수 있다. 여기서 사용(使用)은 물건의 성능, 즉 재산의 경제적 용도에 따라서 이용하는 것을 말하며, 수익(收益)은 목적물로부터 비롯되는 경제적 이익인 과실을 수취하는 것을 말한다. 또 처분(處分)은 물건이 가지는 교환가치의 지배를 말한다. 소유자는 법률의 범위 안에서 자기의 의사에 따른 법률행위에 의하여 재산을 처분하는 것으로서 양도나 담보의 설정 등은 소유자가 가지는 처분권의 구체적 실현이다. 이 밖에 소비에 의한 물건의 소비·소멸 등 사실적 처분도 처분권의 실현이다.

또한 소유권의 내용은 위의 세 가지의 권능(權能)에 한하지 않고 물건을 진면적으로 지배할 수 있는 권리로서의 그 밖의 지배의 권능을 포함한다(예컨대 상린관계에서의 상린권능).

특히 소유권의 사용·수익의 권능은 권리의 핵심적 내용에 속하는 것이므로, 소유자에 의하여 대세적으로 유효하게 포기될 수 없다(대판 2009. 3. 26. 2009다228·235).

이러한 소유권이 침해되면, 소유자는 물권적 청구권 및 손해배상청구권에 의하여 보호되며, 제211조는 이를 간접적으로 선언한 것이라고 할 수 있다(이영준 414면, 지원림 562면).

관련판례

소유권의 사용·수익 권능을 대세적으로 포기할 수 있는지 여부

① 소유권은 외계 물자의 배타적 지배를 규율하는 기본적 법질서에서 그 기초를 이루는 권리로서 대세적 효력이 있으므로, 그에 관한 법률관계는 이해당사자들이 이를 쉽사리 인식할 수 있도록 명확하게 정하여져야 한다. 그런데 소유권의 핵심적 권능에 속하는 사용·수익의 권능이 소유자에 의하여 대세적으로 유효하게 포기될 수 있다고 하면, 이는 결국 처분권능만이 남는 민법이 알지 못하는 새로운 유형의 소유권을 창출하는 것으로서, 객체에 대한 전면적 지배권인 소유권을 핵심으로 하여 구축된 물권법의 체계를 현저히 교란하게 된다.
종전의 재판례 중에는 타인의 토지를 도로 등으로 무단 점용하는 자에 대하여 소유자가 그 사용이득의 반환을 사후적으로 청구하는 사안에서, 이른바 공평을 이념으로 한다는 부당이득법상의 구제와 관련하여 그 청구를 부인하면서 소유자의 '사용수익권 포기' 등을 이유로 든 예가 없지 않다.
그러나 그 당부는 별론으로 하고, 그 논리는 소유권의 내용을 장래를 향하여 원만하게 실현하는 것을 내용으로 하여 소유권의 보호를 위한 원초적 구제수단인 소유물반환청구권 등의 물권적 청구권과는 무관한 것으로 이해되어야 한다(대판

2009. 3. 26. 2009다228·235).

② 토지의 소유권자가 그 토지에 관한 사용수익권을 점유자에 대한 관계에서 채권적으로 '포기'하였다고 하여도, 그것이 점유자의 사용·수익을 일시적으로 인정하는 취지라면, 이는 사용대차의 계약관계에 다름 아니다. 그렇다면 사용대주인 소유권자는 계약관계의 해지 기타 그 종료를 내세워 토지의 반환 및 그 원상회복으로서의 건물의 철거(민법 제615조 참조)를 청구할 수 있다. 그러므로 사용수익권의 채권적 포기를 이유로 위 청구들이 배척되려면, 그 포기가 일시적인 것이 아닌 영구적인 것이어야 한다(대판 2009. 3. 26. 2009다228·235).

소유권의 침해에 대한 보호

① 물건의 소유자는 다른 특별한 사정이 없는 한 법률의 범위 내에서 그 물건에 관한 모든 이익(민법 제211조에서 명문으로 정하는 '사용, 수익, 처분'의 이익이 대표적인 예이다)을 배타적으로 향유할 권리를 가진다.
따라서 소유자가 상대방이 목적물을 권원 없이 점유·사용하여 소유권을 침해함으로 말미암아 재산상 손해를 입었다고 주장하여 그 손해의 배상을 청구하는 경우에는, 무엇보다도 상대방의 그러한 권리 침해로 인하여 소유자에게 재산상 손해가 발생하였는지를 살펴보아야 할 것이다. 그런데 그 경우 손해의 유무는 상대방이 당해 물건을 점유하는지에 의하여 좌우되지 아니하며, 점유 여부는 단지 배상되어야 할 손해의 구체적인 액을 산정함에 있어서 고려될 여지가 있을 뿐이다(대판 2012. 1. 27. 2011다74949).

② 피고가 원고의 소유물을 권원 없이 점유·사용하고 있다고 주장하여 손해배상을 청구하는 경우에, 비록 피고의 목적물 점유가 인정되지 아니한다고 하더라도, 원고가 점유 및 사용으로 인한 손해의 배상만을 청구하고 피고의 사용으로 인한 손해의 배상은 이를 바라지 아니한다는 의사가 표시되지 아니하는 한, 법원은 나아가 원고에게 피고의 사용권능 침해로 인한 손해가 있는지를 심리·판단하여야 할 것이다. 그리고 원고가 그 손해를 목적물의 차임 상당액으로 주장하였다고 하여도, 이는 일반적으로 자신에게 유리한 소송상 결과를 얻기 위한

의도 또는 소송수행상의 편의에서 나온 것에 불과한 것이다. 따라서 그것만으로 원고에게 위와 같이 사용으로 인한 손해도 이를 구하지 아니하는 의사가 표시되었다고 할 수 없다(대판 2012. 1. 27. 2011다74949).

③ 甲이 자기 소유 건물에 乙이 사무실 집기 등을 비치하여 이를 권원 없이 점유·사용하고 있다는 이유로 건물 인도 및 점유·사용 기간에 관한 차임 상당액의 손해배상을 구한 사안에서, 甲이 위 기간 중 건물 출입로 부근에 철문을 설치하여 자물쇠로 시정하였지만, 乙이 주변 토지를 통하여 건물에 출입하는 데 커다란 지장이 없었던 점, 출입문 설치 후에도 乙은 건물에 사무실 집기 등을 비치하여 두어 甲이 건물을 용도대로 사용할 수 없었던 점 등에 비추어 乙이 건물에 대한 종전 점유를 상실하였다고 할 수 없다. 또한 비록 乙이 건물에 대한 점유를 상실하였다 하더라도, 甲이 손해배상청구를 하면서 乙의 사용으로 인한 손해배상을 구하지 않는다는 의사를 표시하였다고 볼 수 없는 이상, 乙이 건물에 사무실 집기 등 물건을 가져다 둠으로써 甲이 건물을 사용하지 못하는 손해를 입었는지, 그 손해는 금전적으로 얼마로 평가되는지 등을 심리·판단하여야 한다.
그런데도 이에 관한 심리·판단 없이 甲이 건물 출입구 부근에 철문을 설치한 때부터 乙이 건물에 대한 점유를 상실하였다고 보아 그 후 기간에 대한 청구를 기각한 원심판결에는 점유 또는 소유권 침해로 인한 손해배상에 관한 법리오해 등 위법이 있다(대판 2012. 1. 27. 2011다74949).

2. 소유권의 행사와 제한

(1) 소유권의 행사와 소유권절대의 원칙

소유권절대의 원칙은 프랑스 인권선언에서 유래하는 것으로서 소유권 등의 재산권은 국가(법) 이전에 존재하는 신성불가침한 것으로서, 비록 국가라 할지라도 부당한 제약을 가할 수 없다는 원칙으로서, '사유재산권존중의 원칙'이라고도 한다.

이 원칙은 인간과 시민의 권리선언으로 불리는 1789년 주창된 프랑스 인권선언 제17조의 "재산(권)은 불가침의 신성한 권리이므로 법적으로 공공의 필요가 분명한 경우에, 또한 미리 정당한 배상을 지급한다는 조건이 붙지 않는 한 침해될 수 없다."는 규정에 기초하고 있다. 특히 이 원칙에 의하여 19세기 초에 절대적인 소유권 등의 재산권존중이 확인되었고, 이는 자본주의를 발전시키는 데 견인차 역할을 하였다.

이 밖에 근대 민법은 사적 자치의 원칙을 실현하기 위해서 소유권절대의 원칙과 더불어 계약자유의 원칙, 과실책임의 원칙이라는 개인주의적 법원리를 인정하고 있으며, 이를 근대민법의 기본원리(근대 민법의 3대 원칙)라고 한다.

(2) 소유권의 행사의 제한 필요성

근대 민법이 자유인격의 원칙을 실현하기 위해서 인정한 소유권절대의 원칙은 근대 사회에서 자본주의와 기업의 발전을 가져올 수 있도록 지대한 공헌을 하였다.

그런데 19세기 후반 이후 자본주의가 고도로 발전하면서 부익부와 빈익빈의 부조리, 노사 간의 갈등 등이 심화됨에 따라 소유권 등의 재산권과 사적 자치를 근간으로 하는 위의 개인주의적 법원리는 그 제한 필요성의 대두되었다.

이러한 자본주의사회의 모순을 어떻게 극복할 것인가의 문제에 대하여 사유재산권과 개인의 의사 자체를 배제함으로써 자본주의 자체를 부정하는 사회주의사회를 뒷받침하기 위한 법으로 나타난 것이 사회주의법과 사유재산제를 부정하는 생산수단의 국가, 집단소유권의 원칙(사소유권금지의 원칙)과 국가경제계획실현의 원칙이다.

그러나 이와는 달리 사유재산권과 계약자유의 원칙을 전면적으로 부정하는 것이 아니라 자본주의체제를 유지하면서 이의 모순을 부분적으로 수정하기 위하여 경제적 약자를 보호하고 노사 간의 대립을 완화하기 위하여 국가가 간섭하고 조정함으로써 사법적인 영역에 공법적인 요소가 가미되는 제3의 법의 영역인 사회법이 출현하게 되었고, 근대 민법 기본원칙인 소유권절대의 원칙은 소유권공공복리의 원칙에 따라 수정되게 되었다.

(3) 소유권의 제한 근거

위에 따라 근대법에서 절대불가침의 것으로 생각되었던 소유권은 오늘날 사회성·공공성이 강조됨에 따라 공공의 필요에 의하여 법률로써 제한할 수 있게 되었다(헌법 23조). 이와 같은 헌법 정신에 따라 민법 제211조는 소유권의 내용을 법률의 범위 안에서만 인정하도록 규정하고 있으며, 구민법(206조)에 있던 '자유'라는 문구를 삭제하였다.

여기서 소유권의 제한은 입법(법률) 이외에 법해석에 의하여서도 제한된다. 또 제한의 모습에는 이에는 부작위의무(217조 1항, 221조 2항 참조)·인용의무(217조 2항 참조)·작위의무(243조 참조)가 있다.

1) 법률에 의한 제한

소유권의 제한은 법률에 의해서만 제한할 수 있으며(헌법 23조, 민법 211조), 상린관계에 의한 제한은 민법에 의한 제한의 대표적인 모습이고 공법을 비롯한 특별법에 의해서도 소유권은 제한된다.

또 민법 제211조의 법률은 헌법상 의미의 법률을 뜻하므로, 명령이나 자치입법(조례나 규칙)에 의해서는 소유권을 제한할 수 없다.

2) 법해석에 의한 제한

소유권은 신의성실의 원칙이나 권리남용금지의 법리(법해석)에 의하여 제한할 수 있다(2조).

제2관 부동산 소유권의 범위

Ⅰ. 토지소유권의 경계

공간정보법에 의하여 어떤 토지가 지적공부에 1필의 토지로 등록되면 그 토지의 경계는 다른 특별한 사정이 없는 한 이 등록으로써 특정된다(대판 2006. 9. 22. 2006다24971).

그러나 지적 공부를 작성함에 있어 기점을 잘못 선택하는 등의 기술적인 착오로 말미암아 지적공부상의 경계가 진실한 경계선과 다르게 잘못 작성되었다는 등의 특별한 사정이 있는 경우에는 그 토지의 경계는 지적공부에 의하지 않고 실제의 경계에 의하여 확정하게 된다(대판 2000. 5. 26. 98다15446). 다만 그 후 그 토지에 인접한 토지의 소유자 등 이해관계인들이 그 토지의 실제의 경계선을 지적공부상의 경계선에 일치시키기로 합의하였다면 적어도 그때부터는 지적공부상의 경계에 의하여 그 토지의 공간적 범위가 특정된다(대판 2006. 9. 22. 2006다24971).

Ⅱ. 토지소유권의 범위

1. 토지소유권 상·하의 범위

토지소유권은 정당한 이익이 있는 범위 안에서 토지의 상하에 미친다(212조). 따라서 토지소유권은 토사(土砂)·암석(巖石) 등 토지의 본질적 구성부분은 물론이고 종속정착물에도 효력이 미친다.

그러나 토지소유자가 정당한 이익의 범위를 넘어서 소유권을 주장하면 권리남용이 된다. 이와 관련해서 판례는, "토지소유자가 토지소유권이 미치는 범위 내에서 적법하게 건축허가를 받고 그 건물을 건축한 행위가 그 인접에 위치하고 있는 민간지상파방송사업자의 방송을 위한 전파송신에 영향을 미치더라도 특별한 사정이 없는 한 그 사실만으로 곧 민간지상파방송사업자의 권리를 침해하여 불법행위가 성립한다고 볼 수 없다."고 판시하고 있다(대판 2003. 11. 28. 2003다43322).

2. 관련문제

(1) 광 물

지하의 미채굴의 광물에 대하여는 광업권자만이 이를 채굴할 수 있으므로 토지소유권의 효력이 미치지 못한다.

(2) 온천수와 지하수

온천수는 그것이 용출하는 토지의 구성부분으로서 독립한 물권의 객체가 아니며 토지소유권의 범위에 속하므로, 온천이용권은 토지소유권과 독립한 물권이 아니다(대판 1970. 5. 26. 69다1239).

또 토지의 소유권은 정당한 이익이 있는 범위 내에서 토지의 상하에 미치므로 토지 소유자는 법률의 제한 범위 내에서 그 소유 토지의 지표면 아래에 있는 지하수를 개발하여 이용할 수 있다 할 것이다. 그러나 소유물방해제거·예방청구권에 관한 민법 제214조의 규정과 용수장해로 인한 용수권자의 손해배상청구권 및 원상회복청구권에 관한 민법 제236조의 규정을 종합하여 보면, 어느 토지 소유자가 새로이 지하수 개발공사를 시행하여 설치한 취수공 등을 통하여 지하수를 취수함으로 말미암아 그 이전부터 인근 토지 내의 원천에서 나오는 지하수를 이용하고 있는 인근 토지 소유자의 음료수 기타 생활상 필요한 용수에 장해가 생기거나 그 장해의 염려가 있는 때에는, 생활용수 방해를 정당화하는 사유가 없는 한 인근 토지 소유자는 그 생활용수 방해의 제거(원상회복)나 예방을 청구할 수 있다(대판 1998. 4. 28. 97다48913).

관련판례

토지소유권의 범위

① 토지(임야) 내의 자연석을 조각하여 석불(石佛)을 조각한 경우, 석불은 토지와는 독립하여 소유권의 대상이 된다(대판 1970. 9. 22. 70다1494).

② 토지소유권의 상실원인이 되는 포락은 토지가 바닷물이나 하천법상 적용하천의 물에 개먹어 무너져 바다나 적용하천에 떨어져 그 원상복구가 사회통념상 불가능한 상태에 이르렀을 때를 일컫는 것이지 바닷물이나 적용하천의 유수가 아닌 사실상의 하천(보통하천)이나 준용하천의 물에 무너져 내려 사실상의 하상이 되어 그 원상복구가 어렵게 된 때까지를 포함하는 것은 아니다(대판 1989. 2. 28. 88다1295).

③ 토지 소유자의 새로운 원천의 개발 및 지하수 이용으로 인하여 기존의 원천에서 나오는 지하수를 이용하고 있던 인근 토지 소유자의 생활용수에 장해가 생긴다면, 그와 같은 생활방해가 사회통념상 일반적으로 수인할 정도를 넘어서지 않는다고

볼 만한 특별한 사정이 없는 한 그 생활방해는 위법하다고 할 것이고, 토지 소유자가 지하수 개발에 대하여 관할 행정청으로부터 먹는물관리법에 의한 허가를 받았다는 사유만으로는 생활방해가 정당화된다고 할 수 없다(대판 1998. 4. 28. 97다48913).

Ⅲ. 상린관계

1. 서 설

(1) 의 의

상린관계(相隣關係)는 서로 인접하는 토지 등 부동산의 소유권의 상호이용을 합리적으로 조절하는 것을 목적으로 하는 법률관계를 말한다. 그리고 상린관계에 기인한 권리(권능)를 상린권(相隣權)이라고 한다(215조~244조).

위 상린관계는 부동산소유권 등의 부동산권리를 전제로 하는 제도이므로, 동산소유권에는 상린관계가 적용되지 않는다. 또 부동산인 경우에는 공물에 대하여서도 상린관계가 적용한다.

(2) 상린관계와 지역권의 차이

상린관계(상린권)의 내용은 지역권의 내용과 비슷하다(예컨대 민법 제219조의 주위토지통행권과 제291조의 지역권의 모습인 통행지역권). 상린관계와 다른 지역권을 통한 토지이용권의 행사도 가능하다.

그러나 양자 사이에는 다음과 같은 차이점이 있다.

1) 성립상의 차이

상린관계는 소유권의 당연한 확장 및 제한으로서 등기를 요하지 않으나, 지역권은 독립한 부동산물권으로서 계약에 의하여 생기고 형식주의원칙상 등기를 요한다(186조).

2) 존속상의 차이

상린관계는 소유권과 운명을 같이하므로 소멸시효에 걸리지 않으나, 지역권은 그 불행사로 소멸시효에 걸린다(162조 2항).

3) 기능상의 차이

상린관계는 최소한의 조절을 그 작용으로 하는데 비하여, 지역권은 독립한 물권으로서 그 이상의 고도의 조절을 도모할 수 있다.

(3) 상린관계의 적용확장

상린관계는 부동산소유권 이외의 부동산이용권에도 적용된다. 따라서 지상권 및 전세권에도 제216조 이하의 규정이 적용되며(290조, 319조), 부동산임차권에도 유추 적용된다(통설).

(4) 상린관계규정의 성격

이에 관하여서는 상린관계에 관한 규정은 부동산 사이의 이용을 조절하는 것으로서 사회질서에 관계있는 규정이므로 강행규정으로 이해하는 견해(곽윤직·김재형 236면, 송덕수 265면, 양형우 482면), 임의규정으로 이해하는 견해(이상태 218면, 이영준 445면) 및 원칙적으로 강행규정이지만 임의규정의 성격을 띠는 규정도 같이 존재한다는 절충설(고상룡 256면, 김상용 322면)이 서로 대립하고 있다.

또 판례는 민법 제242조와 제244조의 상린관계의 규정은 강행규정이 아니므로, 그와 다른 당사자 사이의 특약은 유효하다는 입장을 취하고 있다(대판 1982. 9. 14. 80다2859).

요컨대 민법은 상린관계와 관련해서 관습이 성문법보다 우선하여 적용되는 경우를 다수 규정하고 있고, 인접하는 부동산소유권 또는 부동산이용권 당사자 사이의 관계를 규율하고 있음을 고려할 때 상린관계의 규정과 다른 당사자 사이의 특약은 유효하다고 이해하여야 할 것이다. 따라서 상린관계에 관한 규정은 원칙적으로 임의규정으로 새기는 것이 타당할 것이다.

관련판례

상린관계규정의 성격

① 본조의 규정민법 제242조의 규정은 은 서로 인접하여 있는 소유자의 합의에 의하여 법정거리를 두지 않게 하는 것을 금지한다고는 해석할 수 없고, 당사자 간의 합의가 있었다면 그것이 명시 또는 묵시라 하더라도 인접지에 건물을 축조하는 자에 대하여 법정거리를 두지 않았다고 하여 그 건축을 폐지시키거나 변경시킬 수 없다고 할 것이다(대판 1962. 11. 1. 62다567).

② 원심이 원고가 법정제척기간 내에 소제기의 방법이 아닌 건축허가처분에 대한 이의를 함으로써 이 사건과 같은 주장을 한 사실을 확정하고 위 피고의 항변을 배척하였음은 정당하다. (또한) 이 사건 건물은 민법 제242조 소정의 확보거리 0.5m를 다 두지 못하고 원고소유 대지로 부터 30㎝를 두고 세워져 있어 동 건물의 각층마다 1.2평씩만이 법정거리 내에 들어 있는바 동 건물이 건물이 건축된 지 수년이 지난 지금 법정거리 안에 있는 건물부분을 철거하는 것은 원고에게는 거의 어떠한 이익도 가져오지 못하고 오히려 사회, 경제적으로 보나 상린관계의 취지에서 보나 이를 철거한다는 것은 적절하지 아니하므로 원고의 위 건물 부분의 철거청구는 권리의 사회성에 비추어 권리남용에 해당한다(대판 1982. 9. 14. 80다2859).

2. 상린관계의 종류와 내용

(1) 상린관계의 내용 개관

민법은 제215조 내지 제244조에 걸쳐 건물의 구분소유자 사이의 상린관계, 인지사용청구권, 안온방해의 금지와 인용, 수도 등의 시설권, 주위토지통행권, 물에 대한 상린관계, 경계에 관한 상린관계, 용수권(用水權) 등을 다루고 있다.

(2) 상린관계에서 관습이 성문법보다 우선하여 적용되는 경우

민법은 물에 관한 공사의 비용부담(224조), 수류의 변경(229조), 공유하천 용수권(234조), 경계에 관한 비용부담·경계선부근의 건축(237조, 242조) 등의 상린관계에 대해서는 관습이 있으면 그 관습에 의하도록 규정하고 있다. 따라서 위 상린관계에 대해서는 관습이 민법보다 우선하여 적용된다.

3. 건물의 구분소유

수인이 한 채의 건물을 구분하여 각각 그 일부분을 소유한 때에는 건물과 그 부속물 중 공용하는 부분은 그의 공유로 추정한다(215조 1항). 여기서 공용부분의 보존에 관한 비용 기타의 부담은 각자의 소유부분의 가액에 비례하여 분담한다(215조 2항).

그러나 오늘날 대규모의 APT, 오피스텔 등 집합건물의 구분소유(區分所有)에 관하여는 민법 제215조의 규정만으로는 건물의 구분소유관계를 체계적이고 합리적으로 규율할 수 없게 되었다. 이에 따라 제215조에 대한 특례를 규정함으로써 오늘날 아파트 등 집합건물의 구분소유와 관리를 둘러싸고 일어나는 법률관계를 합리적으로 규율하기 위하여 1984년 4월 10일 '집합건물의 소유와 관리에 관한 법률'(이하 '집합건물법'이라 약칭함)이 제정되었다. 이에 관해서는 뒤에서 보다 상세히 살펴본다.

4. 인지사용청구권(隣地使用請求權)

토지소유자는 경계나 그 근방에서 담 또는 건물을 축조하거나 수선하기 위하여 필요한 범위내 안에서 이웃토지의 사용을 청구할 수 있다. 그러나 토지에 대한 사용·수익권을 갖는 토지소유자나 지상권자, 전세권자, 임차인 등 이웃사람의 승낙이 없으면 그 주거에 들어가지 못한다(216조 2항).

위의 경우에 이웃사람이 손해를 받은 때에는 보상을 청구할 수 있다(216조 2항).

5. 생활방해의 금지와 인용(忍容)

(1) 의 의

생활방해(生活妨害)는 매연, 열기체, 액체, 음향, 진동 등으로 이웃 토지 또는 부동산의 사용을 방해하거나 이웃거주자의 생활에 고통을 주는 것을 말한다. 이를 일명 안온방해(安穩妨害)라고도 하며, 영미에서는 'Nuisance', 독일에서는 'Immission'이라고 한다.

(2) 생활방해의 금지와 인용(忍容)

생활방해와 관련해서, 민법은 "토지소유자는 매연, 열기체, 액체, 음향, 진동 기타 이에 유사한 것으로 이웃토지의 사용을 방해하거나 이웃거주자의 생활에 고통을 주지 아니하도록 적당한 조처를 할 의무가 있다."고 규정하고 있다(217조 1항). 여기서 '기타 이에 유사한 것'의 의미에 대해서는 측정이 어려운 대상물이라는 뜻으로 불가양물(不可量物)로 해석하는 견해가 있다(고상룡 264면, 이영준 451면). 그러나 제217조가 예시하는 것에는 매연과 같이 측정이 가능한 것도 있고 음향이나 진동과 같이 물질이 아닌 것도 포함되어 있으므로, 이는 일정한 토지이용과 불가피하게 결합되어 있는 간섭으로 이해하는 것이 타당하며, 그 예로는 가스, 증기, 냄새, 먼지, 악취, 재, 연기, 불꽃 등을 들 수 있다(곽윤직·김재형 243면, 송덕수 278면).

그러나 이웃거주자는 위의 사태가 이웃 토지의 통상의 용도에 적당한 것인 때에는 이를 인용할 의무가 있다(217조 2항). 위의 제217조는 방해를 일으키는 토지가 국유 또는 공유인 경우에도 적용된다.

또한 건물의 소유자 또는 점유자가 인근의 소음으로 인하여 정온하고 쾌적한 일상생활을 영유할 수 있는 생활이익이 침해되고 그 침해가 사회통념상 수인한도를 넘어서는 경우에 건물의 소유자 또는 점유자는 그 소유권 또는 점유권에 기하여 소음피해의 제거나 예방을 위한 유지청구를 할 수 있다(대판 2007. 6. 15. 2004다37904).

여기서 그 침해가 사회통념상 일반적으로 수인할 정도를 넘어서는지의 여부는 피해의 성질 및 정도, 피해이익의 공공성, 가해행위의 태양, 가해행위의 공공성,

가해자의 방지조치 또는 손해회피의 가능성, 인·허가관계 등 공법상 기준에의 적합 여부, 지역성, 토지이용의 선후관계 등 모든 사정을 종합적으로 고려하여 판단하여야 한다(대판 1997. 7. 22. 96다56153).

또한 생활방해의 행위에 대해서는 불법행위가 성립할 수 있다(750조). 판례도 "생활방해는 원고들에게 사회통념상 요구되는 수인의 한도를 넘은 것이라고 봄이 상당하다 할 것이므로, 이와 취지를 같이하여 피고에게 위 생활방해로 인하여 원고들이 입은 정신적 고통에 대한 위자료를 지급할 의무가 있다."고 판시하고 있다(대판 1997. 10. 28. 95다15599).

관련판례

생활방해

① 어느 토지나 건물의 소유자가 종전부터 향유하고 있던 경관이나 조망, 조용하고 쾌적한 종교적 환경 등이 그에게 하나의 생활이익으로서의 가치를 가지고 있다고 객관적으로 인정된다면 법적인 보호의 대상이 될 수 있는 것이므로, 인접 대지 위에 건물의 건축 등으로 그와 같은 생활이익이 침해되고 그 침해가 사회통념상 일반적으로 수인할 정도를 넘어선다고 인정되는 경우에는 위 토지 등의 소유자는 그 소유권에 기하여 건물의 건축 금지 등 방해의 제거나 예방을 위하여 필요한 청구를 할 수 있고, 위와 같은 청구를 하기 위한 요건으로서 반드시 위 건물이 문화재보호법이나 건축법 등의 관계 규정에 위반하여 건축되거나 또는 그 건축으로 인하여 그 토지 안에 있는 문화재 등에 대하여 직접적인 침해가 있거나 그 우려가 있을 것을 요하는 것은 아니다(대판 1999. 7. 27. 98다47528).

② 인접 대지에 건물이 건축됨으로 인하여 입는 환경 등 생활이익의 침해를 이유로 건축공사의 금지를 청구하는 경우에 그 침해가 사회통념상 일반적으로 수인할 정도를 넘어서는지 여부는 피해의 성질 및 정도, 피해이익의 공공성, 가해행위의 태양, 가해행위의 공공성, 가해자의 방지조치 또는 손해 회피의 가능성, 인·허가 관계 등 공법상 기준에의 적합 여부, 지역성, 토지 이용의 선후관계 등 모든

사정을 종합적으로 고려하여 판단하여야 한다(대판 1999. 7. 27. 98다47528).

③ 고속도로로부터 발생하는 소음이 피해 주민들 주택을 기준으로 일정 한도를 초과하여 유입되지 않도록 하라는 취지의 유지청구는 소음발생원을 특정하여 일정한 종류의 생활방해를 일정 한도 이상 미치게 하는 것을 금지하는 것으로 청구가 특정되지 않은 것이라고 할 수 없다. (또한) 건물의 소유자 또는 점유자가 인근의 소음으로 인하여 정온하고 쾌적한 일상생활을 영유할 수 있는 생활이익이 침해되고 그 침해가 사회통념상 수인한도를 넘어서는 경우에 건물의 소유자 또는 점유자는 그 소유권 또는 점유권에 기하여 소음피해의 제거나 예방을 위한 유지청구를 할 수 있다(대판 2007. 6. 15. 2004다37904).

6. 수도 등의 시설권

토지소유자는 타인의 토지를 통과하지 아니하면 필요한 수도, 소수관, 까스관, 전선 등을 시설할 수 없거나 과다한 비용을 요하는 경우에는 타인의 토지를 통과하여 이를 시설할 수 있다. 그러나 이로 인한 손해가 가장 적은 장소와 방법을 선택하여 이를 시설할 것이며 타 토지의 소유자의 청구에 의하여 손해를 보상하여야 한다(218조 1항). 위의 규정은 일상생활을 영위함에 있어 필수불가결한 수도 등의 시설을 위하여 타인의 토지를 통과하여야 하는 경우가 발생할 것을 고려해서 이에 따른 시설권을 인정하기 위한 것에 그 입법취지가 있다.

위에 의한 시설을 한 후 사정의 변경이 있는 때에는 타 토지의 소유자는 그 시설의 변경을 청구할 수 있다. 시설변경의 비용은 토지소유자가 부담한다(218조 2항). 따라서 시설변경에 따른 비용은 시설통과지 소유자의 사정변경으로 인한 것이므로, 변경청구를 주장하는 시설통과지 소유자가 부담해야 한다(김상용 343면, 이영준 460면).

관련판례

시설변경청구

시설변경청구는 당초에는 적법한 권원에 의하여 시설된 소수관 등을 사후에 발생한 시설통과지 소유자의 사정변경 때문에 시설통과권자의 비용으로 변경시설토록 하는 것이므로 그 같은 사정변경 유무는 시설통과지 소유자의 주관적 의사에 따라 결정할 것이 아니라 객관적으로 시설을 변경하는 것이 타당한지의 여부에 의하여 결정할 것이다(대판 1982. 5. 25. 81다1).

7. 주위토지통행권

(1) 주위토지통행권과 보상의무

1) 의 의

어느 토지와 공로 사이에 그 토지의 용도에 필요한 통로가 없는 경우에 그 토지 소유자는 주위의 토지를 통행 또는 통로로 하지 아니하면 공로에 출입할 수 없거나 과다한 비용을 요하는 때에는 그 주위의 토지를 통행할 수 있고 필요한 경우에는 통로를 개설할 수 있다. 그러나 이로 인한 손해가 가장 적은 장소와 방법을 선택하여야 한다(219조 1항).

여기서 주위토지통행권은 공로와의 사이에 그 용도에 필요한 통로가 없는 토지의 이용이라는 공익목적을 위하여 피통행지 소유자의 손해를 무릅쓰고 특별히 인정되는 것이다. 따라서 그 통행로의 폭이나 위치 등을 정함에 있어서는 피통행지의 소유자에게 가장 손해가 적게 되는 방법이 고려되어야 할 것이다. 그러나 최소한 통행권자가 그 소유 토지를 이용하는 데 필요한 범위는 허용되어야 하며, 어느 정도를 필요한 범위로 볼 것인가는 구체적인 사안에서 사회통념에 따라 쌍방 토지의 지형적, 위치적 형상 및 이용관계, 부근의 지리상황, 상린지 이용자의 이해득실 기타 제반 사정을 기초로 판단하여야 한다(대판 2002. 5. 31. 2002다9202).

따라서 주위토지통행권의 행사는 사회통념에 따라 쌍방 토지의 지형적·위치적 형상과 이용관계뿐만이 아니라 사람의 사적인 생활공간이자 평온한 휴식처로서 인간생활에서 가장 중요한 장소인 주거의 자유를 고려하여야 한다. 즉 우리 헌법은 주거의 자유를 보장하고 있는바, 주위토지통행권을 행사함에 있어서도 이러한 주거의 자유와 평온 및 안전을 침해하여서는 아니 된다(대판 2009. 6. 11. 2008다75300·75317·75324).

위 경우, 통행권자는 통행지 소유자의 손해를 보상하여야 한다(219조 2항).

2) 주위토지통행권과 사정변경

주위토지통행권은 이미 기존의 통로가 있더라도 그 통로가 토지의 이용에 부적합하여 실제로 통로로서의 충분한 기능을 하지 못하고 있는 경우에도 인정된다(대판 2003. 8. 19. 2002다53469).

또한 주위토지통행권자는 필요한 경우에는 통행지상에 통로를 개설할 수 있으므로, 모래를 깔거나, 돌계단을 조성하거나, 장해가 되는 나무를 제거하는 등의 방법으로 통로를 개설할 수 있으며 통행지소유자의 이익을 해하지 않는다면 통로를 포장할 수도 있다. 그리고 주위토지통행권자가 통로를 개설하더라도 그 통로에 대하여 통행지소유자의 점유를 배제할 정도의 배타적인 점유를 하고 있지 않다면 통행지소유자가 주위토지통행권자에 대하여 주위토지통행권이 미치는 범위 내의 통로부분의 인도를 구하거나 그 통로에 설치된 시설물의 철거를 구할 수 없다(대판 2003. 8. 19. 2002다53469).

또 확정판결이나 화해조서 등에 의하여 특정의 구체적 구역이 위 요건에 맞는 통행로로 인정되었더라도 그 이후 그 전제가 되는 포위된 토지나 주위토지 등의 현황이나 구체적 이용상황에 변동이 생긴 경우에는 민법 제219조의 입법취지나 신의성실의 원칙 등에 비추어 구체적 상황에 맞게 통행로를 변경할 수 있는 것이다(대판 2004. 5. 13. 2004다10268).

또 주위가 모두 다른 사람 소유의 토지로 둘러싸여 도로에 접하는 부분이 전혀 없는 이른바 맹지는 건축법상의 건축허가를 할 수 없는 토지이므로 (구) 택지소유상한에 관한 법률 제20조 제1항 제3호 소정의 "건축법에 의하여 주택의 건축이 금지된 나대지"에 해당하여 택지초과소유부담금 부과대상에서 제외된다.

또 건축법에 건축과 관련하여 도로에 관한 폭 등의 제한규정이 있다 하더라도 이는 건물 신축이나 증·개축 허가시 그와 같은 범위의 도로가 필요하다는 행정법규에 불과할 뿐 위 규정만으로 당연히 포위된 토지 소유자에게 그 반사적 이익으로서 건축법에서 정하는 도로의 폭이나 면적 등과 일치하는 주위토지통행권이 바로 생긴다고 할 수 없다(대판 1994. 2. 25. 93누20498).

3) 주위토지통행권자의 토지 인도청구 인정 여부

다른 사람의 소유토지에 대하여 상린관계로 인한 통행권을 가지고 있는 사람은 그 통행권의 범위 내에서 그 토지를 사용할 수 있을 뿐이고 그 통행지에 대한 통행지 소유자의 점유를 배제할 권능까지 있는 것은 아니다. 그러므로 그 통행지 소유자는 그 통행지를 전적으로 점유하고 있는 주위토지통행권자에 대하여 그 통행지의 인도를 구할 수 있다고 할 것이나, 주위토지통행권자는 필요한 경우에는 통행지상에 통로를 개설할 수 있으므로, 모래를 깔거나, 돌계단을 조성하거나, 장해가 되는 나무를 제거하는 등의 방법으로 통로를 개설할 수 있으며 통행지 소유자의 이익을 해하지 않는다면 통로를 포장하는 것도 허용된다고 할 것이다. 또한 주위토지통행권자가 통로를 개설하였다고 하더라도 그 통로에 대하여 통행지 소유자의 점유를 배제할 정도의 배타적인 점유를 하고 있지 않다면 통행지 소유자가 주위토지통행권자에 대하여 주위토지통행권이 미치는 범위 내의 통로 부분의 인도를 구하거나 그 통로에 설치된 시설물의 철거를 구할 수 없다(대판 2003. 8. 19. 2002다53469).

(2) 분할, 일부양도와 무상의 주위통행권

원래 공로로 통하고 있던 토지가 분할 또는 토지의 일부양도로 인하여 공로에 통하지 못하는 토지가 있는 때에는 그 토지소유자는 공로에 출입하기 위하여 다른 분할자 또는 양도인의 토지를 통행할 수 있다. 이 경우에는 보상의 의무가 없다(220조).

위의 무상주위통행권에 관한 위 규정은 토지의 직접 분할자 또는 일부 양도의 당사자 사이에만 적용되고 포위된 토지 또는 피통행지의 특정승계인에게는 적용되지 않는다. 따라서 위 법리는 분할자 또는 일부 양도의 당사자가 무상주위통행권에 기하여 이미 통로를 개설해 놓은 다음 특정승계가 이루어진 경우에도 적용되지 않는다(대판 2002. 5. 31. 2002다9202).

또 일단의 토지를 형성하고 있는 동일인 소유의 수필의 토지 중 일부가 양도된 경우, 일부양도 전의 양도인 소유의 종전 토지에 대하여 무상의 주위토지통행권이 인정되는 이상 제3자 소유의 토지에 대하여는 민법 제219조에 따른 주위토지통행권은 주장할 수 없다(대판 2005. 3. 10. 2004다65589).

관련판례

그 밖의 주위토지통행권

① 통상 주위토지통행권에 관한 분쟁은 통행권자와 피통행지의 소유자 사이에 발생하나, 피통행지의 소유자 이외의 제3자가 일정한 지위나 이해관계에서 통행권을 부인하고 그 행사를 방해할 때에는 그 제3자를 상대로 통행권의 확인 및 방해금지 청구를 하는 것이 통행권자의 지위나 권리를 보전하는 데에 유효·적절한 수단이 될 수 있다(대판 2005. 7. 14. 2003다18661).

② 민법 제219조에 규정된 주위토지통행권은 공로와의 사이에 그 용도에 필요한 통로가 없는 토지의 이용이라는 공익목적을 위하여 피통행지 소유자의 손해를 무릅쓰고 특별히 인정되는 것이므로, 그 통행로의 폭이나 위치 등을 정함에 있어서는 피통행지의 소유자에게 가장 손해가 적게 되는 방법이 고려되어야 할 것이고, 어느 정도를 필요한 범위로 볼 것인가는 구체적인 사안에서 사회통념에 따라 쌍방 토지의 지형적·위치적 형상 및 이용관계, 부근의 지리상황, 상린지 이용자의 이해득실 기타 제반 사정을 기초로 판단하여야 한다(대판 2005. 7. 14. 2003다18661).

③ 아파트 단지 내 기존 통행로는 아스팔트가 포장되어 있어 차량 통행로로 사용되고 있기는 하지만 아파트 주민들의 전체 주거공간이므로, 공로로 통할 수 있는

인접한 녹지가 있는 이상 통행로 개설 비용이 들더라도 인접 녹지를 통하여 공로로 나가는 것이 아파트 단지 내의 주거의 평온과 안전에 대한 침해를 최소화하는 것이다(대판 2005. 7. 14. 2003다18661).

④ 주위토지통행권은 통행을 위한 지역권과는 달리 그 통행로가 항상 특정한 장소로 고정되어 있는 것은 아니고, 주위토지통행권확인청구는 변론종결시에 있어서의 민법 제219조에 정해진 요건에 해당하는 토지가 어느 토지인가를 확정하는 것이므로, 주위토지 소유자가 그 용법에 따라 기존 통행로로 이용되던 토지의 사용방법을 바꾸었을 때에는 대지 소유자는 그 주위토지 소유자를 위하여 보다 손해가 적은 다른 장소로 옮겨 통행할 수밖에 없는 경우도 있다(대판 2009. 6. 11. 2008다75300·75317·75324).

⑤ 주위토지통행권은 공로와의 사이에 그 용도에 필요한 통로가 없는 토지의 이용이라는 공익목적을 위하여 피통행지 소유자의 손해를 무릅쓰고 특별히 인정되는 것이므로, 그 통행로의 폭이나 위치 등을 정함에 있어서는 피통행지의 소유자에게 가장 손해가 적게 되는 방법이 고려되어야 하고, 어느 정도를 필요한 범위로 볼 것인가는 구체적인 사안에서 사회통념에 따라 쌍방 토지의 지형적·위치적 형상과 이용관계, 부근의 지리상황, 상린지 이용자의 이해득실 기타 제반 사정을 기초로 판단하여야 한다. 한편, 주거는 사람의 사적인 생활공간이자 평온한 휴식처로서 인간생활에서 가장 중요한 장소라고 아니할 수 없어 우리 헌법도 주거의 자유를 보장하고 있는바, 주위토지통행권을 행사함에 있어서도 이러한 주거의 자유와 평온 및 안전을 침해하여서는 아니 된다(대판 2009. 6. 11. 2008다75300·75317·75324).

⑥ 인접 토지의 일부를 통행로로 이용하던 중 그 토지 위에 연립주택이 건축된 사안에서, 연립주택 단지 내 기존 통행로는 연립주택 주민들 전체의 주거공간이므로, 공로로 통할 수 있는 다른 인접 토지가 있다면 별도의 통행로를 개설하는 비용이 들더라도 그 인접 토지를 통하여 공로로 나가는 것이 연립주택 단지 내의 주거의 평온과 안전에 대한 침해를 최소화할 수 있다(대판 2009. 6. 11. 2008다75300·75317·75324).

⑦ 주위토지통행권은 공로와 사이에 토지의 용도에 필요한 통로가 없는 경우에

피통행지 소유자의 손해를 무릅쓰고 특별히 인정하는 것이므로, 통행로의 폭이나 위치, 통행방법 등은 피통행지 소유자에게 손해가 가장 적게 되도록 하여야 하고, 이는 구체적 사안에서 쌍방 토지의 지형적·위치적 형상과 이용관계, 부근의 지리 상황, 인접 토지 이용자의 이해관계 기타 관련 사정을 두루 살펴 사회통념에 따라 판단하여야 한다. 그리고 주위토지통행권이 인정된다고 하더라도 통로를 상시적으로 개방하여 제한 없이 이용할 수 있도록 하거나 피통행지 소유자의 관리권이 배제되어야만 하는 것은 아니므로, 쌍방 토지의 용도 및 이용 상황, 통행로 이용의 목적 등에 비추어 토지의 용도에 적합한 범위에서 통행 시기나 횟수, 통행방법 등을 제한하여 인정할 수도 있다(대판 2017. 1. 12. 2016다39422).

8. 물에 관한 상린관계

(1) 배수(排水)에 관한 상린관계

1) 승수의무와 자연적 배수

토지소유자는 이웃토지로부터 빗물 등 자연히 흘러오는 물을 막지 못한다. 이를 승수의무(承水義務)라고 한다. 또 고지소유자는 이웃저지에 자연히 흘러내리는 이웃저지에서 필요한 물을 자기의 정당한 사용범위를 넘어서 이를 막지 못한다(221조).

또 흐르는 물이 저지에서 막힌 때에는 고지소유자는 자기의 비용으로 소통에 필요한 공사를 할 수 있다. 이 경우에 비용부담에 관한 다른 관습이 있으면 그 관습에 의한다(227조).

2) 인공적 배수권

인공적 배수(人工的 排水)를 위하여 타인의 토지를 사용하는 것은 원칙적으로 금지되나, 일정한 경우에는 예외적으로 인정된다.

가) 저수 등을 위한 공작물에 대한 공사청구권

토지소유자가 저수(貯水), 배수(排水) 또는 인수(引水)하기 위하여 공작물을 설치한 경우에 공작물의 파손 또는 막힘으로 타인의 토지에 손해를 가하거나 가할 염려가 있는 때에는 타인은 그 공작물의 보수, 막힘의 소통 또는 예방에 필요한 청구를 할 수 있다(223조).

위의 경우 공작물을 설치한 자가 비용을 부담하나, 비용부담에 관하여 다른 관습이 있으면 그 관습에 의한다(224조).

나) 처마물에 대한 시설의무

토지소유자는 처마물이 이웃에 직접 낙하하지 아니하도록 적당한 시설을 하여야 한다(225조).

다) 여수소통권

고지소유자는 침수지를 건조하기 위하여 또는 가용이나 농, 공업용의 여수를 소통하기 위하여 공로, 공류 또는 하수도에 달하기까지 저지에 물을 통과하게 할 수 있다(226조 1항). 이를 여수소통권(餘水疏通權)이라고 한다.

위의 여수소통권 규정은 고지소유자에게 여수소통을 위하여 공로, 공류 또는 하수도에 달하기까지의 저지에 물을 소통할 권리를 인정하면서 동시에 고지소유자에게 그에 따른 저지소유자의 손해를 보상할 의무가 있음을 정하고 있는 규정이다. 그러므로 그 규정이 적용되기 위하여서는 고지소유자가 여수소통을 위하여 저지소유자의 토지를 통과하여 사용할 것이 요구된다(대판 2003. 4. 11. 2000다11645).

위의 경우에는 저지의 손해가 가장 적은 장소와 방법을 선택하여야 하며 손해를 보상하여야 한다(226조 2항).

라) 유수용공작물의 사용권

토지소유자는 그 소유지의 물을 소통하기 위하여 이웃토지소유자의 시설한 공작물을 사용할 수 있다(227조 1항). 위의 규정은 토지소유자가 소유지 상의 물을 소통하기 위하여 이웃 토지소유자 시설의 공작물을 사용할 수 있고 그 경우 토지소유자는 이웃 토지소유자에 대하여 그 이익을 받는 비율로 공작물의 설치보존비용을 분담하여야 한다는 규정이다.

여기서 말하는 공작물의 시설자는 이웃 토지소유자로 한정되지는 않으나 단순히 공작물을 시설한 것만으로는 부족하고 이에 대한 정당한 권리를 갖는 자를 의미한다(대판 2003. 4. 1. 2000다11645).

위의 공작물을 사용하는 자는 그 이익을 받는 비율로 공작물의 설치와 보존의 비용을 분담하여야 한다(227조 2항).

(2) 여수급여청구권(228조)

토지소유자는 과다한 비용이나 노력을 요하지 아니하고는 가용이나 토지이용에 필요한 물을 얻기 곤란한 때에는 이웃토지소유자에게 보상하고 여수의 급여를 청구할 수 있다(228조). 이를 여수급여청구권(餘水給與請求權)이라고 한다.

(3) 유수(流水)에 관한 상린관계

1) 수류(水流)의 변경과 제한

도랑 그 밖의 수류지의 소유자는 대안(對岸)의 토지가 타인의 소유인 때에는 그 수로나 수류의 폭을 변경하지 못한다. 또 양안(兩岸)의 토지가 수류지소유자의 소유인 때에는 소유자는 수로와 수류의 폭을 변경할 수 있다. 그러나 하류는 자연의 수로와 일치하도록 하여야 한다(229조 1항 및 2항).

위의 수류(水流)의 변경과 제한의 규정과 다른 관습이 있으면 그 관습에 의한다(229조 3항).

2) 언(堰 : 둑)의 설치, 이용권

수류지의 소유자가 둑을 설치할 필요가 있는 때에는 그 둑을 대안에 접촉하게 할 수 있다. 그러나 이로 인한 손해를 보상하여야 한다(230조 1항).

대안의 소유자는 수류지의 일부가 자기 소유인 때에는 그 둑을 사용할 수 있다. 그러나 그 이익을 받는 비율로 둑의 설치, 보존의 비용을 분담하여야 한다(230조 2항).

(4) 용 수 권

1) 용수권의 의의와 성질

용수권(用水權)은 물에 관한 이용관계를 조절하기 위하여 민법 제231조 내지 제236조에서 규정하고 있는 공유하천용수권과 원천 및·수도 등의 용수권을 일컫는다.

용수권의 법적 성질에 대해서는, 일종의 물권으로 파악하는 견해(고상룡 260면, 이영준 470면)와 상린권의 일종으로 이해하는 견해(곽윤직 186면, 송덕수 289면)가 서로 대립하고 있다.

또 판례는, 이를 관습법상의 독립한 물권으로 파악하면서 기존의 용수권에 대한 우선보호를 인정하고 있다(대판 1983. 3. 8. 80다2658).

요컨대 민법은 용수권에 대해서 물에 관한 이용관계를 조절하기 위한 상린관계로서 규정하고 있고, 또 용수권은 배타성이 인정되는 물권이라기보다는 용수관계를 합리적으로 조절하기 위한 부동산소유권의 권능이므로 상린권으로 이해하는 것이 타당할 것이다.

2) 공유하천용수권

가) 공유하천용수권

공유하천의 연안에서 농, 공업을 경영하는 자는 이에 이용하기 위하여 타인의 용수를 방해하지 아니하는 범위 내에서 필요한 인수를 할 수 있고, 위의 인수를 하기 위하여 필요한 공작물을 설치할 수 있다(231조 1항 및 2항).

공유하천용수권에 대한 위의 규정과 다른 관습이 있으면 그 관습에 의한다(234조 3항).

나) 하류연안의 용수권보호

공유하천용수권에 관한 제231조의 인수나 공작물로 인하여 하류연안의 용수권을 방해하는 때에는 그 용수권자는 방해의 제거 및 손해의 배상을 청구할 수 있다(232조).

하류연안의 용수권보호에 대한 위의 규정과 다른 관습이 있으면 그 관습에 의한다(234조).

다) 용수권의 승계

농, 공업의 경영에 이용하는 수로 그 밖에 공작물의 소유자나 몽리자의 특별승계인은 그 용수에 관한 전소유자나 몽리자의 권리의무를 승계한다(233조).

용수권의 승계 대한 위의 규정과 다른 관습이 있으면 그 관습에 의한다(234조).

3) 공용수의 용수권과 용수 장해

가) 공용수의 용수권

상린자는 그 공용에 속하는 원천이나 수도를 각 수요의 정도에 응하여 타인의 용수를 방해하지 아니하는 범위 안에서 각각 용수할 권리가 있다(235조).

나) 용수장해의 공사와 손해배상, 원상회복

필요한 용도나 수익이 있는 원천이나 수도가 타인의 건축 기타 공사로 인하여 단수, 감수 그 밖의 용도에 장해가 생긴 때에는 용수권자는 손해배상을 청구할 수 있다(236조 1항).

위의 공사로 인하여 음료수 그 밖의 생활상 필요한 용수에 장해가 있을 때에는 원상회복을 청구할 수 있다(236조 2항).

관련판례

기존 용수권의 보호

① 공유하천에 보를 설치하여 그 지역의 경작자들이 위 보로부터 인수하여 답을 경작하여 온 관행이 있었다면 그 농지의 소유자는 농지의 관개에 필요한 한도 내에서 용수권이 있다 할 것이다(대판 1977. 7. 12. 76다527).

② 기존의 염전에 인접하여 그 보다 낮은 지대에 새 염전을 개설하려는 자는 기존염전의 소유자 또는 경영자와의 사이에 약정 등 특별한 사정이 없는 한 기존염전의 염제조를 위한 기득의 해수용수권을 침해하지 아니하는 방법으로 새 염전을 설치, 경영하여야 하고, 기존염전의 소유자 또는 경영자가 종전의 방법으로 해수를 인수 또는 배수함으로써 새 염전에 침해를 주었다 하더라도 그것이 기존염전의 염제조에 필요한 통상적인 용수권의 행사로서 다년간 관행되어 온 종전의 방법과 범위를 초과하지 않는 것이라면 새 염전의 개설 경영자는 이를 수인할 의무가 있다(대판 1983. 3. 8. 80다2658).

③ 기득의 용수권의 범위내의 인수행위는 정당한 권리의 행사로서 위법성이 있을 수 없고, 그 과정에서 비록 타인이 손해를 받게 될 우려가 있다 하더라도 이를

예방하는 일은 그 타인의 일일뿐 아니라 설사 그 타인이 손해를 보았다 하더라도 용수권자에게 그 손해의 배상을 구할 수 없다(대판 1983. 3. 8. 80다2658).

9. 경계에 관한 상린관계

(1) 경계표, 담의 설치권

인접하여 토지를 소유한 자는 공동비용으로 통상의 경계표나 담을 설치할 수 있다. 이 경우 비용은 쌍방이 절반하여 부담하는 것이 원칙이나, 측량비용은 토지의 면적에 비례하여 부담한다(237조 1항, 2항).

경계표나 담의 설치비용의 부담에 관한 위의 규정과 다른 관습이 있으면 그 관습에 의한다(237조 3항).

(2) 담의 특수시설권

인지소유자(隣地所有者)는 자기의 비용으로 담의 재료를 통상보다 양호한 것으로 할 수 있으며 그 높이를 통상 보다 높게 할 수 있고 또는 방화벽 기타 특수시설을 할 수 있다(238조).

(3) 경계표 등의 공유추정

경계에 설치된 경계표, 담, 구거(溝渠 : 도랑) 등은 인접한 토지소유자들인 상린자(相隣者)의 공유로 추정한다. 그러나 경계표, 담, 도랑 등이 상린자 일방의 단독비용으로 설치되었거나 담이 건물의 일부인 경우에는 그러하지 아니하다(239조).

(4) 경계를 넘은 수지·목근의 제거

경계를 넘은 인접지의 목근(木根 : 나무뿌리)은 인접소유자가 청구 없이 임의로 제거할 수 있다. 그러나 수지(樹枝 : 수목의 가지)는 그 소유자에 대하여 일단 제거청구하고, 이에 응하지 않으면 청구자가 그 가지를 비로소 제거할 수 있다(240조).

(5) 토지심굴금지

토지소유자는 인접지의 지반이 붕괴할 정도로 자기의 토지를 깊게 파는 것인 심굴(深掘)을 하지 못한다. 그러나 충분한 방어공사를 한 때에는 그러하지 아니하다(241조).

(6) 경계선 부근의 건축제한

건물을 축조함에는 특별한 관습이 없으면 경계로부터 반 미터 이상의 거리를 두어야 한다(242조 1항). 여기서 건물을 축조하면서 특별한 관습이 없으면 경계로부터 반 미터 이상의 거리를 두어야 한다고 규정한 것은 서로 인접한 대지에 건물을 축조하는 경우에 각 건물의 통풍이나 채광 또는 재해방지 등을 꾀하려는 취지이므로, '경계로부터 반 미터'는 경계로부터 건물의 가장 돌출된 부분까지의 거리를 말한다(대판 2011. 7. 28. 2010다108883).

위에 위반시 인접지 소유자는 위반자에 대하여 건물의 변경이나 철거를 청구할 수 있으나, 건축에 착수한 후 1년을 경과하거나 건물이 완성한 후에는 손해배상만을 청구할 수 있다(242조 2항).

관련판례

경계선 부근의 건축 제한

민법 제242조 제1항에서 정한 이격거리를 위반한 경우라도 건축에 착수한 후 1년을 경과하거나 건물이 완성된 후에는 손해배상만을 청구할 수 있을 뿐 건물의 변경이나 철거를 청구할 수 없는데(제242조 제2항), 여기에서 '건축의 착수'는 인접지의 소유자가 객관적으로 건축공사가 개시되었음을 인식할 수 있는 상태에 이른 것을 말하고, '건물의 완성'은 사회통념상 독립한 건물로 인정될 수 있는 정도로 건축된 것을 말하며, 그것이 건축 관계 법령에 따른 건축허가나 착공신고 또는 사용승인 등 적법한 절차를 거친 것인지는 문제되지 아니한다(대판 2011. 7. 28.

2010다108883).

(7) 차면시설의무

경계선에서 2미터 이내의 거리에서 이웃 주택이 내부를 들여다 볼 수 있는 마루를 설지하는 경우에는 적당한 차면시설(가리개)을 하여야 한다(243조).

(8) 지하시설 등에 대한 제한

우물을 파거나 용수·하수 또는 오물 등을 처리할 지하시설을 하는 때에는 경계로부터 2미터 이상의 거리를 두어야 하며, 저수지·도랑·지하실 등의 공사에는 경계로부터 그 깊이의 반 이상의 거리를 두어야 한다(244조 1항).

위의 공사를 할 때에는 토사가 붕괴하거나 하수 또는 더러운 물인 오액(汚液)이 이웃에 흐르지 아니하도록 적당한 조처를 하여야 한다(244조 2항).

Ⅳ. 집합건물의 소유 및 관리에 관한 법률의 주요내용

1. 서 설

(1) 목 적

집합건물의 소유와 관리에 관한 법률(이하 '집합건물법'이라 약칭함)은 건물의 구분소유(區分所有)에 관한 민법 제215조에 대한 특례를 규정하기 위해서 1984년 4월 10일 법률 제3725호로 제정되었다. 집합건물법은 오늘날 아파트 등의 대단위 고층 집합건문의 구분소유와 관리를 둘러싸고 일어나는 법률관계를 합리적으로 규율하기 위한 특례규정을 두고 있으며, 다음에서는 위 법의 주요내용을 살펴본다.

(2) 집합건물법의 지위

1) 특 별 법

집합건물법은 민법(215조)의 특별법이다.

2) 단체법적 성격

집합건물법은 공용부분 등에서 단체의 이익을 규율하므로, 단체법적 성격을 가진다.

3) 상린관계 규정의 성격

집합건물법은 건물의 구분소유(215조)에 관한 특별법적 성격을 띠므로, 상린관계규정의 성격을 띤다. 따라서 집합건물법에 별도의 규정이 없으면, 이에 관한 법률관계는 민법 제215조 등의 민법규정에 의한다.

4) 공동소유법리의 적용

집합건물법은 공용부분 등의 법적 취급과 관련하여 공동소유법리가 적용된다. 따라서 집합건물의 공용부분에 대한 분할 여부는 민법 제268조 제3항 및 제215조가 적용되어 분할이 금지되며, 분할의 특약도 무효로 다루어지게 된다.

(3) 기본용어(동법 2조)

1) 건물의 구분소유권

이는 전유부분을 목적으로 한 소유권을 말한다(동법 2조 1호).

2) 구분소유자

이는 구분소유권을 가지는 자를 말한다(동법 2조 2호).

3) 전유부분

이는 구분소유권의 목적인 건물부분을 말한다(동법 2조 3호).

여기서 집합건물의 어느 부분이 전유부분인지 공용부분인지 여부는 구분소유가 성립한 시점, 즉 원칙적으로 건물 전체가 완성되어 당해 건물에 관한 건축물대장에 구분건물로 등록된 시점을 기준으로 판단하여야 하고, 그 후의 건물 개조나 이용상황의 변화 등은 전유부분인지 공용부분인지 여부에 영향을 미칠 수 없다(대판 1999. 9. 17. 99다1345).

4) 공용부분

이는 전유부분 외의 건물부분을 말한다. 즉, 전유부분에 속하지 아니한 건물의 부속물 및 규약(공정증서)에 의하여 공용부분으로 된 부속의 건물이 공용부분이다(동법 2조 4호).

5) 건물의 대지

이는 전유부분이 속하는 1동의 건물이 소재하는 토지 및 규약에 의하여 건물의 대지로 된 토시를 말한다(동법 2조 5호).

6) 대지사용권

이는 구분소유자가 전유부분을 소유하기 위하여 건물의 대지에 대하여 가지는 권리를 말한다(동법 2조 6호).

2. 구분소유권

(1) 의 의

구분소유권(區分所有權)은 전유부분을 목적으로 하는 소유권을 말한다(집합건물법 1조).

(2) 구분소유권의 객체 및 특질

1) 객 체

구분소유권은 전유부분(專有部分)을 목적으로 하는 소유권이므로, 그 객체는 전유부분이다. 여기서 1동의 건물의 일부분이 전유부분이 되기 위하여서는 그 건물부분이 구조상 및 기능상(이용상) 독립되어 있어야 하며, 구분을 표시하는 구분소유권의 등기를 하여야 한다(동법 1조).

그러므로 구분소유권의 등기를 하지 않으면 구분소유권은 성립하지 않는다.

가) 구조상의 독립성

소유권의 객체로서 독립한(배타적) 물적 지배를 하기 위한 전제로서, 전유부분이 벽·천장·바닥·창 등에 의하여 별도의 독립된 구조와 확실한 경계를 가지고 있는 것을 말한다.

여기서 구조상의 독립성은 주로 소유권의 목적이 되는 객체에 대한 물적 지배의 범위를 명확히 할 필요성 때문에 요구된다고 할 것이므로 구조상의 구분에 의하여 구분소유권의 객체 범위를 확정할 수 없는 경우에는 구조상의 독립성이 있다고 할 수 없다. 따라서 구분소유권의 객체로서 적합한 물리적 요건을 갖추지 못한 건물의 일부는 그에 관한 구분소유권이 성립될 수 없다.

나) 기능상의 독립성

기능상의 독립성은 전유부분이 독립된 출구를 가지고 외부와 통할 수 있는 독립적인 직접 통행성을 갖는 것을 말한다.

관련판례

구분소유권의 객체

① 1동의 건물의 일부분이 구분소유권의 객체가 될 수 있으려면 그 부분이 구조상으로나 이용상으로 다른 부분과 구분되는 독립성이 있어야 하고, 그 이용 상황 내지 이용 형태에 따라 구조상의 독립성 판단의 엄격성에 차이가 있을 수 있으나, 구조상의 독립성은 주로 소유권의 목적이 되는 객체에 대한 물적 지배의 범위를 명확히 할 필요성 때문에 요구된다고 할 것이므로 구조상의 구분에 의하여 구분소유권의 객체 범위를 확정할 수 없는 경우에는 구조상의 독립성이 있다고 할 수 없다. 그리고 구분소유권의 객체로서 적합한 물리적 요건을 갖추지 못한 건물의 일부는 그에 관한 구분소유권이 성립될 수 없는 것이어서, 건축물관리대장상 독립한 별개의 구분건물로 등재되고 등기부상에도 구분소유권의 목적으로 등기되어 있어 이러한 등기에 기초하여 경매절차가 진행되어 이를 낙찰받았다고 하더라도, 그 등기는 그 자체로 무효이므로 낙찰자는 그 소유권을 취득할 수 없다(대판 1999. 11. 9. 99다46096; 대결 2008. 9. 11. 2008마696).

② 1동 건물의 구분된 각 부분이 구조상·이용상 독립성을 가지는 경우 각 부분을 구분건물로 할지 1동 전체를 1개의 건물로 할지는 소유자의 의사에 의하여 자유롭게 결정할 수 있는 점에 비추어 보면, 구분건물이 물리적으로 완성되기 전에 분양계약 등을 통하여 장래 신축되는 건물을 구분건물로 하겠다는 구분의사를 표시함으로써 구분행위를 한 다음 1동의 건물 및 구분행위에 상응하는 구분건

물이 객관적·물리적으로 완성되면 그 시점에서 구분소유가 성립하지만, 이후 소유권자가 분양계약을 전부 해지하고 1동 건물의 전체를 1개의 건물로 소유권보존등기를 마쳤다면 이는 구분폐지행위를 한 것으로서 구분소유권은 소멸한다. 그리고 이러한 법리는 구분폐지가 있기 전에 개개의 구분건물에 대하여 유치권이 성립한 경우라 하여 달리 볼 것은 아니다(대판 2016. 1. 14. 2013다219142).

2) 특 질

구분소유권도 상린관계의 대상이 되는 인접하는 부동산소유권의 한 모습이므로, 상린관계에 관한 민법의 규정이 적용된다.

(3) 상가건물의 구분소유

1) 상가건물의 구분소유 규정의 입법취지

'상가건물의 구분소유'의 규정은, 2003년 집합건물법의 개정(2003. 7. 13. 법률 6925호)에 의하여 새롭게 신설되었다(동법 1조의2). 위 규정의 신설은, 상가 등의 집합건물안의 구분된 점포 등은 독립하여 거래되고 있는 것이 사회적 현실임에도 현행법상 구분소유권의 목정이 되지 아니하고 전체 건물에 대한 지분등기만이 허용되고 있어 집합건물 안 점포 소유자의 소유권 행사 등에 제약요인이 되고 있는 점이 고려된다. 이는 상가 등의 집합건물 안의 구분된 점포가 일정한 요건을 갖춘 경우 구분소유권의 대상이 되게 하고, 이를 통하여 부동산등기법에 의한 단독소유 형태의 소유권등기가 가능하도록 하려는 것이다.

2) 구분점포의 요건

위 규정에 의하면 다음 각 호에 해당하는 방식으로 수개의 건물부분이 이용상 구분된 경우에 그 건물부분(구분점포)은 이 법이 정하는 바에 따라 각각 소유권의 목적으로 할 수 있다(동법 1조의2 1항).

가) 구분점포의 용도가 건축법 제2조 제2항 제7호의 판매 및 영업시설일 것

나) 1동의 건물 중 구분점포를 포함한 제1호의 판매 및 영업시설 용도에 해당하는 바닥면적의 합계가 1천㎡ 이상일 것

다) 경계를 명확하게 식별할 수 있는 표지를 바닥에 견고하게 설치할 것
라) 구분점포별로 부여된 건물번호표지를 견고하게 부착할 것

3) 경계표지 및 건물번호표지와 대통령령

위의 요건 중 경계표지 및 건물번호표지에 관하여 필요한 사항은 대통령령으로 정한다(동법 1조의2 2항). 이에 따라 상가건물의 구분점포별 경계표지 및 건물번호표지의 제작 및 설치에 관하여 필요한 사항에 대해서 집합건물법 시행령은 경계표지(경계표지의 재료의 색이 건물바닥의 색과 명확히 구분되도록 하여 너비 3㎝ 이상으로 설치) 및 건물번호표지(구분점포 내 바닥이 잘 보이는 곳에 가로 5㎝ 이상, 세로 10㎝ 이상으로 설치)에 관한 구체적 기준을 정하고 있다(동법 시행령 2조, 3조).

관련판례

상가건물의 구분소유

① 건물의 구조가 철근콘크리트 외벽에 반달형의 패널 지붕이 덮혀 있고 내부는 바닥만이 콘크리트로 포장되어 있을 뿐 각 점포의 경계나 특정을 위한 칸막이나 차단시설 등이 설치되어 있지 않고 다만 바닥에 페인트로 선을 그어 장방형으로 된 500개의 점포와 통로로 구획되어 있다면, 이 건물이 어시장으로 사용되고 있다는 이용상의 특성을 감안하여도 각 점포가 구조상의 독립성을 갖추었다고 볼 수 없고, 그 밖에 각 점포주들이 그 경계선상에 드럼통을 쌓는 등으로 경계를 확실히 하여 이를 각 배타적으로 사용하고 있다거나 각점포가 등기부상으로도 구분된 개개의 소유권의 객체로 등재되어 있으며 시장부지의 공유지분권과는 별개로 독립하여 거래되어 왔다는 사정이 있다 하더라도 각 점포를 독립한 소유권의 객체로 인정할 수 없다(대판 1995. 6. 9. 94다40239).

② 신축건물의 보존등기를 건물 완성 전에 하였더라도 그 후 건물이 완성된 이상 등기를 무효라고 볼 수 없다. 이러한 법리는 1동 건물의 일부분이 구분소유권의 객체로서 적합한 구조상 독립성을 갖추지 못한 상태에서 구분소유권의 목적으로

등기되고 이에 기초하여 근저당권설정등기나 소유권이전등기 등이 순차로 마쳐진 다음 집합건물의 소유 및 관리에 관한 법률 제1조의2, '집합건물의 소유 및 관리에 관한 법률 제1조의2 제1항의 경계표지 및 건물번호표지에 관한 규정'에 따라 경계를 명확하게 식별할 수 있는 표지가 바닥에 견고하게 설치되고 구분점포별로 부여된 건물번호표지도 견고하게 부착되는 등으로 구분소유권의 객체가 된 경우에도 마찬가지이다(대판 2016. 1. 28. 2013다59876).

3. 공용부분

(1) 의 의

공용부분(共用部分)은 전유부분 이외의 집합건물의 건물부분을 말한다.

여기서 집합건물에 있어서 수개의 전유부분으로 통하는 복도, 계단 기타 구조상 구분소유자의 전원 또는 그 일부의 공용에 제공되는 건물부분은 공용부분으로서 구분소유권의 목적이 되지 않는 경우에, 건물의 어느 부분이 구분소유자의 전원 또는 일부의 공용에 제공되는지의 여부는 소유자들 간에 특단의 합의가 없는 한 그 건물의 구조에 따른 객관적인 용도에 의하여 결정되어야 한(대판 1995. 2. 28. 94다9269; 동 2008. 6. 26. 2007다90241).

또 상가건물 전체와 그 1층 부분의 구조, 외관, 용도 등에 비추어 그 상가건물 1층 소재 점포 내 벽체 중 건물 내 복도 부분과 접해 있던 유리 벽체 부분이 위 점포의 전유부분이지 공용부분이 아니다(대판 2008. 6. 26. 2007다90241).

(2) 분 류

1) 법정공용부분

전유부분에 속하지 아니한 건물의 부속물(附屬物, 예컨대 통로·복도·계단·엘리베이터·출입구·보일러실·소방설비 등 성질상 당연히 공용부분이 되는 것)을 말한다(동법 2조 4호).

2) 규약공용부분

규약(또는 공정증서)에 의하여 공용부분으로 된 부속의 건물(예컨대 관리인실·집회실·별도의 창고 등 규약에 의하여 비로소 공용부분이 되는 것)을 말한다(동법 2조 4호).

3) 공용부분에 대한 법률관계

가) 공용부분의 귀속과 처분성 여부

① 귀속과 지분

공용부분은 구분소유자 전원의 공유에 속하며, 일부공용부분(일부의 구분소유자만의 공용에 제공되는 것임이 명백한 공용부분)은 그들 구분 소유자의 공유(共有)에 속한다(동법 10조). 이 경우 각 공유자의 지분은 그가 가지는 전유부분의 면적비율에 의한다(동법 12조). 따라서 구분소유자의 공용부분에 대한 지분은 균등이 아니다.

② 지분의 처분성 여부

공유자의 공용부분에 대한 지분은 그가 가지는 전유부분의 처분에 수반한다(동법 13조 1항, 2항). 따라서 각 구분소유자는 그에 대한 지분을 전유부분과 분리하여 처분하지 못한다.

③ 공용부분에 대한 물권의 득실변경

이는, 등기를 요하지 않는다(동법 13조 3항).

나) 공용부분의 사용권

각 공유자는 그 용도(用途)에 따라 공용부분에 대한 사용권을 갖는다(동법 11조). 따라서 각 공유자는 공용부분을 '자기의 필요'에 따라 사용하는 것이 아니다. 또 각 공유자는 공용부분을 '자기의 지분비율'에 따라 사용하는 것이 아니다.

다) 공용부분의 부담·수익, 채권의 효력

각 공유자는 규약에 달리 정함이 없는 한 그 지분의 비율에 따라 공용부분의 관리비용 그 밖의 의무를 부담하며, 공용부분에서 생기는 수익을 취득한다(동법 17조).

공유자가 공용부분에 관하여 다른 공유자에 대하여 가지는 채권은 그 특별승계인에 대하여서도 행사할 수 있다(동법 18조).

이와 관련해서 판례는, 공유자가 공용부분에 관하여 다른 공유자에게 가지는 채권은 그 특별승계인에 대하여서도 행사할 수 있으므로, 아파트 체납관리비 중 전유부분을 제외한 '공용부분에 대한 관리비'는 특별승계인인 경락인에게 승계된다는 입장을 취하고 있다.

라) 공용부분의 변경(동법 15조)

① 구분소유자 및 의결권의 3/4 이상의 결의에 의한다.

② 이 경우, 변경에 영향을 미치는 구분소유자가 있는 경우에는, 그의 승낙(동의)을 얻어야 한다.

③ 그러나 공용부분의 변경에 관련한 것이더라도 공용부분의 개량을 위한 것으로서 과다한 비용이 드는 것이 아닐 경우와 휴양 콘도미니엄업의 운영을 위한 휴양 콘도미니엄의 공용부분 변경에 관한 사항의 경우는 통상의 집회결의 의한다(동법 15조 1항 1호 및 2호 : 2008. 12. 26. 개정).

④ 특히 집합건물법 제15조 제1항 제2호의 규정(휴양 콘도미니엄업의 운영을 위한 휴양 콘도미니엄의 공용부분 변경에 관한 사항의 경우는 통상의 집회결의 의하도록 한 것)은 2008년 12월 26일의 동법 개정에 의하여 새로이 추가된 것이다. 이러한 휴양 콘도미니엄은 일반 주택과 달리 소유권 개념이 약하고 구분소유자들의 참여 또한 낮다. 따라서 집회 개최 또는 서면합의가 어려워 공용부분의 변경이 지체됨에 따라, 휴양 콘도미니엄의 공용부분 변경요건을 구분소유자 및 의결권의 각 4분의 3 이상의 집회결의 또는 각 5분의 4 이상의 서면합의에서 '구분소유자 및 의결권의 각 과반수'의 집회결의 또는 서면합의로 완화하여 휴양 콘도미니엄의 리모델링을 보다 쉽게 하도록 하고 이를 통해 관광산업의 경쟁력 및 콘도 이용객들의 편의를 높이는 데 기여하는 데 그 입법취지가 있다.

마) 공용부분의 관리(동법 15조, 16조)

① 공용부분이 개량에 과다한 비용이 드는 경우를 제외하고는 다수결(통상의 집회결의)에 의한다. 그러나 규약으로 달리 정할 수 있다.

② 이 경우, 보존행위는 각 공유자가 단독으로 할 수 있다. 보존행위의 내용은 통상의 공유관계처럼 사실상의 보존행위 뿐 아니라 지분권에 기한 방해배제청구권과 공유물의 반환청구권도 포함하여 공유자인 구분소유권자가 이를 단독으로 행할 수 있다. 또한 공유자의 위 보존행위의 권한은 관리인의 선임 여부에 관계없

이 이를 행사할 수 있는 것이다(대판 1995. 2. 28. 94다9269).

③ 공용부분의 관리가 다른 구분소유자의 권리에 특별한 영향을 미칠 때에는 구분소유자의 권리에 특별한 영향을 미칠 때에는 그 구분소유자의 승낙을 얻어야 한다.

바) 공용부분의 폐지

① 법정공용부분

성질상 당연히 공용부분이 되는 것이므로, 이를 폐지할 수 없다.

② 규약공용부분

전원의 합의가 있는 경우에는 폐지할 수 있다.

관련판례

공용부분

① 집합건물에 있어서 수개의 전유부분으로 통하는 복도, 계단 기타 구조상 구분소유자의 전원 또는 그 일부의 공용에 제공되는 건물부분은 공용부분으로서 구분소유권의 목적이 되지 않으며, 건물의 어느 부분이 구분소유자의 전원 또는 일부의 공용에 제공되는지의 여부는 소유자들 간에 특단의 합의가 없는 한 그 건물의 구조에 따른 객관적인 용도에 의하여 결정되어야 할 것이다(대판 1995. 2. 28. 94다9269).

② 공유물의 관리에 관한 사항은 공유자의 지분의 과반수로써 결정하고, 공유물의 사용·수익·관리에 관한 공유자 간의 특약은 특정승계인에게도 승계되나, 공유물에 관한 특약이 지분권자로서 사용·수익권을 사실상 포기하는 등으로 공유지분권의 본질적 부분을 침해하는 경우에는 특정승계인이 그러한 사실을 알고도 공유지분권을 취득하였다는 등 특별한 사정이 없는 한 특정승계인에게 당연히 승계된다고 볼 수 없다(대판 2012. 5. 24. 2010다108210).

③ 집합건물의 공용부분 변경에 관한 업무는 구분소유자 전원으로 법률상 당연하게 성립하는 관리단에 귀속되고, 변경에 관한 사항은 관리단집회에서의 구분소유자

및 의결권의 각 4분의 3 이상의 결의[집합건물의 소유 및 관리에 관한 법률(이하 '집합건물법'이라 한다) 제15조 제1항] 또는 구분소유자 및 의결권의 각 5분의 4 이상의 서면이나 전자적 방법 등에 의한 합의(집합건물법 제41조 제1항)로써 결정하는 것이므로, 집합건물의 관리단은 위와 같은 방법에 의한 결정으로 구분소유자들의 비용 부담 아래 공용부분 변경에 관한 업무를 직접 수행할 수 있음은 물론, 타인에게 위임하여 처리할 수 있고, 집합건물이 일정 규모 이상의 공동주택에 해당하여 입주자대표회의가 구성되어 있는 경우라면 입주자대표회의에 위임하여 처리할 수도 있다. 따라서 집합건물의 구분소유자 및 의결권의 각 5분의 4 이상이 난방방식의 변경과 같이 공용부분 변경에 해당하는 공사에 동의한다는 내용의 서면동의서를 입주자대표회의 앞으로 제출하고 이에 따라 입주자대표회의가 업무를 처리한 경우에는 특별한 사정이 없는 한 집합건물의 관리단이 집합건물법 제41조 제1항에서 정한 구분소유자들의 서면동의로써 입주자대표회의에 공용부분 변경에 관한 업무를 포괄적으로 위임한 것으로 보아야 한다(대판 2017. 3. 16. 2015다3570).

집합건물의 체납관리비

① 공유자가 공용부분에 관하여 다른 공유자에게 가지는 채권은 그 특별승계인에 대하여서도 행사할 수 있으므로(집합건물법 18조), 아파트 체납관리비 중 '공용부분에 대한 관리비'는 특별승계인인 경락인에게 승계된다(대판 2001. 9. 20. 2001다8677).

② 집합건물의 소유 및 관리에 관한 법률 제18조에서는 공유자가 공용부분에 관하여 다른 공유자에 대하여 가지는 채권은 그 특별승계인에 대하여도 행사할 수 있다고 규정하고 있는데, 이는 집합건물의 공용부분은 전체 공유자의 이익에 공여하는 것이어서 공동으로 유지·관리되어야 하고 그에 대한 적정한 유지·관리를 도모하기 위하여는 소요되는 경비에 대한 공유자 간의 채권은 이를 특히 보장할 필요가 있어 공유자의 특별승계인에게 그 승계의사의 유무에 관계없이 청구할 수 있도록 하기 위하여 특별규정을 둔 것이므로, 전(前) 구분소유자의

특별승계인에게 전 구분소유자의 체납관리비를 승계하도록 한 관리규약 중 공용부분 관리비에 관한 부분은 위와 같은 규정에 터 잡은 것으로 유효하다(대판 2006. 6. 29. 2004다3598·3604).

③ 집합건물의 전(前) 구분소유자의 특정승계인에게 승계되는 공용부분 관리비에는 집합건물의 공용부분 그 자체의 직접적인 유지·관리를 위하여 지출되는 비용뿐만 아니라, 전유부분을 포함한 집합건물 전체의 유지·관리를 위해 지출되는 비용 가운데에서도 입주자 전체의 공동의 이익을 위하여 집합건물을 통일적으로 유지·관리해야 할 필요가 있어 이를 일률적으로 지출하지 않으면 안 되는 성격의 비용은 그것이 입주자 각자의 개별적인 이익을 위하여 현실적·구체적으로 귀속되는 부분에 사용되는 비용으로 명확히 구분될 수 있는 것이 아니라면, 모두 이에 포함되는 것으로 봄이 상당하다.

한편, 관리비 납부를 연체할 경우 부과되는 연체료는 위약벌의 일종이고, 전(前) 구분소유자의 특별승계인이 체납된 공용부분 관리비를 승계한다고 하여 전 구분소유자가 관리비 납부를 연체함으로 인해 이미 발생하게 된 법률효과까지 그대로 승계하는 것은 아니라 할 것이어서, 공용부분 관리비에 대한 연체료는 특별승계인에게 승계되는 공용부분 관리비에 포함되지 않는다(대판 2006. 6. 29. 2004다3598·3604).

④ 상가건물의 관리규약상 관리비 중 일반관리비, 장부기장료, 위탁수수료, 화재보험료, 청소비, 수선유지비 등은, 모두 입주자 전체의 공동의 이익을 위하여 집합건물을 통일적으로 유지·관리해야 할 필요에 의해 일률적으로 지출되지 않으면 안 되는 성격의 비용에 해당하는 것으로 인정되고, 그것이 입주자 각자의 개별적인 이익을 위하여 현실적·구체적으로 귀속되는 부분에 사용되는 비용으로 명확히 구분될 수 있는 것이라고 볼 만한 사정을 찾아볼 수 없는 이상, 전(前) 구분소유자의 특별승계인에게 승계되는 공용부분 관리비로 보아야 한다(대판 2006. 6. 29. 2004다3598·3604).

⑤ 집합건물의 소유 및 관리에 관한 법률 제18조에서는 공유자가 공용부분에 관하여 다른 공유자에 대하여 가지는 채권은 그 특별승계인에 대하여도 행사할 수 있다고 규정하고 있는데, 이는 집합건물의 공용부분은 전체 공유자의 이익에

공여하는 것이어서 공동으로 유지·관리되어야 하고 그에 대한 적정한 유지·관리를 도모하기 위하여는 소요되는 경비에 대한 공유자 간의 채권은 이를 특히 보장할 필요가 있어 공유자의 특별승계인에게 그 승계의사의 유무에 관계없이 청구할 수 있도록 하기 위하여 특별규정을 둔 것이므로, 전(前) 구분소유자의 특별승계인에게 전 구분소유자의 체납관리비를 승계하도록 한 관리규약 중 공용부분 관리비에 관한 부분은 위와 같은 규정에 터 잡은 것으로 유효하다(대판 2008. 12. 11. 2006다50420).

⑥ 이 사건 법률조항(집합건물법 제18조)은 집합건물의 적정한 유지와 관리를 위한 재원 확보를 위하여 특별승계인에게 전 구분소유자가 미납한 공용부분에 관한 관리비를 부담하도록 하고 있다. 체납관리비를 누가 부담할 것인지는 당사자들 사이의 이해관계, 체납관리비의 성격 등을 고려하여 결정하여야 할 것인데, 체납관리비의 채무자인 전 소유자로부터 소유권을 취득한 특별승계인은 전 소유자에 대하여 구상권을 행사하는 것이 비교적 용이한 점, 체납관리비는 특별승계인이 취득한 구분소유권과 관련하여 집합건물의 유지 · 관리에 사용된 비용이어서 다른 구분소유자들이 공통으로 부담할 성격의 것은 아니라는 점 등을 고려하면, 이 사건 법률조항이 전 소유자의 체납관리비를 특정승계인에게 승계시킨 것이 부당하다고 할 수 없다(헌재 2013. 5. 30. 2011헌바201).

사례&판례 연구 **경락인의 공용부분 체납관리비와 그 연체료의 승계**
【대판 2006. 6. 29. 2004다3598·3604】

《사건의 개요》

원고 甲은 소외 丙 소유이던 A(○○빌딩 8층 전체)를 담보권실행경매를 통하여 2001. 4. 9. 경락대금을 완납하여 소유권을 취득하였고, 2001. 5. 18. 자신의 명의로 소유권이전등기를 경료하였다. 이에 이 사건 피고 乙(빌딩관리단)은 전입주자였던 丙이 1998. 6. 1.부터인 2001. 4. 8.(원고가 이 사건 부동산을 취득하기 전)까지 체납관리비 167,622,162원과 그에 대한 연체료가 8,381,140원에 대하여 체납관리비의 승계를 둘러싸고 원고와의 사이에 다툼이 발생하자 피고는 A에 대하여 단전·단수 및 엘리베이터 운행정지 등의 조치를 취하였다.

이에 원고 甲은 丙이 체납한 관리비 및 소유권취득일(2001. 4. 9.부터) 2001. 10. 20. 이 사건 부동산을 사용·수익할 수 있게 되기까지 관리비 38,719,660원과 연체료 1,935,990원을 피고에게 납부하지 않고 피고 乙에 대하여 관리비채무 부존재의 확인 및 손해배상을 청구하였다. 이에 피고 乙은 다시 甲에게 체납관리비의 지급을 청구하는 반소(反訴)를 제기하였다.

【판시사항】

[1] 집합건물의 소유 및 관리에 관한 법률 제18조의 입법 취지 및 전(前) 구분소유자의 특별승계인에게 전 구분소유자의 체납관리비를 승계하도록 한 관리규약의 효력(=공용부분 관리비에 한하여 유효)

[2] 집합건물의 전(前) 구분소유자의 특정승계인에게 승계되는 공용부분관리비의 범위 및 공용부분 관리비에 대한 연체료가 특별승계인에게 승계되는 공용부분 관리비에 포함되는지 여부(소극)

[3] 상가건물의 관리규약상 관리비 중 일반관리비, 장부기장료, 위탁수수료, 화재보험료, 청소비, 수선유지비 등이 전(前) 구분소유자의 특별승계인에게 승계되는 공용부분 관리비에 포함된다고 한 사례

[4] 집합건물의 관리단이 전(前) 구분소유자의 특별승계인에게 특별승계인이 승계한 공용부분 관리비 등 전 구분소유자가 체납한 관리비의 징수를 위해 단전·단수 등의 조치를 취한 사안에서, 관리단의 위 사용방해행위가 불법행위를 구성한다고 한 사례

[5] 집합건물의 관리단 등 관리주체의 불법적인 사용방해행위로 인하여 건물의 구분소유자가 그 건물을 사용·수익하지 못한 경우, 구분소유자가 그 기간 동안 발생한 관리비채무를 부담하는지 여부(소극)

【재판요지】

[1] 집합건물의 소유 및 관리에 관한 법률 제18조에서는 공유자가 공용부분에 관하여 다른 공유자에 대하여 가지는 채권은 그 특별승계인에 대하여도 행사할

수 있다고 규정하고 있는데, 이는 집합건물의 공용부분은 전체 공유자의 이익에 공여하는 것이어서 공동으로 유지·관리되어야 하고 그에 대한 적정한 유지·관리를 도모하기 위하여는 소요되는 경비에 대한 공유자 간의 채권은 이를 특히 보장할 필요가 있어 공유자의 특별승계인에게 그 승계의사의 유무에 관계없이 청구할 수 있도록 하기 위하여 특별규정을 둔 것이므로, 전(前) 구분소유자의 특별승계인에게 전 구분소유자의 체납관리비를 승계하도록 한 관리규약 중 공용부분 관리비에 관한 부분은 위와 같은 규정에 터 잡은 것으로 유효하다.

[2] 집합건물의 전(前) 구분소유자의 특정승계인에게 승계되는 공용부분 관리비에는 집합건물의 공용부분 그 자체의 직접적인 유지·관리를 위하여 지출되는 비용뿐만 아니라, 전유부분을 포함한 집합건물 전체의 유지·관리를 위해 지출되는 비용 가운데에서도 입주자 전체의 공동의 이익을 위하여 집합건물을 통일적으로 유지·관리해야 할 필요가 있어 이를 일률적으로 지출하지 않으면 안 되는 성격의 비용은 그것이 입주자 각자의 개별적인 이익을 위하여 현실적·구체적으로 귀속되는 부분에 사용되는 비용으로 명확히 구분될 수 있는 것이 아니라면, 모두 이에 포함되는 것으로 봄이 상당하다. 한편, 관리비 납부를 연체할 경우 부과되는 연체료는 위약벌의 일종이고, 전(前) 구분소유자의 특별승계인이 체납된 공용부분 관리비를 승계한다고 하여 전 구분소유자가 관리비 납부를 연체함으로 인해 이미 발생하게 된 법률효과까지 그대로 승계하는 것은 아니라 할 것이어서, 공용부분 관리비에 대한 연체료는 특별승계인에게 승계되는 공용부분 관리비에 포함되지 않는다.

[3] 상가건물의 관리규약상 관리비 중 일반관리비, 장부기장료, 위탁수수료, 화재보험료, 청소비, 수선유지비 등은, 모두 입주자 전체의 공동의 이익을 위하여 집합건물을 통일적으로 유지·관리해야 할 필요에 의해 일률적으로 지출되지 않으면 안 되는 성격의 비용에 해당하는 것으로 인정되고, 그것이 입주자 각자의 개별적인 이익을 위하여 현실적·구체적으로 귀속되는 부분에 사용되는 비용으로 명확히 구분될 수 있는 것이라고 볼 만한 사정을 찾아볼 수 없는 이상, 전(前) 구분소유자의 특별승계인에게 승계되는 공용부분 관리비로 보아야 한다고 한 사례.

[4] 집합건물의 관리단이 전(前) 구분소유자의 특별승계인에게 특별승계인이 승계한 공용부분 관리비 등 전 구분소유자가 체납한 관리비의 징수를 위해 단전·단수 등의 조치를 취한 사안에서, 관리단의 위 사용방해행위가 불법행위를 구성한다고 한 사례.

[5] 집합건물의 관리단 등 관리주체의 위법한 단전·단수 및 엘리베이터 운행정지 조치 등 불법적인 사용방해행위로 인하여 건물의 구분소유자가 그 건물을 사용·수익하지 못하였다면, 그 구분소유자로서는 관리단에 대해 그 기간 동안 발생한 관리비채무를 부담하지 않는다고 보아야 한다.

【참조조문】

[1] 집합건물의 소유 및 관리에 관한 법률 제18조

[2] 집합건물의 소유 및 관리에 관한 법률 제17조, 제18조

[3] 집합건물의 소유 및 관리에 관한 법률 제17조, 제18조

[4] 집합건물의 소유 및 관리에 관한 법률 제18조, 제28조, 제42조 제1항, 민법 제750조

[5] 집합건물의 소유 및 관리에 관한 법률 제17조

【원고(반소피고), 피상고인겸상고인】 원고 유한회사 (소송대리인 변호사 이수완 외 1인)

【피고(반소원고), 상고인겸피상고인】 피고 관리단 (소송대리인 변호사 이해진)

【주 문】 원심판결을 파기하고, 사건을 서울고등법원으로 환송한다.

【이 유】 상고이유를 본다.

1. 공용부분 관리비의 범위에 관하여 집합건물의 소유 및 관리에 관한 법률(이하 '집합건물법'이라고 한다) 제18조에서는 공유자가 공용부분에 관하여 다른 공유자에 대하여 가지는 채권은 그 특별승계인에 대하여도 행사할 수 있다고 규정하고 있는데, 이는 집합건물의 공용부분은 전체 공유자의 이익에 공여하는 것이어서 공동으로 유지·관리되어야 하고 그에 대한 적정한 유지·관리를 도모하기 위하여는 소요되는 경비에 대한 공유자 간의 채권은 이를 특히 보장할 필요가 있어 공유자의 특별승계인에게 그 승계의사의 유무에 관계없이 청구할 수

있도록 하기 위하여 특별규정을 둔 것이므로, 전(前) 구분소유자의 특별승계인에게 전 구분소유자의 체납관리비를 승계하도록 한 관리규약 중 공용부분 관리비에 관한 부분은 위와 같은 규정에 터 잡은 것으로 유효하다(대판〈전〉 2001. 9. 20. 2001다8677 참조). 그리고 부과된 관리비가 공용부분에 관한 관리비인지 여부는 개개의 관리비 항목의 성질 및 그 구체적 사용내역에 따라 판단되어야 할 것이나, 위와 같은 입법 취지에 비추어 볼 때 여기서 말하는 공용부분 관리비에는 집합건물의 공용부분 그 자체의 직접적인 유지·관리를 위하여 지출되는 비용뿐만 아니라, 전유부분을 포함한 집합건물 전체의 유지·관리를 위해 지출되는 비용 가운데에서도 입주자 전체의 공동의 이익을 위하여 집합건물을 통일적으로 유지·관리해야 할 필요가 있어 이를 일률적으로 지출하지 않으면 안 되는 성격의 비용은 그것이 입주자 각자의 개별적인 이익을 위하여 현실적·구체적으로 귀속되는 부분에 사용되는 비용으로 명확히 구분될 수 있는 것이 아니라면, 모두 이에 포함되는 것으로 봄이 상당하다.

한편, 관리비 납부를 연체할 경우 부과되는 연체료는 위약벌의 일종이고, 전(前) 구분소유자의 특별승계인이 체납된 공용부분 관리비를 승계한다고 하여 전 구분소유자가 관리비 납부를 연체함으로 인해 이미 발생하게 된 법률효과까지 그대로 승계하는 것은 아니라 할 것이어서, 공용부분 관리비에 대한 연체료는 특별승계인에게 승계되는 공용부분 관리비에 포함되지 않는다.

그런데 기록에 의하면, 이 사건 상가건물의 관리규약상 관리비 중 일반관리비, 장부기장료, 위탁수수료, 화재보험료, 청소비, 수선유지비 등은 모두 입주자 전체의 공동의 이익을 위하여 집합건물을 통일적으로 유지·관리해야 할 필요에 의해 일률적으로 지출되지 않으면 안 되는 성격의 비용에 해당하는 것으로 인정되고, 그것이 입주자 각자의 개별적인 이익을 위하여 현실적·구체적으로 귀속되는 부분에 사용되는 비용으로 명확히 구분될 수 있는 것이라고 볼 만한 사정을 찾아볼 수 없는 이상 전(前) 구분소유자의 특별승계인인 원고에게 승계되는 공용부분 관리비로 보아야 할 것이다.

그렇다면 원심이 위 각 관리비 항목 중 청소비와 수선유지비를 공용부분 관리비로 보아 원고에게 승계된다고 판단한 것은 정당하다.

그러나 그 외 일반관리비, 장부기장료, 위탁수수료, 화재보험료 등에 관하여 이는 전유부분과 공용부분 모두의 유지·관리를 위한 것으로서, 그 각 해당

금액 중 원고가 소유하는 건물면적에 대한 공용부분이 차지하는 면적의 비율로 산정된 금액만 원고에게 승계되고 또 공용부분 관리비에 대한 연체료도 승계된다고 본 원심의 판단에는 특별승계인에게 승계되는 공용부분 관리비의 범위에 관한 법리를 오해한 위법이 있다.

이 부분에 관한 원고와 피고의 각 해당 상고이유는 이유 있다.

2. 피고의 단전·단수 등의 조치로 인한 불법행위 성립 및 그 손해배상의 범위에 관하여 원심판결 이유를 기록에 비추어 살펴보면, 원심이 그 판결에서 들고 있는 증거를 종합하여, '이 사건 상가건물의 관리규약에서는 관리비 체납이 3월 이상 연체된 경우 단전·단수 등의 조치를 취할 수 있도록 되어 있는데, 피고는, 원고가 이 사건 건물 중 8층 부분을 경락받아 구분소유권을 취득하자 전 구분소유자인 소외 주식회사가 체납한 관리비의 지급을 요구하며 원고가 경락받기 이전부터 해 오던 8층 부분에 대한 단전·단수 및 엘리베이터 운행정지의 조치를 2001. 10. 19.경까지 계속하여 원고로 하여금 그 기간 동안 8층 부분을 사용·수익하지 못하게 하였다.'는 사실을 인정한 다음, 피고의 위와 같은 사용방해행위가 원고에 대해 불법행위를 구성한다고 판단한 것은 정당한 것으로 수긍이 가고, 거기에 불법행위의 성립에 관한 법리오해 등의 잘못이 없다.

이에 관한 피고의 상고이유 주장은, 원고가 전 구분소유자의 체납관리비 중 공용부분 관리비를 승계할 의무가 있고, 이러한 체납관리비를 징수하기 위해 관리규약에 따라 단전·단수 등의 조치를 취한 것이므로 처음부터 불법행위를 구성하지 않거나, 적어도 원고가 승계된 체납관리비의 지급을 3개월 이상 연체한 때부터는 관리규약에 따른 적법한 단전·단수 등의 조치로 되어 불법행위가 되지 않는다는 것이다.

그러나 원고가 체납된 관리비 중 공용부분 관리비를 승계한다고 하여 전(前) 구분소유자의 관리비 연체로 인한 법률효과까지 승계하는 것은 아니어서 원고가 구분소유권을 취득하였다는 점만으로 원고가 승계된 관리비의 지급을 연체하였다고 볼 수 없음은 분명한 것이므로, 원고가 구분소유권을 승계하였음에도 전 구분소유자에 대해 해 오던 단전·단수 등의 조치를 유지한 것은 관리규약에 따른 적법한 조치에 해당한다고 볼 수 없다.
나아가 단전·단수 등의 조치가 적법한 행위로서 불법행위를 구성하지 않기 위해서는 그 조치가 관리규약을 따른 것이었다는 점만으로는 부족하고, 그와 같은 조치를 하게 된 동기와 목적, 수단과 방법, 조치에 이르게 된 경위, 그로 인하여 입주자가 입게 된 피해의 정도 등 여러 가지 사정을 종합하여 사회통념상 허용될 만한 정도의 상당성이 있어 위법성이 결여된 행위로 볼 수 있는 경우에 한한다 할 것인데, 이 사건의 경우 원고에 대하여 행하여진 당초의 단전·단수 등의 조치가 불법행위에 해당하고 원고가 이를 다투며 관리비 지급을 거부하였다는 것이므로, 그런 와중에 3개월이 경과됨으로써 3개월 이상 관리비 연체라는 관리규약상의 요건이 충족되었다 하더라도 그러한 사정만으로 종전부터 계속되어 오던 피고의 위법한 단전·단수 등의 조치가 그 시점부터 사회통념상 허용될 만한 정도의 상당성이 있는 행위로서 적법행위로 된다고 할 수는 없는 것이다.
원심의 이 부분 설시에 다소 미흡한 점이 있으나 결과에 있어 정당하고, 피고의 이 부분 상고이유의 주장은 모두 이유 없다.
한편, 원심은 피고의 위와 같은 불법행위로 인하여 원고가 입은 손해액을 산정하면서, '피고가 원고의 사용·수익을 방해한 것은 전 구분소유자의 체납관리비를 원고가 승계하는지 여부가 그 원인이 되었고, 원고는 체납관리비 중 공용부분에 관한 관리비를 승계하게 되었으므로, 손해의 공평한 분담이라는 손해배상법의 이념에 비추어 피고의 책임비율을 원고가 소유하는 건물 전체면적 중 전유부분이 차지하는 면적의 비율로 제한함이 상당하다.'고 판단하였다.
그러나 피고의 단전·단수 등의 조치가 관리규약에서 정한 적법한 요건을 갖추지 못한 위법한 것이었던 점과 단전·단수 등의 조치를 하게 된 경위 및 그로 인하여 원고가 입게 된 손해의 정도 등에 비추어 보면, 원심이 들고 있는 사정들을 감안하더라도 피고의 손해배상책임을 그와 같이 제한한 것이 손해의 공평한 분담이라는 손해배상법의 이념에 부합한다고 보기 어렵고, 달리 이를 수긍할 만한 뚜렷한 근거도 찾을 수 없다.
그런데도 원심이 그 판시와 같은 사정만으로 피고의 손해배상책임의 범위를 제한함이 상당하다고 본 것은 손해배상책임의 범위에 관한 필요한 심리를 다하지 아니하였거나 손해배상책임의 제한에 관한 법리를 오해하여 판결 결과에 영향을 미친 잘못이 있다.

원고의 이 부분 상고이유 주장은 이유 있다.

3. 피고의 방해로 인한 사용불능기간에 발생한 관리비의 부담 여부에 관하여
 집합건물의 관리단 등 관리주체의 위법한 단전·단수 및 엘리베이터 운행정지 조치 등 불법적인 사용방해행위로 인하여 건물의 구분소유자가 그 건물을 사용·수익하지 못하였다면, 그 구분소유자로서는 관리단에 대해 그 기간 동안 발생한 관리비채무를 부담하지 않는다고 보아야 한다.

 원심이 '피고의 불법행위로 인하여 원고가 이 사건 건물 중 8층 부분을 사용·수익하는 것이 불가능하였던 기간에 발생한 관리비채무를 부담하지 않는다.'고 판단한 것은 위와 같은 법리를 따른 것으로 정당하다.

 이에 관한 피고의 상고이유 주장은, 불법행위로 인한 사용불능기간 중 원고가 관리비를 부담하지 않는다면, 원고는 피고로부터 불법행위로 인한 손해를 배상받음으로써 사용·수익을 한 것과 같은 이익을 누리면서 관리비지급채무를 면하는 2중의 이득을 얻게 되어 부당하다는 것이다.

 그러나 그와 같은 이익은 불법행위로 인한 손해배상액을 산정하면서 손익상계의 문제로 고려되면 충분하므로 원고가 관리비채무를 부담하지 않는다고 하여 반드시 부당한 결과에 이른다고 볼 수 없다.

 이 부분에 관한 피고의 상고이유 주장은 이유 없다.

4. 결 론
 그러므로 나머지 상고이유에 대한 판단을 생략한 채 원심판결을 파기하고, 이 사건을 다시 심리·판단하게 하기 위하여 원심법원에 환송하기로 하여 관여 대법관의 일치된 의견으로 주문과 같이 판결한다.

(3) 구분소유자의 권리·의무

1) 구분소유자의 권리·의무

가) 원 칙

구분소유자도 전유부분에 대한 구분소유권의 행사에 있어서는 원칙적으로 일반소유자와 동일한 권리·의무를 갖는다.

나) 특 징

구분소유자는 전유부분이 상하좌우로 연결되어 있으므로 건물 자체의 보존에 해로운 행위를 할 수 없고, 관리·사용에 있어서 공동의 이익에 반하는 행위를 할 수 없다(동법 5조 1항).

그러나 판례는, 위 규정(5조 1항)의 취지가 집합건물인 상가건물의 구분소유자가 해당 전유부분에 대한 용도변경행위를 함에 있어 다른 구분소유자들과 함께 하여야 한다거나 그들의 동의를 얻어야 한다는 것까지 포함한다고 볼 수 없다는 태도를 취하고 있다(대판 2007. 6. 1. 2000두17201).

2) 목적 이외의 사용금지 등(동법 5조 2항)

전유부분이 주거용으로 분양된 것인 경우에는 구분소유자는 주거 이외의 용도로 사용하지 못한다.

또, 구분소유자는 내부벽을 철거 또는 파손하여 증·개축하는 행위를 하지 못한다.

3) 의무위반의 효과

의무위반자에 대한 조치로서, 구분소유자 또는 점유자가 전유부분을 목적이외로 사용하는 등의 위의 의무를 위반한 경우, 집합건물법은 의무위반의 조치로서 다음의 네 가지를 규정하고 있다.

가) 행위정지 등의 청구(동법 43조)

구분소유자가 공동이익에 반하는 행위를 하거나 할 염려가 있는 경우, 관리인 또는 관리단집회의 결의에 의하여 지정된 구분소유자는 그 행위의 정지·결과의 제거·예방에 필요한 조치 등을 위반자에게 청구할 수 있다.

위 경우, 청구권자가 소(訴)에 의하고자 할 경우에는 관리단집회의 결의에 의하여야 한다.

나) 사용금지의 청구(동법 44조)

구분소유자의 공동이익에 반하는 행위로 인하여 공동생활상의 장애가 현저하기 때문에 행위정지 등의 청구만으로써는 목적을 달성할 수 없는 경우에는 상당한 기간 동안 문제된 구분소유자(위반자)에게 전유부분에 대한 사용금지의 청구를 할 수 있다.

이 조치는 강력한 방법이므로 3/4 이상의 결의에 의하고, 반드시 소에 의하여 행사하여야 한다. 또 이 경우, 미리 위반자에게 변명의 기회를 주어야 한다.

다) 구분소유권의 경매청구(동법 45조)

구분소유자가 공동이익에 반하는 행위를 하거나 용도 외로 사용하거나 내부의 증축이나 개축 등 보존에 해로운 행위 그 밖의 관리·사용에 관하여 공동이익에 반하는 행위를 하거나 규약에 정한 의무에 현저히 위반한 결과 공동생활의 유지가 심히 곤란하게 된 때에는 관리인 또는 관리단집회의 결의에 의하여 지정된 구분소유자는 당해 구분소유자의 전유부분 및 대지사용권의 경매를 법원에 청구할 수 있다.

위의 조치도 3/4 이상의 결의가 있어야 하며, 당해 구분소유자에게 미리 변명의 기회를 주어야 한다. 이 경우, 당해 구분소유자는 경락인이 되지 못한다.

라) 점유자에 대한 인도청구(동법 46조)

전유부분의 점유자(전유부분의 전세권자 또는 임차인)에게 구분소유자와 같은 경매사유(동법 45조 1항)가 있는 경우에는 그 전유부분을 목적으로 하는 계약을 해제하고, 그 인도를 청구할 수 있다.

위의 청구도 3/4 이상의 결의에 의하여 결정하고, 미리 당해 점유자에게 변명의 기회를 주어야 한다.

관련판례

집합건물인 상가건물의 용도변경

집합건물의 소유 및 관리에 관한 법률 제5조 제1항은 “구분소유자는 건물의 보존에 해로운 행위 기타 건물의 관리 및 사용에 관하여 구분소유자의 공동의 이익에 반하는 행위를 하여서는 아니 된다”고 규정하고 있으나, 그 취지가 집합건물인 상가건물의 구분소유자가 해당 전유부분에 대한 용도변경행위를 함에 있어 다른 구분소유자들과 함께 하여야 한다거나 그들의 동의를 얻어야 한다는 것까지 포함한다고 볼 수 없다(대판 2007. 6. 1. 2000두17201).

4. 건물의 대지와 대지사용권

(1) 건물의 대지(동법 2조 5호)

1) 의 의

건물의 대지는 전유부분이 속하는 1동의 건물이 소재하는 토지 및 규약(또는 공정증서)에 의하여 건물이 소재하는 토지와 일체로 관리 또는 사용되는 토지를 말한다(동법 2조 5호).

2) 구 분

가) 법정대지

전유부분이 속하는 1동의 건물이 소재하는 토지를 말한다.

나) 규약대지

규약에 의하여 건물의 대지로 된 토지를 말한다(예컨대 도로·주차장·정원 등).

특히 집합건물이 소재하는 토지(법정대지)가 건물이 일부멸실함에 따라 건물이 소재하는 토지가 아닌 토지로 된 때에는 그 토지는 규약으로써 건물의 대지(규약대지)로 정한 것으로 본다. 건물이 소재하는 토지의 일부가 분할에 의하여 건물이 소재하는 토지가 아닌 토지로 된 때에도 같다(동법 4조 3항).

(2) 대지사용권

1) 의 의

대지사용권(垈地使用權)은 구분소유자가 전유부분을 소유하기 위하여 대지에 대하여 가지는 권리(동법 2조 6호)를 말하며, 소유권일 수도 있고 지상권·임차권일 수도 있다. 여기서, 특히 대지사용권으로서 대지와 분리하여 처분할 수 없도록 등기가 되어있는 것을 '대지권'(垈地權)이라고 한다(부등법 40조 3항).

2) 처분의 일체성과 대지사용권의 비율

가) 전유부분과 대지사용권의 일체성

규약에 달리 정함이 없는 한 대지사용권은 그가 가지는 전유부분의 처분에 따른다(동법 20조 1항).

구분소유자의 전유부분과 대지사용권의 분리처분금지 및 이의 허용은 그 취지를 등기하지 않으면 제3자에게 대항하지 못한다(동법 20조 3항, 4항).

위 규정의 취지는 집합건물의 전유부분과 대지사용권이 분리되는 것을 최대한 억제하여 대지사용권 없는 구분소유권의 발생을 방지함으로써 집합건물에 관한 법률관계의 안정과 합리적 규율을 도모하려는 데 있다(대판 2006. 3. 10. 2004다742). 여기서 분리처분금지를 정한 집합건물법(20조 3항)의 '선의'의 제3자는, 원칙적으로 집합건물의 대지로 되어 있는 사정을 모른 채 대지사용권의 목적이 되는 토지를 취득한 제3자"를 의미한다(대판 2009. 6. 23. 2009다26145).

나) 대지사용권의 비율

규약에 달리 정함이 없는 한 대지사용권의 비율은 전유부분의 면적비율에 의한다(동법 21조). 따라서 구분소유자의 대지사용권에 대한 비율(지분)은 균등이 아니다.

다) 상속인의 부존재와 민법 규정의 적용배제

민법은 상속인이 존재하지 않는 경우에 그 자의 지분은 다른 공유자에게 각 지분의 비율로 나누어 귀속하도록 되어 있으나(267조, 278조), 집합건물법은 집합건물의 성질상 대지사용권의 상속인이 없는 경우 이를 적용하지 않는다(동법 22조). 이는 대지사용권과 전유부분과의 일체성을 관철시키기 위함에 그 입법취지가 있다.

관련판례

전유부분에 대한 가압류결정 효력이 대지권에 미치는지 여부

집합건물의 소유 및 관리에 관한 법률 제20조 제1항, 제2항에 의하면 구분건물의 대지사용권은 전유부분과 종속적 일체불가분성이 인정되는 점 등에 비추어 볼 때, 구분건물의 전유부분에 대한 소유권보존등기만 경료되고 대지지분에 대한 등기가 경료되기 전에 전유부분만에 대해 내려진 가압류결정의 효력은, 대지사용권의 분리처분이 가능하도록 규약으로 정하였다는 등의 특별한 사정이 없는 한, 종물 내지 종된 권리인 그 대지권에까지 미친다(대판 2006. 10. 26. 2006다29020).

그 밖의 집합건물의 대지사용권

① 구분건물의 전유부분에 설정된 저당권의 효력은 특별한 사정이 없는 한 그 전유부분의 소유자가 나중에 취득한 대지사용권에까지 미치며, 여기의 대지사용권에는 지상권 등 용익권 이외에 대지소유권도 포함된다고 해석함이 상당하다(대판 2001. 2. 9. 2000다62179).

② 구분건물의 전유부분만에 관하여 저당권등기가 경료된 후에 대지권등기가 경료되면서 그 저당권등기는 전유부분만에 관한 것이라는 취지의 부기등기가 직권으로 경료되었다고 하더라도, 이를 대지사용권의 분리처분이 가능하도록 규약으로 정하거나 공정증서로 정한 경우에 해당한다고 볼 수 없다(대판 2001. 2. 9. 2000다62179).

③ 분양자가 지적정리 등의 지연으로 대지권에 관한 지분이전등기는 지적정리 후 해주기로 하는 약정 하에 우선 전유부분만에 대하여 소유권보존등기를 한 후 수분양자에게 소유권이전등기를 경료하였는데, 그 후 대지에 관한 소유권이전등기를 되지 아니한 상태에서 전유부분에 대한 경매절차가 진행되어 제3자가 전유부분을 경락받은 경우, 그 경락인은 동법(집합건물법) 제2조 제6호 소정의

대지사용권을 취득한다(대판 2004. 7. 8. 2002다40210).

④ 집합건물의 소유 및 관리에 관한 법률 제2조 제6호에 의하면 대지사용권은 구분소유자가 전유부분을 소유하기 위하여 건물의 대지에 대하여 가지는 권리이므로 반드시 소유권일 필요는 없으나 적어도 전유부분을 소유하기 위하여 건물의 대지에 대하여 가지는 권리여야 하고, 단순히 구분건물과 함께 그 대지지분을 매수한 자로서 매도인에게 매매를 원인으로 하여 그 대지지분에 관하여 가지는 소유권이전등기청구권과 같은 것은 같은 법 소정의 대지사용권에 해당하지 아니한다(대판 1996. 12. 20. 96다14661).

⑤ 집합건물의 건축자가 그 대지를 매수하였으나 아직 소유권이전등기를 마치지 아니하였다 하여도 매매계약의 이행으로 대지를 인도받아 그 지상에 집합건물을 건축하였다면 매매계약의 효력으로서 이를 점유·사용할 권리가 생긴 것이고, 이러한 경우 집합건물의 건축자로부터 전유부분과 대지지분을 함께 분양의 형식으로 매수하여 그 대금을 모두 지급함으로써 소유권 취득의 실질적 요건은 갖추었지만 전유부분에 대한 소유권이전등기만 마치고 대지지분에 대하여는 위와 같은 사정으로 아직 소유권이전등기를 마치지 못한 자 역시 매매계약의 효력으로서 전유부분의 소유를 위하여 건물의 대지를 점유·사용할 권리가 있는 바, 이러한 점유·사용권은 단순한 점유권과는 차원을 달리하는 본권으로서 집합건물의 소유 및 관리에 관한 법률 제2조 제6호 소정의 구분소유자가 전유부분을 소유하기 위하여 건물의 대지에 대하여 가지는 권리인 대지사용권에 해당한다(대판 2006. 3. 10. 2004다742).

⑥ 집합건물의 소유 및 관리에 관한 법률 제20조 제2항에 의하면 구분소유자는 특별한 사정이 없는 한 대지사용권을 전유부분과 분리하여 처분할 수 없고, 이를 위반한 대지사용권의 처분은 법원의 공유물분할경매절차에 의한 것이라 하더라도 무효이므로, 구분소유의 목적물인 건물 각 층과 분리하여 그 대지만에 대하여 경매분할을 명한 확정판결에 기하여 진행되는 공유물분할경매절차에서 그 대지만을 매수하더라도 매수인은 원칙적으로 그 대지의 소유권을 취득할 수 없다(대판 2010. 5. 27. 2006다84171).

⑦ 甲이 집합건물을 신축·분양하면서 수분양자인 乙 등에게 해당 전유부분과 함께

토지 중 일부 공유지분에 관한 지분소유권이전등기를 해 주고, 나머지 공유지분은 장차 건물 증축 등을 위해 남겨 두었다. 그런데, 나머지 공유지분에 관하여 설정된 근저당권에 기한 경매절차에서 丙 등이 소유권을 취득한 사안에서, 나머지 공유지분을 경매절차에서 취득하였음에도 대지에 관한 사용·수익을 전혀 하지 못하고 있는 丙 등은 토지를 배타적으로 점유·사용하고 있는 乙 등을 상대로 부당이득반환청구를 할 수 있고, 甲이 乙 등에게 집합건물의 용법에 따라 무상으로 사용할 수 있는 권한을 부여한 것으로 해석될 수 있더라도 그와 같은 약정이 丙 등에게 당연히 승계된다고 볼 수 없는데도, 이와 달리 본 원심판결에 법리오해의 위법이 있다(대판 2012. 5. 24. 2010다108210).

⑧ 집합건물의 건축자가 그 소유인 대지 위에 집합건물을 건축하고 전유부분에 관하여 건축자 명의로 소유권보존등기를 마친 경우, 건축자의 대지소유권은 집합건물법 제2조 제6호에서 정한 구분소유자가 전유부분을 소유하기 위하여 건물의 대지에 대하여 가지는 권리인 대지사용권에 해당한다. 따라서 전유부분에 대한 대지사용권을 분리처분할 수 있도록 정한 규약이 존재한다는 등의 특별한 사정이 인정되지 않는 한 전유부분과 분리하여 대지사용권을 처분할 수 없고, 이를 위반한 대지지분의 처분행위는 효력이 없다. 그러므로 구분소유권이 이미 성립한 집합건물이 증축되어 새로운 전유부분이 생긴 경우에는, 건축자의 대지소유권은 기존 전유부분을 소유하기 위한 대지사용권으로 이미 성립하여 기존 전유부분과 일체불가분성을 가지게 되었으므로 규약 또는 공정증서로써 달리 정하는 등의 특별한 사정이 없는 한 새로운 전유부분을 위한 대지사용권이 될 수 없다(대판 2017. 5. 31. 2014다236809).

5. 분양자의 책임과 의무

(1) 의 의

집합건물의 분양자는 민법의 도급에 관한 제667조 및 제668조의 규정에 의하여 수급인과 같은 담보책임을 진다(동법 9조 1항). 이와 같이 분양자의 책임을 무겁게

한 것은 일반주택건설자에 대한 책임과의 균형을 고려함과 아울러 견고한 집합건물의 건립을 유도하기 위함이다.

(2) 내 용

이에 따라 분양자와 시공자는 민법 제671조에 따른 10년간의 하자담보책임을 부담한다. 분양자의 담보책임에 관한 집합건물법의 태도는 편면적 강행규정으로서, 여기서 하자담보추급권의 주체는 현재 집합건물의 구분소유자이다(대판 2004. 1. 27. 2001다24891). 따라서 집합건물의 수분양자가 집합건물을 양도한 경우 양도 당시 양도인이 이를 행사하기 위하여 유보하였다는 등의 특별한 사정이 없는 한 하자담보추급권은 현재의 집합건물의 구분소유자에게 귀속한다(대판 2003. 2. 11. 2001다47733).

또한 분양자와 시공자의 담보책임에 관하여는 민법에 규정하는 것보다 매수인을 불리하게 한 특약은 그 효력이 없다(동법 9조 2항).

또 집합건물의 분양자가 집합건물의 현재의 구분소유자에 대하여 부담하는 법정책임이므로 이에 따른 손해배상청구권에 대하여는 민법 제162조 제1항에 따라 10년의 소멸시효기간이 적용된다.

이 밖에 분양자는 관리단이 관리를 개시할 때까지 선량한 관리자의 주의로 건물과 대지 및 부속시설을 관리하여야 한다(동법 9조의3).

관련판례

분양자의 담보책임

① 집합건물법 제9조는 집합건물의 건축자 내지 분양자로 하여금 견고한 건물을 짓도록 유도하고 부실하게 건축된 집합건물의 소유자를 두텁게 보호하기 위하여 집합건물을 분양하여 건축한 자의 담보책임에 관하여 수급인의 담보책임에 관한 민법 제667조 내지 제671조의 규정을 준용하는 한편 이를 강행규정화 하였으며, 이 규정에 의한 하자담보추급권은 현재의 집합건물의 소유자에게

귀속한다(대판 2004. 1. 27. 2001다24891).

② 집합건물의 소유 및 관리에 관한 법률 제9조는 건축업자 내지 분양자로 하여금 견고한 건물을 짓도록 유도하고 부실하게 건축된 집합건물의 소유자를 두텁게 보호하기 위하여 집합건물 분양자의 담보책임에 관하여 민법상 도급인의 담보책임에 관한 규정을 준용하도록 함으로써 분양자의 담보책임의 내용을 명확히 하는 한편 이를 강행규정화한 것으로서, 같은 조에 의한 책임은 분양계약에 기한 책임이 아니라 집합건물의 분양자가 집합건물의 현재의 구분소유자에 대하여 부담하는 법정책임이므로 이에 따른 손해배상청구권에 대하여는 민법 제162조 제1항에 따라 10년의 소멸시효기간이 적용된다(대판 2008. 12. 11. 2008다12439).

③ 집합건물의 소유 및 관리에 관한 법률 제9조 제1항이 위 법 소정의 건물을 건축하여 분양한 자의 담보책임에 관하여 수급인에 관한 민법 제667조 내지 제671조의 규정을 준용하도록 규정한 취지는 건축업자 내지 분양자로 하여금 견고한 건물을 짓도록 유도하고 부실하게 건축된 집합건물의 소유자를 두텁게 보호하기 위하여 집합건물의 분양자의 담보책임에 관하여 민법상 수급인의 담보책임에 관한 규정을 준용하도록 함으로써 분양자의 담보책임의 내용을 명확히 하는 한편 이를 강행규정화한 것으로서 분양자가 부담하는 책임의 내용이 민법상 수급인의 담보책임이라는 것이지 그 책임이 분양계약에 기한 것이라거나 아니면 분양계약의 법률적 성격이 도급이라는 취지는 아니며, 통상 대단위 집합건물의 경우 분양자는 대규모 건설업체임에 비하여 수분양자는 경제적 약자로서 수분양자를 보호할 필요성이 높다는 점, 집합건물이 완공된 후 개별분양계약이 해제되더라도 분양자가 집합건물의 부지사용권을 보유하고 있으므로 계약해제에 의하여 건물을 철거하여야 하는 문제가 발생하지 않을 뿐 아니라 분양자는 제3자와 새로 분양계약을 체결함으로써 그 집합건물 건축의 목적을 충분히 달성할 수 있는 점 등에 비추어 볼 때 집합건물의 소유 및 관리에 관한 법률 제9조 제1항이 적용되는 집합건물의 분양계약에 있어서는 민법 제668조 단서가 준용되지 않고 따라서 수분양자는 집합건물의 완공 후에도 분양목적물의 하자로 인하여 계약의 목적을 달성할 수 없는 때에는 분양계약을 해제할 수 있다(대판

2003. 11. 14. 2002다2485).

6. 관리단 및 관리인

(1) 관리단(管理團)

1) 관리단의 성립

구분소유관계가 성립되면 건물과 그 대지와 부속시설의 관리에 관한 사업의 시행을 목적으로 하는 구분소유자 전원의 집단인 관리단이 구성된다(동법 23조 1항).

여기서 건물에 대하여 구분소유관계가 성립되면 구분소유자는 전원으로써 건물 및 그 대지와 부속시설의 관리에 관한 사업의 시행을 목적으로 하는 관리단이 당연 설립된다.

그리고 이 경우, 관리단의 구성은 조직행위를 거치지 않고 구분소유자 전원으로 이루어지고, '권리능력 없는 사단'으로서의 성격을 갖는다(대판 1991. 4. 23. 91다4478). 따라서 집합건물의 분양이 개시되고 입주가 이루어져서 공동관리의 필요가 생긴 때에는 그 당시의 미분양된 전유부분의 구분소유자를 포함한 구분소유자 전원을 구성원으로 하는 관리단이 설립된다(대판 2002. 12. 27. 2002다45284).

2) 일부공용부분의 경우

일부공용부분이 있는 경우에는 그 일부의 구분소유자(區分所有者)만으로 관리단을 별도로 구성할 수 있다(동법 23조 2항).

3) 관리단의 채무(債務)에 대한 구분소유자의 책임

관리단이 그의 재산으로 채무를 완제할 수 없는 경우, 관리단의 채무는 규약에 달리 정함이 없는 한 구분소유자가 그 지분의 비율에 따라 책임을 부담한다(동법 27조 1항).

구분소유자의 특별승계인(예컨대 매수인·수증자 등)은 승계 전에 발생한 관리단의 채무에 관하여도 책임을 부담한다(동법 27조 1항).

관련판례

관리단의 사용방해 행위

① 집합건물의 관리단이 전(前) 구분소유자의 특별승계인에게 특별승계인이 승계한 공용부분 관리비 등 전 구분소유자가 체납한 관리비의 징수를 위해 단전·단수 등의 조치를 취한 사안에서, 관리단의 위 사용방해행위가 불법행위를 구성한다(대판 2006. 6. 29. 2004다3598·3604).

② 집합건물의 관리단 등 관리주체의 위법한 단전·단수 및 엘리베이터 운행정지 조치 등 불법적인 사용방해행위로 인하여 건물의 구분소유자가 그 건물을 사용·수익하지 못하였다면, 그 구분소유자로서는 관리단에 대해 그 기간 동안 발생한 관리비채무를 부담하지 않는다고 보아야 한다(대판 2006. 6. 29. 2004다3598·3604).

(2) 관리인(管理人)

1) 관리인의 선임·해임

구분소유자가 10인 이상인 경우, 관리단집회의 결의로서 반드시 관리인을 선임하여야 한다(동법 24조 1항, 2항).

여기서 관리인에게 부정행위나 부적합하다고 인정될 때, 구분소유자는 그 해임을 법원에 청구할 수 있으며, 이 밖에 관리단집회의 결의(과반수)에 의하여 임기만료 전이라도 관리인을 해임할 수 있다(동법 24조 3항~5항).

2) 관리인의 권한·의무

관리인 임기는 2년의 범위 안에서 규약으로 정하며, 다음과 같은 행위를 할 권한과 의무를 가진다(동법 24조 2항·25조 1항·26조).

가) 권한(동법 25조)

① 공용부분의 보존·관리 및 변경을 위한 행위

② 관리단의 사무의 집행을 위한 분담금액 및 비용을 각 구분소유자에게 청구·

수령하는 행위 및 그 금원을 관리하는 행위

③ 관리단의 사업시행에 관련하여 관리단을 대표하여 행하는 재판상·재판외의 행위

④ 그 밖에 규약에 정하여진 행위

나) 의 무

관리인은 매년 1회 이상 일정한 시기에 구분소유자에 대한 사무보고의무를 부담한다.

또 관리인은 그의 권리·의무에 관하여 위임의 규정이 준용되므로, 직무수행시 선관주의의무를 부담한다(동법 26조).

3) 관리인의 대표권제한

관리인의 대표권은 이를 제한할 수 있으나, 이로써 선의의 제3자에게 대항할 수 없다(동법 25조 2항).

관련판례

공용부분의 제3자의 불법점유와 관리단, 관리인의 권리행사

집합건물에 있어서 공용부분이나 구분소유자의 공유에 속하는 건물의 대지 또는 부속시설을 제3자가 불법으로 점유하는 경우에 그 제3자에 대하여 방해배제와 부당이득의 반환 또는 손해배상을 청구하는 법률관계는 구분소유자에게 단체적으로 귀속되는 법률관계가 아니고 공용부분 등의 공유지분권에 기초한 것이어서 그와 같은 소송은 1차적으로 구분소유자가 각각 또는 전원의 이름으로 할 수 있고, 나아가 집합건물에 관하여 구분소유관계가 성립하면 동시에 법률상 당연하게 구분소유자의 전원으로 건물 및 그 대지와 부속시설의 관리에 관한 사항의 시행을 목적으로 하는 단체인 관리단이 구성되고, 관리단집회의 결의에서 관리인이 선임되면 관리인이 사업집행에 관련하여 관리단을 대표하여 그와 같은 재판상 또는 재판 외의 행위를 할 수 있다(대판 2009. 1. 15. 2008다58367).

7. 규약과 관리단 집회

(1) 규 약

1) 의의 및 성질

가) 의 의

규약(規約)은 집합건물의 소유 및 관리에 관하여 이 법에서 정하지 아니한 것으로, 구분소유자 상호 간의 내부관계를 규율하기 위한 협약사항을 말한다.

나) 성 질

규약은 일종의 정관으로서의 성질을 갖는다.

2) 규약의 변경 등

규약의 설정·변경·폐지는 3/4 이상의 결의에 의한다(동법 28조, 29조).

3) 규약의 보관 및 열람

규약은 관리인 또는 구분소유자나 그 대리인으로서 건물 사용자 중 1인이 보관하여야 한다(동법 30조 1항, 2항). 또 이해관계인은 규약의 보관자에게 열람을 청구하거나 자기 비용으로 교부를 청구할 수 있다(동법 30조 3항).

4) 규약의 효력

규약은 구분소유자 및 그 포괄승계인은 물론 특별승계인(特別承繼人)에게도 미친다. 또한 점유자도 규약에 대하여 구분소유자와 동일한 의무를 부담한다(동법 42조).

관련판례

규 약

① 집합건물의 규약은 그 내용이 강행법규에 위반된다거나 구분소유자의 소유권을 필요하고 합리적인 범위를 벗어나 과도하게 침해 내지 제한함으로써 선량한 풍속 기타 사회질서에 위반되고 볼 정도로 사회관념상 현저히 타당성을 잃었다고

여겨지는 등의 특별한 사정이 있는 경우를 제외하고는 이를 유효한 것으로 시인하여야 할 것이다. 따라서, 구분소유자가 집합건물의 규약에서 정한 업종준수의무를 위반할 경우, 단전 단수 등 제재조치를 할 수 있다고 규정한 집합건물 규약의 내용이 무효라고 판단한 원심판결을 파기환송한다(대판 2004. 5. 13. 2004다2243).

② 상가의 업종제한에 관한 상가번영회칙의 제·개정에 있어 의결권을 행사한 자 중 일부가 구분소유권의 미취득자 및 분양대금을 완납하지 아니한 수분양자인 경우, 이들이 상가의 구분소유자로부터 관리단 규약 설정에 관한 적법한 권한을 위임받았다고 볼 수 없는 한 의결정족수에 미달한 위 회칙은 관리단 규약으로서의 효력이 없다(대판 2005. 12. 16. 2004마515).

---

(2) **관리단집회**(管理團集會)

1) 의 의

관리단집회는 법 또는 규약으로 관리인에게 위임한 사항 이외의 것에 대한 사무를 결정하는 구분소유자 전원의 모임을 말한다.

2) 종 류

가) 정기관리단 집회

이는, 매년 1회 일정시기에 관리인이 소집한다(동법 32조).

나) 임시관리단 집회

이는, 부정기적인 집회로서 관리인이 필요하다고 인정할 때와 구분소유자 1/5 이상의 소집요구가 있는 경우에 소집한다(동법 33조).

위의 1/5이라는 정수는 규약으로 달리 변경할 수 있다. 또 관리인이 필요하다고 인정하여 임시관리단집회를 소집함에 있어서는 구분소유자 1/5 이상의 소집청구가 없어도 가능하다.

3) 소집통지

집회일의 1주일 전에 목적사항을 명시하여 각 구분소유자에게 통지를 하여야 한다(동법 34조). 여기서 1주일이라는 기간은 규약으로 달리 정할 수 있다.

또 관리단집회는 구분소유자 전원의 동의가 있는 때에는 소집절차를 거치지 않고 소집할 수 있다(동법 35조).

4) 집회의 권한과 결의

ㄱ) 결의사항

관리단집회는 규약으로써 특별히 정하는 바가 없으면 소집통지시에 통지한 사항에 관하여서만 결의할 수 있다(동법 36조 1항, 2항).

위의 경우에는 제35조의 규정에 의한 관리단집회에는 적용하지 아니한다(동법 36조 3항).

나) 의 결 권

각 구분소유자의 의결권은 규약에 특별한 규정이 없는 경우에는 그 지분의 비율에 의한다(동법 37조 1항).

위의 경우, 전유부분이 수인의 공유에 속하는 경우에는 공유자는 관리단집회에서 의결권을 행사할 1인을 정한다(동법 37조 2항).

다) 결의방법

보통의 결의는 구분소유자 및 의결권의 각 과반수로써 의결하여, 의결권은 서면이나 전자적 방법 또는 대리인에 의하여 행사할 수도 있다(동법 38조).

라) 결의의 효력

이는, 규약의 효력이 미치는 범위와 같다. 따라서 점유자도 관리단 집회의 결의에 따른 의무를 부담한다(동법 42조).

관련판례

관리단집회와 의결권

건물의 영업제한에 관한 규약을 설정하거나 변경할 수 있는 관리단은 어떠한 조직행위를 거쳐야 비로소 성립되는 단체가 아니라 구분소유관계가 성립하는 건물이 있는 경우 당연히 그 구분소유자 전원을 구성원으로 하여 성립되고, 그 의결권도 구분소유자 전원이 행사한다고 할 것이며, 여기서 구분소유자라 함은 일반적으로 구분소유권을 취득한 자(등기부상 구분소유권자로 등기되어 있는 자)를 지칭하는 것이나, 다만 수분양자로서 분양대금을 완납하였음에도 분양자 측의 사정으로 소유권이전등기를 경료받지 못한 경우와 같은 특별한 사정이 있는 경우에는 이러한 수분양자도 구분소유자에 준하는 것으로 보아 관리단의 구성원이 되어 의결권을 행사할 수 있다(대판 2005. 12. 16. 2004마515).

8. 집합건물의 재건축과 복구

(1) 재 건 축

1) 의 의

건축 후 상당한 기간이 경과되어 건물이 훼손 또는 일부멸실되거나 그 밖의 사정에 의하여 과다한 수선복구비나 관리비용이 소요되는 경우, 또는 부근 토지의 이용상황 변화나 그 밖의 사정에 의하여 건물의 재건축하면 현저한 효용증가가 예상되는 경우에 관리단 집회의 결의에 의하여 그 건물을 철거하여 그 대지를 신축건물대지로 이용할 것을 결의할 수 있다(동법 47조 1항).

2) 재건축에 관한 결의

재건축은 구분소유자 및 의결권의 4/5 이상의 결의에 의한다(동법 47조 2항). 여기서 한 단지 안에 여러 동의 건물이 있는 경우에, 그 단지 안의 재건축결의는 개개의 건물마다 재건축결의를 하여야 한다.

재건축의 결의를 할 때에는 다음의 사항을 정하여야 한다(동조 3항).

가) 새 건물의 설계의 개요

나) 건물의 철거 및 새 건물의 건축에 드는 비용을 개략적으로 산정한 금액

다) 위에서 정한 비용의 분담에 관한 사항

라) 새 건물의 구분소유권의 귀속에 관한 사항

3) 재건축에 대한 합의 간주

일정한 자(재건축의 결의에 찬성한 각 구분소유자, 재건축에 참가할 뜻을 회답한 각 구분소유자 및 매수지정자와 이들의 승계인)의 경우는 재건축에 결의내용에 따라 합의한 것으로 본다(동법 49조).

4) 재건축결의에 반대한 구분소유자에 대한 매도청구(동법 48조)

가) 최 고

재건축결의가 있은 후 집회를 소집한 자는 지체 없이 그 결의에 찬성하지 않은 구분소유자에 대하여 결의 내용에 따른 재건축참가 여부를 서면(書面)으로 최고하여야 하며, 최고한 날부터 2개월 안에 회답하지 않으면 재건축에 참가하지 않는 뜻을 회답한 것으로 본다.

나) 매도청구(賣渡請求)

이 경우, 최고기간 경과 후 재건축에 합의한 자는 재건축에 반대한 구분소유자에 대하여 구분소유권과 대지사용권을 시가(時價)로 매도할 것을 청구할 수 있다.

관련판례

재 건 축

① 한 단지 안에 여러 동이 있는 경우의 재건축결의는 매 동마다의 '구분소유자 및 의결권의 5분의 4'라는 의결정족수를 거쳐야 한다(대판 2000. 11. 10. 2000다24061).

② 재건축 결의에 따라 설립된 재건축조합은 민법상의 비법인 사단에 해당하므로 그 구성원의 의사의 합의는 총회의 결의에 의할 수밖에 없다고 할 것이나, 다만 집합건물의 소유 및 관리에 관한 법률 제49조에 의하여 의제된 합의 내용인 재건축 결의의 내용을 변경함에 있어서는 그것이 구성원인 조합원의 이해관계에 미치는 영향에 비추어 재건축 결의시의 의결정족수를 규정한 같은 법 제47조 제2항을 유추 적용하여 조합원 5분의 4 이상의 결의가 필요하다고 할 것이다(대판 2005. 4. 2. 2003다4969).

③ 재건축 결의 내용의 변경에 집합건물의 소유 및 관리에 관한 법률 제41조 제1항을 유추 적용할 필요성에 관한 제반 사정들과 같은 법이 서면합의에 의한 관리단집회의 결의를 인정하면서 서면합의의 요건이나 그 절차 및 방법 등에 관하여 아무런 제한을 하고 있지 않은 점에 비추어 볼 때, 의결정족수에 영향을 미칠 우려가 있을 정도의 조합원들의 참여기회가 원천적으로 배제된 채 서면합의가 이루어지거나 조합원 5분의 4 이상의 자의에 의한 합의가 성립되었다고 인정할 수 없을 정도의 중대한 하자가 있는 등 특별한 사정이 없는 한 서면합의에 의한 재건축 결의 내용의 변경은 유효하다(대판 2005. 4. 2. 2003다4969).

④ 집합건물의 소유 및 관리에 관한 법률 제47조에서 규정하는 재건축 비용의 분담에 관한 사항은 구분소유자들로 하여금 상당한 비용을 부담하면서 재건축에 참가할 것인지, 아니면 시가에 의하여 구분소유권 등을 매도하고 재건축에 참가하지 않을 것인지를 선택하는 기준이 되는 것이다. 그리고 재건축 결의의 내용 중 가장 중요하고 본질적인 부분임을 감안할 때, 재건축의 실행단계에서 다시 비용 분담에 관한 합의를 하지 않아도 될 정도로 그 분담액 또는 산출기준을 정하지 아니한 재건축 결의는 특별한 사정이 없는 한 무효이다(대판 2006. 7. 13. 2004다7408).

⑤ 재건축 결의시 재건축 비용의 분담에 관한 사항을 정하지 아니하고 재건축의 실행단계에서 조합원총회에서 그 비용의 분담에 관한 사항을 결의하는 경우에는 이해관계가 대립하는 조합원들 간의 형평을 보장하기 위하여 재건축 결의시의 특별다수의 정족수를 준용하여 조합원 5분의 4 이상의 다수에 의한 결의가 필요하고, 그 결의내용에 있어서도 조합원들 간의 형평이 유지되도록 정하여야 한다(대판 2006. 7. 13. 2004다7408).

⑥ 집합건물의 소유 및 관리에 관한 법률 제47조 제2항에 의하면 재건축의 결의는 구분소유자 및 의결권의 각 4/5 이상의 다수에 의한 결의에 의하도록 규정되어 있다. 그리고 같은 조 제3항, 제4항에 의하면 재건축의 결의를 할 때에는 건물의 철거 및 신건물의 건축에 소요되는 비용의 분담에 관한 사항과 신건물의 구분소유권의 귀속에 관한 사항을 정하여야 하며, 위와 같은 사항은 각 구분소유자 간의 형평이 유지되도록 정하지 아니하면 아니 된다고 규정하고 있는바, 위

재건축 비용의 분담에 관한 사항은 구분소유자들로 하여금 상당한 비용을 부담하면서 재건축에 참가할 것인지, 아니면 시가에 의하여 구분소유권 등을 매도하고 재건축에 참가하지 않을 것인지를 선택하는 기준이 되는 것이고, 재건축 결의의 내용 중 가장 중요하고 본질적인 부분으로서, 재건축의 실행단계에서 다시 비용분담에 관한 합의를 하지 않아도 될 정도로 그 분담액 또는 산출기준을 정하여야 하고 이를 정하지 아니한 재건축 결의는 특별한 사정이 없는 한 무효이다(대판 2005. 4. 29. 2004다7002).

⑦ 집합건물의 소유 및 관리에 관한 법률 제41조 제1항은 "이 법 또는 규약에 의하여 관리단집회에서 결의할 것으로 정한 사항에 관하여 구분소유자 및 의결권의 각 5분의 4 이상의 서면에 의한 합의가 있는 때에는 관리단집회의 결의가 있는 것으로 본다."고 규정하고 있다. 그리고 재건축의 결의는 같은 법 제47조 제1항에 의하여 관리단집회에서 결의할 수 있는 사항이므로, 이러한 재건축의 결의는 같은 법 제41조 제1항에 의한 서면결의가 가능하다고 할 것이다. 또한 나아가 재건축조합은 대체로 그 조합원의 수가 많고, 재건축에 대한 관심과 참여 정도가 조합원에 따라 현격한 차이가 있으며, 재건축의 과정이 장기간에 걸쳐 복잡하게 진행될 뿐만 아니라 재건축 대상인 건물이 일단 철거된 후에는 조합원의 주거지가 여러 곳으로 분산되는 등의 사정이 있음에 비추어, 재건축 결의의 내용을 변경하는 것도 같은 법 제41조 제1항을 유추 적용하여 서면합의에 의할 수 있다고 할 것이다(대판 2005. 4. 2. 2003다4969).

⑧ 재건축조합이 재건축결의의 내용을 변경함에 있어서는 그것이 구성원인 조합원의 이해관계에 미치는 영향에 비추어 재건축결의시의 의결정족수를 규정한 집합건물의 소유 및 관리에 관한 법률 제47조 제2항을 유추적용하여 조합원 5분의 4 이상의 결의가 필요하다. 또한 구 주택건설촉진법(2003.05.29. 법률 제6916호 주택법으로 전문 개정되기 전의 것) 제33조 제1항, 같은 법 시행규칙(2003.12.15. 건설교통부령 제382호 주택법 시행규칙으로 전문 개정되기 전의 것) 제20조, 제21조의 각 규정에 비추어 보면, 물가의 변동 등 건축 경기의 상황변화에 따른 통상 예상할 수 있는 범위를 초과하지 않는 범위 내에서는 재건축결의에 해당하지 않는다고 봄이 상당하나, 위 범위를 넘는 주택의 공급가격의 변동은 철거 및

건축비용의 개산액과 비용분담에 관한 사항을 정한 재건축결의의 내용을 변경하는 것에 해당한다(대판 2006. 10. 26. 2004다17924).

⑨ 재건축조합의 총회의 결의는 의사결정기관인 총회의 의사를 결정하는 법률행위로서, 소정의 절차에 따라 결의의 성립이 선언됨으로써 관계자에 대하여 구속력을 가지는 결의가 외형적으로 존재하게 되고, 그와 같이 결의의 존재를 인정할 수 있는 어떤 외관적인 징표가 있어야만 그 결의의 효력 유무의 확인을 구할 수 있다(대판 2008. 2. 14. 2007다62437).

⑩ 재건축조합의 설립단계에서 정하여야 할 건축물의 철거 및 신축에 소요되는 비용의 개략적인 금액과 그 비용의 분담에 관한 사항은 토지 등 소유자로 하여금 상당한 비용을 부담하면서 재건축에 참가할 것인지, 아니면 시가에 의하여 구분소유권 등을 매도하고 재건축에 참가하지 않을 것인지를 선택하는 기준이 되는 것이다. 즉 재건축결의시 조합원의 비용분담과 관련하여 시공사로 선정된 자가 제시하는 사업계획을 재건축결의의 내용으로 채택하기로 결의한 경우에는 그 사업계획에서 제시한 건축물의 철거 및 신축에 소요되는 비용의 분담에 관한 사항이 재건축결의의 내용이 되므로, 그 후 재건축조합이 시공사와 도급계약을 정식으로 체결하면서 물가의 변동 등 건축 경기의 상황변화에 따른 통상 예상할 수 있는 범위를 초과하여 당초 재건축결의시 시공사가 제시하였던 비용의 분담에 관한 사항을 변경하는 경우에는 비용분담에 관한 재건축결의를 변경한 것으로 보아야 한다. 그리고 이는 그 비용의 증가가 정부정책의 변경이나 기타 예측하지 못한 상황의 발생으로 불가피하게 발생하였다 하더라도 달라지지 아니한다(대판 2009. 1. 30. 2007다31884).

---

(2) 복 구

1) 의 의

건물 가격의 1/2 이하에 상당하는 건물 부분이 멸실된 경우, 각 구분소유자는 멸실한 공용부분과 자기의 전유부분을 복구할 수 있다. 또한 건물가격이 1/2을 초과하는 부분이 멸실된 경우의 복구는 4/5 이상의 결의에 의한다(동법 50조 1항,

4항).

2) 복구소요비용의 상환청구

공용부분을 복구한 자는 다른 구분소유자에 대하여 전유부분의 지분비율에 따라 복구에 소요된 비용의 상환청구를 할 수 있다(동법 50조 2항).

3) 복구결의와 반대한 구분소유자의 매수청구(買受請求)

4/5 이상의 결의에 의한 복구의 경우, 결의에 반대한 구분소유자는 찬성한 구분소유자에 대하여 자신의 구분소유권 및 대지에 관한 권리를 시가에 따라 매수할 것을 청구할 수 있다. 멸실 후 6개월 이내에 복구 또는 재건축의 결의가 없는 경우에도 각 구분소유자는 다른 구분소유자에 대하여 매수청구를 할 수 있다(동법 50조 4항, 6항 및 7항).

9. 건축물대장

(1) 건축물대장의 편성

1) 대장의 편성

건축물대장은 과세표준을 위한 공적 장부로서, 1동의 건물을 표시할 용지와 그 1동의 건물에 속하는 전유부분의 건물을 표시할 용지로 편성한다(동법 53조 2항). 그리고 1동의 건물에 대하여는 각 1용지를 사용하고, 전유부분의 건물에 대하여는 구분한 건물마다 1용지를 사용한다(동법 53조 3항).

2) 대장의 편철

1동의 건물에 속하는 구분한 건물의 대장은 1책에 편철하고 1동의 건물을 표시할 용지 다음에 구분한 건물을 표시할 용지를 편철한다(동법 53조 4항). 그리고 편철한 용지가 과다한 때에는 여러 책으로 나누어 편철할 수 있다(동법 53조 5항).

(2) 건축물대장의 비치의무

특별자치도지사, 시장, 군수 또는 자치구의 구청장(소관청)은, 이 법의 적용을 받는 건물에 대하여는 이 법이 정하는 건축물대장과 건물의 도면 및 각 층의 평면도를 비치하여야 한다(동법 53조 1항).

(3) 건축물대장의 신규·변경등록 신청

집합건물의 신축자는 신축한 때로부터 1월 이내에 1동의 건물에 속하는 전유부분 전부에 대하여 동시에 건축물대장 등록신청을 하여야 한다(신축자의 신규등록의무 : 동법 56조).

또한 건축물대장 등록사항의 변경시 전유부분 소유자는 1월 이내에 변경등록신청의무가 있다(동법 57조).

(4) 건축물대장의 등록사항

1) 1동 건물표시용지의 경우

1동의 건물을 표시할 용지에는 다음의 사항을 등록하여야 한다(동법 54조 1항).

가) 1동의 건물소재지와 지번

나) 1동의 건물에 번호가 있을 때에는 그 번호

다) 1동의 건물의 구조·면적(구분점포가 있는 건물인 경우에는 판매시설 등의 용도에 해당하는 바닥면적의 합계를 포함)

라) 1동의 건물에 속하는 전유부분의 번호

마) 그 밖에 국토교통부령으로 정하는 사항

2) 전유부분표시용지의 경우

전유부분을 표시할 용지에는 다음의 사항을 등록하여야 한다(동법 54조 2항).

가) 전유부분의 번호

나) 전유분분이 속하는 1동의 건물의 번호

다) 전유부분의 종류·구조·면적

라) 부속건물이 있을 때에는 부속건물의 종류·구조·면적

마) 소유자의 성명·명칭과 주소·사무소(소유자가 2인 이상인 때에는 그 지분)

바) 그 밖에 국토교통부령으로 정하는 사항

(5) 건축물대장의 등록절차

1) 건축물대장의 등록은 소유자 등의 신청이나 소관청(특별자치도지사, 시장·군수 또는 구청장)의 조사결정에 의한다(동법 55조).

2) 소관청은 소유자 등의 신청이 있는 경우 또는 직권으로써 건축물대장에 등록할 경우에는 소속공무원으로 하여금 건물의 표시에 관한 사항을 조사하게 하는 실질적 심사권을 인정하고 있다(동법 59조 1항).

3) 이 경우, 조사를 거부·방해하거나 기피한 사람, 거짓 문서를 제시한 사람, 질문에 대하여 진술을 하지 않거나 거짓 진술을 한 사람은 200만원 이하의 과태료를 부과한다(동법 66조 1항 : 2009. 5. 8. 개정).

4) 위의 제재 규정은 종래 건축물대장의 등록과 관련한 공무원의 조사를 건물의 소유자가 거부·방해하거나 기피한 경우 행정형벌인 벌금에 처하도록 하고 있었으나, 위 사항은 비교적 경미한 위반행위에 대하여 과도한 제재를 가하는 것으로 판단되어 이를 과태료 부과로 전환하고자 하는 입법취지에 따라 개정된 것이다.

10. 집합건물분쟁조정위원회

집합건물에 관한 분쟁을 신속하고 효율적으로 해결하기 위한 방안으로서 각 시·도에 전문가로 구성되는 집합건물분쟁조정위원회를 설치·운영할 수 있도록 2012년 12월 18일 집합건물법이 개정되었다(동법 52조의 2~52조의 9). 위 개정내용은 2013년 6월 19일부터 시행되고 있다.

관련판례

그 밖의 집합건물법

① 집합건물 공용부분이나 구분소유자의 공유에 속하는 건물의 대지 또는 부속시설을 제3자가 불법으로 점유하는 경우에 제3자에 대하여 방해배제와 부당이득의 반환 또는 손해배상을 청구하는 법률관계는 구분소유자에게 단체적으로 귀속되

는 법률관계가 아니고, 공용부분 등의 고유지분권에 기초하는 것이어서 그와 같은 위송은 1차적으로 구분소유자가 각각 또는 전원의 이름으로 할 수 있고, 나아가 구분소유관계의 성립으로 관리단집회의 결의에서 선임된 관리인이 그와 같은 재판상 또는 재판 외의 행위를 할 수 있다(대판 2003. 6. 24. 2003다17774).

② 관리비 납부를 연체할 경우 부과되는 연체료는 위약벌의 일종이고, 전(前) 구분소유자의 특별승계인이 체납된 공용부분 관리비를 승계한다고 하여 전 구분소유자가 관리비 납부를 연체함으로 인해 이미 발생하게 된 법률효과까지 그대로 승계하는 것은 아니라 할 것이어서, 공용부분 관리비에 대한 연체료는 특별승계인에게 승계되는 공용부분 관리비에 포함되지 않는다(대판 2006. 6. 29. 2004다3598·3604).

제3관 소유권의 취득

Ⅰ. 개 관

소유권의 취득원인으로서 가장 중요한 것은 법률행위이나, 법률의 규정에 의해서도 취득된다.

그런데 민법은 제245조 이하에서 취득시효, 선의취득, 선점·습득·발견, 부합·혼화·가공(첨부) 등의 특수한 소유권취득원인에 관하여 규정하고 있다. 이 중 선의취득은 앞(동산물권의 변동)에서 이미 설명하였으므로, 다음에서는 그 밖의 취득원인에 관하여 살펴본다.

Ⅱ. 취득시효

1. 서 설

(1) 의 의

취득시효(取得時效)는 어떤 사람이 마치 그가 권리자인 것과 같이 권리를 행사하고 있는 사실상태가 일정한 기간 동안 계속된 경우에 그와 같은 권리행사라는 외관의 사실상태를 근거로 하여 그 사람이 진실한 권리자냐 아니냐를 묻지 않고서 처음부터 그 자가 권리자였던 것으로 인정하는 제도이다.

(2) 존재이유

1) 종래의 다수설

종래의 다수설은 다음의 두 가지를 시효제도의 존재이유로 들고 있으며, 그 주요내용은 아래와 같다.

① 계속된 사실상태와 사회질서의 안정

일정한 사실상태가 계속하게 되면 사회생활상 이를 정당한 법률상태로 신뢰하게 되고 이를 기초로 하여 여러 가지의 법률관계가 이루어지게 되므로 이 사실상태를 부인하면 이미 사회질서 내지 법률관계를 뒤집는 결과가 된다. 이에 따라 시효제도는 법률질서의 안정과 사회질서의 유지의 달성을 위함이다.

② 입증곤란에 대한 구제

사실상태가 오랜 계속되면 정당한 권리관계를 증명할 증거자료가 없어져서, 진실한 권리관계가 어떠한지에 대한 진상을 정확을 파악하기가 어렵다. 이에 따라 계속된 사실상태를 그대로 정당한 것으로 보는 것이 도리어 진실에 부합할 개연성이 높다. 이에 따라 시효제도는 계속된 사실상태에 대한 증거보전의 곤란을 구제하고, 민사소송제도의 적정과 소송경제의 이념에 비추어 사실상태를 그대로 정당한 권리관계로 보자는 것이다.

2) 소 수 설

위의 다수설에 대해서는 그 논거를 달리하는 여러 견해가 주장되고 있으며, 다음에서는 그중 유력한 견해 두 가지를 든다.

① 권리자, 변제자에 대한 보호와 시효적용의 제한

시효제도는 궁극적으로 권리를 취득했거나 의무를 이행하였으나, 이를 입증하지 못하는 자를 보호하려는 그 목적이 있다. 다만 부동산의 등기부취득시효에서는 부동산의 소유자로 등기하고서 점유하는 자의 신뢰를 보호하기 위한 것이다(송덕수 292면).

위의 입장은 원칙적으로 시효는 실질적인 권리자를 보호하려는 것이므로, 무권리자가 보호되지 않도록 이들에 대해서는 시효적용을 가능한 한 제한하는 것으로 해석을 하게 된다.

② 사실상태에 대한 시효이익보유자의 보호와 법률관계의 안정

시효제도의 존재이유는, 계속된 사실상태에 대한 시효이익보유자의 기대를 보호함을 통하여 사회의 법률관계의 안정을 도모하고자 함에 있다(지원림 395면).

3) 사 견

왜 취득시효제도를 인정하는가? 다시 말해서 취득시효제도의 존재이유가 무엇인가에 대해서 판례와 종래 다수설은 2가지를 그 논거로 들고 있다.

그러나 연혁적인 관점에서만 검토하면 취득시효 제도 중 일반취득시효(245조 1항, 246조 1항)는 증거를 잃은 진정한 권리자를 보호하기 위한 것인 반면에, 등기부취득시효와 선의취득시효(246조 1항, 247조 1항)는 무권리자로부터 선의·무과실로 목적물을 양수한 비권리자에 대해서 계속된 사실상태에 따른 거래안전을 고려해서 권리취득을 인정해주기 위한 제도라고 할 수 있다. 따라서 이러한 관점에서는 시효제도를 권리자에 대한 보호와 무권리자에 대한 적용 제한에서 찾는 소수설의 태도는 연혁해석의 관점에서 고려할 만하다. 이러한 관점에서는 부동산 일반취득시효의 근거인 민법 제245조 제1항의 '자주점유'를 해석함에 있어서 악의의 무단점유자는 비권리자이므로 당연히 권리취득을 하기 위한 시효취득자에서 배제시키는 것으로 해석하게 된다.

2. 취득시효의 객체가 될 수 있는 권리

(1) 취득시효의 객체가 될 수 있는 권리

민법이 인정하는 시효로 취득하는 권리는 소유권(245조, 246조)과 그 밖의 재산권(248조)이다. 여기서 소유권 이외의 재산권의 모습으로는 지상권·전세권, 계속되고 표현된 지역권(294조)·질권·임차권 등 민법상의 권리와 광업권 및 어업권(준물권)과 지식재산권 등을 들 수 있다. 또한 20년간 소유의 의사로 평온, 공연하게 집합건물을 구분소유한 사람은 등기함으로써 대지의 소유권을 취득할 수 있으며, 이 경우 점유취득시효가 완성에 의하여 집합건물의 구분소유자들이 취득하는 대지의 소유권은 전유부분을 소유하기 위한 대지사용권에 해당한다(대판 2017. 1. 25. 2012다72469).

(2) 취득시효의 객체가 될 수 없는 권리

비재산권을 비롯한 일정한 권리들은 성질상 또는 법률상 취득시효가 인정되지 않는다. 즉 비재산권(예컨대 인격권·부양을 받을 권리 등의 가족권), 점유를 수반하지 않는 물권(예컨대 저당권), 직접 법률의 규정에 의하여 성립하는 권리(예컨대 점유권·유치권), 1회의 행사로 소멸하는 권리(예컨대 취소권·환매권·해제권), 불계속 또는 불표현의 지역권(294조의 반대해석), 청구권(예컨대 채권) 등은 취득시효의 객체가 될 수 없다.

3. 취득시효의 공통요건

(1) 취득시효의 주체

취득시효의 주체는 권리주체이면 되므로, 자연인은 물론이고 법인도 가능하다. 또한 권리능력 없는 사단이나 재단도 취득시효의 주체가 될 수 있다(통설).

판례도 "취득시효기간이 경과한 후 원래의 소유자의 위탁에 의하여 소유권이전등기를 마친 신탁법상의 수탁자는 그 점유자가 시효취득을 주장할 수 없는 새로운 이해관계인인 제3자에 해당하고, 그 수탁자가 해당 부동산의 공유자들을 조합원으로 한 비법인사단인 재건축조합이라고 하여 달리 볼 것도 아니다."라고 판시하여 통설과 같은 태도를 취하고 있다(대판 2003. 8. 19. 2001다47467).

(2) 취득시효의 객체

취득시효의 객체는 물건으로서, 동산과 부동산 모두를 대상으로 한다(245조, 246조).

여기서 부동산을 객체로 하는 경우, 반드시 1의 독립한 물건에 한하는가의 여부가 문제된다. 건물의 경우는 분할 등기를 전제로 하여야 하고, 특히 등기부취득시효에 있어서는 등기에 부합하는 점유를 전제로 점유기간이 계속되어야 함을 고려할 때, 위 경우는 1의 독립한 물건을 전제로 하여야 할 것이다.

그러나 토지의 경우, 취득시효의 객체는 1필의 토지임을 요하지 않는다(대판 1993. 12. 14. 93다5581). 그러므로 부동산취득시효에서는 자기 소유의 토지도 취득시효의 객체가 될 수 있다(대판 1965. 1. 19. 64다1254). 그러나 1필의 토지의 일부에 대한 시효취득을 인정하기 위하여서는 그 부분이 다른 부분과 구분되어 시효취득자의 점유에 속한다는 것을 인식하기에 족한 객관적인 징표가 계속하여 존재하여야 한다(대판 1993. 12. 14. 93다5581). 같은 맥락에서 공유지분의 일부에 대해서도 취득시효가 인정된다(대판 1975. 6. 24. 74다1877; 동 1979. 6. 26. 79다639).

또한 공용물이나 공공용물은 거래의 대상이 되지 않는 불융통물이므로, 취득시효의 대상이 아니다. 따라서 국유재산인 토지 중 일부의 지하에 대형하수관이 매설되어 그 일대의 공공하수도로 사용되고 있었다면, 그 토지는 공공용재산인 하수도가 설치되어 있는 국유재산으로서 행정재산으로 볼 여지가 있다. 그리고 행정재산은 공용이 폐지되지 아니하는 한 사법상 거래의 대상이 될 수 없어 취득시효의 대상이 되지 아니한다(대판 1995. 6. 16. 94다42655).

그러므로 국유 또는 공유재산은 원칙적으로 취득시효의 객체가 되지 않으나, 잡종재산은 가능하다(헌재1991. 5. 13. 89헌가97). 여기서 시효취득의 대상이 되는 잡종재산이라는 점에 대한 입증책임은 시효의 이익을 주장하는 측에 있다(대판 1995. 6. 16. 94다42655).

또한 취득시효의 대상은 타인의 물건이어야 하는가가 문제된다. 이와 관련해서 취득시효는 누구의 소유인가를 밝히는 제도가 아니고 권리행사의 사실상태를 근거로 권리취득의 지위를 인정하는 것임을 고려할 때 타인의 물건을 전제로 할 필요 없이 권리취득을 인정해주는 제도로 이해하여야 할 것이다.

판례도 "취득시효는 당해 부동산을 오랫동안 계속하여 점유한다는 사실상태를 일정한 경우에 권리관계로 높이려고 하는 데에 그 존재이유가 있는 점에 비추어 보면, 시효취득의 목적물은 타인의 부동산임을 요하지 않고 자기 소유의 부동산이라도 시효취득의 목적물이 될 수 있다고 할 것이다. 그리고 취득시효를 규정한 민법 제245조가 '타인의 물건인 점'을 규정에서 빼놓은 것도 같은 취지에서라고 할 것이다."고 판시하여 취득시효의 객체에서 '타인성'을 그 요건으로 하지 않고 있다(대판 2001. 7. 13. 2001다17572).

(3) 평온, 공연의 점유

취득시효에 의한 소유권취득을 위해서는 시효취득자인 점유자가 평온, 공연하게 목적물을 점유하여야 한다. 이 경우 점유자의 선의·악의를 묻지 않으며, 점유자는 평온·공연하게 점유한 것으로 추정된다(197조 1항).

위에서 평온한 점유는 점유자가 점유를 취득 또는 보유하는 데 있어 법률상 용인될 수 없는 강포(强暴)의 행위를 쓰지 아니하는 점유이고, 공연한 점유는 은비(隱秘)의 점유가 아닌 점유를 말하는 것이다.

따라서 점유가 불법이라고 주장하는 자로부터 수차에 걸쳐 임료를 지급하거나 점유부동산을 매수할 것을 요구받는 등으로 분쟁이 있었다 하더라도 그러한 사실만으로는 그 점유가 평온, 공연성이 상실된다고 할 수 없다(대판 1993. 5. 25. 92다52764).

또한 점유는 직접점유에 한하지 않고, 점유매개관계에 의해서 타인을 매개로 한 간접점유라도 무방하다. 따라서 제3자를 점유매개자로 하여 농지를 간접적으로 점유하여 온 자는 비록 그가 농민이 아니라고 하더라도 농지를 시효취득할 수 있다(대판 1998. 2. 24. 97다49053).

(4) 자주점유

1) 자주점유의 추정

취득시효에 의한 소유권취득을 위해서는 시효취득자인 점유자가 소유의 의사인 자주점유로 목적물을 점유하여야 한다. 이 경우 점유자는 소유의 의사로 점유한 것으로 추정된다(197조 1항).

2) 자주점유 여부에 대한 판례이론

악의의 무단점유의 경우에는 자주점유의 추정이 깨어지므로, 무단점유자는 타주점유자로 다루어져서 취득시효에 의한 소유권을 취득할 수가 없다(대판〈전〉 1997. 8. 21. 95다28625).

점유자가 취득시효기간 경과 후 매수의사를 표시한 것은 특별한 사정이 없는 한 취득시효이익의 포기로 볼 수 없으므로, 취득시효기간이 경과한 후에 점유자가 그 매수를 제의한 사실이 있다고 하여도 그 점유는 타주점유로 볼 수 없다(대판〈전〉 1983. 7. 12. 82다709).

4. 부동산소유권의 취득시효

(1) 점유취득시효

1) 의 의

이는 20년간 소유의 의사로 평온, 공연하게 부동산을 점유하는 자가 등기함으로써 그 소유권을 취득하는 것으로서(245조 1항), 일명 부동산소유권의 '일반취득시효'라고도 한다.

2) 요 건

가) 20년의 시효기간

시효취득자는 공통요건에서 살펴본바와 같이 소유의 의사로 부동산을 평온·공연하게 점유하여야 한다. 점유자의 선의·악의를 묻지 않으며, 점유자는 소유의 의사로 평온·공연하게 점유한 것으로 추정된다(197조 1항).

이 밖에 일반시효취득자는 특별요건으로 20년 동안 계속 점유하여야 한다. 여기서 점유의 계속도 추정되므로 이를 입증할 필요는 없다(198조). 이해관계 있는 제3자의 지위를 고려해야 하므로, 시효취득자는 시효의 기산점을 원칙적으로 임의로 선택할 수 없으나, 등기명의인이 동일한 경우에는 임의로 주장할 수 있다.

판례도 "취득시효를 주장하는 자는 점유기간 중에 소유자의 변동이 없는 토지에 관하여는 취득시효의 기산점을 임의로 선택할 수 있고, 취득시효를 주장하는 날로부터 역산하여 20년 이상의 점유 사실이 인정되고 그것이 자주점유가 아닌 것으로 밝혀지지 않는 한 취득시효를 인정할 수 있는 것이고, 이는 취득시효완성 후 토지 소유자에 변동이 있어도 당초의 점유자가 계속 점유하고 있고 소유자가 변동된 시점을 새로운 기산점으로 삼아도 다시 취득시효의 점유기간이 완성되는 경우에도 역시 타당하므로 시효취득을 주장하는 점유자로서는 소유권 변동시를 새로운 취득시효의 기산점으로 삼아 취득시효의 완성을 주장할 수 있다."고 판시하고 있다(대판〈전〉 1994. 3. 22. 93다46360).

나) 2차 취득시효의 완성과 점유주장

부동산에 대한 점유취득시효가 완성된 후 취득시효 완성을 원인으로 한 소유권이전등기를 하지 않고 있는 사이에 그 부동산에 관하여 제3자 명의의 소유권이전등기가 경료된 경우라 하더라도 당초의 점유자가 계속 점유하고 있고 소유자가 변동된 시점을 기산점으로 삼아도 다시 취득시효의 점유기간이 경과한 경우에는 점유자로서는 제3자 앞으로의 소유권 변동시를 새로운 점유취득시효의 기산점으로 삼아 2차의 취득시효의 완성을 주장할 수 있다.

이에 대하여 판례의 다수의견은, "취득시효기간이 경과하기 전에 등기부상의 소유명의자가 변경된다고 하더라도 그 사유만으로는 점유자의 종래의 사실상태의 계속을 파괴한 것이라고 볼 수 없어 취득시효를 중단할 사유가 되지 못하므로, 새로운 소유명의자는 취득시효 완성 당시 권리의무 변동의 당사자로서 취득시효 완성으로 인한 불이익을 받게 된다 할 것이어서 시효완성자는 그 소유명의자에게 시효취득을 주장할 수 있는바, 이러한 법리는 새로이 2차의 취득시효가 개시되어 그 취득시효기간이 경과하기 전에 등기부상의 소유명의자가 다시 변경된 경우에도 마찬가지로 적용된다."는 입장에 따른 것으로 타당하다(대판〈전〉 2009. 7. 16. 2007다15172·15189).

다만 위의 다수의견에 대해서는, "다수의견은 이른바 형식주의를 채택한 우리 민법 아래에서 거래의 안전을 심각하게 침해하는 결과를 초래할 수 있다. 우리 민법의 점유취득시효제도가 어떻게 운용되어야 할 것인지에 관하여 이미 종전 대법원 판결이 "무릇 점유취득시효제도란 권리 위에 잠자는 자를 배제하고 점유사용의 현실적 상황을 존중하자는 제도이기는 하지만, 이는 극히 예외적인 상황하에서만 인정되어야 할 것이고, 이를 지나치게 넓게 인정하는 것은 타인의 재산권을 부당히 침해할 요소가 큰 것이므로, 법이 진정한 재산권을 보호하지 못하는 결과가 되어 온당치 않다고 보이고, 따라서 그 취득요건은 극히 엄격히 해석하여야 할 것"이라는 판시를 한 바 있고, 이는 현재에도 유효하다."는 취지의 반대의견이 있다.

또 반대의견은 "다수의견은 1차 점유취득시효가 완성된 후에 등기부상의 소유명의자가 변경된 경우에 그 등기부상의 명의 변경 시점을 새로이 점유취득시효의 기산점으로 볼 수 있는 근거 내지 이유에 대한 설명이 없다. 만일 1차 점유취득시효가 완성된 후에 등기부상의 소유명의자가 변경된 경우, 만일 당초의 점유자가 그와 같은 등기부상 소유자의 변경 사실을 잘 알면서도 감히 점유를 개시한 것이라면 이는 타주점유에 해당하는 것으로 보아야 하고, 그렇지 아니하고 당초의 점유자가 등기부상 소유자의 변경 사실을 알지 못한 채 점유를 계속한 것이라면 그 등기부상 소유자의 변경 시점을 새로운 점유의 기산점으로 볼 아무런 이유가 없다."는 태도를 취하고 있다.

위의 반대의견은, 우리 민법은 법률행위로 인한 물권변동은 등기하여야 한다는 이른바 형식주의를 취하고 부동산의 점유취득시효에 관하여도 등기함으로써 소유권을 취득한다고 규정하고 있으므로, 등기가 아니라 점유에 기하여 법률관계가 정해지도록 하는 것은 예외적으로 제한된 범위 내에서만 허용된다고 보는 것이 바람직하다는 취지에 기인한 것이다.

다) 등 기

부동산소유권의 취득시효는 법률의 규정에 의한 부동산물권의 취득이므로 등기 없이 소유권을 취득하여야 하나(187조), 제245조 제1항에서 '등기함으로써 그 소유권을 취득하는 것'으로 규정하고 있으므로 등기는 일반취득시효의 필수요건이다. 이 경우, 등기청구권은 법률의 규정(245조 1항)에 따른 등기에 의하여 물권의 지위를 갖추기 전에 발생하는 권리이므로 채권적 청구권이다(통설).

따라서 이에 따른 등기청구권은 취득시효의 요건을 갖출 당시의 등기명의자에게만 주장할 수 있는 상대권으로서 소멸시효에 걸리게 된다. 판례도 통설과 같은 입장을 취하고 있다(대판 1996. 3. 8. 95다34866).

그러므로 취득시효기간이 만료된 토지의 점유자는 그 기간만료 당시의 토지소유자에 대하여 시효취득을 원인으로 하는 소유권이전등기청구권을 가지므로, 취득시효기간만료 후에 새로이 그 토지의 소유권을 취득한 사람에 대하여는 시효취득으로 대항할 수 없다(대판 1998. 7. 10. 97다45402).

또한 취득시효가 완성된 이후 점유자(乙)가 취득시효를 원인으로 한 소유권이전등기를 하기 전에 제3자(丙)에게 그 부동산에 대한 소유권이전등기가 경료된 이상 丙이 악의이더라도 乙은 취득시효를 주장할 수 없다(대판 1967. 10. 31. 67다1635). 그러나 취득시효가 완성된 목적물을 양수받은 제3자(丙)의 등기가 원인무효의 것이라면 점유자(乙)는 등기명의자(甲)에 대한 소유권이전등기청권으로서 甲을 대위하여 丙의 명의로 경료된 원인무효등기의 말소를 청구할 수 있다(대판 1990. 11. 27. 90다18637).

또 점유로 인한 소유권취득시효 완성 당시 미등기로 남아 있던 토지에 관하여 소유권을 가지고 있던 자가 취득시효 완성 후에 그 명의로 소유권보존등기를 마쳤다 하더라도 이는 소유권의 변경에 관한 등기가 아니므로 그러한 자를 그 취득시효 완성 후의 새로운 이해관계인으로 볼 수 없다. 또한 그 미등기 토지에 대하여 소유자의 상속인 명의로 소유권보존등기를 마친 것도 시효취득에 영향을 미치는 소유자의 변경에 해당하지 않으므로, 이러한 경우에는 그 등기명의인에게 취득시효 완성을 주장할 수 있다(대판 2007. 6. 14. 2006다84423).

3) 효 과

가) 소급효와 원시취득

위의 요건을 갖춘 후에 등기함으로써 점유를 개시한 때에 소급하여 부동산소유권이 원시적으로 취득된다(245조 1항, 247조 1항).

나) 등기 전 원소유자의 지위

타인의 토지를 20년간 소유의 의사로 평온·공연하게 점유한 자는 등기를 함으로써 비로소 그 소유권을 취득하게 되므로 점유자가 원소유자에 대하여 점유로 인한 취득시효기간이 만료되었음을 원인으로 소유권이전등기청구를 하는 등 그 권리행사를 하거나 원소유자가 취득시효완성 사실을 알고 점유자의 권리취득을 방해하려고 하는 등의 특별한 사정이 없는 한 원소유자는 점유자 명의로 소유권이전등기가 마쳐지기까지는 소유자로서 그 토지에 관한 적법한 권리를 행사할 수 있다(대판 2006. 5. 12. 2005다75910).

또한 원소유자가 취득시효의 완성 이후 그 등기가 있기 전에 그 토지를 제3자에게 처분하거나 제한물권의 설정, 토지의 현상 변경 등 소유자로서의 권리를 행사하였다 하여 시효취득자에 대한 관계에서 불법행위가 성립하는 것이 아님은 물론 위 처분행위를 통하여 그 토지의 소유권이나 제한물권 등을 취득한 제3자에 대하여 취득시효의 완성 및 그 권리취득의 소급효를 들어 대항할 수도 없다 할 것이다. 그리하여 이 경우 시효취득자로서는 원소유자의 적법한 권리행사로 인한 현상의 변경이나 제한물권의 설정 등이 이루어진 그 토지의 사실상 혹은 법률상 현상 그대로의 상태에서 등기에 의하여 그 소유권을 취득하게 된다. 따라서 시효취득자가 원소유자에 의하여 그 토지에 설정된 근저당권의 피담보채무를 변제하는 것은 시효취득자가 용인하여야 할 그 토지상의 부담을 제거하여 완전한 소유권을 확보하기 위한 것으로서 그 자신의 이익을 위한 행위라 할 것이다. 그러므로 위 변제액 상당에 대하여 원소유자에게 대위변제를 이유로 구상권을 행사하거나 부당이득을 이유로 그 반환청구권을 행사할 수는 없다(대판 2006. 5. 12. 2005다75910).

다) 목적물의 처분과 손해배상책임 성립 여부

시효완성 당시의 등기명의자가 목적물을 제3자에게 처분한 경우에 고의 또는 과실이 있으면 불법행위를 구성하나, 그 부동산을 처분한 것이 당연히 불법행위가 되지 않는다(대판 1989. 4. 11. 88다카8217).

또 부동산점유자에게 시효취득으로 인한 소유권이전등기청구권이 있다고 하더라도 이로 인하여 부동산소유자와 시효취득자 사이에 계약상의 채권·채무관계가 성립하는 것은 아니므로, 그 부동산을 처분한 소유자에게 당연히는 채무불이행책임을 물을 수는 없다(대판 1995. 7. 11. 94다4509).

라) 건물공유자의 시효취득과 권리귀속

건물공유자 중 일부만이 건물을 점유하여 건물부지에 대한 소유권을 시효취득하는 경우라면 그 취득시효완성을 원인으로 한 소유권이전등기청구권은 당해 건물의 공유지분비율과 같은 비율로 건물공유자 전원에게 귀속된다(대판 2003. 11. 13. 2002다57935).

마) 부동산점유취득시효와 제3자의 권리 소멸 여부

부동산점유취득시효는 원시취득에 해당하므로 특별한 사정이 없는 한 원소유자의 소유권에 가하여진 각종 제한에 의하여 영향을 받지 아니하는 완전한 소유권을 취득하게 된다. 그러나 시효기간이 완성되었다고 하더라도 점유자(시효취득자) 앞으로 등기를 마치지 아니한 이상 전소유권에 붙어있는 제3자의 권리 등의 부담은 소멸되지 아니한다(대판 2004. 9. 24. 2004다31463).

또 원소유자가 취득시효의 완성 이후 그 등기가 있기 전에 그 토지를 제3자에게 처분하거나 제한물권의 설정, 토지의 현상 변경 등 소유자로서의 권리를 행사하였다 하여 시효취득자에 대한 관계에서 불법행위가 성립하는 것이 아님은 물론 위 처분행위를 통하여 그 토지의 소유권이나 제한물권 등을 취득한 제3자에 대하여 취득시효의 완성 및 그 권리취득의 소급효를 들어 대항할 수도 없다 할 것이다. 그러므로 이 경우 시효취득자로서는 원소유자의 적법한 권리행사로 인한 현상의 변경이나 제한물권의 설정 등이 이루어진 그 토지의 사실상 혹은 법률상 현상 그대로의 상태에서 등기에 의하여 그 소유권을 취득하게 된다. 따라서 시효취득자가 원소유자에 의하여 그 토지에 설정된 근저당권의 피담보채무를 변제하는 것은 시효취득자가 용인하여야 할 그 토지상의 부담을 제거하여 완전한 소유권을 확보하기 위한 것으로서 그 자신의 이익을 위한 행위라 할 것이다. 그러므로 위 변제액 상당에 대하여 원소유자에게 대위변제를 이유로 구상권을 행사하거나 부당이득을 이유로 그 반환청구권을 행사할 수는 없다(대판 2006. 5. 12. 2005다75910).

바) 취득시효의 완성과 대상청구권 행사 여부

점유자(乙)의 등기청구권이 이행불능이 된 것에 기인하여 대상청구권(代償請求權)을 행사하기 위하여서는 그 이행불능 전에 등기명의자(甲)에 대하여 취득시효를 원인으로 한 권리를 주장·행사하지 않았다면 乙은 대상청구권을 행사할 수 없다(대판 1996. 12. 10. 94다43825).

취득시효가 완성된 토지가 수용됨으로써 취득시효 완성을 원인으로 하는 소유권이전등기 의무가 이행불능이 된 경우에는 그 소유권이전등기 청구권자가 대상청구권의 행사로서 그 토지의 소유자가 토지의 대가로서 지급받은 수용보상금의 반환을 청구할 수 있다고 하더라도, 시효취득자가 직접 토지의 소유자를 상대로 공탁된 토지수용보상금의 수령권자가 자신이라는 확인을 구할 수는 없다(대판 1995. 7. 28. 95다2074).

사) 파산관재인을 상대로 한 점유취득시효 주장 여부

파산선고 전에 부동산에 대한 점유취득시효가 완성되었으나 파산선고시까지 이를 원인으로 한 소유권이전등기를 마치지 아니한 자는, 그 부동산의 소유자에 대한 파산선고와 동시에 파산채권자 전체의 공동의 이익을 위하여 파산재단에 속하는 그 부동산에 관하여 이해관계를 갖는 제3자의 지위에 있는 파산관재인이 선임된 이상, 파산관재인을 상대로 파산선고 전의 점유취득시효 완성을 원인으로 한 소유권이전등기절차의 이행을 청구할 수 없다.

또한 그 부동산의 관리처분권을 상실한 파산자가 파산선고를 전후하여 그 부동산의 법률상 소유자로 남아 있음을 이유로 점유취득시효의 기산점을 임의로 선택하여 파산선고 후에 점유취득시효가 완성된 것으로 주장하여 파산관재인에게 소유권이전등기절차의 이행을 청구할 수도 없다.

이 경우 법률적 성질이 채권적 청구권인 점유취득시효 완성을 원인으로 한 소유권이전등기청구권은 구 파산법 제14조(2005. 3. 31. 법률 제7428호 채무자 회생 및 파산에 관한 법률 부칙 제2조로 폐지)가 규정하는 파산자에 대하여 파산선고 전의 원인으로 생긴 재산상의 청구권으로서 파산채권에 해당하므로 파산절차에 의하여서만 그 권리를 행사할 수 있다(대판 2008. 2. 1. 2006다32187).

아) 점유취득시효 양수인의 지위

전 점유자의 점유를 승계한 자는 그 점유 자체와 하자만을 승계하는 것이지 그 점유로 인한 법률효과까지 승계하는 것은 아니므로 부동산을 취득시효기간 만료 당시의 점유자로부터 양수하여 점유를 승계한 현 점유자는 자신의 전 점유자에 대한 소유권이전등기청구권을 보전하기 위하여 전 점유자의 소유자에 대한 소유권이전등기청구권을 대위행사할 수 있을 뿐, 전 점유자의 취득시효 완성의 효과를 주장하여 직접 자기에게 소유권이전등기를 청구할 권원은 없다(대판 1997. 8. 21. 95다28625).

자) 국가의 토지에 대한 점유취득시효의 완성과 보상청구권

국가가 토지를 20년간 점유하여 취득시효가 완성된 경우, 토지의 소유자는 국가에 이를 원인으로 하여 소유권이전등기절차를 이행하여 줄 의무를 부담하므로 국가에 대하여 소유권에 따른 권리를 행사할 지위에 있다고 보기는 어려우나, 하천편입 토지 보상 등에 관한 특별조치법(하천편입토지보상법)은 하천법에 따른 손실보상청구권의 소멸시효가 완성된 경우에도 손실보상청구를 허용하고 있는데, 이러한 관계 법령의 취지는 시간의 경과에도 불구하고 하천구역 편입으로 아무런 보상 없이 토지 소유권을 상실한 개인의 재산권을 두텁게 보장하기 위한 것인 점, 국가가 소유자를 상대로 취득시효 완성을 원인으로 한 소유권이전등기청구를 함으로써 토지의 소유권을 취득할 수 있는 지위에 있었는데도 권리를 제때 행사하지 않고 있던 중에 토지가 하천구역에 편입되어 국유로 되고 소유자에게 손실보상청구권이 발생하자 비로소 취득시효 완성 주장을 하는 경우까지 그 주장을 받아들여 원래 소유자의 손실보상청구를 배척하는 것은 헌법상 재산권 보장의 이념과 하천편입토지보상법의 취지에 부합한다고 보기 어려운 점 등을 종합하면, 점유취득시효가 완성되어 국가에 소유권이전등기청구권이 발생하였다는 사정은 토지 소유자가 국가를 상대로 소유권에 기초한 물권적 청구권을 행사하는 것을 저지할 수 있는 사유는 될 수 있으나, 나아가 토지 소유자가 소유권의 상실을 전제로 하천편입토지보상법에 따른 손실보상청구권을 행사하는 것을 저지하는 사유가 될 수는 없다(대판 2016. 6. 28. 2016두35243).

(2) 등기부취득시효

1) 의 의

이는 부동산의 소유자로 등기한 자가 10년간 소유의 의사로 평온, 공연하게 선의이며 과실 없이 그 부동산을 점유한 때에 소유권을 취득하는 취득시효를 말한다(245조 2항).

2) 요 건

가) 선의·무과실의 점유

시효취득자는 공통요건으로서 소유의 의사로 평온·공연하게 점유하여야 함은 물론이고 선의·무과실로 점유하여야 한다. 점유자의 선의는 추정되므로(197조 1항), 시효취득을 주장하는 자가 입증할 필요가 없다. 그러나 선의에 대한 무과실은 추정되지 않으므로, 점유자가 그 무과실을 입증하여야 한다(대판 1992. 11. 13. 90다30245). 그런데 부동산에 등기부상 소유자가 존재하는 등 소유자가 따로 있음을 알 수 있는 경우에는 비록 소유자가 행방불명되어 생사를 알 수 없더라도 부동산이 바로 무주부동산에 해당하는 것은 아니므로, 소유자가 따로 있음을 알 수 있는 부동산에 대하여 국가가 국유재산법 제8조에 따른 무주부동산 공고절차를 거쳐 국유재산으로 등기를 마치고 점유를 개시하였다면, 특별한 사정이 없는 한 점유의 개시에 자기의 소유라고 믿은 데에 과실이 있다(대판 2016. 8. 24. 2016다220679).

여기서 등기부취득시효의 요건으로서 점유자의 선의·무과실은 점유개시시에만 있으면 족하고 전시효기간 계속됨을 요하지 않는다(대판 1993. 11. 23. 93다21132).

나) 10년의 시효기간

점유자가 소유자는 아니지만 소유자로 등기되어 있어야 하고, 여기서 등기기간은 반드시 10년간 그의 명의로 등기되어 있어야 하는 것은 아니고, 전 소유자 명의의 등기기간까지 포함해서 10년이면 충분하다.

판례도 시효취득자는, "민법 제245조 제2항의 규정에 의하여 바로 그 부동산에 대한 소유권을 취득하는 것이므로, 등기부취득시효가 완성된 경우에는 별도로 이를 원인으로 한 소유권이전등기청구권이 발생할 여지가 없다. 따라서 등기부취득시효의 완성 후에 그 부동산에 관한 점유자 명의의 등기가 말소되거나 적법한 원인 없이 다른 사람 앞으로 소유권이전등기가 경료되었다 하더라도, 현재의 등기명의자를 상대로 방해배제청구를 할 수 있을 뿐이고, 등기부취득시효의 완성을 원인으로 현재의 등기명의자를 상대로 소유권이전등기를 구할 수는 없고, 등기부취득시효에 있어서의 등기와 점유는 권리의 외관을 표상하는 방법에서 동등한 가치를 가진다 할 것이므로, 등기에 관해서도 점유의 승계에 관한 민법 제 199조를 유추적용함이 타당하다."는 점유의 승계와 마찬가지로 등기의 승계를 인정하는 입장을 취하고 있다(대판〈전〉 1989. 12. 26. 87다카2176).

또한 제245조 제2항의 '등기'에는 중복등기여서 무효로 되는 등기는 포함되지 않는다(대판 1998. 7. 14. 97다32693).

3) 효 과

점유자는 점유를 개시한 때에 소급하여 소유권을 취득한다(247조 1항). 등기부취득시효와 마찬가지로 점유자의 선의는 추정되나, 무과실은 추정되지 않는다(197조 1항). 따라서 점유자가 그 무과실을 입증하여야 한다. 또한 선의취득시효의 요건으로서 점유자의 선의·무과실도 등기부취득시효에서와 같이 점유개시시에만 있으면 족하고 전시효기간을 통하여 계속됨을 요하지 않는다(대판 1993. 11. 23. 93다21132).

5. 동산소유권의 취득시효

동산을 소유의 의사로 평온·공연하게 10년간 소유의 의사로 점유한 자는 점유취득시효에 의하여 동산소유권을 취득하고, 위 점유가 선의·무관심인 때에는 5년간 점유하면 선의취득시효에 의하여 동산소유권을 취득한다(246조).

〈부동산소유권의 취득시효에 관한 도시〉

점유(일반)취득시효 (245조 1항)	등기부취득시효 (245조 2항)
㉠ 물권편에 규정	㉠ 양자가 같다.
㉡ 뒤에 등기하여야 한다.	㉡ 먼저 소유권자로 등기되어 있어야 한다.
㉢ 선의임을 요하지 않는다.	㉢ 선의의 점유라야 한다.
㉣ 20년의 장기시효기간	㉣ 등기기간 10년(전자 명의 기간 포함)

ⓜ 평온, 공연의 점유이어야 한다.	ⓜ 양자가 같다.
ⓑ 자주점유이어야 한다. 악의의 무단점유(×)	ⓑ 양자가 같다.
ⓢ 무과실임을 요하지 않는다.	ⓢ 무과실의 점유여야 하고, 시효취득자가 이를 입증하여야 한다.

〈동산소유권의 취득시효에 관한 도시〉

점유(일반)취득시효 (246조 1항)	선의취득시효 (246조 2항)
㉠ 물권편에 규정	㉠ 양자가 같다.
㉡ 선의임을 요하지 않는다.	㉡ 선의의 점유이어야 한다.
㉢ 10년의 장기시효기간	㉢ 5년의 단기시효기간
㉣ 평온, 공연의 점유	㉣ 양자가 같다.
㉤ 자주점유이어야 한다.	㉤ 양자가 같다.
㉥ 무과실임을 요하지 않는다.	㉥ 무과실의 점유여야 하고, 시효취득자가 이를 입증하여야 한다.

6. 소유권 이외의 재산권의 취득시효

(1) 등기를 요하는 재산권

지상권, 전세권, 계속되고 표현된 지역권 등의 용익물권과 대항력을 갖춘 부동산임차권. 지식재산권, 광업권·어업권 등은 등기를 요하는 재산권이다. 따라서 이들 권리를 취득시효에 의하여 취득함에 있어서는 부동산소유권의 취득시효에 관한 규정을 준용한다(248조, 245조).

(2) 등기를 요하지 않는 재산권

질권 등은 등기를 요하는 재산권이다. 따라서 이들 권리를 취득시효에 의하여 취득함에 있어서는 동산소유권의 취득시효에 관한 규정을 준용한다(248조, 246조).

7. 취득시효의 중단·정지

소멸시효의 중단에 관한 규정은 취득시효의 경우에도 준용된다(247조 2항). 이밖에 별도의 규정은 없지만 점유자가 점유 내지 준점유를 상실하면 취득시효의 기초가 되는 권리행사의 사실상태가 존재하지 않으므로, 취득시효는 중단된다(송덕수 314면, 이영준 515면).

또한 소멸시효의 정지에 관한 규정이 취득시효에도 준용된다는 명문규정은 없다. 그러나 시효의 정지제도를 취득시효에만 배척할 이유가 없으므로 소멸시효의 정지에 관한 규정은 취득시효의 경우에 유추 적용되는 것으로 이해하여야 할 것이다.

관련판례

취득시효의 중단

① 점유로 인한 부동산소유권의 시효취득에 있어 취득시효의 중단사유는 종래의 점유상태의 계속을 파괴하는 것으로 인정될 수 있는 사유라야 할 것인바, 취득시효기간의 완성 전에 등기부상의 소유명의가 변경되었다 하더라도 이로써 종래의 점유상태의 계속이 파괴되었다고 할 수 없으므로 이는 취득시효의 중단사유가 될 수 없다(대판 1993. 5. 25. 92다52764).

② 취득시효기간의 만료 전에 등기부상의 소유명의가 변경되었다 하더라도 이로써 종래의 점유상태의 계속이 파괴되었다고 할 수 없으므로 이는 취득시효의 중단사유가 될 수 없다(대판 1997. 4. 25. 97다6186).

③ 소유권이전등기를 명한 확정판결의 피고가 재심의 소를 제기하여 토지에 대한 소유권이 여전히 자신에게 있다고 주장한 것은 상대방의 시효취득과 양립할 수 없는 자신의 권리를 명확히 표명한 것이므로 이는 취득시효의 중단사유가 되는 재판상의 청구에 준하는 것이라고 볼 것이고, 위 확정판결에 의해 소유권이전등기를 경료받은 자의 당해 토지에 대한 취득시효는 재심의 소 제기일로부터

재심판결 확정일까지 중단된다(대판 1998. 6. 12. 96다26961).

④ 취득시효를 주장하는 자가 원고가 되어 소를 제기한 데 대하여 권리자가 피고로서 응소하고 그 소송에서 적극적으로 권리를 주장하여 그것이 받아들여진 경우에는 민법 제247조 제2항에 의하여 취득시효기간에 준용되는 민법 제168조 제1호, 제170조 제1항에서 시효중단사유의 하나로 규정하고 있는 재판상 청구에 포함된다(대판 2003. 6. 13. 2003다17927).

⑤ 시효를 주장하는 자가 원고가 되어 소를 제기한 경우에 있어서, 피고가 응소행위를 하였다고 하여 바로 시효중단의 효과가 발생하는 것은 아니고, 변론주의 원칙상 시효중단의 효과를 원하는 피고로서는 당해 소송 또는 다른 소송에서의 응소행위로서 시효가 중단되었다고 주장하지 않으면 아니 되고, 피고가 변론에서 시효중단의 주장 또는 이러한 취지가 포함되었다고 볼 만한 주장을 하지 아니하는 한, 피고의 응소행위가 있었다는 사정만으로 당연히 시효중단의 효력이 발생한다고 할 수는 없는 것이나, 응소행위로 인한 시효중단의 주장은 취득시효가 완성된 후라도 사실심 변론종결 전에는 언제든지 할 수 있다(대판 2003. 6. 13. 2003다17927).

사례&판례 연구 **취득시효의 요건과 자주점유 〈악의의 무단점유자의 자주점유 여부와 부동산소유권의 점유취득시효〉【대판 1997. 8. 21. 95다28625】**

《사건의 개요》

丙은 서울 강서구 공항동 소재의 A토지를 매수하여 소유권이전등기를 경료하고 이를 소유하여오던 중 1971. 8. 12. A토지 위에 있던 기존의 가옥을 철거하고 지하 1층, 지상 2층 규모의 C주택을 신축하면서 A토지에 인접한 乙(국가) 소유의 토지 B 중 일부에 담장 및 대문을 설치하고 그 안쪽에 있는 B 중 또 다른 일부에 차고와 물치장을 각각 축조하는 이외에 주택마당으로 사용하여왔다.

그 후 원고 甲은 1991. 3. 8. 丙으로부터 위 A대지(토지)와 주택을 매수한 이래 乙 소유의 대지 중 丙이 점유하였던 부분을 계속 차고 및 주택의 마당으로 사용하고 있었다.

그런데, 甲은 B 중 자신이 점유하고 있는 부분은 자주점유로 추정되는 丙의 점유를 승계하고 있으므로 점유개시일로부터 20년이 경과한 1991. 8. 21. 위 점유부분에 대하여 취득시효가 완성되었음을 이유로 乙을 상대로 소유권이전등기의 절차이행을 청구하였다.

이에 乙은 丙의 점유가 타주점유이기 때문에 시효취득이 성립하지 않는다고 항변하였는바, 원심은 乙의 주장을 배척하고 甲의 주장을 인용하였다.

【판시사항】

[1] 취득시효에 있어서 '소유의 의사'의 입증책임

[2] 점유자의 '소유의 의사'의 추정이 깨어지는 경우

[3] 점유자가 점유 개시 당시 소유권 취득의 원인이 될 수 있는 법률행위 기타 법률요건 없이 그와 같은 법률요건이 없다는 사실을 알면서 타인 소유의 부동산을 무단점유한 경우, 자주점유의 추정이 깨어지는지 여부(적극)

【판결요지】

[1] 민법 제197조 제1항에 의하면 물건의 점유자는 소유의 의사로 점유한 것으로 추정되므로 점유자가 취득시효를 주장하는 경우에 있어서 스스로 소유의 의사를 입증할 책임은 없다. 오히려 그 점유자의 점유가 소유의 의사가 없는 점유임을 주장하여 점유자의 취득시효의 성립을 부정하는 자에게 그 입증책임이 있다.

[2] 점유자의 점유가 소유의 의사 있는 자주점유인지 아니면 소유의 의사 없는 타 주점유인지의 여부는 점유자의 내심의 의사에 의하여 결정되는 것이 아니라 점유 취득의 원인이 된 권원의 성질이나 점유와 관계가 있는 모든 사정에 의하여 외형적·객관적으로 결정되어야 하는 것이기 때문에 점유자가 성질상 소유의 의사가 없는 것으로 보이는 권원에 바탕을 두고 점유를 취득한 사실이 증명되었거나, 점유자가 타인의 소유권을 배제하여 자기의 소유물처럼 배타적 지배를 행사하는 의사를 가지고 점유하는 것으로 볼 수 없는 객관적 사정, 즉 점유자가 진정한 소유자라면 통상 취하지 아니할 태도를 나타내거나 소유자라면 당연히 취했을 것으로 보이는 행동을 취하지 아니한 경우 등 외형적·객관

적으로 보아 점유자가 타인의 소유권을 배척하고 점유할 의사를 갖고 있지 아니하였던 것이라고 볼 만한 사정이 증명된 경우에도 그 추정은 깨어진다.

[3] [다수의견] 점유자가 점유 개시 당시에 소유권 취득의 원인이 될 수 있는 법률행위 기타 법률요건이 없이 그와 같은 법률요건이 없다는 사실을 잘 알면서 타인 소유의 부동산을 무단점유한 것임이 입증된 경우, 특별한 사정이 없는 한 점유자는 타인의 소유권을 배척하고 점유할 의사를 갖고 있지 않다고 보아야 할 것이므로 이로써 소유의 의사가 있는 점유라는 추정은 깨어졌다고 할 것이다.

사례&판례 연구 **취득시효의 효과와 등기청구권 〈취득시효완성자의 지위를 양수한 자의 법적 지위〉【대판 1995. 3. 28. 93다47745】**

《사건의 개요》

戊는 丙으로부터 임야 A를 1956. 11. 8. 매수하여 그 위에 건물 B를 축조하여 교회로 사용하여 왔으며, 그 후 A는 1964년 이후 乙에게 이전등기가 경료되었다. 甲은 乙로부터 주택 A를 매수하였는데, A는 乙 및 제3자의 대지 위에 걸쳐 있었고, 이에 甲은 乙과 기간의 정함이 없는 토지임대차계약을 체결하였다.

그 후 원고 甲은 1986년 戊로부터 A와 B를 매수하여 이를 명도 받아서 점유하다가, 1976. 11. 8 취득시효가 완성되었음을 근거로 戊를 대위하여 乙의 포괄승계인인 丁에게 소유권이전등기의 절차이행을 청구하였다.

이에 대하여 원심은 戊가 A를 甲에게 명도하여 점유를 상실하였음을 근거로 소유권이전등기 자체를 청구할 수 없으므로 甲의 대위청구도 이유없다고 하여 대위청구를 기각하였고, 이에 甲은 불복하여 대법원에 상고하였다.

【판시사항】

가. 점유자가 취득시효기간의 만료로 소유권이전등기청구권을 취득한 후 점유를 상실한 경우, 그 소유권이전등기청구권이 소멸되는지 여부

나. 취득시효기간 만료 당시의 점유자로부터 점유를 승계한 현 점유자가 전 점유자

의 취득시효 완성의 효과를 주장하여 직접 자기에게 소유권이전등기를 청구할 권원이 있는지 여부

【판결요지】 [다수의견]

가. 원래 취득시효제도는 일정한 기간 점유를 계속한 자를 보호하여 그에게 실체법상의 권리를 부여하는 제도이므로, 부동산을 20년 간 소유의 의사로 평온·공연하게 점유한 자는 민법 제245조 제1항에 의하여 점유부동산에 관하여 소유자에 대한 소유권이전등기청구권을 취득하게 되며, 점유자가 취득시효기간의 만료로 일단 소유권이전등기청구권을 취득한 이상, 그 후 점유를 상실하였다고 하더라도 이를 시효이익의 포기로 볼 수 있는 경우가 아닌 한, 이미 취득한 소유권이전등기청구권은 소멸되지 아니한다.

나. 전 점유자의 점유를 승계한 자는 그 점유 자체와 하자만을 승계하는 것이지 그 점유로 인한 법률효과까지 승계하는 것은 아니므로 부동산을 취득시효기간 만료 당시의 점유자로부터 양수하여 점유를 승계한 현 점유자는 자신의 전 점유자에 대한 소유권이전등기청구권을 보전하기 위하여 전 점유자의 소유자에 대한 소유권이전등기청구권을 대위행사할 수 있을 뿐, 전 점유자의 취득시효 완성의 효과를 주장하여 직접 자기에게 소유권이전등기를 청구할 권원은 없다.

Ⅲ. 선점·습득·발견

1. 무주물선점

(1) 의의 및 성질

무주물선점(無主物先占)은 무주의 동산을 소유의 의사로 점유한 자가 그 소유권을 취득하는 것을 말한다(252조).

(2) 요 건

무주물선점이 되기 위하여서는 무주물일 것·동산일 것·소유의 의사로 점유할 것(자주점유일 것) 등의 요건이 갖추어져야 한다. 무주물선점은 선점자가 소유의 의사라는 의식과정을 수반하는 것을 요소로 하여 소유권취득이라는 법률효과를 가져오는 권리변동의 원인으로서, 혼합사실행위에 해당한다.

1) 무주물일 것

무주물(無主物)은 현재 어느 누구의 소유에도 속하지 않는 물건을 말한다.

무주물은 전에 전혀 누구의 소유에도 속하지 않았던 원시적 무주물(예컨대 야생동물이나 야생식물)이거나 전에 어떤 자의 소유에 속하였으나 현재 누구의 소유에도 속하지 않게 된 후발적 무주물에 관계없이 무주물로 다루어진다(252조 3항). 민법은 원시적 무주물과 관련해서 "야생하는 동물은 무주물로 한다."고 규정하고 있고, 후발적 무주물과 관련해서 "사양하는 야생동물도 다시 야생상태로 돌아가면 무주물로 한다."고 규정하고 있다(252조 3항).

2) 동산일 것

무주물인 부동산은 국유가 되며, 무주물선점의 대상이 되는 것은 반드시 동산이어야 한다.

3) 선점자가 소유의 의사로 점유할 것

무주물선점은 선점자가 무주물을 소유의 의사로 하는 점유하는 경우(자주점유)에 대해서만 성립한다. 여기서 자주점유는 점유보조자 또는 간접점유자를 통해서도 가능하다(통설).

(3) 효 과

1) 위의 요건을 갖추면 선점자는 무주물의 소유권을 취득한다(252조 1항). 또한 선점자가 전권리자의 권리에 기초하지 않고 제252조에 의하여 새로이 권리를 취득하는 것이므로 원시취득이다.

2) 그러나 학술·기예·고고의 중요자료가 되는 동산(문화재)은 언제나 국유로 되

고, 이 경우 선점자는 국가에 대하여 보상청구권을 갖는다(255조 참조).

관련판례

무주 부동산의 취급

① 특정인 명의로 사정된 토지는 특별한 사정이 없는 한 사정명의자나 그 상속인의 소유로 추정된다. 그리고 토지의 소유자가 행방불명되어 생사 여부를 알 수 없다 하더라도 그가 사망하고 상속인도 없다는 점이 입증되거나 그 토지에 대하여 민법 제1053조 내지 제1058조에 의한 국가귀속 절차가 이루어지지 아니한 이상 그 토지가 바로 무주부동산이 되어 국가 소유로 귀속되는 것이 아니며, 무주부동산이 아닌 한 국유재산법 제8조에 의한 무주부동산의 처리절차를 밟아 국유재산으로 등록되었다 하여 국가 소유로 되는 것도 아니다(대판 1999. 2. 23. 98다59132).

② 부동산에 등기부상 소유자가 존재하는 등 그 부동산의 소유자가 따로 있음을 알 수 있는 경우에는 비록 그 소유자가 행방불명되어 생사 여부를 알 수 없다 하더라도 그 부동산이 바로 무주부동산에 해당하는 것은 아니다. 이와 같이 소유자가 따로 있음을 알 수 있는 부동산에 대하여 국가가 국유재산법 제8조에 의한 무주부동산 공고절차를 거쳐 국유재산으로 등기를 마치고 점유를 개시하였다면, 그 점유의 개시에 있어 자기의 소유라고 믿은 데 과실이 있다(대판 2008. 10. 23. 2008다45057).

2. 유실물습득

(1) 의의 및 성질

유실물습득(遺失物拾得)은 유실물에 대하여 유실물법에 의하여 공고한 후 1년 안에 소유자가 권리를 주장하지 아니하면 습득자가 그 소유권을 취득하는 것을 말한다(253조). 유실물습득은 습득자가 유실물의 점유를 취득시 습득자가 점유에 대한 소지의사를 수반하는 것을 요소로 하여 소유권취득이라는 법률효과를 가져오는 권리변동의 원인으로서, 혼합사실행위에 해당한다(통설). 그러나 이에 대해서는 점유의 본질을 순객관설에 따르는 입장에서 순수사실행위로 이해하는 견해가 있다(권용우 264면).

(2) 요 건

유실물습득이 되기 위하여서는 유실물일 것·습득할 것·유실물법에 의하여 공고한 후 6월 안에 소유자가 권리를 주장하지 않을 것 등의 요건이 갖추어져야 한다.

1) 유실물일 것

유실물은 점유자의 의사에 의하지 않고서 그의 점유를 떠난 물건으로서 도품(盜品)이 아닌 것을 말한다. 또한 착오로 점유한 물건, 타인이 놓고 간 물건이나 일실(逸失)한 가축에 관하여, 유실물법은 위의 제253조를 준용하여 유실물습득을 인정하고 있다(동법 11조, 12조).

2) 습득할 것

습득은 유실물의 점유를 취득하는 것을 말한다. 따라서 단순하게 유실물을 발견한 것은 습득이 아니며, 습득자는 무주물선점과는 달리 소유의 의사를 요하지 않는다. 이는 유실물습득자에 대해서 습득 즉시 소유권을 취득하는 것이 아니고, 습득 후 6월의 공고 기간 후에 소유권취득을 인정하는 것에 기인하는 것이다.

3) 유실물법에 의하여 공고한 후 6월 안에 소유자가 권리를 주장하지 않을 것

위의 기간과 관련해서 종래 개정전 민법에서는 유실물에 대하여 공고 후 1년 내에 소유자가 권리를 주장하지 않으면 습득자가 소유권을 가지는 것으로 규정하고 있었다. 그러나 이는 최초로 유실물 규정이 제정된 때와는 달리 현재는 교통､통신망의 발달로 유실물이 소유자에게 반환되는 기간이 짧아지고 있으며, 유실물 중 고가의 전자기기 등은 시간이 지날수록 가치가 하락하므로 습득자의 권리를 보다 빨리 인정할 필요가 있는 것이 문제점으로 지적되었다. 이에 따라 2013년 4월 5일 제21차 개정민법(법률 11728호, 2013년 7월 1일 시행)은 위의 유실물의 소유권이 습득자에게 귀속되는 기간을 종래 1년에서 6개월로 단축하고 있다.

(3) 효 과

1) 위의 요건을 갖추면 습득자는 원칙적으로 습득한 유실물에 대한 소유권을 취득한다(255조 1항). 유실물습득은 습득자가 전 권리자의 권리에 기초하지 않고 제253조에 의하여 새로이 권리를 취득하는 것이므로 원시취득이다.

그러나 습득물이 문화재(학술·기예·고고의 중요자료)인 경우에는 국유로 되고, 이 경우 습득자는 국가보상청구권을 갖는다(255조 2항).

2) 또한 유실자나 소유자 그 밖의 회복청구권자가 나타나면 그 자에게 반환하게 되어 습득자는 소유권을 취득하지 못하게 된다. 이 경우 유실자 등의 회복청구권자와 유실물습득자와 소유자 사이는 사무관리가 성립한다.

3) 사무관리에 대하여 민법은 타인의 사무를 관리한 사무관리자에게 보수청구권을 규정하지 않고 있다(734조~740조 참조). 그러나 유실물법은 민법에 대한 특례를 규정하여 유실물의 반환을 받는 자는 습득자에게 유실물 가액의 5% 내지 20%의 범위 안에서 보수를 지급하도록 규정하고 있다(동법 9조). 그러나 유실물법은 위 범위의 보다 상세한 기준을 정하고 있지 않고 있어서 보수청구의 범위를 둘러싸고 습득자와 회복청구권자 사이에 분쟁의 소지가 발생할 수 있다.

3. 매장물발견

(1) 의의 및 성질

매장물발견(埋藏物發見)은 유실물법에 의하여 공고한 후 1년 안에 소유자가 권리를 주장하지 않으면 발견자가 그 소유권을 취득하는 것을 말한다(254조). 매장물발견은 발견자의 매장발견에 따른 외부적 결과 발생만으로 소유권취득이라는 법률효과가 나타날 뿐이고, 발견자에게 이 밖에 또 다른 어떤 의식과정의 수반을 요구하지 않으므로 순수사실행위이다(통설).

(2) 요 건

매장물발견이 되기 위하여서는 매장물일 것·발견할 것·공고한 후 1년 안에 그 소유자가 권리를 주장하지 않을 것의 요건이 갖추어져야 한다.

1) 매장물일 것

매장물이란 토지 그 밖의 물건인 포장물(包藏物) 속에 매장되어서 외부로부터 쉽게 식별할 수 없는 상태에 있는 물건을 말한다. 여기서 매장물은 동산인 경우가 보통이나 건물 등의 부동산인 경우도 가능하다. 또 매장물이 묻혀져 있는 포장물은 토지인 경우가 보통이나 건물 또는 동산이더라도 무방하다.

2) 매장물을 발견할 것

발견은 매장물의 존재를 구체적·객관적으로 인식하는 것을 말한다. 따라서 매장물에 대한 점유취득을 요하지 않는다는 점에서 무주물선점이나 유실물습득과 구별되며, 이는 반드시 발견자 본인이 계획적으로 발견할 것을 요하지 않는다. 따라서 발견은 발견자 자신이 직접 하거나 타인을 고용하여 발견할 수도 있고, 계획적인 것이냐 또는 우연한 사정에 의한 것이냐의 여부에 관계없이 모두 가능하다.

3) 유실물법에 의하여 공고한 후 6월 안에 소유자가 권리를 주장하지 않을 것

(3) 효 과

1) 위의 요건을 갖추면 발견자는 원칙적으로 발견한 매장물에 대한 소유권을 취득한다(255조 1항). 또한 발견자가 전 권리자의 권리에 기초하지 않고 제254조에 의하여 새로이 권리를 취득하는 것이므로 원시취득이다.

2) 그러나 그 매장물이 학술·기예·고고의 중요자료인 경우에는 국유로 되며, 이 경우 발견자는 국가보상청구권을 갖는다(255조 2항).

3) 또한 발견자가 타인의 물건(포장물)으로부터 매장물을 발견한 경우에는 그 타인과 발견자가 절반하여 소유권을 취득한다(254조 단서). 따라서 이 경우, 법률의 규정에 의하여 공유관계가 성립하게 되며, 문화재의 경우에 주장하게 되는 보상청

구권도 1/2의 지분씩 행사할 수 있게 된다.

Ⅳ. 첨 부

1. 서 설

(1) 의 의

첨부(添附)는 두 개 이상의 물건이 결합하거나 물건과 사람의 노동력이 결합하여 사회관념상 분리할 수 없게 된 것을 말한다. 첨부에 대하여 민법은 부합·혼화·가공의 세 가지를 인정하고 있으며, 이 중 부합·혼화는 소유자가 각기 다른 두 개 이상의 물건이 결합한 경우이고, 가공은 물건과 이에 가하여진 사람의 노동력이 결합한 경우이다.

이들 경우는 모두 사회관념상 분리하는 것이 불가능하거나 비경제적인 상태가 된 것으로서, 이를 원래의 상태로 되돌리게 되면 사회경제상 대단히 불합리하게 되므로 일정한 요건 아래 어느 하나의 물건으로 단독소유권을 일정한 자에게 귀속시키려고 하는 제도이다.

(2) 강행규정성 여부

1) 여기서 어떻게 첨부를 인정할 것인가에 관한 규정, 즉 '첨부의 요건'에 관한 규정은 제3자에게 영향을 미치는 규정으로서 강행규정이다(통설).

2) 그러나 첨부의 요건이 갖추어진 경우에, 누구에게 소유권을 귀속시킬 것인가에 관한 규정, 즉 '첨부의 효과'에 관한 규정은 당사자 사이의 상대적 관계를 규율하는 것이므로, 임의규정이다(통설).

(3) 제3자의 권리와 존속 여부

1) 첨부에 의하여 소멸되는 동산을 목적으로 한 제3자의 권리는 소멸한다(260조 1항). 그러나 첨부에 의하여 소유권을 취득하는 자의 물건을 목적으로 한 제3자의 권리는 소멸하지 않는다(260조 1항의 반대해석).

2) 위에 관한 규정은 제3자에게 영향을 미치는 규정으로서 강행규정이다(통설).

(4) 손실자의 보상청구

1) 첨부에 따라 소유권을 잃는 자는 소유권을 취득하는 자에 대해서 재산적 가치변동의 합리적 조절에 따라 '첨부로 인한 구상권(求償權)'을 행사할 수 있어야 한다. 이에 따라 민법은 첨부에 의하여 권리를 취득당한 소유자는 소유권을 취득한 자에게 부당이득에 관한 규정에 의하여 보상을 청구할 수 있도록 규정하고 있다(261조).

2) 위에 관한 규정은 첨부에 의하여 소유권을 잃게 되는 자와 취득하는 자 사이의 상대적 관계를 규율하는 것이므로, 임의규정이다.

3) 민법 제261조는, 첨부로 법률규정에 의한 소유권 취득(민법 256조 내지 260조)이 인정된 경우에 "손해를 받은 자는 부당이득에 관한 규정에 의하여 보상을 청구할 수 있다"라고 규정하고 있다. 이러한 보상청구가 인정되기 위해서는 민법 제261조 자체의 요건만이 아니라, 부당이득 법리에 따른 판단에 의하여 부당이득의 요건이 모두 충족되었음이 인정되어야 한다.

위와 관련해서 판례는 "매도인에게 소유권이 유보된 자재가 제3자와 매수인 사이에 이루어진 도급계약의 이행으로 제3자 소유 건물의 건축에 사용되어 부합된 경우 보상청구를 거부할 법률상 원인이 있다고 할 수 없지만, 제3자가 도급계약에 의하여 제공된 자재의 소유권이 유보된 사실에 관하여 과실 없이 알지 못한 경우라면 선의취득의 경우와 마찬가지로 제3자가 그 자재의 귀속으로 인한 이익을 보유할 수 있는 법률상 원인이 있다고 봄이 상당하므로, 매도인으로서는 그에 관한 보상청구를 할 수 없다."고 판시하고 있다(대판 2009. 9. 24. 2009다15602).

2. 부 합

(1) 의 의

부합(附合)은 소유자를 각각 달리하는 수 개의 물건이 서로 결합하여 그 분리가 불가능하거나 심히 곤란하게 되어 사회관념상 1개의 물건으로 된 것을 말한다.

(2) 부동산에의 부합

1) 요 건

가) 부합되는 물건과 부합하는 물건

부합의 모체가 되는 물건, 즉 부합되는 물건인 부합의 주물은 부동산이어야 한다. 따라서 토지, 건물 모두 부합의 주물이 될 수 있다.

여기서 부동산에 부합하는 물건인 부합물은 동산에 한정되어야 하는 것은 아니고 부동산이라도 무방하다(고상룡 342면, 송덕수 324면). 이에 대해서는 동산에 한정된다는 견해가 제기되고 있다(김기선 164면, 이영준 544면). 판례는 부동산도 포함된다고 한다(대판 1962. 1. 31. 4294민상445; 동 1994. 6. 10. 94다11606).

요컨대 토지의 정착물 중 교량, 담, 도랑, 도로의 포장 등은 토지의 구성부분과 마찬가지로 취급되어 토지소유자에 귀속되는 종속정착물로서 토지에 부합하는 것으로 새기는 것이 타당할 것이다.

나) 부착·합체가 일정한 정도에 이를 것

부합이 되기 위한 합체의 정도에 대해서 제256조는 별도의 규정을 두고 있지 않으나, 제257조는 "부합하여 훼손하지 아니하면 분리할 수 없거나 그 분리에 과다한 비용을 요할 경우"를 요하고 있으므로, 이는 부동산에의 부합에도 적용되는 것으로 이해해야 한다.

여기서 부동산에 부합된 것으로 인정되기 위해서는 그 동산을 훼손하거나 과다한 비용을 지출하지 않고서는 분리할 수 없을 정도로 부착·합체되었는지 여부 및 그 물리적 구조, 용도와 기능면에서 기존 부동산과는 독립한 경제적 효용을 가지고 거래상 별개의 소유권의 객체가 될 수 있는지 여부 등을 종합하여 판단하여야 한다. 이러한 부동산에의 부합에 관한 법리는 건물의 증축의 경우는 물론 건물의 신축의 경우에도 그대로 적용될 수 있다(대판 2009. 9. 24. 2009다15602).

예컨대 주유소의 지하에 매설된 유류저장탱크는 토지로부터 분리하는데 과다한 비용이 들고, 이를 분리하면 그 경제적 가치가 감소할 것이 분명한 경우에, 그 유류저장탱크는 토지에 부합한다(대판 1995. 6. 25. 94다6345).

위의 경우, 부합의 원인은 인위적인 것이든 자연적인 것이든 무방하다.

다) 건물의 부합과 독립성 여부

건물은 인공적으로 만들어진 건조물(建造物)로서 부동산등기법은 토지등기부와 별도로 건물등기부를 두고 있으며(동법 14조), 이에 관하여 법률행위로 인한 물권의 득실변경은 등기하여야 효력이 발생한다(186조).

여기서 건물은 토지와는 별개의 독립한 부동산으로서 독립정착물이므로, 토지에 대하여 부합의 적용을 받지 않는다. 다만 건축 중인 건물이 언제부터 토지와는 별개의 독립한 부동산으로서 취급되는 것인가는 중요하다. 이에 관해서 판례는 사회통념상 독립한 건물이라고 볼 수 있는 평가를 받기 위해서는 최소한의 기둥과 지붕 그리고 주벽이라는 형태와 구조를 갖출 것을 요구하고 있다(대판 2002. 4. 26. 2000다16350).

또한 건물이 증축된 경우에 증축부분의 기존건물에 부합 여부는 증축부분이 기존건물에 부착된 물리적 구조뿐만 아니라, 그 용도와 기능의 면에서 기존건물과 독립한 경제적 효용을 가지고 거래상 별개의 소유권의 객체가 될 수 있는지의 여부 및 증축하여 이를 소유하는 자의 의사 등을 종합하여 판단하여야 한다(대판 1994. 6. 10. 94다11606).

관련판례

건물의 독립성

① 1동의 건물 중 구분된 각 부분이 구조상, 이용상 독립성을 가지고 있는 경우에 그 각 부분을 1개의 구분건물로 하는 것도 가능하고, 그 1동 전체를 1개의 건물로 하는 것도 가능하기 때문에, 이를 구분건물로 할 것인지 여부는 특별한 사정이 없는 한 소유자의 의사에 의하여 결정된다고 할 것이므로, 구분건물이 되기 위하여는 객관적, 물리적인 측면에서 구분건물이 구조상, 이용상의 독립성을 갖추어야 하고, 그 건물을 구분소유권의 객체로 하려는 의사표시 즉 구분행위가 있어야 하는 것으로서, 소유자가 기존 건물에 증축을 한 경우에도 증축부분이 구조상, 이용상의 독립성을 갖추었다는 사유만으로 당연히 구분소유권이

성립된다고 할 수는 없고, 소유자의 구분행위가 있어야 비로소 구분소유권이 성립된다고 할 것이며, 이 경우에 소유자가 기존 건물에 마쳐진 등기를 이와 같이 증축한 건물의 현황과 맞추어 1동의 건물로서 증축으로 인한 건물표시변경등기를 경료한 때에는 이를 구분건물로 하지 않고 그 전체를 1동의 건물로 하려는 의사였다고 봄이 상당하다(대판 1999. 7. 27. 98다35020).

② 신축 건물이 경락대금 납부 당시 이미 지하 1층부터 지하 3층까지 기둥, 주벽 및 천장 슬라브 공사가 완료된 상태이었을 뿐만 아니라 지하 1층의 일부 점포가 일반에 분양되기까지 하였다면, 비록 토지가 경락될 당시 신축 건물의 지상층 부분이 골조공사만 이루어진 채 벽이나 지붕 등이 설치된 바가 없다 하더라도, 지하층 부분만으로도 구분소유권의 대상이 될 수 있는 구조라는 점에서 신축 건물은 경락 당시 미완성 상태이기는 하지만 독립된 건물로서의 요건을 갖추었다(대판 2003. 5. 30. 2002다21592).

③ 건물에 증, 개축된 부분은 경제적으로 보아서 독립성을 가지지 않은 때에는 부합의 법리상 건물소유자의 소유에 귀속되며, 여기서 독립성 여부는 사회통념에 의하여 결정되어야 한다(대판 1994. 6. 10. 94다11606).

라) 지상물의 부합

토지의 정착물 중 수목의 집단, 미분리의 과실, 농작물 등의 지상물은 원칙적으로 토지의 구성부분으로서 토지소유자에게 귀속되므로, 토지에 부합하는 것으로 새기는 것이 타당할 것이다. 그러나 지상물에 대하여 명인방법을 갖춘 자가 있으면 이를 갖춘 자가 관습법상 소유권을 취득하게 되므로, 위 지상물은 부합의 대상이 되지 않는다. 다만 명인방법은 특정되어야 하고, 계속되어야 한다.

또 소유권보존등기를 한 수목의 집단인 입목에 대해서 그 명의자에게 소유권이 취득되므로(입목법 2조·3조·12조), 이 경우도 입목명의자에게 소유권이 취득되고 그 수목은 부합의 대상이 되지 않는다.

2) 효 과

부동산의 소유자는 부합한 물건의 소유권을 취득한다(256조 본문).

그러나 타인의 권원에 의하여 부속된 것은 부속시킨 자의 소유로 된다(256조 단서). 여기서 '권원'(權原)은 지상권·전세권·임차권 등과 같이 타인의 부동산에 자기의 물건을 부속시켜 그 부동산을 이용할 수 있는 권리를 뜻한다(대판 1989. 7. 11. 88다9067). 따라서 이 경우는 부동산소유자가 아닌 부동산용익권자에게 부합물의 소유권이 귀속되고, 용익권이 종료되는 경우 부속물의 수거권과 매수청구권의 문제가 발생한다(283조, 285조, 316조, 643조, 646조 참조).

또 판례는 성숙한 농작물에 대하여 권원의 유무를 불문하고 부합의 대상이 되지 않으며, 경작자의 소유에 속한다는 입장을 취하고 있다(대판 1970. 11. 30. 68다1995).

(3) 동산 사이의 부합

1) 요 건

동산과 동산이 부합하여 훼손하지 아니하면 분리할 수 없거나 그 분리에 과다한 비용을 요하여야 한다. 여기서 부착·합체의 정도는 부동산에의 부합에서 설명한 것과 같다.

2) 효 과

동산 사이에 주종의 구별이 가능하면 주된 동산의 소유자가 합성물전부의 소유권취득을 한다(257조 본문).

그러나 부합한 동산의 주종을 구별할 수 없는 때에는 동산의 소유자는 부합당시의 가액의 비율로 합성물을 공유한다(257조 단서).

3. 혼 화

(1) 의 의

혼화(混和)는 소유자를 달리하는 수개의 서로 다른 동산이 혼합하여 쉽게 식별할 수 없게 된 것을 말한다. 이에는 고체인 동산을 대상으로 한 고형물의 혼화(예컨대 곡물·금전 등의 혼화)와 액체인 동산을 대상으로 한 유동물의 혼화(예컨대 술·기름 등의 혼화)가 있다.

(2) 요 건

동산과 동산이 혼화하여 식별할 수 없게 되거나, 분리를 위해서 과다한 비용이 들어야 한다.

(3) 효 과

혼화의 효과는 동산 간의 부합에 관한 규정이 준용된다(258조, 257조).

4. 가 공

(1) 의 의

가공(加工)은 타인의 동산에 사람인 가공자의 노동력을 가하여 새로운 물건을 만들어 내는 것을 말한다. 이는 물건과 사람의 노동력과의 결합이라고 할 수 있다.

(2) 요 건

타인의 동산인 재료를 사용하여 사람의 노동력을 가하는 공작이 있고, 또한 그 결과 새로운 물건이 생겼어야 한다. 여기서 새로운 물건의 여부는 사회관념에 의해서 결정된다.

(3) 효 과

가공물의 소유권은 원칙적으로 원재료의 소유자에게 속한다(259조 본문). 그러나 가공으로 인한 가액의 증가가 원재료의 가액보다 '현저히 다액'('단순한 다액'이 아님)인 경우에는 가공자의 소유로 한다(259조 단서).

위의 경우, 가공자가 재료의 일부를 제공한 경우에는 그 가액은 위의 증가액에 합산한다.

다만 공장에서 생산한 생산물인 동산에 대해서는, 제259조의 가공의 규정이 적용되지 않고 사용자에게 소유권이 귀속된다(통설). 여기서 그 근거에 대해서는 고용계약 내지 근로계약의 경우에 사용자에게 소유권이 귀속시키기로 하는 약정에 근거하는 것으로 이해하여야 할 것이다(김상용 384면, 김학동 172면).

다만 이에 대해서는 근로자는 사용자의 단순한 기관에 지나지 않으므로 가공자는 사용자 자신이라고 이해하는 견해(곽윤직·김재형 280면)와 노무관계는 제259조 규정 자체가 적용되지 않는다는 견해(이영준 555면)가 있다.

제4관 소유권에 기인한 물권적 청구권

Ⅰ. 개 관

물권내용의 완전한 실현이 어떤 사정으로 인하여 방해되었거나, 방해될 염려가 있는 경우에는, 앞(제3편 제1장 제4절)에서 설명한 바와 같이 물권의 일반적 효력으로서 물권적 청구권이 발생한다. 소유권은 본권 중에서 가장 전형적인 물권이므로 그에 기인한 물권적 청구권도 가장 완전히 나타난다.

민법은 소유권에 관하여 그 침해의 모습에 따라 소유물반환청구권·소유물방해제거청구권·소유물방해예방청구권의 세 가지를 인정하고 있으며(213조, 214조), 이를 각종의 제한물권에 준용하고 있다(290조, 301조, 319조, 370조).

소유권에 기인한 물권적 청구권의 내용은 물권의 일반적 효력으로서 이미 앞에서 살펴본 물권적 청구권에 관한 것이 그대로 적용된다.

Ⅱ. 소유권에 기인한 물권적 청구권

1. 소유물반환청구권

(1) 의 의

소유물반환청구권은 소유자가 그 소유에 속한 물건을 점유한 자에 대하여 반환을 청구할 수 있는 권리이다(213조).

(2) 요 건

1) 칭구권자는 점유를 상실한 소유자이다. 즉 소유물반환청구권자는 소유물의 점유를 침탈당한 자로서 법률상의 소유자이어야 한다. 따라서 부동산에 대한 소유권이전등기를 갖추지 못한 매수인은 매도인을 대위하여 행사하여야 하고, 직접 자신이 반환청구권을 행사할 수는 없다. 여기서 점유를 하고 있는지, 점유를 상실하고 있는지, 법률상의 소유자인지의 여부는 이 청구권의 존부를 확정하여야 할 때, 즉 사실심의 구두변론이 종결된 때를 표준으로 결정한다.

2) 청구권의 상대방은 현재 그 물건을 점유하여 소유권의 점유를 방해하고 있는 자이다. 현재 점유를 방해하고 있는 자가 그 상대방이 되므로 불법점유를 한 자라도 현재 점유하고 있지 않으면 상대방이 아니다. 따라서 불법점유를 이유로 한 건물명도청구를 하려면 현실적으로 불법점유하고 있는 사람을 상대로 하여야 할 것이나 그렇지 않는 경우에는 간접점유자를 상대로 명도를 청구할 수 있다(대판 1983. 5. 10. 81다187).

여기서 점유하고 있느냐의 여부는 이 청구권의 존부를 확정하는 사실심의 구두변론이 종결된 때를 기준으로 한다.

건물을 원시취득한 소외인의 동거가족들은 그 점유보조자에 불과하지만 소외인이 건물을 매도하고 퇴거하였음에도 불구하고 그 동거가족인 피고들이 그 건물이 소외인의 소유가 아니라고 주장하면서 소외인의 의사에 반하여 건물부분을 점유하고 있다면 피고들은 소외인에 대한 관계에서 불법점유자이다(대판 1980. 7. 8. 79다1928).

3) 점유를 침탈한 상대방의 고의나 과실은 요건이 아니나, 침탈을 이유로 하는 손해배상을 청구하는 경우에는 불법행위의 요건으로서 고의 또는 과실이 있어야 한다(750조).

4) 상대방에게 점유할 권리가 없어야 한다(213조 단서). 즉 상대방이 자신의 점유를 정당하게 하는 권리인 지상권, 전세권, 유치권, 질권과 같은 점유를 수반하는 물권이나 임차권, 동시이행의 항변권과 같은 채권 등의 지위를 가지고 있지 않아야 한다.

(3) **효 과**

소유자가 점유의 침탈을 당한 때에는 그 물건의 반환을 청구할 수 있다(213조). 또 상대방에게 고의 또는 과실이 있는 경우에는 손해배상도 청구할 수 있다(750조). 그러나 여기서 반환청구는 원상회복은 포함되지 않는다(송덕수 330면).

한편 지상권을 설정한 토지소유권자는 불법점유자에 대하여 물권적 청구권을 행사할 수 있다. 그러나 지상권을 설정한 토지소유권자는 지상권이 존속하는 한 토지를 사용 수익할 수 없으므로 특별한 사정이 없는 한 불법점유자에게 손해배상을 청구할 수 없다(대판 1974. 11. 12. 74다1150).

관련판례

소유물반환청구권

① 토지임대차계약을 체결함에 있어서 임차인이 토지 위에 정구장 시설 및 그 부대시설인 가건물 등을 임차인의 비용으로 설치, 건축하여 정구장을 운영하되 임대차가 종료되었을 때에는 주위시설물 및 가건물을 임대인에게 증여하기로 약정한 사실이 인정된다면 이는 임차인이 유익비 상환청구를 할 수 없다는 취지를 약정한 것으로 볼 것이다(대판 1983. 5. 10. 81다187).

② 건물의 소유자가 그 건물의 소유를 통하여 타인 소유의 토지를 점유하고 있다고 하더라도 그 토지 소유자로서는 그 건물의 철거와 그 대지 부분의 인도를 청구할 수 있을 뿐, 자기 소유의 건물을 점유하고 있는 자에 대하여 그 건물에서 퇴거할 것을 청구할 수는 없다(대판 1999. 7. 9. 98다57457).

③ 미등기 무허가건물의 양수인이라 할지라도 그 소유권이전등기를 경료받지 않는 한 그 건물에 대한 소유권을 취득할 수 없고, 그러한 상태의 건물 양수인에게 소유권에 준하는 관습상의 물권이 있다고 볼 수도 없다. 그러므로 건물을 신축하여 그 소유권을 원시취득한 자로부터 그 건물을 매수하였으나 아직 소유권이전등기를 갖추지 못한 자는 그 건물의 불법점거자에 대하여 직접 자신의 소유권 등에 기하여 명도를 청구할 수는 없다(대판 2007. 6. 15. 2007다11347).

2. 소유물방해제거청구권

(1) 의 의

소유물방해제거청구권은 소유자가 소유권을 방해하는 자에 대하여 방해의 제거를 청구할 수 있는 권리이다(214조 전단).

(2) 요 건

1) 청구권자는 소유권의 내용 실현이 점유의 상실 이외의 사실에 의하여 방해받고 있는 자이다. 따라서 과거에 소유자이었더라도 현재 소유권을 상실한 자는 방해제거는 청구할 수 없다.

2) 청구권의 상대방은 현재 방해하는 사정을 자기의 지배하는 지위에 있는 자이다. 즉 상대방은 현재 소유권을 방해하는 자를 표준으로 하는 것이므로, 방해를 발생케 한 자가 언제나 상대방이 되는 것은 아니다. 따라서 즉, 토지소유권을 방해하는 건물을 타인에게 양도한 자의 경우와 같이 방해의 원인을 발생케 한 자이더라도 청구권의 상대방이 되지 않으며, 이 경우는 현재 그 방해상태를 지배하고 있는 양수인이 그 상대방이 된다.

3) 상대방이 점유침탈 이외의 방법으로 소유권을 방해하고 있어야 한다. 소유권에 기한 방해배제청구권에 있어서 '방해'라 함은 현재에도 지속되고 있는 침해를 의미하고, 법익 침해가 과거에 일어나서 이미 종결된 경우에 해당하는 '손해'의 개념과는 다르다. 예컨대 쓰레기 매립으로 조성한 토지에 소유권자가 매립에 동의하지 않은 쓰레기가 매립되어 있다 하더라도 이는 과거의 위법한 매립공사로 인하여 생긴 결과로서 소유권자가 입은 손해에 해당한다 할 것일 뿐, 그 쓰레기가 현재 소유권에 대하여 별도의 침해를 지속하고 있다고 볼 수 없다는 이유로 소유권에 기한 방해배제청구권을 행사할 수 없다(대판 2003. 3. 28. 2003다5917).

또한 토지 소유자가 자신 소유의 토지 위에 공작물을 설치한 행위가 인근 건물의 소유자에 대한 관계에서 권리남용에 해당하고, 그로 인하여 인근 건물 소유자의 건물 사용·수익이 실질적으로 침해되는 결과를 초래하였다면, 인근 건물 소유자는 건물 소유권에 기한 방해제거청구권을 행사하여 토지 소유자를 상대로 그 공작물의 철거를 구할 수 있다(대판 2010. 12. 9. 2010다59783).

4) 상대방이 방해를 일으키는 데 있어서는 그의 고의나 과실은 요건이 아니다. 따라서 소유권에 대한 내용 실현의 방해가 자연적으로 생긴 경우이든 제3자의 행위로 생긴 경우이든, 그 방해물을 지배하고 있는 자는 이 청구권의 상대방이 될 수 있다.

(3) 효 과

소유자가 점유의 침탈 이외의 방법으로 소유권의 방해를 받은 때에는 그 방해의 제거를 청구할 수 있다(214조). 여기서 방해의 제거는 현재 계속되고 있는 방해의 원인을 제거하는 것을 내용으로 한다. 따라서 소유권에 기한 방해배제청구권은 방해결과의 제거를 내용으로 하는 것이 아니며, 이 경우는 손해배상의 영역에 해당하게 된다(대판 2003. 3. 28. 2003다5917).

또 상대방에게 방해제거의 청구와 함께 손해배상도 청구할 수 있다(750조). 그러나 소유물반환청구권의 경우와 마찬가지로 방해를 이유로 방해자인 상대방에게 손해배상을 청구하는 경우에는 고의 또는 과실이 있어야 한다(750조).

관련판례

소유물방해제거청구권

① 건물철거는 그 소유권의 종국적 처분에 해당하는 사실행위이므로 원칙으로는 그 소유자(등기명의자)에게만 그 철거처분권이 있다고 할 것이나, 그 건물을 매수하여 점유하고 있는 자는 등기부상 아직 소유자로서의 등기명의가 없다고 하더라도 그 권리의 범위 내에서 점유 중인 건물에 대하여 법률상, 사실상 처분을 할 수 있는 지위에 있으므로 그 건물의 건립으로 불법점유를 당하고 있는 토지소유자는 위와 같은 지위에 있는 건물점유자에게 그 철거를 구할 수 있다고 해석하여야 한다(대판 1988. 5. 10. 87다카1737).

② 원고가 부동산의 소유권에 기한 물권적 방해배제청구권 행사의 일환으로서

위 부동산에 관하여 피고들 명의로 마쳐진 소유권이전등기의 말소를 구하려면 먼저 원고에게 그 말소를 청구할 수 있는 권원이 있음을 적극적으로 주장·입증하여야 하며, 만일 원고에게 그러한 권원이 있음이 인정되지 않는다면 설사 피고들 명의의 소유권이전등기가 말소되어야 할 무효의 등기라고 하더라도 원고의 청구를 인용할 수는 없다 할 것이고, 이러한 법리는 피고들 명의의 소유권이전등기가 원고 명의의 소유권이전등기로부터 전전하여 경료된 것으로서 선행하는 원고 명의의 소유권이전등기의 유효함을 전제로 하여야만 그 효력을 주장할 수 있는 경우라 하여 달리 볼 것은 아니다(대판 2005. 9. 28. 2004다50044).

③ 등기부상 진실한 소유자의 소유권에 방해가 되는 불실등기가 존재하는 경우에 그 등기명의인이 허무인 또는 실체가 없는 단체인 때에는 소유자는 그와 같은 허무인 또는 실체가 없는 단체 명의로 실제 등기행위를 한 사람에 대하여 소유권에 기한 방해배제로서 등기행위자를 표상하는 허무인 또는 실체가 없는 단체 명의 등기의 말소를 구할 수 있다. 또한 소유자는 이와 같은 말소청구권을 보전하기 위하여 실제 등기행위를 한 사람을 상대로 처분금지가처분을 할 수도 있다(대판 2008. 7. 11. 2008마615).

④ 건물이 그 존립을 위한 토지사용권을 갖추지 못하여 토지의 소유자가 건물의 소유자에 대하여 당해 건물의 철거 및 그 대지의 인도를 청구할 수 있는 경우에라도 건물소유자가 아닌 사람이 건물을 점유하고 있다면 토지소유자는 그 건물 점유를 제거하지 아니하는 한 위의 건물 철거 등을 실행할 수 없다. 따라서 그때 토지소유권은 위와 같은 점유에 의하여 그 원만한 실현을 방해당하고 있다고 할 것이므로, 토지소유자는 자신의 소유권에 기한 방해배제로서 건물점유자에 대하여 건물로부터의 퇴출을 청구할 수 있다. 그리고 이는 건물점유자가 건물소유자로부터의 임차인으로서 그 건물임차권이 이른바 대항력을 가진다고 해서 달라지지 아니한다. 건물임차권의 대항력은 기본적으로 건물에 관한 것이고 토지를 목적으로 하는 것이 아니므로 이로써 토지소유권을 제약할 수 없고, 토지에 있는 건물에 대하여 대항력 있는 임차권이 존재한다고 하여도 이를 토지소유자에 대하여 대항할 수 있는 토지사용권이라고 할 수는 없다. 바꾸어 말하면, 건물에 관한 임차권이 대항력을 갖춘 후에 그 대지의 소유권을 취득한

사람은 민법 제622조 제1항이나 주택임대차보호법 제3조 제1항 등에서 그 임차권의 대항을 받는 것으로 정하여진 '제3자'에 해당한다고 할 수 없다(대판 2010. 8. 19. 2010다43801).

⑤ 토지조사부에 소유자로 등재되어 있는 자는 재결에 의하여 사정 내용이 변경되었다는 등 반증이 없는 이상 토지 소유자로 사정받아 그 사정이 확정된 것으로 추정되어 토지를 원시적으로 취득하게 되고, 소유권보존등기 추정력은 보존등기 명의인 이외의 자가 당해 토지를 사정받은 것으로 밝혀지면 깨지는 것이나, 한편 부동산 소유권에 기한 물권적 방해배제청구권 행사의 일환으로서 부동산에 관하여 마쳐진 타인 명의의 소유권보존등기 말소를 구하려면 먼저 자신에게 말소를 청구할 수 있는 권원이 있음을 적극적으로 주장·증명하여야 하며, 만일 그러한 권원이 있음이 인정되지 않는다면 설사 타인 명의의 소유권보존등기가 말소되어야 할 무효의 등기라고 하더라도 청구를 인용할 수 없다. 따라서 사정 이후에 사정명의인이 토지를 다른 사람에게 처분한 사실이 인정된다면 사정명의인 또는 상속인들에게는 소유권보존등기 명의인을 상대로 등기의 말소를 청구할 권원이 없게 되므로, 그 청구를 인용할 수 없다(대판 2011. 5. 13. 2009다94384·94391·94407).

⑥ 소유자는 그 소유에 속한 물건을 점유한 자에 대하여 반환을 청구할 수 있다. 그러나 점유자가 그 물건을 점유할 권리가 있는 때에는 반환을 거부할 수 있다(민법 제213조). 여기서 반환을 거부할 수 있는 점유할 권리에는 유치권도 포함되고, 유치권자로부터 유치물을 유치하기 위한 방법으로 유치물의 점유 내지 보관을 위탁받은 자는 특별한 사정이 없는 한 점유할 권리가 있음을 들어 소유자의 소유물반환청구를 거부할 수 있다(대판 2014. 12. 24. 2011다62618).

3. 소유물방해예방청구권

(1) 의 의

소유물방해예방청구권은 소유자가 소유권을 방해할 염려 있는 행위를 하는 자에 대하여 그 예방이나 손해배상의 담보를 청구할 수 있는 권리이다(214조 후단).

(2) 요 건

1) 청구권자는 방해당할 염려가 있는 소유물에 대한 소유자이다.

2) 청구권의 상대방은 장차 소유권을 방해하는 염려가 있는 행위를 하는 자이다.

3) 상대방이 소유권을 방해할 염려가 있어야 한다. 여기서 소유물방해예방청구권은 방해의 발생을 기다리지 않고 현재 예방수단을 취할 것을 인정하는 것이다. 그러므로 그 방해의 염려가 있다고 하기 위하여서는 방해예방의 소에 의하여 미리 보호받을 만한 가치가 있는 것이어야 한다. 그리고 객관적으로 근거 있는 상당한 개연성을 가져야 할 것이고 관념적인 가능성만으로는 이를 인정할 수 없다(대판 1995. 7. 14. 94다50533). 따라서 방해의 염려가 있다고 인정할 것이냐는 각 경우에 따라 개연성이 존재해야 하며 관념적인 가능성에 의하여 결정하여야 하는 것이 아니다.

(3) 내 용

소유자는 그 상대방에 대하여 방해의 예방이나 손해배상의 담보를 청구할 수 있다(214조). 여기서 '방해예방의 청구'는 방해를 일으킬 수 있는 원인을 제거하여 방해를 미리 방지하는 조치를 청구하는 것으로서, 상대방의 작위 또는 부작위를 청구하는 것이다. 또 '손해배상의 담보'는 장래의 손해발생에 대비하여 미리 제공케 하는 담보로서, 인적 담보나 물적 담보 또는 금전의 공탁 등 어느 것이라도 무방하다.

또한 소유자는 방해의 예방청구나 손해배상의 담보청구 중 어느 한 가지만을 선택하여 청구하여야 한다.

관련판례

소유권자의 물권적 청구권과 권리남용

① 권리의 행사가 주관적으로 오직 상대방에게 고통을 주고 손해를 입히려는 데 있을 뿐 이를 행사하는 사람에게는 아무런 이익이 없고, 객관적으로 사회질서에 위반된다고 볼 수 있으면, 그 권리의 행사는 권리남용으로서 허용되지 아니하고, 그 권리의 행사가 상대방에게 고통이나 손해를 주기 위한 것이라는 주관적 요건은 권리자의 정당한 이익을 결여한 권리행사로 보여지는 객관적인 사정에 의하여 추인할 수 있으며, 어느 권리행사가 권리남용이 되는가의 여부는 개별적이고 구체적인 사안에 따라 판단되어야 한다(대판 2003. 11. 27. 2003다40422).

② 송전선로철거소송에 이르게 된 과정, 계쟁 토지가 51㎡에 불과한 점, 위 송전선을 철거하여 이설하기 위하여는 막대한 비용과 손실이 예상되는 반면 송전선이 철거되지 않더라도 토지를 이용함에 별다른 지장이 없는 점 등에 비추어 농로 위로 지나가는 송전선의 철거를 구하는 청구가 권리남용에 해당한다(대판 2003. 11. 27. 2003다40422).

③ 토지의 매수인이 아직 소유권이전등기를 경료받지 아니하였다 하여도 매매계약의 이행으로 그 토지를 인도받은 때에는 매매계약의 효력으로서 이를 점유·사용할 권리가 생기게 된 것으로 보아야 하고, 또 매수인으로부터 위 토지를 다시 매수한 자는 위와 같은 토지의 점유사용권을 취득한 것으로 봄이 상당하므로 매도인은 매수인으로부터 다시 위 토지를 매수한 자에 대하여 토지 소유권에 기한 물권적 청구권을 행사하거나 그 점유·사용을 법률상 원인이 없는 이익이라고 하여 부당이득반환청구를 할 수는 없다(대판 2001. 12. 11. 2001다45355).

④ 甲 소유의 대지 지상에 다가구주택이 건축되어 있고 그 잔여 토지가 공로에 이르는 통로로 사용되고 있었는데, 乙이 그 인근 대지에 구 건물을 철거하고 상가를 신축하면서 위 통로 쪽으로 출입구를 설치하였다. 그러나 위 상가 신축 과정에서 乙과 갈등을 빚게 된 甲이 위 상가의 출입구 현관문 앞에 블록담장을 설치한 사안에서, 상가 출입구를 봉쇄하는 형태로 축조되어 있는 위 블록담장에

그 외의 다른 용도가 없는 점, 위 상가와 블록담장 사이의 간격은 50㎝ 정도에 불과하여 통행에 매우 불편한 상태인 점, 인근 주민들은 모두 위 통로를 이용하고 있는 점, 블록담장 설치로 인하여 甲이 얻는 이익이 거의 없고 위 잔여 토지 부분이 통로 이외의 다른 용도로 사용될 가능성도 없는 점 등에 비추어 보면, 甲이 위 블록담장을 설치한 행위는 외형상은 권리의 행사로 보이나 실질적으로는 그 부지가 자신의 소유임을 기화로 乙 소유의 위 상가의 사용·수익을 방해하고 나아가 乙에게 고통이나 손해를 줄 목적으로 행한 것이라고 볼 수밖에 없다. 그러므로 甲의 위 블록담장 설치행위는 권리행사의 한계를 벗어난 것으로서 권리남용에 해당한다(대판 2010. 12. 9. 2010다59783).

제5관 공동소유

Ⅰ. 서 설

1. 의 의

공동소유(共同所有)는 2인 이상의 다수가 하나의 물건을 공동으로 소유하는 형태를 말한다.

2. 공동소유의 모습과 비교

공동소유는 연혁적으로 그 여러 사람의 주체 사이의 인적 결합관계에 따라 공유·합유·총유라는 세 가지 모습을 띠다.

여기서 입법례에 따라서 위의 공동소유를 모두 인정하는 것은 아니며, 중국 민법은 공동소유를 우리의 공유에 상응하는 안분공유(按分共有)와 합유에 상응하는 공동공유(共同共有)로 나누면서 부부의 공동소유를 공동공유에 포함시키고 있다(江平, 民法學, 中國政法大學出版社, 2000, 97면).

우리 민법은 공유·합유·총유의 세 가지 모습을 모두 공동소유로 인정하고 있다(262조~277조). 이들 공동소유의 모습을 비교하면 다음 도표와 같다.

〈공동소유의 비교〉

구분＼모습	공 유	합 유	총 유
㉠ 연 원	로마법상 인정되었던 공동소유형태	중세게르만법의 상속공동체	중세게르만법의 촌락공동체
㉡ 색 채	개인주의적 색채	공유와 총유의 중간적 색체	단체주의적 색채
㉢ 성 립	㉮ 법률행위 ㉯ 법률의 규정	㉮ 계약 ㉯ 법률의 규정 (조합재산·신탁재산)	권리능력 없는 사단(종중)
㉣ 보존행위	각자 (265조 단서)	각자 (272조 단서)	사원총회의 결의 (276조 1항)
㉤ 지 분	공유지분 (262조 1항)	합유지분 (271조 1항)	없 음
㉥ 지분의 처분	자유 (263조)	전원의 동의 (273조 1항)	없 음
㉦ 목적물의 변경·처분	전원의 동의 (264조)	전원의 동의 (272조 본문)	사원총회의 결의 (276조 1항)
㉧ 목적물의 사용·수익	지분의 비율에 따라 공유물 전부를 사용·수익 (263조)	조합규약(계약)에 의하여	정관 기타 규약에 좇아서(276조 2항)
㉨ 분할청구	㉮ 원칙 : 자유 (268조 1항) ㉯ 예외 : 금지 (268조 1항, 3항)	불가 (273조 2항)	없 음
㉩ 종료사유	㉮ 공유물의 양도 ㉯ 공유물의 분할	㉮ 조합체의 해산 ㉯ 합유물의 양도	총유물의 양도

Ⅱ. 공 유

1. 의의 및 성질

(1) 의 의

1) 공유(共有)는 한 개의 소유권이 수인에세 양석으로 분할되어 귀속하는 공동소유의 모습을 말한다(262조).

2) 공유는 인적 결합이나 통제가 없는 공동소유로서 각 공유자는 원칙적으로 언제든지 공유물의 분할을 청구할 수 있고(268조), 그 지분을 자유로이 처분할 수 있다(263조).

(2) 성 질

공유는 가장 개인주의적인 색채가 농후한 공동소유형태이다. 공유의 성질은, 한 개의 소유권을 양적으로 나누어서 수인에게 속하는 것이며, 그 나누어지는 재산적 이해관계는 소유자의 수와 지분의 비율에 따르는 것으로 이해하여야 한다.

이러한 견해를 양적 분할설(量的 分割說)이라고 하며, 통설의 태도이다. 따라서 이에 의하면 공유의 지분은 한 개의 소유권에 대한 분량적 일부분이 되므로, 일물일권주의에 반하지 않는다. 여기서 지분에 따라 각 공유자가 갖는 권리를 지분권이라고 한다.

판례도 공유를 통설과 같은 양적 분할설의 입장에서 이해하고 있다(대판 1964. 12. 15. 64다824; 동 1991. 11. 12. 91다27228).

2. 공유관계의 성립

공유는 법률행위 또는 법률의 규정에 의하여 성립한다.

(1) 법률행위에 의한 성립

수인이 하나의 물건을 공유하려는 합의가 있거나, 하나의 물건을 수인이 양수하기로 계약하는 등 하나의 물건을 수인이 공유로 공동으로 소유한다는 뜻의 의사의 합치에 의하여 성립한다. 이 경우, 그 물건이 부동산인 때에는 등기를 하여야 부동산물권변동의 효력이 발생한다(186조).

(2) 법률의 규정에 의한 성립

구분소유에 있어서의 공용부분(215조 1항, 집합건물법 3조) 및 경계에 설치된 경계표·담·구거(239조), 타인의 물건 속에서의 매장물발견(254조 단서), 주종을 구별할 수 없는 동산 사이의 부합과 혼화(257조 후단, 258조), 공유물의 과실(102조 참조), 부부 사이의 귀속불분명재산(830조 2항), 공동상속재산(1006조)과 공동포괄수증재산(1078조) 등은 법률의 규정에 의하여 공유관계가 성립하는 주요한 것이다.

특히 민법은 건물의 구분소유의 공용부분, 경계에 설치된 경계표·담·구거, 부부 사이의 귀속불분명재산에 대하여는 공유로 추정하고 있다.

3. 공유의 지분

(1) 지분의 정의

지분(持分)은 공유에 있어서 각 공유자가 목적물에 대하여 가지는 소유의 비율을 말한다. 지분의 법률적 성질은 앞에서 살펴본 양적 분할설에 따라 이해하여야 한다. 이에 따르면 지분은 '한 개의 소유권의 분량적 일부'로 이해하게 된다.

(2) 지분의 비율

지분의 비율은 법률의 규정, 또는 공유자의 의사에 의하여 정하여지나, 그것이 분명하지 아니한 때에는 균등한 것으로 추정한다(262조 2항).

부동산공유지분의 비율에 관한 약정이 있는 경우에는 이를 등기하여야 한다(부등법 48조 4항). 따라서 지분을 등기하지 않으면 균등한 것으로 추정된다.

(3) 지분의 내용

지분은 소유권의 분량적 일부분에 지나지 않으나 지분권자인 공유자는 하나의 소유권을 같이 행사하는 것이므로, 공유물을 사용·수익·처분 등의 권능을 갖게 된다(263조).

1) 공유물의 사용·수익

각 공유자는 공유물의 전부를 그 지분의 비율에 따라 사용·수익할 수 있다(263조).

2) 공유물의 처분·변경

공유물은 동시에 다른 공유자의 지분의 객체가 되어 있으므로 공유자 한 사람이 그 공유물을 자유로이 처분할 수 없다. 그러므로 공유물의 처분을 위하여서는 공유자 전원의 동의를 요한다(264조).

3) 지분의 처분

각 공유자는 그 지분을 자유로이 처분할 수 있다(263조).

4) 지분의 주장

다른 공유자에 대하여 지분의 확인을 구하는 경우에는 '단독으로' 자기의 지분을 부인하거나, 또는 다투는 자를 상대방으로 하여서 소를 제기할 수 있다. 또한 공유자가 아닌 제3자에 대하여 지분의 확인을 구하는 경우에도 위와 같다.

5) 지분의 침해에 대한 물권적 청구

다른 공유자 또는 제3자가 공유물에 대하여 침해하는 때에는 각 공유자는 공유물 전부에 대한 방해의 제거를 청구할 수 있다(통설).

또한 공유물을 침탈하는 제3자의 행위에 대해서도 단독으로 자기의 지분 비율에 따른 점유의 반환청구는 물론이고, 지분에 기인하여 각 공유자는 보존행위를 근거로 공유물 전부에 관하여 물권적 반환청구를 행사할 수 있다.

이의 근거에 대해서는 각 공유자가 보존행위를 이유로 청구할 수 있다는 견해(이영준 588면), 불가분채권의 규정(409조)을 유추하여 단독으로 목적물 전부의 인도를 청구할 수 있다는 견해(김상용 340면, 김학동 517면, 송덕수 340면), 지분권에 근거를 찾는 견해(곽윤직·김재형 288면) 등이 있다.

이에 대해서 판례는 "지분을 소유하고 있는 공유자나 그 지분에 관한 소유권이전등기청구권을 가지고 있는 자라고 할지라도 다른 공유자와의 협의 없이는 공유물을 배타적으로 점유하여 사용 수익할 수 없는 것이므로, 다른 공유권자는 자신이 소유하고 있는 지분이 과반수에 미달되더라도 공유물을 점유하고 있는 자에 대하여 공유물의 보존행위로서 공유물의 인도나 명도를 청구할 수 있다."고 판시하여 지분에 기인하여 각 공유자는 보존행위를 근거로 공유물 전부에 관하여 물권적 청구를 할 수 있다는 태도를 취하고 있다(대판〈전〉 1994. 3. 22. 93다9392).

요컨대 공유물은 한 개로서 공유자는 이를 불가분적으로 이해를 맺고 있음을 고려할 때 불가분채권의 규정을 유추 적용해서 공유자가 단독으로 목적물 전부의 반환청구를 할 수 있다고 이해야하여야 할 것이다.

관련판례

공유물의 보존행위

① 공유물에 대하여 제3자의 침해가 있을 때에는 각 공유자는 단독으로 공유물 전부에 대하여 공유물의 반환 및 방해의 배제를 청구할 수 있다(대판 1969. 3. 4. 69다21).

② 부동산 공유자 중의 한 사람은 당해 부동산에 관하여 제3자 명의로 원인무효의 소유권이전등기가 경료되어 있는 경우 공유물에 관한 보존행위로서 그 제3자에 대하여 그 등기 전부의 말소를 구할 수 있으나, 공유자의 한 사람이 공유물의 보존행위로서 그 공유물의 일부 지분에 관하여서만 재판상 청구를 하였으면 그로 인한 시효중단의 효력은 '그 공유자'와 '그 청구한 소송물'에 한하여 발생한다(대판 1999. 8. 20. 99다15146).

③ 공유권자는 자신이 소유하고 있는 지분이 과반수에 미달되더라도 공유물을 점유하고 있는 자에 대하여 공유물의 보존행위로서 공유물의 인도나 명도를 청구할 수 있다(대판 1994. 3. 22. 93다9392).

④ 물건을 공유자 양인이 각 1/2지분씩 균분하여 공유하고 있는 경우, 1/2지분권자로서는 다른 1/2지분권자와의 협의 없이는 물건을 배타적으로 독점 사용할 수

없고, 나머지 지분권자는 공유물보존행위로서 그 배타적 사용의 배제를 구할 권리가 있다(대판 2003. 11. 13. 2002다57935).

6) 지분포기 등의 경우의 귀속

공유자 중 한 사람이 그의 지분을 포기하거나, 상속인 없이 사망한 때에는 그 지분은 다른 공유자에게 그들의 지분의 비율에 따라 귀속한다(267조). 이것을 '지분의 탄력성'이라고 한다. 그러나 이는 법률의 규정에 의하여 제한될 수 있다.

예컨대 위의 지분의 탄력성에 따르면 상속인이 존재하지 않는 경우에 그 자의 지분은 다른 공유자에게 각 지분의 비율로 나누어 귀속하여야 한다(267조, 278조). 그러나 집합건물법은 대지사용권 및 그 지분과 전유부분과의 일체성을 관철시키기 위해서 집합건물의 경우 대지사용권의 상속인이 없는 경우 지분의 탄력성을 적용하지 않도록 하는 특례규정을 두고 있다(동법 22조).

4. 공유자 사이의 공유관계

(1) 공유물의 관리

1) 공유물의 보존

공유물의 보존은 공유물의 멸실·훼손을 방지하고 그 현상을 유지하는 것을 말한다. 공유물의 보존은 공유자 전원의 이익이 되므로, 각 공유자가 단독으로 보존행위를 할 수 있다(265조 단서).

2) 공유물의 이용·개량

공유물의 이용은 공유물을 그 경제적 용도에 따라서 활용하는 것을 말한다. 또한 공유물의 개량은 그의 사용가치나 교환가치를 증대케 하는 것으로서 변경의 정도까지는 이르지 않은 것을 말한다. 여기서 공유물의 이용이나 개량은 각 공유자가 그 지분의 과반수로써 결정한다(265조 본문).

이와 관련하여 공유자 간의 공유물에 대한 사용수익·관리에 관한 특약은 공유자의 특정승계인에 대하여도 당연히 승계된다고 할 것이나, 민법 제265조는 "공유물의 관리에 관한 사항은 공유자의 지분의 과반수로써 결정한다."라고 규정하고 있다. 그러므로 위와 같은 특약 후에 공유자에 변경이 있고 특약을 변경할 만한 사정이 있는 경우에는 공유자의 지분의 과반수의 결정으로 기존 특약을 변경할 수 있다(대판 2005. 5. 12. 2005다1827).

또한 과반수 지분의 공유자는 공유자와 사이에 미리 공유물의 관리방법에 관하여 협의가 없었다 하더라도 공유물의 관리에 관한 사항을 단독으로 결정할 수 있다. 그러므로 과반수 지분의 공유자는 그 공유물의 관리방법으로서 그 공유토지의 특정된 한 부분을 배타적으로 사용·수익할 수 있으므로 과반수 지분의 공유자로부터 사용·수익을 허락받은 점유자에 대하여 소수 지분의 공유자는 그 점유자가 사용·수익하는 건물의 철거나 퇴거 등 점유배제를 구할 수 없다.

그러나 그로 말미암아 지분은 있으되 그 특정 부분의 사용·수익을 전혀 하지 못하여 손해를 입고 있는 소수지분권자에 대하여 그 지분에 상응하는 임료 상당의 부당이득을 하고 있다 할 것이므로 이를 반환할 의무가 있다(대판 2002. 5. 14. 2002다9738).

(2) 공유물의 처분·변경

공유물의 처분은 공유물의 교환가치를 실현하는 것으로서 법률상 및 사실상의 처분이 모두 이에 해당한다.

또한 공유물의 변경은 목적물이 멸실하지 않는 범위에서 공유물의 성질을 변하게 하는 것(예컨대 건물의 개축·토지의 개간)을 말한다. 공유물을 처분하거나 변경하는 데는 공유자 전원의 동의가 있어야 한다(264조).

(3) 공유물에 관한 부담

공유물의 관리비용 그 밖의 의무는 각 공유자가 그 지분의 비율로 이를 부담한다(266조 1항). 공유자가 이러한 의무를 1년 이상 지체한 때에는 다른 공유자는 상당한 가액으로 그 자의 지분을 매수할 수 있다(266조 2항). 여기서 공유자가 다른 공유자의 의무이행지체를 이유로 그 지분의 매수청구권을 행사함에 있어서는 매수대상이 되는 지분 전부의 매매대금을 제공한 다음 매수청구권을 행사하여야 한다(대판 1992. 10. 9. 92다25656).

관련판례

공유물의 관리

① 공유자 사이에 공유물을 사용·수익할 구체적인 방법을 정하는 것은 공유물의 관리에 관한 사항으로서 공유자의 지분의 과반수로써 결정하여야 할 것이고, 과반수의 지분을 가진 공유자는 다른 공유자와 사이에 미리 공유물의 관리방법에 관한 협의가 없었다 하더라도 공유물의 관리에 관한 사항을 단독으로 결정할 수 있으므로, 과반수의 지분을 가진 공유자가 그 공유물의 특정 부분을 배타적으로 사용·수익하기로 정하는 것은 공유물의 관리방법으로서 적법하며, 다만 그 사용·수익의 내용이 공유물의 기존의 모습에 본질적 변화를 일으켜 '관리' 아닌 '처분'이나 '변경'의 정도에 이르는 것이어서는 안 될 것이고, 예컨대 다수지분권자라 하여 나대지에 새로이 건물을 건축한다든지 하는 것은 '관리'의 범위를 넘는 것이 될 것이다(대판 2001. 11. 27. 2000다33638).

② 공유자가 공유물을 타인에게 임대하는 행위 및 그 임대차계약을 해지하는 행위는 공유물의 관리행위에 해당하므로 민법 제265조 본문에 의하여 공유자의 지분의 과반수로써 결정하여야 한다. 상가건물 임대차보호법이 적용되는 상가건물의 공유자인 임대인이 같은 법 제10조 제4항에 의하여 임차인에게 갱신 거절의 통지를 하는 행위는 실질적으로 임대차계약의 해지와 같이 공유물의 임대차를 종료시키는 것이므로 공유물의 관리행위에 해당하여 공유자의 지분의 과반수로써 결정하여야 한다(대판 2010. 9. 9. 2010다37905).

③ 공동상속인 중 1인이 피상속인과 체결하였다는 매매 등 효력 없는 계약을 원인으로 공동상속한 부동산 전부에 관하여 소유권이전등기를 마친 경우, 다른 공동상속인이 등기명의인의 상속분을 제외한 나머지 공유지분 전부에 관하여 소유권이전등기의 말소등기절차 이행을 구할 수 있다(대판 2015. 1. 29. 2014다49425).

5. 공유관계의 대외적 주장

전체(공유자 전체의 이해관계가 미치는)로서의 공유관계를 주장해서 그 확인을 구하거나, 등기를 청구하거나, 또는 시효를 중단하는 경우에는 공유자 전원이 공동으로 하여야 한다(통설). 또한 공유자가 전체로서 가지는 공유관계에 기인한 반환 또는 방해제거청구도 공유자 전원이 공동으로 하여야 한다(판례).

6. 공유관계의 소멸

(1) 공유물의 일반적 소멸원인

공유관계는 공유물의 소멸·제3자에의 양도·공용징수·지분의 집중·공유물의 분할 등으로 소멸한다. 이 중 공유물의 분할이 특히 중요하다.

(2) 공유물의 분할

1) 의 의

공유물의 분할은 공유자가 각자의 공유지분을 분할함으로써 공유관계를 소멸시키는 것을 말하며, 공유관계소멸원인의 하나이다.

2) 공유물처분의 자유와 금지

민법은 공유물분할의 자유를 인정하는 한편, 공유자가 계약(불분할계약)으로 일정한 한도에서 분할의 자유를 제한할 수 있음을 인정하고 있다. 즉, 5년을 넘지 않는 기간 안에서 분할하지 않을 것을 약정할 수 있으며(268조 1항 단서), 이 불분할계약은 갱신할 수 있으며 그 기간은 갱신할 날로부터 5년을 넘지 못한다(268조 2항). 여기서 부동산의 공유에서는, 분할금지의 특약을 등기하여야 제3자에게 대항할 수 있다(부등법 67조).

또한 불분할계약 외에 건물을 구분소유하는 경우의 공용부분(215조, 집합건물법 3조) 및 경계선상의 경계표(249조)에 관하여는 법률의 규정에 의하여 분할이 금지된다.

3) 분할의 방법

분할은 협의에 의하는 것을 원칙으로 하며(268조 1항, 269조 1항), 이 외에 재판에 의한 분할도 있다(269조 2항). 또, 분할은 현물분할이 원칙이나, 그것이 불가능하거나 분할로 인하여 그 가액이 현저히 감손될 우려가 있는 때에는 물건을 경매하여 그 대금을 분할할 수 있다(269조 2항, 408조).

여기서 대금분할에 있어 '현물로 분할할 수 없다.'는 요건은 이를 물리적으로 엄격하게 해석할 것은 아니다. 그리고 공유물의 성질, 위치나 면적, 이용상황, 분할 후의 사용가치 등에 비추어 보아 현물분할을 하는 것이 곤란하거나 부적당한 경우를 포함한다 할 것이다. 즉 '현물로 분할을 하게 되면 현저히 그 가액이 감손될 염려가 있는 경우'라는 것도 공유자의 한 사람이라도 현물분할에 의하여 단독으로 소유하게 될 부분의 가액이 분할 전의 소유지분 가액보다 현저하게 감손될 염려가 있는 경우도 포함한다(대판 2002. 4. 12. 2002다4580).

또 재판에 의하여 공유물을 분할하는 경우에 법원은 현물로 분할하는 것이 원칙이므로, 불가피하게 대금분할을 할 수밖에 없는 요건에 관한 객관적·구체적인 심리 없이 단순히 공유자들 사이에 분할의 방법에 관하여 의사가 합치하고 있지 않다는 등의 주관적·추상적인 사정에 터잡아 함부로 대금분할을 명하는 것은 허용될 수 없다(대판 2009. 9. 10. 2009다40219·40226).

또한 甲의 공유지분에 대하여 저당권이 설정되어 있고 이 저당권은 분할 후 乙의 단독소유가 될 토지에도 지분비율대로 존속하게 될 것이어서 甲은 乙에게 이로 인한 가액감손을 보상하여야 할 것이므로 상호보상관계가 매우 복잡해진다는 점에서 가액보상의 방법에 의한 공유물분할도 부적당하여 대금분할함이 상당하다(대판 1993. 1. 19. 92다30603).

이 밖에 공유자 중 1인이 공유물에 대하여 단독소유자가 되고, 다른 공유자는 그 자로부터 자기의 지분에 상당한 가액의 지급을 받는 방법인 가격보상(價格補償)도 인정된다.

위의 경우, 재판에 의한 분할을 위하여 공유물분할의 소를 제기하는 경우, 이 소(訴)는 필요적 공동소송이 되며, 피고가 되는 자는 원고를 제외한 그 밖의 모든 공유자이다(통설).

4) 분할의 효과

공유물의 분할로 인하여 각 공유자 사이에는 각각의 지분에 대하여 교환(현물분할의 경우), 또는 매매(가액분할의 경우)가 행하여진 것으로 된다. 따라서 각 공유자는 다른 공유자가 분할로 인하여 취득한 물건 또는 그 부분에 관하여 그 지분의 비율로 매도인과 동일한 담보책임을 부담하게 된다(270조).

따라서 분할로 인하여 어느 공유자 중 일방이 원래 지분에 따르는 유상성에 불이익이 있으면 계약해제권, 손해배상청구권, 대금감액청구권 등을 다툴 수 있다(570조 이하 참조). 그러나 재판상 분할의 경우에는 계약해제권을 인정하면 판결의 결과를 뒤집는 것이 되므로 계약해제권만은 담보책임의 내용이 될 수 없다(통설).

또 공유물의 분할에 의하여 분할의 시점부터 각 공유자는 단독소유자로 되므로, 분할의 효과는 원칙적으로 소급효가 없다. 그러나 공유물의 분할 중 '상속재산의 분할'은 상속이 개시된 때에 소급하여 그 효력이 생기므로(1015조), 이 경우는 일반적인 공유물의 분할과 달리 '소급효'가 인정된다.

관련판례

공유물의 분할

① 토지를 현물분할함에 있어 일정한 요건이 갖추어진 경우에는 공유자 상호간에 금전으로 경제적 가치의 과부족을 조정하게 하여 분할을 하는 것도 현물분할의 한 방법으로 허용되고, 여러 사람이 공유하는 물건을 현물분할하는 경우에는 분할을 원하지 않는 나머지 공유자는 공유로 남겨 두는 방법도 허용된다(대판 1997. 9. 9. 97다18219).

② 재판에 의한 공유물분할은 각 공유자의 지분에 따른 합리적인 분할을 할 수 있는 한 현물분할을 하는 것이 원칙이나, 대금분할에 있어 '현물로 분할할 수 없다'는 요건은 이를 물리적으로 엄격하게 해석할 것은 아니고, 공유물의 성질, 위치나 면적, 이용상황, 분할 후의 사용가치 등에 비추어 보아 현물분할을 하는 것이 곤란하거나 부적당한 경우를 포함한다 할 것이고, '현물로 분할을 하게

되면 현저히 그 가액이 감손될 염려가 있는 경우'라는 것도 공유자의 한 사람이라도 현물분할에 의하여 단독으로 소유하게 될 부분의 가액이 분할 전의 소유지분 가액보다 현저하게 감손될 염려가 있는 경우도 포함한다(대판 2001. 3. 9. 98다51169).

③ 일정한 요건이 갖추어진 경우에는 공유자 중 1인이 단독소유권을 취득하거나 수인의 공유로 하고 다른 공유자에 대하여 공유자 그 지분의 적정하고도 합리적인 가격을 배상시키는 방법(상호 간에 경제적 가치의 과부족을 조정하게 하여 분할을 하는 것)도 현물분할의 한 방법으로 허용된다(대판 2004. 10. 14. 2004다30583).

④ 공유물을 협의 없이 배타적으로 사용한 공유자에 대하여 다른 공유자는 자신의 지분에 미달하더라도 보존행위에 근거하여 단독으로 공유물의 명도를 청구할 수 있으나, 부당이득에 관하여는 건물임료에 대한 청구자 자신의 지분에 대하여만 청구할 수 있다(대판〈전〉 1994. 3. 22. 93다9392·9408).

⑤ 공유물분할의 소는 형성의 소이며, 공유물분할판결은 형성판결이다(대판 1969. 12. 29. 68다2425).

⑥ 공유물분할의 소는 원고를 제외한 그 밖의 모든 공유자가 피고가 되는 필요적 공동소송이다(대판 1968. 5. 21. 68다414).

⑦ 공유물분할청구의 소는 분할을 청구하는 공유자가 원고가 되어 다른 공유자 전부를 공동피고로 하여야 하는 고유필수적 공동소송이고, 공동소송인과 상대방 사이에 판결의 합일확정을 필요로 하는 고유필수적 공동소송에 있어서는 공동소송인 중 일부가 제기한 상소는 다른 공동소송인에게도 그 효력이 미치는 것이므로 공동소송인 전원에 대한 관계에서 판결의 확정이 차단되고 그 소송은 전체로서 상소심에 이심되며, 상소심판결의 효력은 상소를 하지 아니한 공동소송인에게 미치므로 상소심으로서는 공동소송인 전원에 대하여 심리·판단하여야 한다(대판 2003. 12. 12. 2003다44615).

⑧ 공유자의 채무를 담보하기 위하여 그의 지분 위에 설정된 저당권은 특별한 합의가 없는 한 공유물 전부 위에 그대로 존속하고 그 공유자가 취득한 분할물 위로 집중되는 것은 아니다(대판 1989. 8. 9. 88다카24868).

⑨ 甲, 乙 등 명의로 지분이 나뉘어 있는 분할 전 대지 중 甲 지분에 관하여 丙

명의로 근저당권이 설정되어 있었고, 이후 乙 지분을 양수한 丁이 위 대지를 분할하여 분할된 일부 대지(이하 '이 사건 대지'라고 한다) 위에 집합건물을 신축하여 소유권보존등기를 하면서 이 사건 대지에 관하여 대지권등기를 마쳤다. 그런데, 그 후 집합건물 중 일부 전유부분과 그 대지권에 관하여 경매절차가 진행된 사안에서, 이 사건 대지에 관한 대지권 성립 전에 설정된 위 근저당권은 그 후 이 사건 대지가 집합건물의 대지권 목적이 되었더라도 종전 저당목적물에 대한 담보적 효력을 그대로 유지한다. 그러므로 丙은 위 전유부분에 대한 전체 매각대금 중 대지권에 대한 부분에 관하여 우선변제받을 권리가 있다. 그리고 근저당권의 공동담보 중 일부인 대지권의 경매 대가를 먼저 배당하게 되었으므로, 丙은 근저당권의 피담보채권 전액을 기준으로 배당에 참가할 수 있다(대판 2012. 3. 29. 2011다74932).

⑩ 공동상속인은 상속재산의 분할에 관하여 공동상속인 사이에 협의가 성립되지 아니하거나 협의할 수 없는 경우에 가사소송법이 정하는 바에 따라 가정법원에 상속재산분할심판을 청구할 수 있을 뿐이고, 상속재산에 속하는 개별 재산에 관하여 민법 제268조의 규정에 따라 공유물분할청구의 소를 제기하는 것은 허용되지 않는다(대판 2015. 8. 13. 2015다18367).

⑪ 공유물을 경매에 붙여 매각대금을 분배할 것을 명하는 판결은 경매를 조건으로 하는 특수한 형성판결로서 공유자 전원에 대하여 획일적으로 공유관계의 해소를 목적으로 하는 것인바, 가처분채권자가 가처분채무자의 공유 지분에 관하여 처분금지가처분등기를 마친 후에 가처분채무자가 나머지 공유자와 사이에 위와 같이 경매를 통한 공유물분할을 내용으로 하는 화해권고결정을 받아 이를 확정시켰다면, 다른 특별한 사정이 없는 한 이는 처분금지가처분에서 금하는 처분행위에 해당한다(대판 2017. 5. 31. 2017다216981).

그 밖의 공유

① 공동상속재산은 공동상속인의 공유에 속한다(대판 1993. 7. 13. 92다17501).

② 공유는 물건에 대한 공동소유의 한 형태로서 물건에 대한 1개의 소유권이 분량적

으로 분할되어 여러 사람에게 속하는 것이다(대판 1991. 11. 12. 91다27228).

③ 부동산의 1/2 지분 공유자 겸 나머지 1/2 지분의 명의수탁자 甲이 乙과 자신의 지분 1/2 중 1/2 지분(전체의 1/4 지분)에 관하여 대물변제의 약정을 하면서 명의신탁자 丙의 지분까지 확인하는 내용의 문서를 작성하였다면, 위와 같은 합의의 취지는 단순히 甲이 乙에게 지분을 양도하는 것에 그치는 것이 아니라, 나아가 甲, 乙, 丙 3인의 각 지분의 비율을 확인하고 그들 사이에서는 각자의 지분의 비율에 따라서만 권리를 주장하기로 하는 뜻까지 포함하는 것이라고 봄이 상당하다. 그러므로 자신의 지분 중 일부를 乙에게 이전하여 줄 의무가 있는 甲으로서는 乙에 대한 관계에서 단지 1/4 지분에 관하여만 권리를 주장할 수 있다(대판〈전〉 1994. 3. 22. 93다9392).

④ 甲과 乙이 대지를 각자 특정하여 매수하여 배타적으로 점유하여 왔으나 분필이 되어 있지 아니한 탓으로 그 특정부분에 상응하는 지분소유권이전등기만을 경료하였다면 그 대지의 소유관계는 처음부터 구분소유적 공유관계에 있다 할 것이다. 또한 구분소유적 공유관계에 있어서는 통상적인 공유관계와는 달리 당사자 내부에 있어서는 각자가 특정매수한 부분은 각자의 단독 소유로 되었다 할 것이므로, 乙은 위 대지 중 그가 매수하지 아니한 부분에 관하여는 甲에게 그 소유권을 주장할 수 없어 위 대지 중 乙이 매수하지 아니한 부분지상에 있는 乙 소유의 건물부분은 당초부터 건물과 토지의 소유자가 서로 다른 경우에 해당되어 그에 관하여는 관습상의 법정지상권이 성립될 여지가 없다(대판 1994. 1. 28. 93다49871).

Ⅲ. 합 유

1. 의의 및 성질

(1) 의 의

1) 합유(合有)는 법률의 규정 또는 계약에 의하여 수인이 조합체로서 물건을 소

유하는 공동소유의 모습이다(271조 1항 전단).

2) 합유는 공유와 마찬가지로 구성원 각자의 지분이 있으나 공유와 달리 조합체라는 공동목적 밑에 결합되어 있어서 각 합유자는 원칙적으로 합유물의 분할을 청구할 수 없다(273조 2항). 또 그 지분을 처분하거나 합유물의 관리에 있어서도 전원의 동의를 받아야 하는 점에서 인적 결합의 성격을 띤다(273조 1항).

(2) 성 질

합유는 공유에 비하면 합유지분 등의 처분에 있어서 제한이 있는 등 단체적 색채가 강하다. 그러나 합유는 지분이 없는 총유에 비할 때에는 구성원의 개성이 뚜렷하다는 차이가 있다. 이러한 의미에서 합유는 공유와 총유의 중간적인 공동소유의 형태라고 할 수 있다.

2. 합유의 성립

(1) 합유관계는 법률의 규정 또는 계약에 의하여 성립한다(271조 1항 전단).

(2) 현행법상 법률의 규정으로 합유관계가 성립하는 것은 민법의 조합재산(704조)과 수탁자가 수인 있는 경우의 신탁재산(신탁법 45조), 공동광업권자가 공동소유하는 경우(광업법 17조 5항, 30조) 등이다. 부동산을 합유하는 때에는 합유자 전원의 이름으로 그 취지와 지분을 등기하여야 한다(부등법 48조 4항).

계가 해산한 경우, 이에 관한 채권채무관계는 청산절차에 의하여 각 계원에게 귀속하기 전에는 계원들에게 합유적으로 귀속한다.

3. 합유관계

(1) 합유자의 지분과 이에 따른 권리는 합유물 전부에 미친다(271조 1항). 이 밖에 합유관계에 대하여 합유자 사이에 별도의 계약이 없으면 다음에 열거하는 제272조 내지 제274조 사이의 민법규정에 따른다. 따라서 이들 규정의 성격은 임의규정이다.

(2) 합유물의 보존행위는 각 합유자가 단독으로 할 수 있으나, 합유물을 처분 또는 변경하는 데에는 합유자 전원의 동의가 있어야 한다(272조).

(3) 합유물에 대한 지분을 처분하는 데도 합유자 전원의 동의를 요하며(273조 1항), 합유자는 합유물의 분할을 청구하지 못한다(273조 2항). 이러한 합유의 성격에 따라 부동산의 합유자 중 일부가 사망한 경우 합유자 사이에 특별한 약정이 없는 한 사망한 합유자의 상속인은 합유자로서의 지위를 승계하지 못하므로, 해당 부동산은 잔존 합유자가 2인 이상일 경우에는 잔존 합유자의 합유로 귀속되고 잔존 합유자가 1인인 경우에는 잔존 합유자의 단독소유로 귀속된다(대판 1996. 12. 10. 96다23238).

(4) 합유관계가 종료하는 것은 합유물의 양도로 조합재산이 없게 되는 때와 조합체의 해산이 있는 때이다(274조 1항).

관련판례

합 유

① 합유자 중 일부가 사망한 경우, 합유자 사이에 특별한 약정이 없으면 합유자의 상속인은 합유자로서의 지위를 승계하지 못한다(대판 1994. 2. 25. 93다39225).

② 조합원의 지위는 일신전속권으로서 상속인에게 상속되지 않는다(대판 1981. 7. 28. 81다145).

③ 공동광업권자의 1인이 사망한 때에는 공동광업권의 조합관계로부터 당연히 탈퇴되고, 특히 조합계약에서 사망한 공동광업권자의 지위를 그 상속인이 승계하기로 약정한 바가 없는 이상 사망한 공동광업권자의 지위는 일신전속적인 권리의무관계로서 상속인에게 승계되지 아니하고, 따라서 동 망인이 제소한 공동광업권관계소송은 그의 사망으로 당연히 종료된다(대판 1981. 7. 28. 81다145).

④ 조합재산의 처분·변경에 관한 행위는 다른 특별한 사정이 없는 한 조합의 특별사무에 해당하는 업무집행이며, 민법 제706조 제2항에 따라 원칙적으로 업무집행조합원의 과반수로써 결정하여야 한다(대판 2000. 10. 10. 2000다28506).

⑤ 부동산의 소유자가 동업계약(조합계약)에 의하여 부동산의 소유권을 투자하기로 하였으나 아직 그의 소유로 등기가 되어 있고 조합원의 합유로 등기되어 있지

않다면, 그와 조합 사이에 채권적인 권리의무가 발생하여 그로 하여금 조합에 대하여 그 소유권을 이전할 의무 내지 그 사용을 인용할 의무가 있다고 할 수는 있지만, 그 동업계약을 이유로 조합계약 당사자 아닌 사람에 대한 관계에서 그 부동산이 조합원의 합유에 속한다고 할 근거는 없으므로, 조합원이 아닌 제3자에 대하여는 여전히 소유자로서 그 소유권을 행사할 수 있다(대판 2002. 6. 14. 2000다30622).

⑥ 민법 제271조 제1항은 "법률의 규정 또는 계약에 의하여 수인이 조합체로서 물건을 소유하는 때에는 합유로 한다. 합유자의 권리는 합유물 전부에 미친다."고 규정하고(이는 물권법상의 규정으로서 강행규정이고, 따라서 조합체의 구성원인 조합원들이 공유하는 경우에는 조합체로서 물건을 소유하는 것으로 볼 수 없다), 민법 제704조는 "조합원의 출자 기타 조합재산은 조합원의 합유로 한다."고 규정하고 있다. 그러므로 동업을 목적으로 한 조합이 조합체로서 또는 조합재산으로서 부동산의 소유권을 취득하였다면, 민법 제271조 제1항의 규정에 의하여 당연히 그 조합체의 합유물이 되고(이는 민법 제187조에 규정된 '법률의 규정에 의한 물권의 취득'과는 아무 관계가 없다. 따라서 조합체가 부동산을 법률행위에 의하여 취득한 경우에는 물론 소유권이전등기를 요한다), 다만, 그 조합체가 합유등기를 하지 아니하고 그 대신 조합원들 명의로 각 지분에 관하여 공유등기를 하였다면, 이는 그 조합체가 조합원들에게 각 지분에 관하여 명의신탁한 것으로 보아야 한다(대판 2002. 6. 14. 2000다30622).

⑦ 합유재산을 합유자 1인의 단독소유로 소유권보존등기를 한 경우에는 소유권보존등기가 실질관계에 부합하지 않는 원인무효의 등기이므로, 다른 합유자는 등기명의인인 합유자를 상대로 소유권보존등기 말소청구의 소를 제기하는 등의 방법으로 원인무효의 등기를 말소시킨 다음 새로이 합유의 소유권보존등기를 신청할 수 있다(대판 2017. 8. 18. 2016다6309).

Ⅳ. 총 유

1. 의의 및 성질

(1) 의 의

1) 총유(總有)는 법인이 아닌 사단(社團)의 사원이 집합체로서 물건을 소유하는 공동소유의 모습을 말한다(275조 1항).

2) 여기서 총유의 주체인 법인이 아닌 사단은 사람의 집단으로서 사단으로서의 실체가 있으나 설립등기를 갖추지 않아 법인격(권리능력)을 취득하지 않은 것을 말한다. 이를 사단법인과 구별하여 법인격 없는 사단, 법인 아닌 사단(비법인사단)이라고도 한다.

따라서 사단의 실체(단체 구성원의 존재, 대표의 방법, 총회의 운영 등을 정한 근본규칙〈정관〉의 존재)가 있어야 권리능력 없는 사단으로서의 요건을 갖추게 된다. 따라서 법인이 아닌 사단은 사원의 개별성보다도 단체로서의 단일성이 보다 뚜렷한 인적 결합이지만, 권리능력이 없기 때문에 그 단체의 단일성이 사원의 개별성으로부터 독립하여 별개의 존재를 가지지 못하는 점에서 사단법인과 차이가 있다.

(2) 성 질

총유는 공동소유자인 구성원 각자의 지분 자체가 없다는 점에서 지분이 있는 공유나 합유와 다르다. 따라서 총유는 공동소유 중 단체적 단일성이 가장 짙은 인적 결합이다.

2. 총유의 성립

(1) 총유의 주체는 법인격 없는 사단으로서, 종중과 교회, 동(洞)·리(里) 등을 들 수 있다. 이 밖에 판례는 재건축조합, 자연부락, 성균관과 지방 향교, 아파트부녀회, 사단법인의 하부조직, 불교신도회 등을 권리능력 없는 사단으로 인정하고 있다

(2) 부동산의 총유는 이를 등기하여야 하며, 부동산등기법은 “종중(宗中), 문중(門中), 그 밖에 대표자나 관리인이 있는 법인 아닌 사단이나 재단에 속하는 부동산의

등기에 관하여는 그 사단이나 재단을 등기권리자 또는 등기의무자로 한다."고 규정하여 권리능력 없는 사단에 대해서 부동산등기능력을 인정하고 있다(동법 26조 1항). 이 경우 등기는 그 사단이나 재단의 명의로 그 대표자나 관리인이 신청한다(동조 2항).

3. 총유관계

(1) 총유관계에 대하여 합유자 사단의 정관이나 규약에 별도의 특약이 있으면 그에 의하게 되나, 달리 정한 것이 없으면 다음에 열거하는 제276 내지 제277조의 민법규정에 따른다. 따라서 이들 규정의 성격은 임의규정이다.

(2) 총유물의 관리 및 처분은 사원총회의 결의로써 한다(276조 1항).

여기서 총유물의 관리 및 처분은 총유물 그 자체에 관한 이용·개량행위나 법률적·사실적 처분행위를 의미하는 것이다. 그러므로 비법인사단이 타인 간의 금전채무를 보증하는 행위는 총유물 그 자체의 관리·처분이 따르지 아니하는 단순한 채무부담행위에 불과하여 이를 총유물의 관리·처분행위라고 볼 수는 없다.

따라서 비법인사단인 재건축조합의 조합장이 채무보증계약을 체결하면서 조합규약에서 정한 조합 임원회의 결의를 거치지 아니하였다거나 조합원총회 결의를 거치지 않았다고 하더라도 그것만으로 바로 그 보증계약이 무효라고 할 수는 없다(대판 2007. 4. 19. 2004다60072).

또 총유물의 관리 중 보존행위에 대해서 공유와 합유의 경우 일반적인 관리행위와는 달리 공동소유자 각자 할 수 있는 것(265조 단서, 272조 단서)과는 달리 총유는 "보존행위는 각자가 할 수 있다."는 별도의 규정이 없다. 따라서 총유물의 보존행위는 공유와 합유와는 달리 공동소유자 각자 할 수 없고, 사원총회의 결의에 의하여야 한다. 판례도 "총유물의 '보존'에 있어서는 공유물의 보존에 관한 민법 제265조의 규정이 적용될 수 없고, 특별한 사정이 없는 한 민법 제276조 제1항 소정의 '사원총회의 결의'를 거쳐야 하고 이는 대표자의 정함이 있는 비법인사단인 교회가 그 총유재산에 대한 보존행위로서 대표자의 이름으로 소송행위를 하는 경우라 할지라도 정관에 달리 규정하고 있다는 등의 특별한 사정이 없는 한 그대로 적용된다."고 판시하고 있다(대판 1994. 10. 25. 94다28437). 따라서 종중재산의 소유관계는 총유에 해당하므로 민법 제265조가 적용될 여지가 없으며, 종중원(宗中員)은 종중재산에 대한 보존행위로서 제소할 수 없다(대판 1972. 8. 22. 72다882).

(3) 총유물의 사용·수익은 정관 그 밖의 규약에 좇아 각 사원이 할 수 있다(276조 2항).

(4) 총유물에 관한 사원의 권리·의무는 사원의 지위를 취득·상실함으로써 당연히 취득·상실된다(277조).

관련판례

권리능력 없는 사단과 종중의 총유

① 총유물의 '보존'에 있어서는 공유물의 보존에 관한 민법 제265조의 규정이 적용될 수 없고, 특별한 사정이 없는 한 민법 제276조 제1항 소정의 '사원총회의 결의'를 거쳐야 하고 이는 대표자의 정함이 있는 비법인사단인 교회가 그 총유재산에 대한 보존행위로서 대표자의 이름으로 소송행위를 하는 경우라 할지라도 정관에 달리 규정하고 있다는 등의 특별한 사정이 없는 한 그대로 적용된다(대판 1994. 10. 25. 94다28437).

종중재산의 소유관계는 총유에 해당하므로 민법 제265조가 적용될 여지가 없으며, 종중원은 종중재산에 대한 보존행위로서 제소할 수 없다(대판 1972. 8. 22. 72다882).

② 민사소송법 제48조가 비법인의 당사자능력을 인정하는 것은 법인이 아닌 사단이나 재단이라도 사단 또는 재단으로서의 실체를 갖추고 대표자 또는 관리인을 통하여 사회적 활동이나 거래를 하는 경우에는, 그로 인하여 발생하는 분쟁은 그 단체의 이름으로 당사자가 되어 소송을 통하여 해결하게 하고자 함에 있다 할 것이다. 여기서 말하는 사단이라 함은 일정한 목적을 위하여 조직된 다수인의 결합체로서 대외적으로 사단을 대표할 기관에 관한 정함이 있는 단체를 말한다고 할 것이고, 종중 또는 문중과 같이 특별한 조직행위 없이도 자연적으로 성립하는

예외적인 사단이 아닌 한, 법인 아닌 사단이 성립하려면 사단으로서의 실체를 갖추는 조직행위가 있어야 한다. 즉 만일 어떤 단체가 외형상 목적, 명칭, 사무소 및 대표자를 정하고 있다고 할지라도 사단의 실체를 인정할 만한 조직, 그 재정적 기초, 총회의 운영, 재산의 관리 기타 단체로서의 활동에 관한 입증이 없는 이상 이를 법인이 아닌 사단으로 볼 수 없다(대판 1997. 9. 12. 97다20908).

③ 종중 회칙상 종중 재산은 종중 총회의 결의를 거쳐야만 처분할 수 있음에도 종중 재산의 처분에 관한 적법한 총회 결의나 이사회 위임결의 또는 그와 같은 내용의 종중 회칙의 변경 없이 종중 회장이 종중 이사회를 개최하여 임의로 이사회를 구성하고 종중 재산의 처분을 이사회 결의만으로 가능하도록 임의로 정관을 변경하여 이에 따라 개최한 이사회에서 종중 재산의 처분을 결의한 후 종중 재산을 처분한 경우, 그 종중 재산의 처분은 무효다(대판 2000. 10. 27. 2000다22881).

④ 종중규약을 작성하면서 동일선조의 후손 중 여자 등에 대하여 종원의 자격을 임의로 제한하는 종중 규약은 법질서에 부합하지 않는 것으로 무효이며, 성년이 되면 성(남녀)의 구별 없이 당연히 종중의 구성원이 된다(대판 2005. 7. 21. 2002다178).

권리능력 없는 사단과 교회의 총유

① 별도의 설립등기를 갖추지 않은 교회는 권리능력 없는 사단으로서, 교회의 장정(章程) 기타의 승인된 규정에서 분열시의 재산귀속에 관하여 정하여진 바가 없으면 1의 교회가 2개로 분열된 경우의 종전 교회의 재산은 분열 당시의 교인의 총유에 속한다(대판 1993. 1. 29. 91다1226 ⇒ 판례 변경(2004다37775 참조).

② 특정 교단에 가입한 지교회가 교단이 정한 헌법을 지교회 자신의 자치규범으로 받아들였다고 인정되는 경우에는 소속 교단의 변경은 실질적으로 지교회 자신의 규약에 해당하는 자치규범을 변경하는 결과를 초래하고, 만약 지교회 자신의 규약을 갖춘 경우에는 교단변경으로 인하여 지교회의 명칭이나 목적 등 지교회의 규약에 포함된 사항의 변경까지 수반하기 때문에, 소속 교단에서의 탈퇴 내지 소속 교단의 변경은 사단법인 정관변경에 준하여 의결권을 가진 교인 2/3 이상의

찬성에 의한 결의를 필요로 하고, 그 결의요건을 갖추어 소속 교단을 탈퇴하거나 다른 교단으로 변경한 경우에 종전 교회의 실체는 이와 같이 교단을 탈퇴한 교회로서 존속하고 종전 교회 재산은 위 탈퇴한 교회 소속 교인들의 총유로 귀속된다(대판 2006. 4. 20. 2004다37775).

③ 교회가 그 실체를 갖추어 법인 아닌 사단으로 성립한 경우에 교회의 대표자가 교회를 위하여 취득한 권리의무는 교회에 귀속된다. 그러나 교회가 아직 실체를 갖추지 못하여 법인 아닌 사단으로 성립하기 전에 설립의 주체인 개인이 취득한 권리의무는 그것이 앞으로 성립할 교회를 위한 것이라 하더라도 바로 법인 아닌 사단인 교회에 귀속될 수는 없다. 그리고 또한 설립중의 회사의 개념과 법적 성격에 비추어, 법인 아닌 사단인 교회가 성립하기 전의 단계에서 설립중의 회사의 법리를 유추적용할 수는 없다(대판 2008. 2. 28. 2007다37394).

④ 기독교 단체인 교회에 있어서 교인들의 연보, 헌금 기타 교회의 수입으로 이루어진 재산은 특별한 사정이 없는 한 그 교회 소속 교인들의 총유에 속한다. 따라서 그 재산의 처분은 그 교회의 정관 기타 규약에 의하거나 그것이 없는 경우에는 그 교회 소속 교인들로 구성된 총회의 결의에 따라야 한다(대판 2009. 2. 12. 2006다23312).

⑤ 비법인사단인 교회의 대표자는 총유물인 교회 재산의 처분에 관하여 교인총회의 결의를 거치지 아니하고는 이를 대표하여 행할 권한이 없다. 그리고 교회의 대표자가 권한 없이 행한 교회 재산의 처분행위에 대하여는 민법 제126조의 표견대리에 관한 규정이 준용되지 아니한다(대판 2009. 2. 12. 2006다23312).

그 밖의 권리능력 없는 사단

① 법인이 아닌 사단인 동일한 불교회가 2개로 분열된 경우 그 재산의 귀속에 관하여 어떤 규정이 있으면 모르되 특별한 정함이 없으면 그 재산은 분열 당시 그 단체구성원의 총유에 속한다(대판 1987. 10. 26. 85다카1320).

② 일정 지역을 중심으로 한 불교신도회가 임원을 선출하는 등 조직을 갖추고 독자적인 종교활동을 계속하여 왔다면, 불교종단 소속의 신도회로 등록하였더라도 그 종단과는 별개의 독립된 단체로서 비법인 사단의 실질을 갖추고 있다(대판

1996. 7. 12. 96다6103).

③ 구 주택법에 따라 자치관리로 공동주택의 관리방법을 정한 아파트에서 자치관리기구 및 관리주체인 관리사무소장은 비법인사단인 입주자대표회의의 업무집행기관에 해당할 뿐 권리·의무의 귀속주체로 볼 수 없다. 따라서 자치관리기구의 대표자 내지 관리주체인 관리사무소장이 구 주택법령과 그에 따른 관리규약에서 정한 공동주택의 관리업무를 집행하면서 체결한 계약에 기한 권리·의무는 비법인사단인 입주자대표회의에게 귀속되고, 그러한 계약의 당사자는 비법인사단인 입주자대표회의이다(대판 2015. 1. 29. 2014다62657).

Ⅴ. 준공동소유

1. 의 의

준공동소유(準共同所有)는 수인이 소유권 이외의 재산권을 공동으로 소유하는 것을 말한다.

2. 준공동소유의 모습

준공동소유에도 공유·합유·총유의 세 가지에 상응하여 준공유·준합유·준총유가 있으며, 이에는 공동소유에 관한 민법의 규정이 준용된다(278조 본문). 예컨대 은행에 공동명의로 예금을 하고 은행에 대하여 그 권리를 함께 행사하기로 한 경우에 만일 동업자금을 공동명의로 예금한 경우라면 채권의 준합유관계에 있게 된다(대판 2004. 10. 14. 2002다55908).

또 권리능력 없는 사단의 채권·채무는 준총유가 되며(278조), 채무에 대하여 책임은 대외적으로 사단이 지게 되므로 각 사원은 내부적으로 부담금만을 사단에게 납부하면 된다(통설).

3. 준공동소유가 인정되는 재산권

지상권·지역권·전세권·저당권 등의 민법상의 물권과 주식·지식재산권 및 채권 등을 들 수 있다.

관련판례

준공동소유

① 상표권이 공유인 경우에 각 공유자는 다른 공유자의 동의를 얻지 아니하면 그 지분을 양도하거나 그 지분을 목적으로 하는 질권을 설정할 수 없다. 그리고 그 상표권에 대하여 전용사용권 또는 통상사용권을 설정할 수도 없는 등 일정한 제약을 받아 그 범위에서 합유와 유사한 성질을 가지지만, 이러한 제약은 상표권이 무체재산권인 특수성에서 유래한 것으로 보일 뿐이고, 상표권의 공유자들이 반드시 공동목적이나 동업관계를 기초로 조합체를 형성하여 상표권을 소유한다고 볼 수 없다. 뿐만 아니라 상표법에 상표권의 공유를 합유관계로 본다는 명문의 규정도 없는 이상, 상표권의 공유에도 상표법의 다른 규정이나 그 본질에 반하지 아니하는 범위 내에서는 민법상의 공유의 규정이 적용될 수 있다고 할 것이다(대판 2004. 12. 9. 2002후567).

② 근저당권의 준공유자들이 각자의 공유지분을 미리 특정하여 근저당권설정등기를 마쳤다면 그들은 처음부터 그 지분의 비율로 근저당권을 준공유하는 것이 되고, 이러한 경우 다른 특별한 사정이 없는 한 준공유자들 사이에는 각기 그 지분비율에 따라 변제받기로 하는 약정이 있었다고 봄이 상당하다. 그러므로 그 근저당권의 실행으로 인한 경매절차에서 배당을 하는 경매법원으로서는 배당시점에서의 준공유자 각자의 채권액의 비율에 따라 안분하여 배당할 것이 아니라 각자의 지분비율에 따라 안분하여 배당해야 하며, 어느 준공유자의 실제 채권액이 위 지분비율에 따른 배당액보다 적어 잔여액이 발생하게 되면 이를 다른 준공유자들에게 그 지분비율에 따라 다시 안분하는 방법으로 배당해야

한다(대판 2008. 3. 13. 2006다37394·31887).

제6관 소유권에 관한 특수문제(명의신탁)

Ⅰ. 개 관

명의신탁(名義信託)은 실질적 소유자인 신탁자(信託者)가 이를 직접 관리·수익하면서 형식상의 소유명의만을 수탁자(受託者)로 하여 두는 것을 말한다. 종래 이에 관하여는 판례에 의하여 그 이론이 형성되어 왔으나, 부동산거래의 비정상화를 방지하고 부동산실명제를 실시하기 위한 부동산실권리자 명의등기에 관한 법률(이하 '부동산실명법'이라 약칭함)이 제정(1995. 9. 30. 법률 제4944호)된 후 이 법의 적용을 받게 되었다.

위에 따라 종래 유효성이 인정되던 명의신탁은 부동산실명법이라는 강행법규가 적용되어 원칙적으로 무효로 취급되게 된다. 따라서 명의신탁이 무효가 되는 근거는 통정허위표시이기 때문이 아니고, '부동산실명법'이라는 강행법규에 위반하기 때문이다.

Ⅱ. 명의신탁에 관한 종래 판례이론의 중심내용

1. 유효성 여부

통정허위표시가 아닌 유효한 신탁행위이다.

2. 대내관계

판례에 의하면, 명의신탁은 통정허위표시가 아닌 유효한 신탁행위이며, 명의신탁의 경우 대내관계에서는 신탁자가 소유자이다(대판 1987. 5. 12. 89다카2653). 이에 따르면 명의신탁은 대내적으로는 신탁자가 소유자이므로, 수탁자는 자기에게 등기명의가 있음을 이유로 신탁자에 대하여 소유권을 주장할 수 없다.

3. 대외관계

판례에 의하면, 명의신탁의 경우 대외관계에서는 수탁자가 소유자로 다루어진다(대판 1963. 9. 19. 63다388). 이에 따르면 대외적으로는 수탁자가 소유자로 다루어지므로, 신탁자는 제3자에 대하여 소유권을 주장할 수 없다.

4. 제3자의 지위

판례에 의하면, 명의신탁의 경우 대외관계에서는 수탁자가 소유자로 다루어지며, 따라서 수탁자로부터 그 부동산을 양수한 제3자는 그 선의·악의를 묻지 않고서 그 소유권을 유효하게 취득하는 것이 원칙이다(대판 1963. 9. 19. 63다388). 이에 따르면 수탁자가 신탁재산을 신탁자의 승낙 없이 처분한 때에는 그 제3자는 선의·악의를 묻지 않고서 소유권을 취득한다.

그러나 제3자가 가장매매에 의하여 목적물을 처분한 경우는 통정허위표시에 해당하여 무효가 된다(108조 1항). 또 제3자가 수탁자에게 매도를 적극 권유함으로써 수탁자의 배임행위에 적극 가담한 경우에는, 명의수탁자 제3자 사이의 매매계약은 반사회적인 법률행위로서 무효가 된다(103조).

5. 명의신탁의 해지와 신탁자의 소유권 회복

판례에 의하면 명의신탁이 해지된 경우, 당사자 사이에서와는 달리 제3자와의 관계에서는 등기를 하여야 신탁자에게 소유권이 회복된다(대판 1991. 8. 27. 90다19848). 이에 따르면 명의신탁해지의 경우, 당사자 사이에서는 등기 없이도 신탁자에게 소유권이 회복되나 제3자와의 관계에서는 등기를 요한다.

Ⅲ. 부동산실명법의 중심내용

1. 명의신탁이 금지되는 권리의 범위

부동산실명법상 명의신탁이 금지되는 물권은 부동산소유권 및 그 밖의 부동산물권이다(동법 3조 1항). 따라서 종래 명의신탁은 부동산소유권을 전제로 한 법률관계로 다루어져 왔으나, 부동산실명법의 제정에 따라 금지되는 명의신탁의 범위는 부동산소유권을 비롯한 모든 부동산물권을 대상으로 한다.

다만 채무의 변제를 담보하기 위하여 채권자가 부동산에 관한 물권을 이전받는 경우에는 채무자, 채권금액 및 채무변제를 위한 담보라는 뜻이 적힌 서면을 등기신청서와 함께 등기관에게 제출하여야 한다(동법 3조 2항).

2. 명의신탁의 인정 여부

(1) 원 칙

명의신탁은 원칙적으로 모든 부동산물권에서 전면적으로 금지된다(동법 3조).

(2) 예 외

그러나 종중재산의 명의신탁과 배우자 및 종교단체와 그 산하조직 사이의 명의신탁은 부동산실명법의 취지에 반하지 않는 한 예외적으로 인정된다(동법 8조. 2013. 7. 12. 개정).

여기서 부동산실명법 제8조 제1호에 의하면 종중이 보유한 부동산에 관한 물권을 종중 이외의 자의 명의로 등기하는 명의신탁의 경우 조세포탈, 강제집행의 면탈 또는 법령상 제한의 회피를 목적으로 하지 아니하는 경우에는 같은 법 제4조 내지 제7조 및 제12조 제1항·제2항의 규정의 적용이 배제되도록 되어 있는바, 부동산실명법의 제정목적, 위 조항에 의한 특례의 인정취지, 다른 비법인 사단과의 형평성 등을 고려할 때 위 조항에서 말하는 종중은 고유의 의미의 종중만을 가리키고, 종중 유사의 비법인 사단은 포함하지 않는다(대판 2007. 10. 25. 2006다14165).

(3) 명의신탁약정에 해당하지 않는 등기

부동산양도담보·가등기담보(채무의 변제를 담보하기 위하여 채권자가 부동산에 관한 물권을 이전받거나 가등기하는 경우), 신탁등기(신탁법 또는 자본시장과 금융투자업에 관한 법률에 따른 신탁재산인 사실을 등기한 경우), 상호명의신탁(부동산의 특정된 부분을 실제로 2인 이상이 구분소유하면서 형식상 부동산 전체를 공유로 등기하는 것)은 부동산실명법의 규제대상이 되는 명의신탁약정에서 제외된다(동법 2조 1호). 따라서 위의 등기는 유효하다.

3. 명의신탁의 금지 유형과 그 효력

(1) 2자간 명의신탁

이는, 甲이 乙과 명의신탁약정을 하고 그 소유의 부동산을 乙에게 위장매매 또는 증여하고 乙의 명의로 소유권이전등기를 하는 방식이다. 이 경우는 명의신탁약정과 등기이전이 모두 무효이므로, 소유권은 여전히 명의신탁자 甲에게 보유되어 있다.

(2) 중간생략명의신탁

이는, 명의신탁자 乙이 원소유자 甲 소유의 부동산을 매수하면서 명의수탁자 丙 명의로 소유권이전등기를 하는 방식이다. 이 경우에는 乙과 丙 사이에 명의신탁약정이 맺어지는데, 甲·乙 사이의 매매계약은 유효하지만 명의신탁약정과 등기이전은 무효이다. 따라서 부동산소유권은 원소유자 甲에게 보유되어 있으며, 乙은 매매를 원인으로 한 소유권이전청구권을 행사할 수 있다.

위의 경우, 매도인과 명의신탁자 사이의 매매계약은 유효하므로, 명의신탁자는 매도인에 대하여 소유권이전등기를 청구할 수 있고 그 소유권이전등기를 보전하기 위하여 매도인을 대위하여 명의수탁자에게 무효인 명의등기의 말소를 구할 수도 있다. 그러므로 명의수탁자가 명의신탁자 앞으로 바로 경료해준 소유권이전등기는 결국 실체관계에 부합하는 등기로서 유효하다(대판 2004. 6. 25. 2004다6764).

(3) 계약명의신탁

이는, 원소유자(매도인)가 명의신탁약정사실을 알지 못하고 명의수탁자와 직접 매매계약을 체결하여 명의수탁자에게 등기를 이전해주는 방식이다. 계약명의신탁의 경우도 약정과 등기는 무효이나, 타방당사자가 선의인 경우 그 부동산물권변동은 유효하다(동법 4조 2항 단서). 위의 경우는 명의신탁약정은 무효이나 매매계약과 등기이전은 유효하므로, 명의수탁자가 부동산소유권을 취득하게 된다.

또한 명의신탁자와 명의수탁자 사이의 명의신탁약정의 무효에도 불구하고 그 명의수탁자는 당해 부동산의 완전한 소유권을 취득하게 되고, 명의수탁자는 명의신탁자에 대하여 부당이득반환의무를 부담하게 된다. 따라서 명의수탁자는 명의신탁자로부터 제공받은 당해 부동산의 매수자금을 부당이득을 반환하여야 한다(대판 2005. 1. 28. 2002다66922).

4. 제3자 보호

부동산실명법에 위반하여 명의신탁의 약정과 등기를 한 경우는 무효이나(동법 4조 1항, 2항), 이로써 제3에게 대항하지 못한다(동조 3항).

여기서 제3자 보호규정은 선의를 전제로 하지 않는다. 따라서 명의신탁의 무효는 선의의 제3자뿐만 아니라 악의의 제3자에게도 대항하지 못한다. 그러나 제3자가 수탁자의 배임행위에 적극 가담하여 반사회적인 법률행위를 하거나 가장매매에 의하여 목적물을 처분한 경우에는 무효가 된다(103조, 108조 1항).

5. 법적 제재

기존 명의신탁자가 실명등기를 이행하지 않으면 부동산실명법이 정하는 바에 따라 과징금·이행강제금·형사처벌 등의 제재를 받는다(동법 5조~7조).

관련판례

계약명의신탁의 소유권귀속과 명의신탁자의 부당이득반환청구

① 부동산경매절차에서 부동산을 매수하려는 사람이 다른 사람과의 명의신탁약정 아래 그 사람의 명의로 매각허가결정을 받아 자신의 부담으로 매수대금을 완납한 경우, 경매목적 부동산의 소유권은 매수대금의 부담 여부와는 관계없이 그 명의인이 취득하게 되고, 매수대금을 부담한 명의신탁자와 명의를 빌려 준 명의수탁자 사이의 명의신탁약정은 부동산 실권리자명의 등기에 관한 법률 제4조 제1항에 의하여 무효이다. 그러므로 명의신탁자는 명의수탁자에 대하여 그 부동산 자체의 반환을 구할 수는 없고 명의수탁자에게 제공한 매수대금에 상당하는 금액의 부당이득반환청구권을 가질 뿐이다(대판 2009. 9. 10. 2006다73102).

② 경매절차에서 매수대금을 부담한 명의신탁자와 매수인 명의를 빌려준 명의수탁자 및 제3자 사이의 새로운 명의신탁약정에 의하여 명의수탁자가 다시 명의신탁자가 지정하는 제3자 앞으로 소유권이전등기를 마쳐 주었다면, 제3자 명의의 소유권이전등기는 위 법률 제4조 제2항에 의하여 무효이므로, 제3자는 소유권이전등기에도 불구하고 그 부동산의 소유권을 취득하거나 그 매수대금 상당의 이익을 얻었다고 할 수 없다. 또한 제3자 명의로 소유권이전등기를 마치게 된 것이 제3자가 명의수탁자를 상대로 제기한 소유권이전등기 청구소송의 확정판결에 의한 것이더라도, 소유권이전등기절차의 이행을 명한 확정판결의 기판력은 소송물인 이전등기청구권의 존부에만 미치고 소송물로 되어 있지 아니한 소유권의 귀속 자체에까지 미치지는 않는다. 그러므로 명의수탁자가 여전히 그 부동산의 소유자임은 마찬가지이다(대판 2009. 9. 10. 2006다73102).

③ 신탁자와 수탁자가 명의신탁약정을 맺고, 그에 따라 수탁자가 당사자가 되어 명의신탁약정의 존재 사실을 알지 못하는 소유자와 부동산에 관한 매매계약을 체결한 계약명의신탁에서 신탁자와 수탁자 간의 명의신탁약정이 부동산 실권리자명의 등기에 관한 법률이 정한 유예기간의 경과로 무효가 되었다면, 특별한 사정이 없는 한 신탁자와 수탁자 간에 명의신탁약정과 함께 이루어진 부동산

매입의 위임 약정 역시 무효로 되고, 이 경우 신탁자와 수탁자 사이에 신탁자의 요구에 따라 부동산의 소유 명의를 이전하기로 한 약정도 명의신탁약정이 유효함을 전제로 명의신탁 부동산 자체의 반환을 구하는 범주에 속하는 것에 해당하여 역시 무효로 된다(대판 2015. 9. 10. 2013다55300).

그 밖에 명의신탁과 부동산실명법

① 이른바 계약명의신탁에서 상대방이 선의인 경우, 명의수탁자는 부동산실권리자명의등기에 관한 법률 제4조 2항 단서에 따라 당해 부동산에 관한 완전한 소유권을 취득함으로써 당해 부동산 자체를 부당이득하였다고 보아야 할 것이다. 그리고 부동산실권리자명의등기에 관한 법률 제3조 및 제4조가 명의신탁자에게 소유권이 귀속되는 것을 막는 취지의 규정은 아니므로 명의수탁자는 명의신탁자에게 자신이 취득한 당해 부동산을 부당이득으로 반환할 의무가 있다(대판 2002. 12. 26. 2000다21123).

② 부동산실명법은 매도인과 명의신탁자 사이의 매매계약의 효력을 부정하는 규정을 두고 있지 아니하여 유예기간 경과 후로도 매도인과 명의신탁자 사이의 매매계약은 여전히 유효하다. 그러므로 명의신탁자는 매도인에 대하여 매매계약에 기한 소유권이전등기를 청구할 수 있고, 그 소유권이전등기청구권을 보전하기 위하여 매도인을 대위하여 명의수탁자에게 무효인 그 명의 등기의 말소를 구할 수도 있다. 그러므로 명의수탁자가 명의신탁자 앞으로 바로 경료해 준 소유권이전등기는 결국 실체관계에 부합하는 등기로서 유효하다(대판 2004. 6. 25. 2004다6764).

③ 어떤 사람이 타인을 통하여 부동산을 매수함에 있어 매수인 명의 및 소유권이전등기 명의를 타인 명의로 하기로 약정하였고 매도인도 그 사실을 알고 있어서 그 약정이 부동산실권리자명의등기에 관한 법률 제4조의 규정에 의하여 무효로 되고 이에 따라 매매계약도 무효로 되는 경우에, 매매계약상의 매수인의 지위가 당연히 명의신탁자에게 귀속되는 것은 아니다. 하지만 그 무효사실이 밝혀진 후에 계약상대방인 매도인이 계약명의자인 명의수탁자 대신 명의신탁자가 그 계약의 매수인으로 되는 것에 대하여 동의 내지 승낙을 함으로써 부동산을

명의신탁자에게 양도할 의사를 표시하였다면, 명의신탁약정이 무효로 됨으로써 매수인의 지위를 상실한 명의수탁자의 의사에 관계없이 메도인과 명의신탁자 사이에는 종전의 매매계약과 같은 내용의 양도약정이 따로 체결된 것으로 봄이 상당하다. 따라서 이 경우 명의 신탁자는 당초의 매수인이 아니라고 하더라도 매도인에 대하여 별도의 양도약정을 원인으로 하는 소유권이진등기청구를 할 수 있다(대판 2003. 9. 5. 2001다32120).

④ 부동산실권리자명의등기에 관한 법률 제4조 제1항, 제2항에 의하면, 명의신탁자와 명의수탁자가 이른바 계약명의신탁약정을 맺고 명의수탁자가 당사자가 되어 명의신탁약정이 있다는 사실을 알지 못하는 소유자와의 사이에 부동산에 관한 매매계약을 체결한 후 그 매매계약에 따라 당해 부동산의 소유권이전등기를 수탁자 명의로 마친 경우에는 명의신탁자와 명의수탁자 사이의 명의신탁약정의 무효에도 불구하고 그 명의수탁자는 당해 부동산의 완전한 소유권을 취득하게 된다. 다만 명의수탁자는 명의신탁자에 대하여 부당이득반환의무를 부담하게 될 뿐이라 할 것인데, 그 계약명의신탁약정이 부동산실권리자명의등기에 관한 법률 시행 후인 경우에는 명의신탁자는 애초부터 당해 부동산의 소유권을 취득할 수 없었으므로 위 명의신탁약정의 무효로 인하여 명의신탁자가 입은 손해는 당해 부동산 자체가 아니라 명의수탁자에게 제공한 매수자금이라 할 것이다. 따라서 명의수탁자는 당해 부동산 자체가 아니라 명의신탁자로부터 제공받은 매수자금을 부당이득하였다고 할 것이다(대판 2005. 1. 28. 2002다66922).

⑤ 부동산실권리자명의등기에 관한 법률이 규정하는 명의신탁약정은 부동산에 관한 물권의 실권리자가 타인과의 사이에서 대내적으로는 실권리자가 부동산에 관한 물권을 보유하거나 보유하기로 하고 그에 관한 등기는 그 타인의 명의로 하기로 하는 약정을 말하는 것일 뿐이므로, 그 자체로 선량한 풍속 기타 사회질서에 위반하는 경우에 해당한다고 단정할 수 없을 뿐만 아니라, 위 법률은 원칙적으로 명의신탁약정과 그 등기에 기한 물권변동만을 무효로 하고 명의신탁자가 다른 법률관계에 기하여 등기회복 등의 권리행사를 하는 것까지 금지하지는 않는 대신, 명의신탁자에 대하여 행정적 제재나 형벌을 부과함으로써 사적자치 및 재산권보장의 본질을 침해하지 않도록 규정하고 있다. 그러므로 위 법률이

비록 부동산등기제도를 악용한 투기·탈세·탈법행위 등 반사회적 행위를 방지하는 것 등을 목적으로 제정되었다고 하더라도, 무효인 명의신탁약정에 기하여 타인 명의의 등기가 마쳐졌다는 이유만으로 그것이 당연히 불법원인급여에 해당한다고 볼 수 없다(대판 2003. 11. 27. 2003다41722).

⑥ 부동산실권리자명의등기에 관한 법률 시행 전에 명의신탁자와 명의수탁자가 이른바 계약명의신탁약정을 맺고 명의수탁자가 당사자가 되어 명의신탁약정이 있다는 사실을 알지 못하는 소유자와 부동산에 관한 매매계약을 체결한 후 그 매매계약에 따라 당해 부동산의 소유권이전등기를 수탁자 명의로 마쳤으나 위 법률 제11조에서 정한 유예기간이 경과하기까지 명의신탁자가 그 명의로 당해 부동산을 등기이전하는 데 법률상 장애가 있었던 경우에는, 명의신탁자는 당해 부동산의 소유권을 취득할 수 없었으므로, 위 명의신탁약정의 무효로 인하여 명의신탁자가 입은 손해는 당해 부동산 자체가 아니라 명의수탁자에게 제공한 매수자금이다. 따라서 명의수탁자는 당해 부동산 자체가 아니라 명의신탁자로부터 제공받은 매수자금을 부당이득하였다고 할 것이다(대판 2008. 5. 15. 2007다74690).

⑦ 부동산실권리자명의등기에 관한 법률 제4조 제1항, 제2항의 규정에 의하면, 명의신탁자와 명의수탁자가 명의신탁 약정을 맺고, 이에 따라 명의수탁자가 당사자가 되어 명의신탁 약정이 있다는 사실을 알지 못하는 소유자와의 사이에 부동산에 관한 매매계약을 체결한 후 그 매매계약에 기하여 당해 부동산의 소유권이전등기를 수탁자 명의로 마친 경우에는 명의신탁자와 명의수탁자 사이의 명의신탁 약정의 무효에도 불구하고 그 소유권이전등기에 의한 당해 부동산에 관한 물권변동 자체는 유효한 것으로 취급된다. 그리하여 명의수탁자는 당해 부동산의 완전한 소유권을 취득하게 되고, 부동산실권리자명의등기에 관한 법률 시행 전에 위와 같은 명의신탁 약정과 그에 기한 물권변동이 이루어진 다음 부동산실권리자명의등기에 관한 법률 제11조에서 정한 유예기간 내에 실명등기 등을 하지 않고 그 기간을 경과한 때에도 같은 법 제12조 제1항에 의하여 제4조의 적용을 받게 되어 위 법리가 그대로 적용되는 것이다. 즉 이 경우 명의수탁자는 명의신탁 약정에 따라 명의신탁자가 제공한 비용을 매매대금으로 지급하고

당해 부동산에 관한 소유명의를 취득한 것이고, 위 유예기간이 경과하기 전까지는 명의신탁자는 언제라도 명의신탁 약정을 해지하고 당해 부동산에 관한 소유권을 취득할 수 있었던 것이므로, 명의수탁자는 부동산실권리자명의등기에 관한 법률 시행에 따라 당해 부동산에 관한 완전한 소유권을 취득함으로써 당해 부동산 자체를 부당이득하였다고 보아야 할 것이다. 그리고 부동산실권리자명의등기에 관한 법률 제3조 및 제4조가 명의신탁자에게 소유권이 귀속되는 것을 막는 취지의 규정은 아니므로 명의수탁자는 명의신탁자에게 자신이 취득한 당해 부동산을 부당이득으로 반환할 의무가 있다(대판 2007. 6. 14. 2005다5140).

⑧ 어떤 사람이 타인을 통하여 부동산을 매수하면서 매수인 명의 및 소유권이전등기 명의를 타인 명의로 하기로 한 경우에, 매수인 및 등기 명의의 신탁관계는 그들 사이의 내부적인 관계에 불과하므로, 상대방이 명의신탁자를 매매당사자로 이해하였다는 등의 특별한 사정이 없는 한 대외적으로는 계약명의자인 타인을 매매당사자로 보아야 하며, 설령 상대방이 명의신탁관계를 알고 있었더라도 상대방이 계약명의자인 타인이 아니라 명의신탁자에게 계약에 따른 법률효과를 직접 귀속시킬 의도로 계약을 체결하였다는 등의 특별한 사정이 인정되지 아니하는 한 마찬가지이다(대판 2016. 7. 22. 2016다207928).

제2장 용익물권

제1절 지 상 권

Ⅰ. 의의 및 성질

1. 의 의

지상권(地上權)은 타인의 토지 위에 건물 그 밖의 공작물이나 수목을 소유하기 위하여 타인의 토지를 사용하는 용익물권을 말한다(279조).

2. 성 질

(1) 타인의 토지에 대한 제한물권

지상권은 타인의 토지에 대한 권리이다. 즉 타물권(他物權)이다. 지상권의 객체는 타인의 토지이며, 그 토지는 1필의 토지임을 원칙으로 하나 1필의 토지의 일부라도 상관없다(부등법 69조 6호). 그리고 지상권이라고 하지만 지표 내지 지상에 한하지 않고, 지하의 사용을 그 내용으로 하여도 상관없다(예컨대 구분지상권).

(2) 건물 그 밖의 공작물이나 수목을 소유하기 위한 용익물권

지상권은 '건물 그 밖의 공작물이나 수목'을 소유하기 위한 권리이다.

여기서 공작물(工作物)은 인공적으로 설치된 지상 및 지하의 모든 시설물을 말한다. 따라서 이에는 건물을 비롯한 도로·교량·각종의 탑(예컨대 광고탑·기념탑 등) 등의 지상공작물과 지하철·터널 등의 지하공작물을 모두 포함한다.

또한 수목(樹木)은 식목의 대상이 되는 식물을 말하며, 경작의 대상이 되는 농업용의 수목의 소유를 목적으로 지상권도 가능하다. 따라서 경작의 대상이 되는 벼·보리 등의 식물을 소유하기 위한 지상권설정도 가능하다.

다만 판례는 나대지를 대상으로 저당권을 취득한 자가 그 저당부동산의 담보가치를 확보하기 위하여 설정된 지상권(이른바 담보지상권)의 유효성을 인정하고 있다

(대결 2004. 3. 29. 2003마1753; 대판 2008. 2. 15. 2005다47205). 판례에 의하면, 근저당권 등 담보권 설정의 당사자들이 그 목적이 된 토지 위에 차후 용익권이 설정되거나 건물 또는 공작물이 축조·설치되는 등으로써 그 목적물의 담보가치가 저감하는 것을 막는 것을 주요한 목적으로 하여 채권자 앞으로 아울러 지상권을 설정하였다면, 그 피담보채권이 변제 등으로 만족을 얻어 소멸한 경우는 물론이고 시효로 소멸한 경우에도 그 지상권은 피담보채권에 부종하여 소멸한다(대판 2011. 4. 14. 2011다6342).

(3) 타인의 토지를 '사용'하는 물권

지상권은 공작물 또는 수목을 소유하기 위하여 타인의 토지를 '사용'하는 물권이다. 즉 토지소유자에 대한 권리가 아니라 그 객체인 토지를 직접 지배하는 권리이다. 따라서 지상권은 타인의 토지에 대하여 점유를 수반해서 사용하는 것을 내용으로 하는 물권이므로, 그 침해가 있는 경우 반환청구권을 포함한 물권적 청구권이 인정된다. 또 부동산인 토지를 이용하는 것을 내용으로 하게 되므로, 인접한 토지소유자나 토지이용자와의 관계에서 상린관계에 관한 규정도 적용되게 된다.

여기서 지상권은 건물 그 밖의 공작물이나 수목이 존재하지 않거나 멸실한 경우에도 존속할 수 있다.

그러나 타인의 토지 위에 물건을 보관하기 위해서 지상권을 설정할 수는 없다(대판 1996. 3. 22. 95다49318).

(4) 유상성 여부

토지사용의 대가(對價)인 지료(地料)의 지급은 지상권의 필수적인 내용이 아니므로 그 요소가 아니다(279조). 이러한 점에서 같은 토지사용을 내용으로 하는 권리로서 대가(對價)인 차임(借賃)의 지급을 요소로 하는 토지임차권과 차이가 있다(618조 참조). 따라서 지상권은 지료를 그 내용으로 하지 않는 무상의 지상권 설정도 가능하다.

다만 당사자가 지료를 그 내용으로 하는 지상권설정계약을 하고 이를 등기하면 당사자나 제3자에게도 효력이 미치는 유상의 지상권이 설정될 수 있음은 당연하다. 이에 따라 민법도 지료와 관련하여 지료증감청구권과 지료체납에 따른 지상권 소멸청구권 등의 관련 규정을 두고 있다(286조, 287조 참조).

(5) 물 권

지상권은 그 객체인 토지를 직접 지배할 수 있는 물권이므로, 재산권으로서 양도성과 상속성을 가진다. 따라서 지상권은 독립된 물권으로서 다른 권리에 부종함이 없이 그 자체로서 양도될 수 있으며 그 양도성은 제282조, 제289조에 의하여 절대적으로 보장되고 있으므로 소유자의 의사에 반하여도 자유롭게 타인에게 양도할 수 있다(대판 1991. 11. 8. 90다15716).

또한 지상권의 목적인 타인의 토지 위에 있는 건물 기타 공작물 또는 수목을 소유하기 위하여 전세권을 설정할 수 있느냐의 여부가 문제될 수 있다. 이에 대해서 민법은 별도의 규정을 두고 있지 않으나, 토지사용권을 내용으로 그 설정계약을 하는 당사자가 제303조의 전세권의 요건을 갖춘 경우에는 그 유효성도 인정하는 것이 타당할 것이다(곽윤직·김재형 343면).

관련판례

지상권의 성질

① 토지를 매수하여 그 명의로 소유권이전청구권보전을 위한 가등기를 경료하고 그 토지상에 타인이 건물 등을 축조하여 점유 사용하는 것을 방지하기 위하여 지상권을 설정하였다면 이는 위 가등기에 기한 본등기가 이루어질 경우 그 부동산의 실질적인 이용가치를 유지 확보할 목적으로 전소유자에 의한 이용을 제한하기 위한 것이라고 봄이 상당하다고 할 것이다(대판 1991. 3. 12. 90다카27570).

② 토지에 관하여 저당권을 취득함과 아울러 그 저당권의 담보가치를 확보하기 위하여 지상권을 취득하는 경우, 특별한 사정이 없는 한 당해 지상권은 저당권이 실행될 때까지 제3자가 용익권을 취득하거나 목적토지의 담보가치를 하락시키는 침해행위를 하는 것을 배제함으로써 저당부동산의 담보가치를 확보하는 데에

그 목적이 있다고 할 것이므로, 그와 같은 경우 제3자가 비록 토지소유자로부터 신축 중인 지상건물에 관한 건축주 명의를 변경 받았다 하더라도, 그 지상권자에게 대항할 수 있는 권원이 없는 한 지상권자로서는 제3자에 대하여 목적 토지 위에 건물을 축조하는 것을 중지하도록 요구할 수 있다(이른바, 담보지상권의 인정 : 대결 2004. 3. 29. 2003마1753).

3. 지상권과 임차권의 비교

건물 그 밖의 공작물이나 수목을 소유하기 위해서 타인의 토지를 그 대상으로 사용·수익하기 위한 용익권으로는 용익물권으로서의 지상권 이외에 채권계약인 임대차상의 임차인의 사용·수익권인 토지임차권도 있다. 여기서 지상권과 임차권은 물권과 채권을 비롯한 여러 가지 점에서 차이가 있다.

〈지상권과 임차권의 비교〉

사 항	지 상 권	임 차 권
㉠ 성 질	물권 (용익물권) ※ 담보지상권도 인정	채권
㉡ 객 체	토지(부동산)에 한함	동산, 부동산을 불문
㉢ 성 립	설정계약+등기	설정계약
㉣ 대 항 력	있다.	원칙적으로 없다. (예외 : 등기된 임대차·일정한 주택〈점포〉임대차에는 대항력이 있다)
㉤ 존속기간	ⓐ 최단기의 제한 ⓑ 존속기간 약정이 없으면 토지의 사용 목적에 따라 30년, 15년, 5년(281조) ⓒ 법정갱신에 관한 규정 (×)	ⓐ 존속기간 약정 없으면 언제든지 해지통고 할 수 있다(635조). ⓑ 법정갱신에 관한 규정 (○)
㉥ 양 도 성	양도·임대·담보제공 : 자유롭다(282조).	임대인의 동의 없이 양도·전대할 수 없다(629조).
㉦ 지료·임료	ⓐ 지료는 지상권의 요소가 아님	ⓐ 차임은 임대차의 요소임(618조)

	ⓑ 지료증감청구권을 인정(286조) ⓒ 2년 이상의 지료연체 : 지상권의 소멸 청구할 수 있다(287조).	ⓑ 차임증감청구권을 인정(628조) ⓒ 2기의 차임연체 : 해지 통고할 수 있다(640조, 641조).

Ⅱ. 지상권의 취득

1. 법률행위에 의한 취득

(1) 지상권의 취득은 지상권 설정계약(물권적 합의)과 등기에 의하여 취득되는 것이 원칙이다(186조). 따라서 목적물(토지)의 인도는 지상권의 성립요건이 아니다.

여기서 기존 1층의 건물옥상 위에 건물을 소유하기 위한 지상권설정계약은 그 건물의 대지에 지상권을 설정하기 위한 계약으로 보아 유효하다(대판 1978. 3. 14. 77다23797).

(2) 그 밖의 법률행위에 의한 취득으로서는 유언과 지상권의 양도가 있다.

2. 법률행위에 의하지 않는 취득

(1) 개 관

지상권은 상속·판결·경매·공용징수·취득시효 그 밖의 법률규정에 의하여서도 취득되며, 이 경우 등기를 요하지 않는다(187조). 다만 취득시효로 인한 지상권취득은 제187조에 의한 예외로서 등기함으로써 효력이 생긴다(248조, 245조).

지상권의 시효취득과 관련해서 판례는, "재산상속인은 상속 개시된 때부터 피상속인의 재산에 관한 포괄적 권리의무를 승계하는 것이므로 부동산의 지상권자로 등기된 자가 그 부동산을 지상권자로서 평온공연하게 선의이며 과실 없이 점유하다가 지상권취득시효 완성 전에 사망하여 그 지상권설정등기와 점유권이 재산상속인에게 이전된 경우에는 피상속인과 상속인의 등기 및 점유기간을 합산하여 10년이 넘을 때 지상권의 등기부취득시효기간이 완성된다."고 판시하고 있다(대판 1989. 3. 28. 87다카2587).

(2) 법정지상권의 성립

법정지상권(法定地上權)은 법이 정한 일정한 요건을 갖춘 경우에 토지소유자가 건물(입목)의 소유자에게 당연히 지상권을 설정한 것으로 보는 제도이다. 이는 건물(입목)의 이용을 보호하고 건물(입목)에 대한 사회경제적 가치를 고려하기 위하여 인정된 권리로서, 법률의 규정에 의한 지상권의 취득이므로 등기 없이 그 효력이 생긴다(187조).

1) 민법 제305조의 경우

대지와 건물이 동일소유자에 속한 경우, 건물에만 전세권을 설정한 후 대지 소유권만이 양도되었을 때에 그 대지소유권의 특별승계인(양수인)은 전세권설정자에 대하여 지상권을 설정한 것으로 보며(305조 1항), 이를 '민법 제305조의 법정지상권'이라고 한다.

2) 민법 제366조의 경우

동일소유자에 속하는 토지와 건물 모두나 어느 한쪽 위에 저당권이 설정된 후, 저당물의 경매로 인하여 토지와 그 지상건물이 다른 소유자에 속한 경우에 토지소유자는 건물소유자에 대하여 지상권을 설정한 것으로 보며(366조), 이를 '민법 제366조의 법정지상권'이라고 한다.

3) 입목법 제6조의 경우

토지와 입목이 동일소유자에 속하고 있는 경우에, 경매 그 밖의 사유로 토지와 입목이 각각 다른 소유자에게 속하게 된 때에도 지상권을 설정한 것으로 본다(입목법 6조 1항). 이것은 1973년 입목법이 새로이 제정됨으로써 인정된 것이다.

4) 가등기담보법 제10조의 경우

토지와 그 지상의 건물이 동일소유자에게 속하는 경우에 그 토지 또는 건물에 대하여 가등기담보권자 또는 부동산양도담보권자가 소유권을 취득하거나(가등기담보법 4조 2항), 담보가등기에 기인한 본등기가 행하여진 경우에 그 건물의 소유를 목적으로 그 토지 위에 지상권이 설정된 것으로 본다(가등기담보법 10조). 이것은

1983년 가등기담보법이 새로이 제정됨으로써 인정된 것이다.

(3) 법정지상권의 효력

1) 법정지상권은 제187조에 의한 물권변동이므로 등기를 요하지 않으며, 이를 처분하기 위해서는 등기하여야 한다. 지료는 합의가 없으면 법원이 정한다.

2) 법정지상권을 가진 건물소유자로부터 건물을 양수하면서 법정지상권까지 양도받기로 한 자는 채권자대위의 법리에 따라 대지소유자 및 전건물소유자에 대하여 차례로 지상권의 설정등기 및 이전등기의 절차이행을 청구할 수 있다. 이 경우, 대지소유자의 건물양수인에 대한 건물철거 및 대지인도청구는 신의칙상 허용될 수 없고, 대지소유자는 건물양수인에 대하여 대지사용에 관해 불법점유를 이유로 한 손해배상을 청구할 수는 없으나 부당이득을 이유로 그 반환을 청구할 수는 있다.

3) 법정지상권에 관한 규정은 강행규정이므로, 이의 성립을 배제하는 특약은 무효이다.

사례&판례 연구 **법정지상권의 취득과 양도 【대판 1985. 4. 9. 84다카1131】**

【판시사항】

법정지상권을 가진 건물소유자로부터 건물을 양수하면서 지상권까지 양도받기로 한 자에 대한 대지소유자의 건물철거청구의 당부(소극)

【판결요지】

[다수의견] 법정지상권을 가진 건물소유자로부터 건물을 양수하면서 법정지상권까지 양도받기로 한 자는 채권자대위의 법리에 따라 전건물소유자 및 대지소유자에 대하여 차례로 지상권의 설정등기 및 이전등기절차이행을 구할 수 있다 할 것이므로 이러한 법정지상권을 취득할 지위에 있는 자에 대하여 대지소유자가 소유권에 기하여 건물철거를 구함은 지상권의 부담을 용인하고 그 설정등기절차를 이행할 의무있는 자가 그 권리자를 상대로 한 청구라 할 것이어서 신의성실의 원칙상

허용될 수 없다.

Ⅲ. 지상권의 존속기간

1. 존속기간을 약정한 경우

(1) 최장존속기간

민법은 최단존속기간만을 규정하고 있으므로 아래(최단기)의 기간보다 장기간의 존속기간을 약정할 수 있다. 그러나 영구무한의 존속기간을 설정하는 것은 토지소유자인 지상권설정자의 소유권행사를 지나치게 제한하고 실질적으로 지료채권화하는 결과를 가져오게 되므로 부정되어야 한다(다수설). 다만 구분지상권의 경우는, 대지의 소유권을 전면적으로 제한하지 않으므로 영구지상권도 설정할 수 있다.

(2) 최단존속기간

1) 지상권의 존속기간을 약정하는 경우에, 그 기간은 공작물의 구조와 종류에 따라 다음의 최단기간 보다 단축할 수 없다(280조 1항).

① 석조·석회조·연와조·견고한 건물·수목 등은 30년

석조·석회조·연와조 또는 이와 비슷한 견고한 건물이나 수목의 '소유를 목적으로 하는' 지상권의 경우 그 존속기간은 30년보다 단축할 수 없다. 위의 최단 존속기간에 관한 제한은 지상권자가 그 소유의 건물 등을 건축하거나 수목을 식재하여 토지를 이용할 목적으로 지상권을 설정한 경우에만 그 적용이 있다. 따라서 기존 건물의 사용을 목적으로 지상권이 설정된 경우, 지상권의 최단존속기간에 관한 위의 규정(280조 1항 1호)은 적용되지 않는다(대판 1996. 3. 22. 95다49318).

또한 위에서 견고한 건물인지의 여부는 그 건물이 갖고 있는 물리적·화학적 외력 또는 화재에 대한 저항력 및 건물해체의 난이도 등을 종합하여 판단하여야 한다. 예컨대 건물이 목재기둥으로 세워졌다 하더라도 벽체가 벽돌과 시멘트블록으로, 지붕이 스레트로 각 이루어져 있어 상당기간 내구력을 지니고 있고 용이하게 해체할 수 없는 것이면 위의 견고한 건물에 해당한다(대판 2003. 10. 10. 2003다 33165).

② 일반 건물은 15년

③ 건물 이외의 공작물은 5년

2) 당사자 사이에 위의 기간보다 짧은 기간을 정한 때에는 그 존속기간이 최단 기간까지 연장된다(280조 2항).

2. 존속기간을 약정하지 않은 경우

(1) 당사자가 지상설정계약에서 존속기간을 약정하지 않은 경우, 지상물의 종류와 구조에 따라 제280조에 정한 최단존속기간이 존속기간이 된다(280조 1항).

(2) 다만 지상권 설정 당시 공작물의 종류와 구조를 정하지 않은 경우에 그 지상권의 존속기간은 15년이다(281조 2항).

3. 계약의 갱신과 존속기간

(1) 계약의 갱신과 존속기간

지상권의 존속기간이 만료한 경우, 당사자는 자유로이 그 설정계약을 갱신할 수 있다. 당사자가 합의에 의하여 계약을 갱신한 경우에는 갱신한 날로부터 최단 존속기간보다 단축하지 못한다(284조).

(2) 지상권자의 갱신청구권과 지상물매수청구권

1) 갱신청구권

지상권의 소멸한 경우에 법률에 특별한 규정이 없더라도 지상권자는 건물 기타 공작물이나 수목이 현존한 때에는 계약갱신을 청구할 수 있다(283조 1항). 여기서 '지상권의 소멸한 경우'는 '존속기간이 만료한 경우'를 말한다.

위의 경우, 지상권자의 갱신청구권은 상대방인 설정자의 승낙이 있어야 비로소 갱신의 효과를 가져 오는 성질을 띠므로, 형성권이 아닌 청구권이다.

2) 지상물매수청구권

설정자가 갱신을 거절할 때에는 지상권자는 상당한 가액으로 지상물의 매수를 청구할 수 있다(283조 2항). 따라서 이 경우 지상물매수청구권은 지상권이 존속기간의 만료로 인하여 소멸하는 때에 지상권자에게 갱신청구권이 있어 그 갱신청구를 하였으나 지상권설정자가 계약갱신을 원하지 아니할 경우 행사할 수 있는 권리이다.

여기서 지상권자의 수목 등 지상물의 매수청구권은 형성권으로서 지상권자가 이를 행사함으로 인하여 수목에 관하여 매매계약 관계가 성립된다고 할 것이니 그 가격의 산출은 매매계약 관계가 성립한 당시의 시가에 의할 것이고 매수청구권의 대상이 공작물이 아니고 매년 성장하는 수목이라도 마찬가지다(대판 1967. 12. 18. 67다2355).

위의 경우, 지상권자의 지상물매수청구권은 상대방인 설정자의 승낙이 없어도 지상물에 대한 매매계약 체결의 효과를 가져 오는 성질을 띠므로, 청구권이 아닌 형성권이다.

4. 강행규정

지상권의 존속기간 및 그 갱신에 관한 규정(280조~284조)에 위반하여 지상권자에게 '불리한 약정'을 하면 그것은 무효이다(289조). 따라서 지상권의 존속기간과 갱신에 관한 규정은 편면적 강행규정이다.

관련판례

구분지상권의 존속기간

민법상 지상권의 존속기간은 최단기만이 규정되어 있을 뿐 최장기에 관하여는 아무런 제한이 없으며, 존속기간이 영구(永久)인 지상권을 인정할 실제의 필요성도 있고, 이러한 지상권을 인정한다고 하더라도 지상권의 제한이 없는 토지의 소유권을 회복할 방법이 있을 뿐만 아니라, 특히 구분지상권의 경우에는 존속기간이

영구라고 할지라도 대지의 소유권을 전면적으로 제한하지 아니한다는 점 등에 비추어 보면, 지상권의 존속기간을 영구로 약정하는 것도 허용된다(대판 2001. 5. 29. 99다66410).

Ⅳ. 지상권의 효력

1. 지상권자의 토지사용권

(1) 토지사용권의 내용

지상권자는 설정행위에 의해 정해진 목적의 범위 안에서 토지를 사용·수익하는 권리를 가진다. 반면에 토지소유자는 그의 소유권이 그 한도에서 제한되므로 스스로 사용할 수 없음은 물론이며, 또한 지상권자의 토지사용을 방해해서도 안 된다.

지상권의 객체가 된 토지에 관한 보수의무(현상유지의무)는 적극적인 사용수익권을 행사하는 지상권자의 부담이므로, 지상권설정자는 지상권자의 토지사용을 방해하여서는 안 되는 소극적 인용(忍容)의무만 부담하게 된다. 이에 대하여 민법은 지상권에서 별도의 규정을 두고 있지 않으나, 전세권자의 보수의무를 규정하는 제309조가 지상권자에게도 유추적용되는 것으로 이해하여야 한다. 따라서 지상권자설정자는 임대차에서 임대인과 같이 토지사용에 적합한 상태에 두어야 할 적극적 의무는 없다(통설).

또한 지상권설정등기가 경료되면 그 지상권의 내용과 범위는 등기된 바에 따라서 대세적인 효력이 발생하고, 제3자가 지상권설정자에 대하여 해당 토지를 사용·수익할 수 있는 채권적 권리를 가지고 있다고 하더라도 이러한 사정만으로 지상권자에 대항할 수는 없다(대판 2008. 2. 15. 2005다47205).

(2) 지상권자의 점유권과 물권적 청구권

지상권은 토지를 사용하는 물권이므로, 지상권자는 당연히 토지를 점유할 권리를 포함한다. 또한 지상권의 내용의 실현이 방해된 때에는 소유권에 있어서와 마찬가지로 반환청구권·방해제거청구권·방해예방청구권 등 침해의 모습에 따른 세 가지의 물권적 청구권이 모두 인정된다(290조, 213조, 214조).

(3) 상린관계규정의 준용

지상권은 토지를 이용하는 권리이므로 인접하는 토지와의 이용의 조절을 꾀하는 상린관계의 규정은 당연히 시상권자와 다른 지상권자의 사이에, 또는 지상권자와 인접 부동산소유자와의 사이에 준용된다(290조 1항, 216조~244조).

2. 지상권의 처분(양도·임대·담보제공)

(1) 지상권 처분의 취지

지상권자는 지상권 행사의 상태가 계속되는 동안 그 투자자본을 회수하여야 할 필요가 있는 경우가 있게 된다. 그 가장 효과적인 수단으로서 자본이 투하된 공작물 또는 수목을 지상권과 함께 처분(예컨대 양도·임대·담보제공)하는 방법을 생각할 수 있다.

(2) 지상권 처분의 내용

1) 지상권자는 지상권을 양도하거나, 지상권의 존속기간 안에서 그 토지를 임대할 수 있다(282조). 제282조의 규정은 강행규정이므로 이에 위반하여 지상권자에 불리한 약정을 할 수 없다(289조).

2) 지상권양도는 지상권양도계약과 지상권이전등기를 그 효력이 발생한다(186조).

여기서 지상물을 제외하고 지상권만을 양도 할 수 있고, 지상물을 양도한 경우라고 하더라도 특별한 사정이 없는 한 지상권도 이전된 것으로 볼 필요는 없다(통설). 판례도 "지상권자는 지상권을 유보한 채 지상물 소유권만을 양도할 수도 있고 지상물 소유권을 유보한 채 지상권만을 양도할 수도 있는 것이어서 지상권자와 그 지상물의 소유권자가 반드시 일치하여야 하는 것은 아니며, 또한 지상권설정시에 그 지상권이 미치는 토지의 범위와 그 설정 당시 매매되는 지상물의 범위를 다르게 하는 것도 가능하다."고 판시하여 통설과 같은 태도를 취하고 있다(대판 2006. 6. 15. 2006다6126).

3) 지상권은 담보로 제공할 수도 있다. 제371조 제1항은 지상권 위에 저당권을 설정할 수 있음을 규정하고 있다.

4) 지상권처분에 관한 규정은 강행규정이므로(282조, 289조), 처분금지에 대한 당사자 사이의 특약으로 지상권자에게 불리한 것은 무효이다. 다만 이에 대해서는 지상권 위에 저당권설정금지의 특약을 한 경우, 위 특약은 유효하다고 이해하는 견해가 있다(곽윤직 230면). 이에 따르면 저당권설정금지의 특약은 당사자 사이에 채권적 효력을 가질 뿐이며, 제3자에게 대항하지 못하는 것으로 해석하게 된다. 그러나 위 특약에 대해 채권적 효력을 인정하게 되면 양도담보설정을 금지하는 특약도 유효한 것으로 다루어지게 되고 투하자본의 회수수단을 확보하도록 하기 위한 제289조의 취지를 무의미하게 됨을 고려할 때, 제289조는 제371조에도 유추적용되는 것으로 이해하여야 할 것이다(양형우 665면).

관련판례

지상권의 처분

입목에 대한 벌채권의 확보를 위하여 지상권을 설정하였다 할지라도 지상권에는 부종성이 인정되지 아니하므로 벌채권이 소멸하였다 하더라도 지상권마저 소멸하는 것은 아니고, 지상권은 독립된 물권으로서 다른 권리에 부종함이 없이 그 자체로서 양도될 수 있으며 그 양도성은 민법 제282조, 제289조에 의하여 절대적으로 보장되고 있으므로 소유자의 의사에 반하여도 자유롭게 타인에게 양도할 수 있다(대판 1991. 11. 8. 90다15716).

3. 지료지급과 관련 문제

(1) 지료의 지급

지료의 지급은 지상권의 요소는 아니나, 약정으로 가능하다. 이 경우, 지료의 지급은 일시급이든 정기급이든 상관이 없고, 또 금전에 한하지 않는다.

(2) 지료증감청구권

조세·공과금의 증가 등으로 인하여 지가(地價)의 변동으로 당사자가 약정한 지료액이 상당성을 잃게 된 경우에, 양당사자는 일방적으로 지료의 증감을 청구할 수 있다(286조). 이 경우, 전세금증감청구권(312조의2)에서와 같이 증액을 제한하는 별도의 규정은 없다.

여기서 지료증감청구권은 형성권이므로, 제286조의 요건을 갖추어 당사자 일방의 증액 또는 감액의 주장이 있게 되면, 상대방의 승낙이 없어도 그 증액 또는 감액의 효과가 나타난다.

(3) 지료체납의 효과

지상권자가 2년 이상 지료의 체납시 지상권설정자는 일방적으로 지상권의 소멸을 청구할 수 있다(287조).

여기서 민법 제287조가 토지소유자에게 지상권소멸청구권을 부여하고 있는 이유는 지상권은 성질상 그 존속기간 동안은 당연히 존속하는 것을 원칙으로 하는 것이다. 그러나 지상권자가 2년 이상의 지료를 연체하는 때에는 토지소유자로 하여금 지상권의 소멸을 청구할 수 있도록 함으로써 토지소유자의 이익을 보호하려는 취지에서 나온 것이라고 할 것이므로, 지상권자가 그 권리의 목적이 된 토지의 특정한 소유자에 대하여 2년분 이상의 지료를 지불하지 아니한 경우에 그 특정의 소유자는 선택에 따라 지상권의 소멸을 청구할 수 있다. 그러나 지상권자의 지료지급 연체가 토지소유권의 양도 전후에 걸쳐 이루어진 경우 토지양수인에 대한 연체기간이 2년이 되지 않는다면 양수인은 지상권소멸청구를 할 수 없다(대판 2001. 3. 14. 99다17142; 동 2014. 8. 28. 2012다102384). 따라서 지료의 체납이 토지소유권의 양도 전후에 걸쳐 이루어진 경우 토지양수인에 대한 연체기간이 2년이 되지 않는다면 양수인은 지상권소멸청구를 할 수 없다.

(4) 강행규정성

지료에 관한 제286조·제287조의 규정은 지상권자를 위한 편면적 강행규정이므로, 이에 위반한 특약으로 지상권자에게 불리한 것은 무효이다(289조).

관련판례

지료의 지급

① 법정지상권자가 지급할 지료를 정함에 있어서 법정지상권 설정 당시의 제반 사정을 참작하여야 하나, 법정지상권이 설정된 건물이 건립되어 있음으로 인하여 토지의 소유권이 제한을 받는 사정은 참작·평가하여서는 안 된다(대판 1995. 9. 15. 94다61144).

② 법정지상권 또는 관습에 의한 지상권이 발생하였을 경우에 토지의 소유자가 지료를 청구함에 있어서 지료를 확정하는 재판이 있기 전에는 지료의 지급을 소구할 수 없는 것은 아니고, 법원에서 상당한 지료를 결정할 것을 전제로 하여 바로 그 급부를 구하는 청구를 할 수 있다 할 것이며, 법원도 이 경우에 판결의 이유에서 지료를 얼마로 정한다는 판단을 하면 족하다(대판 2003. 12. 26. 2002다61934).

③ 토지 소유자와 관습에 의한 지상권자 사이의 지료급부이행소송의 판결의 이유에서 정해진 지료에 관한 결정은 그 소송의 당사자인 토지 소유자와 관습에 의한 지상권자 사이에서는 지료결정으로서의 효력이 있다(대판 2003. 12. 26. 2002다61934).

④ 지료증감청구권에 관한 민법 제286조의 규정에 비추어 볼 때, 특정 기간에 대한 지료가 법원에 의하여 결정되었다면 당해 당사자 사이에서는 그 후 위 민법규정에 의한 지료증감의 효과가 새로 발생하는 등의 특별한 사정이 없는

한 그 후의 기간에 대한 지료 역시 종전 기간에 대한 지료와 같은 액수로 결정된 것이라고 보아야 한다(대판 2003. 12. 26. 2002다61934).

⑤ 지상권자가 2년 이상의 지료를 지급하지 아니한 때에는 지상권설정자는 지상권의 소멸을 청구할 수 있으나(민법 제287조), 지상권설정자가 지상권의 소멸을 청구하지 않고 있는 동안 지상권자로부터 연체된 지료의 일부를 지급받고 이를 이의 없이 수령하여 연체된 지료가 2년 미만으로 된 경우에는 지상권설정자는 종전에 지상권자가 2년분의 지료를 연체하였다는 사유를 들어 지상권자에게 지상권의 소멸을 청구할 수 없으며, 이러한 법리는 토지소유자와 법정지상권자 사이에서도 마찬가지이다(대판 2014. 8. 28. 2012다102384).

사례&판례 연구 **지상권의 존속 〈벌채권을 목적으로 하는 지상권의 존속〉 【대판 1991. 11. 8. 90다15716】**

【판시사항】

입목에 대한 벌채권을 확보하기 위하여 지상권을 설정한 경우 벌채권이 소멸하였다면 지상권마저 소멸하는지 여부(소극)와 지상권의 양도성

【판결요지】

입목에 대한 벌채권의 확보를 위하여 지상권을 설정하였다 할지라도 지상권에는 부종성이 인정되지 아니하므로 벌채권이 소멸하였다 하더라도 지상권마저 소멸하는 것은 아니고, 지상권은 독립된 물권으로서 다른 권리에 부종함이 없이 그 자체로서 양도될 수 있으며 그 양도성은 민법 제282조, 제289조에 의하여 절대적으로 보장되고 있으므로 소유자의 의사에 반하여도 자유롭게 타인에게 양도할 수 있다.

Ⅴ. 지상권의 소멸

1. 지상권의 소멸사유

(1) 물권일반의 소멸사유로 소멸

지상권은 물권일반의 소멸사유인 토지의 멸실·존속기간의 만료·혼동·지상권에 우선하는 저당권의 실행으로 인한 경매·토지의 수용 등으로 소멸한다.

(2) 지상권 특유의 소멸사유

1) 지상권설정자의 지상권소멸청구권

지상권은 앞에서 본 지상권설정자의 소멸청구에 의하여 소멸한다(287조).

2) 지상권의 포기

지상권자는 자유로이 지상권을 포기할 수 있음이 원칙이다. 그러나 지상권이 저당권의 목적인 때에는 저당권자의 동의 없이 포기하지 못한다(371조).

여기서 지상권의 포기는 법률행위에 의한 부동산물권변동이므로, 말소등기가 있어야 비로소 효력이 발생한다(186조).

3) 약정소멸사유의 발생

당사자는 사적 자치의 원칙상 지상권의 소멸사유를 약정할 수 있다. 따라서 약정 사유가 발생으로 지상권은 소멸한다. 다만 지상권의 존속기간이나 지료체납에 따른 지상권소멸에 따른 특약이 지상권자에게 불리한 경우는, 편면적 강행규정의 성격상 무효가 된다(289조).

2. 지상권 소멸의 효과

(1) 지상물수거권과 원상회복의무

지상권자는 지상권이 소멸한 때에 건물 그 밖의 공작물이나 수목을 지체 없이 수거하여 토지를 원상회복하여야 한다(285조 1항).

(2) 지상물매수청구권(地上物買受請求權)

지상권설정자가 상당한 가액으로 지상물의 매수를 청구하는 때에는 지상권자는 정당한 이유 없이 이를 거절할 수 없다(285조 2항). 일정한 경우에는 지상권자도 지상물매수청구권을 갖는다(283조 2항).

이 권리는 일종의 형성권이다(통설). 따라서 지상권이 소멸한 때에 지상권자뿐만 아니라 지상권설정자도 '상당한 가액'으로 지상물에 대한 매수청구권을 행사할 수 있으며, 여기서 상당한 가액의 기준이 되는 매매가격은 '지상권이 소멸 당시'의 시가가 아니고 '매수청구를 할 당시'이다(대판 1972. 7. 25. 72다653).

(3) 유익비상환청구권(有益費償還請求權)

지상권에서 보수의무는 지상권자의 부담이므로, 지상권자는 자신이 필요비를 부담하게 되고 따라서 필요비상환청구권을 주장하지 못한다.

지상권자가 유익비를 지출한 경우에는 지상권의 소멸시에 토지소유자의 선택에 좇아 지상권자가 그 토지에 관하여 지출한 금액이나 현존하는 증가액을 상환케 할 수 있다(203조, 626조의 유추해석).

(4) 강행규정성

지상물수거권, 지상물매수청구권 등 지상권소멸에 관한 규정은 강행규정이므로, 이에 위반하여 지상권자에게 불리한 약정은 할 수 없다(289조).

관련판례

지상권자의 갱신청구권, 매수청구권, 소멸청구권 인정 여부

① 지상권자의 의무불이행으로 인하여 지상권이 소멸하는 경우에는, 지상권자의 갱신청구권, 지상물매수청구권 인정되지 않는다(대판 1972. 12. 26. 72다2085).

② 지상권자의 지료 지급 연체가 토지소유권의 양도 전후에 걸쳐 이루어진 경우 토지양수인에 대한 연체기간이 2년이 되지 않는다면 양수인은 지상권소멸청구를

할 수 없다(대판 2001. 3. 13. 99다17142).

③ 민법 제283조 제2항 소정의 지상물매수청구권은 지상권이 존속기간의 만료로 인하여 소멸하는 때에 지상권자에게 갱신청구권이 있어 그 갱신청구를 하였으나 지상권설정자가 계약갱신을 원하지 아니할 경우 행사할 수 있는 권리이므로, 지상권자의 지료연체를 이유로 토지소유자가 그 지상권소멸청구를 하여 이에 터 잡아 지상권이 소멸된 경우에는 매수청구권이 인정되지 않는다(대판 1993. 6. 29. 93다10781).

Ⅵ. 특수지상권

1. 구분지상권

(1) 의 의

구분지상권(區分地上權)은 토지의 지상 또는 지하의 일정한 공간에 대하여 상하의 범위를 정하여 건물 그 밖의 공작물을 소유하기 위하여 설정되는 지상권을 말한다(289조의2 1항). 이는 토지의 입체적·효율적 이용이라는 요청에 의하여 1984년 민법의 일부개정시에 신설된 특수지상권이다.

(2) 구분지상권의 특질

수목의 소유를 목적으로 한 구분지상권은 설정될 수 없다.

구분지상권은 토지의 입체적 이용을 위한 것으로서, 일물일권주의에 대한 변경을 의미한다. 따라서 구분지상권은 일반지상권과 '질적인 차이'는 없고, '양적인 차이'가 있을 뿐이다.

(3) 설정 및 내용

구분지상권은 당사자 사이의 합의인 구분지상권설정계약과 등기에 의하여 취득된다(186조 및 289조의2 1항). 또 제3자가 토지를 사용·수익할 권리를 가진 때에도 그 권리자 및 그 권리를 목적으로 하는 권리자 전원의 승낙이 있으면 이를 설정할 수 있으며, 이 경우 제3자는 설정된 구분지상권의 정당한 행사를 방해해서는 아니 된다(289조의2 2항).

여기서 지상권의 행사를 위하여 토지소유권자의 사용을 제한하는 특약을 설정계약에서 할 수 있다.

관련판례

구분지상권

① 토지소유자가 송전선이 설치된 토지를 농지로만 이용하여 왔다고 하더라도, 그 소유권을 행사함에 있어 아무런 장애를 받지 않았다고 할 수 없고 그 송전선의 가설로 인하여 그 토지 상공에 대한 구분지상권에 상응하는 임료 상당의 손해를 입었다고 할 수 있다(대판 1996. 5. 14. 94다54283).

② 상가아파트 건물의 1층 옥상 위에 일정 층수까지 건물을 추가로 신축하기 위한 공간을 사용할 수 있는 내용의 구분지상권을 가진 자가 건물 1층 위에 2·3층에 해당하는 건물을 준공하여 이를 분양하면서 수분양자에게 2·3층 건물의 존립 및 사용·수익에 필요한 구분지상권도 일괄하여 매도함으로써 2·3층 건물에 대한 구분지상권은 실질적으로는 2·3층 건물의 수분양자 또는 그 승계인에게 그 구분건물의 소유권과 일체로서 순차 양도되었다과 할 수 있다(대판 2001. 5. 29. 99다66410).

※ 위 판례는 상가아파트 건물의 1층 옥상 위에 일정 층수까지 건물은 추가로 신축하기 위한 공간을 사용할 수 있는 내용의 구분지상권의 설정을 인정한다.

2. 분묘기지권

(1) 의 의

분묘기지권(墳墓基地權)은 타인의 토지에 분묘를 설치한 자가 그 분묘의 기지(基

地)에 대하여 취득하는 지상권 유사의 물권을 말한다. 그러나 2000년 '장사 등에 관한 법률'의 제정(2000. 1. 12. 법률 제6158호)에 의하여 분묘기지권의 성립은 엄격히 제한되고 있다.

(2) 분묘기지권의 성립에 관한 종래 판례의 태도

종래 판례에 의하면, 분묘기지권은 다음의 세 경우에 성립한다.

① 타인의 토지 위에 허락을 받고 분묘를 설치한 경우

② 자기 토지 위에 분묘를 설치한 후 분묘도 이전한다는 특약 없이 분묘가 설치된 토지를 양도한 경우

③ 타인의 토지에 분묘를 설치한 자가 20년간 평온·공연하게 그 분묘의 기지를 점유한 경우

(3) 그 밖에 분묘기지권에 관한 종래 판례의 태도

1) 분묘기지권은 봉분 모양의 분묘에만 인정되며, 평장(平葬)·암장(暗葬) 및 예장(豫葬)과 같이 외부에서 문묘임을 인식할 수 없는 묘소에 대하여는 분묘기지권이 인정되지 않는다(대판 1976. 10. 26. 76다1359).

2) 지상권에서 지료의 지급은 그 요소가 아니므로, 분묘기지권을 취득하는 경우 분묘기지권자에게 원칙적으로 지료지급의무는 없다(대판 1995. 2. 28. 94다37912).

3) 타인의 토지에 합법적으로 분묘를 설치한 자는 관습상 그 토지 위에 지상권에 유사한 일종의 물권인 분묘기지권을 취득하나, 분묘기지권에는 그 효력이 미치는 범위 안에서 새로운 분묘를 설치하거나 원래의 분묘를 다른 곳으로 이장할 권능은 포함되지 않는다(대판 2007. 6. 28. 2007다16885).

4) 분묘기지권은 지상권에 유사한 물권이나 민법의 지상권에 관한 규정이 적용되지 않고, 분묘가 존속하는 동안은 분묘기지권도 존속한다(대판 1994. 8. 2. 94다28970).

5) 분묘의 수호 관리나 봉제사에 대하여 현실적으로 또는 관습상 호주상속인인 종손이 그 권리를 가지고 있다면 그 권리는 종손에게 전속하는 것이고 종손이 아닌 다른 후손이나 종중에서 관여할 수는 없다고 할 것이나, 공동선조의 후손들로

구성된 종중이 선조 분묘를 수호 관리하여 왔다면 분묘의 수호 관리권 내지 분묘기지권은 종중에 귀속한다(대판 2007. 6. 28. 2005다44114).

6) 타인 소유의 토지에 소유자의 승낙 없이 분묘를 설치한 경우에는 20년간 평온·공연하게 그 분묘의 기지를 점유하면 지상권 유사의 관습상 물권인 분묘기지권을 시효로 취득하고, 분묘기지권은 분묘를 수호하고 봉세사하는 목적을 날성하는 데 필요한 범위 내에서 타인의 토지를 사용할 수 있는 권리를 의미하는 것으로서, 분묘기지권은 분묘의 기지 자체뿐만 아니라 분묘의 설치목적인 분묘의 수호 및 제사에 필요한 범위 내에서 분묘 기지 주위의 공지를 포함한 지역에까지 미치는 것이다(대판 2011. 11. 10. 2011다63017·63024).

7) 자기 소유의 토지 위에 분묘를 설치한 후 토지의 소유권이 경매 등으로 타인에게 이전되면서 분묘기지권을 취득한 자가, 판결에 따라 분묘기지권에 관한 지료의 액수가 정해졌음에도 판결확정 후 책임 있는 사유로 상당한 기간 동안 지료의 지급을 지체하여 지체된 지료가 판결확정 전후에 걸쳐 2년분 이상이 되는 경우에는 민법 제287조를 유추적용하여 새로운 토지소유자는 분묘기지권자에 대하여 분묘기지권의 소멸을 청구할 수 있다. 분묘기지권자가 판결확정 후 지료지급 청구를 받았음에도 책임 있는 사유로 상당한 기간 지료의 지급을 지체한 경우에만 분묘기지권의 소멸을 청구할 수 있는 것은 아니다(대판 2015. 7. 23. 2015다206850).

8) 타인 소유의 토지에 분묘를 설치한 경우에 20년간 평온, 공연하게 분묘의 기지를 점유하면 지상권과 유사한 관습상의 물권인 분묘기지권을 시효로 취득한다는 점은 오랜 세월 동안 지속되어 온 관습 또는 관행으로서 법적 규범으로 승인되어 왔고, 이러한 법적 규범이 장사 등에 관한 법률(법률 제6158호) 시행일인 2001. 1. 13. 이전에 설치된 분묘에 관하여 현재까지 유지되고 있다고 보아야 한다(대판 〈전〉 2017. 1. 19. 2013다17292).

(4) 분묘기지권에 관한 '장사 등에 관한 법률'의 태도

매장 등에 관한 사항을 규정함으로써 국토의 효율적 이용·공공복리의 증진에 이바지함을 목적으로 2000년 1월 12일에 제정된 '장사 등에 관한 법률'은 그 제23조 제3항(현행 27조 3항)에서 "제1항 각 호의 어느 하나(토지소유자의 승낙 없이 당해 토지에 설치한 분묘, 묘지설치자 또는 연고자의 승낙 없이 당해 묘지에 설치한 분묘)에 해당하는 분묘의 연고자는 당해 묘지소유자·묘지설치자 또는 연고자에 대하여 토지사용권 기타 분묘의 보존을 위한 권리를 주장할 수 없다."고 규정하여 분묘기지권의 성립을 엄격히 제한하고 있다.

사례&판례 연구 분묘기지권 〈분묘기지권의 취득〉
【대판 1996. 6. 14. 96다14036】

《사건의 개요》

甲은 자기 소유의 토지 A에 증조모의 분묘 B가 설치되어 있는 乙에게 甲이 세운 경고판을 넘어뜨려 분묘를 설치하였고 乙이 자신의 소재를 들어내지 않았으므로 B에 대한 분묘기지권의 성립요건을 갖추지 못하였다고 주장하여 B의 이전을 청구하였다.

이에 대해 乙은 B가 증조모가 사망한 무렵인 1880년 내지 1890년경에 설치되었다고 주장하면서 적어도 丙이 B를 관리하여 온 1972년경에는 설치된 것이므로 그때부터 현재까지 20년이 넘도록 평온·공연하게 분묘(B)의 기지를 점유하여 왔으므로, 분묘기지권을 취득하였다고 항변하였다.

【판시사항】

[1] 평온한 점유 및 공연한 점유의 의미

[2] 관습상 분묘기지권의 시효취득 요건 및 등기의 여부(소극)

【판결요지】

[1] 평온한 점유란 점유자가 점유를 취득 또는 보유하는데 있어 법률상 용인될 수 없는 강포행위를 쓰지 않는 점유이고, 공연한 점유란 은비의 점유가 아닌 점유를 말한다.

[2] 타인 소유의 토지에 소유자의 승낙 없이 분묘를 설치한 경우에는 20년간 평온, 공연하게 그 분묘의 기지를 점유하면 지상권 유사의 관습상의 물권인 분묘기지권을 시효로 취득하는데, 이러한 분묘기지권은 봉분 등 외부에서 분묘의 존재를 인식할 수 있는 형태를 갖추고 있는 경우에 한하여 인정되고,

평장되어 있거나 암장되어 있어 객관적으로 인식할 수 있는 외형을 갖추고 있지 아니한 경우에는 인정되지 않으므로, 이러한 특성상 분묘기지권은 등기 없이 취득한다.

3. 관습법상의 법정지상권

(1) 의 의

관습법상의 법정지상권은 토지와 건물이 동일인에게 속했다가 그 중 어느 하나가 매매 그 밖의 원인으로 각각 소유자를 달리하게 된 때에 그 건물을 철거한다는 특약이 없으면 건물소유자가 당연히 취득하게 되는 관습법상의 지상권을 말한다. 이는 법정지상권과 같은 이유에서 인정되는 것으로서, 토지와 건물을 별개의 부동산으로 취급하는 우리 법제의 특성으로부터 발생한다.

(2) 성립요건

관습법상의 법정지상권이 성립하기 위하여서는 다음의 요건을 갖추어야 한다.

1) 토지와 건물이 동일인의 소유에 속할 것

가) 토지와 건물이 동일인의 소유에 속하고 있어야 한다. 따라서 미등기건물을 그 대지와 함께 양수한 사람이 그 대지에 대하여서만 소유권이전등기를 이전받고 건물에 대하여는 그 등기를 이전받지 못하고 있는 상태에서 그 대지가 경매되어 소유자가 달라진 경우에는 관습법상의 법정지상권이 발생할 수 없다.

나) 여기서 관습법상의 법정지상권 취득의 요건으로서 건물은 토지의 동일인의 소유에 속하고 있으면 미등기의 무허가건물인 경우에도 적용된다(대판 1988. 4. 12. 87다카2404).

다) 또한 관습법상의 법정지상권 취득의 요건으로서 토지와 건물의 동일인 소유는 처분될 당시의 동일인의 소유에 속하면 족하고 원시적으로 동일인의 소유일 필요는 없다(대판 1966. 4. 26. 65다2530).

라) 토지와 건물이 동일인의 소유이었다가 매매 기타의 원인으로 그 소유자가

달라지게 된 경우에는 특히 그 건물을 철거한다는 특약이 없는 이상 건물소유자는 토지소유자에 대하여 관습상의 법정지상권을 취득하게 되는 것이다. 그러나 토지의 소유자가 건물을 건축할 당시 이미 토지를 타에 매도하여 소유권을 이전하여 줄 의무를 부담하고 있었다면 토지의 매수인이 그 건축행위를 승낙하지 않는 이상 그 건물은 장차 철거되어야 하는 운명에 처하게 될 것이다. 그리고 토지소유자가 이를 예상하면서도 건물을 건축하였다면 그 건물을 위한 관습상의 법정지상권은 생기지 않는다고 보아야 할 것이다(대판 1994. 12. 22. 94다41072).

마) 미등기건물을 그 대지와 함께 양수한 사람이 그 대지에 대하여서만 소유권이전등기를 넘겨받고 건물에 대하여는 그 등기를 이전받지 못하고 있는 상태에서 그 대지가 경매되어 소유자가 달라지게 된 경우에는 법정지상권이 발생할 수 없는 것이다(대판 1991. 8. 27. 91다16730). 또 미등기건물을 그 대지와 함께 매도하였다면 비록 매수인에게 그 대지에 관하여만 소유권이전등기가 경료되고 건물에 관하여는 등기가 경료되지 아니하여 형식적으로 대지와 건물이 그 소유 명의자를 달리하게 되었다 하더라도 매도인에게 관습상의 법정지상권을 인정할 이유가 없다(대판 2002. 6. 20. 2002다9660).

바) 토지의 매매에 수반하여 토지소유자가 매수인으로부터 토지대금을 다 받기 전에 그 토지 위에 건물을 신축할 수 있도록 토지사용을 승낙하였다 하더라도 특별한 사정이 없는 한 매매당사자 사이에 그 토지에 관한 지상권 설정의 합의까지도 있었던 것이라고 할 수 없다 할 것이다. 그러므로 그 매매계약이 적법하게 해제된 경우에는 토지매수인은 비록 당초에 토지사용 승낙을 받아 그 토지 위에 건물을 신축 중이었다 하더라도 그 토지를 신축건물의 부지로 점유할 권원을 상실하게 되는 것이고 또 당초에 건물과 그 대지가 동일인의 소유였다가 경매 등의 사유로 소유자를 달리하게 되는 경우가 아닌 이상 관습에 의한 법정지상권도 성립되지 아니한다(대판 1988. 6. 28. 87다카2895).

사) 동일인의 소유에 속하고 있던 토지와 그 지상 건물이 강제경매 또는 국세징수법에 의한 공매 등으로 인하여 소유자가 다르게 된 경우에는 그 건물을 철거한다는 특약이 없는 한 건물소유자는 토지소유자에 대하여 그 건물의 소유를 위한

관습상 법정지상권을 취득한다. 원래 관습상 법정지상권이 성립하려면 토지와 그 지상 건물이 애초부터 원시적으로 동일인의 소유에 속하였을 필요는 없고, 그 소유권이 유효하게 변동될 당시에 동일인이 토지와 그 지상 건물을 소유하였던 것으로 족하다(대판〈전〉 2012. 10. 18. 2010다52140).

아) 토지공유자의 한 사람이 다른 공유자의 지분 과반수의 동의를 얻어 건물을 건축한 후 토지와 건물의 소유자가 달라진 경우 토지에 관하여 관습법상의 법정지상권이 성립되는 것으로 보게 되면, 이는 토지공유자의 1인으로 하여금 자신의 지분을 제외한 다른 공유자의 지분에 대하여서까지 지상권설정의 처분행위를 허용하는 셈이 되어 부당하다(대판 1993. 4. 13. 92다55756).

자) 대지소유자가 그 지상건물을 타인과 함께 공유하면서 그 단독소유의 대지만을 건물철거의 조건 없이 타에 매도한 경우에는 건물공유자들은 각기 건물을 위하여 대지 전부에 대하여 관습에 의한 법정지상권을 취득한다(대판 1977. 7. 26. 76다388). 그러나 토지공유자 중의 1인이 공유토지 위에 건물을 소유하고 있다가 토지지분만을 전매함으로써 단순히 토지공유자의 1인에 대하여 관습상의 법정지상권이 성립된 것으로 볼 사유가 발생한 경우에 있어서는 당해토지에 관하여 건물의 소유를 위한 관습상의 법정지상권이 성립될 수 없다(대판 1988. 9. 27. 87다카140).

2) 토지소유자와 건물소유자가 다르게 되었을 것

가) 토지·건물 중의 어느 하나가 매매·증여·국세 징수법에 의한 공매·민사집행법상의 통상의 강제경매 등으로 인하여 토지소유자와 건물소유자가 다르게 되었어야 한다.

나) 원래 甲이 대지와 그 지상건물을 함께 소유하고 있었는데 乙이 위 건물일부에 관하여 공사대금채권의 담보를 위한 가등기를 경료하였다가 그 대물변제조로 위 건물부분의 소유권을 양도받은 경우 달리 특별한 사정이 없는 한 乙은 위 건물부분의 점유사용에 필요한 범위 내에서 甲 소유의 위 대지에 관하여 관습상의 법정지상권을 취득한다(대판 1992. 4. 10. 91다45356). 따라서 대물변제로 토지소유자와 건물소유자가 다르게 된 경우에도 관습상의 법정지상권의 성립이 인정된다.

다) 공유지상에 공유자의 1인 또는 수인 소유의 건물이 있을 경우 위 공유지의

분할로 그 대지와 지상건물이 소유자를 달리하게 될 때에는 다른 특별사정이 없는 한 건물소유자는 그 건물부지상에 그 건물을 위하여 관습상의 지상권을 취득한다(대판 1974. 2. 12. 73다353). 따라서 공유지의 분할로 토지소유자와 건물소유자가 다르게 된 경우에도 관습상의 법정지상권의 성립이 인정된다.

라) 환지로 인하여 새로운 분할지적선이 그어진 결과 환지 전에는 동일인에게 속하였던 토지와 그 지상건물의 소유자가 달라졌다 하더라도 환지의 성질상 건물의 부지에 관하여 소유권을 상실한 건물 소유자가 환지된 토지(건물부지)에 대하여 건물을 위한 관습상의 법정지상권을 취득한다거나 그 환지된 토지의 소유자가 그 건물을 위한 관습상의 법정지상권의 부담을 안게 된다고는 할 수 없다(대판 2001. 5. 8. 2001다4101). 따라서 환지로 인하여 동일인에게 속하였던 토지와 그 지상건물의 소유자가 달라진 경우, 성질상 그 환지된 토지 위에 있는 건물을 위한 관습상의 법정지상권은 성립하지 않는다.

마) 토지공유자 중의 1인이 공유토지 위에 건물을 소유하고 있다가 토지지분만을 전매함으로써 단순히 토지공유자의 1인에 대하여 관습상의 법정지상권이 성립된 것으로 볼 사유가 발생한 경우에 있어서는 당해 토지에 관하여 건물의 소유를 위한 관습상의 법정지상권이 성립될 수 없다(대판 1988. 9. 27. 87다카140).

바) 건물이 장차 철거될 것을 예상하고 건물이 서 있는 부지까지 매도하였다면 그 건물을 위한 관습상의 법정지상권은 생기지 않는다(대판 1974. 6. 11. 73다1766).

3) 당사자 사이에 건물을 철거한다는 특약이 없을 것

당사자 사이에 건물을 철거한다는 특약이 없어야 한다. 여기서 건물철거의 특약은 없는 것으로 추정되므로, 법정지상권의 성립을 부정하는 자가 철거의 특약이 있음을 입증하여야 한다.

또한 토지와 건물의 소유자가 토지만을 타인에게 증여한 후 구 건물을 철거하되 그 지상에 자신의 이름으로 건물을 다시 신축하기로 합의한 경우, 그 건물 철거의 합의는 건물 소유자가 토지의 계속 사용을 그만두고자 하는 내용의 합의로 볼 수 없어 관습상의 법정지상권의 발생을 배제하는 효력이 인정되지 않는다(대판 1999. 12. 10. 98다58467).

(3) 관습법상의 법정지상권의 내용과 효력

1) 등기의 불요

위와 같은 요건을 갖추었을 때에 성립하는 관습법상의 법정지상권은 당연히 성립하는 것이므로, 민법 제187조의 규정에 의하여 등기를 요하지 않는다.

2) 성립시기

매매·증여·공유물분할·강제경매·공매의 경우에는 각기 이를 원인으로 하여 사실상 소유권의 귀속이 달라진 때에 관습법상의 법정지상권이 성립한다. 다만 강제경매의 경우에는 경락허가결정이 확정된 때에 관습법상의 법정지상권이 성립한다고 할 것이다.

3) 내 용

가) 관습법상의 법정지상권의 내용은 지상권의 규정이 유추적용된다. 따라서 관습법상의 법정지상권의 존속기간에 관해서는 '존속기간을 약정하지 아니한 지상권'으로 본다.

나) 또한 관습법상의 법정지상권의 지료의 지급은, 법정지상권에 관한 제366조 단서를 유추적용하여야 한다.

다) 관습법상의 법정지상권을 취득한 자로부터 지상물을 양수받은 양수인은 양도인을 대위하여 대지소유자에게 지상권설정등기청구권을 대위행사할 수 있다(대판〈전〉 1985. 4. 9. 84다카1131·1132).

라) 토지와 건물이 동일인에게 속하지 않은 경우, 즉 대지소유자의 승낙을 얻어 지은 건물을 매수한 자는 관습법상의 법정지상권을 취득할 수 없다(대판 1971. 12. 28. 71다2124).

마) 관습법상의 법정지상권 취득의 요건을 갖춘 자가 건물을 위하여 대지에 대해 토지임대차계약을 체결한 경우, 관습법상의 법정지상권을 포기한 것으로 해석된다(대판 1968. 1. 31. 67다2576).

바) 관습법상의 법정지상권에 관하여는 특별한 사정이 없는 한 민법의 지상권에 관한 규정이 준용되므로, 당사자 사이에 관습법상의 법정지상권의 존속기간에

대하여 따로 정하지 않은 때에는 위 기간은 민법 제281조 제1항에 의하여 민법 제280조 제1항 각 호에 규정된 기간이 된다. 민법 제280조 제1항은 지상권의 최단 존속기간을 석조, 석회조, 연와조 또는 이와 유사한 견고한 건물의 소유를 목적으로 하는 때에는 30년(제1호), 그 이외의 건물의 소유를 목적으로 하는 때에는 15년(제2호)으로 규정하고 있는 바, 위 제1호가 정하는 견고한 건물인지의 여부는 그 건물이 갖고 있는 물리적·화학적 외력 또는 화재에 대한 저항력 및 건물해체의 난이도 등을 종합하여 판단하여야 한다(대판 2013. 9. 12. 2013다43345).

사례&판례 연구 관습법상의 법정지상권 〈관습법상의 법정지상권 양수인의 지위〉 【대판 1991. 9. 24. 91다21701】

《사건의 개요》

甲은 그 소유의 대지 A 위에 건물 B를 축조하여 소유하고 있었던 바, 그중 B만을 乙에게 매도하고 등기를 넘겨주어 乙은 그 건물을 사용하여 오다가 이를 丙에게 매도하여 丙이 B에 대한 이전등기를 경료하였다.

그런데, 甲은 乙로부터 건물 B를 양수받은 丙이 대지 A에 대한 아무런 권원없이 건물 B를 위한 불법 점거를 하고 있다는 것을 근거로 하여 A의 명도와 B의 철거를 청구하였다.

이에 丙은 자신이 乙로부터 B건물을 양수받을 때 비록 지상권등기를 경료하지 않아 지상권을 취득하지 못하였다 하더라도 乙을 대위하여 지상권설정등기 및 이전등기의 절차이행을 구할 수 있는 지위에 있음을 근거로 甲의 주장은 배척되어야 한다고 항변하였다.

【판시사항】

관습상 법정지상권을 취득한 자로부터 건물을 양수한 자에 대한 토지소유자의 건물철거청구와 신의칙

【판결요지】

토지와 건물을 함께 소유하고 있던 원소유자가 토지를 매도할 때에 그 지상에 건립된 건물을 철거하기로 하는 특약이 없었으므로 건물의 원소유자는 건물을

위한 관습상의 법정지상권을 취득하였고 그 건물의 양수인은 원소유자로부터 위 법정지상권도 함께 양도받은 지로서 원소유자를 대위하여 토지를 매수한 양수인에게 법정지상권설정등기를 청구할 수 있는 위치에 있음이 명백하므로, 토지양수인이 건물양수인에게 위 건물의 철거 등을 청구함은 신의성실의 원칙상 허용되지 않는다.

제2절 지 역 권

Ⅰ. 의의 및 성질

1. 의 의

지역권(地役權)은 일정한 목적을 위하여 타인의 토지(승역지〈承役地〉)를 자기 토지(요역지〈要役地〉)의 편익에 이용하는 부동산용익물권을 말한다(291조). 예컨대 막다른 위치에 있는 토지인 맹지(盲地)인 A토지의 소유자가 C토지인인 공로와의 사이에 위치하는 B토지를 통행하는 경우, 또는 B토지를 거쳐 물을 끌어옴으로써 A토지의 사용가치를 높이는 경우 등을 들 수 있다.

2. 성 질

(1) 타인의 토지를 자기의 토지의 편익에 이용하는 권리

지역권은 타인의 토지를 자기의 토지의 편익에 이용하는 권리이다. 여기서 편익을 얻게 되는 지역권의 토지를 요역지(要役地)라 말하고, 편익을 제공해주는 지역권설정자의 토지를 승역지(承役地)라고 말한다. 따라서 지역권은, 요역지와 승역지의 두 토지 사이의 관계이다. 여기서, '편익(便益)에 이용한다.'는 것은 요역지의 사용가치를 증대시키는 것을 의미한다.

(2) 요역지와 승역지 사이의 관계

지역권은 요역지와 승역지의 두 토지 사이의 관계에서 인정되는 것이므로, 토지소유자 아닌 토지이용권자(예컨대 지상권자)에게도 지역권의 설정은 인정될 수 있다. 또한 지역권이 설정된 후 요역지를 대상으로 토지에 대한 용익권을 취득한 지상권자, 전세권자, 임차인 등도 지역권을 행사할 수 있고 또한 승역지의 소유자는 물론이고 그 용익권자도 지역권의 제한을 받을 수 있다.

여기서 요역지는 1필의 토지를 전제로 하여야 하나, 승역지는 1필의 토지의 일부가 되어도 무방하다(부등법 70조 5호).

또 지역권은 그 성질상 승역지의 제한이 된다. 따라서 승역지의 소유자는 지역권자의 토지인 요역지의 편익(便益)에 제공되는 범위에서 의무를 부담한다.

(3) 부종성·수반성

지역권은 부종성·수반성을 가진다(292조). 즉 지역권은 요역지소유권과는 독립의 권리이지만, 요역지 위의 권리에 종된 권리이다.

(4) 불가분성

지역권은 불가분성을 가진다. 이는 토지의 공유에서 연유하는 것으로서 다음을 그 내용으로 한다.

1) 공유자의 1인이 지역권을 취득한 때에는 다른 공유자도 이를 취득한다(295조 1항). 또 점유로 인한 지역권취득기간의 중단은 지역권을 행사하는 모든 공유자에 대한 사유가 아니면 그 효력이 없다(295조 2항).

2) 토지공유자의 1인은 지분에 관하여 그 토지를 위한 지역권 또는 그 토지가 부담한 지역권을 소멸하게 하지 못한다(293조 1항). 또 토지의 분할이나 토지의 일부양도의 경우에는 지역권은 요역지의 각 부분을 위하여 또는 그 승역지의 각 부분에 존속하나, 지역권이 토지의 일부분에만 관한 것인 때에는 다른 부분에 대하여는 그러하지 아니하다(293조 2항).

3) 요역지가 수인의 공유인 경우에 그 1인에 의한 지역권 소멸시효의 중단 또는

정지는 다른 공유자를 위하여 효력이 있다(296조).

(5) 유상성 여부

지역권은 토지사용의 대가를 지급할 것을 요하지 않으므로, 유상 또는 무상을 불문한다.

(6) 비배타성

지역권이 설정되더라도 지역권자가 승역지를 배타적으로 점유하는 것이 아니므로, 지역권자의 토지사용을 방해하지 않는 범위 안에서 지역권설정자도 승역지 토지에 대한 공동이용권을 갖는다. 이러한 점에서 지역권은 공용(共用)적 성격, 비배타성이라는 성질을 띤다.

3. 지역권의 종류

(1) 작위·부작위 지역권

지역권자의 작위(적극적 거동 : 예컨대 통행·인수〈引水〉)를 내용으로 하는 지역권이 '작위지역권'이고, 지역권설정자의 부작위(소극적 거동 : 예컨대 관망을 방해하는 건물축조를 하지 않는 것)를 내용으로 하는 지역권이 '부작위지역권'이다.

(2) 계속·불계속 지역권

지역권의 실현상태가 끊임없이 이어지는 지역권(예컨대 통로를 개설한 통행지역권)이 '계속지역권'이고, 간단(끊임)이 있는 지역권(예컨대 통로를 개설하지 않은 통행지역권)이 '불계속지역권'이다.

(3) 표현·불표현 지역권

지역권의 실현상태가 일정한 외형적 사실을 수반하는 지역권(예컨대 통행지역권 지상에 수로를 개설한 인수지역권)이 '표현지역권'이고, 외형적 사실을 수반하지 않는 지역권(예컨대 전망지역권, 땅 속인 지중〈地中〉에 수로를 개설한 인수지역권)이 '불표현지역권'이다.

Ⅱ. 지역권의 취득과 존속기간

1. 지역권의 취득

(1) 법률행위에 의한 취득

지역권은 지역권설정계약과 등기에 의하여 취득되는 것이 원칙이다(186조). 그 밖에 유언·지역권의 양도도 법률행위에 의한 지역권의 취득의 모습이다.

(2) 법률행위에 의하지 않는 취득

1) 법률의 규정에 의한 취득

지역권은 제187조에 의하여도 취득한다. 다만 시효취득되는 지역권은 '계속되고 표현된 것'에 한하여 인정되며, 이에는 제245조가 준용된다(294조). 따라서 지역권의 점유(일반)취득시효는 등기하여야 효력이 생긴다.

2) 지역권의 취득과 판례이론

가) 통로의 개설이 없이 일정한 장소를 오랜 시일에 걸쳐 통행한 사실이 있거나, 또는 토지의 소유자가 다만 이웃하여 사는 교분(交分)으로 통행을 묵인하여 온 사실이 있을 때에는 그러한 사실만으로서 지역권을 취득할 수 없다(대판 1970. 7. 21. 70다772·773).

나) 지역권은 요역지의 소유자 기타 이용권자만이 시효취득할 수 있고, 요역지의 불법점유자는 시효취득할 수 없다(대판 1976. 10. 29. 76다1694).

다) 분양택지들을 매각하면서 토지 중 일부를 분양택지들을 위한 도로로 제공한 것은 아니나, 다만 토지의 매수인으로서 그 부분에 대한 다른 택지소유자들의 통행을 묵인한 것에 불과한 경우 묵시적인 지역권 성립계약이 성립 되었다고 볼 여지가 없다(대판 1991. 4. 23. 90다15167).

라) 민법 제294조에 의하여 지역권은 계속되고 표현된 것에 한하여 같은 법 제245조의 규정을 준용하게 되어 있으므로 지역권을 시효취득한 자는 등기함으로써 그 지역권을 취득하는 것이라고 보아야 할 것이다. 그런데 원고가 지역권을 등기한 바 없고 그 대지는 취득시효 기간이 지난 뒤에 피고가 소유자로부터 매수

하여 소유권이전등기까지 경료하였다면 원고가 지역권을 승계취득하였다고 하더라도 피고에 대하여 이를 주장할 수 없다(대판 1990. 10. 30. 90다카20395).

마) 지역권은 일정한 목적을 위하여 타인의 토지를 자기의 토지의 편익에 이용하는 용익물권으로서 요역지와 승역지 사이의 권리관계에 터잡은 것이다. 그러므로 어느 토지에 대하여 통행지역권을 주장하려면 그 토지의 통행으로 편익을 얻는 요역지가 있음을 주장 입증하여야 한다(대판 1992. 12. 8. 92다22725).

2. 지역권의 존속기간

지역권의 존속기간에 관하여 민법은 별도의 규정을 두지 않고 있다. 사적 자치의 원칙상 당사자는 지역권의 존속기간을 약정할 수 있고, 이를 등기하면 제3자에게도 대항할 수 있다(통설).

여기서 지역권의 존속기간을 영구무한으로 설정할 수 있는가의 여부가 문제된다. 이에 대해서는 지역권은 소유권을 제한하는 정도가 낮고 승역지소유자의 토지이용을 전적으로 빼앗는 것이 아니므로 영구무한의 존속기간도 정할 수 있는 것으로 이해하여야 한다(통설). 그러나 이에 대하여는 소유권을 영구히 제한하는 것은 타당하지 않다는 반대의 견해(이은영 645면)가 있다.

관련판례

영구지역권

피고가 피고 소유의 토지에 도로를 개설하여 원고로 하여금 영구히 사용케 한다고 약정하고 그 대금을 수령한 경우 위 약정은 지역권 설정에 관한 합의라고 봄이 상당하다(대판 1980. 1. 29. 79다1704).

통행지역권과 주위토지통행권

통행지역권은 용익물권으로서 통행지역권의 시효취득은 상린관계에 관한 주위토지통행권과는 그 권리의 성질 및 성립 근거가 다르지만 인접한 토지소유자 사이에서 통로 개설에 의한 통행 이용에 관한 이해관계를 조정하는 역할을 한다는 점에서는 서로 유사하다. 이와 같이 도로 설치에 의한 사용을 근거로 영구적인 통행지역권이 인정되는 통행지역권의 취득시효에 관한 여러 사정들과 아울러 주위토지통행권과의 유사성 등을 종합하여 보면, 종전의 승역지 사용이 무상으로 이루어졌다는 등의 다른 특별한 사정이 없다면 통행지역권을 취득시효한 경우에도 주위토지통행권의 경우와 마찬가지로 요역지 소유자는 승역지에 대한 도로 설치 및 사용에 의하여 승역지 소유자가 입은 손해를 보상하여야 한다고 해석함이 타당하다(대판 2015. 3. 20. 2012다17479).

Ⅲ. 지역권의 효력

1. 지역권자의 승역지사용권

(1) 지역권은 그 목적의 범위 안에서 승역지(承役地)를 사용할 수 있다(291조). 그러나 승역지의 사용에는 그 필요한 범위 안에서 승역지 소유자에게 가장 손해가 적은 방법으로 하여야 한다.

(2) 승역지 소유자는 지역권의 행사를 방해하지 않은 범위 안에서 지역권자가 지역권의 행사를 위하여 승역지에 설치한 공작물을 사용할 수 있다(300조 1항). 그러나 수익의 정도의 비율로 공작물의 설치·보존의 비용을 부담하여야 한다(동조 2항).

(3) 승역지에 수개의 용수지역권(用水地役權)이 설정된 때에는 용수승역지의 수량이 요역지 및 승역지의 수요에 부족한 경우, 그 수요정도에 의하여 먼저 가용(家用)에 공급하고 다른 용도에 공급하여야 한다. 그러나 설정행위에 다른 약정이 있는 때에는 그 약정에 의하며, 위 특약을 등기하면 제3자에게 대항할 수 있다(297조 1항, 부등법 70조 4호).

또한 승역지에 수개의 용수지역권이 설정된 경우, 후순위의 지역권자는 선순위의 지역권자의 용수를 방해하지 못한다(297조 2항).

2. 지역권에 기인한 물권적 청구권

지역권도 일정한 범위에서 승역지를 지배하는 물권이므로 그 지배가 방해당하는 때에는 물권석 청구권이 당연히 생긴다. 그러나 지역권은 승역지의 점유를 수반하는 것이 아니므로 반환청구권은 인정될 여지가 없으며, 방해제거청구권과 방해예방청구권만이 있다(301조, 214조).

3. 승역지소유자의 의무

(1) 승역지소유자는 지역권자의 행위를 인용할 인용의무(忍容義務)와 일정한 이용을 하지 않을 의무인 부작위의무를 부담한다.

(2) 계약에 의하여 승역지소유자가 자기의 비용으로 지역권의 행사를 위하여 공작물의 설치 또는 수선의 의무를 부담한 때에는 승역지소유자의 특별승계인도 의무를 부담한다(298조). 위 특약을 등기하면 제3자에게 대항할 수 있다(부등법 70조 4호).

또 승역지의 소유자는 지역권에 필요한 토지소유권을 지역권자에게 떠넘기는 위기(委棄)를 하여 위의 부담을 면할 수 있다(299조).

Ⅳ. 지역권의 소멸

1. 물권일반의 소멸원인에 의하여 소멸

지역권은 요역지 또는 승역지의 멸실·지역권자의 포기·존속기간의 만료·약정소멸사유의 발생·소멸시효·혼동 등 물권일반의 소멸원인에 의하여 소멸한다.

2. 지역권에 특수한 소멸원인

(1) 승역지의 시효취득에 의한 소멸

승역지 토지가 제3자에 의하여 시효취득되는 경우, 그 법적 성질은 원시취득이므로 그 위에 존재하던 지역권은 소멸하는 것이 원칙이고 시효취득자는 지역권의 제한 없는 토지소유권을 취득하게 된다(구민법 289조 참조). 그러나 승역지의 시효취득자가 지역권의 존재를 용인하고 있었으면 지역권은 예외적으로 소멸하지 않는다(통설).

(2) 승역지소유자의 위기

승역지소유자가 지역권의 행사를 위한 부담이 있을 경우 이를 피하기 위하여 일방적으로 지역권에 필요한 부분을 지역권자에게 이전하는 행위인 위기(委棄)를 하면, 그 부분에 대한 지역권은 소멸한다(298조, 299조).

Ⅴ. 특수지역권

1. 의 의

특수지역권(特殊地役權)은 어느 지역의 주민이 집합체의 관계로 일정한 토지에서 초목 및 토사의 채취·야생물의 방목·그 밖의 수익을 공동으로 하는 권리를 말한다(302조). 이는 어느 지역의 주민의 지위를 취득함으로 갖는 권리라는 의미에서 입회권(入會權)이라고도 한다. 또 집합체의 관계로 소유권이 아닌 재산권으로서 토지수익권을 수인이 갖는 권리라는 의미에서 준총유적 토지수익권, 토지수익권의 준총유라고도 한다.

2. 특색과 법적 규율

(1) 특수지역권은 '어느 지역의 주민'이라는 특정한 사람의 편익(便益)을 위해서 인정되는 권리이므로, 일종의 인역권이다. 따라서 특수지역권은 재산권이나 '어느 지역의 주민'이라는 특정한 사람에게만 인정되는 권리이므로, 보통의 재산권과는 달리 양도·상속의 대상이 되지 않는다.

(2) 또한 특수지역권에는 지역권의 규정이 준용되고(302조), 어느 지역 주민이 집합체의 관계로 토지수익권을 준총유하는 법률관계이므로, 총유에 관한 규정도

준용된다(278조). 또 법률의 규정과 다른 관습이 있으면 관습이 우선해서 적용된다.

(3) 특수지역권을 계약에 의하여 취득하는 경우에는 법률행위에 의한 것이므로 등기를 하여야 효력이 생긴다(186조). 그러나 관습에 의하여서도 특수지역권을 취득할 수 있으며, 이 경우에는 법률행위에 의한 것이 아니므로 등기를 요하지 않는다(187조).

제3절 전 세 권

Ⅰ. 의의 및 성질

1. 의 의

전세권(傳貰權)은 전세금을 지급하고 타인의 부동산을 점유하여 그 부동산의 용도에 좇아 사용·수익하고, 그 부동산 전부에 대하여 후순위권리자 기타 채권자보다 전세금의 우선변제를 받을 것을 내용으로 하는 용익물권을 말한다(303조 1항). 이는 종래 우리나라의 경향(京鄕)에서 관행상 다루어지던 채권관계였던 '전세'를 1958년 민법을 제정하면서 용익권자인 세입자의 지위를 강화시키기 위해서 용익물권의 한 모습으로 도입된 것이다. 이러한 전세권은 우리나라에만 인정되는 특유한 제도로서 물권법이 특수성, 고유성을 띠게 하는 근거가 된다.

2. 성 질

(1) 타인의 부동산 위에 설정되는 권리

전세권은 '타인의 부동산'(토지와 건물) 위에 설정되는 권리이다. 따라서 토지도 전세권의 목적이 되나, 농경지는 전세권의 목적이 될 수 없다(303조 2항).

(2) 점유를 수반하는 용익물권

전세권은 목적부동산을 점유하여 '그 부동산의 용도에 좇아 사용·수익하는 권리'이다. 즉 전세권은 부동산이용권이므로, 상린관계에 관한 규정이 준용된다(319조, 216조~244조).

또한 전세권은 점유를 수반한다. 따라서 점유를 수반하는 권리이므로, 물권적 반환청구권도 인정된다(319조, 213조, 214조).

(3) 전세금의 지급(전세권의 요소)

전세권은 전세금의 지급을 요소로 한다. 따라서 전세금의 지급은 전세권 성립의 필수사항이므로, 전세금의 지급이 없으면 전세권은 성립하지 않는다.

여기서 전세금은 임대차에서 차임이 그 요소인 것과 유사한 점이 있다(618조 참조). 그러나 전세금은 차임과 달리 금전에 한하고, 이는 주기적인 것이 아닌 일시에 지급되는 것에 한한다.

(4) 담보물권성

전세권은 전세금의 반환에 관하여 그 전세권의 목적물인 부동산을 대상으로 경매청구권은 물론 그 처분대금으로부터 우선변제권도 인정되는 권리이다(303조 1항, 318조). 따라서 전세권은 전세물을 물적 담보로 하므로, 담보물권성도 갖는 권리이다. 따라서 담보물권의 통유성인 부종성, 수반성, 불가분성, 물상대위성은 전세권에도 인정된다.

(5) 물 권

전세권은 물권인 비전속권으로서 양도성과 상속성이 인정되는 권리이다. 따라서 전세권은 어떤 특정인의 편익만을 위해서 인정되는 권리인 인역권(人役權)이 아니다. 또한 지상권의 성질에서 기술한 바와 같이 지상권의 목적을 달성하기 위한 전세권의 요건을 갖춘 경우의 전세권도 그 유효성을 인정하는 것이 타당하며, 이를 긍정하는 것이 지상물의 소유를 위한 이용자로 물권자로서 보호하는 결과를 가져올 것이다(곽윤직·김재형 343면).

관련판례

전세권의 성질

① 전세금반환채권의 양도는 수반성의 원칙상 전세권의 양도를 수반하나, 전세권의 존속기간이 만료한 경우에는 전세권이 수반되지 않는 전세금반환채권만의 양도도 유효하다(대판 1997. 11. 25. 97다29790).

② 전세권이 담보물권적 성격도 가지는 이상 전세권을 그 담보하는 전세금반환채권과 분리하여 양도하는 것은 허용되지 않으며, 또한 전세금은 전세권과 분리될 수 없는 요소이므로 전세권이 존속하는 동안은 전세권을 존속시키기로 하면서 전세금반환채권만을 전세권과 분리하여 확정적으로 양도하는 것은 허용되지 않는다. 다만 전세권이 존속기간의 만료로 소멸한 경우이거나 전세계약의 합의해지 또는 당사자 간의 특약 등의 특별한 사정이 있는 때에는 전세금반환채권을 담보물권이 없는 무담보의 채권으로 양도할 수 있다(대판 2002. 8. 23. 2001다69122).

Ⅱ. 전세권의 취득

1. 전세권의 취득 원인

(1) 법률행위에 의한 취득

전세권은 부동산소유자와 전세권을 취득하고자 하는 자 사이의 전세권설정계약과 전세금의 지급 및 등기에 의하여 취득되는 것이 일반적이다(186조 참조). 또 전세권은 전세권의 양도에 의하여서도 승계 취득된다.

(2) 법률행위에 의하지 않는 취득

전세권은 이 밖에 취득시효(248조, 245조), 상속 등 법률의 규정에 의하여서도 취득된다(187조).

특히 전세권의 취득시효에 있어서는, 점유취득시효와 등기부취득시효의 각각의 요건을 갖추어 취득할 수 있다. 먼저 전세권을 점유취득시효에 의하여 취득하기 위해서는, 시효취득자가 20년간 전세권자로서 평온·공연하게 목적부동산을 점유하고 등기하여야 한다(248조, 245조 2항). 또 전세권을 등기부취득시효에 의하여 취득하기 위해서는, 시효취득자가 전세권자가 아니면서 등기부상으로는 전세권자로 등기되어 있는 자가 10년간 목적부동산을 전세권자로서 평온·공연하게 선의이며 과실 없이 점유한 때에는 그 전세권을 취득하여야 한다(248조, 245조 2항).

2. 전세권의 취득과 전세금의 지급

전세금의 지급은 전세권의 절대적 요소이므로, 설정계약과 등기 외에 전세금의 수수가 있을 때 전세권이 취득된다. 여기서 전세권의 취득에 있어서 물건의 인도는 그 요건이 아니다.

여기서 전세금의 지급이 전세권 성립의 요소이지만, 전세금의 지급은 반드시 현실적으로 수수 되어야만 하는 것이 아니고 기존의 채권으로 전세금의 지급에 대신할 수도 있다. 이와 관련하여 판례는 채권담보의 목적으로 전세권을 설정하였고 그 설정과 동시에 목적물을 인도하지 않은 경우라도, 장차 전세권자가 목적물을 사용·수익하는 것을 완전히 배제하는 것이 아니라면 그 전세권의 효력을 부인할 수 없다는 입장을 취하고 있다(대판 1995. 2. 10. 94다18508).

관련판례

전세금의 성질

전세계약에 있어서 전세금은 전세권자의 고의, 과실에 의한 목적물의 손해를 담보하며 압류채권자의 지급명령을 다툴 수 있는데도 불구하고 다투지 아니함으로써 생길 강제집행으로 인한 위험까지 담보한다고는 할 수 없다(대판 1968. 7. 24. 68다895).

제3자의 명의로 하는 전세권등기

① 전세권이 담보물권적 성격을 아울러 가지고 있는 이상 부종성과 수반성이 있기는 하지만, 다른 담보권과 마찬가지로 전세권자와 전세권설정자 및 제3자 사이에 합의가 있으면 그 전세권자의 명의를 제3자로 하는 것도 가능하므로, 임대차계약에 바탕을 두고 이에 기한 임차보증금반환채권을 담보할 목적으로 임대인, 임차인 및 제3자 사이의 합의에 따라 제3자 명의로 경료된 전세권설정등기는 유효하다 할 것이다(대판 1998. 9. 4. 98다2098).

② 전세권이 용익물권적 성격과 담보물권적 성격을 겸비하고 있다는 점 및 목적물의 인도는 전세권의 성립요건이 아닌 점 등에 비추어 볼 때, 당사자가 주로 채권담보의 목적으로 전세권을 설정하였고, 그 설정과 동시에 목적물을 인도하지 아니한 경우라 하더라도, 장차 전세권자가 목적물을 사용·수익하는 것을 완전히 배제하는 것이 아니라면, 그 전세권의 효력을 부인할 수는 없다 할 것이고, 한편 전세금의 지급은 전세권 성립의 요소가 되는 것이지만 그렇다고 하여 전세금의 지급이 반드시 현실적으로 수수되어야만 하는 것은 아니고 기존의 채권으로 전세금의 지급에 갈음할 수도 있다(대판 2009. 1. 30. 2008다67217).

사례&판례 연구 **전세권의 성질과 취득 〈전세권의 법적 성질과 담보목적의 전세권의 취득〉 【대판 1995. 2. 10. 94다18508】**

《사건의 개요》

甲은 乙로부터 A(다세대주택 6세대분 1동)의 건설공사를 도급받으면서 A를 완공한 후 이를 직접 다인에게 분양하여 그 대금으로 공사비채권을 충당하기로 합의하였다. 그런데, A가 완공된 후에도 분양이 되지 않자 甲은 공사비충당을 위하여 그중 4세대분에 전세권을 설정하여주고 전세금을 직접 甲이 수령하였음에도 불구하고 공사비에 부족하였다.

이에 甲은 1991. 5. 25. 나머지 채권을 담보하기 위하여 그중 하나인 본 건물에 대하여 乙의 명의로 소유권보존등기를 경료함과 동시에 자신에 대하여 채권을 가지고 있던 丙에게 부동산을 인도하지 않은 채로 丙을 전세권자, 전세금을 2천5백만원, 존속기간을 2년으로 하는 전세권설정등기를 경료하였다.

한편 원고 丁은 위 건물에 대한 임의경매절차에 참가하여 이를 경락받아 1992. 2. 7. 대금을 모두 납부하고, 같은 달 20일에 전세금을 2천만원, 존속기간을 1992. 3. 20.로 하는 전세권변경등기를 하였다.

그 후 丁은 丙을 상대로 한 전세권설정등기는 전세권자인 丙이 건물소유자 乙에게 전세금을 지급하지 않아 전세금반환청구권이 없고 아무런 채권이 없음에도 경료된 것이므로 무효라고 주장하면서 전세권설정등기의 말소를 청구하였다.

이러한 丁의 주장에 대하여 丙은 위 전세권설정등기는 甲의 乙에 대한 채권담보를 위하여 경료된 것이므로 그 범위 안에서는 유효하다고 항변하였고, 원심은 丙의 주장을 받아들여 위 전세권등기의 말소청구를 명하였다.

【판시사항】

가. 채권담보의 목적으로 설정된 전세권의 효력

나. 기존의 채권으로 전세금 지급에 갈음할 수 있는지 여부

다. 채권자, 채무자 및 제3자의 합의로 전세권 등 담보권의 명의를 제3자로 하는 것이 가능한지 여부

【판결요지】

가. 전세권이 용익물권적 성격과 담보물권적 성격을 겸비하고 있다는 점 및 목적물의 인도는 전세권의 성립요건이 아닌 점 등에 비추어 볼 때, 당사자가 주로 채권담보의 목적으로 전세권을 설정하였고, 그 설정과 동시에 목적물을 인도하지 아니한 경우라 하더라도, 장차 전세권자가 목적물을 사용·수익(收益)하는 것을 완전히 배제하는 것이 아니라면, 그 전세권의 효력을 부인할 수는 없다.

나. 전세금의 지급은 전세권 성립의 요소가 되는 것이지만 그렇다고 하여 전세금의 지급이 반드시 현실적으로 수수되어야만 하는 것은 아니고 기존의 채권으로 전세금의 지급에 갈음할 수도 있다.

Ⅲ. 전세권의 존속기간

1. 존속기간을 약정한 경우

(1) 최장존속기간

전세권의 존속기간은 당사자가 임의로 정할 수 있으나 10년을 넘지 못한다(312조 1항). 따라서 전세권의 존속기간을 10년을 초과하여 약정한 경우에는, 10년으로 단축된다.

(2) 최단존속기간

건물에 대한 전세권의 존속기간을 1년 미만으로 정한 때에는 1년으로 한다(312조 2항 : 1984. 4. 10. 개정).

2. 존속기간을 약정하지 않은 경우

당사자 사이에 존속기간의 약정이 없는 경우에는, 각 당사자는 언제든지 상대방에게 전세권의 소멸을 통고할 수 있고, 상대방이 이 통고를 받은 날로부터 6월이 경과하면 전세권은 소멸한다(313조).

3. 전세권의 갱신

(1) 합의에 의한 갱신

전세권의 존속기간이 만료되면, 당사자는 설정계약을 갱신할 수 있다. 여기서 갱신기간은 최장존속기간과 마찬가지로 10년의 제한을 받는다. 따라서 당사자는 10년의 범위 안에서 전세권을 갱신할 수 있다(312조 3항).

(2) 묵시의 갱신

1) 의의 및 요건

건물전세권의 경우 전세권설정자가 존속기간 만료 전 6월부터 1월까지 사이에 전세권자에 대하여 갱신거절의 통지 또는 조건을 변경하지 아니하면 갱신하지 아니한다는 뜻의 통지를 아니한 경우에 그 기간이 만료된 때에 전전세권(前傳貰權)과 동일한 조건으로 다시 전세권을 설정한 것으로 본다. 이를 '묵시의 갱신' 또는 '법정갱신'이라 하며, 이 경우 존속기간은 그 정함이 없는 것으로 본다(312조 4항 : 1984. 4. 10. 신설).

2) 등기의 불요

이는 제187조의 법률의 규정에 의하여 전세권의 존속기간이 변경되는 것이므로, 그 등기 없이도 효력이 생긴다(통설). 판례도 "전세권의 법정갱신(민법 312조 4항)은 법률의 규정에 의한 부동산에 관한 물권의 변동이므로 전세권갱신에 관한 등기를 필요로 하지 아니하고 전세권자는 그 등기 없이도 전세권설정자나 그 목적물을 취득한 제3자에 대하여 그 권리를 주장할 수 있다."고 판시하여 통설과 같은 입장을 취하고 있다(대판 1989. 7. 11. 88다카21209).

Ⅳ. 전세권의 효력

1. 전세권자의 사용·수익권

(1) 전세권자는 목적 부동산을 점유하여 그 부동산의 용도에 좇아 사용·수익할 권리를 가진다(303조 1항, 311조). 다만 전세권자는 현상유지의무(보수의무 : 필요비)를 부담한다(309조).

또한 전세권자는 전세권의 객체인 부동산을 주물로 하는 종물(예컨대 가옥에 대한 창고)에 대한 사용·수익권도 갖는다.

(2) 타인의 토지에 있는 건물에 전세권을 설정할 때에는 그 건물의 소유를 목적으로 한 지상권 또는 임차권에 전세권의 효력이 미친다(304조).

또한 대지와 건물이 동일한 소유자에 속한 경우에 건물에 전세권을 설정한 때에는 그 대지소유권의 특별승계인은 전세권설정자에 대하여 지상권을 설정한 것으로 본다. 그러나 지료는 당사자의 청구에 의하여 법원이 이를 정한다(305조 1항). 이에 따라 법정지상권이 인정된 경우, 대지소유자는 타인에게 그 대지를 임대하거나 이를 목적으로 한 지상권 또는 전세권을 설정하지 못한다(305조 2항).

(3) 전세권은 지상권과 마찬가지로 타인의 부동산에 대하여 점유를 수반해서 사용하는 것을 내용으로 하는 물권이므로, 점유권이 인정됨은 물론이고 그 침해가 있는 경우 반환청구권을 포함한 세 가지 모습의 물권적 청구권이 인정된다(319조, 213조, 214조).

(4) 또 전세권은 부동산을 이용하는 것을 내용으로 하게 되므로, 인접한 부동산 토지소유자 또는 부동산이용권자와의 관계에서 상린관계에 관한 규정도 적용되게 된다(319조, 216조~244조).

관련판례

집합건물의 전유부분에 대한 일부전세권

집합건물이 되기 전의 상태에서 건물 일부만에 관하여 전세권이 설정되었다가 그 건물이 집합건물로 된 후 그 전세권이 구분건물의 전유 부분만에 관한 전세권으로 이기된 경우, 구분소유자가 가지는 전유 부분과 대지사용권의 분리처분이 가능하도록 규약으로 정하는 등의 특별한 사정이 없는 한, 그 전유 부분의 소유자가 대지사용권을 취득함으로써 전유 부분과 대지권이 동일소유자에게 귀속하게 되었다면 위 전세권의 효력은 그 대지권에 까지 미친다고 보아야 할 것이고, 위 집합건물에 관하여 경매가 실행된 경우 대지권의 환가대금에 대한 배당순위에 있어서, 위 전세권이, 대지사용권이 성립하기 전의 토지에 관하여 이미 설정된 저당권보다 우선한다고 할 수는 없는 바, 이는 대지사용권에 대한 전세권의 효력은 대지사용권이 성립함으로써 비로소 미치게 되는 것이므로 대지사용권이 성립하기 전에 그 토지에 관하여 이미 저당권을 가지고 있는 자의 권리를 해쳐서는 안 되기 때문이다(대판 2002. 6. 14. 2001다68389).

2. 전세권의 처분

(1) 처분의 자유와 제한

전세권은 물권이므로 전세권자는 이를 양도·담보제공·임대·전전세 등 자유로이 처분할 수 있다(306조 본문). 그러나 당사자가 설정행위에서 이를 금지할 수 있으며, 이를 등기하면 제3자에게도 효력이 있다(136조 단서, 부등법 72조 1항 5호).

(2) 처분의 내용

1) 전세권의 처분도 지상권과 마찬가지로 투하자본의 수단으로서, 그 내용은 전세권의 양도·담보제공·임대·전전세이다(306조, 307조, 371조). 여기서 담보제공은 전세권을 저당권의 목적으로 제공하는 것을 말하며(371조), 이를 설정행위에서 금하지 않는 한 유효하다(306조).

2) 위에 따라 전세권자는 존속기간의 범위 안에서 목적물을 타인에게 임대할 수 있다(306조). 다만 전세권자가 목적물을 임대하는 경우에는 전세권자의 책임이 가중된다(308조). 즉 전세권의 목적물을 임대한 경우에는 전세권자는 임대하지 아니하였으면 면할 수 있는 불가항력으로 인한 손해에 대하여 그 책임을 부담한다.

3) 또한 전세권의 양도가 있는 경우에, 전세권의 양수인은 전세권설정자에 대하여 양도인과 동일한 권리·의무를 가진다(307조). 전세권이 양도된 경우에, 전세권이 소멸한 때에는 양수인은 전세권설정자를 상대로 하여 원래의 전세권자가 설정자에게 지급한 전세금의 반환을 청구할 수 있을 뿐이고, 전세권자에 대하여 행사할 수 없다(통설).

4) 여기서 전세권이 존속하는 동안은 전세권을 존속시키기로 하면서 전세금반환채권만을 전세권과 분리하여 확정적으로 양도하는 것은 허용되지 않으나, 전세권 존속 중에는 장래에 그 전세권이 소멸하는 경우에 전세금 반환채권이 발생하는 것을 조건으로 그 장래의 조건부 채권을 양도할 수 있다(대판 2002. 8. 23. 2001다69122).

(3) 전 전 세

1) 의 의

전전세(轉傳貰)는 전세권자의 전세권을 그대로 유지하면서 그 전세 부동산을 목적으로 하는 전세권을 다시 설정하는 것으로서, 설정행위로 금하지 않는 한 허용된다(306조).

2) 요 건

가) 설정행위와 등기

전전세권의 설정도 법률행위로 인한 부동산용익권을 취득하는 것이므로, 이의 설정은 부동산물권변동의 일반원칙에 따라 전전세권설정계약과 등기를 하여야 한다(186조). 여기서 전전세권은 원전세권의 목적물 전부나 일부 어느 것은 그 내용으로 하더라도 무방하다.

나) 전전세의 당사자

전전세의 당사자는 원전세권자와 전전세권자이다. 따라서 전세권설정자는 전전세의 당사자가 아니다.

다) 전전세의 존속기간

전세권자는 전세권을 그 존속기간 안에서 그 목적물을 타인에게 전전세할 수 있으므로, 전전세권의 존속기간은 원전세권의 존속기간 안에서 유효하다(306조). 여기서 약정한 존속기간은 등기하여야 제3자에게 대항할 수 있다(부등법 72조 1항 3호).

라) 전전세금의 지급

전전세금은 전전세권의 요소이므로, 이는 반드시 지급되어야 유효하다. 또 전전세금은 원전세금의 범위 안에서 유효하다(통설).

3) 효 과

가) 전전세권은 설정적 승계로서 전세권자의 전세권을 전제로 용익권을 취득하는 것이므로, 전전세권이 설정되더라도 원전세권은 소멸하지 않는다. 다만 전전세권에 의하여 제한되는 범위 안에서 전세권자는 목적부동산을 사용·수익하지

못한다.

나) 전전세를 하는 경우에는 전세권자의 책임이 가중되어, 전세권자는 전전세하지 않았더라면 면할 수 있었던 불가항력으로 인한 손해에 대하여도 전세권설정자에게 책임을 진다(308조).

다) 전전세권자도 일정한 경우에 경매권을 가진다. 즉 원전세권의 존속기간이 만료 등으로 원전세권이 소멸하고, 원전세권설정자가 원전세권자에게 원전세금의 반환을 지체하고 있는 경우에, 전전세권자도 경매청구권을 행사할 수 있다(318조). 또한 전전세권자도 원전세금의 범위 안에서 우선변제권을 행사할 수 있다(303조 1항).

라) 전전세권은 설정적 승계이므로, 기초가 되는 권리인 전세권이 소멸하면 전전세권도 소멸한다.

3. 전세금의 지급

(1) 전세금지급의무

전세금의 지급은 전세권의 요소이므로, 전세권자는 당연히 전세금지급의무를 부담한다(303조 1항).

(2) 전세금증감청구권

1) 전세금이 목적 부동산에 관한 조세·공과금 기타 부담의 증감이나 경제사정의 변동으로 인하여 상당하지 아니하게 된 때에는 당사자는 장래에 대하여 그 증감을 청구할 수 있다. 그러나 증액의 경우에는 대통령령이 정한 기준에 따른 비율을 초과하지 못한다(312조의2 : 1984. 4. 10. 신설). 이는 전세금통제를 규정한 것으로서, 용익권자인 전세권자의 보호를 위한 것이다.

2) 여기서 전세금증감청구권의 행사방법에 대하여는 특별한 제한이 없으므로 재판상이나 재판 외로도 할 수 있으며, 위 권리는 일종의 형성권이다. 이는 사정변경의 원칙을 인정한 규정이다.

3) 다만 증액의 경우에는 전세권자 보호를 위한 일정한 제한이 있으며, 이에

따라 제정된 대통령령인 '민법 제312조의2 단서의 시행에 관한 규정'은 주임법 제7조 및 동법 시행령 제2조와 같은 제한을 두고 있다. 즉 전세권자는 전세금의 20분의 1을 초과하지 못하고, 증액이 있은 후 1년 이내에는 전세금을 증액하지 못한다.

관련판례

전세권의 처분

① 전세권이 담보물권적 성격도 가지는 이상 부종성과 수반성이 있는 것이므로 전세권을 그 담보하는 전세금반환채권과 분리하여 양도하는 것은 허용되지 않는다고 할 것이나, 한편 담보물권의 수반성이란 피담보채권의 처분이 있으면 언제나 담보물권도 함께 처분된다는 것이 아니라 채권담보라고 하는 담보물권 제도의 존재 목적에 비추어 볼 때 특별한 사정이 없는 한 피담보채권의 처분에는 담보물권의 처분도 당연히 포함된다고 보는 것이 합리적이라는 것일 뿐이므로, 피담보채권의 처분이 있음에도 불구하고 담보물권의 처분이 따르지 않는 특별한 사정이 있는 경우에는 채권양수인은 담보물권이 없는 무담보의 채권을 양수한 것이 되고 채권의 처분에 따르지 않은 담보물권은 소멸한다(대판 1999. 2. 5. 97다33997).

② 전세권설정계약의 당사자 사이에 그 계약이 합의해지된 경우 전세권설정등기는 전세금반환채권을 담보하는 효력은 있다고 할 것이나, 그 후 당사자 간의 약정에 의하여 전세권의 처분이 따르지 않는 전세금반환채권만의 분리양도가 이루어진 경우에는 양수인은 유효하게 전세금반환채권을 양수하였다고 할 것이고, 그로 인하여 전세금반환채권을 담보하는 물권으로서의 전세권마저 소멸된 이상 그 전세권에 관하여 가압류부기등기가 경료되었다고 하더라도 아무런 효력이 없다(대판 1999. 2. 5. 97다33997).

③ 전세권자가 전세권설정자에 대하여 그 전세권설정등기의 말소의무를 부담하고 있는 경우라면, 그 전세권을 가압류하여 부기등기를 경료한 가압류권자는 등기상 이해관계 있는 제3자로서 등기권리자인 전세권설정자의 말소등기절차에 필요한

승낙을 할 실체법상의 의무가 있다(대판 1999. 2. 5. 97다33997).

④ 전세권은 전세금을 지급하고 타인의 부동산을 그 용도에 따라 사용·수익하는 권리로서 전세금의 지급이 없으면 전세권은 성립하지 아니하는 등으로 전세금은 전세권과 분리될 수 없는 요소일 뿐 아니라, 전세권에 있어서는 그 설정행위에서 금지하지 아니하는 한 전세권자는 전세권 자체를 처분하여 전세금으로 지출한 자본을 회수할 수 있도록 되어 있으므로 전세권이 존속하는 동안은 전세권을 존속시키기로 하면서 전세금반환채권만을 전세권과 분리하여 확정적으로 양도하는 것은 허용되지 않는 것이며, 다만 전세권 존속 중에는 장래에 그 전세권이 소멸하는 경우에 전세금 반환채권이 발생하는 것을 조건으로 그 장래의 조건부 채권을 양도할 수 있을 뿐이라 할 것이다(대판 2002. 8. 23. 2001다69122).

⑤ 전세권설정등기를 마친 민법상의 전세권은 그 성질상 용익물권적 성격과 담보물권적 성격을 겸비한 것으로서, 전세권의 존속기간이 만료되면 전세권의 용익물권적 권능은 전세권설정등기의 말소 없이도 당연히 소멸하고 단지 전세금반환채권을 담보하는 담보물권적 권능의 범위 내에서 전세금의 반환시까지 그 전세권설정등기의 효력이 존속하고 있다 할 것인데, 이와 같이 존속기간의 경과로서 본래의 용익물권적 권능이 소멸하고 담보물권적 권능만 남은 전세권에 대해서도 그 피담보채권인 전세금반환채권과 함께 제3자에게 이를 양도할 수 있다 할 것이지만 이 경우에는 민법 제450조 제2항 소정의 확정일자 있는 증서에 의한 채권양도절차를 거치지 않는 한 위 전세금반환채권의 압류·전부 채권자 등 제3자에게 위 전세보증금반환채권의 양도사실로써 대항할 수 없다(대판 2005. 3. 25. 2003다35659).

⑥ 전세기간 만료 이후 전세권양도계약 및 전세권이전의 부기등기가 이루어진 것만으로는 전세금반환채권의 양도에 관하여 확정일자 있는 통지나 승낙이 있었다고 볼 수 없어 이로써 제3자인 전세금반환채권의 압류·전부 채권자에게 대항할 수 없다(대판 2005. 3. 25. 2003다35659).

⑦ 전세권을 목적으로 한 저당권이 설정된 경우, 전세권의 존속기간이 만료되면 전세권의 용익물권적 권능이 소멸하기 때문에 더 이상 전세권 자체에 대하여 저당권을 실행할 수 없게 되고, 저당권자는 저당권의 목적물인 전세권에 갈음하여

존속하는 것으로 볼 수 있는 전세금반환채권에 대하여 압류 및 추심명령 또는 전부명령을 받거나 제3자가 전세금반환채권에 대하여 실시한 강제집행절차에서 배당요구를 하는 등의 방법으로 물상대위권을 행사하여 전세금의 지급을 구하여야 한다(대판 2014. 10. 27. 2013다91672).

⑧ 전세권저당권자가 위와 같은 방법으로 전세금반환채권에 대하여 물상대위권을 행사한 경우, 종전 저당권의 효력은 물상대위의 목적이 된 전세금반환채권에 존속하여 저당권자가 전세금반환채권으로부터 다른 일반채권자보다 우선변제를 받을 권리가 있으므로, 설령 전세금반환채권이 압류된 때에 전세권설정자가 전세권자에 대하여 반대채권을 가지고 있고 반대채권과 전세금반환채권이 상계적상에 있다고 하더라도 그러한 사정만으로 전세권설정자가 전세권저당권자에게 상계로써 대항할 수는 없다(대판 2014. 10. 27. 2013다91672).

Ⅴ. 전세권의 소멸

1. 전세권의 소멸사유

(1) 의 의

1) 전세권은 물권 일반의 소멸원인인 목적부동산의 멸실·존속기간의 만료·혼동·소멸시효·전세권에 우선하는 저당권의 실행에 의한 경매·토지수용 등에 의하여 소멸한다.

2) 이 밖에 전세권은 다음과 같은 전세권설정자의 소멸청구·전세권의 소멸통고·전세권의 포기·약정소멸사유 등에 의하여서도 소멸한다.

(2) 전세권설정자의 소멸청구

1) 전세권자가 설정계약 또는 목적부동산의 성질에 의해 정해진 용법으로 사용·수익하지 않는 경우에 전세권설정자는 전세권의 소멸을 청구할 수 있다(311조 1항). 여기서 전세권자가 목적물에 의하여 정하여진 용법(用法)으로 이를 사용·수익

하지 아니한 경우의 기준은 전세권설정계약 또는 그 목적물의 성질에 의한다. 여기서 전세권설정계약에 의한 경우는 전세권을 타인에게 양도, 담보제공, 전전세, 임대 등의 처분행위를 설정행위로 금지특약을 하였는데(306조 단서), 위 금지특약에 위반한 경우를 들 수 있다. 또 목적부동산의 성질에 의한 경우는 주거용을 영업용으로 사용·수익하거나 부담하여야 할 현상유지의무(309조)를 위반한 경우 등을 들 수 있다.

2) 여기서 전세권설정자의 소멸청구에 의한 전세권의 소멸이 제187조에 의한 물권변동으로 보아 말소등기 없이 당연히 소멸하는 것으로 이해할 것인가, 아니면 제186조에 의한 물권변동으로 보아 말소등기를 필요로 할 것인가의 여부가 문제된다. 요컨대 여기서 전세권설정자의 소멸청구권은 형성권이고 제311조에 의한 전세권의 소멸이므로 전세권설정자의 소멸청구에 의하여 당연히 전세권은 소멸하는 것으로 새겨야 할 것이다(187조 참조).

(3) 전세권의 소멸통고

1) 전세권의 존속기간을 약정하지 않은 경우 각 당사자는 언제든지 상대방에 대하여 전세권의 소멸을 통고할 수 있고, 상대방이 이 통고를 받은 날로부터 6월이 경과하면 전세권은 소멸한다(313조).

2) 여기서 전세권의 소멸통고도 전세권설정자의 소멸청구에서와 마찬가지로 전세권의 소멸이 말소등기 없이 당연히 소멸하는 것으로 이해할 것인가(187조), 아니면 말소등기를 필요로 할 것인가(187조)의 여부가 문제된다. 이 경우도 당사자의 전세권의 소멸통고권은 형성권이고 제313조(법률의 규정)에 의한 전세권의 소멸이므로 당사자의 소멸통고에 의하여 당연히 전세권은 소멸하는 것으로 새겨야 할 것이다(187조 참조).

(4) 목적부동산의 멸실

1) 전부멸실의 경우

전세권의 목적부동산의 전부가 멸실한 때에는 전세권은 소멸한다(314조 1항).

2) 일부멸실의 경우

일부멸실의 경우에는 다음에 의한다(314조 2항).

가) 전세권자의 책임 있는 사유로 인한 경우에 전세권설정자가 소멸하지 않는 경우에는 전세권자 스스로 전세권을 소멸시킬 수 없다.

나) 불가항력으로 인한 경우에 그 잔존부분만으로 전세권의 목적을 달성할 수 없는 경우에는 전세권자는 설정자에 대하여 전세권 전부의 소멸을 통고하고 전세금의 반환을 청구할 수 있다.

다) 목적부동산의 불가항력으로 인한 일부멸실의 경우, 전세권자는 멸실된 부분의 전세금에 대하여 감액청구를 할 수 있다(학설).

(5) 전세권의 포기

1) 전세권의 등기는 물권적 단독행위이므로, 포기에 의한 전세권의 소멸은 포기의 의사표시와 등기로써 그 효력이 발생한다(186조 참조). 여기서 전세권의 포기는 전세금반환청구권을 수반할 것인가가 문제될 수 있다. 이는 의사표시의 해석의 문제로서 전세금반환청구권까지 포기하기로 하는 의사표시가 있는 경우를 제외하고는 원칙적으로 전세금반환청구권을 제외한 사용·수익권만의 포기로 해석하여야 한다(통설).

2) 전세권이 제3자의 권리의 목적인 때에는 포기할 수 없다. 따라서 전세권을 목적으로 저당권을 설정한 전세권자는 저당권자의 동의 없이 전세권을 소멸하게 하는 행위를 하지 못한다(371조).

(6) 약정소멸사유의 발생

1) 전세권에 있어서도 사적 자치의 원칙상 당사자 사이에 약정된 소멸사유가 발생하면 전세권은 소멸한다.

2) 이 경우도 법률행위에 의한 부동산물권의 소멸이므로, 등기하여야 전세권 소멸의 효력이 발생한다(186조).

관련판례

존속기간 만료로 인한 전세권의 소멸

① 전세권에 대하여 설정된 저당권은 민사소송법 제724조 소정의 부동산경매절차에 의하여 실행하는 것이나, 전세권의 존속기간이 만료되면 전세권의 용익물권적 권능이 소멸하기 때문에 더 이상 전세권 자체에 대하여 저당권을 실행할 수 없게 되고, 이러한 경우는 민법 제370조, 제342조 및 민사소송법 제733조에 의하여 저당권의 목적물인 전세권에 갈음하여 존속하는 것으로 볼 수 있는 전세금반환채권에 대하여 추심명령 또는 전부명령을 받거나(이 경우 저당권의 존재를 증명하는 등기부등본을 집행법원에 제출하면 되고 별도의 채무명의가 필요한 것이 아니다), 제3자가 전세금반환채권에 대하여 실시한 강제집행절차에서 배당요구를 하는 등의 방법으로 자신의 권리를 행사할 수 있을 뿐이다(대결 1995. 9. 18. 95마256·257).

② 전세권설정등기를 마친 민법상의 전세권은 그 성질상 용익물권적 성격과 담보물권적 성격을 겸비한 것으로서, 전세권의 존속기간이 만료되면 전세권의 용익물권적 권능은 전세권설정등기의 말소 없이도 당연히 소멸하고 단지 전세금반환채권을 담보하는 담보물권적 권능의 범위 내에서 전세금의 반환시까지 그 전세권설정등기의 효력이 존속하고 있다(대판 2005. 3. 25. 2003다35659).

2. 전세권소멸의 효과

(1) 동시이행

전세권이 소멸하면 전세권자는 목적부동산을 인도하고 전세권설정등기의 말소에 필요한 서류를 교부하여야 하며, 한편 전세권설정자는 전세금을 반환하여야 한다. 여기서 전세권자의 목적부동산의 반환과 전세권설정자의 전세금 반환은 동시이행관계이다(317조).

관련판례

전세권소멸과 동시이행

① "원고가 전소유자의 전세계약상의 지위를 인수하여 전세계약조건을 이행한다. 피고가 1981. 2. 28.까지 전세가옥을 명도하였을 때부터 효력이 시작된다."고 한 약정은 전소유자와 피고와 간의 원래의 전세기간이 1981. 4. 22.까지로 되어 있던 이 사건에 있어서 그 계약종료일을 1981. 2. 28.로 변경한 취지로 해석함이 상당하고, 그것이 피고의 명도의 선이행의무를 약정하여 그 의무불이행시는 원고의 전세계약상의 지위가 소멸된다는 취지로 해석할 근거는 될 수 없으므로 위의 경우 피고의 가옥명도의무와 원고의 전세금반환의무는 동시이행의 관계에 있다(대판 1982. 9. 14. 82다카710).

② 전세권이 성립한 후 목적물의 소유권이 이전된 경우에 전세권관계로부터 생기는 법률관계의 당사자는 신소유자로 새겨야 하므로, 구소유자는 전세권이 소멸한 때에 전세금반환의무를 면하게 된다(대판 2000. 6. 9. 99다15122).

③ 전세권설정자는 전세권이 소멸한 경우 전세권자로부터 그 목적물의 인도 및 전세권설정등기의 말소등기에 필요한 서류의 교부를 받는 동시에 전세금을 반환할 의무가 있을 뿐이므로, 전세권자가 그 목적물을 인도하였다고 하더라도 전세권설정등기의 말소등기에 필요한 서류를 교부하거나 그 이행의 제공을 하지 아니하는 이상, 전세권설정자는 전세금의 반환을 거부할 수 있고, 이 경우 다른 특별한 사정이 없는 한 그가 전세금에 대한 이자 상당액의 이득을 법률상 원인 없이 얻는다고 볼 수 없다(대판 2002. 2. 5. 2001다62091).

(2) 전세권자의 경매청구권과 우선변제권

1) 전세권자의 경매청구권

가) 전세금반환이 지체되는 경우 전세권자는 경매를 청구할 수 있다(318조).

나) 여기서 부동산의 일부에 전세권이 설정되어 있는 경우에 전세금반환을 위

한 우선변제권 행사를 위하여 부동산 전부에 대하여 일괄경매를 할 수 있는가의 여부가 문제된다. 학설은 이에 대하여 여러 견해가 다투어지고 있으나, 크게 일괄경매를 긍정하는 견해(김상용 527면, 이영준 753면, 이은영 665면)와 원칙적으로 부정하는 견해(곽윤직 269면)로 나누어볼 수 있다. 이에 관하여 판례는 "전세권의 목적물이 아닌 나머지 건물부분에 대하여는 우선변제권은 별론으로 하고 경매신청권은 없다."고 하여 일부전세권에 대한 일괄경매를 부정하고 있다(대결 1992. 3. 10. 91마256·257).

또 판례는 건물의 일부에 대하여 전세권이 설정되어 있는 경우, 전세권자가 전세권의 목적물이 아닌 나머지 건물부분에 대하여 경매신청을 할 수 있는지 여부에 대하여, 전세권자는 전세권의 목적이 된 부분을 초과하여 건물 전부의 경매를 청구할 수 없고, 그 전세권의 목적이 된 부분이 구조상 또는 이용상 독립성이 없어 독립한 소유권의 객체로 분할할 수 없어 그 부분만의 경매신청이 불가능한 경우에도 마찬가지로 일괄경매를 부정하는 입장을 취하고 있다(대결 2001. 7. 2. 2001마212).

요컨대 일부 전세권에 대해서 부동산 전부의 환가대금에 대해서까지 우선변제권 행사를 인정하게 되면 전세권자를 지나치게 보호하는 결과가 되어 타당하지 않으나, 전세금반환이 지체되는 경우 경매청구를 할 수 있도록 함으로써 전세금 지체시 우선변제권을 인정하는 것이 제303조의 입법취지에 합치할 것이다. 이에 대해 민법은 별도의 명문규정을 두고 있지 않으나, 제365조의 '저당지상의 건물에 대한 경매청구권'의 규정을 유추 적용하여야 할 것이다. 즉 부동산에 대해서 일부 전세권이 설정된 경우, 제365조에 의하여 분필 또는 분할 여부에 관계없이 그 부동산 전부를 대상으로 일괄경매를 청구할 수 있고 다만 우선변제를 받을 권리는 전세권이 설정된 부동산 일부의 경매대가에 대해서만 인정되는 것으로 새겨야 할 것이다(김상용 527면).

2) 전세권자의 우선변제권

전세금반환이 지체되는 경우 전세권자는 경매대가로부터 목적 부동산의 전부에 대하여 전세금의 우선변제를 받을 권리가 있다(303조 1항 : 1984. 4. 10. 개정). 여기서 전세권과 다른 권리가 경합할 때 그 우선순위는 다음과 같다.

가) 전세권과 일반채권 사이에는 전세권이 언제나 우선한다.

나) 전세권과 저당권 사이에는 성립 선후에 따라 순위가 결정된다(370조, 333조 참조).

다) 전세권과 주택임차인 또는 상가건물임차인의 일반보증금 사이에는, 성립 선후에 따라 순위가 결정된다(민사집행법 145조 2항, 주임법 3조의2, 상임법 5조).

라) 전세권과 국세 및 공과금과의 관계에서는, 납부기한(법정기일)과 전세권설정등기의 성립 선후에 따른다. 그러나 그 재산에 대한 국세와 가산금 및 지방세는, 전세권에 대해서도 우선한다(국세기본법 35조 1항 3호, 지방세기본법 99조 1항 3호).

마) 전세권과 파산채권 사이에는, 전세권자가 별제권을 가지므로 언제나 전세권이 우선한다(채무자회생법 411조).

바) 전세권과 주택임차인의 소액보증금 사이에는, 주임법과 상임법상의 소액보증금의 최우선변제권이 우선한다(주임법 8조, 상임법 14조).

관련판례

전세권자의 경매청구권과 우선변제권

① 건물의 일부에 대하여 전세권이 설정되어 있는 경우 그 전세권자는 민법 제303조 제1항의 규정에 의하여 그 건물 전부에 대하여 후순위권리자 기타 채권자보다 전세금의 우선변제를 받을 권리가 있고, 민법 제318조의 규정에 의하여 전세권설정자가 전세금의 반환을 지체한 때에는 전세권의 목적물의 경매를 청구할 수 있는 것이나, 전세권의 목적물이 아닌 나머지 건물부분에 대하여는 우선변제권은 별론으로 하고 경매신청권은 없으므로, 위와 같은 경우 전세권자는 전세권의 목적이 된 부분을 초과하여 건물 전부의 경매를 청구할 수 없다고 할 것이고, 그 전세권의 목적이 된 부분이 구조상 또는 이용상 독립성이 없어 독립한 소유권의 객체로 분할할 수 없고 따라서 그 부분만의 경매신청이 불가능하다고 하여 달리 볼 것은 아니다(대결 2001. 7. 2. 2001마212).

② 부동산의 일부에 전세권이 설정되어 있는 경우, 전세권자는 부동산전부에 대하여

일괄경매를 청구할 수 없다(대결 1992. 3. 10. 91마256·257).

③ 전세권자가 목적물에 대하여 경매를 청구하려면 먼저 자신의 의무를 이행하여 전세권설정자를 이행지체의 상태에 놓이게 하여야 한다(대결 1977. 4. 13. 77마90).

④ 민사소송법 제608조 제2항은 존속기간의 정함이 없거나 경매개시 기입등기 후 6월 이내에 그 기간이 만료되는 전세권은 경락으로 인하여 소멸한다고 규정하고 있는바, 위 규정과 전세권의 용익물권으로서의 성질에 비추어 볼 때 위와 같은 전세권에 해당하지 않고 존속기간이 만료되지 않은 것으로서 경매신청채권자의 채권에 우선하는 전세권은 경락으로 인하여 소멸되지 않고 경락인에게 인수되는 것이 원칙이고, 그 전세권자가 경매절차에서 배당요구를 하였다고 하여 달리 볼 것은 아니다(대판 2000. 2. 5. 98다50869).

⑤ 건물의 일부를 목적으로 하는 전세권은 그 목적물인 건물 부분에 한하여 그 효력을 미치므로 건물 중 일부를 목적으로 한 전세권이 경락으로 인하여 소멸한다고 하더라도 그 전세권보다 나중에 설정된 전세권이 건물의 다른 부분을 목적물로 하고 있었던 경우에는 그와 같은 사정만으로는 아직 존속기간이 남아 있는 후순위의 전세권까지 경락으로 인하여 함께 소멸한다고 볼 수 없다(대판 2000. 2. 5. 98다50869).

⑥ 원고는 이 사건 부동산 중 건물부분(전유부분)에 관하여만 설정받은 피고의 전세권은 대지권에 미치지 아니하므로 경매가 실행된 경우 대지권의 환가대금에 대한 배당순위에 있어서는 원고의 근저당권에 우선할 수 없다고 주장하나, 이러한 원고의 주장은 상고심에 이르러 비로소 하는 새로운 주장이므로 적법한 상고이유가 될 수 없을 뿐 아니라, 기록에 의하면, 이 사건 부동산에 관하여 2006. 3. 13. 두영건설 앞으로 소유권보존등기가 경료됨과 동시에 대지권 등기도 경료된 사실과 그 후 피고의 전세권, 원고의 근저당권이 순차로 설정된 사실을 알 수 있는바, 이 사건 부동산의 대지사용권인 공유지분에 관하여 건물부분(전유부분)과 분리하여 처분할 수 없다는 취지의 등기, 즉 대지권인 취지의 등기가 경료된 이상, 이 사건 부동산의 전유부분에 대하여 설정된 피고의 전세권은 대지권에 대하여도 미친다고 할 것이고 위 전세권설정등기가 건물부분만에 관한 것이라는 취지의 부기등기가 경료되었다고 하여 달리 볼 것도 아니므로, 이 사건 부동산의

매각대금 중 대지권에 대한 부분에 대하여도 피고가 위 전세권설정등기 이후에 근저당권을 취득한 원고보다 우선하여 변제받을 권리가 있다(대판 2009. 1. 30. 2008다67217).

⑦ 민사집행법 제91조 제3항은 "전세권은 저당권·압류채권·가압류채권에 대항할 수 없는 경우에는 매각으로 소멸된다."라고 규정하고, 같은 조 제4항은 "제3항의 경우 외의 전세권은 매수인이 인수한다. 다만 전세권자가 배당요구를 하면 매각으로 소멸된다."라고 규정하고 있는데, 이는 저당권 등에 대항할 수 없는 전세권과 달리, 최선순위의 전세권은 존속기간에 상관없이 오로지 전세권자의 배당요구에 의하여만 소멸하고, 전세권자가 배당요구를 하지 않는 한 매수인에게 인수된다는 취지이다. 따라서 최선순위의 전세권은 전세권자 스스로 배당요구를 하여야만 매각으로 소멸함이 원칙이다(대판 2015. 11. 17. 2014다10694).

⑧ 그러나 전세권이 존속기간의 만료나 합의해지 등으로 종료하면 전세권의 용익물권적 권능은 소멸하고 단지 전세금반환채권을 담보하는 담보물권적 권능의 범위 내에서 전세금의 반환 시까지 전세권설정등기의 효력이 존속하므로, 전세권이 존속기간의 만료 등으로 종료한 경우라면 최선순위 전세권자의 채권자는 전세권이 설정된 부동산에 대한 경매절차에서 채권자대위권에 기하거나 전세금반환채권에 대하여 압류 및 추심명령을 받은 다음 추심권한에 기하여 자기 이름으로 전세권에 대한 배당요구를 할 수 있다. 다만 경매의 매각절차에서 집행법원은 원래 전세권의 존속기간 만료 여부 등을 직접 조사하지는 아니하는 점, 또 건물에 대한 전세권이 법정갱신된 경우에는 등기된 존속기간의 경과 여부만 보고 실제 존속기간의 만료 여부를 판단할 수는 없는 점 및 민사집행규칙 제48조 제2항은 "배당요구서에는 배당요구의 자격을 소명하는 서면을 붙여야 한다."라고 규정하고 있는 점 등에 비추어 보면, 최선순위 전세권자의 채권자가 채권자대위권이나 추심권한에 기하여 전세권에 대한 배당요구를 할 때에는 채권자대위권 행사의 요건을 갖추었다거나 전세금반환채권에 대하여 압류 및 추심명령을 받았다는 점과 아울러 전세권이 존속기간의 만료 등으로 종료하였다는 점에 관한 소명자료를 배당요구의 종기까지 제출하여야 한다(대판 2015. 11. 17. 2014다10694).

(3) 전세권자의 원상회복의무 및 부속물수거권

전세권이 소멸하면 전세권자는 그 목적부동산을 원상에 회복하여야 하고, 지상물 그 밖의 부동산에 부속시킨 물건은 이를 수거할 수 있다(316조 1항 본문).

(4) 전세권설정자 및 전세권자의 부속물매수청구권

1) 전세권의 목적부동산에 부속시킨 물건을 수거하면 일반적으로 그 가치가 감소하며, 전세권자에게 있어서나 또는 사회경제상으로 불이익한 결과가 된다. 이에 따라 민법은 전세권설정자의 매수청구시, 전세권자는 부당하게 낮은 가격으로 매수청구를 하는 경우 등과 같이 '정당한 이유'가 없는 한 이를 거절할 수 없도록 규정하고 있다(316조 1항).

2) 또한 전세권자도 설정자의 동의를 얻어 부속시킨 때와 그 부속물을 설정자로부터 매수한 것인 때에는 부속물의 매수를 청구할 수 있다(316조 2항).

3) 전세권설정자 및 전세권자의 부속물매수청구권은 모두 형성권이다(통설).

(5) 유익비상환청구권

1) 전세권에서 보수의무(현상유지의무)는 전세권자의 부담이므로(309조), 전세권자는 자신의 부담인 필요비에 대해서는 그 상환청구권을 행사할 수 없다.

2) 그러나 전세권자는 유익비에 대해서는 그 가액의 증가가 현존하는 경우에 한하여 설정자 선택에 좇아 그 지출액이나 증가액의 상환을 청구할 수 있다(310조 1항). 이 경우 법원은 설정자의 청구에 의하여 상당한 상환기간을 허여할 수 있다(310조 2항). 여기서 유익비상환청구권포기의 특약은 유효하며, 전세권자가 전세권 소멸시에 목적물을 원상복구하기로 약정한 때에는 위 청구권을 포기한 것으로 해석된다(대판 1974. 3. 12. 73다1814·1815).

관련판례

전세권과 주택임차권의 경합

주택임차인으로서의 우선변제를 받을 수 있는 권리와 전세권자로서 우선변제를 받을 수 있는 권리는 근거규정 및 성립요건을 달리하는 별개의 것이다. 그러므로 주택임대차보호법상 대항력을 갖춘 임차인이 임차주택에 관하여 전세권설정등기를 경료하였다거나 전세권자로서 배당절차에 참가하여 전세금의 일부에 대하여 우선변제를 받은 사유만으로는 변제받지 못한 나머지 보증금에 기한 대항력 행사에 어떤 장애가 있다고 볼 수 없다(대판 1993. 12. 24. 93다39676).

사례&판례 연구

일부전세권자의 경매청구권 적용 여부 〈건물의 일부전세권과 우선변제권〉 【대결 1992. 3. 10. 91마256·257】

《사건의 개요》

丙은 甲 소유의 A(10층 백화점) 중 2층의 일부에 대하여 전세금 3억 1천 2백만원을 지급하고 전세권설정등기를 경료하였고, 그 후 甲은 A의 1층을 구분등기하여 이를 乙에게 매도하였다(丙의 전세권등기는 등기용지는 이기되지 않음).

그런데, A 중 가 1층 부분을 제외한 나머지 부분이 丙의 전세권에 앞서는 근저당권자의 경매신청으로 경락되었고, 그 경락대금에서 丙은 아무런 배당을 받지 못한 채 점유부분을 명도하였다. 이에 전세금을 회수받지 못한 丙은 乙을 상대로 1층에 대하여 전세권등기를 기입등기하는데 승낙하라는 소를 제기하여 승소하자 전세권 등기를 한 후 이 부분에 대한 경매를 신청하였다.

이에 대하여 乙은 건물의 일부에 전세권을 설정한 丙이 나머지 A 부분에 대하여 경매신청은 할 수 없다고 항변하였다.

【판시사항】

건물의 일부에 대하여 전세권이 설정되어 있는 경우 그 전세권자가 전세권의

목적물이 아닌 나머지 건물부분에 대하여 경매신청을 할 수 있는지 여부(소극)

【판결요지】

건물의 일부에 대하여 전세권이 설정되어 있는 경우 그 전세권자는 민법 제303조 제1항, 제318조의 규정에 의하여 그 건물 전부(建物 全部)에 대하여 후순위 권리자 기타 채권자보다 전세권의 우선변제(優先辯濟)를 받을 권리가 있고, 전세권설정자가(傳貰權設定者)가 전세금의 반환을 지체한 때에는 전세권의 목적물의 경매를 청구할 수 있다 할 것이나, 전세권의 목적물이 아닌 나머지 건물부분에 대하여는 우선변제권은 별론으로 하고 경매신청권은 없다.

제3장 담보물권

제1절 총 설

Ⅰ. 서 설

1. 채권의 일반담보

(1) 채권의 금전채권화

채권은 금전채권은 물론이고 물건을 대상으로 한 특정물채권, 종류채권이나 이자채권, 선택채권 등 모든 채권은 채무불이행이 있게 되면 결국 궁극적으로 손해배상에 의하여 구제된다. 또 손해배상은 금전배상이 원칙이므로, 손해배상채권은 본래의 금전채권은 물론이고 그 밖의 채권도 금전채권으로 변하게 된다. 그러나 채무자가 임의로 이를 이행하지 않으면 채권자는 이행의 소를 제기하여 이행판결에 따른 집행권원을 얻어 채무자의 일반재산에 대하여 강제집행을 함으로써 채권의 변제에 충당하게 된다.

(2) 채권의 일반담보

결국 채무자의 일반재산은 채권자의 채권을 실현하기 위한 대상인 책임재산이 되고, 이를 '채권의 일반담보'라고 한다.

2. 채권담보의 필요성

(1) 채무자의 일반재산과 책임재산의 보전수단

채무자의 일반재산인 채권의 일반담보는 그 재산보다 많은 수인의 채권자가 있거나 그 재산의 변동으로 인하여 채권자는 충분한 만족을 얻는데 한계가 있게 된다. 이와 관련하여 민법은 채무자의 일반재산(책임재산)을 보전하기 위한 수단으로 채권자대위권(404조)과 채권자취소권(406조)을 인정하고 있다. 그러나 이들 권리의 효과는 모든 채권자를 위하여 공동담보로서의 효력이 인정되므로, '채권의 일반담보'는 충분한 채권의 담보수단으로서는 한계가 있게 된다.

(2) 채권자평등의 원칙

또한 채무자가 수인의 채권자에 대한 채무불이행으로 채권의 충돌이 있게 되면, 채무자의 일반재산에 대한 두 개 이상의 채권의 효력은 채권의 발생원인과 그 시기, 채권 액수의 많고 적음에 관계없이 채권액에 비례하여 평등한 비율로 채권의 만족을 얻게 되는 원칙인 채권자평등의 원칙에 의하게 된다. 이에 따라 채무자의 일반재산이 충분하지 못하면 '채권의 일반담보'는 충분한 채권 담보수단이 될 수 없다.

(3) 특별담보방법

1) 위에서 살펴본 바와 같이 채무자의 일반재산인 책임재산을 통하여 채권의 만족을 얻게 됨에 있어서는 채권자평등의 원칙과 책임재산의 보전수단인 채권자대위권(404조)과 채권자취소권(406조)에도 한계가 있게 된다. 이에 따라 위의 한계를 극복하고 보다 채권을 확실하게 확보하기 위한 법적 수단으로서 특정채권의 경제적 가치를 확보하기 위한 특별한 담보방법이 필요로 하게 된다.

2) 여기서 특별담보방법에는 인적 담보와 물적 담보의 두 가지가 있다.

Ⅱ. 인적 담보와 물적 담보

1. 인적 담보

(1) 의 의

인적 담보(人的 擔保)는 채무자 이외의 자의 일반재산으로 하여금 채권을 담보하게 하는 것을 말한다. 다만 인적 담보의 경우 담보자의 일반재산은 끊임없이 증감하므로 특정채권의 담보로서는 충분하지 못하게 될 수 있다는 한계가 있다. 이에 따라 동일채권의 담보를 위하여 인적 담보와 물적 담보를 동시에 설정하기도 한다. 인적 담보와 물적 담보는 별개의 지위로서 채권 전부의 변제가 아닌 이상 그 중 하나가 소멸되었다고 하여 다른 것도 동시에 소멸되어야 하는 것은 아니나.

(2) 인적 담보의 유형

인적 담보로는 보증채무(보증인) 및 연대보증(연대보증인)과 연대채무(연대채무자)가 대표적이다.

1) 보증채무

보증채무는 주채무자가 그의 채무를 이행하지 않는 경우에 보증인이 이를 이행하여야 할 채무를 말한다(428조 1항). 이는 채권자와 보증인과의 사이에서 맺어지는 보증계약에 의하여 성립하며, 주채무에 대한 채권을 담보하는 기능을 하게 된다. 보증채무는 주채무와는 별개의 독립된 채무이나, 주채무와 동일한 내용을 가진 채무이다.

이 밖에 보증채무는 주채무에 부종하며 수반한다. 또한 보증채무는 주채무에 대하여 보충성을 가진다. 따라서 보증채무는 주채무자가 이행하지 않는 경우에 비로소 그것을 이행할 책임을 지며(428조 1항), 최고 및 검색의 항변권을 갖는다(437조 본문).

2) 연대보증

연대보증은 보증인이 주채무자와 연대하여 채무를 부담함으로써 주채무의 이행을 담보하는 보증채무를 말하며(437조 단서), 이를 연대보증채무라고도 한다. 즉 주채무와 보증채무가 연대관계에 서는 다수당사자의 채무관계이다. 연대보증은 주채무의 이행의 담보를 목적으로 함은 보통의 보증채무와 같으나, 보충성이 없으므로 채권자의 권리가 특히 강력하고, 따라서 담보적 효력이 강하다.

연대보증은 보충성이 없고 수인의 연대보증인 사이에 분별의 이익이 없다. 위의 두 가지 점을 제외하고는 연대보증도 보증채무의 일종이므로 보증채무로서의 성질을 모두 가진다. 따라서 연대보증도 주채무에 대해서 부종성을 띤다.

3) 연대채무

연대채무는 수인의 채무자가 동일한 내용의 급부에 관하여 각각 독립해서 채무 전부를 이행할 의무를 지고, 그 가운데의 어느 1인의 채무자가 이행하면 다른 채무자도 채무를 면하게 되는 다수당사자의 채무를 말한다. 예컨대 甲·乙·丙 3인이 A에 대하여 90만원의 채무를 부담하는 경우에 채무자는 각자가 채무의 전액을 이행할 의무를 지고 채무자 1인의 이행으로 다른 채무자의 채무도 소멸한다. 또 채권자 A는 甲·乙·丙 중 1인 또는 모두에 대하여 90만원 전액을 청구할 수 있는 것과 같다.

이의 성질은 채무자의 수만큼 복수의 채무가 병존하고 있으며 이들 채무는 단일한 목적을 위하여 결합되어 있다고 이해하는 채무복수설이 타당하다(통설).

2. 물적 담보

(1) 의 의

물적 담보(物的 擔保)는 채무자 또는 제3자의 일정한 재산(특정재산)을 담보로 하는 것을 말한다. 따라서 물적 담보는 특정물의 객관적 가치를 채권의 담보로 하는 것으로서 담보설정자의 일반재산의 증감과 관계없이 담보로서의 기능을 달성하게 되므로 충분한 담보로서의 한계가 있는 인적 담보보다 더 합리적인 담보제도이다.

이러한 물적 담보상의 권리를 담보물권이라 한다. 파산재단에 속하는 재산상에 존재하는 담보물권(유치권·질권·저당권 또는 전세권)을 가진 자는 별제권(別除權)을 행사함으로 담보를 실현할 수 있다(채무자회생법 411조).

(2) 담보물권(물적 담보)의 유형

물적 담보제도에는 다음과 같은 전형담보와 비전형담보라는 두 가지의 모습이 있다. 먼저 전형담보는 채권을 담보하기 위하여 목적물 위에 설정된 제한물권을 채권자에게 주는 형식이고, 다른 하나는 비전형담보로서 채권자에게 목적물의 소유권을 이전하는 형식이다.

1) 전형담보(제한물권의 법리에 의한 담보)

전형담보는 채권을 담보하기 위하여 목적물 위에 설정된 위의 교환가치에 대한 지배권인 제한물권을 채권자에게 주는 모습으로서, 민법상의 담보물권이 이에 속한다. 전형담보는 그 성립이 어떻게 이루어지는가에 따라 다시 약정담보물권과 법정담보물권으로 나누어진다.

가) 약정담보물권

이는 당사자의 약정에 의하여 성립하는 담보물권으로서, 질권(329조)과 저당권(356조)이 있다. 또 전세권은 용익물권이지만 담보물권성도 같이 가지고 있다.

나) 법정담보물권

이는 공평의 원칙을 기하기 위하여 법률이 정한 요건을 갖추었을 때 당연히 성립하는 담보물권으로서, 유치권(320조), 법정질권(648조, 650조), 법정저당권(649조)이 있다.

2) 비전형담보(소유권이전의 법리에 의한 담보)

비전형담보는 목적물의 소유권을 채권자인 담보물권자에게 이전하는 모습으로서, 양도담보(권)와 가등기담보(권)가 이에 속한다.

가) 양도담보

이는 목적물의 소유권을 외부적으로 채권자에게 이전하되, 내부적으로는 채권자가 담보의 목적을 넘어서 이용하지 않을 채무를 부담하는 것으로서 특수한 담보제도이다(가등기담보법 2조 1호).

나) 가등기담보

이는 당사자가 금전 그 밖의 차용물(借用物)에 관한 소비대차계약을 체결하면서 채권담보를 목적으로 가등기를 이용하는 대물반환의 예약을 하는 것, 즉 가등기를 이용한 채권담보를 말한다. 가등기담보는 종래 양도담보(권)와 더불어 관습법에 의한 것이었으나, 1983년에 가등기담보 등에 관한 법률(1983. 12. 30. 법률 3681호)이 제정됨에 따라 실정법상의 담보제도가 되었다.

관련판례

인적 담보와 물적 담보의 경합

동일 채권의 담보를 위하여 연대보증계약과 물상보증계약이 체결되었다 하더라도 연대보증계약과 물상보증계약은 엄연히 별개의 계약으로서 법률상 부종성이 없으므로 물상보증 계약이 해제되었다 하더라도 특약이 없는 이상, 연대보증계약도 그와 운명을 같이 하여 동시에 해제된다고 할 수 없다(대판 1984. 12. 26. 84다카1655).

전세권의 담보물권성 및 전세권의 취득 여부

전세권이 용익물권적 성격과 담보물권적 성격을 겸하고 있다는 점 및 목적물의 인도는 전세권의 성립요건이 아닌 점 등에 비추어볼 때, 당사자가 주로 채권담보의 목적으로 전세권을 설정하였고 그 설정과 동시에 목적물을 인도하지 않은 경우이더라도 장차 목적물을 사용·수익하는 것을 배제하는 것이 아니라면 그 전세권의 효력을 부인할 수 없다(대판 1995. 2. 10. 94다18508).

Ⅲ. 담보물권의 성질

1. 기본적 성질

(1) 가 치 권

제한물권으로서 용익물권은 목적물의 사용 또는 사용·수익을 내용으로 하는 이용권 내지 용익권이다. 이에 비하여, 담보물권은 채권자가 담보를 실현하기 위하여 목적물의 교환가치의 취득하는 것을 그 목적으로 한다. 따라서 담보물권은 담보목적물의 교환가치인 처분권능을 배타적으로 지배하는 것을 그 내용으로 하는 권리이므로, 일종의 '가치권'(價値權)이다.

(2) 물 권 성

담보물권은 물건이나 재산권을 직접 지배하는 권리이므로, 이는 일종의 물권이다. 따라서 담보물권도 물권으로서의 직접적 지배, 배타적 지배로서의 지배권의 성질, 절대성의 성질을 띤다.

2. 담보물권의 특질(통유성)

(1) 부종성(附從性)

이는 담보물권은 피담보채권의 존부(存否)와 그 법률적 운명을 같이 하는 것을 말한다(360조 참조). 담보물권은 채권의 담보를 목적으로 하는 권리이므로, 담보되어야 할 채권(피담보채권) 없이 담보물권만이 독립하여 존재할 수 없음이 원칙이다. 다만 질권이나 저당권과 같은 약정담보물권에 있어서는 채권이 현존 또는 특정되지 않은 장래에 성립하게 될 채권을 담보하기 위하여 설정되는 경우에는 담보물권의 부종성이 엄격하지 않고 다소 완화된다(예컨대 근질, 근저당〈357조〉).

(2) 수반성(隨伴性)

1) 의 의

이는 피담보채권이 이전되면 담보물권도 이전하는 성질을 말한다(361조 참조). 이것은 부종성으로부터 비롯되는 성질로서, 위의 부종성과 함께 부수성(附隨性)이라고도 불린다.

2) 수반성과 관련 판례

가) 피담보채권과 근저당권을 함께 양도하는 경우에 채권양도는 당사자 사이의 의사표시만으로 양도의 효력이 발생한다. 그러나 근저당권이전은 이전등기를 하여야 하므로 채권양도와 근저당권이전등기 사이에 어느 정도 시차가 불가피한 이상 피담보채권이 먼저 양도되어 일시적으로 피담보채권과 근저당권의 귀속이 달라진다고 하여 근저당권이 무효로 된다고 볼 수는 없다. 그러나 위 근저당권은 그 피담보채권의 양수인에게 이전되어야 할 것에 불과하고, 근저당권의 명의인은 피담보채권을 양도하여 결국 피담보채권을 상실한 셈이다. 그러므로 집행채무자

로부터 변제를 받기 위하여 배당표에 자신에게 배당하는 것으로 배당표의 경정을 구할 수 있는 지위에 있다고 볼 수 없다(대판 2003. 10. 10. 2001다77888).

나) 담보권의 수반성이란 피담보채권의 처분이 있으면 언제나 담보권도 함께 처분된다는 것이 아니라 채권담보라고 하는 담보권 제도의 존재 목적에 비추어 볼 때 특별한 사정이 없는 한 피담보채권의 처분에는 담보권의 처분도 당연히 포함된다고 보는 것이 합리적이라는 것일 뿐이다. 그러므로 피담보채권의 처분이 있음에도 불구하고, 담보권의 처분이 따르지 않는 특별한 사정이 있는 경우에는 채권양수인은 담보권이 없는 무담보의 채권을 양수한 것이 되고 채권의 처분에 따르지 않은 담보권은 소멸한다(대판 2004. 4. 28. 2003다61542).

(3) 불가분성(不可分性)

1) 이는 담보물권은 원칙적으로 피담보채권의 전부를 변제받을 때까지 그 목적물 전부 위에 그 효력을 미친다는 성질을 말한다(321조 참조).

2) 불가분성과 관련 판례

민법 제321조는 "유치권자는 채권 전부의 변제를 받을 때까지 유치물 전부에 대하여 그 권리를 행사할 수 있다"고 규정하고 있다. 그러므로 유치물은 그 각 부분으로써 피담보채권의 전부를 담보하며, 이와 같은 유치권의 불가분성은 그 목적물이 분할 가능하거나 수개의 물건인 경우에도 적용된다(대판 2007. 9. 7. 2005다16942).

(4) 물상대위성(物上代位性)

1) 의 의

이는 담보물권은 목적물의 멸실·훼손·공용징수 등에 의하여 채무자가 받게 될 금전 그 밖의 물건(가치변형물)에 효력을 미친다는 성질을 말한다(342조, 370조 참조). 예컨대 토지수용의 보상금청구·저당건물의 화재로 인한 보험금청구·공용환지정리에 의하여 새로이 취득한 토지·저당건물을 훼손한 자에 대한 손해배상청구는 물상대위가 미치는 대상의 대표적인 모습이다.

그러나 저당물의 매매나 임대차를 하는 경우에는 담보물인 저당물의 가치변형물이 아니고 저당물이 그대로 존재하는 것을 대상으로 발생하는 저당 부동산의 매각대금이나 차임청구권은 물상대위가 미치는 대상이 아니다.

2) 물상대위성과 관련 판례

가) 민법 제370조, 제342조에 의한 저당권자의 물상대위권의 행사는 민사소송법 제733조에 의하여 담보권의 존재를 증명하는 서류를 집행법원에 제출하여 채권압류 및 전부명령을 신청하거나, 민사소송법 제580조에 의하여 배당요구를 하는 방법에 의하여 하는 것이다. 그리고 이는 늦어도 민사소송법 제580조 제1항 각 호 소정의 배당요구의 종기까지 하여야 하는 것으로 그 이후에는 물상대위권자로서의 우선변제권을 행사할 수 없다고 하여야 할 것이다. 그리고 위 물상대위권자로서의 권리행사의 방법과 시한을 위와 같이 제한하는 취지는 물상대위의 목적인 채권의 특정성을 유지하여 그 효력을 보전하고 평등배당을 기대한 다른 일반 채권자의 신뢰를 보호하는 등 제3자에게 불측의 손해를 입히지 아니함과 동시에 집행절차의 안정과 신속을 꾀하고자 함에 있다(대판 2000. 5. 12. 2000다4272).

나) 물상대위권의 행사에 나아가지 아니한 채 단지 수용대상토지에 대하여 담보물권의 등기가 된 것만으로는 그 보상금으로부터 우선변제를 받을 수 없다. 그리고 저당권자가 물상대위권의 행사에 나아가지 아니하여 우선변제권을 상실한 이상 다른 채권자가 그 보상금 또는 이에 관한 변제공탁금으로부터 이득을 얻었다고 하더라도 저당권자는 이를 부당이득으로서 반환청구할 수 없다(대판 2002. 10. 3. 2002다33137).

다) 저당권자는 저당권의 목적이 된 물건의 멸실, 훼손 또는 공용징수로 인하여 저당목적물의 소유자가 받을 저당목적물에 갈음하는 금전 기타 물건에 대하여 물상대위권을 행사할 수 있다. 다만 그 지급 또는 인도 전에 이를 압류하여야 하며, 저당권자가 위 금전 또는 물건의 인도청구권을 압류하기 전에 저당물의 소유자가 그 인도청구권에 기하여 금전 등을 수령한 경우 저당권자는 더 이상 물상대위권을 행사할 수 없게 된다. 이 경우 저당권자는 저당권의 채권최고액 범위 내에서 저당목적물의 교환가치를 지배하고 있다가 저당권을 상실하는 손해를 입게 된다. 반면에, 저당목적물의 소유자는 저당권의 채권최고액 범위 내에서 저당권자에게 저당

목적물의 교환가치를 양보하여야 할 지위에 있다가 마치 그러한 저당권의 부담이 없었던 것과 같은 상태에서의 대가를 취득하게 되는 것이다. 그러므로 그 수령한 금액 가운데 저당권의 채권최고액을 한도로 하는 피담보채권액의 범위 내에서는 이득을 얻게 된다. 저당목적물 소유자가 얻은 위와 같은 이익은 저당권자의 손실로 인한 것으로서 인과관계가 있을 뿐 아니라, 공평의 관념에 위배되는 재산적 가치의 이동이 있는 경우 수익자로부터 그 이득을 되돌려 받아 손실자와 재산상태의 조정을 꾀하는 부당이득제도의 목적에 비추어 보면 위와 같은 이익을 소유권자에게 종국적으로 귀속시키는 것은 저당권자에 대한 관계에서 공평의 관념에 위배되어 법률상 원인이 없다고 봄이 상당하다. 그러므로 저당목적물 소유자는 저당권자에게 이를 부당이득으로 반환할 의무가 있다(대판 2009. 5. 14. 2008다17656).

Ⅳ. 담보물권의 효력

담보물권의 효력은 그 모습에 따라 개별적 효력이 있으나, 공통되는 효력은 다음의 것이 있다.

1. 우선변제적 효력

이는 채권변제를 받지 못한 때 채권자가 목적물을 환가해서 다른 채권자보다 우선변제를 받을 수 있는 효력을 말한다. 우선변제적 효력은 질권과 저당권, 양도담보, 가등기담보에는 인정되나 유치권에는 인정되지 않는다.

2. 유치적 효력

이는 목적물을 채권자의 수중에 유치케 해서 채무자에게 심리적 압박을 줌으로써 채무변제를 간접적으로 촉구하는 효력을 말한다. 유치적 효력은 유치권과 질권에는 인정되나 저당권, 양도담보, 가등기담보에는 인정되지 않는다.

3. 수익적 효력

이는 채권자가 목적물로부터의 수익으로 변제에 충당하는 것을 말한다. 구 민법이 인정하고 있던 부동산질권(동법 356조~361조)이 이에 속하고 있었으나, 현행 담보물권에는 없다. 다만 전세권은 용익물권으로서의 성질뿐만 아니라 담보물권성도 같이 인정되므로, 이러한 점에서는 수익적 효력이 인정된다.

제2절 유 치 권

I. 서 설

1. 의의 및 성질

(1) 의 의

유치권(留置權)은 타인의 물건이나 유가증권을 점유한 자가 그 물건이나 유가증권에 관하여 생긴 채권이 변제기에 있는 경우에는 변제를 받을 때까지 그 물건이나 유가증권을 유치하여 채무자의 변제를 간접으로 강제하는 법정담보물권을 말한다(320조). 예컨대 임차인이 임차물에 관한 비용을 상환 받을 때까지 유치권은 법률상 당연히 발생하므로 부동산유치권에 있어서도 등기를 요하지 않는다(187조).

(2) 성 질

유치권은 일정한 요건을 갖추게 되는 때에 당연히 성립하는 권리이므로, 법정담보물권이다.

유치권은 타인의 소유물에 대한 권리이므로, 타물권(他物權)이다.

유치권은 담보물권이므로 부종성·수반성·불가분성이 있다.

유치권은 목적물을 유치할 수 있는 것을 본체(本體)로 하고 교환가치를 목적으로 하는 것이 아니므로, 물상대위성은 없다.

유치권은 유치적 효력은 있으나, 우선변제적 효력은 없다.

2. 유치권과 동시이행항변권의 비교

(1) 본 질

유치권과 쌍무계약의 이행상의 견련성과 관련하여 인정되는 동시이행의 항변권 다 같이 공평의 원칙에 의하여 인정되는 권리이다. 그러나 유치권은 독립된 물권으로서 구성되는데 반하여, 동시이행의 항변권은 쌍무계약에서 발생하는 채무에 따르는 권능에 지나지 않으며, 독립한 권리로서의 지위를 가지지 않는 점에서 차이가 있다. 이 밖에도 양자는 여러 차이점과 유사점이 있으며, 이를 구체적으로 규명하는 것은 중요하다.

(2) 차 이 점

1) 효력의 차이

유치권은 물권이므로 절대적 효력이 있다. 즉 유치권의 본체적 효력인 유치적 효력은 채무자뿐만 아니라 목적물의 양수인·경락인 등의 제3자에 대하여도 효력이 미친다. 이에 비하여 동시이행의 항변권은 상대적 효력이 있을 뿐이다. 즉 동시이행의 항변권은 특정채권자에 대하여 이행을 거절하는 채권적 효력을 가질 뿐이다.

2) 발생상의 차이

유치권자의 채권은 그 발생원인을 묻지 않는다. 즉 유치권자의 채권은 계약에 의해서도 발생할 수 있고, 부당이득 등의 법률의 규정에 의해서도 발생할 수 있다. 따라서 유치권의 발생에는 원인에 영향이 없다. 이에 비하여 동시이행의 항변권은 쌍무계약에 기인한 채권에 의해서만 발생한다.

3) 거절할 수 있는 급부

유치권에서 거절할 수 있는 급부의 목적물은 유치물이라는 특정물이어야 한다. 이에 비하여 동시이행의 항변권은 쌍무계약에 기인한 채권의 목적에 따른 것으로서 거절하는 급부가 특정물이어야 하는 것은 아니다.

4) 권리행사의 대상과 타인성 여부

유치권행사의 대상이 되는 물건은 타인의 물건에 한한다. 이에 비하며 동시이행의 항변권의 그것은 쌍무계약 당사자인 항변권자 자신의 소유에 속하는 물건을 대상으로 한다.

5) 경매청구권의 유무

유치권은 물권으로서 채무불이행시 유치권자는 경매청구권을 가진다(322조). 이에 비하며 동시이행의 항변권은 상대권에 불과한 것으로서 항변권자에게 경매청구권이 인정되지 않는다.

6) 소멸원인의 차이

유치권에는 채무자의 소멸청구, 다른 담보의 제공, 점유의 상실 등 특유한 소멸원인이 있다(324조, 327조~328조). 이에 비하며 동시이행의 항변권에는 유치권에서와 같은 특유한 소멸원인이 없다.

(3) 유 사 점

1) 견련관계

유치권과 동시이행항변권은 모두 채권발생에 일정한 견련관계가 있어야 하며, 또 채권이 변제기에 있어야 권리가 발생한다. 다만 유치권의 견련관계는 채권이 유치권의 목적물에 관하여 생긴 것이고, 동시이행항변권의 견련관계는 항변권인 쌍무계약 당사자 상호의 채무가 그 성립·이행·존속에서 운명을 같이 하는 것을 말한디.

2) 소송상의 효력

유치권과 동시이행항변권은 모두 원고일부승소판결을 하여야 하는 소송상의 효력이 있다는 점에서 양자는 유사하다. 즉 권리자를 상대로 채권자가 채무의 이행을 소를 제기할 때, 채무자가 이러한 위의 권리의 항변을 한 경우에는 원고패소의 판결을 할 것이 아니라, 피고에 대하여 원고의 급부와 상환으로 급부할 뜻을 명하는 판결을 하여야 한다. 여기서 원고일부승소판결을 일명 상환급부판결(相換給付判決)이라고도 한다.

3) 양자의 병존가능성

유치권과 동시이행항변권은 각각 제320조와 제536조의 요건을 갖추면 성립하게 된다. 따라서 채권자는 위 요건을 갖추면 어느 권리나 성립하게 되고, 성립·효력·소멸 등에 있어서 차이가 있을 뿐이고, 서로 병존할 수 있다.

4) 권리의 소멸

유치권과 동시이행항변권은 모두 기본이 되는 채권이 소멸하면, 권리 자체도 소멸하게 되는 점에서 유사하다.

5) 당사자의 특약에 의한 권리발생의 저지 가능

유치권이나 동시이행항변권 모두 당사자의 특약으로 그 발생을 배제(저지)할 수 있다. 즉 유치권은 법정담보물권이나, 당사자 사이에 유치권의 발생을 배제하는 특약이 있는 경우에는 성립하지 않는다(통설). 또한 동시이행항변권에 관한 제536조는 임의규정이므로, 당사자의 특약에 의하여 권리발생의 저지의 특약을 하면 성립하지 않는다(통설).

6) 권리행사와 소멸시효중단의 효과 불발생

유치권의 행사는 채권의 소멸시효의 진행에 영향을 미치지 아니한다(326조). 따라서 유치권의 행사만으로는 소멸시효중단의 효과가 없게 된다.

동시이행항변권에 대하여서는 이에 대한 별도의 명문규정이 없으나, 그 권리행사만으로 소멸시효의 진행에 영향을 미치지 않으므로 소멸시효중단의 효과가 없다(통설).

〈유치권과 동시이행항변권의 비교에 관한 도시(圖示)〉

사 항		유 치 권	동시이행의 항변권
㉠ 본 질	ⓐ 공평의 원칙	공평의 원칙에 의한다.	양자가 같다.
	ⓑ 법적 성질	물권(절대권)이다.	쌍무계약의 채무에 따르는 권능(상대권)이다.
㉡ 발생상의 차이	ⓐ 발생원인	계약이나 부당이득이나 불문한다.	쌍무계약에 기한 채권에 한한다.
	ⓑ 채권, 채무의 견련관계	견련관계 있어야 한다.	양자가 유사하다.
㉢ 효력상의 차이	ⓐ 본체적 내용	누구에 대해서나 주장할 수 있다.	특정채권자에 대해서만 주장할 수 있다.
	ⓑ 거절할 수 있는 급부	특정물이어야 한다.	특정물임을 불문한다.
	ⓒ 권리행사의 대상	항상 타인의 물건이다.	자기 소유에 속하는 물건이다.
	ⓓ 경매청구권	있다(322조).	없다.
	ⓔ 소송상 효력	상환급부판결	양자가 같다.
㉣ 소멸상의 차이	ⓐ 권리의 소멸	기본채권이 소멸하면 유치권도 소멸한다.	양자가 같다.
	ⓑ 점유의 상실 등	점유상실, 선관주의의무 위반에 따른 소멸청구, 상당한 담보의 제공 등 특유한 소멸사유 있다.	특유한 소멸사유 없다.

Ⅱ. 유치권의 성립요건

1. 타인의 물건이나 유가증권을 적법하게 점유할 것

(1) 타인의 물건이나 유가증권을 점유해야 한다.

1) 유치권의 목적물은 동산·부동산·유가증권을 가리지 않는다(320조 1항). 따라

서 유치물은 동산에 한하지 않으며, 부동산이나 어음·수표 등 재산권이 증서에 화체(化體)되어 있는 유가증권이라도 무방하다. 또 유치권은 법정담보물권이므로, 부동산인 때에도 등기를 요하지 않는다(187조).

2) 또 유치권자의 점유는 직접점유는 물론이고, 간접점유이어도 무방하다. 예컨대 농수산물에 대하여 감정을 한 감정비채권을 갖는 감정인이 의뢰인으로부터 채무이행을 받을 때까지 목적물을 창고업자에게 맡겨두면서 간접점유하면서 유치권을 행사할 수도 있다.

여기서 유치물소유자인 타인은 채무자에 한하지 않으며, 제3자라도 무방하다.

(2) 점유가 불법행위로 인한 것이 아니어야 한다.

점유가 불법행위로 인한 경우에는 유치권은 성립하지 아니한다(320조 2항). 이는 불법행위에 의하여 점유를 취득한 자에게까지 유치권을 인정하여 그의 채권을 보호할 이유나 필요가 없기 때문이다. 예컨대 도인(盜人)의 도품에 대한 점유는 불법점유이므로, 수선비 등의 수선비채권에 대해서는 필요비상환청구권은 인정될 수 있으나, 유치권은 성립하지 않는다.

2. 채권이 유치권의 목적물에 관하여 생긴 것일 것

(1) 피담보채권과 유치물의 견련관계

유치권의 성립하기 위해서는, 유치권자의 채권과 목적물과의 사이에 견련관계가 있어야 한다.

가) 채권이 목적물 자체로부터 발생한 경우에는 견련관계는 인정되어 유치권이 성립한다. 예컨대 세탁업자의 세탁물로부터 비롯된 세탁비채권, 구두수선공의 수선한 구두로부터 발생한 수선비채권, 필요비와 유익비의 비용상환청구권, 운송물의 운임, 주택건물의 신축공사를 한 수급인의 공사대금채권 등은 그 채무불이행시 유치권이 성립한다.

여기서 유치권의 성립요건으로서의 견련성(牽連性)은 채권과 목적물 사이에 있음을 요하지, 이 밖에 채권과 물건(목적물)의 점유 사이의 견련성은 요구되지 않는다. 따라서 목적물을 점유하기 전에 그 목적물에 관하여 채권이 발생하고, 그 후 어떤 사정으로 목적물을 취득한 경우에도 유치권이 성립한다.

나) 또한 채권이 목적물의 반환청구권과 동일한 법률관계 또는 사실관계로부터 발생한 경우에도 견련관계가 인정되어 유치권이 성립한다(통설). 예컨대 건물 A의 매매계약이 대금과 목적물이 각각 인도된 상태에서 가장매매로 무효로 된 경우, 부당이득에 의한 매수인의 매매대금의 상환청구권과 목적물의 반환의무는 매매계약의 무효라는 동일한 법률관계에서 생긴 것이므로 서로 견련관계가 있으므로, 대금반환청구권자인 매수인은 반환할 목적물을 유치물로 하여 대금반환청구권채권을 피담보채권으로 하여 유치권을 취득할 수 있다.

또한 물건 또는 유가증권의 매매계약이 취소된 경우에 부당이득에 의한 매매대금의 상환청구권과 목적물의 반환의무는 매매계약의 취소라는 동일한 법률관계에서 생긴 것이므로 서로 견련관계가 있으며, 대금반환청구권자는 그 청구권을 위하여 목적물 위에 유치권을 취득한다.

그러나 위의 통설에 대해서는 유치권이 채권이 목적물 자체로부터 발생한 경우에만 견련관계가 인정되어야 한다고 주장하여 견련관계에 따른 유치권 성립을 엄격하게 이해하는 이견(異見)이 있다(이영준 770면, 이은영 680면).

위에 대하여 판례는 제320조 제1항에서 '그 물건에 관하여 생긴 채권'은 유치권 제도 본래의 취지인 공평의 원칙에 특별히 반하지 않는 한 채권이 목적물 자체로부터 발생한 경우는 물론이고 채권이 목적물의 반환청구권과 동일한 법률관계나 사실관계로부터 발생한 경우도 포함하는 것으로 이해하여 통설과 같은 입장을 취하고 있다(대판 2007. 9. 7. 2005다16942).

(2) 피담보채권과 유치물의 견련관계가 인정되는 경우

1) 주택건물의 신축공사를 한 수급인이 그 건물을 점유하고 있고 또 그 건물에 관하여 생긴 공사금 채권이 있다면, 수급인은 그 채권을 변제받을 때까지 건물을 유치할 권리가 있다고 할 것이고, 이러한 유치권은 수급인이 점유를 상실하거나 피담보채무가 변제되는 등 특단의 사정이 없는 한 소멸되지 않는다(대판 1995. 9. 15. 95다16202).

2) 채무불이행에 의한 손해배상청구권은 원채권의 연장이라 보아야 할 것이므로 물건과 원채권과 사이에 견련관계가 있는 경우에는 그 손해배상채권과 그 물건과의 사이에도 견련관계가 있다 할 것으로서 손해배상채권에 관하여 유치권항변을 내세울 수 있다 할 것이다(대판 1976. 9. 28. 76다582).

3) 기초공사 벽체공사 옥상스라브공사만이 완공된 건물에 전세금을 지급하고 입주한 후 소유자와 간에 위 건물을 매수하기로 합의하여 자기 자금으로 미완성 부분을 완성한 자는 위 건물에 들인 금액 상당의 변제를 받을 때까지 위 건물의 제3취득자에 대하여 유치권을 행사할 수 있다(대판 1967. 11. 28. 66다2111).

(3) 피담보채권과 유치물의 견련관계가 인정되지 않는 경우

1) 임차인의 보증금반환청구권은 임대차 건물과의 견련관계가 없다. 따라서 건물의 임대차에 있어서 임차인의 임대인에게 지급한 임차보증금반환청구권이나 임대인이 건물시설을 아니하기 때문에 임차인에게 건물을 임차목적대로 사용 못한 것을 이유로 하는 손해배상청구권은 모두 민법 320조 소정 소위 그 건물에 관하여 생긴 채권이라 할 수 없다(대판 1976. 5. 11. 75다1305).

2) 임대인과 임차인 사이에 건물명도시에 권리금을 반환하기로 하는 약정이 있었다 하더라도 임차인의 권리금반환청구권은 임차건물과의 견련관계가 없으므로, 임차인은 그와 같은 채권을 가지고 건물에 대한 유치권을 행사할 수 없다(대판 1994. 10. 14. 93다62119).

3) 명의신탁자와 명의수탁자가 이른바 계약명의신탁약정을 맺고 명의수탁자가 당사자가 되어 명의신탁약정이 있다는 사실을 알지 못하는 소유자와 부동산에 관한 매매계약을 체결한 뒤 수탁자 명의로 소유권이전등기를 마친 경우에는, 명의신탁자와 명의수탁자 사이의 명의신탁약정은 무효이지만 그 명의수탁자는 당해 부동산의 완전한 소유권을 취득하게 된다(부동산실명법 4조 1항, 2항 참조). 반면 명의신탁자는 애초부터 당해 부동산의 소유권을 취득할 수 없고 다만 그가 명의수탁자에게 제공한 부동산 매수자금이 무효의 명의신탁약정에 의한 법률상 원인 없는 것이 되는 관계로 명의수탁자에 대하여 동액 상당의 부당이득반환청구권을 가질 수 있을 뿐이다.

명의신탁자의 이와 같은 부당이득반환청구권은 부동산 자체로부터 발생한 채권이 아닐 뿐만 아니라 소유권 등에 기한 부동산의 반환청구권과 동일한 법률관계나 사실관계로부터 발생한 채권이라고 보기도 어렵다. 그러므로 결국 민법 제320조 제1항에서 정한 유치권 성립요건으로서의 목적물과 채권 사이의 견련관계를 인정할 수 없다(대판 2009. 3. 26. 2008다34828).

3. 채권이 변제기에 있을 것

유치권의 성립하기 위해서는, 채권이 변제기에 있어야 한다(320조 1항). 질권과 저당권 등 다른 담보물권에서 변제기는 성립요건이 아닌 실행요건이나, 유치권에서는 성립요건이다. 따라서 유치권자의 채권은 변제기(辨濟期)에 있어야 하므로, 채권의 변제기가 도래하고 있지 않은 동안은 유치권은 발생하지 않는다.

4. 당사자 사이에 유치권의 발생배제의 특약이 없을 것

당사자 사이에 유치권의 발생을 배제하는 특약이 없어야 한다(통설).

용익권설정계약(예컨대 전세권설정계약, 임대차계약)의 당사자가 원상복구특약을 한 경우, 이는 용익권자의 소유권자에 대한 비용상환청구권포기의 특약으로서 유치권의 발생배제특약을 한 것이므로, 법률관계의 종료 후 비용상환청구권(채권)의 존재를 전제로 한 유치권을 행사할 수 없다.

관련판례

유치권의 성립요건

① 임차인의 임대인에 대한 보증금반환청구권은 민법 제320조에 규정된 소위 그 건물에 관하여 생긴 채권이라고 할 수 없다(대판 1976. 5. 11. 75다1305).

② 유치권의 '견련관계'는 채권과 목적물 사이에 있음을 요하지 채권과 '목적물의 점유' 사이에 요구되지 않는다(대판 1965. 3. 30. 64다1977).

③ 유치권의 성립요건인 유치권자의 점유는 직접점유이든 간접점유이든 관계없지

만, 유치권자는 채무자의 승낙이 없는 이상 그 목적물을 타에 임대할 수 있는 처분권한이 없으므로(민법 제324조 제2항 참조), 유치권자의 그러한 임대행위는 소유자의 처분권한을 침해하는 것으로서 소유자에게 그 임대의 효력을 주장할 수 없고, 따라서 소유자의 동의 없이 유치권자로부터 유치권의 목적물을 임차한 자의 점유는 구 민사소송법(2002. 1. 26. 법률 제6626호로 전문 개정되기 전의 것) 제647조 제1항 단서에서 규정하는 '경락인에게 대항할 수 있는 권원'에 기한 것이라고 볼 수 없다(대판 2002. 11. 27. 2002마3516).

④ 매매목적부동산을 사용하여온 임차인이 부동산매매계약체결 이전에 그 부동산의 임차부분을 수선하여 발생한 유익비는 그로 인한 가치증가가 매매대금결정에 반영되었다 할 것이므로 특별한 사정이 없는 한 매도인이 이를 부담할 성질의 것이라 할 것이니 매수인이 임차인의 점유부분을 명도받기 위하여 임차인을 상대로 명도청구소송을 제기한 결과 임차인의 유익비상환청구권이 인정되어 이를 상환하였다면 매도인에 대하여 명도채무불이행으로 인한 손해배상으로서 구상할 수 있다(대판 1990. 2. 23. 88다카32425).

⑤ 건물의 임차인이 임대차관계 종료시에 건물을 원상으로 복구하여 명도해주기로 약정한 경우에는, 이는 미리 비용상환청구권을 포기하기로 하는 특약이라고 볼 수 있으므로, 임차인은 건물에 지출한 필요비에 대하여서는 유치권을 주장할 수 없다(대판 1975. 4. 22. 73다2010).

⑥ 상법은 상인 간의 거래에서 신속하고 편리한 방법으로 담보를 취득하게 하기 위한 목적에서 민법상의 유치권과 별도로 상사유치권에 관한 규정을 두고 있다. 즉 상법 제58조 본문은 "상인 간의 상행위로 인한 채권이 변제기에 있는 때에는 채권자는 변제를 받을 때까지 그 채무자에 대한 상행위로 인하여 자기가 점유하고 있는 채무자 소유의 물건 또는 유가증권을 유치할 수 있다."고 규정하여 상사유치권을 인정하는 한편 같은 조 단서에서 "그러나 당사자 간에 다른 약정이 있으면 그러하지 아니하다."고 규정하여 상사유치권을 특약으로 배제할 수 있게 하였다. 이러한 상사유치권 배제의 특약은 묵시적 약정에 의해서도 가능하다(대판 2012. 9. 27. 2012다37176).

Ⅲ. 유치권의 효력

1. 유치권자의 권리

(1) 목적물의 유치

유치권자는 그의 채권의 변제를 받을 때까지 목적물을 유치할 수 있다. 유치권은 목적물을 유치함에 있어서 절대적 효력이 있으므로, 채무자는 물론이고 소유자, 목적물의 양수인·경락인 등의 제3자에 대하여도 채권의 변제를 받을 때까지는 유치적 효력을 주장할 수 있다.

특히 부동산임차인이 비용상환청구권에 관한 유치권을 행사하기 위하여 종전대로 그 부동산을 사용할 수 있으며, 임대차의 특성상 임차인은 유치권을 행사하는 동안의 점유에 따른 이득이 있는 경우에 임차인은 이를 부당이득으로 반환하여야 한다(대판 1963. 7. 11. 63다235).

또한 물건의 인도를 청구하는 소송에 있어서 피고의 유치권 항변이 인용되는 경우에는 그 물건에 관하여 생긴 채권의 변제와 상환으로 그 물건의 인도를 명하여야 한다(원고일부승소판결 : 대판 1969. 11. 25. 69다1592).

(2) 경매권과 우선변제권

1) 경 매 권

유치권자는 채권변제를 받기 위하여 유치물을 경매할 수 있다(322조 1항). 경매실행의 경우, 유치권자는 변제를 받기 전에는 인도를 거절할 수 있으므로 유치물소유자가 유치권자로부터 목적물을 인도받으려면 유치권자에게 변제를 해야 한다(민사집행법 274조). 따라서 유치권자에게 법률상 우선변제권은 인정되지 않으나, 실제에 있어서는 우선변제권이 있는 것과 마찬가지의 결과를 가져올 수 있다.

2) 우선변제권

유치권자는 일정한 경우에 간이변제충당권을 갖는다(322조 2항). 즉 유치권자는 정당한 이유가 있는 때에는 감정인의 평가에 의하여 유치물로 직접 변제에 충당할 것을 법원에 청구할 수 있다. 이 경우에는 유치권자는 미리 채무자에게 통지하여야 한다.

(3) 과실수치권

유치권자는 유치물의 과실을 수취하여 다른 채권자보다 먼저 자기 채권의 변제에 충당할 수 있다(323조 1항 본문). 다만 먼저 채권의 이자에 충당한 후 나머지가 있으면 원본에 충당하여야 한다(323조 2항). 여기서 과실은 천연과실과 법정과실 모두를 포함한다(통설).

그러나 과실이 금전이 아닌 때에는 경매하여야 한다(323조 1항 단서, 민사집행법 274조).

(4) 유치물사용권

유치권자는 보존에 필요한 범위 안에서 유치물을 사용할 수 있다(324조 2항). 예컨대 공사대금채권에 기하여 유치권을 행사하는 자가 스스로 유치물인 주택에 거주하며 사용하는 것은 특별한 사정이 없는 한 유치물인 주택의 보존에 도움이 되는 행위로서 유치물의 보존에 필요한 사용에 해당한다고 할 것이다. 그리고 유치권자가 유치물의 보존에 필요한 사용을 한 경우에도 특별한 사정이 없는 한 차임에 상당한 이득을 소유자에게 반환할 의무가 있다(대판 2009. 9. 24. 2009다40684).

(5) 비용상환청구권

유치권자가 유치물에 관하여 필요비를 지출한 때에는 소유자에게 필요비에 대한 상환을 청구할 수 있다(325조 1항). 또, 유치권자가 지출한 유익비는 그 가액의 증가가 현존한 경우에 한하여 소유자의 선택에 좇아 그 지출금액이나 증가액의 상환을 청구할 수 있다. 이 경우 법원은 소유자의 청구에 의하여 상당한 상환기간을 허여할 수 있다(325조 2항).

(6) 별 제 권

채무자가 파산과 개인회생의 절차한 경우, 유치권자는 별제권(別除權)을 갖는다(채무자회생법 411조, 586조). 회생절차에서 회생담보권으로 다루어진다(채무자회생법

141조).

관련판례

유치권의 경매

① 채무자 소유의 건물 등 부동산에 강제경매개시결정의 기입등기가 경료되어 압류의 효력이 발생한 이후에 채무자가 위 부동산에 관한 공사대금 채권자에게 그 점유를 이전함으로써 그로 하여금 유치권을 취득하게 한 경우, 그와 같은 점유의 이전은 목적물의 교환가치를 감소시킬 우려가 있는 처분행위에 해당하여 민사집행법 제92조 제1항, 제83조 제4항에 따른 압류의 처분금지효에 저촉되므로 점유자로서는 위 유치권을 내세워 그 부동산에 관한 경매절차의 매수인에게 대항할 수 없다(대판 2005. 8. 19. 2005다22688).

② 유치권에 의한 경매도 강제경매나 담보권 실행을 위한 경매와 마찬가지로 목적부동산 위의 부담을 소멸시키는 것을 법정매각조건으로 하여 실시되고 우선채권자뿐만 아니라 일반채권자의 배당요구도 허용되며, 유치권자는 일반채권자와 동일한 순위로 배당을 받을 수 있다고 보아야 한다. 다만 집행법원은 부동산 위의 이해관계를 살펴 위와 같은 법정매각조건과는 달리 매각조건 변경결정을 통하여 목적부동산 위의 부담을 소멸시키지 않고 매수인으로 하여금 인수하도록 정할 수 있다(대결 2011. 6. 15. 2010마1059).

③ 유치권에 의한 경매가 소멸주의를 원칙으로 하여 진행되는 이상 강제경매나 담보권 실행을 위한 경매의 경우와 같이 목적부동산 위의 부담을 소멸시키는 것이므로 집행법원이 달리 매각조건 변경결정을 통하여 목적부동산 위의 부담을 소멸시키지 않고 매수인으로 하여금 인수하도록 정하지 않은 이상 집행법원으로서는 매각기일 공고나 매각물건명세서에 목적부동산 위의 부담이 소멸하지 않고 매수인이 이를 인수하게 된다는 취지를 기재할 필요 없다(대결 2011. 6. 15. 2010마1059).

④ 유치권에 의한 경매절차에서 집행법원이 매각기일 공고와 매각물건명세서 작성

을 하면서 목적부동산이 매각되더라도 그 위에 설정된 제한물권 등 부담이 소멸하지 않고 매수인이 이를 인수하게 된다는 취지의 기재를 하지 않았고, 이에 집행법원이 경매절차에 매수인이 인수할 부담의 존재에 관하여 매수신청인 등에게 이를 고지하지 않은 중대한 잘못이 있다는 이유로 매각을 불허하고 원심이 이를 그대로 유지한 사안에서, 집행법원이 목적부동산 위의 부담이 소멸하지 않고 매수인에게 이를 인수시키기로 하는 변경결정을 하지 않은 이상 그러한 취지를 매각기일 공고나 매각물건명세서에 기재하는 등으로 매수신청인 등에게 고지하여야만 하는 것이 아님에도 유치권에 의한 경매가 인수주의로 진행됨을 전제로 위와 같이 매각을 불허한 집행법원의 판단을 그대로 유지한 원심결정에는 유치권에 의한 경매에 관한 법리오해의 위법이 있다(대결 2011. 6. 15. 2010마1059).

⑤ 유치권 성립 당시에 이미 목적물에 대하여 제3자가 권리자인 제한물권이 설정되어 있다면, 상사유치권은 그와 같이 제한된 채무자의 소유권에 기초하여 성립할 뿐이고, 기존의 제한물권이 확보하고 있는 담보가치를 사후적으로 침탈하지는 못한다고 보아야 한다. 그러므로 채무자 소유의 부동산에 관하여 이미 선행(先行) 저당권이 설정되어 있는 상태에서 채권자의 상사유치권이 성립한 경우, 상사유치권자는 채무자 및 그 이후 채무자로부터 부동산을 양수하거나 제한물권을 설정받는 자에 대해서는 대항할 수 있지만, 선행저당권자 또는 선행저당권에 기한 임의경매절차에서 부동산을 취득한 매수인에 대한 관계에서는 상사유치권으로 대항할 수 없다(대판 2013. 2. 28. 2010다57350).

2. 유치권자의 의무

(1) 선관주의

유치권자는 선량한 관리자의 주의로 유치물을 점유해야 한다(324조 1항). 따라서 유치권자는 채무자의 승낙 없이 유치물의 사용·대여·담보제공을 하지 못한다(324조 2항 본문). 여기서 유치권자에게 사용에 대한 승낙을 할 수 있는 자는 채무자이나, 소유자와 채무자가 다른 경우에는 소유자가 승낙을 할 수 있는 자로 이해하여야 한다(통설).

(2) 의무위반의 효과

유치권자가 그의 선관주의의무에 위반한 때에는, 채무자는 유치권의 소멸을 청구할 수 있다(324조 3항). 이 소멸청구권은 일종의 형성권이므로, 유치권자의 일방적 의사표시에 의하여 유치권소멸의 효과가 발생한다(통설).

관련판례

유치권의 효력

① 유치물의 처분에 관하여 이해관계를 달리하는 다수의 권리자가 존재하거나 유치물의 공정한 가격을 쉽게 알 수 없는 등의 경우에는 민법 제322조 제2항에 의하여 유치권자에게 유치물의 간이변제충당을 허가할 정당한 이유가 있다고 할 수 없다(대판 2000. 10. 30. 2000마4002).

② 구 민사소송법 제728조에 의하여 담보권의 실행을 위한 경매절차에 준용되는 같은 법 제608조 제3항은 경락인은 유치권자에게 그 유치권으로 담보하는 채권을 변제할 책임이 있다고 규정하고 있는바, 여기에서 '변제할 책임이 있다'는 의미는 부동산상의 부담을 승계한다는 취지로서 인적 채무까지 인수한다는 취지는 아니므로, 유치권자는 경락인에 대하여 그 피담보채권의 변제가 있을 때까지 유치목적물인 부동산의 인도를 거절할 수 있을 뿐이고 그 피담보채권의 변제를 청구할 수는 없다(대판 1996. 8. 23. 95다8713).

③ 주택건물의 신축공사를 한 수급인이 그 건물을 점유하고 있고 또 그 건물에 관하여 생긴 공사금 채권이 있다면, 수급인은 그 채권을 변제받을 때까지 건물을 유치할 권리가 있다고 할 것이고, 이러한 유치권은 수급인이 점유를 상실하거나 피담보채무가 변제되는 등 특단의 사정이 없는 한 소멸되지 않는다(대판 1995. 9. 15. 95다16219).

④ 유치권의 성립요건인 유치권자의 점유는 직접점유이든 간접점유이든 관계없지

만, 유치권자는 채무자의 승낙이 없는 이상 그 목적물을 타에 임대할 수 있는 처분권한이 없으므로(민법 제324조 제2항 참조), 유치권자의 그러한 임대행위는 소유자의 처분권한을 침해하는 것으로서 소유자에게 그 임대의 효력을 주장할 수 없고, 따라서 소유자의 동의 없이 유치권자로부터 유치권의 목적물을 임차한 자의 점유는 구 민사소송법(2002. 1. 26. 법률 제6626호로 전문 개정되기 전의 것) 제647조 제1항 단서에서 규정하는 '경락인에게 대항할 수 있는 권원'에 기한 것이라고 볼 수 없다(대결 2002. 11. 27. 2002마3516).

사례&판례 연구 유치권의 성립과 효력 〈임차인의 비용상환청구권과 유치권의 성립 여부〉 【대판 1995. 6. 30. 95다12927】

【판시사항】

임대차종료시에 임차인이 건물을 원상으로 복구하여 임대인에게 명도키로 약정한 경우에 비용상환청구권이 있음을 전제로 하는 유치권 주장의 당부

【판결요지】

건물의 임차인이 임대차관계 종료시에는 건물을 원상으로 복구하여 임대인에게 명도하기로 약정한 것은 건물에 지출한 각종 유익비 또는 필요비의 상환청구권을 미리 포기하기로 한 취지의 특약이라고 볼 수 있어 임차인은 유치권 주장을 할 수 없다.

Ⅳ. 유치권의 소멸

1. 일반적 소멸사유

(1) 유치권은 물권이므로, 물권일반의 소멸사유인 목적물의 멸실·혼동·토지수용 등에 의하여 소멸한다.

(2) 또한 유치권은 담보물권이므로, 담보물권에 공통하는 소멸사유인 피담보채권의 변제로 유치권은 소멸한다.

(3) 유치권의 행사는 소멸시효의 진행에 영향을 미치지 않는다(326조). 따라서 유치권자가 제168조의 중단사유(청구와 압류, 가압류, 가처분 및 승인)가 없는 경우 유치권의 행사만으로는 소멸시효중단의 효과가 없게 된다.

2. 유치권에 특유한 소멸사유

(1) 채무자의 소멸청구

유치권자가 그의 의무에 위반한 경우, 채무자의 소멸청구로 유치권은 소멸한다(324조 3항). 그러나 유치권자가 목적물을 무단으로 사용한 경우 이는 채무자의 소멸청구사유일 뿐이므로 당연히 유치권의 소멸사유가 되는 것은 아니다. 따라서 채무자의 소멸청구의 의사표시가 있어야 비로소 유치권은 소멸한다.

(2) 다른 담보의 제공

채무자는 '상당한 담보'를 제공하여 유치권의 소멸을 청구할 수 있다(327조). 여기서 소유자와 채무자가 다른 경우, '채무자'에는 유치물의 소유자도 포함된다(통설). 또한 담보에는 인적 담보와 물적 담보의 모두를 포함한다.

여기서 제공하는 담보가 '상당한가'의 여부는 그 담보의 가치가 채권의 담보로서 상당한가, 유치물에 의하였던 담보력을 저하시키지는 아니한가 하는 점을 종합하여 판단하여야 하며, 유치물의 가격이 채권액에 비하여 과다한 경우에는 채권액 상당의 가치가 있는 담보를 제공하면 족하다(대판 2001. 12. 11. 2001다59866).

(3) 점유의 상실

점유는 유치권의 성립요건일 뿐 아니라 존속요건이므로, 점유를 상실하면 유치권이 소멸한다(328조). 그러나 점유물반환청구권에 의하여 유치권자가 점유를 회복한 때에는 점유를 상실하지 않았던 것으로 된다(192조 2항 단서). 따라서 이 경우 점유의 상실은 일시적인 것이므로 유치권도 소멸하지 않았던 것으로 된다.

관련판례

유치권의 소멸

① 비록 건물에 대한 점유를 승계한 사실이 있다 하더라도 전점유자를 대위하여 유치권을 주장할 수는 없는 것이다(대판 1972. 5. 30. 72다548).

② 민법 제327조에 의하여 제공하는 담보가 상당한가의 여부는 그 담보의 가치가 채권의 담보로서 상당한가, 태양에 있어 유치물에 의하였던 담보력을 저하시키지는 아니한가 하는 점을 종합하여 판단하여야 할 것인바, 유치물의 가격이 채권액에 비하여 과다한 경우에는 채권액 상당의 가치가 있는 담보를 제공하면 족하다고 할 것이고, 한편 당해 유치물에 관하여 이해관계를 가지고 있는 자인 채무자나 유치물의 소유자는 상당한 담보가 제공되어 있는 이상 유치권 소멸 청구의 의사표시를 할 수 있다(대판 2001. 12. 11. 2001다59866).

제3절 질 권

제1관 서 설

Ⅰ. 질권의 의의 및 사회적 작용

1. 질권의 의의

질권(質權)은 채권자인 질권자가 채무자 또는 제3자로부터 담보로 제공받은 동산 또는 재산권을 질권자 자신의 점유 아래 유치하였다가 채무불이행시에 그 목적물을 처분하여 다른 채권자보다 자기 채권의 우선변제를 받는 것을 내용으로 하는 약정담보물권을 말한다(329조, 345조).

2. 질권의 사회적 작용

질권은 일반 서민이 자금을 융통하는 금융의 수단이 된다. 뿐만 아니라 질권은 상품의 소유자가 이를 표상하는 증권에 의하여 상품을 입질하는 금융의 수단이 된다.

Ⅱ. 질권의 성질

1. 약정담보물권

질권은 약정담보물권이다. 질권은 당사자 사이의 담보설정계약에 의하여 성립하는 약정담보물권이다. 이러한 점에서 질권은 약정담보물권인 저당권과 같고, 법률상 당연히 발생하는 법정담보물권인 유치권과 구별된다.

다만 민법은 토지임대인과 건물임대인에게 차임채권과 관련해서 법정질권을 예외적으로 인정하고 있다(648조, 650조).

2. 타 물 권

질권은 다른 담보물권에서와 마찬가지로 타물권이다. 즉 질권은 채무자 또는 제3자인 타인의 동산 또는 재산권 위에 성립하는 제한적 권리이다. 즉 질권은 혼동의 예외인 특별한 경우를 제외하고는 타인의 동산이나 재산권을 그 객체로 한다.

3. 유치적 효력

질권은 채무의 변제가 있을 때까지 질권설정자로부터 목적물의 점유를 빼앗아 유치함으로써 채무자의 채무변제를 간접적으로 강제하는 유치적 효력이 인정된다. 이러한 점에서 질권은 유치권과 같고, 담보목적물을 설정자의 수중에 그대로 남겨두어 그 이용을 계속시키는 저당권과 다르다.

4. 담보물권의 통유성

질권은 담보물권이므로, 그 통유성으로 다루어지는 부종성, 수반성, 불가분성, 물상대위성이 모두 인정된다.

다만 질권의 피담보채권이 현존 또는 특정되지 않은 장래에 성립하게 될 채권을 담보하기 위하여 설정되는 근질의 경우에는 부종성이 완화된다(357조 참조).

제2관 동산질권

Ⅰ. 동산질권의 성립

동산질권은 당사자 사이의 약정인 질권설정계약에 의하여 성립하는 것이 원칙이다. 이 밖에 법률의 규정에 의하여 성립하는 법정질권이 있다.

1. 동산질권의 설정계약

(1) 당사자와 성질

1) 당 사 자

가) 당 사 자

질권설정계약의 당사자는 질권자(질권을 취득하는 자)와 질권설정자(목적물 위에 질권을 설정하는 자)이다. 질권자는 피담보채권의 채권자에 한한다. 질권설정자는 피담보채권의 채무자인 것이 보통이나, 제3자라도 상관이 없다(329조 참조).

나) 물상보증인

채무자 아닌 제3자가 질권설정자인 경우, 이는 채무자인 타인의 채무를 위하여 자기의 특정 동산 위에 질권을 설정하는 자로서 이를 물상보증인(物上保證人)이라고 한다. 물상보증인은 채무는 없지만 책임은 있다. 즉 물상보증인은 채권자에 대하여 채무를 부담하지 않지만, 채무자가 이행기에 채무를 이행하지 않으면 질권의 실행으로 질물의 소유권을 잃게 되므로 책임을 지게 된다.

또 질권설정계약은 일종의 처분행위이므로, 질권설정자는 목적물에 대한 처분권한과 처분능력을 가지는 자이어야 한다. 그리고 대리권의 범위가 불분명한 부재자의 재산관리인과 같이 처분권 없는 양도인이 동산에 대한 질권을 설정한 경우, 양수인이 평온·공연·선의·무과실로 점유를 취득하면 선의취득에 의하여 질권을 취득할 수 있다(343조, 249조).

2) 질권설정계약의 성질

질권설정계약은 물권적 합의, 즉 물권계약이다. 이와 관련해서 제330조가 "질권의 설정은 질권자에게 목적물을 인도함으로써 그 효력이 생긴다."고 규정하고 있는 것과 관련해서 질권설정계약이 목적물의 인도를 요하는 '요물계약'인가의 여부가 문제된다. 이에 대해서는 제330조의 조문제목이 '설정계약의 요물성'이라는 것을 근거로 요물계약으로 이해하는 견해가 있다(이영준 803면). 그러나 제330조는 물권변동에 관한 성립요건주의(형식주의)의 일반원칙을 규정하고 있는 것일 뿐, 요물계약을 선언하는 규정이 아니다(통설). 따라서 질권설정계약은 동산의 인도가 없어도 당사자 사이의 물권적 합의로 성립하는 낙성계약으로 새겨야 할 것이다.

(2) 동산의 인도

동산물권의 변동은 그 동산을 인도하여야 효력이 생기므로(188조 1항), 당사자 사이의 질권설정계약인 법률행위 외에 동산의 인도가 있어야 동산질권의 취득의 효력이 발생한다.

여기서 질권의 취득에서 요구되는 인도는, 현실인도는 물론이고 간이인도·반환청구권의 양도 등의 관념적 인도라도 무방하다.

다만 민법은 "질권자는 설정자로 하여금 질물의 점유를 하게 하지 못한다."고 규정하여 점유개정을 금지하고 있다(332조). 이는 목적물인 질물의 점유를 설정자로부터 빼앗아서 그 사용·수익을 금지하는 유치적 효력을 확보하기 위한 것에 입법취지가 있으며, 제332조는 강행규정이다. 따라서 위 규정에 위반하여 당사자가 점유개정에 의한 질권설정의 합의를 하면 무효가 된다(곽윤직·김재형 400면).

관련판례

동산질권의 선의취득

동산질권을 선의취득하기 위하여는 질권자가 평온, 공연하게 선의이며 과실 없이 질권의 목적동산을 취득하여야 하고, 그 취득자의 선의, 무과실은 동산질권자가 입증하여야 한다(대판 1981. 12. 22. 80다2910).

(3) 동산질권의 목적물(질물)

1) 동산질권의 목적물인 질물은 동산이어야 한다. 그런데 질권자가 담보권을 실행하여 우선변제권을 행사하기 위해서는 질물을 환가하여야 하므로 양도할 수 없는 물건은 그 목적으로 할 수 없다. 이에 따라 민법도 "질권은 양도할 수 없는 물건을 목적으로 하지 못한다."고 규정하고 있다(331조).

2) 양도할 수 없는 물건으로서 질물이 될 수 없는 것으로는, 금제물(禁制物)을 들 수 있다. 여기서 금제물은 법률의 규정에 의하여 거래가 금지 또는 제한되는 물건을 말한다. 이에는 소유는 가능하나 거래만 금지 또는 제한되는 것(예컨대 문화재〈문화재보호법 66조〉)과 거래는 물론이고 소유 자체도 금지되는 것(예컨대 아편 및 아편흡식기구, 위조 변조한 화폐, 음란한 문서〈형법 198조, 207조, 243조, 244조〉)이 있다.

3) 또한 민사집행법상 압류가 금지되는 것으로서 양도가 금지되는 '채무자 또는 그 친족이 받은 훈장·포장·기장' 등은 동산이더라도 질물이 될 수 없다(동법 195조 7호). 그러나 단순히 채무자의 보호를 위하여 압류를 금지한 '채무자 및 그와 같이 사는 친족의 생활에 필요한 의복·침구·가구·부엌기구, 그 밖의 생활필수품' 등은 질물이 될 수 있다(동법 195조 1호).

4) 이 밖에 국가가 정책적으로 권리자가 스스로 사용·수익하게 하려는 특수동산은 질물이 되지 못하고, 저당권의 객체가 된다. 이러한 것들로는 상법의 적용을 받는 등기된 선박(동법 789조, 790조)과 '자동차 등 특정동산 저당법'의 적용을 받는 소형선박, 자동차, 항공기, 건설기계(동법 9조) 등을 들 수 있다.

(4) 동산질권을 설정할 수 있는 채권(피담보채권)

1) 질권에 의하여 담보되는 채권, 즉 피담보채권은 그 발생원인이 계약에 의한 것이든, 불법행위에 의한 것이든 그 밖의 법률상의 원인에 의한 것이든 이를 묻지 않는다.

2) 질권의 피담보채권은 금전채권은 물론이고 금전 이외의 채권도 가능하다.

3) 질권의 피담보채권은 현존하는 것에 한하지 않고, 조건부 또는 기한부채권 등 장래의 특정채권을 위해서도 설정될 수 있다(통설).

4) 또 질권은 일정한 계속적인 거래관계로부터 장래 발생케 될 다수의 불특정채권을 담보하기 위하여 설정되는 것인 근질(根質)의 설정도 가능하다. 이와 관련해서 민법은 그 담보할 채무의 최고액만을 정하고 채무의 확정을 장래에 보류하여 설정되는 근저당(根抵當)에 대하여 명문규정을 두고 있으나(357조), 질권에 관하여는 근질에 대하여 규정하고 있지 않다. 그러나 학설은 장래의 불특정의 채권을 담보하는 담보제도인 근담보(根擔保)를 인정하고 있으며, 같은 맥락에서 근질(根質)의 유효성도 인정하고 있다(통설).

관련판례

근 질

근질권의 목적이 된 금전채권에 대하여 근질권자가 아닌 제3자의 압류로 강제집행절차가 개시된 경우, 제3채무자가 그 절차의 전부명령이나 추심명령에 따라 전부금 또는 추심금을 제3자에게 지급하거나 채권자의 경합 등을 사유로 위 금전채권의 채권액을 법원에 공탁하게 되면 그 변제의 효과로서 위 금전채권은 소멸하고 그 결과 바로 또는 그 후의 절차진행에 따라 종국적으로 근질권도 소멸하게 된다. 그러므로 근질권자는 위 강제집행절차에 참가하거나 아니면 근질권을 실행하는 방법으로 그 권리를 행사할 것이 요구된다. 이런 까닭에 위 강제집행절차가 개시된 때로부터 위와 같이 근질권이 소멸하게 되기까지의 어느 시점에서인가는 근질권의 피담보채권도 확정된다고 하지 않을 수 없다.

근질권자가 제3자의 압류 사실을 알고서도 채무자와 거래를 계속하여 추가로 발생시킨 채권까지 근질권의 피담보채권에 포함시킨다고 하면 그로 인하여 근질권자가 얻을 수 있는 실익은 별 다른 것이 없는 반면 제3자가 입게 되는 손해는 위 추가된 채권액만큼 확대된다. 그리고 이는 사실상 채무자의 이익으로 귀속될 개연성이 높아 부당할 뿐 아니라, 경우에 따라서는 근질권자와 채무자가 그러한 점을 남용하여 제3자 등 다른 채권자의 채권 회수를 의도적으로 침해할 수 있는 여지도 제공하게 된다. 따라서 이러한 여러 사정을 적정·공평이란 관점에 비추어 보면, 근질권이 설정된 금전채권에 대하여 제3자의 압류로 강제집행절차가 개시된 경우 근질권의 피담보채권은 근질권자가 위와 같은 강제집행이 개시된 사실을 알게 된 때에 확정된다고 봄이 타당하다(대판 2009. 10. 15. 2009다43621).

2. 법정질권

(1) 의 의

동산질권은 위에서 본 바와 같이 당사자 사이의 질권설정계약에 의하여 성립하는 약정담보물권이 보통이다. 그러나 민법 제648조와 제650조는 법률의 규정에 의하여 당연히 성립하는 질권인 '법정질권'을 인정하고 있다. 이는 모두 부동산임대차에서 임대인의 채권을 특별히 보호할 필요에 따라 일정한 요건을 갖춘 경우에 채권에 대한 우선변제를 확보하고자 하는 것에 그 입법취지가 있다.

(2) 법정질권의 성립

법정질권은 다음 두 가지 경우에 성립한다.

1) 토지임대인의 법정질권

이는, 토지임대인이 임대차에 관한 채권에 의하여 임차지에 부속 또는 그 사용의 편익에 공용한 임차인의 소유동산 및 과실을 압류한 때에 성립한다(648조).

2) 건물 등의 임대인의 법정질권

이는, 건물 그 밖의 공작물의 임대차에 관한 채권에 의하여 그 건물 그 밖의 공작물에 부속한 임차인 소유의 동산을 압류한 때에 성립한다(650조).

(3) 법정질권의 내용

1) 피담보채권

법정질권의 피담보채권은 임대인의 '임대차에 관한 채권'이다. 여기서 임대차에 관한 채권은 차임채권, 임대차에 기인하여 임대인이 가지게 되는 손해배상채권 등을 들 수 있다

2) 목적물과 압류

가) 법정질권의 목적물은 임차인 소유의 동산과 과실이다.

나) 위의 법정질권이 성립하기 위해서는, 채무불이행이 있을 때에 임대인(채권자)이 목적물을 압류하여야 한다. 압류에 의하여 채권자가 목적물을 간접점유하게 된다.

다) 동산질권 규정의 적용

법정질권이 성립하게 되면, 이에 관하여서도 제329조 이하의 동산질권에 관한 규정이 유추 적용된다(통설).

Ⅱ. 동산질권의 효력

1. 동산질권의 효력이 미치는 범위

(1) 목적물의 범위

1) 의 의

동산질권의 효력이 미치는 목적물의 범위에 대하여 민법은 별도의 명문규정을 두고 있지 않다. 그러나 동산질권의 효력은 관련 규정에 따라 다음에 효력이 미치는 것으로 해석하여야 한다.

2) 질물과 종물

동산질권의 효력은 인도된 목적물인 질물에 미치는 것은 물론이고 질물을 주물로 하는 종물에도 미친다(100조 2항 참조).

3) 천연과실과 법정과실

질권은 사용·수익권이 없으므로 당연히는 질물로부터 수익권을 행사하여 과실수취권을 갖지 못한다. 그러나 질권자는 과실을 수취하여 다른 채권보다 먼저 그 채권의 변제에 충당하기 위한 전제 아래 제한적인 과실수취권을 갖게 된다. 즉 질권자는 질물의 천연과실을 수취하여 다른 채권보다 먼저 그 채권의 변제에 충당할 수 있다(343조, 323조). 또 질권자는 채무자가 승낙하는 경우, 질물을 사용하거나 임대할 수 있으므로 이에 따라 발생한 차임이나 사용이익 등 법정과실을 수취하여 다른 채권보다 먼저 그 채권의 변제에 충당할 수 있다(343조, 324조 2항 참조).

여기서 동산질권의 효력은 천연과실은 물론이고 법정과실에도 미친다.

4) 물상대위

질권은 우선변제권 있는 담보물권이므로, 그 목적물이 멸실·훼손되더라도 그 변형된 대표물 위에도 효력이 미치게 되는 물상대위성을 띤다. 이에 대하여 민법은 질권은 질물의 멸실, 훼손 또는 공용징수로 인하여 질권설정자가 받을 금전 그 밖의 물건에 대하여도 이를 행사할 수 있으며, 이 경우 그 지급 또는 인도 전에 압류하도록 규정하고 있다(342조). 여기서 물상대위권의 행사는 제3자가 압류한 경우에도 가능하다(대판 1996. 7. 12. 96다21508).

여기서 '질물의 멸실, 훼손 또는 공용징수로 인하여 질권설정자가 받을 금전 그 밖의 물건'으로는 질물과 관련해서 발생한 보상금청구권·보험금청구권·손해배상청구권을 들 수 있다. 그러나 질물의 매매나 임대차를 하는 경우에 발생하는 매각대금이나 차임청구권은 물상대위가 미치는 대상이 아니다.

관련판례

질권의 물상대위

① 국세징수법 제34조, 제80조 제2호, 제81조 제1항 및 제84조 등의 규정은 국가의 체납처분으로 인하여 질물인 금전채권들이 압류되어 그 질권등이 상실되는 경우 이러한 질권자를 보호하기 위하여 세무서장으로 하여금 그 배분된 금원을 한국은행에 예탁하도록 의무화한 것이다. 이처럼 세무서장에게 배분된 금원에 대하여 공탁의무가 부과된 이상 위 금원은 압류된 것과 같이 특정되었다 할 것이므로, 질권자는 민법 제342조 단서에 의한 압류를 하지 않더라도 당연히 그 물상대위권의 효력이 미쳐 국가로부터 이를 지급받을 수 있다. 그리고 질권설정자 또는 이로부터 양도, 전부받은 자는 그 배분된 금전 중에 위 담보채권을 초과한 잔액이 없는 한 국가에 대하여 직접 이를 청구할 수는 없다(대판 1987. 5. 26. 86다카1058).

② 위의 경우 질권자의 채권액을 제한 잔여금액이 존재하지 아니하는 이상 비록 질권자가 위 환급채권에 대하여 민법 제342조 단서에 의한 압류를 하기 전에 제3채권자가 미리 위 환급채권에 대하여 압류 및 전부명령을 받은 바 있다고 하더라도 그 압류 및 전부명령은 효력을 발생할 수 없다(대판 1987. 5. 26. 86다카1058).

(2) 피담보채권의 범위

1) 질권은 원본, 이자, 위약금, 질권실행의 비용, 질물보존의 비용 및 채무불이행 또는 질물의 하자로 인한 손해배상의 채권을 담보한다. 그러나 다른 약정이 있는 때에는 그 약정에 의한다(334조).

2) 여기서 질권의 피담보채권의 범위는 저당권과는 달리 질물보존의 비용과 질물의 하자로 인한 손해배상의 채권을 담보하는 특징이 있다. 이는 질권자가 질물을 자신의 점유 아래 두는 유치적 효력이 인정됨에 따라 발생되는 것이다.

2. 유치적 효력

(1) 질권자는 피담보채권 전부의 변제를 받을 때까지 질물을 유치할 수 있다. 그러나 자기보다 우선권이 있는 채권자에게 대항하지 못한다(335조). 따라서 질권자는 자기보다 우선변제권 있는 자의 경매청구가 있으면 질물의 인도를 거절할 수는 없고, 배당절차에 참가하여 우선변제권만을 행사할 수 있을 뿐이다.

(2) 질권은 유치적 효력에 의하여 담보물을 유치할 수 있다는 점에서 유치권과 같은 성질을 띤다. 이에 따라 민법은 유치권자의 과실수취권(323조), 유치물의 선관주의의무(324조), 유치권자의 비용상환청구권(325조) 등에 관한 규정을 질권에 준용하고 있다(343조). 따라서 앞에서 유치권과 관련한 설명한 위의 내용은 그대로 질권의 내용으로도 다루어진다.

3. 우선변제적 효력

(1) 우선변제권의 행사

1) 의 의

동산질권자는 채권의 변제를 받기 위하여 질물을 실행하여 그 동산에 대하여 다른 채권자보다 자기 채권의 우선변제를 받을 권리가 있다(329조).

2) 행사의 요건

질권자가 우선변제권을 행사하기 위해서는 채무자가 먼저 이행지체에 빠져야 하고, 또 피담보채권이 금전을 목적으로 하지 않는 경우에는 그것이 금전채권으로 변하여야 한다.

3) 행사의 방법

가) 질권자가 그의 우선변제권의 행사방법은, 원칙적으로 민사집행법이 정하는 절차에 따라 경매실행하여 그 처분대금으로부터 우선변제를 받는 방법에 의한다(338조 1항, 민사집행법 271조~272조). 여기서 질권자는 질물에 의하여 변제를 받지 못한 부분의 채권에 한하여 채무자의 다른 재산으로부터 변제를 받을 수 있다(340조 1항). 여기서 질권자가 질물을 경매실행하지 않고 채무자의 다른 재산에 대하여

먼저 집행할 수 있는가의 여부가 문제된다.

이에 대해서는 긍정설과 부정설로 서로 견해가 내립하고 있다. 먼저 긍정설은, 제340조는 일반채권자만을 보호하기 위한 규정이므로, 채무자는 그의 일반재산에 대해서 먼저 집행하려는 질권자에게 제340조를 근거로 이의를 제기할 수 없는 것으로 새기고 있다(고상룡 582면, 송덕수 438면, 이영준 818면). 이와 달리 부정설은, 제340조는 일반채권자만의 보호만을 목적으로 하는 것이 아니라 채무자의 보호도 목적으로 하는 규정으로서 질권자가 질물에 대하여 먼저 경매실행하여 환가하여야 하고, 이에 위반하여 질권자가 채무자의 일반재산에 대해 먼저 집행하는 때에는 채무자가 이의를 신청할 수 있다고 한다(곽윤직·김재형 408면).

요컨대 제340조는 일반채권자뿐만이 아니라 채무자의 보호도 목적으로 하는 규정이므로 질권자는 질물에 대하여 먼저 실행하여 환가해야 하는 것으로 새겨야 한다. 따라서 부정설의 입장에 따라 질권자가 채무자의 일반재산에 대해 먼저 집행하는 때에는 채무자는 이의를 신청할 수 있다.

나) 또 질권자는 일정한 경우, 간이변제충당권을 행사할 수 있다. 즉 질권자는 정당한 이유있는 때에는 감정인의 평가에 의하여 질물로 직접변제에 충당할 것을 법원에 청구할 수 있다. 이 경우에는 질권자는 미리 채무자 및 질권설정자에게 통지하여야 한다(338조 2항).

(2) 유질계약의 금지

1) 유질계약의 금지

질권설정자는 채무변제기 전의 계약으로 질권자에게 변제에 대신하여 질물의 소유권을 취득하게 하거나 법률에 정한 방법에 의하지 아니하고 질물을 처분할 것을 약정하지 못한다(339조). 이를 '유질계약의 금지'라고 하며, 이와 같이 민법이 유질계약을 금지하는 이유는, 채무자가 일시적인 경제적 어려움으로 채무액에 비하여 값비싼 고가품을 입질하고, 그 후 채무불이행으로 유질이 되어 큰 피해를 당하지 않도록 하기 위함이다.

2) 금지위반의 효과

가) 당사자가 제339조에 위반하여 유질계약을 하면, 이는 강행규정에 위반한 것으로 당연 무효가 된다. 또 여기서 무효가 되는 것은 유질계약 자체에 한하므로, 질권설정계약은 유효한 것으로 새겨야 한다. 또 변제기 후에 체결된 유질계약은 일종의 대물변제로서, 유효하다(339조의 반대해석, 446조).

나) 그러나 유질계약의 금지에 관한 민법 제339조의 규정은 상행위로 인하여 생긴 채권을 담보하기 위하여 설정한 질권에는 적용하지 아니한다(상법 59조). 따라서 상행위로 인한 채권을 담보하기 위하여 설정된 질권(상사질)의 경우에는 유질계약이 허용된다. 여기서 질권설정계약에 포함된 유질약정이 상법 제59조에 따라 유효하기 위해서는 질권설정계약의 피담보채권이 상행위로 인하여 생긴 채권이면 충분하고, 질권설정자가 상인이어야 하는 것은 아니다. 또한 상법 제3조는 "당사자 중 그 1인의 행위가 상행위인 때에는 전원에 대하여 본법을 적용한다."라고 정하고 있으므로, 일방적 상행위로 생긴 채권을 담보하기 위한 질권에 대해서도 유질약정을 허용한 상법 제59조가 적용된다(대판 2017. 7. 18. 2017다207499).

4. 동산질권자의 전질권

(1) 의 의

전질(轉質)은 질권자가 질물 위에 다시 질권을 설정하는 것으로서, 전질권(轉質權)은 질권자가 그 권리의 범위 안에서 자기의 책임으로 질물을 전질할 수 있는 권리를 말한다. 전질권은 질권자로 하여금 질물을 담보로 받고 투하한 자금을 피담보채권의 변제가 있기 전에 유통시킴으로써 투하자금을 회수하기 위한 수단으로 인정된 권리이다. 이에 대해서 민법은 "질권자는 그 권리의 범위 내에서 자기의 책임으로 질물을 전질할 수 있다. 이 경우에는 전질을 하지 아니하였으면 면할 수 있는 불가항력으로 인한 손해에 대하여도 책임을 부담한다."고 규정하여 전질권을 인정하고 있다(336조).

전질에는 책임전질(責任轉質)과 승낙전질(承諾轉質) 두 가지가 있다.

(2) 책임전질

1) 의의 및 성질

가) 책임전질은 질권자가 질권설정자의 승낙 없이 자기의 책임으로 질물 위에 다시 질권을 설정하는 것을 말한다(336조).

나) 책임전질의 성질은, 피담보채권과 질권이 전질권의 목적이 되는 것으로 이해하여야 하며, 이 견해를 채권·질권공동입질설이라고 한다(통설). 요컨대 전질은 원질권의 범위 안에서 가능하고 질권의 부종성에 비추어볼 때 피담보채권과 질권이 함께 전질권의 목적이 되는 것으로 이해하여야 하므로, 통설의 태도가 타당하다.

2) 성립요건

가) 책임전질도 보통 질권의 성립요건을 갖추어야 하므로, 원질권자와 전질권자의 물권적 합의인 질권설정계약과 질물의 인도가 있어야 한다.

나) 전질은 원질권의 범위 안에서만 설정할 수 있다(336조).

다) 책임전질은 원질권설정자의 승낙을 요하지 않는다. 그러나 원질권자가 채무자에게 전질의 사실을 통지하거나 채무자가 이를 승낙함이 아니면 전질로써 채무자, 보증인, 질권설정자 및 그 승계인에게 대항하지 못한다(337조 1항).

3) 효 과

가) 원질권자는 전질을 하지 아니하였으면 면할 수 있는 불가항력으로 인한 손해에 대하여도 책임을 부담한다(336조).

나) 전질권자는 자기 채권의 변제를 받을 때까지 질물을 유치할 수 있다.

다) 전질권자가 전질을 실행하기 위해서는 전질권자의 채권과 원질권자의 채권 모두 변제기에 있어야 한다.

라) 원질권자는 질권을 소멸케 하는 처분(예컨대 질권을 포기하거나, 원채무자의 채무를 면제하는 것)을 하지 못한다. 그러나 전질권을 해하지 않는 범위 안에서의 처분은 가능하다.

마) 채무자가 원질권자로부터 전질의 통지를 받거나 승낙을 한 때에는 전질권

자의 동의 없이 질권자에게 채무를 변제하여도 이로써 전질권자에게 대항하지 못한다(337조 2항). 전질권자는 원채무자에 대하여 직접 청구할 수 있다.

바) 전질권의 설정적 승계이므로, 원질권이 소멸하면 전질권도 기초를 잃게 되어 소멸한다.

(3) 승낙전질

1) 의의 및 성질

가) 승낙전질은 질권자가 질권설정자의 승낙을 얻어서 자기의 채무를 담보하기 위하여 하는 전질을 말한다(343조, 324조 2항).

나) 승낙전질의 성질은, 질물 위에 새로운 질권을 설정하는 것으로서, 이 견해를 질물재입질설이라고 한다(통설).

2) 성립요건

승낙전질의 성립은 다음의 점에서 책임전질과 차이가 있다

가) 질물소유자의 승낙이 있어야 한다(343조, 324조).

나) 승낙전질은 원질권자의 질권이나 피담보채권과는 무관하다. 따라서 책임전질과 달리 원질권의 범위 밖에서도 설정할 수 있다. 즉 승낙전질에서는, 초과전질도 유효하며, 존속기관도 원질권과 관계없이 설정할 수 있다.

다) 승낙전질은 책임전질과 달리 채무자에 때한 통지나 채무자의 승낙을 요하지 않는다.

3) 효 과

승낙전질의 효과는 다음의 점에서 책임전질과 차이가 있다

가) 책임전질과 달리 질물에 관한 원질권자의 책임이 가중되지 않는다. 즉 불가항력으로 인한 손해에 대하여 책임을 부담하지 않는다.

나) 승낙전질은 원질권과 무관한 새로운 것(질권)이므로 원질권설정자는 자기의 채무를 원질권자에게 변제하여 질권을 소멸시킬 수 있다.

다) 승낙전질은 원질권과 무관한 새로운 것이므로 원질권자의 질권이 소멸하여도 전질권자의 질권에는 영향이 없다.

5. 동산질권의 침해에 대한 효력

(1) 물권적 청구권

1) 점유보호청구권

동산질권은 물권일 뿐만 아니라 질권을 점유를 수반하는 본권으로서, 물권의 실현이 침해된 경우에는 점유보호청구권에 의하여 보호된다.

2) 본권에 기인한 물권적 청구권

본권에 기인한 물권적 청구권에 관하여 소유권에 관하여 물권적 청구권을 규정하고(213조, 214조), 이를 다른 제한물권(지상권·지역권·전세권·저당권)에 준용하고 있다(290조, 301조, 319조, 370조). 그러나 민법은 질권의 경우는, 소유권에 기인한 물권적 청구권 규정의 준용규정을 두고 있지 않다.

이에 대해서는 입법상의 불비로서 질권 자체에 기인한 물권적 청구권을 인정하여야 하므로 소유권에 관한 제213조와 제214조를 유추 적용해야 한다는 긍정설이 통설이다. 그러나 이와 달리 질권자는 점유보호청구권 규정만으로 충분히 보호되므로, 소유권에 관한 물권적 청구권 규정을 적용할 필요가 없다고 새기는 부정설이 주장되고 있다(양창수, 민법연구〈1〉, 박영사, 1998, 263면).

요컨대 질권이 침해된 경우 점유보호청구권만이 인정된다면 제204조 내지 제206조에서의 제척기간 등의 제한이 적용됨에 따라 질권의 보호는 충분하지 못하게 된다. 따라서 민법이 질권자에게 본권에 기인한 물권적 청구권을 인정하여야 함에도 소유권에 관한 제213조와 제214조의 준용규정을 두지 않은 것은 입법적 불비이다. 따라서 향후 민법의 개정에 의하여 준용규정을 두어야 하며, 위 입법조치가 이루어지기 전까지는 질권의 경우에도 소유권에 기인한 물권적 청구권 규정(213조, 214조)이 유추적용되어야 할 것이다(통설).

(2) 기한이익의 상실

질물이 채무자 또는 질권설정자에 의하여 훼손 등으로 질권을 침해하는 경우에는 채무자의 기한의 이익이 상실된다(388조 1호). 따라서 위에 따라 기한이익이 상실되면 변제기도래의 효과가 발생하므로, 질권자는 즉시변제청구권을 행사할 수 있고, 채무자가 피담보채권을 변제하지 않으면 질권을 실행할 수도 있다.

(3) 손해배상의 청구

채무자 또는 질권설정자에 의하여 훼손 등으로 질권을 침해하는 경우, 질권자는 위의 기한이익의 상실의 효과 이외에 손해배상도 청구할 수 있다(750조).

또 제3자가 질물을 훼손한 경우, 질권자는 질권의 침해를 이유로 손해배상을 청구할 수 있다(750조 참조).

6. 동산질권자의 의무

(1) 질물보관의무

1) 이에 관해서는 유치권의 규정이 준용된다(343조).

2) 따라서 질권자는 선량한 관리자의 주의로써 질물을 점유하여야 한다(324조 1항). 또 질권자는 설정자의 승낙 없이 질물을 사용·대여하거나 또는 담보로 제공하지 못한다(324조 2항). 질권자가 이에 위반하면 질권설정자는 질권의 소멸을 청구할 수 있다(343조, 324조 3항). 여기서 설정자의 소멸청구권은 일종의 형성권이므로, 유치권자의 일방적 의사표시에 의하여 유치권소멸의 효과가 발생한다(통설).

(2) 질물반환의무

동산질권이 소멸하면 질권자는 질물을 질권설정자에게 반환하여야 한다. 여기서 질권자가 질물을 반환하여야 할 상대방은 설정자다. 따라서 설정자와 소유자가 다른 경우에도 질물은 설정자에게 반환하여야 한다(통설).

Ⅲ. 동산질권의 소멸

1. 소멸의 사유

(1) 동산질권은 물권이므로, 물권일반의 소멸사유인 목적물의 멸실·혼동 등에 의하여 소멸한다.

(2) 또한 동산질권은 담보물권이므로, 담보물권에 공통하는 소멸사유인 피담보 채권의 변제로 유치권은 소멸한다.

(3) 질권의 행사는 소멸시효의 진행에 영향을 미치지 않는다. 이에 대해서 질권의 경우는 유치권에서의 제326조와 같은 직접적 규정이 없으나, 위 규정이 질권의 경우에도 유추 적용되어야 한다. 따라서 질물의 유치를 채권의 행사라고 할 수 없으며, 질권자가 제168조의 청구 등 중단사유가 없는 경우 질권의 행사만으로는 소멸시효중단의 효과가 없게 된다.

2. 소멸의 효과

동산질권이 소멸하면 질권자는 질물을 질권설정자에게 반환하여야 한다. 따라서 동산질권이 소멸한 경우에도 질권자가 질물을 반환하지 않으면, 소유자는 소유권에 기인하여 물권적 반환청구권을 행사할 수 있다.

제3관 권리질권

Ⅰ. 서 설

1. 의의 및 성질

(1) 권리질권의 의의

권리질권(權利質權)은 재산권을 목적으로 하는 질권을 말한다(345조).

질권은 본래 유체물을 목적으로 한 것이었으나, 이를 교환가치만 있고 사용가치를 거의 인정할 수 없는 채권·주식 등과 같은 재산권의 담보화에까지 확장시킨 것이다.

(2) 권리질권의 성질

종래 권리질권의 성질에 관해서는 순수한 질권인가, 아니면 권리의 양도인가의 여부가 논의되어 왔다. 이 중 권리질권의 성질을 순수한 질권으로 이해하는 견해가 권리목적설이고, 권리의 양도로 이해하는 견해가 권리양도설이다. 요컨대 질권의 목적은 유체물이 아닌 권리이어도 무방하며, 우리 민법도 권리질권을 재산권이라는 권리를 목적으로 하는 질권으로 이해하고 있으므로 권리목적설로 이해하여야 한다(통설).

2. 권리질권의 목적

(1) 권리질권의 목적이 되는 권리

1) 권리질권의 목적은 양도성을 가지는 재산권이어야 한다(345조, 355조, 331조). 권리질권의 목적은 금전적 가치로 환가하여 우선변제할 수 있는 것이어야 하므로, 재산권이어야 한다.

2) 이에 따라 권리질권의 목적으로서 주요한 것은 채권, 주식(주주권), 지식재산권이다. 특히 권리질권 중에 가장 일반적이고 중요한 것은 채권질권이다. 따라서 민법의 권리질권에 관한 규정은 주로 채권질권에 관한 것이라고 할 수 있다.

(2) 권리질권의 목적이 될 수 없는 권리

1) 인격권·가족권 등 양도성이 없는 비재산권은 권리질권의 목적이 될 수 없다.

2) 재산권이더라도 부동산의 사용·수익을 목적으로 하는 권리는 권리질권의 목적으로 할 수 없다(345조 단서). 이에 따라 지상권, 전세권, 지역권, 부동산임차권 등은 권리질권의 목적으로 할 수 없다.

3) 그 밖에 소유권과 준물권인 광업권, 어업권 등은 성질상 권리질권의 목적이 될 수 없다. 특히 광업법은 광업권에 대해서 상속, 양도, 체납처분 또는 강제집행의 경우 외에는 권리의 목적으로 할 수 없도록 그 처분을 제한하고 있다(동법 11조). 또 수산업법도 어업권과 이를 목적으로 하는 권리에 관하여는 민법 중 질권(質權)에 관한 규정의 적용을 배제하고 있다(동법 16조).

Ⅱ. 채권질권

1. 채권질권의 설정방법

(1) 의 의

권리질권의 설정은 법률에 다른 규정이 없으면 그 권리의 양도에 관한 방법에 의하여야 한다(346조). 이와 같이 권리질권의 설정을 위하여 그 권리의 처분과 동일한 방법에 의하도록 규정한 것은 권리질권의 목적이 되는 권리는 유체물인 동산과 달리 그 존재 또는 처분을 공시하는 방법이 각각 특이하고, 이 공시방법의 특이성은 입질의 경우도 양도의 경우와 마찬가지이기 때문이다.

채권을 질권의 목적으로 하는 경우에 채권증서가 있는 때에는 질권의 설정은 당사자의 합의 외에 그 증서를 질권자에게 교부함으로써 그 효력이 생긴다(347조). 이는 물권변동의 성립요건주의의 원칙을 둔 규정이다. 그러나 이러한 질권의 설정방법은 지명채권의 경우에 대한 것으로서, 지시채권과 무기명채권에서는 질권의 설정방법을 별도로 규정하고 있다(350조, 351조). 따라서 채권질권의 설정은 채권의 성질에 따라 차이가 있다.

(2) 지명채권

지명채권의 입질은 당사자의 질권설정의 합의와 채권증서의 교부가 이루어져야 한다.

지명채권을 목적으로 한 질권의 설정은 설정자가 제450조의 규정에 의하여 제3채무자에게 질권설정의 사실을 통지하거나 제3채무자가 이를 승낙함이 아니면 이로써 제3채무자 그 밖의 제3자에게 대항하지 못한다. 이 경우, 통지나 승낙은 확정일자 있는 증서에 의하지 아니하면 채무자 이외의 제3자에게 대항하지 못한다(349조, 450조).

지명채권에 있어서 채권증서가 있으면 당사자의 합의 외에 그 증서를 질권자에게 교부함으로써 질권설정의 효력이 생긴다(347조). 위 증서의 교부는 동산질권에 있어서 목적물인 동산의 인도에 해당하는 것이다. 여기서 증서의 교부와 관련해서는 "질권자는 설정자로 하여금 질물을 점유하게 하지 못한다."는 하는 점유개정의 금지를 다루고 있는 제332조가 채권질권의 교부에도 적용될 것인가의 여부가 문제된다. 이에 대하여 소수설은 채권증서가 현실적으로 교부하여야 한다고 새기면서 제332조를 채권질권에도 적용되는 것으로 이해한다(이영준 842면). 그러나 이에 대해서 통설은 제332조를 채권질권에 적용할 실질적 이유가 없으므로 점유개정에 의한 증서의 교부도 인정되며, 증서를 반환하는 경우에도 채권질권은 소멸하지 않는 것으로 새기고 있다. 요컨대 지명채권에 있어서 채권증서는 채권의 증거방법에 지나지 않고 증서의 교부도 질권설정자로부터 채권의 처분권을 빼앗는 것이 아님을 고려할 때 지명채권의 설정에서의 증서의 교부는 점유개정의 방법으로 할 수 있는 것으로 이해하는 통설의 태도가 타당하다(권용우 496면). 따라서 증서의 교부는 점유개정이 있어도 질권의 소멸을 가져오지 않는다.

그러나 채권증서가 없는 지명채권을 입질하는 때에는 당사자의 합의인 질권설정계약만으로 질권은 설정된다.

(3) 지시채권

지시채권을 질권의 목적으로 한 질권의 설정은 증서에 배서하여 질권자에게 교부함으로써 그 효력이 생긴다(350조, 508조). 따라서 지시채권의 입질은 그 양도에 있어서와 같이 증서에 입질배서를 하여 질권자에게 교부하여야 효력이 생긴다.

(4) 무기명채권

무기명채권을 목적으로 한 질권의 설정은 증서를 질권자에게 교부함으로써 그 효력이 생긴다(351조, 523조). 여기서 무기명채권은 증서의 점유에 의하여 권리가 실현되므로 동산질권에 있어서와 같다. 따라서 이 경우의 질권의 설정은 그 양도에 있어서와 같이 증서를 질권자에게 교부함으로써 효력이 생긴다.

(5) 사채(社債)

사채에는 무기명사채와 기명사채가 있다. 이 중 무기명사채의 입질은 위의 무기명채권의 경우와 같다(351조). 또 기명사채는 지명채권에 관한 규정이 적용되므로,

당사자 사이의 질권설정에 관한 합의와 질권자에게 증서를 교부함으로써 효력이 생긴다(346조, 347조).

다만 기명사채의 입질과 대항요건에 관해서 상법은 "기명사채의 이전은 취득자의 성명과 주소를 사채원부에 기재하고 그 성명을 채권에 기재하지 아니하면 회사 기타의 제3자에게 대항하지 못한다."고 규정하고 있다(동법 479조). 따라서 기명사채의 입질의 경우, 질권자의 성명과 주소를 사채원부에 기재하고, 그 성명을 채권에 기재하여야만 회사 그 밖의 제3자에게 대항할 수 있게 된다.

(6) 저당권부 채권

저당권으로 담보한 채권을 질권의 목적으로 한 때에는 그 저당권등기에 질권의 부기등기를 하여야 그 효력이 저당권에 미친다(348조). 따라서 저당권에 의하여 담보된 채권 위에 권리질권을 설정하는 경우, 저당권등기에 질권설정의 부기등기를 하여야만 질권의 효력이 저당권에도 미치게 된다.

2. 채권질권의 효력

(1) 효력이 미치는 범위

1) 권리질권의 효력이 미치는 범위에 대하여서는 동산질권에 관한 규정이 준용된다(355조, 334조).

2) 입질채권이 이자가 있으면 질권의 효력은 입질채권의 이자에 미치며(100조 2항), 질권자는 이자에 대해서도 직접 추심하여 변제에 충당할 수 있다(353조, 355조, 343조, 323조).

3) 채권질권에도 동산질권의 물상대위에 관한 규정이 적용된다(355조, 342조).

4) 질권의 목적이 된 채권이 금전채권인 때에는 질권자는 자기채권의 한도에서 질권의 목적이 된 채권을 직접 청구할 수 있고, 채권질권의 효력은 질권의 목적이 된 채권의 지연손해금 등과 같은 부대채권에도 미치므로 채권질권자는 질권의 목적이 된 채권과 그에 대한 지연손해금채권을 피담보채권의 범위에 속하는 자기채권액에 대한 부분에 한하여 직접 추심하여 자기채권의 변제에 충당할 수 있다(대판

2005. 2. 25. 2003다40668).

5) 무기명채권에 관하여 권리질권을 설정하였을 경우에는 채권자는 피담보채권의 내용과 관계없이 그 액면금 전액을 청구할 수 있다(대판 1972. 12. 26. 72다1941).

(2) 유치적 효력

1) 채권질권자는 피담보채권의 전부의 변제를 받을 때까지 교부받은 채권증서를 점유하여 유치할 수 있다(355조, 335조).

2) 채권질권의 증서의 점유는 제332조가 적용되지 않고 점유개정에 의한 것도 가능하므로 증서를 설정자에게 반환하여도 질권이 당연히는 소멸하지 않는다. 또 증서를 상실하면 질권에 기인하여 그 반환을 청구할 수 있다.

3) 질권설정자는 질권자의 동의 없이 면제 등 질권의 목적이 된 권리를 소멸하게 하거나 이율의 인하 등 질권자의 이익을 해하는 변경을 할 수 없다.

관련판례

질권설정자의 권리처분제한

① 민법 제352조가 질권설정자는 질권자의 동의 없이 질권의 목적된 권리를 소멸하게 하거나 질권자의 이익을 해하는 변경을 할 수 없다고 규정한 것은 질권자가 질권의 목적인 채권의 교환가치에 대하여 가지는 배타적 지배권능을 보호하기 위한 것이다. 그러므로 질권설정자와 제3채무자가 질권의 목적된 권리를 소멸하게 하는 행위를 하였다고 하더라도 이는 질권자에 대한 관계에 있어 무효일 뿐이어서 특별한 사정이 없는 한 질권자 아닌 제3자가 그 무효의 주장을 할 수는 없다(대판 1997. 11. 11. 97다35375).

② 질권의 목적인 채권의 양도행위는 민법 제352조 소정의 질권자의 이익을 해하는 변경에 해당되지 않으므로 질권자의 동의를 요하지 아니한다(대판 2005. 12. 22. 2003다55059).

(3) 우선변제적 효력

채권질권자가 우선변제를 받기 위한 채권질권의 실행방법에 관하여는 채권의 직접청구(353조)와 민사집행법이 정하는 집행방법(354조)의 두 가지가 있다.

1) 입질채권의 직접청구

가) 질권자는 질권의 목적이 된 채권을 직접 청구할 수 있다(353조 1항). 여기서 직접 청구권을 행사하기 위해서는 질권자의 채권과 채권질권의 변제기가 모두 도래하여야 한다. 여기서 '직접 청구할 수 있다.'는 것은 질권자가 채권자인 질권설정자를 통하지 않고 곧바로 청구할 수 있다는 것을 의미한다.

나) 채권의 목적물이 금전인 때에는 질권자는 자기 채권의 한도에서 직접 청구할 수 있으며, 여기서 채권의 변제기가 질권자의 채권의 변제기보다 먼저 도래한 때에는 질권자는 제3채무자에 대하여 그 변제금액의 공탁을 청구할 수 있다. 이 경우에 질권은 그 공탁금에 존재한다(353조 2항 및 3항). 다만 판례에 의하면, 무기명채권에 관하여 권리질권을 설정하였을 경우에는 채권자는 피담보채권의 내용과 관계없이 그 액면금 전액을 청구할 수 있다(대판 1972. 12. 26. 72다1941).

다) 채권의 목적물이 금전 이외의 물건인 때에는 질권자는 그 변제를 받은 물건에 대하여 질권을 행사할 수 있다(353조 4항).

관련판례

입질채권의 직접청구

① 질권의 목적이 된 채권이 금전채권인 때에는 질권자는 자기채권의 한도에서 질권의 목적이 된 채권을 직접 청구할 수 있다. 그리고 채권질권의 효력은 질권의 목적이 된 채권의 지연손해금 등과 같은 부대채권에도 미치므로 채권질권자는 질권의 목적이 된 채권과 그에 대한 지연손해금채권을 피담보채권의 범위에 속하는 자기채권액에 대한 부분에 한하여 직접 추심하여 자기채권의 변제에 충당할 수 있다(대판 2005. 2. 25. 2003다40668).

② 민법 제346조, 제523조의 규정에 의하면 권리질권의 설정은 법률에 다른 규정이 없으면 그 권리의 양도에 관한 방법에 의하여야 하며 무기명 채권은 양수인에게 그 증서를 교부함으로써 양도의 효력이 있다고 되어 있고 무기명 채권에는 민법 제524조의 규정에 의하여 선의 취득에 관한 같은 법 제514조의 규정이 준용된다. 그러므로 무기명 채권에 관하여 권리질권을 설정하였을 경우에는, 질권의 목적이 된 채권의 실행 방법에 관한 민법 제353조 제2항의 규정은 그 적용이 배제되고, 피담보채권의 내용과는 관계없이 그 액면금 전액을 청구할 수 있다(대판 1972. 12. 26. 72다1941).

③ 질권의 목적이 된 채권이 금전채권인 때에는 질권자는 자기채권의 한도에서 질권의 목적이 된 채권을 직접 청구할 수 있고, 채권질권의 효력은 질권의 목적이 된 채권의 지연손해금 등과 같은 부대채권에도 미치므로 채권질권자는 질권의 목적이 된 채권과 그에 대한 지연손해금채권을 피담보채권의 범위에 속하는 자기채권액에 대한 부분에 한하여 직접 추심하여 자기채권의 변제에 충당할 수 있다(대판 2005. 2. 25. 2003다40668).

2) 민사집행법에 정한 집행방법

채권질권자는 채권의 직접청구 외에 민사집행법에서 정하여진 집행방법에 의하여 질권을 실행할 수도 있다(354조).

이와 관련해서 민사집행법은 채권의 추심, 전부(轉付) 및 현금화하는 수단인 환가의 세 가지방법을 규정하고 있다(동법 223조~250조, 273조).

(4) 전질권과 채권질권의 침해에 대한 효력

1) 채권질권자는 동산질권자와 마찬가지로 전질권을 가진다(355조, 336조).

2) 채권질권이 침해된 경우, 질권자는 동산질권에서와 마찬가지로 점유보호청구권을 행사할 수 있다(통설).

(5) 채권질권자의 의무

채권질권자는 교부받은 증서를 선량한 관리자의 주의에 의하여 보관하여야 하고, 피담보채권이 소멸하는 때에 이를 설정자에게 반환하여야 한다(355조, 343조, 324조).

3. 채권질권의 소멸

(1) 채권질권도 물권의 공통적 소멸원인(목적물의 멸실 등)과 담보물권의 공통의 소멸원인(피담보채권의 변제와 소멸 등)으로 소멸한다.

(2) 동산질권에 있어서의 질물을 반환함으로써 질권이 소멸하는 것과 같이 채권질권 중 지시채권과 무기명채권 위의 질권의 경우는 질권자가 설정자에게 증서를 반환하면 채권질권은 소멸한다. 다만 지명채권에서의 증권의 교부는 질권설정자로부터 채권의 처분권능을 빼앗는 것도 아니고 점유개정에 의한 교부도 인정되므로 증서의 반환이 있어도 질권은 소멸되지 않는다.

(3) 권리질권에 있어서도 동산질권과 마찬가지로 질권자가 선관주의에 위반한 경우, 설정자는 소멸청구권을 행사할 수 있으며, 이에 의하여 채권질권은 소멸한다(355조, 343조, 324조).

Ⅲ. 그 밖의 권리질권

1. 주식 위의 질권

(1) 의 의

주식은 주식회사의 자본의 구성부분으로서, 주식은 양도할 수 있는 재산권이다. 상법은 주식을 대상으로 하는 질권에 대해 규정하고 있다(동법 338조~340조).

(2) 기명주식의 입질

기명주식을 질권의 목적으로 하는 때에는 주권을 질권자에게 교부하여야 하며, 질권자는 계속하여 주권을 점유하지 아니하면 그 질권으로써 제3자에게 대항하지 못한다(상법 338조).

(3) 주식질권의 물상대위

주식의 소각, 병합, 분할 또는 전환이 있는 때에는 이로 인하여 종전의 주주가 받을 금전이나 주식에 대하여도 종전의 주식을 목적으로 한 질권을 행사할 수 있다(상법 339조).

(4) 기명주식의 등록질

기명주식을 질권(質權)의 목적으로 한 경우에 회사가 질권설정자의 청구에 따라 그 성명과 주소를 주주명부에 덧붙여 쓰고 그 성명을 주권(株券)에 적은 경우에는 질권자는 회사로부터 이익배당, 잔여재산의 분배 또는 제339조에 따른 금전의 지급을 받아 다른 채권자에 우선하여 자기채권의 변제에 충당할 수 있다(상법 340조 1항). 이 경우 질권자는 회사에 대하여 주식에 대한 주권의 교부를 청구할 수 있다(상법 340조 3항).

여기서 질권의 목적이 된 주식의 실행방법은 질권의 목적이 된 채권의 실행방법에 관한 민법의 규정이 준용된다(353조 3항, 상법 340조 2항). 따라서 채권의 변제기가 질권자의 채권의 변제기보다 먼저 도래한 때에는 질권자는 제3채무자에 대하여 그 변제금액의 공탁을 청구할 수 있다. 이 경우에 질권은 그 공탁금에 존재한다.

2. 지식재산권 위의 질권

(1) 의 의

저작권 중 저작재산권, 특허권, 디자인권, 실용신안권, 상표권 등의 지식재산권을 질권의 목적으로 할 수 있다. 이에 대해서는 그에 해당하는 특별법인 저작권법(47조), 특허법(121조), 디자인보호법(98조), 실용신안법(28조), 상표법(96조)이 각각 질권을 설정할 수 있도록 규정하고 있다.

(2) 설 정

1) 지식재산권 위의 질권 중 저작권의 경우는, 질권설정의 합의만으로 효력이 생기고, 등록하지 아니하면 제3자에게 대항할 수 없다(저작권법 54조).

2) 그러나 지식재산권 중 특허권, 디자인권, 실용신안권, 상표권 위의 질권은, 질권실정의 합의와 등록이 있어야 그 효력이 생긴다(특허법 87조, 101조, 디자인보호법 90조, 108조, 실용신안법 28조, 상표법 96조).

(3) 효 력

1) 지식재산권 위의 질권에도 동산질권과 유치권에 관한 규정이 준용된다(355조, 343조, 323조, 324조). 따라서 이 경우 질권자는 설정자의 승낙 없이 지식재산권을 행사해서 그 수익을 우선변제에 충당하지 못한다.

2) 지식재산권 위의 질권의 실행방법은 민사집행법이 규정하는 환가방법에 의해야 한다(354조, 민사집행법 273조).

제4절 저 당 권

제1관 서 설

I. 의의 및 성질

1. 의 의

저당권(抵當權)은 채권자인 저당권자가 채무자 또는 제3자(물상보증인)가 점유를 이전하지 않고 채무의 담보로 제공한 부동산 그 밖의 목적물에 대하여 다른 채권자보다 자기 채권의 우선변제를 받는 약정담보물권을 말한다(356조).

2. 성 질

(1) 약정담보물권

저당권은 당사자인 저당권자와 저당권설정자 사이의 합의(저당권설정계약)와 등기에 의하여 성립하는 약정담보물권이다. 이 점에서 저당권은 질권과 그 성질이 같고, 법정담보물권인 유치권과 다르다.

따라서 저당권은 약정저당권이 대부분이나, 민법은 예외적으로 토지임대차와 관련해서 '임차지상의 건물에 대한 법정저당권'을 인정하고 있다(649조).

(2) 타 물 권

저당권은 채무자 또는 제3자(물상보증인)인 타인의 물건이나 권리를 그 객체로 하는 타물권이다. 다만 소유권과 저당권이 동일인에게 귀속된 혼동의 경우에 그 저당권이 제3자의 권리의 목적이 된 경우에는 제3자의 권리보호를 위해서 저당권은 소멸하지 않게 되어 반사적으로 소유자 자신의 부동산 위에 저당권이 성립할 수는 있으나(191조 1항 단서), 이는 혼동의 예외에 따른 결과일 뿐이다. 따라서 이와 같은 특별한 경우를 제외하고는 저당권은 타인의 물건이나 권리를 그 객체로 하며, 소유자저당권은 인정되지 않는다.

(3) 우선변제적 효력

저당권자는 우선변제적 효력을 갖는다. 즉 저당권은 저당권자가 목적물로부터 우선변제 받는 것을 본체로 하는 권리이다. 이 점에서 저당권은 질권과 성질이 같고, 우선변제적 효력이 없는 유치권과 다르다.

(4) 점유를 수반하지 않는 권리

저당권은 점유를 수반하지 않는 권리이므로, 점유이전이 필요 없다. 즉 저당권은 목적물의 점유를 저당권자인 채권자에게 이전함이 없이 설정자가 자기의 수중(手中)에 보유하며, 등기를 통하여 이를 공시하는 담보물권이다. 이에 따라 저당권의 침해에 대한 구제수단인 물권적 청구권은 인정되나, 반환청구권은 인정되지 않는다(370조, 214조).

(5) 담보물권의 통유성

저당권은 담보물권으로서의 통유성(通有性)을 모두 갖는다.

1) 부 종 성

가) 저당권은 담보물권의 전형으로서, 저당권으로 담보한 채권이 시효의 완성 기타 사유로 인하여 소멸한 때에는 저당권도 소멸하므로, 부종성을 띤다(369조).

나) 다만 저당권은 그 담보할 채무의 최고액만을 정하고 채무의 확정을 장래에 보류하여 이를 설정하는 근저당의 경우에는 부종성이 엄격하지 않게 된다(357조 참조).

다) 피담보채권이 소멸하면 저당권은 그 부종성에 의하여 당연히 소멸하게 되므로, 그 말소등기가 경료되기 전에 그 저당권부채권을 가압류하고 압류 및 전부명령을 받아 저당권 이전의 부기등기를 경료한 자라 할지라도, 그 가압류 이전에 그 저당권의 피담보채권이 소멸된 이상, 그 근저당권을 취득할 수 없고, 실체관계에 부합하지 않는 그 근저당권 설정등기를 말소할 의무를 부담한다(대판 2002. 9. 24. 2002다27910).

2) 수 반 성

저당권은, 그 담보한 채권과 분리하여 타인에게 양도하거나 다른 채권의 담보로 하지 못하므로, 수반성을 띤다(361조).

3) 불가분성과 물상대위성

가) 저당권은, 저당권자가 채권전부의 변제를 받을 때까지 저당물 전부에 대하여 그 권리를 행사할 수 있으므로 불가분성을 띤다(321조 참조).

나) 저당권은, 저당물의 멸실, 훼손 또는 공용징수로 인하여 설정자가 받을 금전 그 밖의 물건에 대하여도 이를 행사할 수 있으므로 물상대위성을 갖는다(370조, 342조).

Ⅱ. 근대저당권의 특질

원래 저당권은 피담보채권의 변제를 확보하기 위한 '보전저당권'이라고 할 수 있다. 그러나 투자의 객체로 금융시장에 유통시키는 투자의 매개수단인 '투자저당권'의 기능이 요청되고 있다. 이러한 투자저당권을 근대저당권이라고 하며, 이에는 다음의 원칙이 요구된다.

1. 공시의 원칙

(1) 이는, 저당권은 존재를 일반인이 쉽게 알 수 있도록 그 겉모습(공시)을 갖추어야 한다는 원칙이다.

(2) 이 원칙은 우리 민법에서도 엄격히 지켜지고 있다(186조).

2. 특정의 원칙

(1) 이는, 저당권은 현존·특정하는 목적물 위에만 성립할 수 있다는 원칙이다.

(2) 우리 민법에서도 이 원칙은 지켜지고 있다.

3. 순위확정의 원칙

(1) 이는, 동일한 목적물 위에 설정된 저당권의 순위는 확정된 순위를 보유하고, 서로 침범하지 않는다는 원칙이다. 이는 저당권은 그 순위를 하강당하지 않는다는 '순위하강금지의 원칙'과 그 순위가 상승하지 않는다는 것으로, '순위승진금지의 원칙'을 그 내용으로 한다.

(2) 우리 민법은 '순위승진의 원칙'을 취하고 있으므로, 이 중 '순위승진금지의 원칙'을 제외한 순위를 하강당하지 않는다는 내용만 채택하고 있다.

4. 독립의 원칙

(1) 이는, 저당권이 특정 채권의 담보라는 종된 지위를 떠나서 독립적 지위를 보유하여야 한다는 원칙으로서, 저당권의 부종성을 부정하는 원칙이다.

(2) 우리 민법의 저당권은 부종성과 수반성을 띠므로(361조, 369조), 이 원칙을 채택하고 있지 않다.

5. 유통성확보의 원칙

(1) 이는, 저당권을 금융시장에 유통될 수 있도록 하여야 한다는 원칙으로서, 이를 위하여 공신의 원칙과 저당권을 저당증권화 하는 것을 전제로 하는 원칙이다.

(2) 우리 민법은 원칙적으로 부동산등기에 공신의 원칙이 인정되지 않고, 저당권의 증권화가 이루어지고 있지 않으므로, 이 원칙을 채택하고 있지 않다.

제2관 저당권의 성립

Ⅰ. 저당권설정계약에 의하는 경우

1. 저당권설정계약과 등기

(1) 저당권설정계약

1) 저당권설정계약은 물권계약으로서 계약당사자는 저당권자와 저당권설정자이다. 여기서 저당권설정계약은 피담보채권을 성립시키는 법률행위와 별개의 것이다(대판 2009. 12. 24. 2009다72070).

2) 저당권자는 채권자이어야 함이 원칙이다. 그러나 채권자와 채무자 및 제3자 사이에 합의가 있고, 제3자에게 채권의 실질적 귀속이 인정되는 법률관계가 존재하면 제3자 명의의 저당권도 유효하다.

3) 저당권설정자는 채무자는 물론이고 그 밖의 제3자도 가능하다. 여기서 제3자는 타인의 채무를 위하여 자기의 재산 위에 저당권을 설정한 자로서, 물상보증인(物上保證人)이라고 한다. 물상보증인에 대해서는 질권에서 설명한 바와 같다.

4) 저당권설정계약은 일종의 물권행위인 처분행위이므로, 당사자는 처분능력과 처분할 권리나 권한을 가져야 한다. 따라서 파산선고를 받은 자, 압류나 가압류를 당한 자, 대리권의 범위가 불분명한 대리인과 재산관리인 등은 저당권을 설정할 수 없다.

관련판례

저당권설정계약의 피담보채권을 성립시키는 법률행위

근저당권은 그 담보할 채무의 최고액만을 정하고, 채무의 확정을 장래에 보류하여 설정하는 저당권으로서(민법 제357조 제1항), 계속적인 거래관계로부터 발생하는 다수의 불특정채권을 장래의 결산기에서 일정한 한도까지 담보하기 위한 목적으로 설정되는 담보권이다. 그러므로 근저당권설정행위와는 별도로 근저당권의 피담보채권을 성립시키는 법률행위가 있어야 하고, 근저당권의 성립 당시 근저당권의 피담보채권을 성립시키는 법률행위가 있었는지 여부에 대한 입증책임은 그 존재를 주장하는 측에 있다(대판 2009. 12. 24. 2009다72070).

(2) 저당권설정등기

1) 공동신청원칙

채권자인 저당권자가 등기권리자가 되고, 채무자 또는 물상보증인인 저당권설정자가 등기의무자가 되어 공동으로 신청하는 것이 원칙이다. 하지만, 예외적으로 채권자인 저당권자가 저당권설정자를 피고로 하여 의사진술을 명하는 판결을 받아 단독으로 신청할 수 있다.

2) 신청정보와 첨부정보

저당권설정등기를 신청하는 경우에 신청정보에는 권리(전세권, 지상권)저당일 때에는 그 권리를 표시하여야 한다. 공동담보일 때에는 각 부동산에 관한 권리를 표시하고, 추가적 공동담보일 때에는 종전의 등기를 표시함에 족한 사항을 기록하여야 한다(부등법 78조).

등기의 목적에는 저당권설정이라고 기재한다. 채권액과 채무자는 신청정보 중 필요적 정보사항이다. 채무자와 저당권설정자가 동일인인 때에도 채무자의 정보(채무자의 성명 또는 명칭과 주소 또는 사무소 소재지)를 제공하여야 한다. 또한 채무변제기, 이자와 그 발생기·지급시기, 원본·이자의 지급장소, 채무불이행(債務不履行)으로 인한 손해배상에 관한 약정, 저당권의 효력이 저당부동산에 부합된 물건과 종물에 미치지 않는다는 특약(358조 단서의 약정), 조건부채권일 때에는 그 조건 등은 임의적 정보사항으로서 등기원인정보에 그 약정이 있는 경우에만 제공하여야 한다(부등법 75조). 원인정보에 그러한 약정이 기록되어 있는데도 신청정보에 기재하지 아니하면, 이는 신청정보가 방식에 적합하지 아니한 것이 되어 등기신청의 각하사유가 된다.

3) 첨부정보

첨부정보로는 일반등기신청을 할 때와 마찬가지로 등기원인증명정보로 저당권설정계약증명정보, 소유권이 저당권의 목적인 경우에는 소유자인 저당권설정자(등기의무자)의 인감증명을 제공하여야 한다.

지상권이나 전세권에 저당권설정등기를 신청하는 경우에는 소유자가 등기의무자가 되는 경우가 아니므로 등기의무자(전세권자나 지상권자)의 인감을 필요로 하지 않는다(등기규칙 60조 1항). 담보물이 다섯 개 이상인 때에는 공동담보목록을 첨부하여야 한다(부등법 78조).

4) 등기의 실행

저당권의 설정등기는 등기용지의 을구에 독립등기로 한다. 다만 전세권이나 지상권에 저당권설정등기를 할 때에는 부기등기로 한다(부등법 52조 3호).

(3) 저당권설정등기의 유효성과 판례이론

1) 무효등기의 유용

가) 종래 실질관계의 소멸로 무효로 된 등기의 유용은 그 등기를 유용하기로 하는 합의가 이루어지기 전에 등기상 이해관계가 있는 제3자가 생기지 않은 경우에 한하여 허용된다(대판 2009. 2. 26. 2006다72802).

나) 피담보채권의 변제로 저당권이 소멸하였으나 그 등기는 말소되지 않고 그대로 남아 있다가 그 후에 다시 같은 내용의 저당권을 설정하여 무효로 된 처음의 등기도 등기가 무효로 된 후 당사자가 그 무효등기를 유용하기로 합의할 때까지의

사이에 등기부상 이해관계 있는 제3자의 이익을 해하지 않으면 유효하다(대판 1994. 1. 28. 93다31702).

다) 등기가 실체적 권리관계에 부합한다고 하는 것은 그 등기절차에 어떤 하자가 있더라도 진실한 권리관계와 합치되는 것을 의미한다. 즉 채권자가 채무자와 사이에 근저당권설정계약을 체결하였으나 그 계약에 기한 근저당권설정등기가 채권자가 아닌 제3자의 명의로 경료되고 그 후 다시 채권자가 위 근저당권설정등기에 대한 부기등기의 방법으로 위 근저당권을 이전받았다면 특별한 사정이 없는 한 그때부터 위 근저당권설정등기는 실체관계에 부합하는 유효한 등기로 볼 수 있다(대판 2007. 1. 11. 2006다50055).

2) 채무자인 매수인 대신 매도인 명의의 저당권설정등기의 유효성

가) 소외 甲이 자기소유 부동산을 소외 乙에게 명의신탁한 후 피고와의 거래관계에서 발생하는 차용금 채무를 담보하기 위하여 위 부동산에 피고명의로 근저당권을 설정함에 있어서 당사자 간의 편의에 따라 소외 乙을 채무자로 등재한 경우 위 부동산의 근저당권이 담보하는 채무는 소외 甲의 피고에 대한 채무로 보아야 한다(대판 1980. 4. 22. 79다1822).

나) 부동산을 매수한 자가 소유권이전등기를 마치지 아니한 상태에서 매도인인 소유자의 승낙 아래 매수 부동산을 타에 담보로 제공하면서 당사자 사이의 합의로 편의상 매수인 대신 등기부상 소유자인 매도인을 채무자로 하여 마친 근저당권설정등기는 실제 채무자인 매수인의 근저당권자에 대한 채무를 담보하는 것으로서 유효하다고 볼 것이다. 이 경우 위 양자의 형태가 결합된 근저당권이라 하여도 그 자체만으로는 부종성의 관점에서 근저당권이 무효라고 보아야 할 어떤 질적인 차이를 가져오는 것은 아니라 할 것이다. 그리고 매매잔대금 채무를 지고 있는 부동산 매수인이 매도인과 사이에 소유권이전등기를 경료하지 아니한 상태에서 그 부동산을 담보로 하여 대출받는 돈으로 매매잔대금을 지급하기로 약정하는 한편, 매매잔대금의 지급을 위하여 당좌수표를 발행·교부하고 이를 담보하기 위하여 그 부동산에 제1 순위 근저당권을 설정하되, 그 구체적 방안으로서 채권자인 매도인과 채무자인 매수인 및 매도인이 지정하는 제3자 사이의 합의 아래 근저당권자

를 제3자로, 채무자를 매도인으로 하기로 하고, 이를 위하여 매도인이 제3자로부터 매매잔대금 상당액을 차용하는 내용의 차용금증서를 작성·교부하였다면, 매도인이 매매잔대금 채권의 이전 없이 단순히 명의만을 제3자에게 신탁한 것으로 볼 것은 아니다. 그리고 채무자인 매수인의 승낙 아래 매매잔대금 채권이 제3자에게 이전되었다고 보는 것이 일련의 과정에 나타난 당사자들의 진정한 의사에 부합하는 해석일 것이다. 그러므로 제3자 명의의 근저당권설정등기는 그 피담보채무가 엄연히 존재하고 있어 그 원인이 없거나 부종성에 반하는 무효의 등기라고 볼 수 없다(대판〈전〉 2001. 3. 15. 99다48948).

3) 제3자의 명의의 저당권등기의 유효성

가) 채권담보의 목적으로 채무자 소유의 부동산을 담보로 제공하여 저당권을 설정하는 경우에는 담보물권의 부종성의 법리에 비추어 원칙적으로 채권과 저당권이 그 주체를 달리할 수 없는 것이다. 하지만 채권자 아닌 제3자의 명의로 저당권등기를 하는 데 대하여 채권자와 채무자 및 제3자 사이에 합의가 있었고, 나아가 제3자에게 그 채권이 실질적으로 귀속되었다고 볼 수 있는 특별한 사정이 있거나, 거래경위에 비추어 제3자의 저당권등기가 한낱 명목에 그치는 것이 아니라 그 제3자도 채무자로부터 유효하게 채권을 변제받을 수 있고 채무자도 채권자나 저당권명의자인 제3자 중 누구에게든 채무를 유효하게 변제할 수 있는 관계 즉 묵시적으로 채권자와 제3자가 불가분적 채권자의 관계에 있다고 볼 수 있는 경우에는, 그 제3자 명의의 저당권등기도 유효하다고 볼 것이다. 즉 이러한 법리는 저당권의 경우뿐 아니라 채권 담보를 목적으로 가등기를 하는 경우에도 마찬가지로 적용된다고 보아야 할 것이고, 이러한 법리가 부동산실권리자명의등기에 관한 법률에 규정된 명의신탁약정의 금지에 위반된다고 할 것은 아니다(대판 2000. 12. 12. 2000다49879).

나) 채권과 이를 담보하는 저당권은 원칙적으로 그 주체를 달리할 수 없으므로 채권자 아닌 제3자 명의로 이루어진 저당권 설정등기는 원칙적으로 무효이나 채권자와 채무자 및 제3자의 합의가 있고 채권양도, 제3자를 위한 계약, 불가분적 채권관계의 형성 등 방법으로 채권이 그 제3자에게 실질적으로 귀속되었다고 볼 수

있는 특별한 사정이 있다면 제3자 명의의 저당권등기도 유효하다(대판〈전〉 2001. 3. 15. 99다48948).

다) 제3자를 근저당권 명의인으로 하는 근저당권을 설정하는 경우 그 점에 대하여 채권자와 채무자 및 제3자 사이에 합의가 있고, 채권양도, 제3자를 위한 계약, 불가분적 채권관계의 형성 등 방법으로 채권이 그 제3자에게 실질적으로 귀속되었다고 볼 수 있는 특별한 사정이 있는 경우에는 제3자 명의의 근저당권설정등기도 유효하다고 보아야 할 것이지만, 위와 같은 경우에 있어서도 당사자들의 일련의 행위가 가지는 법률적 의미가 분명하지 아니하다면 채권자와 근저당권자 사이에 형성된 법률관계의 실체를 밝히는 것은 단순한 사실인정의 문제가 아니라 의사표시 해석의 영역에 속하는 것일 수밖에 없다. 따라서 그 행위가 가지는 법률적 의미는 채권자와 근저당권자의 관계, 근저당권설정의 동기 및 경위, 당사자들의 진정한 의사와 목적 등을 종합적으로 고찰하여 논리와 경험칙에 따라 합리적으로 해석하여야 한다(대판 2011. 1. 13. 2010다69940).

라) 채권자 아닌 제3자 명의의 근저당권설정등기가 경료된 부동산에 소유권이전청구권 가등기가 경료되고 그 후 다시 채권자 명의의 위 근저당권이전의 부기등기가 경료된 사안에서, 채권자는 위 부기등기가 경료된 시점에 비로소 근저당권을 취득하는데, 부기등기의 순위가 주등기의 순위에 의하도록 되어 있는 부동산등기법 제6조 제1항에 따라 등기부상으로는 채권자가 위 제3자 명의의 근저당권설정등기가 경료된 시점에 근저당권을 취득한 것이 되어 위 가등기보다 그 순위가 앞서게 된다. 그러므로 결국 위 근저당권설정등기는 실체관계에 부합하는 유효한 등기라고 볼 수 없다(대판 2007. 1. 11. 2006다50055).

2. 저당권을 설정할 수 있는 채권(피담보채권)

(1) 저당권을 설정할 수 있는 채권인 피담보채권(被擔保債權)은 현존·특정의 채권인 것이 원칙이다. 그러나 조건부 또는 기한부채권 등 장래의 특정채권을 위해서도 설정될 수 있다(통설).

또한 민법은 저당권은 그 담보할 채무의 최고액만을 정하고 채무의 확정을 장래에 보류하여 이를 설정하는 근저당을 인정하고 있으므로(357조), 최고액이 한정되고 장래의 증감변동하는 불특정채권의 일정액도 가능하다.

(2) 또, 저당권의 피담보채권은 금전채권은 물론이고 금전 이외의 채권도 가능하다. 그러나 등기관이 일정한 금액을 목적으로 하지 아니하는 채권을 담보하기 위한 저당권설정의 등기를 할 때에는 그 채권의 평가액을 기록하여야 하므로(부등법 77조), 금전 이외의 채권은 최종적으로는 금전채권화할 수 있는 것이어야 한다.

관련판례

장래의 특정채권을 위한 저당권의 유효성

공동으로 매수하고 공유자에게 명의신탁한 부동산이 공유자에 의하여 임의로 처분되거나 그의 채권자들에 의하여 강제집행되는 등의 사유로 공유자에 의하여 자기지분이 침해될 경우에 공유자에 대하여 가지게 되는 장래의 조건부 손해배상청구권 또는 부당이득반환청구권을 담보하기 위하여 근저당권설정등기를 경료하였다면 이는 공유자 사이의 합치된 진정한 의사표시에 기하여 경료된 것이지 강제집행을 면탈할 목적으로 통정하여 한 허위의 의사표시라고 볼 수 없다. 그리고 또 장래에 발생할 특정의 조건부 채권을 피담보채권으로 하고 있어서 피담보채권이 존재하지 않는다고도 볼 수 없다(대판 1993. 5. 25. 93다6362).

3. 저당권의 객체

(1) 민법에 의한 것

1) 민법이 인정하는 저당권의 객체는 원칙적으로 부동산이다. 따라서 저당권은 1필의 토지, 1동의 건물을 대상으로 한다. 따라서 일물일권주의의 원칙에 따라 1필의 토지의 일부, 1동의 건물의 일부를 대상으로는 저당권을 설정할 수 없다.

2) 또 민법은 지상권, 전세권을 목적으로 저당권을 인정하고 있다(356조, 371조).

이 경우, 저당권의 규정은 지상권 또는 전세권을 저당권의 목적으로 한 경우에 준용되며, 지상권 또는 전세권을 목적으로 저당권을 설정한 자는 저당권자의 동의 없이 지상권 또는 전세권을 소멸하게 하는 행위를 하지 못한다(371조).

(2) 민법 이외의 법률에 의한 것

1) 저당권은 민법 이외의 법률에 의해서도 인정된다.

2) 여기서 특별법이 인정하는 저당권의 객체로는, 준물권인 광업권·어업권(광업법 11조, 수산업법 16조 2항), 공장재단과 광업재단(공장 및 광업재단 저당법 3조, 10조), 입목(입목법 3조 2항), 특수동산인 자동차·건설기계·항공기·소형선박(자동차 등 특정동산 저당법 3조)과 등기된 선박(상법 787조) 등이 있다.

3) 그러나 상표권 등 지식재산권(무채재산권)은 권리질권의 객체는 될 수 있으나, 저당권의 객체는 될 수 없다(345조 참조).

Ⅱ. 그 밖의 경우

1. 부동산공사수급인의 저당권설정청구권

(1) 의 의

부동산공사의 수급인이 공사완료시 그 보수에 관한 채권을 담보하기 위하여 그 부동산을 목적으로 하는 저당권의 설정을 청구할 수 있는 권리를 가진다(666조).

(2) 저당권의 성립

이 권리는 청구권이므로(통설), 이의 행사로 당연히 저당권이 성립하는 것은 아니고 도급인이 이 청구에 대응하여 등기하여야 저당권이 성립된다. 따라서 부동산공사수급인의 저당권설정청구권은 채권이므로, 저당권이 성립하기 위해서는 도급인이 저당권설정에 합의하거나 도급인의 의사표시에 갈음하는 판결이 있어야 하고, 이 밖에 등기까지 하여야 한다(186조).

2. 법정저당권의 성립

(1) 의 의

토지임대인이 변제기를 경과한 최후 2년의 차임채권에 의하여 그 지상에 있는 임차인 소유의 건물을 압류한 때에는 저당권이 성립한 것으로 본다(649조). 이는 법정질권(648조, 650조)에서와 마찬가지로 토지임대차에서 임대인의 채권을 특별히 보호할 필요에 따라 위의 요건을 갖춘 경우에 차임채권에 대한 우선변제를 확보하고자 하는 것에 그 입법취지가 있다.

(2) 성립과 내용

위에서 법정저당권의 성립시기는 압류등기를 한 때이다. 또 법정저당권의 피담보채권은 '2년의 차임채권'에 한하며, 여기서 2년의 연체차임채권에 대해서만 우선변제를 인정한 것은 건물에 대한 저당권자나 전세권자, 임차인의 채권자 등의 이해관계를 조절하기 위한 것이라고 할 수 있다.

제3관 저당권의 효력

Ⅰ. 저당권의 효력이 미치는 범위

1. 피담보채권의 범위

(1) 의 의

1) 저당권에는 후순위권리자 등 이해관계를 가지는 자가 있는 경우가 많을 수 있으므로, 이들과의 이해관계를 조절하기 위해서는 우선변제권을 행사할 수 있는 피담보채권의 범위를 좁게 할 필요가 있게 된다.

2) 피담보채권의 범위

저당권의 피담보채권은 질권과 같이 담보물에 대한 유치적 효력이 없기 때문에 담보물 보존비용이나 담보물의 하자로 생긴 손해배상이 인정될 여지가 없다. 따라서 이를 그 범위로 하는 질권에 비하여 저당권에 의하여 담보되는 채권의 범위는 좁다(334조 참조).

민법이 규정하는 저당권의 피담보채권의 범위는 다음과 같다(360조).

가) 원 본

원본(元本)은 원본채권을 말하며, 원본채권액·변제기·지급장소는 이를 등기해야 한다(부등법 75조 1항).

나) 이 자

이자 발생에 관한 특약이 있는 경우에는 이자도 피담보채권의 범위에 포함되며, 이자 및 그 발생기·지급시기 및 지급 장소는 등기해야 한다(부등법 75조 1항). 따라서 등기 없는 약정이자는 저당권의 피담보채권의 범위에 포함되지 않는다.

또 이자채권에 대하여 구 민법은 '최후의 2년분'으로 제한하고 있었으나(동법 374조 1항), 현행 민법은 이러한 제한이 없으므로, 제한 없이 담보된다.

다) 위 약 금

위약금의 약정이 있으면 손해배상액의 예정이든 위약벌이든 그 명칭에 관계없이 위약금으로 다루어지며(396조 4항), 이는 등기해야만 담보된다(통설). 따라서 등기 없는 위약금은 저당권의 피담보채권의 범위에 포함되지 않는다.

라) 채무불이행으로 인한 손해배상청구권

이는 지연배상이라고도 하며, 대상은 원본이행기일을 경과한 1년분에 한한다(360조 단서). 이는 등기 없이 담보된다. 따라서 2년분의 지연배상(지연이자) 등 1년분을 초과하는 지연배상은 저당권의 피담보채권의 범위에 포함되지 않는다.

마) 저당권실행비용

저당권의 실행에는 감정비용·경매신청등록세 등의 비용이 드는데, 이는 등기하지 않아도 당연히 피담보채권으로서의 효력이 미친다. 그러나 담보물의 보존비용, 담보물의 하자로 생긴 손해배상 등은 실행비용에 해당하지 않고, 점유를 수반하지 않는 저당권의 피담보채권의 범위에 포함되지 않는다.

(2) 불가분성

지당권은 담보물권으로서 불가분성을 띠므로(321조 참조), 저당권자가 채권 전부의 변제를 받을 때까지 저당물전부에 대하여 그 권리를 행사할 수 있으므로 피담보채권이 그 일부라도 남아 있으면 그 변제를 위해서 저당권을 행사하여 저당물을 실행할 수 있다. 따라서 이 경우, 저당권설정자는 저당권등기에 대한 말소청구를 하지 못한다(통설).

관련판례

저당권의 효력이 미치는 피담보채권의 범위

① 저당권의 피담보채무의 범위에 관하여 제360조가 지연배상에 대하여는 "원본의 이행기일을 경과한 후의 1년분에 한하여 저당권을 행사할 수 있다."고 규정하고 있는 것은 저당권자의 제3자에 대한 관계에서의 제한이며 채무자나 저당권설정자가 저당권자에 대하여 대항할 수 있는 것이 아니다. 그리고 민법 제360조가 양도담보의 경우에 준용된다고 하여도 마찬가지로 해석하여야 할 것인 만큼, 양도담보의 채무자가 양도담보권자에 대하여 민법 제360조에 따른 피담보채권의 제한을 주장할 수는 없는 것이다(대판 1992. 5. 12. 90다8855).

② 신축 상가건물에 대한 공사대금채권의 담보를 위하여 상가건물에 근저당권을 설정하면서 근저당권설정자와 근저당권자 사이에 분양계약자가 분양대금을 완납하는 경우 그 분양계약자가 분양 받은 지분에 관한 근저당권을 말소하여 주기로 하는 약정이 있었다 하더라도, 근저당권자는 근저당권설정자 또는 분양계약자에 대하여 그 약정에 따라 분양계약자의 분양 지분에 관한 근저당권을 말소하여 줄 채권적 의무가 발생할 뿐이지 물권인 근저당권자의 근저당권 자체가 등기에 의하여 공시된 바와 달리 위 약정에 의하여 제한되는 것은 아니다. 그리고 그 근저당권의 인수인이 당연히 위 약정에 따른 근저당권자의 채무를 인수하는 것도 아니다(대판 2001. 3. 23. 2000다49015).

2. 목적물의 범위

저당권의 효력이 미치는 목적물의 범위는 특약이 없는 한 다음의 경우와 같이 목적물의 소유권이 미치는 범위와 대체적으로 일치한다.

(1) 부합물(附合物)

가) 저당권의 효력은 저당부동산에 부합한 물건에 미친다(358조 본문). 그러나 설정행위에서 다르게 약정한 때 또는 법률에 특별한 규정이 있는 경우는 부합물에 저당권의 효력이 미치지 않는다(358조 단서). 따라서 기존 건물에 대하여 이미 설정되어 있던 저당권의 효력은 법률에 특별한 규정이나 설정행위 등에 다른 약정이 없는 한 증축 부분에도 미친다(대판 1999. 7. 27. 98다32540).

나) 여기서 부합의 시기는, 저당권설정 전이냐 후이냐를 불문하고 저당권의 효력이 미친다(대판 1974. 2. 12. 73다298). 또 성숙한 농작물은 토지에 부합하지 않는다(대판 1965. 7. 20. 65다874).

다) 저당부동산으로부터 분리·반출된 부합물이나 종물이 정당한 권리행사에 기인한 경우에는 저당권의 효력이 미치지 않는다. 다만 분리·반출이 저당물과 결합하여 공시의 작용이 미치는 한도 안에 있으면, 그 범위 안에서 저당권의 효력이 미친다.

이와 관련해서 판례는 "저당권자는 물권에 기하여 그 침해가 있는 때에는 그 제거나 예방을 청구할 수 있다고 할 것인바, 공장저당권의 목적 동산이 저당권자의 동의를 얻지 아니하고 설치된 공장으로부터 반출된 경우에는 저당권자는 점유권이 없기 때문에 설정자로부터 일탈한 저당목적물을 저당권자 자신에게 반환할 것을 청구할 수는 없지만, 저당목적물이 제3자에게 선의취득되지 아니하는 한 원래의 설치 장소에 원상회복할 것을 청구함은 저당권의 성질에 반하지 아니함은 물론 저당권자가 가지는 방해배제권의 당연한 행사에 해당한다."고 판시하여 저당목적물로부터 반출된 경우, 제3자에게 선의취득되지 않은 경우 원래의 설치 장소에 원상회복할 것을 청구하는 방해배제청구권을 인정하고 있다(대판 1996. 3. 22. 95다55184).

관련판례

저당권의 효력이 미치는 부합물의 범위

① 성숙한 농작물은 토지에 부합하지 않으므로, 이에는 저당권의 효력이 미치지 않는다(대판 1965. 7. 20. 65다874).

② 저당권은 법률에 특별한 규정이 있거나 설정행위에 다른 약정이 있는 경우를 제외하고 그 저당부동산에 부합된 물건과 종물 이외에까지 그 효력이 미치는 것은 아니므로 사회적 관점이나 경제적 관점에 비추어 보아 저당건물과는 별개의 독립된 건물을 저당건물의 부합물이나 종물로 보아 경매법원에서 저당건물과 같이 경매를 진행하고 경락허가를 하였다고 하여 위 건물의 소유권에 변동이 초래될 수는 없다(대판 1974. 2. 12. 73다298).

③ 기존 건물에 관하여 증축 후의 현존 건물의 현황에 맞추어 증축으로 인한 건물표시변경등기가 경료된 경우에는 특별한 사정이 없는 한 그 소유자는 증축 부분을 구분건물로 하지 않고 증축 후의 현존 건물 전체를 1개의 건물로 하려는 의사였다고 봄이 상당하고, 이 경우 증축 부분이 기존 건물의 구성 부분이거나 이에 부합된 것으로서 기존 건물과 증축 후의 현존 건물 사이에 동일성이 인정된다면, 위 건물표시변경등기는 증축 후의 현존 건물을 표상하는 유효한 등기라고 할 것이고, 또한 기존 건물에 대하여 이미 설정되어 있던 저당권의 효력은 법률에 특별한 규정이나 설정행위 등에 다른 약정이 없는 한 증축 부분에도 미친다고 할 것이므로 기존 건물에 설정된 저당권의 효력을 증축 부분에 미치게 하는 취지의 저당권변경등기를 할 수 없는 것이고, 설사 그러한 등기가 경료되었다고 하더라도 아무런 효력이 없으며, 한편 증축 부분이 기존 건물의 구성 부분이거나 이에 부합된 것이 아닌 별개의 건물이고 이를 구분건물로 할 의사였다면 구분건물로서 등기를 하여야 할 것이지 건물표시변경등기를 할 수는 없는 것이므로, 그 건물표시변경등기가 경료된 후 기존 건물에 설정된 저당권의 효력을 증축 부분에 미치게 하는 취지의 저당권변경등기를 하였다고 하더라도 그 저당권의 효력이 별개의 건물인 증축 부분에 미칠 수는 없다(대판 1999. 7. 27. 98다32540).

④ 경매대상 건물이 인접한 다른 건물과 합동됨으로 인하여 건물로서의 독립성을 상실하게 되었다면 경매대상 건물만을 독립하여 양도하거나 경매의 대상으로 삼을 수는 없고, 이러한 경우 경매대상 건물에 대한 채권자의 저당권은 위 합동으로 인하여 생겨난 새로운 건물 중에서 위 경매대상 건물이 차지하는 비율에 상응하는 공유지분 위에 존속하게 되므로 근저당권자인 채권자로서는 경매대상 건물 대신 위 공유지분에 관하여 경매신청을 할 수밖에 없다 할 것이고, 경매대상 건물에 관하여 생긴 위와 같은 사유는 경매한 부동산이 양도할 수 없는 것으로서 민사집행법 제268조에 의하여 준용되는 같은 법 제123조 제2항, 제121조 소정의 강제집행을 허가할 수 없는 때에 해당하게 될 것이므로 경매법원으로서는 직권으로 위 건물에 대한 경락을 허가하지 아니하여야 한다(대결 1993. 11. 10. 93마929; 대판 2010. 1. 14. 2009다66150 참조). 그리고 이러한 법리는 1동의 건물 중 구조상 구분된 수개의 부분이 독립한 건물로서 사용될 수 있어 그 각 부분이 각각 소유권의 목적이 된 경우로서 그 구분건물들 사이의 격벽이 제거되는 등의 방법으로 각 구분건물이 건물로서의 독립성을 상실하여 일체화되고 이러한 일체화 후의 구획을 전유부분으로 하는 1개의 건물이 되는 경우에도 마찬가지로 적용된다고 할 것이다(대판 2010. 3. 22. 2009마1385).

(2) 종물(從物)

가) 저당권의 효력은 저당부동산의 종물에도 미친다(358조 본문). 따라서 부동산의 종물은 주물의 처분에 따르고, 저당권은 그 목적 부동산의 종물에 대하여도 그 효력이 미치기 때문에, 저당권의 실행으로 개시된 경매절차에서 부동산을 경락받은 자와 그 승계인은 종물의 소유권을 취득한다. 그리고 그 저당권이 설정된 이후에 종물에 대하여 강제집행을 한 자는 위와 같은 경락인과 그 승계인에게 강제집행의 효력을 주장할 수 없다(대판 1993. 8. 13. 92다43142).

또 건물에 대한 저당권이 실행되어 경락인이 그 건물의 소유권을 취득하였다면 경락 후 건물을 철거한다는 등의 매각조건에서 경매되었다는 등 특별한 사정이 없는 한, 경락인은 건물 소유를 위한 지상권도 민법 제187조의 규정에 따라 등기 없이 당연히 취득하게 된다.

나) 여기서 저당권의 효력이 미치는 저당부동산의 종물은 제100조가 규정하는 종물과 같은 의미로서 어느 건물이 주된 건물의 종물이기 위하여는 주물의 상용에 이바지하는 관계에 있어야 한다. 그리고 '주물의 상용에 이바지한다.'함은 주물 그 자체의 경제적 효용을 다하게 하는 것을 말하는 것으로서, 주물의 소유자나 이용자의 사용에 공여되고 있더라도 주물 그 자체의 효용과 직접 관계가 없는 물건은 종물이 아니다(대결 2000. 11. 2. 2000마3530).

다) 또한 저당권의 효력은 저당건물에 대한 지상권, 저당권의 목적이 된 집합건물의 구분소유권에 대한 대지사용권 등 저당물을 주된 권리로 하는 종된 권리에도 미친다(통설).

관련판례

저당권의 효력이 미치는 종물, 종된 권리

① 저당권의 실행으로 부동산이 경매된 경우에 그 부동산에 부합된 물건은 그것이 부합될 당시에 누구의 소유이었는지를 가릴 것 없이 그 부동산을 낙찰받은 사람이 소유권을 취득하지만, 그 부동산의 상용에 공하여진 물건일지라도 그 물건이 부동산의 소유자가 아닌 다른 사람의 소유인 때에는 이를 종물이라고 할 수 없으므로 부동산에 대한 저당권의 효력에 미칠 수 없어 부동산의 낙찰자가 당연히 그 소유권을 취득하는 것은 아니며, 나아가 부동산의 낙찰자가 그 물건을 선의취득하였다고 할 수 있으려면 그 물건이 경매의 목적물로 되었고 낙찰자가 선의이며 과실 없이 그 물건을 점유하는 등으로 선의취득의 요건을 구비하여야 한다(대판 2008. 5. 8. 2007다36933).

② 백화점 건물의 지하 2층 기계실에 설치되어 있는 전화교환설비가 건물의 원소유자가 설치한 부속시설이며, 위 건물은 당초부터 그러한 시설을 수용하는 구조로 건축되었고, 위 시설들은 볼트와 전선 등으로 위 건물에 고정되어 각 층, 각 방실까지 이어지는 전선 등에 연결되어 있을 뿐이어서 과다한 비용을 들이지

않고도 분리할 수 있고, 분리하더라도 독립한 동산으로서 가치를 지니며, 그 자리에 다른 것으로 대체할 수 있는 것이라면, 위 전화교환설비는 독립한 물건이기는 하나, 그 용도, 설치된 위치와 그 위치에 해당하는 건물의 용도, 건물의 형태, 목적, 용도에 대한 관계를 종합하여 볼 때, 위 건물에 연결되거나 부착하는 방법으로 설치되어 위 건물인 10층 백화점의 효용과 기능을 다하기에 필요불가결한 시설들로서, 위 건물의 상용에 제공된 종물이라 할 것이다(대판 1993. 8. 13. 92다43142).

③ 저당권의 효력이 저당부동산에 부합된 물건과 종물에 미친다는 민법 제358조 본문을 유추하여 보면 건물에 대한 저당권의 효력은 그 건물에 종된 권리인 건물의 소유를 목적으로 하는 지상권에도 미치게 되므로, 건물에 대한 저당권이 실행되어 경락인이 그 건물의 소유권을 취득하였다면 경락 후 건물을 철거한다는 등의 매각조건에서 경매되었다는 등 특별한 사정이 없는 한, 경락인은 건물 소유를 위한 지상권도 민법 제187조의 규정에 따라 등기 없이 당연히 취득하게 되고, 한편 이 경우에 경락인이 건물을 제3자에게 양도한 때에는, 특별한 사정이 없는 한 민법 제100조 제2항의 유추적용에 의하여 건물과 함께 종된 권리인 지상권도 양도하기로 한 것으로 봄이 상당하다(대판 1996. 4. 26. 95다52864).

④ 건물의 소유를 목적으로 한 토지임차인이 그 토지 위에 소유하는 건물에 저당권을 설정한 경우, 그 저당권이 실행되어 경락인이 건물의 소유권을 취득한 때에는 특별한 사정이 없는 한 위 임차권도 경락인에게 이전된다(대판 1993. 4. 13. 92다24950).

⑤ 저당권은 법률에 특별한 규정이 있거나 설정행위에 다른 약정이 있는 경우를 제외하고 그 저당 부동산에 부합된 물건과 종물 이외에까지 그 효력이 미치는 것이 아니므로, 토지에 대한 경매절차에서 그 지상 건물을 토지의 부합물 내지 종물로 보아 경매법원에서 저당 토지와 함께 경매를 진행하고 경락허가를 하였다고 하여 그 건물의 소유권에 변동이 초래될 수 없다(대판 1997. 9. 26. 97다10314).

⑥ 집합건물의 소유 및 관리에 관한 법률 제20조 제1항, 제2항과 민법 제358조 본문의 각 규정에 비추어 볼 때, 집합건물의 대지의 분·합필 및 환지절차의 지연, 각 세대 당 지분비율 결정의 지연 등으로 인하여 구분건물의 전유부분에 대한 소유권이전등기만 경료되고 대지지분에 대한 소유권이전등기가 경료되기

전에 전유부분만에 관하여 설정된 저당권의 효력은, 대지사용권의 분리처분이 가능하도록 규약으로 정하였다는 등의 특별한 사정이 없는 한, 그 전유부분의 소유자가 나중에 대지지분에 관한 등기를 마침으로써 전유부분과 대지권이 동일 소유자에게 귀속하게 되었다면 당연히 종물 내지 종된 권리인 그 대지사용권에까지 미친다(대판 2001. 9. 4. 2001다22604).

(3) 과실(果實)

저당권자는 사용·수익권이 없으므로 당연히는 저당물로부터 수익권을 행사하여 과실수취권을 갖지 못한다. 따라서 저당권자는 과실에 당연히는 미치지 않음이 원칙이다.

그러나 저당권자는 과실을 수취하여 다른 채권보다 먼저 그 채권의 변제에 충당하기 위한 전제 아래 제한적인 과실수취권을 갖게 된다. 즉 저당부동산 압류 후 저당권설정자가 수취한 과실 등에 대하여 저당권의 효력이 미친다(359조 본문). 여기서 저당권자가 과실을 취득하는 경우에는 그 부동산에 대한 소유권, 지상권 또는 전세권을 취득한 제3자에 대하여 과실을 압류한 사실을 통지하여야 이로써 대항할 수 있다(359조 단서).

여기서 과실은 천연과실뿐만 아니라 법정과실도 포함한다(통설).

(4) 물상대위(物上代位)

1) 저당권자는 저당물의 멸실, 훼손 또는 공용징수로 인하여 저당권설정자가 받을 금전 그 밖의 물건에 대하여도 이를 행시할 수 있다(370조, 342조 본문). 따라서 저당권의 효력은 목적물의 변형물(예컨대 보험금·손해배상금·토지수용의 보상금 등)에도 저당권의 효력이 미친다(370조, 342조).

2) 다만 이 경우에는 지급 또는 인도 전에 반드시 압류가 있어야 하며, 저당권자 이외의 채권자가 압류하여도 물상대위권을 행사할 수 있다(370조, 342조 단서). 즉 물상대위의 목적인 채권의 특정성을 유지하여 그 효력을 보전함과 동시에 제3자에게 불측의 손해를 입히지 않으려는 데 있는 것이다. 그러므로 저당목적물의 변형

물인 금전 기타 물건에 대하여 이미 제3자가 압류하여 그 금전 또는 물건이 특정된 이상 저당권자가 스스로 이를 압류하지 않고서도 물상대위권을 행사하여 일반 채권자보다 우선변제를 받을 수 있다.

3) 또한 물상대위권의 행사를 제한하는 취지인 '특정성의 유지'나 '제3자의 보호'는 물상대위권자의 압류 및 전부명령이 효력을 발생함으로써 비로소 달성될 수 있는 것이므로, 배당요구의 종기까지 하여야 한다. 따라서 종기가 지난 후 압류 및 전부명령이 제3채무자에게 송달되었을 경우에는, 저당권자는 물상대위권을 행사하여 배당절차에서 우선변제를 받을 수 없다.

그러나 물상대위권자의 압류 전에 양도 또는 전부명령 등에 의하여 보상금 채권이 타인에게 이전된 경우라도 보상금이 직접 지급되거나 보상금지급청구권에 관한 강제집행절차에 있어서 배당요구의 종기에 이르기 전에는 여전히 그 청구권에 대한 추급이 가능하다(대판 2000. 6. 23. 98다31899).

4) 물상대위권의 행사에 나아가지 아니한 채 단지 수용대상토지에 대하여 담보물권의 등기가 된 것만으로는 그 보상금으로부터 우선변제를 받을 수 없다. 따라서 저당권자가 물상대위권의 행사에 나아가지 아니하여 우선변제권을 상실한 경우, 다른 채권자가 그 보상금 또는 이에 관한 변제공탁금으로부터 이득을 얻었다고 하더라도 저당권자는 이를 부당이득으로서 반환청구할 수 없다(대판 2010. 10. 28. 2010다46756).

관련판례

저당권의 효력이 미치는 범위와 물상대위

① 저당목적물이 소실되어 저당권설정자가 보험회사에 대하여 화재보험계약에 따른 보험금청구권을 취득한 경우 그 보험금청구권은 저당목적물이 가지는 가치의 변형물이라 할 것이므로 저당권자는 민법 제370조, 제342조에 의하여 저당권설정자의 보험회사에 대한 보험금청구권에 대하여 물상대위권을 행사할 수 있다 고 봄이 상당하다(대판 2004. 12. 24. 2004다52798).

② 민법 제370조, 제342조 단서가 저당권자는 물상대위권을 행사하기 위하여 저당권 설정자가 받을 금전 기타 물건의 지급 또는 인도 전에 압류하여야 한다고 규정한 것은 물상대위의 목적인 채권의 특정성을 유지하여 그 효력을 보전함과 동시에 제3자에게 불측의 손해를 입히지 않으려는 데 있는 것이므로, 저당목적물의 변형물인 금전 기타 물건에 대하여 이미 제3자가 압류하여 그 금전 또는 물건이 특정된 이상 저당권자가 스스로 이를 압류하지 않고서도 물상대위권을 행사하여 일반 채권자보다 우선변제를 받을 수 있으나, 그 행사방법으로는 민사집행법 제273조{구 민사소송법(2002. 1. 26. 법률 제6626호로 전문 개정되기 전의 것) 제733조}에 의하여 담보권의 존재를 증명하는 서류를 집행법원에 제출하여 채권압류 및 전부명령을 신청하는 것이거나 민사집행법 제247조 제1항{구 민사소송법(2002. 1. 26. 법률 제6626호로 전문 개정되기 전의 것) 제580조 제1항}에 의하여 배당요구를 하는 것이므로, 이러한 물상대위권의 행사에 나아가지 아니한 채 단지 수용대상토지에 대하여 담보물권의 등기가 된 것만으로는 그 보상금으로부터 우선변제를 받을 수 없고, 저당권자가 물상대위권의 행사에 나아가지 아니하여 우선변제권을 상실한 이상 다른 채권자가 그 보상금 또는 이에 관한 변제공탁금으로부터 이득을 얻었다고 하더라도 저당권자는 이를 부당이득으로서 반환청구할 수 없다(대판 2002. 10. 11. 2002다33137).

③ 저당권자의 물상대위권 행사로서의 압류 및 전부는 그 명령이 제3채무자에게 송달됨으로써 효력이 생기며, 물상대위권의 행사를 제한하는 취지인 '특정성의 유지'나 '제3자의 보호'는 물상대위권자의 압류 및 전부명령이 효력을 발생함으로써 비로소 달성될 수 있는 것이므로, 배당요구의 종기가 지난 후에 물상대위에 기한 채권압류 및 전부명령이 제3채무자에게 송달되었을 경우에는, 물상대위권자는 배당절차에서 우선변제를 받을 수 없다(대판 2003. 3. 28. 2002다13539).

④ 민법 제370조, 제342조에 의한 저당권자의 물상대위권의 행사는 구 민사소송법(2002. 1. 26. 법률 제6626호로 전문 개정되기 전의 것) 제733조에 의하여 담보권의 존재를 증명하는 서류를 집행법원에 제출하여 채권압류 및 전부명령을 신청하거나, 구 민사소송법 제580조에 의하여 배당요구를 하는 방법에 의하여 하는 것이고, 이는 늦어도 구 민사소송법 제580조 제1항 각 호 소정의 배당요구의

종기까지 하여야 하는 것으로 그 이후에는 물상대위권자로서의 우선변제권을 행사할 수 없다고 하여야 할 것인바, 물상대위권자로서의 권리행사의 방법과 시한을 위와 같이 제한하는 취지는 물상대위의 목적인 채권의 특정성을 유지하여 그 효력을 보전하고 평등배당을 기대한 다른 일반 채권자의 신뢰를 보호하는 등 제3자에게 불측의 손해를 입히지 아니함과 동시에 집행절차의 안정과 신속을 꾀하고자 함에 있다(대판 2003. 3. 28. 2002다13539).

⑤ 타인의 채무를 담보하기 위하여 저당권을 설정한 부동산의 소유자인 물상보증인으로부터 저당부동산의 소유권을 취득한 제3취득자는 저당권이 실행되면 저당부동산에 대한 소유권을 잃는다는 점에서 물상보증인과 유사한 지위에 있다. 따라서 물상보증의 목적물인 저당부동산의 제3취득자가 채무를 변제하거나 저당권의 실행으로 인하여 저당부동산의 소유권을 잃은 때에는 특별한 사정이 없는 한 물상보증인의 구상권에 관한 민법 제370조, 제341조의 규정을 유추적용하여, 물상보증인으로부터 저당부동산을 양수한 제3취득자는 보증채무에 관한 규정에 의하여 채무자에 대한 구상권이 있다(대판 2014. 12. 24. 2012다49285).

⑥ 민법 제359조 전문은 "저당권의 효력은 저당부동산에 대한 압류가 있은 후에 저당권설정자가 그 부동산으로부터 수취한 과실 또는 수취할 수 있는 과실에 미친다."라고 규정하고 있는데, 위 규정상 '과실'에는 천연과실뿐만 아니라 법정과실도 포함되므로, 저당부동산에 대한 압류가 있으면 압류 이후의 저당권설정자의 저당부동산에 관한 차임채권 등에도 저당권의 효력이 미친다(대판 2016. 7. 27. 2015다230020).

⑦ 저당부동산에 대한 경매절차에서 저당부동산에 관한 차임채권 등을 관리면서 이를 추심하거나 저당부동산과 함께 매각할 수 있는 제도가 마련되어 있지 아니하므로, 저당권의 효력이 미치는 차임채권 등에 대한 저당권의 실행이 저당부동산에 대한 경매절차에 의하여 이루어질 수는 없고, 그 저당권의 실행은 저당권의 효력이 존속하는 동안에 채권에 대한 담보권의 실행에 관하여 규정하고 있는 민사집행법 제273조에 따른 채권집행의 방법으로 저당부동산에 대한 경매절차와 별개로 이루어질 수 있을 뿐이다(대판 2016. 7. 27. 2015다230020).

3. 저당토지 위의 건물과 일괄경매청구권

(1) 의의 및 취지

1) 저당토지 위의 건물은 저당권의 객체가 아니므로 저당권 효력이 미치지 않는다. 그러나 토지에 저당권을 설정한 후 건물을 지은 경우에는 토지와 함께 건물도 일괄하여 경매청구는 할 수 있다. 그러나 건물대금으로부터는 우선변제 받을 수 없다(365조).

2) 여기서 제365조가 토지를 목적으로 한 저당권을 설정한 후 그 저당권설정자가 그 토지에 건물을 축조한 때에는 저당권자가 토지와 건물을 일괄하여 경매를 청구할 수 있도록 규정한 취지는, 저당권은 담보물의 교환가치의 취득을 목적으로 할 뿐 담보물의 이용을 제한하지 아니하여 저당권설정자로서는 저당권설정 후에도 그 지상에 건물을 신축할 수 있다. 그리고 후에 그 저당권의 실행으로 토지가 제3자에게 경락될 경우에 건물을 철거하여야 한다면 사회경제적으로 현저한 불이익이 생기게 되어 이를 방지할 필요가 있다. 이에 따라 이러한 이해관계를 조절하고, 저당권자에게도 저당토지상의 건물의 존재로 인하여 생기게 되는 경매의 어려움을 해소하여 저당권의 실행을 쉽게 할 수 있도록 한 데에 있다(대결 2001. 6. 13. 2001마1632).

(2) 요 건

1) 일괄경매청구권은 나대지인 토지에 저당권을 설정한 후 건물을 축조한 경우에 한하여 인정된다. 따라서 저당권설정 당시에 건물의 존재가 예측되고 또한 당시 사회경제적 관점에서 그 가치의 유지를 도모할 정도로 건물의 축조가 진행되어 있는 경우에는, 일괄경매청구권은 인정되지 않는다(대판 1987. 4. 28. 86다카2856).

또한 나대지(裸垈地)에 저당권설정 후 저당권설정자 이외의 제3자가 건물을 축조한 경우에는 민법 제365조의 일괄경매권은 인정되지 않으나, 포괄승계인인 상속인이 축조한 경우에는 일괄경매권은 인정된다(대결 1994. 1. 24. 93마1736).

2) 일괄경매청구권은 축조한 건물을 저당권설정자가 소유하고 있어야 한다. 즉 저당권자가 일괄경매청구권을 행사하기 위해서는 저당권설정자가 건물을 축조하

여 소유하고 있어야 한다(대결 1999. 4. 20. 99마146). 따라서 저당권설정자가 건물을 축조한 경우에도 그 건물을 제3자에게 양도하거나 저당권설정 후 토지 양수인이 건물을 축조한 경우에는 일괄경매청구권이 인정되지 않는다.

그러나 저당지상의 건물에 대한 일괄경매청구권은 저당권설정자가 건물을 축조하지 않은 경우에도 저당권설정자로부터 저당토지에 대한 용익권을 설정받은 자가 그 토지에 건물을 축조한 경우라도 그 후 저당권설정자가 그 건물의 소유권을 취득한 경우에는 저당권자는 토지와 함께 그 건물에 대하여 일괄경매를 청구할 수 있다(대판 2003. 4. 11. 2003다3850).

3) 일괄경매청구권은 저당권자의 권리이지 의무가 아니다. 따라서 저당권자가 일괄경매청구권을 행사하기 위한 요건이 갖춘 경우에도, 토지만의 경매를 신청할 수도 있다.

4) 일괄경매청구권은 토지의 저당권자가 토지에 대하여 경매를 신청한 후에도 그 토지상의 건물에 대하여 토지에 관한 경매기일 공고시까지는 일괄경매의 추가신청을 할 수 있다. 따라서 추가신청을 한 경우에, 집행법원은 두 개의 경매사건을 병합하여 일괄경매절차를 진행하게 된다(대결 2001. 6. 13. 2001마1632).

(3) 효 과

위의 요건을 갖추어 토지에 대한 저당권자가 건물에 대해서까지 일괄경매를 청구한 경우에는, 토지의 매각대금으로부터만 우선변제를 받을 수 있게 된다. 따라서 이 경우, 저당권자는 건물의 매각대금으로부터는 우선변제를 받을 수 없다(365조).

관련판례

저당토지 위의 건물에 대한 일괄 경매 여부

① 민법 제365조가 토지를 목적으로 한 저당권을 설정한 후 그 저당권설정자가 그 토지에 건물을 축조한 때에는 저당권자가 토지와 건물을 일괄하여 경매를

청구할 수 있도록 규정한 취지는, 저당권은 담보물의 교환가치의 취득을 목적으로 할 뿐 담보물의 이용을 제한하지 아니하여 저당권설정자로서는 저당권설정 후에도 그 지상에 건물을 신축할 수 있는데, 후에 그 저당권의 실행으로 토지가 제3자에게 경락될 경우에 건물을 철거하여야 한다면 사회경제적으로 현저한 불이익이 생기게 되어 이를 방지할 필요가 있으므로 이러한 이해관계를 조절하고, 저당권자에게도 저당토지상의 건물의 존재로 인하여 생기게 되는 경매의 어려움을 해소하여 저당권의 실행을 쉽게 할 수 있도록 한 데에 있다고 풀이되며, 그러한 규정취지에 비추어보면 민법 제365조에 기한 일괄경매청구권은 저당권설정자가 건물을 축조하여 소유하고 있는 경우에 한한다고 봄이 상당하다(대판 1994. 1. 24. 93마1736).

② 민법 제365조에 기한 일괄경매청구권은 토지의 저당권자가 토지에 대하여 경매를 신청한 후에도 그 토지상의 건물에 대하여 토지에 관한 경매기일 공고시까지는 일괄경매의 추가신청을 할 수 있고, 이 경우에 집행법원은 두 개의 경매사건을 병합하여 일괄경매절차를 진행함이 상당하다(대결 2001. 6. 13. 2001마1632).

③ 민법 제365조에 기하여 건물에 대한 일괄경매를 추가신청하는 경우에, 그 신청서에는 민사소송규칙 제204조에 정해진 기재사항과 아울러 민법 제365조의 일괄경매의 요건사실 이외에 이미 선행하여 토지에 대하여 부동산경매사건이 계속되어 있다는 취지와 그 토지의 경매신청에 추가하여 지상건물에 대하여 일괄경매를 신청하는 취지를 기재하여 소정의 인지를 붙여야 하며, 반드시 담보권의 등기가 되어 있는 토지등기부등본을 첨부하여 법원에 제출하여야 한다(대결 2001. 6. 13. 2001마1632).

④ 동일인의 소유에 속하는 토지 및 지상 건물에 관하여 공동저당권이 설정된 후 건물이 철거되고 새로 건물이 신축된 경우에는, 신축건물의 소유자가 토지의 소유자와 동일하고 토지의 저당권자에게 신축건물에 관하여 토지의 저당권과 동일한 순위의 공동저당권을 설정해 주었다는 등 특별한 사정이 없는 한 저당물의 경매로 인하여 토지와 신축건물이 다른 소유자에 속하게 되더라도 신축건물을 위한 법정지상권이 성립하지 않으므로, 위와 같은 경우 토지와 신축건물에 대하여 민법 제365조에 의하여 일괄매각이 이루어졌다면 일괄매각대금 중 토지에 안분

할 매각대금은 법정지상권 등 이용 제한이 없는 상태의 토지로 평가하여 산정하여야 한다. 그리고 집행법원이 위와 같은 일괄매각절차에서 각 부동산별 매각대금의 안분을 잘못하여 적법한 배당요구를 한 권리자가 정당한 배당액을 수령하지 못하게 되었다면 그러한 사유도 배당이의의 청구사유가 될 수 있다(대판 2012. 3. 15. 2011다54587).

⑤ 민법 제365조 본문이 토지를 목적으로 한 저당권을 설정한 후 저당권설정자가 그 토지에 건물을 축조한 때에는 저당권자가 토지와 건물에 대하여 일괄하여 경매를 청구할 수 있도록 규정한 취지는, 저당권설정자로서는 저당권 설정 후에도 그 지상에 건물을 신축할 수 있는데 후에 저당권 실행으로 토지가 제3자에게 매각될 경우에 건물을 철거하여야 한다면 사회경제적으로 현저한 불이익이 생기게 되므로 이를 방지할 필요가 있고, 저당권자에게도 저당토지상 건물의 존재로 인하여 생기게 되는 경매의 어려움을 해소하여 저당권 실행을 쉽게 할 수 있도록 한 데 있으며, 같은 조 단서에 의하면 그때 저당권자에게는 건물의 매각대금에 대하여 우선변제를 받을 권리가 없도록 규정되어 있는 점에 비추어 보면, 위와 같은 경우 토지의 저당권자가 건물의 매각대금에서 배당을 받으려면 민사집행법 제268조, 제88조의 규정에 의한 적법한 배당요구를 하였거나 그 밖에 달리 배당을 받을 수 있는 채권으로서 필요한 요건을 갖추고 있어야 한다(대판 2012. 3. 15. 2011다54587).

Ⅱ. 우선변제를 받을 효력

1. 우선변제적 효력

(1) 의 의

우선변제적 효력은, 채무자의 채무불이행이 있는 경우에, 채권자인 저당권자는 저당물을 일정한 실행절차에 따라 환가(換價)해서 그 대금으로부터 다른 채권자에 우선하여 자기의 채권을 만족하는 효력을 말한다. 이는 저당권이 가장 중심을 이루는 본체적(本體的) 효력이다.

(2) 저당권자의 일반 채권자로서의 채권행사

저당지는 지당물에 의하여 변제를 받지 못한 경우, 변제받지 못한 부분의 채권에 한하여 채무자의 다른 재산으로부터 무담보채권자로서 변제를 받을 수 있다(370조, 340조).

위 경우, 질권에서와 마찬가지로 저당권자가 저당물을 경매실행하지 않고 채무자의 다른 재산에 대하여 먼저 집행할 수 있는가의 여부가 문제될 수 있다. 요컨대 제340조는 일반채권자뿐만이 아니라 채무자의 보호도 목적으로 하는 규정이므로 저당권자는 저당물에 대하여 먼저 실행하여 환가해야 하는 것으로 새겨야 한다. 따라서 저당권자가 채무자의 일반재산에 대해 먼저 집행하는 때에는 채무자는 이의를 신청할 수 있다

2. 저당권과 다른 권리 사이의 우선순위

저당권과 다른 권리가 경합할 때 그 우선순위는 다음과 같다. 여기서 저당권자가 성립 선후에 따라 우선변제권을 행사하는 경우, 후순위저당권자 또는 일반채권자의 강제집행을 방해하지 않아야 한다.

(1) 저당권과 일반채권 사이

저당권과 일반채권 사이에는, 저당권이 언제나 우선한다(356조).

(2) 수개의 저당권 사이

동일한 부동산 위에 설정된 수개의 저당권 사이에는 성립 선후에 따라 순위가 결정된다(370조, 333조). 따라서 누가 경매신청을 하든지 후순위저당권자는 선순위저당권자가 변제받은 나머지 환가대금에 대해서만 우선변제권을 행사할 수 있다.

(3) 저당권과 주택임차인(상가건물임차인)의 보증금 사이

저당권과 주택임차인 또는 상가건물임차인의 일반보증금 사이에는, 성립 선후에 따라 순위가 결정된다(민사집행법 145조 2항, 주임법 3조의2, 상임법 5조).

(4) 저당권과 국세 및 공과금 사이

저당권과 국세 및 공과금과의 관계에서는, 납부기한(법정기일)과 저당권설정등기의 성립 선후에 따른다. 그러나 '그 재산에 대하여 국세'(가산금, 지방세 포함)는 저당채권에 대해서도 우선한다(국세기본법 35조 1항 3호, 지방세기본법 99조 1항 3호).

위의 경우, 국세기본법 제35조 제1항 제3호는 공시를 수반하는 담보물권과 관련하여 거래의 안전을 보장하려는 사법적(私法的) 요청과 조세채권의 실현을 확보하려는 공익적 요청을 적절하게 조화시키려는 데 그 입법의 취지가 있다. 그러므로 당해세가 담보물권에 의하여 담보되는 채권에 우선한다고 하더라도 이로써 담보물권의 본질적 내용까지 침해되어서는 아니 된다. 따라서 같은 법 제35조 제1항 제3호 단서에서 말하는 '그 재산에 대하여 부과된 국세'라 함은 담보물권을 취득하는 사람이 장래 그 재산에 대하여 부과될 것을 상당한 정도로 예측할 수 있는 것으로서 오로지 당해 재산을 소유하고 있는 것 자체에 담세력을 인정하여 부과되는 국세만을 의미하는 것으로 보아야 한다(대판 2003. 1. 10. 2001다44376).

(5) 저당권과 파산채권 사이

저당권과 파산채권 사이에는, 저당권자가 별제권을 가지므로 언제나 저당권이 우선한다(채무자회생법 411조).

(6) 저당권과 주택임차인(상가건물임차인)의 소액보증금

저당권과 주택임차인 또는 상가건물임차인의 소액보증금 사이에는, 주임법과 상임법상의 소액보증금의 최우선변제권이 우선한다(주임법 8조, 상임법 14조).

관련판례

저당권과 임금채권 사이의 우선변제권의 순위

① 근로기준법 제37조 제2항에 의하면, 근로관계로 인한 채권 중 최종 3월분의 임금, 최종 3년간의 퇴직금, 재해보상금의 채권은 사용자의 총재산에 대하여 질권 또는 저당권에 의하여 담보된 채권, 조세·공과금 및 다른 채권에 우선하여 변제되어야 한다고 규정하고 있는바, 위와 같은 임금 등 채권의 최우선변제권은 근로자의 생활안정을 위한 사회정책적 고려에서 담보물권자 등의 희생 아래 인정되고 있는 점, 민법 제334조, 제360조 등에 의하면 공시방법이 있는 민법상의 담보물권의 경우에도 우선변제권이 있는 피담보채권에 포함되는 이자 등 부대채권 및 그 범위에 관하여 별도로 규정하고 있음에 반하여, 위 근로기준법의 규정에는 최우선변제권이 있는 채권으로 원본채권만을 열거하고 있는 점 등에 비추어 볼 때, 임금 등에 대한 지연손해금 채권에 대하여는 최우선변제권이 인정되지 않는다고 봄이 상당하다(대결 2000. 1. 28. 99마5143).

② 근로기준법 제37조 제2항은 근로자의 최저생활을 보장하고자 하는 공익적 요청에서 일반담보물권의 효력을 일부제한하고 임금채권의 우선변제권을 규정한 것으로서, 그 규정의 취지는 근로자가 최종 3월분의 임금과 최종 3년간의 퇴직금, 재해보상금에 관한 채권을 질권, 저당권에 의하여 담보된 채권, 조세공과금 및 다른 채권과 동시에 사용자의 동일재산으로부터 경합하여 변제받는 경우에, 그 각 채권의 성립의 선후나 질권 또는 저당권의 설정 여부에 관계없이 그 임금, 퇴직금 등을 우선적으로 변제받을 수 있는 권리가 있음을 밝힌 것이며 사용자가 재산을 특정승계취득하기 전에 설정된 담보권에 대하여까지 그 임금채권의 우선변제권을 인정한 것은 아니다(대판 2004. 5. 27. 2002다65905).

③ 근로기준법 제38조 제2항은 근로자의 최저생활을 보장하고자 하는 공익적 요청에서 일반 담보물권의 효력을 일부 제한하고 최종 3개월분의 임금과 재해보상금에 해당하는 채권의 우선변제권을 규정한 것이므로, 합리적 이유나 근거 없이 적용 대상을 축소하거나 제한하는 것은 허용되지 않는다. 그런데 근로기준법

제38조 제2항은 최종 3개월분의 임금 채권이 같은 조 제1항에도 불구하고 사용자의 총재산에 대하여 질권 또는 저당권에 따라 담보된 채권에 우선하여 변제되어야 한다고 규정하고 있을 뿐, 사용자가 사용자 지위를 취득하기 전에 설정한 질권 또는 저당권에 따라 담보된 채권에는 우선하여 변제받을 수 없는 것으로 규정하고 있지 않으므로, 최종 3개월분의 임금 채권은 사용자의 총재산에 대하여 사용자가 사용자 지위를 취득하기 전에 설정한 질권 또는 저당권에 따라 담보된 채권에도 우선하여 변제되어야 한다(대판 2011. 12. 8. 2011다68777).

근저당권자와 압류채권자 사이의 배당순위

가압류채권자와 근저당권자 및 근저당권설정등기 후 강제경매신청을 한 압류채권자 사이의 배당관계에 있어서, 근저당권자는 선순위 가압류채권자에 대하여는 우선변제권을 주장할 수 없으므로 1차로 채권액에 따른 안분비례에 의하여 평등배당을 받은 다음, 후순위 경매신청압류채권자에 대하여는 우선변제권이 인정되므로 경매신청압류채권자가 받을 배당액으로부터 자기의 채권액을 만족시킬 때까지 이를 흡수하여 배당받을 수 있다(대결 1994. 11. 29. 94마417).

저당권과 조세채권

국세기본법 제35조 제1항 제3호의 규정 또는 지방세법 제31조 제2항 제3호의 규정에 의하여 국세나 지방세에 대하여 우선적으로 보호되는 저당권부채권은 당해 저당권설정 당시의 저당권자와 설정자와의 관계를 기본으로 하여 그 설정자의 납세의무를 기준으로 한 취지라고 해석되고, 이러한 국세나 지방세 등의 우선징수로부터 배제되는 저당권부채권은 설정자가 저당부동산을 제3자에게 양도하고 그 양수인에게 국세나 지방세의 체납이 있었다고 하더라도 특별규정이 없는 현행법하에서는 그 보호의 적격이 상실되는 것은 아니라고 할 것이므로, 저당부동산이 저당권설정자로부터 제3자에게 양도되고 위 설정자에게 저당권에 우선하여 징수당할 아무런 조세의 체납이 없었다면 양수인인 제3자에 대하여 부과한 국세 또는 지방세를 법정기일이 앞선다거나 당해세라 하여 우선 징수할 수 없다고 할 것이고, 이러한 법리는 저당부동산의 양도와 함께 설정자인 양도인, 양수인 및 저당권자 등 3자의 합의에 의하여 저당권자와 양도인 사이에 체결되었던 저당권설정계약상의 양도인이 가지는 계약상의 채무자 및 설정자로서의 지위를 양수인이 승계하기로 하는 내용의 계약인수가 이루어진 경우라고 하여 달리 볼 것이 아니다(대판 2005. 3. 10. 2004다51153).

3. 저당권의 실행

(1) 의 의

이는 저당목적물로부터 우선변제를 받기 위하여 저당권자가 저당목적물을 환가하여 그 대금으로부터 우선변제 받는 절차를 말하는데, 이에는 민사집행법에 의한 경매와 그렇지 않은 것이 있다.

(2) 민사집행법(경매)에 의한 실행

담보권실행경매로서 민사집행법의 담보권실행경매의 규정(동법 264조~275조)에 의한다.

(3) 민사집행법(경매)에 의하지 않는 실행

여기서는 유저당계약이 인정될 것이냐의 여부가 문제된다. 유저당계약(流抵當契約)은, 피담보채권의 변제기가 도래하기 전에 당사자의 특약으로 피담보채권의 채무불이행이 있는 경우에는 저당목적물의 소유권을 저당권자가 그대로 취득하는 것으로 하거나 또는 법률로 정해져 있는 방법이 아닌 그 밖의 임의의 방법으로 저당목적물을 처분 내지 환가해도 좋다는 내용의 계약이다(339조 참조). 이의 인정 여부에 관하여 민법은 저당권에서는, 질권의 유질계약의 금지(339조)와 같은 별도의 명문규정이 없다.

위의 유저당에는 채무불이행이 있는 경우에는 저당목적물의 소유권을 저당권자가 그대로 취득하는 것인 '대물변제의 예약'과 민사집행법에 의한 경매가 아닌 그 밖의 임의의 방법으로 실행하는 것인 '임의환가의 약정'의 두 가지가 있다.

한편 대물변제의 예약과 관련하여 판례는 "민법 제607조, 제608조에 위반된 대물변제의 약정은 대물변제의 예약으로서는 무효가 되지만 약한 의미의 양도담보를 설정하기로 하는 약정으로서는 유효하다. 다만 그에 기한 소유권이전등기를 미처 경료하지 아니한 경우에는 아직 양도담보가 설정되기 이전의 단계이므로 가등기담보 등에 관한 법률 제3조 소정의 담보권 실행에 관한 규정이 적용될 여지가 없다. 한편 채권자는 양도담보의 약정을 원인으로 하여 담보목적물에 관하여 소유권이전등기절차의 이행을 청구할 수 있다."고 판시하여 제607조, 제608조에 위반하지 않는 대물변제의 약정은 대물변제의 예약으로서 유효가 될 수 있다. 그리고 위 규정에 위반하여 무효가 된 경우에도 약한 의미의 양도담보를 설정하기로 하는 약정으로서는 유효하다는 입장을 취하고 있다(대판 1999. 2. 9. 98다51220).

유저당은, 그 목적부동산에 대하여 가등기를 하여 대물변제의 예약을 하는 경우는 가등기담보법에 의하여 법적 규율을 받게 된다(동법 1조, 2조). 따라서 유저당으로서 유효성 여부를 다루어야 하는 것은 가등기를 하지 않고 대물변제의 예약을 하는 경우라고 할 수 있다.

요컨대 가등기를 하지 않고 대물변제의 예약을 하는 경우의 유저당의 유효성 여부는, 판례의 입장과 같이 제607조에 위반하지 않는 대물변제의 약정은 대물변제의 예약으로서 유효하다. 그리고 위 규정에 위반하여 무효가 된 경우에도 약한 의미의 양도담보를 설정하기로 하는 약정으로서는 유효하다고 새기는 것이 타당할 것이다. 또 제607조에 위반하는 경우에도 전부 무효가 아니고 제607조에 초과하는 채무자에게 청산하여야 하는 것으로 이해하여야 할 것이다(곽윤직 346면). 이는 가등기를 이용한 대물반환의 예약을 다루는 가등기담보법과의 관계에서도 균형을 이루는 해석이 될 것이다. 따라서 유저당은 일률적으로 무효라 할 것은 아니며, 개별적으로 검토하여 폭리행위가 되는지의 여부에 따라 그 효력을 정하는 것이 타당하다(권용우 537면).

관련판례

저당권의 실행

① 전세권에 대하여 설정된 저당권은 민사소송법 제724조 소정의 부동산경매절차에 의하여 실행하는 것이나, 전세권의 존속기간이 만료되면 전세권의 용익물권적 권능이 소멸하기 때문에 더 이상 전세권 자체에 대하여 저당권을 실행할 수 없게 되고, 이러한 경우는 민법 제370조, 제342조 및 민사소송법 제733조에 의하여 저당권의 목적물인 전세권에 갈음하여 존속하는 것으로 볼 수 있는 전세금반환채권에 대하여 추심명령 또는 전부명령을 받거나(이 경우 저당권의 존재를 증명하는 등기부등본을 집행법원에 제출하면 되고 별도의 채무명의가 필요한 것이 아니다), 제3자가 전세금반환채권에 대하여 실시한 강제집행절차에서 배당요구를 하는 등의 방법으로 자신의 권리를 행사할 수 있을 뿐이다(대결 1995. 8. 14. 95마684).

② 부동산에 관하여 가압류등기가 마쳐졌다가 등기가 아무런 원인 없이 말소되었다는 사정만으로는 곧바로 가압류의 효력이 소멸하는 것은 아니지만, 가압류등기가 원인 없이 말소된 이후에 부동산의 소유권이 제3자에게 이전되고 그 후 제3취득자의 채권자 등 다른 권리자의 신청에 따라 경매절차가 진행되어 매각허가결정이 확정되고 매수인이 매각대금을 다 낸 때에는, 경매절차에서 집행법원이 가압류의 부담을 매수인이 인수할 것을 특별매각조건으로 삼지 않은 이상 원인 없이 말소된 가압류의 효력은 소멸한다. 그리고 말소회복등기절차에서 등기상 이해관계 있는 제3자가 있어 그의 승낙이 필요한 경우라 하더라도 제3자가 등기권리자에 대한 관계에서 승낙을 하여야 할 실체법상의 의무가 있는 경우가 아니면 승낙요구에 응하여야 할 이유가 없다(대판 2017. 1. 25. 2016다28897).

Ⅲ. 저당권과 용익관계

1. 의 의

(1) 저당권설정 전에 이미 제3자가 용익권(용익물권, 대항력 있는 임차권)을 가진 경우에는, 대항력이 있으므로 아무런 문제가 없다. 따라서 저당권의 설정 전에 등기된 전세권은 저당권의 실행으로 소멸하지 않는다.

(2) 저당권이 설정된 후 제3자가 취득한 용익권의 경우에는 저당권이 실행되면 대항력이 없으므로 목적물을 경락인에 인도하여야 한다. 그러나 판례는, 1번 저당권자와 2번 저당권자 사이에 대항력 있는 중간용익권자(전세권자, 주택임차권자)가 있는 부동산에 대하여 2번 저당권자의 신청으로 경매가 행하여진 경우에는, 1번 저당권이 소멸하게 되므로 결국 중간임차권자의 임차권도 소멸하게 된다는 입장을 취하고 있다(대판 1990. 1. 23. 89다카233043; 동 1999. 4. 23. 98다32939).

관련판례

저당권과 용익관계

① 1번 저당권자와 2번 저당권자 사이에 등기(대항력)를 갖춘 중간용익권자(주택임차권자)가 있는 경우, 2번 저당권자의 경매신청으로 경매가 행하여진 때에는 1번 저당권이 소멸하므로 중간용익권도 소멸되어 임차인은 경락인에게 대항할 수 없다(대판 1990. 1. 23. 89다카233043).

② 민사소송법 제608조 제2항이 존속기간의 정함이 없거나 같은 법 제611조의 등기 후 6월 이내에 그 기간이 만료되는 전세권을 저당권과 함께 소멸하는 것으로 규정하고 있는 것은 전세권의 우선변제적 효력에 근거하여 담보물권처럼 취급한 결과이므로, 이는 선행하는 저당권이 없는 상태에서 존재하는 전세권에 관하여 규정한 것으로 보아야지, 선행하는 저당권이 있고 그것이 경매로 인하여 소멸하는 경우에도 당연히 적용된다고 볼 것은 아니고, 또한 위 조항은 경락으로 인하여 용익물권이나 대항력을 갖춘 임차권이 소멸하는지 여부에 대하여 규정한

것도 아니므로, 경락으로 인한 용익물권이나 대항력을 갖춘 임차권의 소멸 여부는 민사소송법에 명문의 규정이 없다고 할 것이니 이는 결국 해석에 의하여 결정될 수밖에 없는데, 후순위 저당권의 실행으로 목적부동산이 경락된 경우에는 민사소송법 제728조, 제608조 제2항의 규정에 의하여 선순위 저당권까지도 당연히 소멸하는 것이므로, 이 경우 비록 후순위 저당권자에게는 대항할 수 있는 임차권이라 하더라도 소멸된 선순위 저당권보다 뒤에 등기되었거나 대항력을 갖춘 임차권은 함께 소멸하는 것이고, 따라서 그 경락인은 주택임대차보호법 제3조에서 말하는 임차주택의 양수인 중에 포함된다고 할 수 없을 것이므로 경락인에 대하여 그 임차권의 효력을 주장할 수 없다(대판 1999. 4. 23. 98다32939).

2. 민법 제366조의 법정지상권

(1) 의 의

민법 제366조의 법정지상권은 동일 소유자의 소유에 속하는 토지와 건물이 존재하고 토지와 건물의 양쪽 모두나 어느 하나에 저당권이 설정된 후, 저당물의 경매로 토지와 그 지상건물이 각각 다른 소유자에게 속하게 된 경우에는 토지소유자가 건물소유자에 대하여 지상권을 설정한 것으로 보게 법정지상권을 말한다(366조 본문). 이는 법정지상권 중에서 가장 많이 발생하고, 그 성립과 내용에 있어서도 많은 판례이론이 형성되어 있다.

(2) 성립요건

1) 저당권 설정당시에 건물이 존재해야 한다.

가) 따라서 나대지(裸垈地)인 건물이 없는 토지에 저당권을 설정한 후, 건물이 신축한 경우에는 법정지상권이 성립할 수 없다. 뿐만 아니라 저당권 설정 당시부터 저당권의 목적되는 토지 위에 존재할 경우에 한하여 법정지상권이 인정되므로 건물이 없는 토지에 관하여 저당권이 설정될 당시 저당권자가 토지소유자에 의한 건물의 건축에 동의하였다고 하더라도 그러한 사정은 주관적 사정이고 법정지상

권이 성립되지 않는다(대판 2003. 9. 5. 2003다26051).

나) 그러나 저당권 설정당시에 건물이 존재하기만 하면 건물이 보존등기가 되어있지 않아도 법정지상권이 성립한다.

다) 또 저당권설정 당시 존재하던 건물이 멸실하여 재건축한 경우에도 법정지상권은 인정된다(대판 1993. 6. 25. 92다20330).

라) 또한 토지에 관하여 저당권이 설정 당시 토지 소유자에 의하여 그 지상에 건물을 건축 중이었던 경우, 건물이 최소한의 기둥과 지붕 그리고 주벽이 이루어지는 등 독립된 부동산으로서 건물의 요건을 갖춘 경우에는 법정지상권의 성립이 인정된다(대판 2004. 2. 13. 2004다13533).

마) 또 민법 제366조 소정의 법정지상권은 저당권설정 당시 존재하던 건물을 철거하고 건물을 신축한 경우에도 성립하는 것이며(다만 그 법정지상권의 내용은 구건물을 기준으로 하여 그 이용에 일반적으로 필요한 범위 내로 제한된다) 이 경우 새 건물과 구건물 사이에 동일성이 있음을 요하지 아니한다(대판 1993. 6. 25. 92다20330).

2) 토지와 건물이 동일소유자에 속해야 한다.

가) 토지와 건물이 동일소유자가 아닌 경우에는 건물의 소유를 위해서 토지에 대한 용익권의 설정이 예상되므로, 법정지상권이 인정되지 않는다.

나) 여기서 토지에 저당권을 설정할 당시 토지 및 그 지상에 건물이 존재하고 있었고 양자가 동일소유자에 속하였다가 그 후 저당권의 실행으로 토지가 경매실행(매각)되기 전에 건물이 양도된 경우에도 건물을 양수한 자(건물소유자)는 민법 제366조의 법정지상권을 취득한다(대판 1999. 11. 23. 99다52602).

다) 또한 공유로 등기된 토지의 소유관계가 구분소유적 공유관계에 있는 경우에는 공유자 중 1인이 소유하고 있는 건물과 그 대지는 다른 공유자와의 내부관계에 있어서는 그 공유자의 단독소유로 되었다 할 것이다. 그러므로 건물을 소유하고 있는 공유자가 그 건물 또는 토지지분에 대하여 저당권을 설정하였다가 그 후 저당권의 실행으로 소유자가 달라지게 되면 건물소유자는 그 건물의 소유를 위한 법정지상권을 취득하게 된다. 이는 구분소유적 공유관계에 있는 토지의 공유자들이 그 토지 위에 각자 독자적으로 별개의 건물을 소유하면서 그 토지 전체에 대하

여 저당권을 설정하였다가 그 저당권의 실행으로 토지와 건물의 소유자가 달라지게 된 경우에도 마찬가지라 할 것이다(대판 2004. 6. 11. 2004다13533).

라) 그러나 대지의 소유명의를 타인에게 신탁한 경우에 신탁자는 제3자에게 그 대지가 자기의 소유임을 주장할 수 없고 따라서 대지와 그 지상건물이 동일인의 소유임을 전제로 한 법정지상권을 취득할 수 없다(대판 1993. 6. 25. 92다20330).

마) 또 미등기건물을 그 대지와 함께 매도하였다면 비록 매수인에게 그 대지에 관하여만 소유권이전등기가 경료되고 건물에 관하여는 등기가 경료되지 아니한 채, 대지에 대하여 저당권이 설정된 후 저당권이 실행된 경우, 저당권의 설정 당시에 이미 대지와 건물이 이미 각각 다른 사람의 소유에 속하고 있기 때문에 민법 제366조의 법정지상권은 성립되지 않는다(대판 2002. 6. 20. 2002다9660).

3) 토지 또는 건물에 관하여 저당권이 설정되어 있어야 한다.

이 경우 토지와 건물의 양쪽 모두나 어느 하나에 저당권이 설정되어도 무방하다.

4) 경매의 결과, 토지와 건물이 각각 다른 사람의 소유에 돌아가야 한다.

그러나 동일인소유의 토지와 그 지상건물에 관하여 공동저당권이 설정된 후 그 건물이 철거되고 다른 건물이 신축된 경우, 저당물의 경매로 인하여 토지와 신축건물이 서로 다른 소유자에게 속하게 되면 민법 제366조 소정의 법정지상권이 성립하지 않는다(대판〈전〉 2003. 12. 18. 98다43601).

5) 제366조의 강행규정성

법정지상권에 관한 제366조는 강행규정이므로, 이의 성립을 배제하는 특약은 무효이다.

관련판례

법정지상권의 성립 인정

① 법정지상권의 성립에 있어서 건물은 저당권 설정 당시 존재하고 있으면 되고,

보존등기가 없더라도 법정지상권의 성립을 방해하지 않는다(대판 1964. 9. 22. 63다62).

② 법정지상권 취득 당시의 건물이 멸실되어 다시 신축하거나 건물의 독립성을 인정할 수 없을 정도로 훼멸된 것을 새로운 독립된 건물로 개축하여 양 건물이 동일성이 상실한 경우에는 건물소유를 위한 법정지상권은 소멸하나 기왕의 건물의 일부를 증, 개축하여 그 면적에 다소의 증감이 있었거나 지붕이나 구조에 일부 변동이 있는 사실만으로는 건물의 동일성을 상실한다고 볼 수 없으므로 그 건물의 소유를 위한 법정지상권은 여전히 존속한다(대판 1985. 5. 14. 85다카13).

③ 저당권설정 당사자 사이의 특약으로 저당목적물인 토지에 대하여 법정지상권을 배제하는 약정을 하더라도 그 특약은 효력이 없다(대판 1988. 10. 25. 87다카1564).

④ 토지에 저당권을 설정할 당시 토지의 지상에 건물이 존재하고 있었고 그 양자가 동일 소유자에게 속하였다가 그 후 저당권의 실행으로 토지가 낙찰되기 전에 건물이 제3자에게 양도된 경우, 민법 제366조 소정의 법정지상권을 인정하는 법의 취지가 저당물의 경매로 인하여 토지와 그 지상 건물이 각 다른 사람의 소유에 속하게 된 경우에 건물이 철거되는 것과 같은 사회경제적 손실을 방지하려는 공익상 이유에 근거하는 점, 저당권자로서는 저당권설정 당시에 법정지상권의 부담을 예상하였을 것이고 또 저당권설정자는 저당권설정 당시의 담보가치가 저당권이 실행될 때에도 최소한 그대로 유지되어 있으면 될 것이므로 위와 같은 경우 법정지상권을 인정하더라도 저당권자 또는 저당권설정자에게는 불측의 손해가 생기지 않는 반면, 법정지상권을 인정하지 않는다면 건물을 양수한 제3자는 건물을 철거하여야 하는 손해를 입게 되는 점 등에 비추어 위와 같은 경우 건물을 양수한 제3자는 민법 제366조 소정의 법정지상권을 취득한다(대판 1999. 11. 23. 99다52602).

⑤ 민법 제366조의 법정지상권이 성립하기 위하여서는 저당권설정 당시 동일인 소유에 속하던 토지와 건물이 경매로 인하여 양자의 소유자가 다르게 된 때에 건물의 소유자를 위하여 발생하는 것으로서, 토지에 관하여 저당권이 설정 당시 토지 소유자에 의하여 그 지상에 건물을 건축 중이었던 경우 그것이 사회관념상 독립된 건물로 볼 수 있는 정도에 이르지 않았다 하더라도 건물의 규모, 종류가

외형상 예상할 수 있는 정도까지 건축이 진전되어 있었고, 그 후 경매절차에서 매수인이 매각대금을 다 낸 때까지 최소한의 기둥과 지붕 그리고 주벽이 이루어지는 등 독립된 부동산으로서 건물의 요건을 갖추어야 법정지상권이 성립이 인정된다(대판 2004. 2. 13. 2004다13533).

법정지상권의 성립 부정

① 저당권설정 당시에는 없었는데 그 후에 설정자가 건물을 축조한 경우에는 법정지상권의 성립이 부정된다(대결 1995. 12. 11. 95마1262).

② 민법 제366조의 법정지상권은 저당권설정 당시부터 저당권의 목적되는 토지 위에 건물이 존재할 경우에 한하여 인정되며 건물 없는 토지에 대하여 저당권이 설정된 후 저당권설정자가 그 위에 건물을 건축하였다가 임의경매절차에서 경매로 인하여 대지와 그 지상건물이 소유자를 달리하였을 경우에는 위 법조 소정의 법정지상권이 인정되지 아니할 뿐만 아니라 관습상의 법정지상권도 인정되지 아니한다(대판 1993. 6. 25. 92다20330).

③ 민법 제366조의 법정지상권은 저당권 설정 당시부터 저당권의 목적되는 토지 위에 존재할 경우에 한하여 인정되며, 토지에 관하여 저당권이 설정될 당시 그 지상에 토지소유권에 의한 건축이 개시되기 이전이었다면, 건물이 없는 토지에 관하여 저당권이 설정될 당시 근저당권자가 토지소유자에 의한 건물의 건축에 동의하였다고 하더라도 그러한 사정은 주관적 사정이고 공시할 수도 없는 것이어서 토지를 낙찰 받은 제3자로서는 알 수 없는 것이므로 그와 같은 사정을 들어 법정지상권의 성립을 인정한다면 토지소유권을 취득하려는 제3자의 법적 안정성을 해하는 등 법률관계가 불명확하게 되므로 법정지상권이 성립되지 않는다(대판 2003. 9. 5. 2003다26051).

④ 동일인의 소유에 속하는 토지 및 그 지상 건물에 관하여 공동저당권이 설정된 후 그 지상 건물이 철거되고 새로 건물이 신축된 경우에는 그 신축건물의 소유자가 토지의 소유자와 동일하고 토지의 저당권자에게 신축건물에 관하여 토지의 저당권과 동일한 순위의 공동저당권을 설정해 주는 등 특별한 사정이 없는 한 저당물의 경매로 인하여 토지와 그 신축건물이 다른 소유자에 속하게 되더라도

그 신축건물을 위한 법정지상권은 성립하지 않는다고 해석하여야 하는바, 그 이유는 동일인의 소유에 속하는 토지 및 그 지상 건물에 관하여 공동저당권이 설정된 경우에는, 처음부터 지상 건물로 인하여 토지의 이용이 제한 받는 것을 용인하고 토지에 대하여만 저당권을 설정하여 법정지상권의 가치만큼 감소된 토지의 교환가치를 담보로 취득한 경우와는 달리, 공동저당권자는 토지 및 건물 각각의 교환가치 전부를 담보로 취득한 것으로서, 저당권의 목적이 된 건물이 그대로 존속하는 이상은 건물을 위한 법정지상권이 성립해도 그로 인하여 토지의 교환가치에서 제외된 법정지상권의 가액 상당 가치는 법정지상권이 성립하는 건물의 교환가치에서 되찾을 수 있어 궁극적으로 토지에 관하여 아무런 제한이 없는 나대지로서의 교환가치 전체를 실현시킬 수 있다고 기대하지만, 건물이 철거된 후 신축된 건물에 토지와 동순위의 공동저당권이 설정되지 아니 하였는데도 그 신축건물을 위한 법정지상권이 성립한다고 해석하게 되면, 공동저당권자가 법정지상권이 성립하는 신축건물의 교환가치를 취득할 수 없게 되는 결과 법정지상권의 가액 상당 가치를 되찾을 길이 막혀 위와 같이 당초 나대지로서의 토지의 교환가치 전체를 기대하여 담보를 취득한 공동저당권자에게 불측의 손해를 입게 하기 때문이다(대판〈전〉 2003. 12. 18. 98다43601).

---

(3) 내용과 효력

1) 법정지상권의 취득과 등기

법정지상권의 취득은 제366조(법률의 규정)에 의한 부동산에 관한 물권의 취득이므로 등기를 요하지 않으나, 등기를 하지 아니하면 이를 처분하지 못한다(187조).

2) 법정지상권 양수인의 지위

가) 법정지상권을 가진 건물소유자로부터 건물을 양수하면서 법정지상권까지 양도받기로 한 자는 양도인인 법정지상권자가 일단 지상권등기를 하고 다시 양수인의 명의로 지상권이전등기를 하지 않으면 지상권을 취득하지 못한다(187조 단서).

나) 또 양도인이 지상권등기를 하지 않은 경우에도 양수인은 채권자대위의 법리에 따라 대지소유자 및 전건물소유자에 대하여 차례로 지상권의 설정등기 및

이전등기의 절차이행을 청구할 수 있다. 이 경우, 대지소유자의 건물양수인에 대한 건물철거 및 대지인도청구는 신의칙상 허용될 수 없다(대판 1988. 10. 24. 87다카1604; 동 1996. 3. 26. 95다45545).

다) 위 경우 법정지상권이 있는 건물의 양수인은 장차 법정지상권을 취득할 지위에 있어 대지소유자의 건물철거나 대지인도청구를 거부할 수 있더라도, 그 대지를 점유, 사용함으로 인하여 얻은 이득을 부당이득으로 대지소유자에게 반환할 의무가 있다(대판 1988. 10. 24. 87다카1604; 동 1997. 12. 26. 96다34665).

3) 지 료

가) 지료는 당사자의 청구에 의하여 법원이 이를 정하며, 당사자의 합의가 있으면 합의에 의하여 결정된다(366조 단서). 여기서 지료액 또는 그 지급시기 등 지료에 관한 약정은 이를 등기하여야만 제3자에게 대항할 수 있다.

나) 법원은 법정지상권자가 지급할 지료를 정함에 있어서 법정지상권설정 당시의 제반사정을 참작하여야 하나, 법정지상권이 설정된 건물이 건립되어 있음으로 인하여 토지의 소유권이 제한을 받는 사정은 이를 참작하여 평가하여서는 안 된다(대판 1989. 8. 8. 88다카18504).

다) 또한 법정지상권의 경우 당사자 사이에 지료에 관한 협의가 있었다거나 법원에 의하여 지료가 결정되었다는 아무런 입증이 없다면, 법정지상권자가 지료를 지급하지 않았다고 하더라도 지료 지급을 지체한 것으로는 볼 수 없다. 그러므로 법정지상권자가 2년 이상의 지료를 지급하지 아니하였음을 이유로 하는 토지소유자의 지상권소멸청구는 이유가 없고, 지료액 또는 그 지급시기 등 지료에 관한 약정은 이를 등기하여야만 제3자에게 대항할 수 있는 것이다. 또 법원에 의한 지료의 결정은 당사자의 지료결정청구에 의하여 형식적 형성소송인 지료결정판결로 이루어져야 제3자에게도 그 효력이 미친다(대판 2001. 3. 13. 99다17142).

4) 범 위

법정지상권이 미치는 범위는 반드시 그 건물의 대지에 한하는 것이 아니며 지상건물이 창고인 경우에는 그 본래의 용도인 창고로서 사용하는데 일반적으로 필요한 그 둘레의 부분에도 미친다(대판 1977. 7. 26. 77다921).

5) 존속기간

법정지상권의 존속기간은 성립 후 그 지상목적물의 종류에 따라 규정하고 있는 민법 제280조 제1항 소정의 각 기간으로 보아야 한다. 따라서 법정지상권의 존속기간은 분묘기지권과 같이 그 지상에 건립된 건물이 존속하는 한 법정지상권도 존속하는 것이라고는 할 수 없다(대판 1992. 6. 9. 92다4857).

6) 건물의 재건축·신축과 법정지상권의 내용

민법 제366조 소정의 법정지상권이 성립하려면 저당권 설정 당시 저당권의 목적이 되는 토지 위에 건물이 존재하여야 한다. 그런데 저당권 설정 당시의 건물을 그 후 개축·증축한 경우는 물론이고 그 건물이 멸실되거나 철거된 후 재건축·신축한 경우에도 법정지상권이 성립한다. 이 경우 신건물과 구건물 사이에 동일성이 있거나 소유자가 동일할 것을 요하는 것은 아니라 할 것이지만, 그 법정지상권의 내용인 존속기간·범위 등은 구건물을 기준으로 하여야 할 것이다(대판 2001. 3. 13. 2000다48517).

관련판례

법정지상권의 내용 및 효력

① 민법 제366조 단서의 규정에 의하여 법정지상권의 경우 그 지료는 당사자의 협의나 법원에 의하여 결정하도록 되어 있는데, 당사자 사이에 지료에 관한 협의가 있었다거나 법원에 의하여 지료가 결정되었다는 아무런 입증이 없고 법정지상권에 관한 지료가 결정된 바 없다면, 법정지상권자가 지료를 지급하지 않았다고 하더라도 지료 지급을 지체한 것으로는 볼 수 없으므로 법정지상권자가 2년 이상의 지료를 지급하지 아니하였음을 이유로 하는 토지소유자의 지상권 소멸청구는 이유가 없다(대판 1996. 4. 26. 95다52864).

② 법정지상권이 성립되고 지료액수가 판결에 의하여 정해진 경우 지상권자가

판결확정 후 지료의 청구를 받고도 책임 있는 사유로 상당한 기간 동안 지료의 지급을 지체한 때에는 지체된 지료가 판결확정의 진후에 걸쳐 2년분 이상일 경우에도 토지소유자는 민법 제287조에 의하여 지상권의 소멸을 청구할 수 있고, 판결확정일로부터 2년 이상 지료의 지급을 지체하여야만 지상권의 소멸을 청구할 수 있는 것은 아니라고 할 것이므로(대판 1993. 3. 12. 92다44749 참조), 종전 소송에서 확정판결과 동일한 효력이 있는 재판상 화해가 이루어진 것이 2002. 9. 13.이라고 하더라도, 피고(선정당사자)가 그 이전인 2001. 11. 29. 이후 2년 이상 지료를 지급하지 않은 이상 토지소유자인 원고는 민법 제287조에 의하여 법정지상권의 소멸을 청구를 할 수 있다고 할 것이다(대판 2005. 10. 13. 2005다37208).

③ 민법 제366조 소정의 법정지상권이나 관습상의 법정지상권이 성립한 후에 건물을 개축 또는 증축하는 경우는 물론 건물이 멸실되거나 철거된 후에 신축하는 경우에도 법정지상권은 성립하나, 다만 그 법정지상권의 범위는 구건물을 기준으로 하여 그 유지 또는 사용을 위하여 일반적으로 필요한 범위 내의 대지 부분에 한정된다(대판 1997. 1. 21. 96다40080).

3. 제3취득자의 보호

(1) 의 의

제3취득자는 저당부동산에 대하여 양수하여 소유권을 취득하거나 지상권·전세권 등을 취득한 자를 말한다(364조 참조). 그러나 제364조에서 규정하고 있지 않은 저당부동산에 대하여 후순위저당권을 취득한 자는 제3취득자에 해당하지 않는다(대판 2006. 1. 26. 2005다17341).

제3취득자는 저당권자가 저당물에 대한 점유를 이전받지 않으므로 저당권이 존재하더라도 저당물을 소유하거나 사용·수익하는 데에는 제한을 받지 않는다. 또 제3취득자는 채무자인 양도인이나 지상권 또는 전세권의 설정자가 변제기에 변제하면 부종성의 원칙에 따라 저당권이 소멸하게 되므로, 이 경우에도 저당권으로 인하여 영향을 받지 않게 된다.

그러나 채무자의 채무불이행으로 저당권이 실행되면 제3취득자는 사용·수익권을 잃게 되고 그 지위가 불안정하게 된다. 이러한 제3취득자의 지위를 보호하기 위하여 민법은 여러 관련 규정을 두고 있다.

(2) 보호수단

1) 경 매 인

저당물의 소유권을 취득한 제3취득자는 저당부동산이 경매실행되는 경우, 경매절차에 참가하여 경매인(競買人 : 경락인)이 될 수 있다(363조 2항). 이와 관련해서 민법은 소유권을 취득한 제3취득자만을 명시하고 있으나, 지상권·전세권 등을 취득한 제3취득자도 저당부동산의 경매절차에 참가하여 경매인인 될 수 있는 것으로 새겨야 할 것이다.

2) 제3취득자의 변제

가) 저당부동산에 대하여 소유권, 지상권 또는 전세권을 취득한 제3취득자는 저당권자에게 그 부동산으로 담보된 채권을 변제하고 저당권의 소멸을 청구할 수 있다(364조).

나) 민법은 채무의 변제는 제3자도 할 수 있고, 더욱이 이해관계 있는 제3자는 채무자의 의사에 반하여 변제할 수 있도록 규정하고 있다(469조). 따라서 제3취득자는 채무자의 의사와 관계없이 저당권자에 대한 채무자의 피담보채무를 대신 변제하여 저당권을 소멸시킬 수 있음은 당연하다. 다만 제364조를 규정한 취지는 제3취득자가 변제함에 있어서 그가 부담하는 범위는 저당권의 효력이 미치는 피담보채권의 범위(360조)에 한정시키고자 함에 있다(통설). 따라서 지연배상이 1년분을 초과한 경우, 제3취득자는 1년분만 변제하면 된다.

다) 제3취득자가 저당권자에게 피담보채권을 변제하면 저당권은 말소등기 없이 당연히 소멸하게 되고(187조), 제3취득자는 변제할 정당한 이익이 있는 자로서 당연히 채권자를 대위(법정대위)하게 된다(481조). 따라서 이 경우, 제3취득자는 저당권자인 채권자의 지위를 이전받게 되어 채무자에게 구상권을 행사할 수 있다(370조,

341조).

3) 제3취득자의 비용상환청구권

가) 저당물의 제3취득자가 그 부동산의 보존, 개량을 위하여 필요비 또는 유익비를 지출한 때에는 점유자의 회복자에 대한 비용상환청구권에 관한 규정인 제203조 제1항, 제2항의 규정에 의하여 저당물의 경매대가에서 우선상환을 받을 수 있다(367조).

나) 여기서 제367조가 저당물의 제3취득자가 그 부동산에 관한 필요비 또는 유익비를 지출한 때에는 저당물의 경매대가에서 우선상환을 받을 수 있다고 규정한 취지는 저당권설정자가 아닌 제3취득자가 저당물에 관한 필요비 또는 유익비를 지출하여 저당물의 가치가 유지·증가된 경우, 매각대금 중 그로 인한 부분은 일종의 공익비용과 같이 보아 제3취득자가 경매대가에서 우선상환을 받을 수 있도록 한 것이다. 그러므로 저당물에 관한 지상권, 전세권을 취득한 자만이 아니고 소유권을 취득한 자도 제367조의 제3취득자에 해당한다(대판 2004. 10. 15. 2004다36604).

다) 따라서 제3취득자는 점유자의 회복자에 대한 비용상환청구권에 관한 규정인 제203조 제1항, 제2항의 규정의 적용을 받아 보존·개량을 위하여 지출한 비용을 경매대가로부터 우선상환을 받을 수 있다. 여기서 제203조 제3항은 적용되지 않는다. 따라서 경매대가로부터 제3취득자가 지출한 비용은 당연히 우선변제되는 것이므로, 법원은 유익비에 대하여 별도의 상환기간을 유예할 수 없다.

4) 구 상 권

저당권의 실행으로 제3취득자가 저당물의 소유권을 잃은 때에는 채무자에 대하여 구상권을 행사할 수 있다(370조, 341조).

관련판례

제3취득자의 변제

① 저당권이 설정된 부동산을 매도담보로 취득한 제3취득자는 저당채무를 변제할

정당한 이익이 있고 그 변제를 한 때에는 물상보증인들과는 각 담보재산의 가액에 비례하여 채권자를 대위할 수 있다(대판 1974. 12. 10. 74다1419).

② 소외인이 원고 소유이던 부동산에 관하여 가등기 및 소유권이전등기를 경료하고 이어 피고공사 앞으로 근저당권설정등기를 하였는데, 그 후 원고와 위 소외인 간의 전시 가등기 및 본등기에 관한 말소청구소송에서 위 소외인은 원고로부터 일정한 금원을 수령함과 상환으로 그 명의의 전시 가등기와 본등기를 말소하되 동 소외인은 피고 공사 앞으로 된 근저당권설정등기의 말소등기절차가 이행되도록 조치하며 원고가 만일 위 금원지급을 이행치 않을 때에는 본건 부동산은 위 소외인의 소유로 확정되고 원고가 이를 인도한다는 내용의 재판상의 화해를 하였고 그후 위 근저당권설정등기는 그대로 존속한 채 소외인 명의의 가등기와 본등기만이 위 법정화해가 원인이 되어 말소된 경우 원고는 결국 피고 공사와의 관계에 있어서는 담보목적 부동산의 제3취득자와 같은 지위에 있다(대판 1979. 8. 21. 79다783).

③ 타인의 채무를 담보하기 위하여 저당권을 설정한 부동산의 소유자(물상보증인)로부터 소유권을 양수한 제3자는 채권자에 의하여 저당권이 실행되게 되면 저당부동산에 대한 소유권을 상실한다는 점에서 물상보증인과 유사한 지위에 있다고 할 것이므로, 물상보증의 목적물인 저당부동산의 제3취득자가 채무를 변제하거나 저당권의 실행으로 저당물의 소유권을 잃은 때에는 물상보증인의 구상권에 관한 민법 제370조, 제341조의 규정을 유추적용하여 보증채무에 관한 규정에 의하여 채무자에 대한 구상권이 있다(대판 1997. 7. 25. 97다8403).

④ 저당부동산에 관한 매매계약을 체결하는 당사자 사이에 매매대금에서 피담보채무 또는 채권최고액을 공제한 잔액만을 현실로 수수하였다는 사정만을 가지고 언제나 매수인이 매도인의 저당채권자에 대한 피담보채무를 인수한 것으로 보아 제3취득자는 채권자에 대한 관계에서 제3취득자가 아니라 채무자와 동일한 지위에 놓이게 됨으로써 저당부동산의 제3취득자가 원래 행사할 수 있었던 저당권소멸청구권을 상실한다고 볼 수는 없고, 오히려 이러한 매매대금 지급방법상의 약정은 다른 특별한 사정이 없는 한 매매당사자 사이에서는 매수인이 피담보채무 또는 채권최고액에 해당하는 매매대금 부분을 매도인에게 지급하는 것이 아니라 채권자에게 직접 지급하기로 하여 그 매매목적 부동산에 관한

저당권의 말소를 보다 확실하게 보장하겠다고 하는 취지로 그런 약정을 하게 된 것이라고 볼 것이다(대판 2002. 5. 24. 2002다7176).

⑤ 민법 제364조는 "저당부동산에 대하여 소유권, 지상권 또는 전세권을 취득한 제3자는 저당권자에게 그 부동산으로 담보된 채권을 변제하고 저당권의 소멸을 청구할 수 있다."고 규정하고 있다. 그러므로 근저당부동산에 대하여 민법 제364조의 규정에 의한 권리를 취득한 제3자는 피담보채무가 확정된 이후에 채권최고액의 범위 내에서 그 확정된 피담보채무를 변제하고 근저당권의 소멸을 청구할 수 있으나, 근저당부동산에 대하여 후순위근저당권을 취득한 자는 민법 제364조에서 정한 권리를 행사할 수 있는 제3취득자에 해당하지 아니하므로 이러한 후순위근저당권자가 선순위근저당권의 피담보채무가 확정된 이후에 그 확정된 피담보채무를 변제한 것은 민법 제469조의 규정에 의한 이해관계 있는 제3자의 변제로서 유효한 것인지 따져볼 수는 있을지언정 민법 제364조의 규정에 따라 선순위근저당권의 소멸을 청구할 수 있는 사유로는 삼을 수 없다(대판 2006. 1. 26. 2005다17341).

제3취득자의 비용상환청구권

건물의 증축비용을 투자한 대가로 건물에 대한 지분이전등기를 경료받았으나 저당권의 실행으로 그 권리를 상실한 자는 건물에 관한 제3취득자로서 필요비 또는 유익비를 지출한 것이 아니므로 저당물의 경매대가에서 우선상환을 받을 수 없다(대판 2004. 10. 15. 2004다36604).

사례&판례 연구 저당권과 용익권의 효력 〈저당권의 실행과 중간임차권자의 법적 지위〉 【대판 1987. 2. 24. 86다카1963】

《사건의 개요》

임차인 乙은 1번 근저당권등기가 설정되어 있는 주택 A의 소유자 甲으로부터 A를 임차하여 이를 인도받아 주민등록을 마쳤는데, 그 후 丁이 2번 근저당권을 설정하였다. 그 후 2번 근저당권자가 경매신청을 하여 丙이 A를 경락받아 경락대금을 완납하고 소유권이전등기를 경료하였고, 경락인 丙은 소유권에 기인하여 乙에게 주택의 명도를 청구하였다.
이에 乙은 자신이 2번 근저당권자 丁보다 먼저 대항력 있는 임차권을 취득하였으므로 주임법 제3조에 의하여 丙에게 대항할 수 있으며, 경매의 배당절차에서 자신보다 후순위인 丁에게는 배당을 하였으면서도 丁보다 우선하는 자신(乙)에게는 배당을 하지 않았기 때문에 보증금의 반환을 받을 때까지는 A를 명도할 수 없다고 항변하였다.

【판시사항】

1번(전) 저당권설정후에 대항력을 취득한 주택임차권보다 후에 설정된 저당권의 실행으로 목적물을 경락받은 자가 주택임대차보호법 제3조 소정의 양수인에 해당하는지 여부

【판결요지】

후순위저당권의 실행으로 목적부동산이 경락되어 그 선순위저당권이 함께 소멸한 경우라면 비록 후순위저당권자에게는 대항할 수 있는 임차권이더라도 소멸된 선순위저당권보다 뒤에 등기되었거나 대항력을 갖춘 임차권은 함께 소멸하고, 따라서 이와 같은 경우의 경락인은 주택임대차보호법 제3조에서 말하는 임차주택의 양수인 중에 포함되지 않는다 할 것이므로, 경락인에 대하여 그 임차권의 효력을 주장할 수 없다.

Ⅳ. 저당권의 침해에 대한 구제

1. 의 의

저당권자는 저당물로부터 물적 담보를 실현하게 되므로, 저당물이 멸실 또는 훼손이 있게 되면 그 교환가치가 감소되어 저당권의 원만한 실현에 침해를 가져오

게 된다. 여기서 저당권의 침해에 대한 구제의 필요성이 있게 되며, 이에 따른 보호수단으로는 물권의 일반적 효력에서 본 물권적 청구권과 불법행위로 인한 손해배상청구권이 있다. 이 밖에 채무자가 담보를 멸실, 훼손시킨 경우에 채무자의 기한이익의 상실도 구제수단이 되며, 민법은 저당권의 보호를 위해서 채무자에 대한 특별효과로서 저당물보충청구권을 규정하고 있다.

2. 제3자의 침해에 대한 구제방법

(1) 물권적 청구권

1) 저당권의 침해가 있는 경우에 저당권자는 물권(저당권)에 기인하여 침해상태의 제거나 예방을 청구할 수 있다(370조, 214조). 따라서 저당물의 가치를 훼손시키는 행위(예컨대 저당 토지의 부합물인 수목을 무단 벌목하거나 저당 가옥을 훼손시키는 행위)에 대하여 저당권자는 그 행위의 중지를 청구할 수 있다. 또 유해(有害)등기가 있는 경우(예컨대 피담보채권의 변제로 소멸된 저당권의 선순위저당권자가 그 등기를 말소하지 않고 있는 경우)에 저당권자는 말소등기를 청구할 수 있다.

2) 그러나 저당권은 점유를 수반하지 않는 권리이므로, 반환청구권은 인정되지 않는다(370조, 214조). 따라서 저당권자는 자신의 동의를 얻지 아니하고 설치된 공장으로부터 반출된 목적 동산에 대해서, 저당권자는 점유권이 없기 때문에 설정자로부터 일탈한 저당목적물을 저당권자 자신에게 반환할 것을 청구할 수는 없다. 그러나 저당목적물이 제3자에게 선의취득되지 아니하는 한 원래의 설치 장소에 원상회복할 것을 청구하는 것은 저당권의 성질에 반하지 아니함은 물론 저당권자가 가지는 방해배제청구권의 당연한 행사에 해당한다(대판 1996. 3. 22. 95다55184).

3) 저당권은 불가분성을 띠므로, 저당권자는 목적물의 교환가치가 피담보채권을 만족시킬 수 있는 경우에도 저당권의 침해가 있으면 목적물 전부에 대해 방해의 제거나 예방을 청구할 수 있다.

4) 여기서 저당권자의 방해의 제거 또는 예방청구권의 상대방은 저당물의 소유자 또는 제3자를 불문한다. 즉 저당권자는 저당권 설정 이후 환가에 이르기까지 저당물의 교환가치에 대한 지배권능을 보유하고 있으므로 저당목적물의 소유자

또는 제3자가 저당목적물을 물리적으로 멸실·훼손하는 경우는 물론 그 밖의 행위로 저당부동산의 교환가치가 하락할 우려가 있는 등 저당권자의 우선변제청구권의 행사가 방해되는 결과가 발생한다면 저당권자는 저당권에 기한 방해배제청구권을 행사하여 방해행위의 제거를 청구할 수 있다(대판 2006. 1. 27. 2003다58454).

관련판례

저당권자의 방해제거, 예방청구권

① 대지의 소유자가 나대지 상태에서 저당권을 설정한 다음 대지상에 건물을 신축하기 시작하였으나 피담보채무를 변제하지 못함으로써 저당권이 실행에 이르렀거나 실행이 예상되는 상황인데도 소유자 또는 제3자가 신축공사를 계속한다면 신축건물을 위한 법정지상권이 성립하지 않는다고 할지라도 경매절차에 의한 매수인으로서는 신축건물의 소유자로 하여금 이를 철거하게 하고 대지를 인도받기까지 별도의 비용과 시간을 들여야 하므로, 저당목적 대지상에 건물신축공사가 진행되고 있다면, 이는 경매절차에서 매수희망자를 감소시키거나 매각가격을 저감시켜 결국 저당권자가 지배하는 교환가치의 실현을 방해하거나 방해할 염려가 있는 사정에 해당하여 저당권자는 저당권에 기한 방해배제청구권을 행사하여 방해행위의 제거(건축공사의 정지)를 청구할 수 있다(대판 2006. 1. 27. 2003다58454).

② 대지의 소유자가 나대지 상태에서 저당권을 설정한 다음 대지상에 건물을 신축하기 시작하였으나 피담보채무를 변제하지 못함으로써 저당권이 실행에 이르렀거나 실행이 예상되는 상황인데도 소유자 또는 제3자가 신축공사를 계속한다면 신축건물을 위한 법정지상권이 성립하지 않는다고 할지라도 경매절차에 의한 매수인으로서는 신축건물의 소유자로 하여금 이를 철거하게 하고 대지를 인도받기까지 별도의 비용과 시간을 들여야 하므로, 저당목적 대지상에 건물신축공사가 진행되고 있다면, 이는 경매절차에서 매수희망자를 감소시키거나 매각가격을 저감시켜 결국 저당권자가 지배하는 교환가치의 실현을 방해하거나 방해할

염려가 있는 사정에 해당한다(대판 2006. 1. 27. 2003다58454).

③ 저당권은 경매절차에 있어서 실현되는 저당부동산의 교환가치로부터 다른 채권자에 우선하여 피담보채권의 변제를 받는 것을 내용으로 하는 물권으로, 부동산의 점유를 저당권자에게 이전하지 않고 설정되고, 저당권자는 원칙적으로, 저당부동산의 소유자가 행하는 저당부동산의 사용 또는 수익에 관하여 간섭할 수 없고, 다만 저당부동산에 대한 점유가 저당부동산의 본래의 용법에 따른 사용·수익의 범위를 초과하여 그 교환가치를 감소시키거나, 점유자에게 저당권의 실현을 방해하기 위하여 점유를 개시하였다는 점이 인정되는 등, 그 점유로 인하여 정상적인 점유가 있는 경우의 경락가격과 비교하여 그 가격이 하락하거나 경매절차가 진행되지 않는 등 저당권의 실현이 곤란하게 될 사정이 있는 경우에는 저당권의 침해가 인정될 수 있다(대판 2005. 4. 29. 2005다324).

④ 점유자가 소유권을 주장하며 점유하고 있는 주택에 대하여 경매법원의 낙찰불허가결정이 내려진 경우, 이는 주택의 소유관계와 그에 기초한 저당권의 효력에 관한 법률관계를 명확하게 한 후에 경매를 진행하겠다는 경매법원의 판단에 의한 것이므로 저당권자는 저당권에 기한 방해배제 또는 소유자의 방해배제청구권을 대위하여 위 점유자에 대하여 주택에서의 퇴거를 구할 수 없다(대판 2005. 4. 29. 2005다324).

(2) 손해배상청구권

1) 저당권의 침해가 있는 경우에는, 상대방의 귀책사유가 있으면 저당권자는 물권적청구권 이외에 불법행위로 인한 손해배상도 청구할 수 있다(750조).

2) 여기서 손해배상청구권은 저당물의 침해로 저당권자가 채권의 충분한 만족을 얻을 수 없으면 발생할 수 있게 된다(예컨대 저당권의 목적물인 자동차의 등록을 고의로 말소시켜 저당권의 실현이 침해된 경우). 따라서 저당권의 피담보채권의 변제기 또는 저당권의 실행 이전이더라도 저당권자가 손해액을 입증하면 손해배상청구권을 행사할 수 있다(통설).

3) 여기서 손해배상청구권은 담보물보충청구권과는 같이 행사할 수 없으나, 기

한이익상실에 따른 즉시변제청구권과는 같이 행사할 수 있다(통설).

관련판례

저당권자의 손해배상청구권

① 자동차저당법에 의한 저당권의 목적은 자동차등록을 받은 자동차에 한하므로 근저당권의 목적이 된 자동차의 등록말소를 고의로 빚은 자는 저당권을 침해한 것이 되므로 담보권자에게 손해배상책임이 있다(대판 1978. 9. 26. 78다835).

② 타인의 불법행위로 인하여 근저당권이 소멸되는 경우에 있어 근저당권자로서는 근저당권이 소멸하지 아니하였더라면 그 실행으로 피담보채무의 변제를 받았을 것임에도 불구하고 근저당권의 소멸로 말미암아 이러한 변제를 받게 되는 권능을 상실하게 되는 것이므로, 그 근저당권의 소멸로 인한 근저당권자가 입게 되는 손해는 근저당 목적물인 부동산의 가액 범위 내에서 채권최고액을 한도로 하는 피담보채권액이다(대판 1997. 11. 25. 97다35771).

③ 불법행위로 인한 재산상 손해가 있다고 하려면 위법한 가해행위로 인하여 발생한 재산상 불이익, 즉 그 위법행위가 없었더라면 존재하였을 재산상태와 그 위법행위가 가해진 현재의 재산상태에 차이가 있어야 한다. 그런데 등기는 물권의 효력 발생 요건이고 존속 요건은 아니어서 등기가 원인 없이 말소된 경우에는 그 물권의 효력에 아무런 영향이 없고, 그 회복등기가 마쳐지기 전이라도 말소된 등기의 등기명의인은 적법한 권리자로 추정되며, 그 회복등기 신청절차에 의하여 말소된 등기를 회복할 수 있으므로(부동산등기법 제75조), 근저당권설정등기가 불법행위로 인하여 원인 없이 말소되었다 하더라도 말소된 근저당권설정등기의 등기명의인이 곧바로 근저당권 상실의 손해를 입게 된다고 할 수는 없다(대판 2010. 2. 11. 2009다68408).

④ 타인의 불법행위로 인하여 근저당권이 소멸된 경우 근저당권자로서는 근저당권이 소멸하지 아니하였더라면 그 실행으로 피담보채무의 변제를 받았을 것임에도 불구하고 근저당권의 소멸로 말미암아 이러한 변제를 받게 되는 권능을 상실하게 되는 것이므로, 그 근저당권의 소멸로 인하여 근저당권자가 입게 되는 손해는

근저당 목적물인 부동산의 가액 범위 내에서 채권최고액을 한도로 하는 피담보채권액이라고 할 것이며, 이와 같은 법리는 근저당권 외에 다른 담보권의 경우에도 마찬가지로 적용된다(대판 2013. 1. 24. 2012도10629).

3. 채무자(설정자)의 침해에 대한 구제방법

(1) 담보물보충청구권

1) 저당물보충청구권은 저당권설정자의 책임 있는 사유로 인하여 저당물의 가액이 현저하게 감소된 때에 저당권자는 저당권설정자에 대하여 그 원상회복 또는 상당한 담보제공을 청구할 수 있는 권리를 말한다(362조).

2) 담보물보충청구권을 행사하기 위해서는 '저당권설정자의 책임 있는 사유'와 이로 인하여 '저당물의 가액이 현저하게 감소된 때'라는 요건을 갖추어야 한다.

여기서 '저당권설정자의 책임 있는 사유'는 저당권설정자의 고의 또는 과실을 의미하므로, 가액의 감소가 저당권설정자의 귀책사유에 의한 것이 아닌 경우에는, 위 권리를 행사할 수 없다.

또 '저당물의 가액이 현저하게 감소된 때'는 교환가치의 감소로 인하여 피담보채권을 완전히 변제하지 못할 염려가 있는 때로 새기는 견해(권용우 543면, 김상용 692면)와 저당물의 가액의 감손이 큰 때면 충분하고 저당물의 나머지 가치로 피담보채권을 완전히 변제할 수 있는 경우에도 위 권리가 생긴다고 이해하는 견해(송덕수 501면, 이영준 916면)가 서로 대립하고 있다.

요컨대 저당물의 남은 가치가 피담보채권을 완전히 만족시키느냐의 여부는 경매절차가 모두 끝난 다음에야 비로소 구체화되며, 저당권은 피담보채권 전부의 만족을 얻을 때까지 저당물 전부 위에 그 권리를 행사할 수 있는 불가분성이 있음을 고려할 때 '저당물의 가액의 감손이 큰 때'면 저당권자가 담보물보충청구권을 행사할 수 있다고 이해하는 것이 타당할 것이다(송덕수 501면). 또 이렇게 이해하여야만 담보물보충청구권이 저당권 침해에 대한 실효적 구제수단이 될 수 있을 것이다.

3) 저당물보충청구권은 저당권의 존속을 전제로 하는 구제수단이므로, 이것과 손해배상청구권이나 즉시변제청구권(기한이익의 상실)을 같이 주장할 수는 없다.

(2) 기한이익의 상실

저당물이 채무자 또는, 저당권설정자에 의하여 손상·감소 또는 멸실 등으로 훼손 된 경우에는 채무자의 기한의 이익이 상실된다(388조 1호). 따라서 위에 따라 기한이익이 상실되면 변제기도래의 효과가 발생하므로, 저당권자는 즉시변제청구권을 행사할 수 있고, 채무자가 피담보채권을 변제하지 않으면 저당권을 실행할 수도 있다.

제4관 저당권의 처분과 소멸

Ⅰ. 저당권의 처분

저당권은 그 담보한 채권(피담보채권)과 분리하여 타인에게 양도하거나 다른 채권의 담보로 하지 못한다(361조). 현행법상 저당권의 처분으로 인정되는 것은 저당권부채권의 양도와 저당권부채권의 입질(入質)이 있다(348조).

1. 저당권부 채권의 양도

(1) 의 의

저당권은 수반성에 의하여 피담보채권과 분리하여 양도하지 못하는 것이어서 저당권부 채권의 양도는 언제나 저당권의 양도와 채권양도가 결합되어 행해진다.

여기서 저당권부 채권의 양도는 제186조의 부동산물권변동에 관한 규정과 제449조 내지 제452조의 채권양도에 관한 규정에 의해 규율된다.

(2) 저당권의 양도와 채권양도의 통지와 승낙

저당권의 양도에 있어서도 물권변동의 일반원칙에 따라 저당권을 이전할 것을 목적으로 하는 물권적 합의와 등기가 있어야 저당권이 이전된다. 이 때의 물권적 합의는 저당권의 양도·양수받는 당사사 사이에 있으면 족하고 그 외에 그 채무자나 물상보증인 사이에까지 있어야 하는 것은 아니다.

다만 채무자에게 채권양도의 통지나 이에 대한 채무자의 승낙이 있으면 채권양도를 가지고 채무사에게 대항할 수 있게 된다(450조

(3) 저당권부 채권의 양도와 이전등기

저당권이전등기는 저당권을 양도뿐만이 아니고 상속 등을 할 때도 이루어지는 등기이다. 저당권과 피담보채권은 일체로만 처분될 수 있기 때문에 피담보채권과 분리하여 저당권의 순위양도만의 등기는 할 수 없다. 이와 같이 저당권부채권을 양도한 경우에는 저당권의 양도뿐만 아니라, 채권양도도 포함되므로 저당권의 양도에 관하여는 등기를 하여야 저당권이전의 효력이 발생한다(186조). 여기서 저당권이전등기는 저당권설정등기인 주등기에 종속되어 주등기와 일체를 이루는 것으로서 부기등기로 한다.

관련판례

저당권부채권의 양도

① 근저당권이전의 부기등기가 기존의 주등기인 근저당권설정등기에 종속되어 주등기와 일체를 이룬 경우에는 부기등기만의 말소를 따로 인정할 아무런 실익이 없지만, 근저당권의 이전원인만이 무효로 되거나 취소 또는 해제된 경우, 즉 근저당권의 주등기 자체는 유효한 것을 전제로 이와는 별도로 근저당권이전의 부기등기에 한하여 무효사유가 있다는 이유로 부기등기만의 효력을 다투는 경우에는 그 부기등기의 말소를 소구할 필요가 있으므로 예외적으로 소의 이익이 있다(대판 2005. 6. 10. 2002다15412).

② 피담보채권을 저당권과 함께 양수한 자는 저당권이전의 부기등기를 마치고 저당권실행의 요건을 갖추고 있는 한 채권양도의 대항요건을 갖추고 있지 아니하

더라도 경매신청을 할 수 있으며, 채무자는 경매절차의 이해관계인으로서 채권양도의 대항요건을 갖추지 못하였다는 사유를 들어 경매개시결정에 대한 이의나 즉시항고절차에서 다툴 수 있고, 이 경우는 신청채권자가 대항요건을 갖추었다는 사실을 증명하여야 할 것이나, 이러한 절차를 통하여 채권 및 근저당권의 양수인의 신청에 의하여 개시된 경매절차가 실효되지 아니한 이상 그 경매절차는 적법한 것이고, 또한 그 경매신청인은 양수채권의 변제를 받을 수도 있다(대판 2005. 6. 23. 2004다29279).

③ 피담보채권과 근저당권을 함께 양도하는 경우에 채권양도는 당사자 사이의 의사표시만으로 양도의 효력이 발생하지만 근저당권이전은 이전등기를 하여야 하므로 채권양도와 근저당권이전등기 사이에 어느 정도 시차가 불가피한 이상 피담보채권이 먼저 양도되어 일시적으로 피담보채권과 근저당권의 귀속이 달라진다고 하여 근저당권이 무효로 된다고 볼 수는 없으나, 위 근저당권은 그 피담보채권의 양수인에게 이전되어야 할 것에 불과하고, 근저당권의 명의인은 피담보채권을 양도하여 결국 피담보채권을 상실한 셈이므로 집행채무자로부터 변제를 받기 위하여 배당표에 자신에게 배당하는 것으로 배당표의 경정을 구할 수 있는 지위에 있다고 볼 수 없다(대판 2003. 10. 10. 2001다77888).

2. 저당권부 채권의 입질

저당권으로 담보한 채권을 질권의 목적으로 한 때에는 수반성에 따라 그 저당권 등기에 질권의 부기등기를 하여야 그 효력이 저당권에 미친다(348조). 이에 따라 저당권에 의하여 담보된 채권 위에 권리질권의 부기등기를 할 때에는 채권액 또는 채권최고액, 채무자의 성명 또는 명칭과 주소 또는 사무소의 소재지, 변제기와 이자의 약정이 있는 경우에는 그 내용을 기록하여야 한다(부등법 76조).

Ⅱ. 저당권의 소멸

1. 일반적 소멸사유

(1) 저당권은 물권이므로, 물권일반의 소멸사유인 목적물의 멸실, 혼동, 토지수용 등에 의하여 소멸한다.

(2) 저당권은 담보물권이므로, 담보물권에 공통하는 소멸사유인 피담보채권의 변제로 저당권은 소멸한다.

2. 저당권에 특유한 소멸사유

저당권은 앞에서 살펴본 바와 같이 특유한 소멸사유인 저당권의 실행수단인 경매와 제3취득자의 변제로 소멸한다.

3. 저당권의 소멸과 민법의 관련 규정

민법은 저당권의 소멸과 관련해서 피담보채권의 소멸시효와 지상권, 전세권을 목적으로 하는 저당권에 대하여 규정하고 있다.

(1) 피담보채권의 소멸시효

저당권으로 담보한 채권이 소멸시효의 완성 그 밖의 기타 사유로 인하여 소멸한 때에는 저당권도 소멸한다(369조). 따라서 저당권은 피담보채권과의 관계에서 부종성을 띠므로 피담보채권이 소멸시효의 완성으로 소멸하면 저당권도 소멸하나, 저당권만이 독립하여 소멸시효로 소멸하지는 않는다.

(2) 지상권, 전세권을 목적으로 하는 저당권

1) 물권소멸을 목적으로 하는 물권자의 일방적 의사표시인 물권의 포기로 물권은 일반적으로 소멸한다. 그러나 지상권 또는 전세권을 목적으로 저당권을 설정한 자는 저당권자의 동의 없이 지상권 또는 전세권을 소멸하게 하는 행위(지상권의 포기, 전세권의 포기)를 하지 못한다(371조 2항).

2) 위의 제371조는 저당권의 객체인 지상권, 전세권이 소멸하면 이를 객체로 하는 저당권도 소멸하게 됨을 고려해서 저당권자의 보호를 위해 둔 규정이다.

3) 따라서 임대차보증금 반환채권을 담보하기 위하여 전세권설정등기를 경료한 후 그 전세권에 대하여 저당권이 설정된 경우, 임대차계약의 변경으로 전세권이 일부 소멸하더라도 저당권자의 동의가 없는 한 전세권설정자가 위 전세권의 일부 소멸을 주장할 수 없다(대판 2006. 2. 9. 2005다59864).

관련판례

저당권의 소멸

근저당권이 설정된 후에 그 부동산의 소유권이 제3자에게 이전된 경우에는 현재의 소유자가 자신의 소유권에 기하여 피담보채무의 소멸을 원인으로 그 근저당권설정등기의 말소를 청구할 수 있음은 물론이지만, 근저당권설정자인 종전의 소유자도 근저당권설정계약의 당사자로서 근저당권소멸에 따른 원상회복으로 근저당권자에게 근저당권설정등기의 말소를 구할 수 있는 계약상 권리가 있으므로 이러한 계약상 권리에 터잡아 근저당권자에게 피담보채무의 소멸을 이유로 하여 그 근저당권설정등기의 말소를 청구할 수 있다고 봄이 상당하고, 목적물의 소유권을 상실하였다는 이유만으로 그러한 권리를 행사할 수 없다고 볼 것은 아니다(대판〈전〉 1994. 1. 25. 93다16338).

제5관 특수저당권

Ⅰ. 근 저 당

1. 의 의

(1) 근저당(根抵當)은 계속적 거래관계(예컨대 계속적인 물품외상 공급계약, 당좌대월계약 등)로부터 발생하여 장래 증감변동하는 불특정의 채권을 장래의 결산기에 있어서 일정한 한도액의 범위 안에서 담보하는 저당권을 말한다. 이는 당사자 사이에 물품외상 공급계약, 당좌대월계약 등의 계속적 거래를 하면서 그 거래과정에서 발생하는 채권을 그때마다 담보하기 위하여 저당권을 설정하는 번잡함을 피하기 위해서 관행상 행해지던 것으로서 학설과 판례는 민법 제정 이전부터 그 유효성을 인정하고 있었다.

(2) 민법은 "저당권은 그 담보할 채무의 최고액만을 정하고 채무의 확정을 장래에 보류하여 이를 설정할 수 있다. 이 경우에는 그 확정될 때까지의 채무의 소멸 또는 이전은 저당권에 영향을 미치지 아니한다."는 규정을 두어 저당권의 부종성(附從性)을 완화한 근저당을 명문으로 인정하고 있다(357조).

2. 근저당의 특질

근저당은 장래 증감변동하는 불특정의 채권을 결산기에 있어서의 일정한 한도액의 범위 안에서 담보한다. 즉 채권이 일시적으로 영(0)이 되어 현존하지 않아도 근저당은 존재하게 되므로, 부종성이 엄격하지 않다. 따라서 근저당은 부종성의 완화라는 성질을 띤다.

3. 근저당의 성립

(1) 근저당은 보통의 저당권과 같이 그 근저당권설정계약과 등기함으로써 성립한다(186조).

(2) 여기서 근저당권설정계약의 당사자는 근저당권자와 근저당권설정자로서 관

련 내용은 보통의 저당권설정계약에서 설명한 바와 같다. 따라서 설정자는 채무자인 것이 보통이나 제3자(물상보증인)이라도 무방하다. 설정계약에서는 최고액과 피담보채권의 범위를 정하는 기준은 본체적 사항으로서 약정되어야 하나 결산기의 약정은 임의사항으로서 반드시 약정하지 않아도 무방하다.

다만 근저당의 취지를 고려할 때 근저당권설정행위와는 별도로 근저당권의 피담보채권을 성립시키는 법률행위가 있어야 한다(대판 2004. 5. 28. 2003다70041).

(3) 근저당권등기는 본등기이며, 이에는 근저당의 취지와 채권최고액 및 채무자를 반드시 등기하여야 한다(부등법 75조 2항).

근저당의 피담보채권의 이자는 최고액 중에 산입한 것으로 다루어지게 되므로, 이자는 등기할 필요가 없다.

근저당의 존속기간은 임의적 등기사항으로서 당사자가 약정하면 등기할 수도 있으며, 존속기간을 등기하면 대항력이 발생되어 그 시기 이후에 발생한 채권은 피담보채권으로서 담보되지 않게 된다(통설).

관련판례

근저당의 성립

① 근저당권은 그 담보할 채무의 최고액만을 정하고, 채무의 확정을 장래에 보류하여 설정하는 저당권으로서, 계속적인 거래관계로부터 발생하는 다수의 불특정채권을 장래의 결산기에서 일정한 한도까지 담보하기 위한 목적으로 설정되는 담보권이므로 근저당권설정행위와는 별도로 근저당권의 피담보채권을 성립시키는 법률행위가 있어야 한다(대판 2004. 5. 28. 2003다70041).

② 甲이 乙에게 자기소유의 부동산을 담보로 추가대출을 받아 그 일부로 종전의 연대대출금을 상환하라는 취지의 추가대출 및 담보권설정의 대리권을 수여하였는데 乙이 甲의 허락 없이 자기 앞으로 소유권이전등기를 한 후 다시 丙 은행에 근저당권설정등기를 하였다고 하더라도 그 대출금으로 종전의 연대대출금을 모두 변제하고 그 담보이던 저당권설정등기도 말소하였다면 甲이 乙에 대하여

그 등기명의의 환원을 청구할 수 있음은 의심이 없으나 丙 은행에 대한 관계에서는 자기가 처음부터 부담하고자 한 저당권을 부담하고 있을 뿐이며 위임의 취지에 위배된다고 할 수 없으므로 형식상 저당권설정자가 다르다는 이유로 근저당권설정등기의 무효를 주장할 수 없다(대판 1989. 6. 27. 88다카23490).

③ 근저당권에 있어서는 그 피담보채권은 근저당권 설정계약에서 약정한 확정시기에 있어서의 채권을 담보하는 것이며 거래 도중에 있어서 채권이 극도액을 초과하거나 또는 변제 또는 상쇄(상계)에 의하여 소멸하는 경우에 있어서도 그 법리는 동일하며 또 확정시기는 당사자 간의 약정에 의하여 연장할 수 있는 것이므로 원피고간에 피고 주장과 같이 피고 및 소외 아주회사 간의 국산탄 판매대행점설정에 관하여 본건 근저당권과 동일내용의 근저당권 설정계약을 체결하였다면 그 계약이 유효함은 물론 그 근저당권 설정계약에 관하여 기히 등재된 본건 근저당권 설정등기를 유용하기로 약정하여도 제3자의 권리를 침해하지 아니하는 한 본건 근저당권 설정등기 역시 현재의 진실한 권리상태를 표시하고 있으므로 그 등기는 유효라 할 것이다(대판 1961. 12. 14. 4293민상893).

④ 신축 상가건물에 대한 공사대금채권의 담보를 위하여 상가건물에 근저당권을 설정하면서 근저당권설정자와 근저당권자 사이에 분양계약자가 분양대금을 완납하는 경우 그 분양계약자가 분양 받은 지분에 관한 근저당권을 말소하여 주기로 하는 약정이 있었다 하더라도, 근저당권자는 근저당권설정자 또는 분양계약자에 대하여 그 약정에 따라 분양계약자의 분양 지분에 관한 근저당권을 말소하여 줄 채권적 의무가 발생할 뿐이지 물권인 근저당권자의 근저당권 자체가 등기에 의하여 공시된 바와 달리 위 약정에 의하여 제한되는 것은 아니고, 그 근저당권의 인수인이 당연히 위 약정에 따른 근저당권자의 채무를 인수하는 것도 아니다(대판 2001. 3. 23. 2000다49015).

4. 근저당의 효력

(1) 의 의

근저당에 있어서는 설정계약에서 정하여진 최고액을 한도로 하여 그 결산기에 현실적으로 존재하는 채권액의 전부를 피담보채권으로 하며, 저당권의 효력이 미치는 목적물의 범위는 보통저당권의 경우와 같다.

(2) 피담보채권의 범위

1) 담보되는 채권

가) 근저당에 의하여 담보되는 채권은 근저당설정계약에서 정하여진 최고액을 한도로 한다. 따라서 결산기에 가서 확정되는 채권액이 최고액을 넘으면 그 최고액까지 담보되나, 최고액에 미치지 못하면 그때까지 존재하는 채권액을 한도로 담보하게 된다.

나) 또한 거래 중에 일시적으로 그 채권액이 최고액을 넘거나 변제 등으로 인하여 일시적으로 채권이 전혀 존재하지 않게 되더라도 근저당은 소멸하지 않으며, 결국 결산기에 있어서 존재하는 채권의 총액을 기준으로 최고액의 한도에서 담보한다.

다) 근저당권자의 채권총액이 채권최고액을 초과하는 경우, 근저당권자와 채무자와의 관계에 있어서 근저당권의 효력은 제3자의 이익을 해하지 않는 한 최고액에 관계없이 잔존채무에도 미친다.

라) 계속된 거래관계에 기인하여 이미 채권이 발생한 후 그 계속적 거래를 기본계약으로 하여 근저당을 설정한 경우에는, 이 저당권은 이전에 발생한 채무까지도 담보한다. 따라서 근저당권설정계약은 당사자 사이에 특별한 사정이 없는 한 계약 전후에 걸쳐 발생한 채무가 그 계약당사자 간의 금원차용과 같은 동일한 거래방법에 의한 것인 때에는, 계약이전에 발생한 채무까지 담보케 하기로 한 합의가 있었다고 보아야 한다(대판 1970. 4. 28. 70다103).

관련판례

근저당의 피담보채권

① 1의 피담보채권을 담보하기 위하여 근보증과 근저당이 중첩하여 설정된 경우, 근저당의 실행으로 변제받은 범위 안에서 근보증의 보증한도액은 공제된다(대판 2004. 7. 9. 2003다27160).

② 매수인의 매도인에 대한 매매대금채무의 담보를 위하여 설정된 근저당권은 그 매매계약이 매수인의 기망에 의한 것이라 하여 취소된 경우에 매수인이 위 기망행위로 인하여 매도인에게 입힌 손해배상채무도 담보하는 것이라고 봄이 상당하다(대판 1987. 4. 28. 86다카2458).

③ 근저당권자와 채무자 겸 근저당권설정자와의 관계에 있어서는 위 채권 전액의 변제가 있을 때까지 근저당권의 효력은 채권최고액과는 관계없이 잔존채무에 여전히 미친다(대판 2001. 10. 12. 2000다59081).

④ 물상보증인이 근저당권의 채무자의 계약상의 지위를 인수한 것이 아니라, 다만 그 채무만을 면책적으로 인수하고 이를 원인으로 하여 근저당권 변경의 부기등기가 경료된 경우, 특별한 사정이 없는 한 그 변경등기는 당초 채무자가 근저당권자에 대하여 부담하고 있던 것으로서 물상보증인이 인수한 채무만을 그 대상으로 하는 것이지, 그 후 채무를 인수한 물상보증인이 다른 원인으로 근저당권자에 대하여 부담하게 된 새로운 채무까지 담보하는 것으로 볼 수는 없다(대판 2002. 11. 26. 2001다73022).

2) 최고액과 민법 제360조

가) 저당권의 피담보채권의 범위에 관한 제360조의 규정은 근저당에도 원칙적으로 적용되어야 하나, 근저당의 특성에 따른 차이가 있게 된다.

나) 따라서 근저당권은 "원본, 이자, 위약금, 채무불이행으로 인한 손해배상 및 저당권의 실행비용"을 담보하는 범위의 기준으로 삼아야 하나(360조), 근저당에 관

한 제357조 제2항이 “채무의 이자는 최고액 중에 산입한 것으로 본다.”라고 규정하고 있으므로 최고액에는 원본은 물론이고 이자도 포함된다.

다) 민법은 ‘위약금과 채무불이행으로 인한 손해배상(지연배상)’이 최고액에 포함되느냐에 대해서는 별도로 규정하고 있지 않으나, 이것들도 실제에 있어서는 이자에 상응하는 것이므로 최고액에 포함되는 것으로 새겨야 한다.

라) 다만 지연배상과 관련해서 제360조 단서가 “그러나 지연배상에 대하여는 원본의 이행기일을 경과한 후의 1년분에 한하여 저당권을 행사할 수 있다.”고 규정하고 있으므로, 위 규정이 근저당에도 적용될 것인가의 여부가 문제될 수 있다.

이와 관련해서 판례는 “근저당권의 피담보채권 중 지연이자는 근저당권의 채권최고액의 한도 내에서 그 전액이 담보되는 것이므로, 공동근저당의 목적 부동산 중 일부에 대해 경매가 실행되어 그 경매 대가로 피담보채권의 일부가 변제되었다 하여도 잔존 원본에 대한 지연이자가 다시 발생하였다면 그 이후에 실행된 다른 목적 부동산의 경매 대가에 의해 채권최고액의 범위 안에서 그 지연이자도 원본에 앞서 변제되어야 할 것이다. 그러므로 공동근저당 목적 부동산이 일부씩 나누어 순차로 경매 실행됨으로써 근저당권자가 배당받은 원본 및 지연이자의 합산액이 결과적으로 채권최고액으로 되어 있는 금액을 초과하였더라도 그것만으로 책임한도 범위 내의 피담보채권이 모두 소멸하였다고 볼 수는 없다.”고 판시하여(대판 2009. 12. 10. 2008다72318), 근저당의 최고액으로 담보되는 지연배상은 1년분에 한하지 않는다는 입장을 취하고 있다.

요컨대 보통 저당권의 경우에는 제360조 단서와 같은 제한을 두어 후순위권리자를 보호하게 되나, 근저당의 경우에는 이자, 지연배상이 모두 최고액에 포함되고 또 등기에 의하여 공시되므로 후순위권리자를 지위를 해하지 않게 되므로 판례의 태도가 타당한 것으로 새겨야 할 것이다(동지: 지원림 814면).

마) 판례는 경매비용인 실행비용을 근저당피의 최고액에 포함시키지 않는 것으로 판단하고 있다(대결 1971. 5. 15. 71마251). 요컨대 근저당의 피담보채권은 계속적 거래에서 발생하는 채권을 대상으로 이해하여야 하므로, 판례의 태도와 같이 근저당의 실행비용은 최고액의 범위에 포함되지 않는 것으로 새겨야 할 것이다.

관련판례

근저당의 최고액과 민법 제360조의 실행비용

근저당권에 의하여 담보된 채권액의 범위는 청산기에 이르러 확정되는 채권 중 근저당권설정계약에 정하여진 담보 최고액을 한도로 하는 것이고, 이 최고액을, 초과하는 부분의 채권액까지 담보하는 것은 아니다. 근저당권을 규정한 민법 제357조에서 말하는 '담보할 채무의 최고액'이라는 것은 위와 같은 의미로 해석하여야 한다. 그 경매부동산을 매수한 제3취득자가 채무자를 대위하여 그 부동산으로 담보하는 채권최고액과 경매비용을 변제공탁하면, 그 제3취득자는 민법 제364조에 의하여 그 근저당권의 소멸을 청구할 수 있고 이는 그 제3취득자의 고유의 권리라고 하여야 한다(대결 1971. 5. 15. 71마251).

(3) 근저당의 실행과 피담보채권의 확정

1) 근저당권자가 우선변제를 받기 위하여 근저당을 실행하기 위해서는 먼저 피담보채권이 확정되고 그 채권의 변제기가 도래하여야 한다. 따라서 피담보채권액이 확정되지 않으면 근저당권자는 근저당권을 실행하여 우선변제를 받을 수 없다.

2) 여기서 변제기는, 개별적으로 변제기를 정하거나 채권자가 특히 기한의 유예를 주지 않는 한 피담보채권의 확정과 동시에 변제의 시기가 도래한다고 새겨야 한다.

3) 근저당권의 피담보채권이 확정시기로는 채무자의 파산과 회사정리절차개시, 근저당권설정 당사자의 기본계약해지, 후순위저당권자의 경매신청에 의한 경락인의 경락대금완납, 결산기의 도래, 약정한 근저당의 존속기간 만료, 근저당권자의 경매신청시 등을 들 수 있다.

4) 그러나 근저당설정한 당사자의 사망은 상속의 대상이 될 뿐이고 확정시기가 아니다.

5) 근저당의 피담보채권이 확정되면 근저당은 보통의 저당권과 같이 다루어지

고, 그 이후에 발생한 채권은 담보되지 못한다. 그러나 확정 전에 발생한 원본채권에 관하여 확정 후에 발생하는 이자나 지연배상은 최고액의 범위 안에서 담보된다 (대판 2007. 4. 26. 2005다38300).

관련판례

근저당의 피담보채권의 확정

① 근저당권이라고 함은 계속적인 거래관계로부터 발생하고 소멸하는 불특정다수의 장래채권을 결산기에 계산하여 잔존하는 채무를 일정한 한도액의 범위 내에서 담보하는 저당권이어서, 거래가 종료하기까지 채권은 계속적으로 증감변동되는 것이므로, 근저당 거래관계가 계속 중인 경우 즉 근저당권의 피담보채권이 확정되기 전에 그 채권의 일부를 양도하거나 대위변제한 경우 근저당권이 양수인이나 대위변제자에게 이전할 여지가 없다(대판 1996. 6. 14. 95다53812).

② 계속적 거래계약에 기한 채무를 담보하기 위하여 존속기간의 약정이 없는 근저당권을 설정한 경우에 그 거래관계가 종료됨으로써 피담보채무로 예정된 원본채무가 더 이상 발생할 가능성이 없게 된 때에는 그때까지 잔존하는 채무가 근저당권에 의하여 담보되는 채무로 확정되며, 이때 근저당권을 설정한 채무자나 물상보증인은 근저당권자에 대한 의사표시로써 피담보채무의 확정을 구할 수 있고 그 확정 당시에 피담보채무가 존재하지 아니하게 되었다면 근저당권의 말소를 구할 수 있다(대판 1996. 10. 29. 95다2494).

③ 근저당권자가 그 피담보채무의 불이행을 이유로 경매신청을 한 때에는 그 경매신청시에 근저당권은 확정되는 것이고 근저당권이 확정되면 그 이후에 발생하는 원금채권은 그 근저당권에 의하여 담보되지 않는다(대판 1989. 11. 28. 89다카15601).

④ 경매를 신청한 후순위 근저당권자가 예측하지 못한 손해를 입게 된다고 볼 수 없는 반면, 선순위 근저당권자는 자신이 경매신청을 하지 아니하였으면서도 경락으로 인하여 근저당권을 상실하게 되는 처지에 있으므로 거래의 안전을 해치지 아니하는 한도 안에서 선순위 근저당권자가 파악한 담보가치를 최대한

활용할 수 있도록 함이 타당하다는 관점에서 보면, 후순위 근저당권자가 경매를 신청한 경우 선순위 근저당권의 피담보채권은 그 근저당권이 소멸하는 시기, 즉 경락인이 경락대금을 완납한 때에 확정된다고 보아야 한다(대판 1999. 9. 21. 99다26085).

⑤ 근저당부동산을 매수하고 소유권이전등기를 경료한 제3자가 근저당권자에게 피담보채무의 일부를 대위변제하면서 피담보채무의 소멸을 이유로 근저당권의 말소를 요구한 경우, 그 의사표시에는 근저당부동산의 소유권을 취득한 제3자로서 근저당권설정계약을 해지하고 피담보채무를 확정시키고자 하는 의사표시가 포함되어 있다고 볼 수 있으므로 근저당권의 피담보채무는 그 설정계약에서 정한 바에 따라 확정된다(대판 2001. 11. 9. 2001다47528).

⑥ 계속적 거래계약에 기한 채무를 담보하기 위하여 존속기간의 약정이 없는 근저당을 설정한 경우에 그 거래관계가 종료됨으로써 피담보채무로 예정된 원본채무가 더 이상 발생할 가능성이 없게 된 때에는 그때까지 잔존하는 채무가 근저당에 의하여 담보되는 채무로 확정된다(대판 1996. 10. 29. 95다2494).

⑦ 근저당 거래관계가 계속되는 관계로 근저당권의 피담보채권이 확정되지 아니하는 동안에는 그 채권의 일부가 대위변제되었다 하더라도 그 근저당권이 대위변제자에게 이전될 수 없다(대판 2000. 12. 26. 2000다54451).

⑧ 근저당권자가 피담보채무의 불이행을 이유로 경매신청을 한 경우에는 경매신청시에 근저당 채무액이 확정되고, 그 이후부터 근저당권은 부종성을 가지게 되어 보통의 저당권과 같은 취급을 받게 되는바, 위와 같이 경매신청을 하여 경매개시결정이 있은 후에 경매신청이 취하되었다고 하더라도 채무확정의 효과가 번복되는 것은 아니다(대판 2002. 11. 26. 2001다73022).

⑨ 근저당권자의 경매신청 등의 사유로 인하여 근저당권의 피담보채권이 확정되었을 경우, 확정 이후에 새로운 거래관계에서 발생한 원본채권은 그 근저당권에 의하여 담보되지 아니하지만, 확정 전에 발생한 원본채권에 관하여 확정 후에 발생하는 이자나 지연손해금 채권은 채권최고액의 범위 내에서 근저당권에 의하여 여전히 담보되는 것이다(대판 2007. 4. 26. 2005다38300).

⑩ 근저당권에 의하여 담보되는 피담보채무는 근저당권설정계약에서 근저당권의

존속기간을 정하거나 근저당권으로 담보되는 기본적인 거래계약에서 결산기를 정한 경우에는 원칙적으로 존속기간이나 결산기가 도래한 때에 확정되지만, 이 경우에도 근저당권에 의하여 담보되는 채권이 전부 소멸하고 채무자가 채권자로부터 새로이 금원을 차용하는 등 거래를 계속할 의사가 없는 경우에는, 그 존속기간 또는 결산기가 경과하기 전이라 하더라도 근저당권설정자는 계약을 해제하고 근저당권설정등기의 말소를 구할 수 있고, 존속기간이나 결산기의 정함이 없는 때에는 근저당권설정자가 근저당권자를 상대로 언제든지 해지의 의사표시를 함으로써 피담보채무를 확정시킬 수 있으며, 이러한 계약의 해제 또는 해지에 관한 권한은 근저당부동산의 소유권을 취득한 제3자도 원용할 수 있다(대판 2006. 4. 28. 2005다74108).

5. 근저당의 소멸

근저당은 피담보채권이 소멸하더라도 부종성의 완화라는 성질에 따라 소멸하지 않는다. 따라서 근저당은 피담보채권의 확정으로 담보할 채권이 존재하지 않게 되어 근저당이 실행되면 비로소 소멸한다. 또 근저당권설정 당사자의 해지, 근저당설정계약에서 정한 존속기간의 만료로 근저당은 소멸한다.

관련판례

근저당의 소멸과 등기

① 근저당권설정등기의 말소등기절차의 이행을 구하는 소송 도중에 그 근저당권설정등기가 말소된 경우에는 근저당권설정등기의 말소를 구할 법률상 이익이 없다(대판 2003. 1. 10. 2002다57904).

② 근저당권이 설정된 후에 그 부동산의 소유권이 제3자에게 이전된 경우에 현재의 소유자뿐만 아니라 종전의 소유자도 근저당권소멸에 따른 근저당권설정등기의 말소를 구할 수 있다(대판 1994. 1. 25. 93다16338).

③ 부동산에 관하여 근저당권설정등기가 마쳐졌다가 등기가 위조된 관계서류에 기하여 아무런 원인 없이 말소되었다는 사정만으로는 곧바로 근저당권이 소멸하는 것은 아니지만, 부동산이 경매절차에서 매각되면 매각부동산에 존재하였던 저당권은 당연히 소멸하는 것이므로(민사집행법 제91조 제2항, 제268조 참조) 근저당권설정등기가 원인 없이 말소된 이후에 근저당목적물인 부동산에 관하여 다른 근저당권자 등 권리자의 신청에 따라 경매절차가 진행되어 매각허가결정이 확정되고 매수인이 매각대금을 완납하였다면, 원인 없이 말소된 근저당권도 소멸한다(대판 2014. 12. 11. 2013다28025).

④ 따라서 원인 없이 말소된 근저당권설정등기의 회복등기절차 이행과 회복등기에 대한 승낙의 의사표시를 구하는 소송 도중에 근저당목적물인 부동산에 관하여 경매절차가 진행되어 매각허가결정이 확정되고 매수인이 매각대금을 완납하였다면 매각부동산에 설정된 근저당권은 당연히 소멸하므로, 더 이상 원인 없이 말소된 근저당권설정등기의 회복등기절차 이행이나 회복등기에 대한 승낙의 의사표시를 구할 법률상 이익이 없게 된다(대판 2014. 12. 11. 2013다28025).

6. 포괄근저당

(1) 의 의

포괄근저당(包括根抵當)은 기본계약으로부터 장래 생기는 채권뿐만 아니라, 당사자 사이에 생기는 일체의 채권까지도 담보할 목적으로 설정되는 근저당을 말한다. 포괄근저당은 특히 은행거래에서 "기본계약에서 생기는 채권, 그 밖에 당사자 사이에 발생하는 현재 및 장래의 일체의 채권"을 담보하는 근저당으로 많이 이용되고 있다.

(2) 포괄근저당의 유효성 여부

1) 판 례

포괄근저당에 관하여는 민법은 별도의 명문규정을 두고 있지 않으나, 판례는 종래 "은행과의 근저당권설정계약서에 그 피담보채무를 특정하지 아니하고, 그 범위를 현재 및 장래에 부담하는 보증채무 등 여신거래로 인한 모든 채무로 정하고 있는 경우, 이는 이른바 포괄근저당권을 설정한다는 문언임이 명백하므로, 채무자의 당초 대출금채무뿐만 아니라, 근저당권설정등기를 마친 이후에 채무자가 채권자에게 추가로 부담하게 된 연대보증채무까지도 그 피담보채무에 속한다고 보아야 한다."고 판시하여 그 유효성을 인정하고 있다(대판 2001. 1. 19. 2000다44911).

그러나 판례는 금융기관의 일반 대출 관례에 어긋나는 것으로서 당사자의 의사가 당해 대출금 채무만을 그 근저당권의 피담보채무로 약정한 취지라고 해석하는 것이 합리적일 때에는 포괄근저당 계약서의 피담보채무에 관한 포괄적 기재는 부동문자로 인쇄된 일반거래약관의 예문에 불과한 것으로 보아 그 구속력을 배제하고 있다(대판 2003. 3. 14. 2003다2109).

2) 학 설

학설은 포괄근저당의 유효성 여부와 관련해서 모든 포괄근저당이 유효하다는 견해(김용한 590~591면, 김학동 569면), 피담보채권과의 부종성이 배제되는 것은 무효이나 은행거래에서 실무상 이용되는 정도의 포괄근저당은 제한적으로 유효하다는 견해(김상용 720면), 제185조의 관습법에 의한 물권으로서 유효하다는 견해(권용우 569면), 약관에 의한 포괄근저당은 무효이나 개별약정에 의해서 이루어지는 포괄근저당은 유효하다는 견해(이은영 836면), 기본계약을 명시하고 그에 기초하여 발생하는 모든 내용의 채권을 담보하는 모습의 포괄근저당은 유효하나 기본계약을 명시하지 않거나 명시하더라도 모든 원인에 기인한 채권도 담보하는 모습의 포괄근저당은 무효라는 견해(송덕수 527면) 등이 논하여지고 있다.

요컨대 포괄근저당은 근저당을 변형하여 은행을 비롯한 금융거래에서 비롯된 것으로서 거래 당사자 사이의 법적 확신을 수반하여 행해지고 있는 것을 고려할 때 판례에서 인정되는 범위 안의 포괄근저당은 제185조의 관습법에 의한 물권으로 보아 그 유효성을 인정하는 것이 타당하며, 더 나아가 민법에 명문규정을 두어 입법적으로 해결하는 것이 타당할 것이다(권용우 569면).

관련판례

포괄근저당

① 근저당설정계약서에 ㄱ 피담보채권으로 "근저당 설정 당시의 차용금채권뿐만 아니라 기타 당사자 사이에 장래 발생하게 될 채무까지도 담보한다."고 하는 포괄근저당의 약정이 있는 경우, 이는 원칙적으로 유효하다(대판 1982. 12. 24. 82다카413).

② 근저당권설정계약서가 부동문자로 인쇄된 약관의 형태를 취하고 있다 하더라도 처분문서에 해당하므로, 특별한 사정이 없는 한 그 문언대로 의사표시의 존재와 내용을 인정하여야 한다(대판 2003. 4. 11. 2001다12430).

③ 그러나 여러 사정에 비추어 인쇄된 계약문언대로 피담보채무의 범위를 해석하면 오히려 금융기관의 일반대출관례에 어긋난다고 보여지고, 당사자의 의사는 대출금채무만을 그 근저당권의 피담보채무로 약정한 취지라고 해석하는 경우가 합리적일 때에는 근저당권설정계약서의 피담보채무에 관한 포괄적 기재는 부동문자로 인쇄된 일반거래약관의 예문에 불과하여 그 구속력이 배제된다(대판 2003. 3. 14. 2003다2109).

④ 근저당설정계약서는 처분문서이므로 특별한 사정이 없는 한 그 계약 문언대로 해석하여야 함이 원칙이지만, 그 근저당권설정계약서가 금융기관 등에서 일률적으로 일반거래약관의 형태로 부동문자로 인쇄하여 두고 사용하는 계약서인 경우에 그 계약 조항에서 피담보채무의 범위를 그 근저당권 설정으로 대출받은 당해 대출금채무 외에 기존의 채무나 장래에 부담하게 될 다른 원인에 의한 모든 채무도 포괄적으로 포함하는 것으로 기재하였다고 하더라도, 당해 대출금채무와 장래 채무의 각 성립 경위 등 근저당설정계약 체결의 경위, 대출 관행, 각 채무액과 그 근저당권의 채권최고액과의 관계, 다른 채무액에 대한 별도의 담보확보 여부 등 여러 사정에 비추어 인쇄된 계약 문언대로 피담보채무의 범위를 해석하면 오히려 금융기관의 일반 대출 관례에 어긋난다고 보여지고 당사자의 의사는 당해 대출금 채무만을 그 근저당권의 피담보채무로 약정한

취지라고 해석하는 것이 합리적일 때에는 위 계약서의 피담보채무에 관한 포괄적 기재는 부동문자로 인쇄된 일반거래약관의 예문에 불과한 것으로 보아 그 구속력을 배제하는 것이 타당하다(대판 2001. 9. 18. 2001다36962; 동 2003. 3. 14. 2003다2109).

사례&판례 연구 〈근저당권의 경매신청과 근저당권의 확정〉
【대판 1989. 11. 28. 89다카15601】

【판시사항】

근저당권에 기한 경매신청 이후에 발생한 대여금채권이 그 피담보채권에 포함되는지 여부(소극)

【판결요지】

근저당권자가 그 피보험채무의 불이행을 이유로 경매신청을 한 때에는 그 경매신청시에 근저당권은 확정되는 것이고 근저당권이 확정되면 이후에 발생하는 원금채권은 그 근저당권에 의하여 담보되지 않는다.

Ⅱ. 공동저당

1. 의 의

공동저당(共同抵當)은 동일한 채권의 담보로 수개의 부동산 위에 설정된 저당권을 말하며, 이는 채권자의 지위를 강화시키는 기능을 한다. 이를 일명 총괄저당(總括抵當)이라고도 한다. 예컨대 甲이 乙에 대한 1억원의 채권을 담보하기 위하여 토지 A(시가 6,000만원)와 B(시가 4,500만원), 건물 C(시가 4,500만원) 위에 저당권을 취득한 모습이 공동저당이다. 여기서 저당권설정자는 채무자에 한하지 않고 제3자(물상보증인)라도 상관없으므로(356조), 위의 공동저당의 목적물(A, B, C)의 전부 또는 일부는 채무자의 소유일 수도 있고, 제3자의 소유일 수도 있다.

2. 공동저당의 성립

(1) 저당권설정의 합의와 등기

공동저당은 동일한 채권을 담보하기 위해서 수개의 부동산을 대상으로 저당권 설정의 합의를 하고 등기함으로써 효력이 발생한다(186조).

(2) 공동저당의 등기

부동산등기법은 다음과 같이 공동저당의 설정절차를 규정하고 있다(동법 78조).

1) 등기관이 동일한 채권에 관하여 여러 개의 부동산에 관한 권리를 목적으로 하는 저당권설정의 등기를 할 때에는 각 부동산의 등기기록에 그 부동산에 관한 권리가 다른 부동산에 관한 권리와 함께 저당권의 목적으로 제공된 뜻을 기록하여야 한다(동법 78조 1항).

2) 등기관은 위의 경우에 부동산이 5개 이상일 때에는 공동담보목록을 작성하여야 하며, 공동담보목록은 등기기록의 일부로 본다(동법 78조 2항, 3항).

3) 등기관이 1개 또는 여러 개의 부동산에 관한 권리를 목적으로 하는 저당권설정의 등기를 한 후 동일한 채권에 대하여 다른 1개 또는 여러 개의 부동산에 관한 권리를 목적으로 하는 저당권설정의 등기를 할 때에는 그 등기와 종전의 등기에 각 부동산에 관한 권리가 함께 저당권의 목적으로 제공된 뜻을 기록하여야 한다(동법 78조 4항).

(3) 공동저당의 목적물

공동저당의 목적물은 부동산인 토지와 건물이 일반적이나(368조), 재단저당의 대상이 되는 공장재단이나 광업재단도 그 객체가 될 수 있다.

그러나 저당권의 객체가 되는 선박은 부동산과 경매절차가 다르고 그 배당의 한계로 공동저당의 객체가 될 수 없다.

관련판례

공동저당의 성립

① 동일한 채권의 담보로 부동산과 선박에 대하여 저당권이 설정된 경우에는 민법 제368조 제2항 후문의 규정이 적용 또는 유추적용되지 아니하므로 동일한 채권을 담보하기 위하여 부동산과 선박에 선순위 저당권이 설정된 후 선박에 대하여서만 후순위 저당권이 설정된 경우 먼저 선박에 대하여 담보권 실행절차가 진행되어 선순위 저당권자가 선박에 대한 경매대가에서 피담보채권 전액을 배당받음으로써 선박에 대한 후순위 저당권자가 부동산과 선박에 대한 담보권 실행절차가 함께 진행되어 동시에 배당을 하였더라면 받을 수 있었던 금액보다 적은 금액만을 배당받게 되었다고 하더라도 선박에 대한 후순위 저당권자는 민법 제368조 제2항 후문의 규정에 따라 부동산에 대한 선순위 저당권자의 저당권을 대위할 수 없다(대판 2002. 7. 12. 2001다53264).

② 부동산등기법 제149조(현행 부동산등기법 제78조)는 같은 법 제145조의 규정에 의한 공동담보등기의 신청이 있는 경우 각 부동산에 관한 권리에 대하여 등기를 하는 때에는 그 부동산의 등기용지 중 해당 구 사항란에 다른 부동산에 관한 권리의 표시를 하고 그 권리가 함께 담보의 목적이라는 뜻을 기재하도록 규정하고 있지만, 이는 공동저당권의 목적물이 수 개의 부동산에 관한 권리인 경우에 한하여 적용되는 등기절차에 관한 규정일 뿐만 아니라, 수 개의 저당권이 피담보채권의 동일성에 의하여 서로 결속되어 있다는 취지를 공시함으로써 권리관계를 명확히 하기 위한 것에 불과하므로, 이와 같은 공동저당관계의 등기를 공동저당권의 성립요건이나 대항요건이라고 할 수 없다. 따라서 근저당권설정자와 근저당권자 사이에서 동일한 기본계약에 기하여 발생한 채권을 중첩적으로 담보하기 위하여 수 개의 근저당권을 설정하기로 합의하고 이에 따라 수 개의 근저당권설정등기를 마친 때에는 부동산등기법 제149조에 따라 공동근저당관계의 등기를 마쳤는지 여부와 관계없이 그 수 개의 근저당권 사이에는 각 채권최고액이 동일한 범위 내에서 공동근저당관계가 성립한다(대판 2010. 12. 23. 2008다57746).

③ 건물에 설정된 근저당권과 그 건물 일부분에 관한 전세권에 설정된 근저당권이 비록 부동산등기법 제149조가 규정하는 공동근저당관계의 등기가 마쳐져 있지 않지만, 피담보채권과 채권최고액이 각각 동일한 점 등 여러 사정에 비추어, 그 동일한 채권최고액의 범위 내에서 동일한 피담보채무를 중첩적으로 담보하기 위하여 설정된 공동근저당권이라고 본 원심판단이 정당하다(대판 2010. 12. 23. 2008다57746).

④ 근저당권설정자와 근저당권자 사이에서 동일한 기본계약에 기하여 발생한 채권을 중첩적으로 담보하기 위하여 수 개의 근저당권을 설정하기로 합의하고 이에 따라 수 개의 근저당권설정등기를 마친 때에는 부동산등기법 제149조에 따라 공동근저당관계의 등기를 마쳤는지 여부와 관계없이 그 수 개의 근저당권 사이에는 각 채권최고액이 동일한 범위 내에서 공동근저당관계가 성립한다(대판 2010. 12. 23. 2008다57746).

3. 공동저당의 효력

(1) 의 의

1) 공동저당권자는 자기의 채권을 실현하기 위하여 공동저당의 목적물을 모두 동시에 실행하는 '동시배당'(同時配當)을 할 수도 있고, 어느 한 목적물만을 먼저 실행하는 '이시배당'(異時配當)을 할 수도 있다.

2) 공동저당권이 설정되어 있는 수개의 부동산 중 일부가 양도된 경우에 그 피담보채권액은 특별한 사정이 없는 한 공동저당권이 목적으로 된 각 부동산의 가액에 비례하여 공동저당권의 피담보채권액을 안분한 금액이라고 보아야 한다(대판 2003. 11. 13. 2003다39989).

3) 또 공동저당의 목적물 중 선순위저당권자가 있는 경우에는 선순위저당권자의 기득권의 이익을 보호하기 위해서 일괄경매를 할 수 없고 선순위저당권이 설정된 부동산만을 경매 실행하여야 한다(통설).

4) 판례는 특히 법률의 규정에 의하여 우선변제권을 다루는 각종의 우선특권과

관련해서 공동저당을 규율하는 제368조를 유추적용하고 있다. 이러한 우선특권으로는 조세채권의 우선변제권, 임금채권의 우선변제권, 주택임대차보증금의 우선변제권 등을 들 수 있다.

(2) 동시배당의 경우

1) 목적물 전부가 동시에 경매되어 그 부동산의 경매대가를 동시에 배당하는 때에는 각 부동산의 경매대가에 비례하여 그 채권의 분담을 정한다(368조 1항). 예컨대 甲이 乙에 대한 1억원의 채권을 담보하기 위하여 토지 A(시가 6,000만원)와 B(시가 4,500만원), 건물 C(시가 4,500만원) 위에 취득한 공동저당권을 동시에 경매 실행한 경우, 甲의 1억원의 피담보채권은 A로부터 4,000만원, B로부터 3,000만원, C로부터 3,000만원으로 부담을 비율에 따라 고르게 나누어 채권의 만족을 얻게 된다.

2) 위 제368조 제1항은 공동저당권의 목적물의 전체 환가대금을 동시에 배당하는 동시배당의 경우에 공동저당권자의 실행선택권과 우선변제권을 침해하지 않는 범위 내에서 각 부동산의 책임을 안분시킴으로써 각 부동산상의 소유자와 차순위저당권자 기타의 채권자의 이해관계를 조절하기 위한 것이다(대판 2006. 10. 27. 2005다14502). 또 제368조 제1항에서 '각 부동산의 경매대가'라 함은 매각대금에서 당해 부동산이 부담할 경매비용과 선순위채권을 공제한 잔액을 말한다(대판 2003. 9. 5. 2001다66291).

3) 여기서 동시배당에 관한 위 규정은 성질상 후순위저당권자가 없는 경우에도 당연히 적용된다.

(3) 이시배당의 경우

1) 일부의 경매대가를 먼저 배당하는 경우에는 그 대가에서 그 채권전부의 변제를 받을 수 있고, 이 경우 경매한 부동산의 차순위저당권자는 공동저당의 목적이 된 다른 부동산에서 선순위저당권자(공동저당권자)의 지위를 대위하여 저당권을 실행할 수 있다(368조 2항). 여기서 차순위저당권자는 공동저당권자 바로 다음 순위의 저당권자는 물론이고 이해관계를 갖는 모든 후순위저당권자를 의미한다(통설).

2) 제368조 제2항은 대위제도를 규정하여 공동저당권의 목적 부동산 중 일부의

경매대가를 먼저 배당하는 이시배당의 경우에도 최종적인 배당의 결과가 동시배당의 경우와 같게 함으로써 공동저당권자의 실행선택권 행사로 인하여 불이익을 입은 차순위저당권자를 보호하는 데 그 취지가 있다. 즉 위 조항들은 공동저당권의 경우에도 적용되고, 또한 공동저당권자 스스로 경매를 실행하는 경우는 물론 타인이 실행한 경매에서 우선배당을 받는 경우에도 적용된다(대판 2006. 10. 27. 2005다14502).

3) 또한 공동저당 부동산의 후순위저당권자에게 인정되는 대위를 할 수 있는 지위 내지 그와 같은 대위에 관한 정당한 기대를 보호할 필요성은 그 후 공동저당 부동산이 제3자에게 양도되었다는 이유로 달라지지 않는다. 즉 공동저당 부동산의 일부를 취득하는 제3자로서는 공동저당 부동산에 관하여 후순위저당권자 등 이해관계인들이 갖고 있는 기존의 지위를 전제로 하여 공동저당권의 부담을 인수한 것으로 보아야 하기 때문에 공동저당 부동산의 후순위저당권자의 대위에 관한 법적 지위 및 기대는 공동저당 부동산의 일부가 제3자에게 양도되었다는 사정에 의해 영향을 받지 않는다(대판 2011. 10. 13. 2010다99132).

4) 이 경우, 대위는 법률의 규정에 의하여 당연히 저당권이 이전되는 것이므로, 등기를 요하지 않는다(187조).

5) 판례는, 공동저당권자가 이시배당으로 공동저당을 실행하는 경우에 있어서 후순위저당권자의 대위권이 인정되며, 이 경우 공동저당권자의 후순위저당권자는 채무자 소유의 부동산에는 대위실행할 수 있으나, 물상보증인의 부동산에 대하여서는 대위실행을 할 수 없다는 입장을 취하고 있다(대판 1995. 6. 13. 95마500).

따라서 판례에 의하면 후순위저당권자보다 물상보증인의 지위가 우선하게 되므로 공동저당의 목적인 물상보증인 소유의 부동산에 후순위 저당권이 설정되어 있는 경우, 물상보증인 소유의 부동산에 대하여 먼저 경매가 이루어져 그 경매대금의 교부에 의하여 선순위 공동저당권자가 변제를 받은 때에는 물상보증인은 채무자에 대하여 구상권을 취득함과 동시에, 제481조, 제482조의 규정에 의한 변제자대위에 의하여 채무자 소유의 부동산에 대한 선순위 저당권을 대위취득한다. 그리고 그 물상보증인 소유의 부동산의 후순위 저당권자는 위 선순위 저당권에 대하여 물상대위를 할 수 있다. 그러므로 그 선순위 저당권설정등기는 말소등기가 경료될 것이 아니라 위 물상보증인 앞으로 대위에 의한 저당권이전의 부기등기가 경료되어야 할 성질의 것이다. 따라서 아직 경매되지 아니한 공동저당물의 소유자로서는 위 선순위 저당권자에 대한 피담보채무가 소멸하였다는 사정만으로는 그 말소등기를 청구할 수 없다고 보아야 한다. 그리고 위 후순위 저당권자는 자신의 채권을 보전하기 위하여 물상보증인을 대위하여 선순위 저당권자에게 그 부기등기를 할 것을 청구할 수 있다(대결 2009. 5. 28. 2008마109).

위 판례의 태도는 채무자가 아니면서 자신의 부동산을 저당물로 제공한 물상보증인에 대해서 채무자 보다 더욱 보호하려는 것에 비하여 후순위저당권자는 채무자와 같은 지위에서 고려되어야 하는 것에 비롯된 것으로서 타당하다.

관련판례

공동저당과 물상보증인의 대위권

① 물상보증인이 대위취득한 선순위저당권설정등기에 대하여는 말소등기가 경료될 것이 아니라 물상보증인 앞으로 대위에 의한 저당권이전의 부기등기가 경료되어야 할 성질의 것이며, 따라서 아직 경매되지 아니한 공동저당물의 소유자로서는 1번 저당권자에 대한 피담보채무가 소멸하였다는 사정만으로는 말소등기를 청구할 수 없다(대판 1994. 5. 10. 93다25417).

② 공동저당의 목적인 채무자 소유의 부동산과 물상보증인 소유의 부동산에 각각 채권자를 달리하는 후순위 저당권이 설정되어 있는 경우, 물상보증인 소유의 부동산에 대하여 먼저 경매가 이루어져 그 경매대금의 교부에 의하여 1번 저당권자가 변제를 받은 때에는 물상보증인은 채무자에 대하여 구상권을 취득함과 동시에 민법 제481조, 제482조의 규정에 의한 변제자대위에 의하여 채무자 소유의 부동산에 대한 1번 저당권을 취득하고, 이러한 경우 물상보증인 소유의 부동산에 대한 후순위저당권자는 물상보증인에게 이전한 1번 저당권으로 우선하여 변제를 받을 수 있으며, 이러한 법리는 수인의 물상보증인이 제공한 부동산

중 일부에 대하여 경매가 실행된 경우에도 마찬가지로 적용되어야 하므로(이 경우 물상보증인들 사이의 변제자대위의 관계는 민법 제482조 제2항 제4호, 제3호에 의하여 규율될 것이다), 자기 소유의 부동산이 먼저 경매되어 1번 저당권자에게 대위변제를 한 물상보증인은 다른 물상보증인의 부동산에 대한 1번 저당권을 대위취득하고, 그 물상보증인 소유 부동산의 후순위 저당권자는 1번 저당권에 대하여 물상대위를 할 수 있으므로 물상보증인이 대위취득한 선순위 저당권설정등기에 대하여는 말소등기가 경료될 것이 아니라 물상보증인 앞으로 대위에 의한 저당권 이전의 부기등기가 경료되어야 하고, 아직 경매되지 아니한 공동저당물의 소유자로서는 1번 저당권자에 대한 피담보채무가 소멸하였다는 사정만으로 말소등기를 청구할 수 없다(대판 2001. 6. 1. 2001다 21854).

③ 공동저당의 목적인 물상보증인 소유의 부동산에 후순위로 소유권이전청구권 가등기가 설정되어 있는데 그 부동산에 대하여 먼저 경매가 실행되어 공동저당권자가 매각대금 전액을 배당받고 채무의 일부가 남은 사안에서, 위 가등기권리자는 채무자의 의사에 반하여 그 채무 잔액을 대위변제하거나 변제공탁할 수 있는 '이해관계 있는 제3자' 또는 '변제할 정당한 이익이 있는 자'에 해당하지 않는다(대결 2009. 5. 28. 2008마109).

조세 우선특권과 제368조 적용

① 납세의무자 소유의 수 개의 부동산 중 일부가 먼저 경매되어 과세관청이 조세를 우선변제 받은 결과 그 경매부동산의 저당권자가 동시배당의 경우에 비하여 불이익을 받은 경우, 민법 제368조 제2항 후문을 유추 적용하여 저당권자가 조세채권자를 대위할 수 있다(대판 2001. 11. 27. 99다22311; 동 2000. 9. 29. 2000다 32475).

② 납세의무자 소유의 수 개의 부동산 중 일부가 먼저 경매되어 과세관청이 조세 우선특권에 의하여 조세를 우선변제받은 결과 그 경매 부동산의 저당권자가 민법 제368조 제1항에 의하여 위 수 개의 부동산으로부터 조세채권이 동시 배당되는 경우보다 불이익을 받은 경우에는 같은 조 제2항 후문을 유추 적용하여, 위 저당권자는 과세관청이 위 수 개의 부동산으로부터 동시에 배당받았다면

다른 부동산의 경매대가에서 변제를 받을 수 있었던 금액의 한도 내에서 선순위자인 조세채권자를 대위하여 다른 부동산의 경매절차에서 우선하여 배당받을 수 있으나, 여기서 저당권자는 당해 조세 우선특권이라는 법정 담보물권을 대위하여 행사하는 것일 뿐이고, 나아가 과세관청이 갖는 기본적 조세채권이나 별개의 토지에 대하여 취득하여 둔 조세저당권까지 대위할 수는 없다(대판 2001. 11. 27. 99다22311).

임금 우선특권과 제368조 적용

① 임금채권 우선특권은 사용자의 총재산에 대하여 저당권 등에 의하여 담보된 채권, 조세 등에 우선하여 변제받을 수 있는 이른바 법정담보물권으로서, 사용자 소유의 수 개의 부동산 중 일부가 먼저 경매되어 그 경매대가에서 임금채권자가 우선특권에 따라 우선변제 받은 결과 그 경매한 부동산의 저당권자가 민법 제368조 제1항에 의하여 위 수 개의 부동산으로부터 임금채권이 동시배당되는 경우보다 불이익을 받은 경우에는, 같은 조 제2항 후문을 유추적용하여 위와 같이 불이익을 받은 저당권자로서는 임금채권자가 위 수 개의 부동산으로부터 동시에 배당받았다면 다른 부동산의 경매대가에서 변제를 받을 수 있었던 금액의 한도 안에서 선순위자인 임금채권자를 대위하여 다른 부동산의 경매절차에서 우선하여 배당받을 수 있다(대판 2002. 12. 10. 2002다48399).

② 임금채권자를 대위하는 저당권자는 구 민사소송법(2002. 1. 26. 법률 제6626호로 전문 개정되기 전의 것) 제728조에 의하여 담보권의 실행을 위한 경매절차에 준용되는 제605조 제1항에 따라 경락기일까지 배당요구를 한 경우에 한하여 배당을 받을 수 있고, 다만 경매절차가 개시되기 전에 그 경매목적물인 부동산을 가압류한 채권자는 배당요구를 하지 아니하더라도 배당요구를 한 것과 동일하게 취급되므로, 사용자 소유의 부동산을 가압류한 임금채권자가 다른 부동산의 경매절차에서 우선특권에 따라 우선변제를 받고 이로 인하여 불이익을 받은 저당권자가 임금채권자가 가압류한 부동산의 경매절차에서 임금채권자를 대위하여 배당받는 경우에는 배당표가 확정되기 전까지 그 가압류의 피보전채권이 우선특권 있는 임금채권으로서 그 임금채권자를 대위할 권리가 있음을 소명하면 경락기일

까지 배당요구를 하지 아니하였다고 하더라도 임금채권자를 대위하여 배당에 참가할 수 있다고 보아야 한다(대판 2002. 12. 10. 2002다48399).

③ 임금채권 우선특권을 담보하는 사용자 소유의 수 개의 부동산 중 일부의 경매대가에서 그 임금채권 전부가 변제되어 그 경매 부동산의 저당권자가 민법 제368조 제2항 후문의 유추적용에 따라 다른 부동산의 경매대가에 대하여 임금채권자를 대위하여 임금채권 우선특권을 행사하는 때에는, 그 저당권자가 임금채권 우선특권이 행사됨으로써 배당받지 못한 금액을 사용자 소유 수 개의 부동산의 경매대가가 동시에 배당될 경우 각 부동산의 경매대가에 비례하여 임금채권자에게 배당될 임금채권 분담액의 비율에 따라 나눈 금액에 대해서만 임금채권 우선특권을 대위행사할 수 있다(대판 2002. 12. 10. 2002다48399).

주택임대차 보증금 반환청구권과 제368조 적용

① 대지와 건물을 일괄경매하더라도 배당절차는 기본적으로 개별경매의 경우와 다르지 않으므로, 대지와 건물을 개별경매하는 경우와 마찬가지로 대지에 대한 권리자는 대지매각대금에서, 건물에 대한 권리자는 건물매각대금에서 각 배당을 받아야 하고, 따라서 대지와 건물을 일괄매각하는 경우 각 재산의 매각대금에서 배당받을 채권자 및 채권이 다른 때에는 각 부동산의 매각대금마다 구분하여 이른바 개별배당재단을 형성한 후 각 대금마다 따로 배당표를 작성하여야 하며, 이 경우 배당표에 대한 이의는 각 물건마다 작성된 배당표를 대상으로 따로 처리되어야 하는 것이고, 설령 대지와 건물에 대한 배당표가 하나로 작성되었다고 하더라도 이는 대지매각대금에 대한 배당표와 건물매각대금에 대한 배당표의 각 채권자의 배당액이 합산되어 하나로 작성된 것에 불과하므로, 대지 매각대금이 모두 대지에 대한 권리자들에게 배당되었는데, 다만 그들 사이의 배당순위만 문제되는 경우 대지에 대한 선순위 채권자로서 배당을 받지 못한 자는 대지에 대한 후순위 채권자로서 선순위 채권자에 우선하여 배당받은 채권자를 상대로 배당이의를 할 수 있는 것이고, 후순위권자가 건물매각대금으로부터 배당을 받을 수 있어서 결과적으로 후순위 채권자의 배당액에 변경이 없을 것이라고 하여 달리 볼 것이 아니다(대판 2003. 9. 5. 2001다66291).

② 주택임대차보호법 제8조에 규정된 소액보증금반환청구권은 임차목적 주택에 대하여 저당권에 의하여 담보된 채권, 조세 등에 우선하여 변제받을 수 있는 이른바 법정담보물권으로서, 주택임차인이 대지와 건물 모두로부터 배당을 받는 경우에는 마치 그 대지와 건물 전부에 대한 공동저당권자와 유사한 지위에 서게 되므로 대지와 건물이 동시에 매각되어 주택임차인에게 그 경매대가를 동시에 배당하는 때에는 민법 제368조 제1항을 유추적용하여 대지와 건물의 경매대가에 비례하여 그 채권의 분담을 정하여야 한다(대판 2003. 9. 5. 2001다66291).

그 밖의 공동저당

① 공동근저당권자가 저당부동산 중 일부의 수용보상금에 대한 배당절차에 참가하여 우선변제권 범위의 채권최고액에 해당하는 전액을 배당받은 경우, 다른 저당부동산에 대한 담보권 실행을 위한 경매절차에서 우선변제권을 행사할 수 없다(대판 2006. 10. 27. 2005다14502).

② 채무자 소유의 수개 부동산에 관하여 공동저당권이 설정된 경우 민법 제368조 제2항 후문에 의한 후순위저당권자의 대위권은 선순위 공동저당권자가 공동저당의 목적물인 부동산 중 일부의 경매대가로부터 배당받은 금액이 그 부동산의 책임분담액을 초과하는 경우에 비로소 인정되는 것이지만, 후순위저당권자로서는 선순위 공동저당권자가 피담보채권을 변제받지 않은 상태에서도 추후 공동저당 목적 부동산 중 일부에 관한 경매절차에서 선순위 공동저당권자가 부동산의 책임분담액을 초과하는 경매대가를 배당받는 경우 다른 공동저당 목적 부동산에 관하여 선순위 공동저당권자를 대위하여 저당권을 행사할 수 있다는 대위의 기대를 가진다고 보아야 하고, 후순위저당권자의 이와 같은 대위에 관한 정당한 기대는 보호되어야 하므로, 선순위 공동저당권자가 피담보채권을 변제받기 전에 공동저당 목적 부동산 중 일부에 관한 저당권을 포기한 경우에는, 후순위저당권자가 있는 부동산에 관한 경매절차에서, 저당권을 포기하지 아니하였더라면 후순위저당권자가 대위할 수 있었던 한도에서는 후순위저당권자에 우선하여 배당을 받을 수 없다고 보아야 하고, 이러한 법리는 동일한 채권의 담보를 위하여 공유인 부동산에 공동저당의 관계가 성립된 경우에도 마찬가지로 적용된다고

보아야 한다(대판 2011. 10. 13. 2010다99132).

③ 저당권이 설정된 1필의 토지가 전체 집합건물에 대한 대지권의 목적인 토지가 되었을 경우에는 종전의 저당목적물에 대한 담보적 효력은 그대로 유지된다고 보아야 하므로 저당권은 개개의 전유부분에 대한 각 대지권 위에 분화되어 존속하고, 각 대지권은 저당권의 공동담보가 된다고 봄이 타당하다. 따라서 집합건물이 성립하기 전 집합건물의 대지에 관하여 저당권이 설정되었다가 집합건물이 성립한 후 어느 하나의 전유부분 건물에 대하여 경매가 이루어져 경매 대가를 먼저 배당하는 경우에는 저당권자는 매각대금 중 대지권에 해당하는 경매 대가에 대하여 우선변제받을 권리가 있고 그 경우 공동저당 중 이른바 이시배당에 관하여 규정하고 있는 민법 제368조 제2항의 법리에 따라 저당권의 피담보채권액 전부를 변제받을 수 있다고 보아야 한다(대판 2012. 3. 29. 2011다74932).

④ 공동근저당권자가 채무자 겸 근저당권설정자로부터 공동근저당 목적물 등의 매매대금으로 피담보채권의 일부를 임의변제받은 사안에서, 그 변제된 금원은 우선변제권이 있는 피담보채권에 우선 충당하여야 하는 것이 아니고 변제충당의 일반 법리에 따라 공동근저당권자의 채무자에 대한 채권 전부의 변제에 충당하여야 하며 공동근저당권자는 그 변제충당 후 나머지 채권에 대하여 채권최고액을 한도로 우선변제권을 가진다(대판 2010. 5. 13. 2010다3681).

사례&판례 연구 공동저당의 효력 〈공동저당의 효력과 물상보증인의 지위〉
【대결 1995. 6. 13. 95마500】

《사건의 개요》

채권자 甲은 채무자 乙에게 금원을 차용해주면서 乙 소유의 A(제주시 삼양2동 2284의 8 소재 다세대주택의 3층 301호)에 관하여 제2순위의 근저당권을 설정하였다. 그런데, A에는 이미 제1순위인 근저당권자인 丙이 물상보증인 소유인 B(위 다세대주택의 2층 201호)와 더불어 공동저당을 설정하였는데, 丙은 A에 대하여서만 근저당권을 실행하여 경매대금 전액을 배당받아갔다.

이에 甲은 丙이 민법 제368조 제2항 후단의 규정에 따라 동시배당이 이루어졌더라면 자신이 배당받을 금액의 한도 안에서 丙을 대위하여 B에 대한 근저당권에 대한 경매신청을 하였다가 기각당하자, 이에 항고하였다.

【판시사항】

공동저당에 있어서 후순위저당권자의 대위권이 물상보증인 소유의 부동산에까지 미치는지 여부

【판결요지】

공동저당의 목적인 채무자 소유의 부동산과 물상보증인 소유의 부동산 중 채무자 소유의 부동산에 대하여 먼저 경매가 이루어져 그 경매대금의 교부에 의하여 1번 공동저당권자가 변제를 받더라도, 채무자 소유의 부동산에 대한 후순위저당권자는 민법 제368조 제2항 후단에 의하여 1번 공동저당권자를 대립하여 물상보증인 소유의 부동산에 대하여 저당권을 행사할 수 없다.

Ⅲ. 특별법에 의한 특수저당권

1. 입목저당

(1) 의 의

이는 입목에 관한 법률(입목법)에 의하여 등기된 수목인 입목(立木)을 목적으로 하여 설정된 저당권을 말한다(동법 2조, 3조).

(2) 저당권의 효력

1) 입목을 목적으로 하는 저당권의 효력은 입목을 베어 낸 경우에 그 토지로부터 분리된 수목에도 미친다(입목법 4조 1항).

2) 저당권자는 채권의 기한이 되기 전이라도 위의 분리된 수목을 경매할 수 있다. 다만, 그 매각대금을 공탁하여야 한다(입목법 4조 1항).

3) 수목의 소유자는 상당한 담보를 공탁하고 제2항에 따른 경매의 면제를 신청할 수 있다(입목법 4조 3항).

(3) 저당된 입목의 관리

1) 저당권의 목적이 된 입목의 소유자는 당사자 간에 약정된 시업(施業)방법에 따라 그 입목을 조성하고 육림(育林)하여야 한다(입목법 5조 1항).

2) 천재지변이나 그 밖의 불가항력으로 입목에 손실이 발생하였을 때에는 입목 소유자는 위의 책임을 면한다(입목법 5조 2항).

(4) 법정지상권

입목의 경매나 그 밖의 사유로 토지와 그 입목이 각각 다른 소유자에게 속하게 되는 경우에는 토지소유자는 입목소유자에 대하여 지상권을 설정한 것으로 본다. 위 의 경우에 지료(地料)에 관하여는 당사자의 약정에 따른다(입목법 6조).

(5) 지상권 또는 임차권에 대한 저당권의 효력

지상권자 또는 토지의 임차인에게 속하는 입목이 저당권의 목적이 되어 있는 경우에는 지상권자 또는 임차인은 저당권자의 승낙 없이 그 권리를 포기하거나 계약을 해지할 수 없다(입목법 7조).

2. 재단저당

(1) 의 의

이는 기업경영을 위한 토지 기계 그 밖의 물적 설비 및 그 기업에 관한 면허·특허 등을 일괄하여 하나의 '재단'(財團)을 구성하고 그 위에 저당권을 설정하는 것을 말한다.

(2) 공장 및 광업재단저당법과 재단저당

재단저당에 대하여는 종래 각 재단을 대상으로 개별 입법에 의하여 다루어져 왔다(구 공장저당법 11조·구 광업재단저당법 4조). 그러나 2009년 3월 25일 법률 제

9520호에 의하여 기업의 재산 일체를 하나의 담보물로 허용하는 공통의 목적을 가지고 있는 종래의 '공장저당법과 광업재단저당법'을 하나의 법률로 통합하여 기업담보에 관한 기본법의 기틀을 마련하고, 공장재단 등을 구성하는 동산을 처분하는 행위에 대한 벌금형의 상한을 화폐단위의 변경, 물가 상승률, 채권자의 보호 필요성 및 '형법'상 권리행사방해죄와의 관계 등을 고려하여 상향 조정하는 한편, 그 밖에 현행 제도의 운영상 나타난 일부 미비점을 개선·보완하려는 입법취지 아래 '공장 및 광업재단저당법'을 제정하였고, 공장재단저당과 광업재단저당도 위 법의 규율을 받게 되었다(2009. 3. 25. 시행).

(3) 공장재단저당

1) 공장재단저당의 설정

공장 및 광업재단저당법에 의하면. 공장재단은 공장에 속하는 일정한 기업용 재산으로 구성되는 일단의 기업재산으로서, 공장 소유자는 하나 또는 둘 이상의 공장으로 공장재단을 설정하여 저당권의 목적으로 할 수 있다(동법 2조 2호, 10조).

2) 공장재단의 단일성

공장재단은 1개의 부동산으로 보며, 소유권과 저당권 외의 권리의 목적이 되지 못한다(동법 12조).

3) 공장재단의 구성물

공장재단은 다음 각 호에 열거하는 것의 전부 또는 일부로 구성할 수 있다(동법 13조 1항). 그러나 타인의 권리의 목적인 물건이나 압류, 가압류 또는 가처분의 목적인 물건은 공장재단의 구성물이 될 수 없다(동법 13조 3항).

가) 공장에 속하는 토지, 건물, 그 밖의 공작물

나) 기계, 기구, 전봇대, 전선(電線), 배관(配管), 레일, 그 밖의 부속물

다) 항공기, 선박, 자동차 등 등기나 등록이 가능한 동산

라) 지상권 및 전세권

마) 임대인이 동의한 경우에는 물건의 임차권

바) 지식재산권

4) 공장재단 구성물의 양도 등 금지

공장재단의 구성물은 공장재단과 분리하여 양도하거나 소유권 외의 권리, 압류, 가압류 또는 가처분의 목적으로 하지 못한다. 다만, 저당권자가 동의한 경우에는 임대차의 목적물로 할 수 있다(동법 14조).

(4) 광업재단저당

1) 광업재단저당의 설정

공장 및 광업재단저당법에 의하면. 광업재단은 광업권과 광업권에 기하여 광물을 채굴·취득하기 위한 각종 설비 및 이에 부속하는 사업의 설비로 구성되는 일단의 기업재산으로서, 광업권자는 광업재단을 설정하여 저당권의 목적으로 할 수 있다(동법 2조 3호, 52조).

2) 광업재단의 구성

광업재단은 광업권과 다음 각 호에 열거하는 것으로서 그 광업에 관하여 동일한 광업권자에 속하는 것의 전부 또는 일부로 구성할 수 있다(동법 53조).

가) 토지, 건물, 그 밖의 공작물

나) 기계, 기구, 그 밖의 부속물

다) 항공기, 선박, 자동차 등 등기 또는 등록이 가능한 동산

라) 지상권이나 그 밖의 토지사용권

마) 임대인이 동의하는 경우에는 물건의 임차권

바) 지식재산권

3) 공징재단 규징의 준용

광업재단에 관하여는 특별한 규정이 있는 경우를 제외하고는 앞의 공장재단에 관한 규정을 준용한다. 이 경우 공장재단은 광업재단으로 본다(동법 54조).

3. 동산저당

(1) 의 의

이는 동산 중에서 등기·등록의 공시방법이 갖추어져 있는 특수동산(의제부동산)

에 관하여 설정되는 저당권을 말한다. 이에 대하여는 종래 개별 입법에 의하여 특수동산을 대상으로 한 동산저당으로 다루어져 왔다(구 자동차저당법 1조, 구 항공기저당법 1조·3조, 구 건설기계저당법 2조, 구 소형선박저당법 2조, 상법 871조·874조). 그러나 2009년 3월 25일 법률 제9525호에 의하여 '건설기계저당법', '소형선박저당법', '자동차저당법', '항공기저당법' 등 4개 법률은 저당 목적물만 다를 뿐 등록할 수 있는 동산의 저당이라는 같은 내용을 규정하고 있고, 규정체계와 내용도 매우 유사하며, 소관 부처가 동일한 점을 고려하여 1개 법률로 통합함으로써 정부의 집행편의 위주로 되어 있는 법률체계를 국민 중심의 법률체계로 환원하고, 법률 제·개정에 따른 행정낭비를 줄이며, 국민들이 쉽게 법률을 이해하고 준수하도록 하려는 입법취지 아래 '자동차 등 특정동산 저당법'을 제정하였다(2009. 9. 28. 시행).

(2) 자동차 등 특정동산 저당법과 동산저당의 주요내용

1) 동산저당의 대상과 특정동산

자동차 등 특정동산 저당법에 의한 동산저당의 대상이 되는, 특정동산은 등록의 대상이 되는 건설기계, 소형선박, 자동차, 경량항공기를 말한다(동법 2조).

2) 동산저당의 목적물과 저당권의 효력발생

다음 각 호의 특정동산은 동산저당의 목적물로 할 수 있다(동법 3조). 이 경우 저당권에 관한 득실변경은 담보목적물별로 다음 관련법에 따라 등록하여야 그 효력이 생긴다(동법 5조).

가) 건설기계관리법에 따라 등록된 건설기계

나) 선박등기법이 적용되지 아니하는 일정한 소형선박(선박법 제1조의2 제2항의 소형선박 중 같은 법 제26조 각 호의 선박을 제외한 선박, 어선법 제2조 제1호 각 목의 어선 중 총톤수 20톤 미만의 어선, 수상레저안전법 제30조에 따라 동력수상레저기구)

다) 자동차관리법에 따라 등록된 자동차

라) 항공안전법에 따라 등록된 항공기 및 경량항공기

3) 동산저당의 내용

저당권자는 채무자나 제3사가 점유를 이전하지 아니하고 채무의 담보로 제공한 특정동산에 대하여 다른 채권자보다 자기채권에 대하여 우선변제를 받을 권리가 있다(동법 4조).

4. 권리저당

이는 어업권·광업권을 대상으로 설정되는 저당권을 말한다(광업법 11조, 수산업법 16조, 22조).

제5절 비전형담보

제1관 양도담보

I. 서 설

1. 의 의

양도담보는 채권담보를 위하여 담보목적물에 대한 소유권 그 밖의 재산권을 형식적으로 채권자에게 이전하고 채무불이행시에 실질적인 권리를 취득하도록 하는 담보제도이다. 이는 종래 별도의 명문규정이 없이 관습법상 인정되어오던 제도였으나, 1983년 12월 30일 법률 제3681호로 '가등기담보 등에 관한 법률'(이하 '가담법'이라 약칭함)이 제정되어 부동산양도담보는 이의 규율을 받게 되었다(동법 1조, 2조 1호).

2. 동산양도담보의 가담법의 적용 필요성과 입법의 개변

실정법상의 담보제도가 된 부동산양도담보와는 달리 동산양도담보는 관습법에 의한 담보물권으로 인정된다. 그러나 목적물이 동산인가 부동산인가에 따라 이론과 규제를 각각 다르게 이원화(二元化)하는 것은 합리적이지 못하므로, 동산양도도 가담법에 준해서 부동산양도담보와 동일한 이론구성을 하고 그에 준해서 규제하는 것이 타당할 것이다(곽윤직 409면).

따라서 양도담보에 관한 법적용은 다음에서 살펴볼 가담법의 적용을 받게 되므로, 다음에서는 양도담보의 특징적인 점만 살펴본다.

다만 동산을 대상으로 한 양도담보는 2012년 6월 11일부터 시행되고 있는 동산·채권 등의 담보에 관한 법률의 규율도 아울러 받게 된다.

Ⅱ. 양도담보의 유형과 법적 구성

1. 양도담보의 유형

(1) 협의의 양도담보

이는 보통의 양도담보로서, 대외적인 권리만을 양도하는 형식의 양도담보를 말한다. 판례는 특히, 이를 '약한 의미의 양도담보'라고도 한다.

(2) 매도담보

이는 대외적인 권리는 물론 대내적인 권리도 양도하는 형식의 양도담보로서, 환매·재매매의 예약이 그 대표적인 모습이다. 판례는 특히, 이를 '강한 의미의 양도담보'라고도 한다.

2. 양도담보의 법률적 구성

(1) 가담법 제정 전

이에 관하여는 종래 신탁적소유권이전설(신탁적 양도설)·해제조건부소유권이전설·제한물권설(담보물권설)의 대립이 있었으나, 이 중 신탁적 소유권이전설(신탁적 양도설)이 유력한 견해였다(곽윤직, 구저 물권법〈1983〉, 652면). 여기서 신탁적 소유권이전설은 양도담보인 채권자에게 소유권 그 밖의 재산권을 신탁적으로 양도하여 채권담보의 목적을 달성하려는 제도로서 이해하여, 당사자 사이에 양도담보관계를 발생케 하는 계약(양도담보설정계약)은 이른바 신탁행위라고 하였다. 즉 양도담보에 대하여 채권담보를 위한 신탁적 양도로 이해하였다. 판례도 신탁적 소유권이전설과 같은 태도를 취하고 있었다(대판 1969. 3. 25. 69다112).

(2) 가담법 제정 후

가담법 제4조 제2항은 "채권자는 담보부동산에 관하여 이미 소유권이전등기가 경료된 경우에는 청산기간 경과 후 청산금을 채무자 등에게 지급한 때에 목적부동산의 소유권을 취득하는" 것으로 규정하고 있으며, 이의 적용을 받는 담보계약에는 양도담보계약(부동산의 경우)도 당연히 포함된다(가담법 2조 1호). 따라서 이전등기와 동시에 소유권이 이전하는 것으로 이론을 구성하고 있었던 신탁적 소유권이전설(신탁적 양도설)은 위와 같은 가담법의 규정에 저촉되므로 동법에 따라 양도담보는 담보물권으로 구성하는 것이 타당하다.

요컨대 양도담보는 그 설정으로 소유권이전등기등기를 한 경우에도 이는 형식상의 권리일 뿐 실질적인 소유권이 아니므로 채권자는 양도담보(권)라는 일종의 담보물권을 취득하고, 설정자는 이의 제한을 받는 권리를 보유하는 것으로 새겨야 할 것이다.

그리고 판례도 "채권담보를 위하여 소유권이전등기를 경료한 양도담보권자는 채무자가 변제기를 도과하여 피담보채무의 이행지체에 빠졌을 때에는 담보계약에 의하여 취득한 목적 부동산의 처분권을 행사하기 위한 환가절차의 일환으로서 즉, 담보권의 실행으로서 채무자에 대하여 그 목적 부동산의 인도를 구할 수 있고 제3자가 채무자로부터 적법하게 목적 부동산의 점유를 이전받아 있는 경우에는 그 목적 부동산의 인도청구를 할 수도 있다 할 것이나 직접 소유권에 기하여 그 인도를 구할 수는 없다."고 판시하여 양도담보를 제한물권으로 이해하고 있다(대판 1991. 11. 8. 91다21770).

Ⅲ. 양도담보의 설정

1. 물권적 합의와 공시

양도담보의 설정은 양도담보의 설정계약인 물권적 합의와 공시(부동산의 등기, 동산의 인도)를 갖춤으로써 성립한다.

관련판례

양도담보의 설정과 동산의 공시

① 동산에 대하여 점유개정의 방법으로 양도담보를 일단 설정한 후에는 양도담보권자나 양도담보설정자가 그 동산에 대한 점유를 상실하였다고 하더라도 그 양도담보의 효력에는 아무런 영향이 없다 할 것이고, 양도담보권 실행을 위한 환가절차에 있어서는 환가로 인한 매득금에서 환가비용을 공제한 잔액 전부를 양도담보권자의 채권변제에 우선 충당하여야 하고 양도담보설정자의 다른 채권자들은 양도담보권자에 대한 관계에 있어서 안분배당을 요구할 수 없다(대판 2000. 6. 23. 99다65066).

② 동산에 대하여 점유개정의 방법으로 이중양도담보를 설정한 경우 원래의 양도담보권자는 뒤의 양도담보권자에 대하여 배타적으로 자기의 담보권을 주장할 수 있으므로, 뒤의 양도담보권자가 양도담보의 목적물을 처분함으로써 원래의 양도담보권자로 하여금 양도담보권을 실행할 수 없도록 하는 행위는, 이중양도담보 설정행위가 횡령죄나 배임죄를 구성하는지 여부나 뒤의 양도담보권자가 이중양도담보 설정행위에 적극적으로 가담하였는지 여부와 관계없이, 원래의 양도담보권자의 양도담보권을 침해하는 위법한 행위이다(대판 2000. 6. 23. 99다65066).

③ 금전채무를 담보하기 위하여 채무자가 그 소유의 동산을 채권자에게 양도하되 점유개정에 의하여 채무자가 이를 계속 점유하기로 한 경우, 채권자와 채무자의 대내적 관계에서는 채무자는 소유권을 보유하나 대외적인 관계에서는 채무자는 동산의 소유권을 이미 채권자에게 양도한 무권리자가 되는 것이어서, 다시 다른

채권자와의 사이에 양도담보설정계약을 체결하고 점유개정의 방법으로 인도를 하더라도 선의취득이 인정되지 않는 한 나중에 설정계약을 체결한 채권자는 양도담보권을 취득할 수 없다(대판 2005. 2. 18. 2004다37430).

2. 양도담보를 특히 인정할 실익이 있는 경우

동산을 담보 목적물로 하는 경우, 전형담보인 질권에 대하여 민법은 질권자의 유치적 효력을 위하여 점유개정을 금지하고 있다(332조). 따라서 양도담보를 특히 인정할 만한 실익이 있는 경우는 담보제공자가 이를 사용·수익할 필요가 있는 동산을 계속 점유하면서 담보로 제공하는 경우이다(예컨대 편물기계·장롱·컴퓨터 등의 동산을 담보제공자가 계속 점유하면서 담보로 제공하는 경우).

3. 집합물을 대상으로 한 양도담보의 설정과 입법의 개변

(1) 집합물을 대상으로 한 양도담보의 설정

1) 종래 판례는 특히 집단을 이루는 동산인 집합물에 대하여 양도담보의 성립을 인정하고 있다. 특히 판례는 집합물과 관련하여 구성물의 변동이 없는 유동집합물(예컨대 양식장 안의 양어, 양돈장 안의 돼지의 경우)만이 아니라 구성물의 변동이 있는 변질집합물(예컨대 제품, 원자재로부터 반제품이나 완제품으로 변질되는 경우)에 대한 양도담보의 설정도 인정하고 있다.

2) 따라서 판례에 의하면 재고상품, 제품, 원자재 등과 같은 집합물을 하나의 물건으로 보아 이를 일정기간 계속하여 채권담보의 목적으로 삼으려는 이른바 집합물에 대한 양도담보권설정계약에 있어서는 그 목적동산을 종류, 장소 또는 수량지정 등의 방법에 의하여 특정할 수만 있다면 그 집합물 전체를 하나의 재산권으로 하는 담보권의 설정이 가능하다(대판 1988. 12. 27. 87누1043).

3) 위와 같이 집합물에 대한 양도담보권설정계약이 이루어지면 그 집합물을 구성하는 개개의 물건이 변동되거나 변형되더라도 한 개의 물건으로서의 동일성을 잃지 아니한 채 양도담보권의 효력은 항상 현재의 집합물 위에 미치는 것이고 따

라서 그러한 경우에 양도담보권자가 담보권설정계약당시 존재하는 집합물을 점유개정의 방법으로 그 점유를 취득하면 그 후 양도담보설정자가 그 집합물을 이루는 개개의 물건을 반입하였다 하더라도 그때마다 별도의 양도담보권설정계약을 맺거나 점유개정의 표시를 하여야 하는 것은 아니다(대판 1988. 12. 27. 87누1043; 동 1990. 12. 26. 88다카20224).

(2) 입법의 개변

다만 집합물 등을 대상으로 한 동산의 양도담보는 2012년 6월 11일부터 시행되고 있는 동산·채권 등의 담보에 관한 법률의 규율도 아울러 받게 되게 된다.

관련판례

집합물을 대상으로 한 양도담보

① 일단의 증감 변동하는 동산을 하나의 물건으로 보아 이를 채권담보의 목적으로 삼는 이른바 유동집합물에 대한 양도담보설정계약의 경우에, 양도담보의 효력이 미치는 범위를 명시하여 제3자에게 불측의 손해를 입지 않도록 하고 권리관계를 미리 명확히 하여 집행절차가 부당히 지연되지 않도록 하기 위하여 그 목적물을 특정할 필요가 있으므로, 담보목적물은 담보설정자의 다른 물건과 구별될 수 있도록 그 종류, 소재하는 장소 또는 수량의 지정 등의 방법에 의하여 외부적·객관적으로 특정되어 있어야 하고, 목적물의 특정 여부 및 목적물의 범위는 목적물의 종류, 장소, 수량 등에 관한 계약의 전체적 내용, 계약 당사자의 의사, 목적물 자체가 가지는 유기적 결합의 정도, 목적물의 성질, 담보물 관리와 이용방법 등 여러 가지 사정을 종합하여 구체적으로 판단하여야 한다(대판 2003. 3. 14. 2002다72385).

② 돈사에서 대량으로 사육되는 돼지를 집합물에 대한 양도담보의 목적물로 삼은 경우, 그 돼지는 번식, 사망, 판매, 구입 등의 요인에 의하여 증감변동하기 마련이므로 양도담보권자가 그때마다 별도의 양도담보권설정계약을 맺거나 점유개정의 표시를 하지 않더라도 하나의 집합물로서 동일성을 잃지 아니한 채 양도담보권

의 효력은 항상 현재의 집합물 위에 미치게 된다(대판 2004. 11. 12. 2004다22858).

③ 돈사에서 대량으로 사육되는 돼지를 집합물에 대한 양도담보의 목적물로 삼은 경우, 위 양도담보권의 효력은 양도담보설정자로부터 이를 양수한 양수인이 당초 양수한 돈사 내에 있던 돼지들 및 통상적인 양돈방식에 따라 그 돼지들을 사육·관리하면서 돼지를 출하하여 얻은 수익으로 새로 구입하거나 그 돼지와 교환한 돼지 또는 그 돼지로부터 출산시켜 얻은 새끼돼지에 한하여 미치는 것이지 양수인이 별도의 자금을 투입하여 반입한 돼지에까지는 미치지 않는다(대판 2004. 11. 12. 2004다22858).

④ 일반적으로 일단의 증감 변동하는 동산을 하나의 물건으로 보아 이를 채권담보의 목적으로 삼으려는 이른바 집합물에 대한 양도담보설정계약체결도 가능하며 이 경우 그 목적 동산이 담보설정자의 다른 물건과 구별될 수 있도록 그 종류, 장소 또는 수량지정 등의 방법에 의하여 특정되어 있으면 그 전부를 하나의 재산권으로 보아 이에 유효한 담보권의 설정이 된 것으로 볼 수 있다. 또 성장을 계속하는 어류일지라도 특정 양만장 내의 뱀장어 등 어류 전부에 대한 양도담보계약은 그 담보목적물이 특정되었으므로 유효하게 성립하였다고 할 것이다(대판 1990. 12. 26. 88다카20224).

⑤ 금전채무를 담보하기 위하여 채무자가 그 소유의 동산을 채권자에게 양도하되 점유개정의 방법으로 인도하고 채무자가 이를 계속 점유하기로 약정한 경우 특별한 사정이 없는 한 그 동산의 소유권은 신탁적으로 이전되는 것에 불과하여, 채권자와 채무자 사이의 대내적 관계에서는 채무자가 소유권을 보유하나 대외적인 관계에서의 채무자는 동산의 소유권을 이미 채권자에게 양도한 무권리자가 되는 것이어서 다시 다른 채권자와 사이에 양도담보설정계약을 체결하고 점유개정의 방법으로 인도하더라도 선의취득이 인정되지 않는 한 나중에 설정계약을 체결한 채권자로서는 양도담보권을 취득할 수 없는데, 현실의 인도가 아닌 점유개정의 방법으로는 선의취득이 인정되지 아니하므로 결국 뒤의 채권자는 적법하게 양도담보권을 취득할 수 없다(대판 2005. 2. 18. 2004다37430).

Ⅳ. 양도담보의 효력

1. 양도담보의 효력이 미치는 범위

(1) 목적물의 범위

양도담보의 효력이 미치는 목적물의 범위는 양도담보설정계약에서 달리 정한 바가 없으면 저당권, 가등기담보에서와 마찬가지로 부합물과 종물에도 미친다(358조).

또한 과실에 대해서도 원칙적으로 양도담보권자에게는 사용·수익권이 없으므로 목적물에 대한 과실수취권이 없으나 과실에 대한 압류가 있은 후에는 예외적으로 설정자가 그 부동산으로부터 수취한 과실 또는 수취할 수 있는 과실에 미친다(359조).

관련판례

양도담보의 과실수취

① 양도담보계약서 중 양도물건목록에 소재지, 보관창고명과 목적물이 양만장 내 뱀장어, 수량 약 백만 마리라고 기재되어 있을 뿐이고 특별히 위 양만장 내의 뱀장어 중 1,000,000마리로 그 수량을 지정하여 담보의 범위를 제한한 사실이 인정되지 않는다면 위 양도담보계약서에 기재된 수량은 단순히 위 계약 당시 위 양만장 내에 보관하고 있던 뱀장어 등의 수를 개략적으로 표시한 것에 불과하고 당사자는 위 양만장 내의 뱀장어 등 어류전부를 그 목적으로 하였다고 봄이 당사자의 의사에 합치된다고 할 것이다(대판 1990. 12. 26. 88다카20224).

② 돈사에서 대량으로 사육되는 돼지를 집합물에 대한 양도담보의 목적물로 삼은 경우, 위 양도담보권의 효력은 양도담보설정자로부터 이를 양수한 양수인이 당초 양수한 돈사 내에 있던 돼지들 및 통상적인 양돈방식에 따라 그 돼지들을 사육·관리하면서 돼지를 출하하여 얻은 수익으로 새로 구입하거나 그 돼지와 교환한 돼지 또는 그 돼지로부터 출산시켜 얻은 새끼돼지에 한하여 미치는

것이지 양수인이 별도의 자금을 투입하여 반입한 돼지에까지는 미치지 않는다고 (대판 2004. 11. 12. 2004다22858).

(2) 피담보채권의 범위

양도담보의 효력이 미치는 피담보채권의 범위도 저당권, 가등기담보에서와 마찬가지로 원본·이자·위약금·채무불이행으로 인한 손해배상(이행기를 경과한 1년분)·양도담보의 실행비용을 담보한다(360조).

동산을 목적으로 하는 유동 집합물 양도담보설정계약을 체결함과 동시에 채무불이행시 강제집행을 수락하는 공정증서를 작성한 경우, 양도담보권자로서는 그 집행증서에 기하지 아니하고 양도담보계약내용에 따라 이를 사적으로 타에 처분하거나 스스로 취득한 후 정산하는 방법으로 현금화할 수도 있지만, 집행증서에 기하여 담보목적물을 압류하고 강제경매를 실시하는 방법으로 현금화할 수도 있다. 그런데, 만약 후자의 방식에 의하여 강제경매를 실시하는 경우, 이러한 방법에 의한 경매절차는 형식상은 강제집행이지만, 그 실질은 일반 강제집행절차가 아니라 동산양도담보권의 실행을 위한 환가절차로서 그 압류절차에 압류를 경합한 양도담보설정자의 다른 채권자는 양도담보권자에 대한 관계에서 압류경합권자나 배당요구권자로 인정될 수 없다. 따라서 환가로 인한 매득금에서 환가비용을 공제한 잔액은 양도담보권자의 채권변제에 우선적으로 충당하여야 한다(대판 2005. 2. 18. 2004다37430).

2. 목적물의 사용·수익권

(1) 양도담보는 설정계약에서 달리 정한 바가 없으면 대외적인 권리만을 채권자인 양도담보권자에게 양도할 뿐이고 대내적인 목적물의 사용·수익권은 설정자에게 있다(통설). 따라서 동산은 물론이고 부동산양도담보의 경우에도 특별한 사정이 없는 한 목적부동산에 대한 사용수익권은 채무자인 양도담보권 설정자에게 있다(대판 1988. 11. 22. 87다카2555).

(2) 양도담보권자는 사용·수익권이 없으므로, 자신에게 목적물인도청구를 주장할 수 없다. 예컨대 채무자가 양도담보의 목적 부동산을 분양하여 채무변제에 충당하기로 한 약정에 기하여 제3자에게 목적 부동산을 분양하거나 임대한 경우, 채권자가 제3자에게 담보권 실행을 위하여 그 목적 부동산의 인도를 구할 수 없다(대판 2007. 5. 11. 2006다6836). 그러나 채무의 담보를 위하여 채무자가 자기의 비용과 노력으로 신축하는 건물의 건축허가 명의를 채권자 명의로 하였다면 이는 완성될 건물을 양도담보로 제공하기로 하는 담보권 설정의 합의로서, 완성된 건물에 관하여 자신 명의로 소유권보존등기를 마친 채권자는 채무자가 변제기를 도과하여 피담보채무의 이행지체에 빠졌을 때에는 담보계약에 의하여 취득한 목적 부동산의 처분권을 행사하기 위한 환가절차의 일환으로서 즉, 담보권의 실행으로서 채무자에 대하여 그 건물의 명도를 구할 수 있다. 또 제3자가 채무자로부터 적법하게 건물의 점유를 이전받아 있는 경우에는 그 제3자를 상대로 명도청구를 할 수도 있으며, 여기의 제3자에는 담보권설정 후에 대항요건을 갖춘 주택임차인도 당연히 포함된다(대판 2001. 1. 5. 2000다47682).

(3) 양도담보권자는 사용·수익권이 없으므로, 원칙적으로 임대할 권한도 갖지 못한다(통설). 따라서 양도담보권자는 담보권의 실행으로 제3자에 대하여도 담보물의 명도를 구할 수 있고 또한 명도를 거부하는 경우에는 담보권 실행이 방해된 것을 이유로 하는 손해배상청구를 할 수 있으나 그러한 경우에도 양도담보권자에게는 목적부동산에 대한 사용 수익권이 없으므로 차임 상당의 손해배상을 구할 수는 없다(대판 1979. 10. 30. 79다1545).

관련판례

양도담보 목적물의 사용·수익권

① 양도담보권자는 담보권의 실행을 위하여 담보채무자가 아닌 제3자에 대하여도 담보물의 인도를 구할 수 있고, 인도를 거부하는 경우에는 담보권실행이 방해된 것을 이유로 하는 손해배상을 구할 수는 있으나, 그러한 경우에도 양도담보권자에

게는 목적부동산에 대한 사용수익권이 없으므로 임료 상당의 손해배상을 구할 수는 없다(대판 1991. 10. 8. 90다9780).

② 일반적으로 부동산을 채권담보의 목적으로 양도한 경우 특별한 사정이 없는 한 목적부동산에 대한 사용수익권은 채무자인 양도담보 설정자에게 있는 것이므로 설정자와 양도담보권자 사이에 양도담보권자가 목적물을 사용·수익하기로 하는 약정이 없는 이상 목적부동산을 임대할 권한은 양도담보 설정자에게 있다(대판 2001. 12. 11. 2001다40213).

③ 일반적으로 부동산을 채권담보의 목적으로 양도한 경우 특별한 사정이 없는 한 목적부동산에 대한 사용수익권은 채무자인 양도담보설정자에게 있으므로, 양도담보권자는 사용수익할 수 있는 정당한 권한이 있는 채무자나 채무자로부터 그 사용수익할 수 있는 권한을 승계한 자에 대하여는 사용수익을 하지 못한 것을 이유로 임료 상당의 손해배상이나 부당이득반환청구를 할 수 없다(대판 2008. 2. 28. 2007다37394).

3. 그 밖의 효력

(1) 위의 효력 이외의 양도담보의 내용은 가등기담보에서와 같이 가담법의 적용을 받는 것으로 이해하여야 할 것이다. 따라서 양도담보권자는 수반성에 따라 양도담보를 피담보채권과 함께 양도할 수 있을 뿐이고, 권리취득에 의한 실행이나 경매실행을 통하여 우선변제권을 행사할 수 있다.

(2) 또 양도담보권자는 설정자에게 청산금을 지급하기 전에는 소유권을 취득하지 못한다(가담법 4조 2항). 동산양도담보의 경우, 가담법의 실행절차를 따를 것이 강제되지 않으나, 정산을 하여야 소유권을 취득할 수 있다.

(3) 이 밖에 양도담보권자에게 처분권이 없으므로 그 처분행위는 무효로 다루어지며 손해배상책임을 부담하게 된다. 동산양도담보의 무단 처분과 관련해서 판례는 "당초에는 유효하게 성립할 수 있었던 동산양도담보를 신뢰하여 금원을 대출하였다가 후에 양도담보를 설정한 동산을 타인에게 인도당하게 됨으로써 양도담보

권자가 입은 통상의 손해는, 위 동산양도담보가 유효하여 담보권을 취득할 수 있는 것으로 믿고 출연한 금액, 즉 양도담보물의 가액 범위 내에서 채무자에게 대출한 금원 상당이며, 위에서 말하는 양도담보물의 가액은 동산양도담보가 유효하였더라면 그 실행이 예상되는 시기 또는 손해배상 청구소송의 사실심 변론종결시를 기준으로 하여야 한다."고 판시하고 있다(대판 2010. 9. 30. 2010다41386).

다만 양수인이 선의인 때에는 부동산양도담보는 가담법에 따라 소유권을 취득할 수 있고(동법 11조 단서), 동산의 경우에는 선의취득의 요건을 갖추어 소유권을 취득할 수 있다(249조).

관련판례

그 밖의 양도담보의 효력

① 부동산에 관하여 정산절차를 예정한 약한 의미의 양도담보 약정이 이루어졌다면 채권자는 채무의 변제기 후 반드시 담보권 실행을 위한 정산절차를 거쳐야만 하는 것이고, 채무자로서는 채권자가 담보권을 실행하여 정산절차를 마치기 전에는 채무를 변제하고 부동산에 대한 채권자 명의의 소유권이전등기의 말소를 구할 수 있다고 할 것인바, 이는 양도담보 약정 당시 당해 부동산의 시가가 채권 원리금에 미달한다 하더라도 마찬가지이다(대판 1998. 4. 10. 97다4005).

② 대지 소유자가 건축업자에게 대지를 매도하고 건축업자는 대지 소유자 명의로 건축허가를 받았다면 이는 완성될 건물을 대지 매매대금의 담보로 제공키로 하는 합의로서 법률행위에 의한 담보물권의 설정에 다름 아니어서, 완성된 건물의 소유권은 일단 이를 건축한 채무자가 원시적으로 취득한 후 대지 소유자 명의로 소유권보존등기를 마침으로써 담보목적의 범위 내에서 대지 소유자에게 그 소유권이 이전된다고 할 것이므로, 그 경우 건축업자가 건물을 타에 분양하였다 할지라도 그 후 대지 소유자 명의로 건물에 대한 소유권보존등기가 경료된 경우에는, 건축업자가 담보물인 위 건물을 타에 분양하고 그 분양대금 중 일부로 매매대금을 대지 소유자에게 지급하기로 약정하는 등 건축업자가 건물을 타에

분양하는 것을 대지 소유자가 허용한 경우가 아닌 한, 건축업자의 분양 등 처분행위는 대지 소유자의 담보권에 반한다 할 것이고, 따라서 건축업자로부터 건물을 분양받고 소유권이전등기를 경료받지 못한 자는 그보다 앞서 건물에 관하여 담보 목적으로 소유권보존등기를 경료한 대지 소유자에 대하여 분양을 이유로 한 소유권이전등기를 구할 수 없다(대판 2002. 7. 12. 2002다19254).

③ 채권자가 구 가등기담보 등에 관한 법률(2008. 3. 21. 법률 제8919호로 개정되기 전의 것, 이하 '구 가등기담보법'이라 한다)에 정해진 청산절차를 밟지 아니하여 담보목적부동산의 소유권을 취득하지 못하였음에도 그 담보목적부동산을 처분하여 선의의 제3자가 소유권을 취득하고 그로 인하여 구 가등기담보법 제11조 단서에 의하여 채무자가 더는 채무액을 채권자에게 지급하고 그 채권담보의 목적으로 마친 소유권이전등기의 말소를 청구할 수 없게 되었다면, 채권자는 위법한 담보목적부동산 처분으로 인하여 채무자가 입은 손해를 배상할 책임이 있다. 이때 채무자가 입은 손해는 다른 특별한 사정이 없는 한 채무자가 더는 그 소유권이전등기의 말소를 청구할 수 없게 된 때의 담보목적부동산의 가액에서 그때까지의 채무액을 공제한 금액이라고 봄이 상당하다. 그리고 채무자가 약정 이자 지급을 연체하였다든지 채무자가 그 채무액을 채권자에게 지급하고 그 채권담보의 목적으로 마친 소유권이전등기의 말소를 청구할 수 있었다는 사정이나 채권자가 담보목적부동산을 처분하여 얻은 이익의 크고 작음 등과 같은 사정은 위법한 담보목적부동산 처분으로 인한 손해배상책임을 제한할 수 있는 사유가 될 수 없다(대판 2010. 8. 26. 2010다27458).

④ 부당이득반환청구에서 이득이란 실질적인 이익을 의미하는데, 동산에 대하여 양도담보권을 설정하면서 양도담보권설정자가 양도담보권자에게 담보목적인 동산의 소유권을 이전하는 이유는 양도담보권자가 양도담보권을 실행할 때까지 스스로 담보물의 가치를 보존할 수 있게 함으로써 만약 채무자가 채무를 이행하지 않더라도 채권자인 양도담보권자가 양도받은 담보물을 환가하여 우선변제받는 데에 지장이 없도록 하기 위한 것이고, 동산양도담보권은 담보물의 교환가치 취득을 목적으로 하는 것이다. 이러한 양도담보권의 성격에 비추어 보면, 양도담보권의 목적인 주된 동산에 다른 동산이 부합되어 부합된 동산에 관한 권리자가

권리를 상실하는 손해를 입은 경우 주된 동산이 담보물로서 가치가 증가된 데 따른 실질적 이익은 주된 동산에 관한 양도담보권설정자에게 귀속되는 것이므로, 이 경우 부합으로 인하여 권리를 상실하는 자는 양도담보권설정자를 상대로 민법 제261조에 따라 보상을 청구할 수 있을 뿐 양도담보권자를 상대로 보상을 청구할 수는 없다(대판 2016. 4. 28. 2012다19659).

⑤ 당사자 사이에 매매대금 채무를 담보하기 위하여 부동산에 관하여 가등기를 마치고 채무를 변제하지 아니하면 가등기에 기한 본등기를 마치기로 약정한 경우에, 변제기에 채무를 변제하지 아니하면 채권채무관계가 소멸하고 부동산의 소유권이 확정적으로 채권자에게 귀속된다는 명시의 특약이 없는 이상 대물변제의 약정이 있었다고 인정할 수 없고, 단지 채무에 대한 담보권 실행을 위한 방편으로 소유권이전등기를 하는 약정, 이른바 정산절차를 예정하고 있는 '약한 의미의 양도담보' 계약이라고 봄이 타당하다(대판 2016. 10. 27. 2015다63138·63145).

⑥ '약한 의미의 양도담보'가 이루어진 경우에, 채권자는 채무의 변제기가 지나면 부동산의 가액에서 채권원리금 등을 공제한 나머지 금액을 채무자에게 반환하고 부동산의 소유권을 취득하거나(귀속정산), 부동산을 처분하여 매각대금에서 채권원리금 등의 변제에 충당하고 나머지 금액을 채무자에게 반환할 수도 있다(처분정산). 그렇지만 채무자가 채권자에게 적극적으로 위와 같은 정산을 요구할 청구권을 가지지는 아니하며, 다만 채무자는 채무의 변제기가 지난 후에도 채권자가 담보권을 실행하여 정산절차를 마치기 전에는 언제든지 채무를 변제하고 채권자에게 가등기 및 가등기에 기한 본등기의 말소를 청구할 수 있다(대판 2016. 10. 27. 2015다63138·63145).

V. 양도담보의 소멸

1. 물권의 일반적 소멸원인

(1) 양도담보도 물권이므로, 물권의 일반적 소멸원인 목적물의 멸실, 혼동, 토지

수용 등에 의하여 소멸한다. 따라서 양도담보의 목적물이 멸실되면 그 범위 안에서 양도담보도 소멸한다. 다만 양도담보와는 별개로 피담보채권은 남게 되고 물상대위권 등을 행사 할 수 있다(342조).

(2) 또한 양도담보는 담보물권이므로, 담보물권의 일반적 소멸원인(피담보채권의 변제)에 의하여 소멸한다. 따라서 양도담보는 부종성에 따라 피담보채권이 시효로 소멸하면 양도담보도 당연히 소멸한다(362조).

2. 가담법의 적용을 받는 경우

양도담보가 가담법의 적용을 받는 경우는, 가등기담보의 특유한 소멸원인인 채무자 등의 가등기말소청구, 경매에 의한 목적물의 매각, 담보권자의 청산금의 지급 등에 의하여 양도담보는 소멸한다(가담법 4조 1항, 2항, 11조, 14조·15조).

3. 가담법의 적용을 받지 않는 경우

가담법의 적용을 받지 않는 양도담보의 경우에도 양도담보권자가 정산을 하여야 하며, 하기 전까지는 설정자에게 소유권은 유보된다. 따라서 양도담보권자가 정산을 하거나 제3자에게 매각하기 전까지는, 채무자는 피담보채권을 변제하고 양도담보를 소멸시킬 수 있다.

제2관 가등기담보

Ⅰ. 서 설

1. 가등기담보의 의의 및 성질

(1) 의의 및 가등기담보법의 목적

가등기담보(假登記擔保)는 당사자가 금전 그 밖의 차용물(借用物)에 관한 소비대차계약을 체결하면서 채권담보를 목적으로 가등기를 이용하는 대물반환의 예약을 하는 것, 즉 가등기를 이용한 채권담보를 말한다. 종래 가등기담보와 관련하여서는 채무자가 폭리행위에 의하여 희생되어온 폐단이 있었으므로, 특히 가등기담보의 실행과 관련하여 청산절차를 거치도록 함으로써 채무자(가등기담보설정자)를 보호하고자 1983년 12월 30일 법률 제3681호로 '가등기담보 등에 관한 법률'(이하, '가담법'이라 약칭함)을 제정하였다.

(2) 성 질

1) 담보물권

가등기담보는 담보물권으로서 가등기담보권자에게는 경매청구권·별제권·우선변제권이 인정된다.

2) 특수한 담보물권

가등기담보는 가치권이며, 비전형담보로서 소유권이전형의 담보물권이다(이른바 비전형담보). 그러나 가담법 제4조 제2항은 "청산기간 경과 후 청산금을 채무자 등에게 지급한 때에 목적부동산의 소유권을 취득하는" 것으로 규정하고 있으므로 가등기담보권자에게 신탁적으로 소유권이 이전되는 것은 아니고, 특수한 담보물권으로 새겨야 한다.

3) 약정담보물권

가등기담보는 비전형담보로서, 가등기담보설정자와 가등기담보권자 사이의 담보설정계약과 담보가등기를 함으로써 성립하는 약정담보물권이다. 여기서 담보설정계약은 채권행위인 소비대차계약을 주된 행위로 하는 종된 행위이다.

4) 담보물권의 통유성

가등기담보는 담보물권이므로 그 통유성(通有性)인 부종성·수반성·불가분성·물상대위성이 인정된다.

가) 부 종 성

가등기담보는 피담보채권에 부종한다. 가등기담보는 채권의 담보를 목적으로 하는 권리이므로, 피담보채권이 성립하지 않으면 가등기담보도 성립하지 않고, 피담보채권이 소멸하면 가등기담보도 소멸한다.

나) 수 반 성

가등기담보는 피담보채권에 수반한다. 가등기담보는 특정채권을 담보하는 것이므로, 피담보채권이 양도되면 가등기담보도 이에 따라 양도된다.

다) 불가분성

가등기담보는 피담보채권의 전부를 변제받을 때까지 그 목적물 전부 위에 그 효력을 미친다.

라) 물상대위성

가등기담보도 목적물의 교환가치에 대한 지배를 목적으로 하는 권리이므로, 목적물이 멸실·훼손·공용징수 등에 의하여 채무자가 받게 될 보험금·손해배상청구권·보상금청구권 위에 그 효력이 미친다.

2. 가등기담보의 유형

(1) 대물변제예약형과 매매예약형

가등기를 이용한 대물반환의 예약을 함에 있어서 대물변제의 예약을 하는 모습이 '대물변제예약형'이고, 매매의 예약을 하는 모습이 '매매예약형'이다. 그러나 양자 사이에 효과상의 차이가 있는 것은 아니며, 가담법상 양자 모두는 인정된다.

(2) 당연귀속형(비정산귀속형)과 비당연귀속형

채무자의 채무불이행의 경우에 아무런 정산절차를 거치지 않고 채권자(가등기담보권자)에게 목적물의 소유권이 귀속되는 것이 '당연귀속형'(비정산귀속형 : 단순귀속형)이고, 정산절차를 거치는 것이 '비당연귀속형'이다. 가담법은 비당연귀속형만을 인정하고 있으므로 현행법상 당연귀속형은 인정되지 않고, 비당연귀속형은 다시 처분정산형과 귀속정산형으로 나누어진다.

(3) 처분정산형과 귀속정산형

가등기담보의 실행에 의한 정산의 모습이 권리취득에 의한 실행을 하는 것이

'귀속정산형'이고, 경매에 의한 실행을 하는 것이 '처분정산형'이다. 가담법은 양자 모두를 인정하고 있다.

(4) 정지조건부계약형과 예약형

채무자의 채무불이행이 있으면 곧 바로 담보권을 실행할 수 있는 것이 '정지조건부계약형'이고 청산(淸算)절차를 통한 예약완결권행사를 통하여 실행하는 것이 '예약형'이다. 가담법은 예약형만을 인정하고 있다.

(5) 총 괄

1) 가등기담보는 소유권이전형의 비전형담보로서 가등기담보법상 대물변제예약형과 매매예약형, 귀속정산형, 경매처분에 의한 정산형은 인정되나 비정산형(단순귀속형), 정지조건부계약형, 임의매각처분에 의한 정산형은 인정되지 않는다.

2) 처분정산형이란 용어와 관련하여서는 '경매에 의한 실행'을 지칭하지 않고, 가등기담보권자가 가담법에 의하지 않고 목적물을 제3자에 처분하여 그 환가대금에서 자기채권의 만족을 취하는 방식을 지칭하는 판례(대판 2002. 4. 23. 2001다81856)의 태도가 있음에 유의하여야 한다. 이러한 입장으로 처분정산형의 개념을 이해하는 견해에 의하면 이러한 유형은 가담법상 인정되지 않게 된다.

관련판례

가등기담보의 유형

① 가등기담보 등에 관한 법률이 제3조와 제4조에서 가등기담보권의 사적 실행방법으로 귀속정산의 원칙을 규정함과 동시에 제12조와 제13조에서 그 공적 실행방법으로 경매의 청구 및 우선변제청구권 등 처분정산을 별도로 규정하고 있는 점, 위 제4조가 제1항 내지 제3항에서 채권자의 청산금 지급의무, 청산기간 경과와 본등기청구, 청산금의 지급의무와 부동산의 소유권이전등기 및 인도채무의 동시이행관계 등을 순차로 규정한 다음, 제4항에서 제1항 내지 제3항에

반하는 특약으로서 채무자 등에게 불리한 것은 그 효력이 없다(다만, 청산기간 경과 후에 행하여진 특약으로서 제3자의 권리를 해하지 아니하는 경우는 제외된다)고 규정하고 있는 점, 나아가 제11조는 채무자 등이 청산금 채권을 변제받을 때까지 그 채무액을 채권자에게 지급하고 그 채권담보의 목적으로 경료된 소유권이전등기의 말소를 청구할 수 있다고 규정하고 있는 점 등을 종합하여 보면, 가등기담보권의 사적 실행에 있어서 채권자가 청산금의 지급 이전에 본등기와 담보목적물의 인도를 받을 수 있다거나 청산기간이나 동시이행관계를 인정하지 아니하는 '처분정산'형의 담보권실행은 가등기담보 등에 관한 법률상 허용되지 아니한다(대판 2002. 4. 23. 2001다81856).

② 가등기담보 등에 관한 법률(가담법)이 제3조와 제4조에서 가등기담보권의 사적 실행방법으로 귀속정산의 원칙을 규정함과 동시에 제12조와 제13조에서 그 공적 실행방법으로 경매의 청구 및 우선변제청구권 등 처분정산을 별도로 규정하고 있는 점, 위 제4조가 제1항 내지 제3항에서 채권자의 청산금 지급의무, 청산기간 경과와 본등기청구, 청산금의 지급의무와 부동산의 소유권이전등기 및 인도채무의 동시이행관계 등을 순차로 규정한 다음, 제4항에서 제1항 내지 제3항에 반하는 특약으로서 채무자 등에게 불리한 것은 그 효력이 없다(다만, 청산기간 경과 후에 행하여진 특약으로서 제3자의 권리를 해하지 아니하는 경우는 제외된다)고 규정하고 있는 점, 나아가 제11조는 채무자 등이 청산금 채권을 변제받을 때까지 그 채무액을 채권자에게 지급하고 그 채권담보의 목적으로 경료된 소유권이전등기의 말소를 청구할 수 있다고 규정하고 있는 점 등을 종합하여 보면, 가등기담보권의 사적 실행에 있어서 채권자가 청산금의 지급 이전에 본등기와 담보목적물의 인도를 받을 수 있다거나 청산기간이나 동시이행관계를 인정하지 아니하는 '처분정산'형의 담보권실행은 가담법상 허용되지 아니한다(대판 2002. 12. 10. 2002다42001).

Ⅱ. 가등기담보의 설정

1. 가등기담보의 설정

(1) 가등기담보설정계약과 등기

1) 가등기담보설정계약과 당사자

가) 가등기담보는 채권자인 가등기담보권자와 가등기담보설정자 사이에 가등기담보설정계약과 담보목적의 가등기를 함으로써 성립된다.

나) 여기서 가등기담보설정자는 채무자인 것이 보통이나 또는 제3자(물상보증인)라도 무방하다.

다) 또 가등기담보권자는 채권자이어야 함이 원칙이다. 그러나 저당권의 경우와 같이 채권자와 채무자 및 제3자 사이에 합의가 있고, 제3자에게 채권의 실질적 귀속이 인정되는 법률관계가 존재하면 제3자 명의의 가등기담보도 유효하다(대판 2002. 12. 24. 2002다50484).

2) 대물반환의 예약

가) 가담법은 담보의 목적으로 차용물(借用物)의 반환에 관하여 차주가 차용물을 갈음하여 다른 재산권을 이전할 것을 약정하도록 규정하고 있다(동법 1조, 2조 1호).

나) 따라서 가등기담보의 피담보채권은 금전채권 등 차용물의 반환과 관련한 채권이어야 하고, 대물반환의 예약이 체결될 것을 요한다.

다) 여기서 대물반환의 예약은 대물변제의 예약을 하는 모습이 보통이나 매매의 예약이라도 무방하다.

3) 담보가등기

가) 가등기는 등기부상 갑구(甲區)에 소유권이전청구권을 보전하는 형식으로 기록되고 채권자만이 표시된다. 단 지상권 등의 소유권 이외의 권리 취득을 목적으로 담보가등기를 하는 경우에는, 성격상 을구(乙區)란에 가등기가 기록될 수도 있다.

나) 담보목적의 가등기의 경우에는, 채권의 내용이나 채권액은 공시될 것을 요

하지 않는다.

다) 여기서 본래의 순수한 보존가등기와 담보가등기가 가등기담보법상은 구별되지 않는다. 이에 따라 대법원은 등기예규 471-3(1984. 1. 18. 등기 제12호)에 의하여 '가등기담보 등에 관한 법률 시행에 따른 등기사무처리지침'을 제정하여 담보가등기와 보존가등기를 구별하고 있다. 등기실무도 가등기담보를 등기부에 '담보가등기'로 표시하고 등기원인은 '대물변제의 예약'으로 표시하여 보존가등기와 구별하고 있다.

라) 가등기가 담보가등기인지 여부는 그 등기부상 표시나 등기시에 주고받은 서류의 종류에 의하여 형식적으로 결정될 것이 아니고 거래의 실질과 당사자의 의사표시의 해석에 따라 결정될 문제이다(대판 1992. 2. 11. 91다36932).

관련판례

제3자 명의의 가등기담보의 유효성

채권담보를 목적으로 가등기를 하는 경우에는 원칙적으로 채권자와 가등기명의자가 동일인이 되어야 하지만, 채권자 아닌 제3자의 명의로 가등기를 하는 데 대하여 채권자와 채무자 및 제3자 사이에 합의가 있었고, 나아가 제3자에게 그 채권이 실질적으로 귀속되었다고 볼 수 있는 특별한 사정이 있거나, 거래경위에 비추어 제3자의 가등기가 한낱 명목에 그치는 것이 아니라 그 제3자도 채무자로부터 유효하게 채권을 변제받을 수 있고 채무자도 채권자나 가등기명의자인 제3자 중 누구에게든 채무를 유효하게 변제할 수 있는 관계 즉, 채권자와 제3자가 불가분적 채권자의 관계에 있다고 볼 수 있는 경우에는, 그 제3자 명의의 가등기도 유효하다고 볼 것이고, 이와 같이 제3자 명의의 가등기를 유효하게 볼 수 있는 경우에는 제3자 명의의 가등기를 부동산실권리자명의등기에 관한 법률이 금지하고 있는 실권리자 아닌 자 명의의 등기라고 할 수는 없다(대판 2002. 12. 24. 2002다50484).

(2) 목 적 물

가등기담보의 목적물(객체)은 가등기(가등록)가 가능한 것이어야 한다. 따라서 부동산 이외에도 특수동산(의제부동산 : 선박·자동차·항공기·건설기계)과 입목, 각종 재단(공장재단·광업재단)이나 지식재산권(특허권·디자인권·실용신안권 등)도 그 객체가 될 수 있다.

(3) 피담보채권

1) 가등기담보에 의하여 채권을 확보하는 채권(피담보채권)은 다음과 같이 저당권의 경우와 유사하다.

2) 가등기담보의 피담보채권은 금전채권인 것이 보통이지만, 금전 이외의 채권이라도 무방하다.

3) 가등기담보법은 담보부동산에 대한 예약 당시의 그 재산의 가액이 그 피담보채권액과 이자의 합산액을 초과하는 경우에 한하여 그 적용이 있다(동법 1조). 여기서 여기에서 말하는 '재산의 가액'은 원칙적으로 '통상적인 시장에서 충분한 기간 거래된 후 그 대상재산의 내용에 정통한 거래당사자 간에 성립한다고 인정되는 적정가격'이고, 그와 같은 적정가격을 확인하기 어려울 때에는 객관적이고 합리적인 방법으로 평가한 가액이다(대판 2007. 6. 15. 2006다5611).

따라서 예약 당시 목적 부동산의 시가가 채권액(합산액)에 미치지 못하는 경우에는 채권자는 청산금의 평가액을 통지할 필요가 없다(대판 1990. 1. 23. 89다카21125·21132).

4) 또 현존·특정의 채권은 물론 장래의 증감·변동하는 불특정의 채권이라도 무방하다. 따라서 근가등기담보(根假登記擔保)의 설정도 가능하다.

2. 적용범위

(1) 가담법상 적용되는 담보의 모습

1) 가담법은 가등기담보·부동산양도담보에 적용된다(동법 1조).

2) 가담법은 매도담보·환매·재매매의 예약 등의 담보계약에 대해서도 적용된다

(동법 2조 1호).

3) 가담법은 차용물에 관하여 발생한 채권을 담보하기 위한 예약의 경우에 적용되는 것이므로, 공사대금채권을 담보할 목적으로 경료된 소유권이전등기(가등기)의 경우에는 적용되지 않는다.

(2) 가등기담보에 의하여 취득될 수 있는 권리

1) 가담법은 질권·저당권 및 전세권을 제외한 부동산소유권 이외에 등기 또는 등록할 수 있는 권리(예컨대 지상권·지역권·등기된 부동산임차권과 입목과 항공기·자동차·건설기계·선박 등의 특수동산)의 취득을 목적으로 하는 담보계약에도 적용된다(동법 18조).

2) 가등기담보권자가 질권·저당권·전세권의 취득을 목적으로 한 가등기담보는 설정할 수 없다.

3) 또 동산·채권 등의 담보에 관한 법률에 따라 담보등기를 마친 경우에도 가담법은 적용되지 않는다.

관련판례

가등기담보법의 적용범위

① 공사대금채권이나 물품대금채권을 담보할 목적으로 경료된 가등기의 경우에는 가등기담보법의 적용을 받지 않는다(대판 1996. 11. 15. 96다3116).
가등기의 주된 목적이 매매대금채권의 확보에 있고, 대여금채권의 확보는 부수적인 것에 지나지 않는 경우에는, 위 가등기의 경우에는 가등기담보법의 적용을 받지 않는다(대판 2002. 12. 24. 2002다50484).

② 가등기담보법은 차용물의 반환에 관하여 다른 재산권을 이전할 것을 예약한 경우에 적용되므로 매매대금채권을 담보하기 위하여 경료된 양도담보에는 그 법은 적용되지 아니한다고 할 것인바, 이 사건 양도담보의 피담보채권은 매매대금채권에 해당하므로 이 사건 양도담보의 실행에 가등기담보법의 적용은 없다고

할 것이고, 매매대금채권을 피담보채권으로 한 양도담보권설정계약 후 대여금채권이 그 피담보채권에 포함되었다고 하더라도 원래의 매매대금채권을 위한 양도담보권의 실행에는 지장이 없다(대판 2001. 3. 23. 2000다29356).

③ 금전소비대차나 준소비대차에 기한 차용금반환채무와 그 외의 원인으로 발생한 채무를 동시에 담보할 목적으로 경료된 가등기나 소유권이전등기라도 그 후 후자의 채무가 변제 기타의 사유로 소멸하고 금전소비대차나 준소비대차에 기한 차용금반환채무의 전부 또는 일부만이 남게 된 경우에는 그 가등기담보나 양도담보에 가등기담보 등에 관한 법률이 적용된다(대판 2004. 4. 27. 2003다29968).

④ 채권담보의 목적으로 가등기를 경료함과 아울러 변제기까지 원리금을 변제하지 못하면 가등기에 기한 본등기를 담보의 목적으로 이행한다는 내용의 제소(提訴) 전 화해를 한 후 채무자가 원리금을 변제하지 아니하여 그 제소 전 화해조서에 기하여 소유권이전의 본등기를 한 경우라면, 다른 특단의 사정이 없는 한 그 소유권이전등기는 담보권 실행을 위한 방편으로 경료된 이른바 "약한 의미의 양도담보"의 뜻으로 보아야 한다(대판 1991. 10. 8. 90다9780).

⑤ 가등기담보 등에 관한 법률의 규정에 따른 청산절차 진행 전에 신청된 강제경매에 의하여 제3자에게 소유권이전이 된 이상 담보가등기권자는 더 이상 위 가등기에 기한 본등기를 청구할 수 없다(대판 1992. 2. 11. 91다36932).

⑥ 가등기담보 등에 관한 법률은 재산권 이전의 예약에 의한 가등기담보에 있어서 그 재산의 예약 당시의 가액이 차용액 및 이에 붙인 이자의 합산액을 초과하는 경우에 적용되는 것인바, 여기에서 말하는 재산의 가액은 원칙적으로 '통상적인 시장에서 충분한 기간 거래된 후 그 대상재산의 내용에 정통한 거래당사자 간에 성립한다고 인정되는 적정가격'이고, 그와 같은 적정가격을 확인하기 어려울 때에는 객관적이고 합리적인 방법으로 평가한 가액이라고 할 것이므로, 대상재산이 토지로서 법정지상권의 성립가능성이 있는 등 토지이용상 제한을 받는지 여부가 불분명한 경우에는 법정지상권의 성립에 관한 사정을 객관적이고 합리적으로 평가하여 그 성립 여부를 판단한 다음 그에 따라 평가한 토지의 가격을 가액으로 봄이 상당하다(대판 2007. 6. 15. 2006다5611).

⑦ 가등기담보 등에 관한 법률(이하 '가등기담보법'이라 한다) 제18조는 가등기담보법상

청산절차에 관한 규정은 등기 또는 등록할 수 있는 부동산소유권 외의 권리(질권·저당권 및 전세권을 제외한다)의 취득을 목적으로 하는 담보계약에 관하여 준용한다고 규정하고 있는데, 여기에서 등기 또는 등록할 수 있는 권리는 재산권의 설정과 이전에 관하여 등기 또는 등록이 성립요건 또는 대항요건이 되어 있는 재산권을 말하고, 단순히 행정상의 편의를 위하여 등록 등을 요구하는 경우에는 이에 해당하지 않는다(대판 2015. 1. 29. 2012두27404).

Ⅲ. 가등기담보의 효력

1. 가등기담보의 효력이 미치는 범위

(1) 목적물의 범위

가등기담보의 효력이 미치는 목적물의 범위는 저당권의 규정이 유추적용된다. 따라서 가등기담보의 효력은 설정계약에서 특별히 정한 바가 없으면 목적물 이외에 그의 부합물·종물 및 일정한 과실에도 미치며(358조, 359조), 물상대위가 인정된다(370조, 342조).

(2) 피담보채권(被擔保債權)의 범위

1) 가등기담보의 효력이 미치는 피담보채권의 범위는 저당권의 규정이 적용된다(동법 3조 3항). 따라서 저당권의 피담보채권의 범위와 같이 원본·이자·위약금·채무불이행으로 인한 손해배상(이행기를 경과한 1년분)·가등기담보의 실행비용을 담보한다.

2) 채권자와 채무자가 가등기담보권설정계약을 체결하면서 가등기 이후에 발생할 채권도 후순위권리자에 대하여 우선변제권을 가지는 가등기담보권의 피담보채권에 포함시키기로 약정할 수 있고, 가등기담보권을 설정한 후에 채권자와 채무자의 약정으로 새로 발생한 채권을 기존 가등기담보권의 피담보채권에 추가할 수도 있으나, 가등기담보권 설정 후에 후순위권리자나 제3취득자 등 이해관계 있는 제3

자가 생긴 상태에서 새로운 약정으로 기존 가등기담보권에 피담보채권을 추가하거나 피담보채권의 내용을 변경, 확장하는 경우에는 이해관계 있는 제3자의 이익을 침해하게 되므로, 이러한 경우에는 피담보채권으로 추가, 확장한 부분은 이해관계 있는 제3자에 대한 관계에서는 우선변제권 있는 피담보채권에 포함되지 않는다고 보아야 한다(대판 2011. 7. 14. 2011다28090).

관련판례

가등기담보의 효력이 미치는 범위

① 채무자가 제3자에게 목적 부동산을 분양하거나 임대한 경우에는, 이는 채권자의 의사에 따른 것으로서 그 목적 부동산에 관한 채권자의 담보권은 이미 실행되어 소멸되었거나 채권자가 그 부분의 담보권 주장을 포기한 것으로 볼 것이고, 위 경우 채권자가 제3자에게 담보권 실행을 위하여 그 목적 부동산의 인도를 청구할 수도 없다(대판 1992. 12. 8. 92다21395).

② 가등기담보 채권자가 가등기담보권을 실행하기 이전에 그의 계약상의 권리를 보전하기 위하여 가등기담보 채무자의 제3자에 대한 선순위 가등기담보채무를 대위변제하여 구상권이 발생하였다면 특별한 사정이 없는 한 이 구상권도 가등기담보계약에 의하여 담보된다고 보는 것이 상당하다(대판 2002. 6. 11. 99다41657).

③ 채무자 甲이 채권자 乙 명의로 차용금과 약정 이익금을 피담보채권으로 하는 가등기를 설정해 주었는데, 가등기를 설정한 토지에 관하여 경매절차가 개시될 무렵 甲이 가등기권자인 乙과 위 차용금과 약정 이익금의 합계액을 원금으로 하고 그에 대하여 이자 또는 지연손해금을 지급하기로 하는 내용의 차용증을 가등기 이전으로 소급하여 작성한 사안에서, 가등기 당시에 甲과 乙이 차용금과 약정 이익금 외에 장래 발생할 채무도 가등기의 피담보채권에 포함시키기로 약정하였다거나 차용금과 약정 이익금을 원본으로 하여 별도의 이자 약정을 하였다는 사정을 인정할 수 없으므로, 가등기 설정 후에 위 토지 중 일부 지분에

관하여 소유권을 취득하거나 지분을 가압류함으로써 가등기에 관하여 이해관계를 가지게 된 자 또는 지분에 관한 가압류채권자에 대한 관계에서 위와 같이 가등기의 피담보채권으로 추가, 확장된 부분은 우선변제권 있는 피담보채권에 포함되지 않는다(대판 2011. 7. 14. 2011다28090).

2. 가등기담보의 실행과 우선변제적 효력

(1) 우선변제청구권

가등기담보권자는 가등기담보의 실행을 통하여 자기채권의 우선만족(우선변제)을 받을 권리가 있다(동법 13조).

(2) 가등기담보의 실행요건과 방법

1) 실행의 요건

가등기담보실행의 요건은 채무자의 채무불이행과 채권자의 예약완결권의 행사이다. 따라서 가등기담보권자는 청산절차를 거치지 않고 채무불이행만으로는 가등기담보를 실행할 수 없다.

2) 실행의 방법

가담법상 가등기담보의 실행방법은 권리취득에 의한 실행(귀속정산형)과 경매에 의한 실행이 인정된다.

(3) 권리취득에 의한 실행

피담보채권의 변제기가 도래하였으나, 채무자가 채무를 변제하지 아니하는 때에는 담보가등기권리자는 담보목적물의 가액으로부터 자기의 채권을 만족하기 위하여 목적부동산의 소유권을 취득하는 방법이다.

1) 실행의 절차

가등기담보권자가 목적부동산의 소유권을 취득하기 위해서는 실행의 통지 →

청산기간의 경과 → 청산금의 지급과 소유권 취득의 3단계를 거쳐야 한다.

2) 실행의 통지(동법 3조, 4조)

가) 통지의 상대방

통지의 상대방은 채무자·담보가등기목적 부동산의 물상보증인 및 담보가등기 후 소유권을 취득한 제3취득자이다. 가등기담보법 제2조 제2호의 '채무자 등'이 그것이다.

관련판례

통지의 상대방

① 가등기담보 등에 관한 법률에 의하면, 가등기담보권자가 담보권실행을 위하여 담보 목적 부동산의 소유권을 취득하기 위하여는 그 채권의 변제기 후에 소정의 청산금 평가액 또는 청산금이 없다고 하는 뜻을 채무자 등에게 통지하여야 하고(제3조 제1항), 이때의 채무자 등에는 채무자와 물상보증인뿐만 아니라 담보가등기 후 소유권을 취득한 제3취득자가 포함되는 것이므로(제2조 제2호), 위 통지는 이들 모두에게 하여야 하는 것으로서 채무자 등의 전부 또는 일부에 대하여 위 통지를 하지 않으면 청산기간이 진행할 수 없게 되고, 따라서 가등기담보권자는 그 후 적절한 청산금을 지급하거나 실제 지급할 청산금이 없다고 하더라도 가등기에 기한 본등기를 청구할 수 없으며, 설령 편법으로 본등기를 마쳤다고 하더라도 그 소유권을 취득할 수 없다(대판 2002. 4. 23. 2001다81856).

② 채권의 담보 목적으로 양도된 재산에 관한 담보권의 실행은 다른 약정이 없는 한 처분정산이나 귀속정산 중 채권자가 선택하는 방법에 의할 수 있는바, 그 재산에 관한 담보권이 귀속정산의 방법으로 실행되어 채권자에게 확정적으로 이전되기 위해서는 채권자가 이를 적정한 가격으로 평가한 후 그 가액으로 피담보채권의 원리금에 충당하고 그 잔액을 반환하거나, 평가액이 피담보채권액에 미달하는 경우에는 채무자에게 그와 같은 내용의 통지를 하는 등 정산절차를

마쳐야 하며, 귀속정산의 통지방법에는 아무런 제한이 없어 구두로든 서면으로든 가능하고, 담보부동산의 평가액이 피담보채권액에 미달하는 경우에는 청산금이 있을 수 없으므로 귀속정산의 통지방법으로 부동산의 평가액 및 채권액을 구체적으로 언급할 필요 없이 그 미달을 이유로 채무자에 대하여 담보권의 실행으로 그 부동산을 확정적으로 채권자의 소유로 귀속시킨다는 뜻을 알리는 것으로 족하다(대판 2001. 8. 24. 2000다15661).

나) 통지의 시기

통지의 시기는 '채권의 변제기 후'이다(동법 3조 1항). 따라서 그 이전에 한 실행의 통지는 효력이 없다.

다) 통지의 내용(통지사항)

통지사항은 청산금(清算金)의 평가액이다. 여기서, 청산금의 평가액은 목적부동산의 평가액에서 피담보채권의 범위의 액을 공제한 잔액이며, 부동산이 2 이상인 경우에는 각 부동산의 소유권이전에 의하여 소멸시키려는 채권과 그 비용을 밝혀야 한다(동법 3조 2항 후단). 또 청산금이 없다고 인정되는 때에는 그 뜻을 통지하여야 하며(동법 3조 1항 후단), 선순위담보권이 있을 때에는 이에 의하여 담보된 채권액을 포함하며 청산금을 계산하여야 한다(동법 4조 1항). 여기서, 청산금은 금전에 한한다(학설).

라) 통지의 방식

통지의 방법에는 규정하는 바가 없다. 따라서 서면이든 구두이든 이를 묻지 아니한다.

마) 통지의 효과

실행이 통지되면 구속력(拘束力)이 발생하여 채권자는 그가 통지한 청산금의 금액에 관하여 다툴 수 없다(동법 9조). 또 통지가 도달함과 동시에 청산기간에 들어가고(동법 3조 1항), 설정자의 담보권자에 대한 청산금지급청구권이 발생한다(동법 7조).

여기서 수개의 감정결과 중 채권자(가등기담보권자)가 어느 하나를 임의로 선택하여 실행의 통지를 한 경우, 이것이 경험칙이나 논리칙에 위배되지 않는 한 이에 대하여 이의를 제기할 수 없다.

3) 청산기간의 경과

앞의 실행의 통지가 채무자 등에게 도달한 날로부터 2월의 기간(청산기간)을 반드시 거쳐야 한다(동법 3조 1항).

4) 청산금의 지급과 소유권 취득

청산기간이 경과하고 담보부동산에 관하여 이미 소유권이전등기가 경료된 경우에는 청산금을 채무자 등에게 지급한 때에 채권자가 그 부동산의 소유권을 취득하며, 담보가등기가 경료된 경우에는 2월의 청산기간이 경과하여야 그 가등기에 기인한 본등기를 청구할 수 있다. 이 경우 청산금지급채무와 소유권이전등기 및 인도채무의 이행은 동시이행의 관계에 선다(동법 4조 3항).

관련판례

실행의 통지

채권의 담보 목적으로 양도된 재산에 관한 담보권의 실행은 다른 약정이 없는 한 처분정산이나 귀속정산 중 채권자가 선택하는 방법에 의할 수 있는바, 그 재산에 관한 담보권이 귀속정산의 방법으로 실행되어 채권자에게 확정적으로 이전되기 위해서는 채권자가 이를 적정한 가격으로 평가한 후 그 가액으로 피담보채권의 원리금에 충당하고 그 잔액을 반환하거나, 평가액이 피담보채권액에 미달하는 경우에는 채무자에게 그와 같은 내용의 통지를 하는 등 정산절차를 마쳐야 하며, 귀속정산의 통지방법에는 아무런 제한이 없어 구두로든 서면으로든 가능하고, 담보부동산의 평가액이 피담보채권액에 미달하는 경우에는 청산금이 있을 수 없으므로 귀속정산의 통지방법으로 부동산의 평가액 및 채권액을 구체적으로 언급할 필요 없이 그 미달을 이유로 채무자에 대하여 담보권의 실행으로 그 부동산을 확정적으로 채권자의 소유로 귀속시킨다는 뜻을 알리는 것으로 족하다(대

판 2001. 8. 24. 2000다15661)

청산금과 권리취득에 의한 실행

① 가등기담보 등에 관한 법률 제3조, 제4조의 각 규정에 비추어 볼 때 그 각 규정을 위반하여 담보가등기에 기한 본등기가 이루어진 경우에는 그 본등기는 무효라고 할 것이고, 설령 그와 같은 본등기가 가등기권리자와 채무자 사이에 이루어진 특약에 의하여 이루어졌다고 할지라도 만일 그 특약이 채무자에게 불리한 것으로서 무효라고 한다면 그 본등기는 여전히 무효일 뿐, 이른바 약한 의미의 양도담보로서 담보의 목적 내에서는 유효하다고 할 것이 아니고, 다만 가등기권리자가 가등기담보 등에 관한 법률 제3조, 제4조에 정한 절차에 따라 청산금의 평가액을 채무자 등에게 통지한 후 채무자에게 정당한 청산금을 지급하거나 지급할 청산금이 없는 경우에는 채무자가 그 통지를 받은 날로부터 2월의 청산기간이 경과하면 위 무효인 본등기는 실체적 법률관계에 부합하는 유효한 등기가 될 수 있다(대판 2002. 12. 10. 2002다42001).

② 가등기담보권자인 채권자가 청산기간이 경과하기 전 또는 가등기담보 등에 관한 법률 제6조 제1항에 의하여 채무자에게 청산통지를 하였다는 사실 등을 후순위권리자에게 통지하지 아니하고, 채무자에게 청산금을 지급한 경우에는 이로써 후순위권리자에게 대항할 수 없는 것이나, 이러한 채권자의 변제 제한의 효력은 후순위권리자에게만 적용되는 상대적인 것이므로, 후순위권리자는 청산금채권이 아직 소멸하지 않은 것으로 보고 채권자에게 직접 권리를 행사할 수 있고 후순위권리자가 채권자에게 청산금을 지급하여 줄 것을 청구하게 되면 채권자로서는 청산금의 이중 지급의 책임을 면할 수 없다는 취지일 뿐이지, 후순위권리자가 존재한다는 사유만으로 채무자에게 담보권의 실행을 거부할 권원을 부여하는 것은 아니다(대판 2002. 12. 10. 2002다42001).

③ 가등기담보 등에 관한 법률 제3조, 제4조의 각 규정에 비추어 볼 때 위 각 규정을 위반하여 담보가등기에 기한 본등기가 이루어진 경우에는 그 본등기는 무효라고 할 것이고, 설령 그와 같은 본등기가 가등기권리자와 채무자 사이에

이루어진 특약에 의하여 이루어졌다고 할지라도 만일 그 특약이 채무자에게 불리한 것으로서 무효라고 한다면 그 본등기는 여전히 무효일 뿐, 이른바 약한 의미의 양도담보로서 담보의 목적 내에서는 유효하다고 할 것이 아니고, 다만 가등기권리자가 가등기담보 등에 관한 법률 제3조, 제4조에 정한 절차에 따라 청산금의 평가액을 채무자 등에게 통지한 후 채무자에게 정당한 청산금을 지급하거나 지급할 청산금이 없는 경우에는 채무자가 그 통지를 받은 날로부터 2월의 청산기간이 경과하면 위 무효인 본등기는 실체적 법률관계에 부합하는 유효한 등기가 될 수 있을 뿐이다(대판 2002. 6. 11. 99다41657).

④ 가등기담보권자가 가등기담보 등에 관한 법률 제3조에서 정한 담보권 실행의 통지를 채무자에게 하고, 후순위 권리자가 있는 경우에는 같은 법 제6조 제1항에서 정한 통지를 한 후 같은 법 제6조 제1항의 통지를 받은 후순위 권리자가 채권자에게 직접 권리를 행사한 바가 없고 또한 청산기간을 경과하게 되면, 채권자는 채무자에게 청산금을 변제할 수 있음은 물론, 채권자가 채무자에 대하여 가등기담보에 의하여 담보되지 아니한 별개의 금전채권을 가지고 있는 경우에는 이것을 자동채권으로 하여 채무자의 청산금채권을 상계할 수 있다(대판 2002. 6. 11. 99다41657).

⑤ 가등기담보 등에 관한 법률(이하 '가등기담보법'이라 한다) 제3조, 제4조의 각 규정에 의하면 담보가등기의 경우 청산금의 평가액을 채무자 등에게 통지한 후 채무자에게 정당한 청산금을 지급하거나 지급할 청산금이 없는 경우에는 채무자가 그 청산의 통지를 받은 날로부터 2월의 청산기간이 경과하여야 하는 청산절차를 거친 후에야 그 가등기에 기한 본등기를 청구할 수 있는데, 위 각 규정을 위반하여 담보가등기에 기한 본등기가 이루어진 경우에는 그 본등기는 무효이고, 다만 가등기권리자가 이러한 청산절차를 거치면 위 무효인 본등기는 실체적 법률관계에 부합하는 유효한 등기가 될 수 있을 뿐이다(대판 2010. 11. 9. 2010마1322).

(4) 경매에 의한 실행

1) 가등기담보권자는 권리취득에 의한 실행(3조·4조에 의한 청산절차)을 하지 않고 경매를 통하여 가등기담보권을 실행할 수도 있는데, 이 경우 경매에 관하여는 가등기담보권은 저당권으로 본다(동법 12조 1항). 여기서, '저당권으로 본다.'는 뜻은 담보가등기가 경료된 때에 저당권설정등기가 있었던 것으로 법률상 다루어진다는 의미이다.

2) 여기서 가등기담보권자가 경매에 의한 실행에 의하여 배당참가를 하는 경우에는, 가등기인 채로 우선변제권행사(순위)를 주장할 수 있다.

(5) 청산과의 관련문제

1) 청산금의 처분제한

청산기간이 지나기 전에 채무자가 한 청산금에 관한 권리의 양도 그 밖의 처분은 후순위권리자에게 대항할 수 없으며, 채권자가 청산기간이 지나기 전에 한 청산금의 지급도 또한 같다(동법 7조).

2) 채무자 등의 가등기말소청구권

채무자 등은 청산금채권을 변제받을 때까지 그 채무액(반환할 때까지의 이자와 손해금을 포함)을 채권자에게 지급하고 채권담보의 목적으로 마친 가등기(소유권이전등기)의 말소를 청구할 수 있다. 다만, 그 채무의 변제기가 지난 때부터 10년이 경과하거나 선의의 제3자가 소유권을 취득한 경우는 그러하지 아니하다(동법 11조). 따라서 채무자 등은 악의의 제3자에 대하여는 피담보채권을 변제하고 담보목적으로 경료된 등기의 말소청구권을 행사할 수 있다.

3) 청산금의 공탁

청산금채권이 압류 또는 가압류된 경우에 채권자는 청산기간이 지난 후 이에 해당하는 청산금을 채무이행지를 관할하는 지방법원 또는 지원에 공탁하여 그 범위에서 그 범위에서 채무를 면할 수 있다(동법 8조).

(6) 후순위권리자의 보호

1) 후순위권자에 대한 채권자의 통지의무

후순위권리자는 청산금(실행)에 큰 이해관계를 가지고 있으므로 채권자가 채무자 등에게 실행의 통지를 하여 그 통지가 채무자 등에게 도달할 때에는 지체 없이 그 통지의 사실·내용·도달일을 후순위권리자에게 통지하여야 한다(동법 6조 1항). 또한 담보권실행의 통지가 도달한 때에는 담보가등기 후에 등기한 제3자(대항력 있는 임차권자를 포함)가 있는 경우에는 채권자는 지체 없이 그 제3자에 대하여 위의 통지를 한 사실과 그 채권액을 통지하여야 한다(동법 6조 2항).

2) 후순위권리자의 권리행사

가) 통지를 받은 후순위권리자가 통지된 평가액의 범위 안에서 채권의 명세와 증서를 채권자에게 제시·교부하여 청산금지급시까지 그 권리를 행사한 경우에는 채권자는 이를 지급하여야 하며, 그 범위에서 청산금채무는 소멸한다(동법 5조 1항~3항).

나) 후순위권리자의 권리행사를 막으려는 자는 청산금을 압류 또는 가압류하여야 한다(동법 5조 4항).

다) 뿐만 아니라, 담보가등기 후에 대항력 있는 임차권을 취득한 자에게는 청산금의 범위 안에서 동시이행의 관계를 인정하고 있다(동법 5조 5항).

3) 후순위권리자의 경매청구(競賣請求)

후순위권리자는 청산기간에 한정하여 그 피담보채권의 변제기도래 전이라도 목적부동산의 경매를 청구할 수 있다(동법 12조 2항).

3. 가등기담보와 용익관계

(1) 담보목적물의 사용·수익

가등기담보가 설정되더라도 목적물의 소유권은 설정자에게 있으므로, 담보가 실행될 때까지는 담보설정 전의 용익관계에 아무런 영향이 없다.

(2) 법정지상권

동일 소유자의 소유에 속하는 토지와 건물의 모두 또는 일부에 가등기담보가 설정된 뒤 담보의 실행으로 소유자가 달라진 경우에는 그 토지 위에 건물의 소유를 목적으로 지상권이 설정된 것으로 본다. 이 경우 그 존속기간과 지료는 당사자의 청구에 의하여 법원이 정한다(동법 10조).

관련판례

부동산양도담보의 사용 수익권과 차임 인정 여부

① 양도담보권자는 담보권의 실행을 위하여 담보채무자가 아닌 제3자에 대하여도 담보물의 인도를 구할 수 있고, 인도를 거부하는 경우에는 담보권 실행이 방해된 것을 이유로 하는 손해배상을 구할 수는 있으나, 그러한 경우에도 양도담보권자에게는 목적 부동산에 대한 사용수익권이 없으므로 임료 상당의 손해배상을 구할 수는 없다(대판 1991. 10. 8. 90다9780).

② 일반적으로 부동산을 채권담보의 목적으로 양도한 경우 특별한 사정이 없는 한 목적부동산에 대한 사용수익권은 채무자인 양도담보설정자에게 있으므로, 양도담보권자는 사용·수익할 수 있는 정당한 권한이 있는 채무자나 채무자로부터 그 사용·수익할 수 있는 권한을 승계한 자에 대하여는 사용수익을 하지 못한 것을 이유로 임료 상당의 손해배상이나 부당이득반환청구를 할 수 없다(대판 2008. 2. 28. 2007다37394·37400).

③ 일반적으로 부동산을 채권담보의 목적으로 양도한 경우 특별한 사정이 없는 한 목적부동산에 대한 사용수익권은 채무자인 양도담보설정자에게 있는 것이므로 양도담보권자는 사용 수익할 수 있는 정당한 권한이 있는 채무자나 채무자로부터 그 사용 수익할 수 있는 권한을 승계한 자에 대하여는 사용수익을 하지 못한 것을 이유로 임료상당의 손해배상이나 부당이득반환청구는 할 수 없다(대판 1988. 12. 20. 87다카2685).

④ 담보의 목적으로 대지를 양도한 경우에, 그 담보설정자로부터 그 지상의 주택을

임차하여 입주하고 있는 임차인에 대하여는 양도담보권자가 그 대지의 소유자임을 내세워 명도를 구할 수는 없다(대판 1996. 6. 28. 96다9218).

4. 가등기담보권의 양도와 국세우선권 등과의 관계

(1) 수반성과 가등기담보권의 양도

가등기담보는 담보물권이 갖는 수반성의 성질에 따라 피담보채권의 양도(이전)에 따라 수반하여 양도되며, 피담보채권과 분리하여 가등기담보(권)만 독립적으로 양도할 수 없다.

(2) 양도의 방법

피담보채권과 함께 가등기담보를 양도하는 경우에는 저당권에서와 마찬가지로 물권변동에 관한 요건과 채권양도에 관한 요건을 같이 갖추어야 한다. 그리하여, 앞의 것에 관해서는 양도의 합의와 등기를 요하는데, 이 경우의 등기는 기존의 가등기에 권리이전의 부기등기를 하면 된다. 그리고 뒤의 것에 관해서는 채권양도에 관한 규정(449조~452조)이 적용된다. 따라서 당사자 사이의 의사표시만으로 양도의 효력이 생기지만, 채무자 그 밖의 제3자에게 대항하기 위하여서는 양도인이 채무자에게 통지하거나 또는 채무자가 승낙하여야 한다(450조 참조).

(3) 국세우선권 등과의 관계

가등기담보권은 국세우선권 등(국세기본법·국세징수법·지방세기본법, 채무자회생법 등)과의 관계에서는 이를 저당권으로 본다(동법 17조). 따라서 가등기담보설정자가 파산한 경우, 가등기담보권자는 파산재단에 속하는 부동산에 대하여는 별제권(別除權)을 가지고, 파산재단에 속하지 아니하는 파산자의 부동산에 대하여는 준별제권(準別除權)을 가지므로 우선변제권을 가진다(가담법 17조, 채무자회생법 411조, 414조).

Ⅳ. 가등기담보의 소멸

1. 물권의 일반적 소멸원인

가등기담보도 물권 및 담보물권이므로, 물권의 일반적 소멸원인과 담보물권의 일반적 소멸원인(피담보채권의 변제)에 의하여 소멸한다.

2. 가등기담보의 특유한 소멸원인

(1) 채무자 등의 가등기말소청구

채무자 등은 청산금채권을 변제 받을 때가지 그 채무액(반환시까지의 이자와 손해금을 포함)을 채권자에게 지급하고 그 채권담보의 목적으로 경료된 담보가등기 또는 소유권이전등기의 말소를 청구할 수 있다(동법 11조 본문).

(2) 경매에 의한 목적물의 매각

담보가등기가 경료된 부동산에 대하여 경매 등이 행하여진 때에는 담보가등기 권리는 그 부동산의 매각에 의하여 소멸한다(동법 14조·15조).

(3) 채무불이행(청산금의 지급)과 본등기

담보가등기권리도 채권의 담보를 목적으로 하는 담보물권의 일종이므로, 채무자가 청산금을 지급받고 채권자가 가등기에 기인한 본등기를 함으로써 가등기담보는 소멸한다(동법 4조 1항, 2항).

관련판례

가등기담보의 소멸

① 채무담보를 위하여 근저당권설정등기, 가등기 등이 경료되어 있는 경우 그 채무의 변제의무는 그 등기의 말소의무보다 선행되는 것이며, 채무의 변제와 그 등기말소절차의 이행을 교환적으로 구할 수 없으므로, 그 등기의 각 말소등기절차이행에

소요되는 일체의 서류를 교부할 것을 반대급부로 하여 한 변제공탁은 채무의 본지에 따른 것이라 할 수 없다(대판 1991. 4. 12. 90다9872).

② 담보가등기를 경료한 토지를 인도받아 점유할 경우 담보가등기의 피담보채권의 소멸시효가 중단되는 것은 아니고, 담보가등기에 기한 소유권이전등기청구권의 소멸시효가 완성되기 전에 그 대상 토지를 인도받아 점유함으로써 소유권이전등기청구권의 소멸시효가 중단된다 하더라도 위 담보가등기의 피담보채권이 시효로 소멸한 이상 위 담보가등기 및 그에 기한 소유권이전등기는 결국 말소되어야 할 운명의 것이다(대판 2007. 3. 15. 2006다12701).

제6절 동산담보권·채권담보권

Ⅰ. 동산·채권 등의 담보에 관한 법률 제정이유

1. 법의 제정과 시행

동산·채권 등의 담보에 관한 법률(이하, '동산·채권담보법'이라 약칭함)은 법률 제10366호로 2010년 6월 10일 제정되었고, 2년의 시행예정기간을 거쳐 2012년 6월 11일부터 시행되고 있다.

2. 제정이유

종래 민법에 의하면 동산과 채권에 관한 전형적인 담보제도는 질권이다(민법 188조, 346조). 따라서 동산에 질권을 설정하려면 질물이 인도되어야 하고(188조 1항, 330조), 채권에 질권을 설정하려면 채권이 양도되어야 한다(346조, 349조).

그러나 이러한 공시방법은 부동산등기에 비하여 불완전하고, 지식재산권의 경우 민법상 질권의 방법으로만 담보로 제공할 수 있어 이들을 담보로 이용하는 데 한계가 있었다. 그 결과 시중에서는 주로 부동산담보가 이용되어져왔는데 부동산

자산이 부족한 중소기업이나 자영업자는 그 자금조달에 어려움이 컸다.

이의 해소를 위하여 동산·채권·지식재산권을 목적으로 하는 담보제도를 새로이 창설하고 안전한 공시방법을 제공함으로써 거래의 안전을 도모하면서도 자산유동화의 활성화를 통하여 중소기업과 자영업자의 자금조달에 편의를 제공하고자 동산·채권담보법이 제정된 것이다.

3. 동산·채권담보제도의 특질

(1) 무엇보다도 이 제도의 핵심은 동산·채권담보에 대한 새로운 공시방법으로 등기제도를 도입하였다는데 있다.

즉 민법상 동산질권에 대한 공시방법은 인도이고(330조), 채권질권에 대한 공시방법은 제3채무자에 대한 통지 또는 제3채무자의 승낙임에 반하여(346조, 450조), 동산·채권담보법은 등기를 새로운 공시방법으로 도입함으로써 기존 담보제도의 문제점이었던 거래안전의 위험을 해결하였다는데 그 혁신적인 의미가 있다.

또한 등기제도의 도입으로 인해 등기로써 순위를 정하여 이중으로 담보를 설정할 수 있으므로 담보가치를 최대한 높일 수 있다. 또한 담보권의 양도 등을 통한 자산의 유동화가 가능해지며, 담보권설정자가 비통상적 방법에 의하여 목적물을 처분할 경우 선의취득의 가능성이 줄어든다. 그리고 담보권의 실행단계에서도 효율적일 뿐만 아니라, 이해당사자 간에도 그 이해관계를 합리적으로 조정할 수 있게 되었다.

(2) 동산·채권담보법은 담보등기를 위하여 동산담보등기부와 채권담보등기부를 두고 있다(동법 2조 8호). 다만 지식재산권담보의 경우에는 등기부를 따로 누지 않고 특허원부, 저작권등록부 등 지식재산권을 등록하는 공적장부에 담보권을 등록하는 것으로 규정하고 있다(동법 58조, 59조). 이에 의하면, 동일인이 동산·채권·지식재산권을 담보로 제공하는 경우에는 동산담보등기부, 채권담보등기부, 그리고 지식재산권에 대한 등록원부에 각각 등기 또는 등록하여야 한다.

동산·채권담보등기부는 부동산등기부와는 달리 인적 편성주의를 채택하고 있는데 이는 동산·채권담보의 특성상 필연적이다. 따라서 동산·채권담보등기부는 담보권 설정자별로 구분하여 작성하고(동법 47조 1항), 담보등기부에 기록할 사항은 동법 제47조에 따른다.

담보등기에 관한 사무는 부동산등기부의 경우처럼 법원이 관할하는데, 구체적으로는 대법원장이 지정·고시하는 지방법원, 그 지원 또는 등기소에서 취급한다(동법 39조).

Ⅱ. 동산담보권

1. 동산담보권의 의의와 성립

동산담보권은 담보약정에 따라 동산을 목적으로 등기한 담보권을 말한다(2조 2호).

동산담보권이 성립하기 위하여는 채권자와 목적동산의 소유자인 채무자 또는 제3자 사이의 담보약정이 있어야 한다(동법 8조 참조). 담보약정은 그 명칭이나 명목에 상관없이 동산·채권담보법에 따라 동산을 담보로 제공하기로 하는 약정이면 된다(2조 1호). 그 약정은 담보권설정에 따른 채권·채무를 발생시키는 채권계약으로서 피담보채권의 발생을 위한 계약의 종된 계약이다.

동산담보권에 의하여 담보될 수 있는 채권에는 제한이 없다. 그리고 동산담보권을 설정하려는 자는 담보약정을 할 때 담보목적물의 소유 여부, 담보목적물에 관한 다른 권리의 존재 유무를 상대방에게 명시하여야 한다(동법 6조). 그리고 담보권설정자로 될 수 있는 자는 법인 또는 상업등기법에 따라 상호등기를 한 사람에 한한다(동법 2조 5호, 3조 1항).

동산담보권은 등기함으로써 성립한다(2조 2호, 7조 1항). 즉 담보등기는 부동산담보의 경우와 마찬가지로 담보권성립의 필수요건이다. 따라서 담보등기에 대하여 특별한 규정이 없고 그 성질에 반하지 않는 경우에 부동산등기법을 준용한다(동법 57조).

2. 동산담보권의 객체

동산담보권의 객체는 당연히 동산으로서 그 개수를 한정하지 않으며 장래에 취득할 동산의 경우에도 특정할 수 있으면 그 객체로 할 수 있다. 즉 하나의 동산은 물론이고 여러 개라 할지라도 그 종류와 수량, 보관장소 등 특정할 수 있는 경우에는 동산담보권의 객체로 될 수 있다(동법 3조 2항). 다만 선박등기법에 따라 등기된 선박, 자동차 등 특정동산저당법에 따라 등록된 건설기계, 자동차, 항공기, 소형선박, 공장 및 광업재단저당법에 따라 등기된 기업재산, 그 밖에 다른 법률에 따라 등기되거나 등록된 동산, 화물상환증, 선하증권, 창고증권이 작성된 동산, 무기명채권증서 등 대통령령으로 정하는 증권은 담보등기를 할 수 없다(동법 3조 3항).

3. 동산담보권의 효력

(1) 동산담보권의 성질

동산담보권은 채무자 또는 제3자가 제공한 담보목적물에 대하여 다른 채권자보다 자기 채권을 우선변제 받는 것을 내용으로 하는 담보물권이다(동법 3조). 따라서 동산담보권은 담보물권이 가지는 일반적인 성질인 불가분성, 수반성, 물상대위성, 부종성을 가진다(동법 9조, 13조, 14조, 33조).

(2) 동산담보권자의 지위

1) 우선변제받을 권리

담보권자는 채무자 또는 제3자가 제공한 담보목적물에 대하여 다른 채권자보다 자기채권을 우선변제받을 권리가 있다(동법 8조).

2) 현황조사청구권

담보권자는 담보목적물에 대한 현황조사를 청구할 수 있는데, 이 경우 담보권설정자는 정당한 사유 없이 이를 거부할 수 없다. 이 경우 담보목적물의 현황을 조사하기 위하여 전자적으로 식별할 수 있는 표지를 부착하는 등 필요한 조치를 할 수 있다(동법 17조 1항).

3) 담보물원상회복 또는 적당한 담보제공청구권

담보권자는 담보권설정자에게 책임이 있는 사유로 담보목적물의 가액(價額)이 현저히 감소된 경우에 담보권설정자에게 그 원상회복 또는 적당한 담보의 제공을 청구할 수 있다(동법 17조 2항).

4) 담보목적물의 반환청구권

담보권자는 담보목적물을 점유한 자에 대하여 담보권설정자에게 반환할 것을 청구할 수 있다(동법 19조 1항). 담보권자가 담보목적물을 점유할 권원(權原)이 있거나 담보권설정자가 담보목적물을 반환받을 수 없는 사정이 있는 경우에 담보권자는 담보목적물을 점유한 자에 대하여 자신에게 담보목적물을 반환할 것을 청구할 수 있다(동법 19조 2항). 다만 위 경우 점유자가 그 물건을 점유할 권리가 있는 경우에는 반환을 거부할 수 있다(동법 19조 3항).

5) 담보목적물의 방해제거청구권 및 방해예방청구권

담보권자는 동산담보권을 방해하는 자에게 방해의 제거를 청구할 수 있고, 동산담보권을 방해할 우려가 있는 행위를 하는 자에게 방해의 예방이나 손해배상의 담보를 청구할 수 있다(동법 20조).

(3) 동산담보권의 효력이 미치는 범위

1) 피담보채권의 범위

동산담보권의 효력이 미치는 피담보채권의 범위는 원본(原本), 이자, 위약금, 담보권실행의 비용, 담보목적물의 보존비용 및 채무불이행 또는 담보목적물의 흠으로 인한 손해배상의 채권 등이다. 다만 당사자 사이에 다른 약정이 있는 경우에는 그에 따른다(동법 12조).

2) 목적물의 범위

동산담보권의 효력은 담보목적물에 부합된 물건과 종물(從物)에 미친다. 다만, 법률에 다른 규정이 있거나 당사자 사이의 설정행위에 다른 약정이 있으면 이에 따른다(동법 10조). 또한 담보목적물에 대한 압류 또는 제25조 제2항의 인도 청구가 있은 후에 담보권설정자가 그 담보목적물로부터 수취한 과실 또는 수취할 수 있는 과실에 미친다(동법 11조). 그리고 동산담보권은 담보목적물의 매각, 임대, 멸실, 훼손 또는 공용징수 등으로 인하여 담보권설정자가 받을 금전이나 그 밖의 물건에 대하여도 행사할 수 있다. 다만 이 경우에는 그 지급 또는 인도 전에 압류할 것이 요구된다(동법 14조).

4. 동산담보권의 실행

(1) 담보권자의 경매청구

동산·채권담보법은, 담보권자는 자기의 채권을 변제받기 위하여 담보목적물의 경매를 청구할 수 있도록(동법 21조 1항) 함으로써 동산담보권의 실행은 원칙적으로 경매에 의하도록 하고 있다.

그러나 정당한 이유가 있는 경우에는 담보권자는 담보목적물로써 직접 변제에 충당하거나 담보목적물을 매각하여 그 대금을 변제에 충당할 수 있다. 다만, 선순위권리자(담보등기부에 등기되어 있거나 담보권자가 알고 있는 경우)가 있는 경우에는 그의 동의를 받아야 한다(동법 21조 2항).

(2) 담보권자의 유치권

담보권자가 담보목적물을 점유한 경우에는 피담보채권을 전부 변제받을 때까지 담보목적물을 유치할 수 있다. 다만 이 경우 선순위권리자에게 대항하지 못한다(동법 25조 1항).

(3) 담보권자의 담보목적물 인도청구권

담보권자가 담보권을 실행하기 위하여 필요한 경우에는 채무자 등에게 담보목적물의 인도를 청구할 수 있다(동법 25조 2항). 그리고 담보권자가 담보목적물을 점유하는 동안 담보권자는 선량한 관리자의 주의로 담보목적물을 관리하여야 한다(동법 25조 3항).

(4) 담보권자의 과실수취권

담보권자는 담보목적물의 과실을 수취하여 다른 채권자보다 먼저 그 채권의 변제에 충당할 수 있다. 다만, 과실이 금전이 아닌 경우에는 제21조에 따라 그 과실을 경매하거나 그 과실로써 직접 변제에 충당하거나 그 과실을 매각하여 그 대금으로 변제에 충당할 수 있다(동법 25조 4항).

(5) 유담보약정의 허용

동산·채권담보법은 담보권자와 담보권설정자가 그 법에서 정한 실행절차와 다른 내용의 약정을 할 수 있도록 허용하고 있다(동법 31조). 다만, 제23조 제1항에 따른 통지가 없거나 통지 후 1개월이 지나지 아니한 경우에도 통지 없이 담보권자가 담보목적물을 처분하거나 직접 변제에 충당하기로 하는 약정은 효력이 없다(동법 31조 1항 단서). 또한 유담보약정이 허용되지만 이에 의하여 이해관계인의 권리를 침해하는 것은 금지된다(동법 31조 2항).

(6) 공동담보

동산담보권에 있어서 저당권에서와 마찬가지로 공동담보가 허용된다. 즉 동일한 채권의 담보를 위하여 여러 개의 담보목적물에 동산담보권을 설정할 수 있고, 이 경우에 그 법률관계에 대하여는 공동저당에서와 같은 법리를 따른다(동법 29조).

공동담보의 경우에 그 담보목적물의 매각대금을 동시에 배당할 때에는(동시배당) 각 담보목적물의 매각대금에 비례하여 그 채권의 분담을 정한다(동법 29조 1항). 그리고 담보목적물 중 일부의 매각대금을 먼저 배당하는 경우에는(이시배당), 그 대가에서 그 채권전부를 변제받을 수 있고, 이때 경매된 동산의 후순위담보권자는 선순위담보권자가 다른 담보목적물의 동산담보권실행으로부터 변제받을 수 있는 금액의 한도에서 선순위담보권자를 대위할 수 있다(동법 29조 2항). 이러한 법리는 사적 실행의 경우에도 준용된다(동법 29조 3항).

(7) 물상보증인의 지위

타인의 채무를 담보하기 위한 담보권설정자 즉 물상보증인이 그 채무를 변제하거나 동산담보권의 실행으로 인하여 담보목적물의 소유권을 잃은 경우에는 '민법'의 보증채무에 관한 규정에 따라 채무자에 대한 구상권이 있다(동법 16조).

(8) 제3취득자의 비용상환청구권

한편 담보목적물의 제3취득자가 그 담보목적물의 보존·개량을 위하여 필요비 또는 유익비를 지출한 경우에는 민법 제203조 제1항 또는 제2항에 따라 담보권자가 담보목적물을 실행하고 취득한 대가에서 우선하여 상환받을 수 있다(동법 18조).

(9) 근담보권

동산담보권은 그 담보할 채무의 최고액만을 정하고 채무의 확정을 장래에 보류하여 설정할 수 있다. 이 경우 그 채무가 확정될 때까지 채무의 소멸 또는 이전은 이미 설정된 동산담보권에 영향을 미치지 아니한다(동법 5조 1항). 이른바 근담보권을 인정한 것이다. 그리고 이 경우에 채무의 이자는 최고액 중에 포함된 것으로 본다(동법 5조 2항).

5. 동산담보권의 소멸

동산담보권도 담보물권이므로 피담보채권의 소멸, 목적물의 멸실 등 담보물권 일반의 소멸사유에 의하여 동산담보권은 소멸한다.

또한 피담보채권의 대부분이 상사채권이고 피담보채권이 소멸되면 담보권도 소멸되는 점 등을 고려하여 이 법에 따른 담보등기의 존속기간은 상사채권의 소멸시효인 5년을 초과할 수 없으며, 담보등기에 관하여 연장등기할 수 있다(동법 49조).

Ⅲ. 채권담보권

1. 채권담보권의 의의

채권담보권은 담보약정에 따라 금전의 지급을 목적으로 하는 지명채권(여러 개의 채권 또는 장래에 발생할 채권을 포함)을 목적으로 등기한 담보권을 말한다(동법 2조

3호).

채권담보권이 성립하기 위하여는 채권자와 목적채권의 소유자인 채무자 또는 제3자 사이의 담보약정이 있어야 한다(동법 8조 참조). 담보약정은 그 명칭이나 명목에 상관없이 동산·채권담보법에 따라 채권을 담보로 제공하기로 하는 약정이면 된다(동법 2조 1호). 그 약정은 담보권설정에 따른 채권·채무를 발생시키는 채권계약으로서 피담보채권의 발생을 위한 계약의 종된 계약이다.

채권담보권설정자로 될 수 있는 자는 법인 또는 상업등기법에 따라 상호등기를 한 사람에 한한다(동법 2조 5호, 34조 1항).

2. 채권담보등기의 효력

동산·채권담보법은 채권담보권에 대하여, 약정에 따른 채권담보권의 득실변경은 담보등기부에 등기한 때에 지명채권의 채무자(제3채무자) 외의 제3자에게 대항할 수 있다고 규정하여 채권담보권의 등기는 동산담보권과는 달리 성립요건이 아니라 대항요건으로 규정하고 있다(동법 35조 1항). 이에 의하면, 일단 채권담보약정이 있으면 채권자는 담보등기 없이도 일단 채권담보권을 취득한다.

3. 채권담보권의 객체

채권담보권의 목적물은 금전의 지급을 목적으로 하는 지명채권이다(동법 2조 3호, 34조). 여러 개의 채권이거나 장래에 발생할 채권이라 하더라도 채권의 종류, 발생원인, 발생연월일을 정하거나 그 밖에 유사한 방법으로 특정할 수 있다면 이를 목적으로 담보등기를 할 수 있다(동법 34조 2항).

양도할 수 없는 채권에 대하여는 담보권을 설정할 수 없다(동법 37조).

4. 채권담보권의 효력

(1) 채권담보권의 성질

채권담보권도 담보물권이므로 담보물권이 가지는 일반적인 성질인 불가분성, 수반성, 물상대위성, 부종성을 가진다(동법 9조, 13조, 14조, 33조).

(2) 채권담보권이 미치는 목적물의 범위

이에 대하여는 이에 관련된 동산담보권에 관한 규정들이 준용된다(동법 37조).

(3) 대항요건적 효력

약정에 따른 채권담보권의 득실변경은 담보등기부에 등기한 때에 지명채권의 채무자(제3채무자) 외의 제3자에게 대항할 수 있다(동법 35조 1항).

담보권자 또는 담보권설정자(채권담보권 양도의 경우에는 그 양도인 또는 양수인)는 제3채무자에게 제52조의 등기사항증명서를 건네주는 방법으로 그 사실을 통지하거나 제3채무자가 이를 승낙하지 아니하면 제3채무자에게 대항하지 못한다(동법 35조 2항). 이 경우 통지와 승낙에 대하여는 '민법' 제451조 및 제452조를 준용한다(동법 35조 4항).

동일한 채권에 관하여 담보등기부의 등기와 민법 제349조 또는 제450조 제2항에 따른 통지 또는 승낙이 있는 경우에 담보권자 또는 담보의 목적인 채권의 양수인은 법률에 다른 규정이 없으면 제3채무자 외의 제3자에게 등기와 그 통지의 도달 또는 승낙의 선후에 따라 그 권리를 주장할 수 있다(동법 35조 3항).

한편 동산·채권담보법에 따라 채권담보권자가 채권양수인보다 우선하고 담보권설정의 통지가 제3채무자에게 도달하였는데도, 그 통지보다 채권양도의 통지가 먼저 도달하였다는 등의 이유로 제3채무자가 채권양수인에게 채무를 변제한 경우에 채권담보권자가 무권한자인 채권양수인의 변제수령을 추인하였다면, 추인에 의하여 제3채무자의 채권양수인에 대한 변제는 유효하게 되는 한편 채권담보권자는 채권양수인에게 부당이득으로서 변제받은 것의 반환을 청구할 수 있다(대판 2016. 7. 14. 2015다71856·71863).

5. 채권담보권의 실행

(1) 담보권자는 피담보채권의 한도에서 채권담보권의 목적이 된 채권을 직접 청구할 수 있다(동법 36조 1항).

(2) 채권담보권의 목적이 된 채권이 피담보채권보다 먼저 변제기에 이른 경우에

는 담보권자는 제3채무자에게 그 변제금액의 공탁을 청구할 수 있다. 이 경우 제3채무자가 변제금액을 공탁한 후에는 채권담보권은 그 공탁금에 존재한다(동법 36조 2항).

(3) 담보권자는 제1항 및 제2항에 따른 채권담보권의 실행방법 외에 민사집행법에서 정한 집행방법으로 채권담보권을 실행할 수 있다(동법 36조 3항).

6. 그 밖의 규정

채권담보권에 관하여는 그 성질에 반하지 않는 범위에서 동산담보권에 관한 제2장과 민법 제348조 및 제352조를 준용한다(동법 8조, 33조). 따라서 채권담보권자는 우선변제권을 가지며, 근담보제도와 공동담보도 동산담보권의 경우와 마찬가지로 인정된다(동법 5조, 29조).

Ⅳ. 지식재산권에 관한 특례규정

1. 특례규정의 단순성

동산·채권담보법은 지식재산권에 대하여는 4개조(동법 58조~62조)의 간단한 특례규정만을 두고 있는데 그 까닭은 지식재산권에 대하여는 이미 각 개의 법률에 별도의 등록제도가 정해져 있기 때문이다. 따라서 동산·채권담보법에서는 지식재산권도 그 지식재산권을 등록하는 공적장부에 동산·채권담보법에 따른 담보권을 등록함으로써 담보권으로서 활용할 수 있음을 명시하는 특례규정을 두고 있을 뿐이다.

2. 지식재산권담보권의 설정자

지식재산권담보권의 경우에는 담보권설정자가 법인과 상호등기를 한 자로만 한정되지 않는다(동법 2조 5호). 왜냐하면 지식재산권의 경우에는 그 등록원부에 등록된 권리자만이 담보권을 설정할 수 있기 때문에 동산담보권 등에서와 같은 제한을 둘 필요가 없기 때문이다.

3. 지식재산권담보권의 등록

지식재산권자가 약정에 따라 동일한 채권을 담보하기 위하여 2개 이상의 지식재산권을 담보로 제공하는 경우에는 특허원부, 저작권등록부 등 그 지식재산권을 등록하는 공적(公的) 장부(등록부)에 이 법에 따른 담보권을 등록할 수 있다(동법 58조 1항).

이 경우에 담보의 목적이 되는 지식재산권은 그 등록부를 관장하는 기관이 동일하여야 하고, 지식재산권의 종류와 대상을 정하거나 그 밖에 이와 유사한 방법으로 특정할 수 있어야 한다(동법 58조 2항).

4. 지식재산권담보권등록의 효력

약정에 따른 지식재산권담보권의 득실변경은 그 등록을 한 때에 그 지식재산권에 대한 질권의 득실변경을 등록한 것과 동일한 효력이 생긴다(동법 59조 1항).

동일한 지식재산권에 관하여 이 법에 따른 담보권 등록과 그 지식재산권을 규율하는 개별 법률에 따른 질권 등록이 이루어진 경우에 그 순위는 법률에 다른 규정이 없으면 그 선후에 따른다(동법 59조 2항).

5. 지식재산권담보권자의 권리행사

담보권자는 지식재산권을 규율하는 개별 법률에 따라 담보권을 행사할 수 있다(동법 60조).

6. 준용규정

지식재산권담보권에 관하여는 그 성질에 반하지 아니하는 범위에서 동산담보권에 관한 제2장과 민법 제352조를 준용한다. 다만 동산담보권 실행방법(동법 21조 2항)과 지식재산권에 관하여 규율하는 개별 법률에서 다르게 정한 경우에는 그러하지 아니하다(동법 61조).

특 별 부 록

1. 북한 민법의 물권제도와 남북한 물권법의 비교
2. 남북한 민법 제2편(물권, 소유권) 조문 비교

1. 북한 민법의 물권제도와 남북한 물권법의 비교

Ⅰ. 북한 물권법의 개관

북한은 구 소비에트의 붕괴를 시작으로 도미노처럼 번진 동유럽 사회주의 국가들의 붕괴 및 체제변경의 영향으로 야기된 체제내적 갈등을 해소하고자 1990년 9월 5일 민법을 제정하였다. 이는 이른바 '반동적·반혁명적 사상'의 침투를 방지하고자 하는 소위 '사상교양적 기능'을 기대함과 동시에 당면한 경제난을 타개하기 위하여 계획경제에 따른 국가적 통제를 더욱 강화하고자 하는 이른바 '조직동원적 기능'을 더욱 제고시키기 위한 고육지책이라 할 수 있다. 그 제정동기가 어떠하였든지, 일단 북한 민법은 법률주체 간의 등가적 보상관계를 규율하는 기본법으로서의 전형적인 면모를 갖추고 있는 바, 1990. 9. 5. 최고인민회의에서 '조선민주주의인민공화국 민법'을 공식명칭으로 하여 제정되었고, 동법은 사회주의법계의 민법으로서 그 규율대상이 되는 재산권을 소유권과 채권으로 이원화하고 있다.

한편 물권과 채권을 구분하는 전통적 견해에 따르면, 물권은 '사람의 물건'에 대한 정적(靜的)인 재산권이고, 채권은 '사람과 사람'(채권자와 채무자) 사이의 동적(動的)인 재산권이다(Gustav Radbruch, Einführung in die Rechtswissenschsft, 6. Aufl., 1925; 我妻榮, 近代法における債權の優越的地位, 有斐閣, 1955, 7~8면). 따라서 물권은 배타적 지배권으로서 물건에 대한 사람의 직접 지배를 충족시키는 수단이고, 채권은 타인에게 재화나 용역 등의 이행을 청구함으로써 물적 지배라는 목적을 달성하게 하는 간접적인 수단이 된다. 그런데, 화폐가 경제행위의 중요 매개요소로 되면서 화폐를 통한 계약으로 채권을 발생시킬 수 있으므로, 근대 이후 채권과 계약의 중요성이 보다 강조되고 있다. 여기서 계약은 사적 자치의 원리와 결합하여 계약자유의 원칙과 사유재산제라는 자본주의 민법이론을 뒷받침하는 중요한 요소가 되고 있다(Karl Diehl, Die rechtliche Grundlagen des Kapitalismus, 1929, S. 7; 我妻 榮, 앞의 책, 429~430면).

이에 대하여 종래 사회주의의 민법이론에 따르면, 자본주의적 소유권은 형식적으로는 만인이 향유할 수 있는 것으로 되어 있으나 실제에 있어서는 소수의 자본가가 독점하는 특권이 되었고, 이를 미화하고자 '사람의 물건에 대한 지배관계'로 설명하지만, 이에는 자본가계급이 생산수단을 이용하여 근로인민을 착취하는 재산권의 실질이 나타나지 않고 있기 때문에 이러한 설명은 일종의 기만에 불과하다고 비판하고 있다(王利明·郭明書·吳漢東, 民法新論〈下冊〉, 中國政法大學出版社, 1988, 2면). 이러한 입장에서 북한 등의 사회주의 국가에서는 사소유권을 착취의 수단으로 이해하는 동시에 계약을 경제계획의 실천수단으로 이해한다(Konrad Zweigert-Hein Kötz, Einführung in die Rechtsvergleichung, Band Ⅰ: Grundlagen, 2. Aufl, 1984. S.392; 김상용, "중국과 북한의 매매법 비교", 북한법연구 제6호, 북한법연구회, 2003, 52면).

그러므로 민법의 재산권을 물권과 채권의 2대 지주(支柱)로 하는 것은 북한이나 우리 민법 모두가 비슷하지만, 우리 민법이 물권과 소유권을 사람과 물건과의 관계에서 파악하고 있는 것과는 달리 북한 민법은 이를 '착취'라는 개념에 착념하여 물건을 매개로 한 사람과 사람과의 관계로 파악한다는 점에서 북한 민법과 우리 민법 사이에는 물권법의 총칙과 각칙에 있어서 본질적인 차이가 나타날 수밖에 없다.

한편 북한은 1998년 9월 5일 이른바 '김일성헌법'이라고 불리어지는 '조선 민주주의인민공화국 헌법'을 새롭게 채택하면서 물권법과 관련하여 무역활동의 주체를 국가 및 국가기구에서 '사회협동단체'로 확대하고 있고(동법 36조), 특수경제지대 안에서 여러 가지 기업의 창설운영을 장려하고 있으며(동법 37조), 생산수단에 대한 소유주체를 '국가·협동단체'에서 '국가·사회협동단체'로 개정하고 있으며(동법 20조), 이후 1999년에 민법의 2차 개정을 하였다.

이 밖에 북한의 물권법과 관련하여 2002년 3월 13일 제정된 상속법에도 개인소유권 및 물권에 관한 관련 규정을 두고 있고, 개성공업지구 등의 특수경제지대 안에서 부동산에 관한 것을 규율하는 개성공업지구 부동산규정(2004. 7. 29. 제정, 2005. 4. 28. 개정) 등도 토지사용권 등의 물권법 질서를 규정하고 있다. 이 중 특히 북한은 개성공업지구 부동산규정의 토지사용권에 대하여 2014년까지 토지사용료를 면제하기로 명시되어 있는 규정에 대하여 북한은 2009년 5월 15일 개성공단에 적용해 오던 토지사용료 등의 계약 내용의 무효화를 일방적으로 선언함으로써,

이는 앞으로 토지사용권 등 북한 물권법의 해석과 적용에 있어서 영향을 미치게 됨은 물론 남북한 물권법의 차이점을 파악하는 단면을 드러내고 있는 것으로 평가할 수 있다.

이에 다음에서는 앞으로 제정될 통일 민법에 있어서 물권법 제정방향을 제시하는 기초작업의 일환으로서 북한 민법과 개성공업지구 부동산규정을 중심으로 북한 물권법의 지위를 검토하고, 남북한 물권법의 차이점을 총칙과 각칙으로 나누어 살펴봄으로써 남북한 민법상 물권제도의 정체성을 규명하고자 한다. 즉 통일을 위한 준비를 위해서는 사회제도의 기초를 이루는 법 분야에 대한 북한의 실상에 대한 정확하고 객관적인 이해야말로 화학적 통일을 위한 초석이 된다고 할 수 있다. 따라서 통일을 위한 법제분야의 준비를 위하여서는 각 단행 법령마다 남북한 사이의 유사점과 차이점을 규명하는 것이 무엇보다도 중요한 선결과제이며, 이는 물권법의 경우에도 마찬가지이다.

Ⅱ. 북한 민법, 개성공업지구 부동산규정의 연혁과 물권법의 지위

1. 북한 민법의 연혁과 물권법의 구성

(1) 북한 민법의 제정과 개정

북한은 1950년과 1958년 두 차례에 걸쳐서 민법초안을 만들기는 하였으나, 각 초안의 내용이 사회주의의 완전한 승리로 나아가야 할 북한의 사회·경제적 관계의 급격한 변화에 부응할 수 없거나 성문화가 오히려 사회·경제발전을 저해할 염려가 있다는 등의 이유로 말미암아 법전화되지는 못하였다(최달곤, "북한민법의 변화와 그 내용상 특징", 북한 1987. 5, 112~113면; 신영호, "북한민법 40년과 그 동향", 북한법률행정논총, 제8집, 고려대학교 법학연구소, 1990, 135면 참조). 이에 따라 북한에서는 종래 민사관계(등가보상적 재산관계)에 관하여 그들의 필요에 따라 그때그때 필요한 단행 성문법을 일부 제정하여 왔을 뿐, 대부분의 민사관계에 관하여는 거의 불문법으로 보아야 할 노동당의 정책·지시 및 사회주의적 법의식 등에 의하여 규율해왔다. 이후 1986. 1. 30. 중앙인민위원회의 입법(정령)에 따라 잠정적인 '민사규정'이 채택되어 처음으로 민사관계를 체계화하여 규율해오다가 통일된 성문민법전의 필요성에 의하여 1990. 9. 5. 최고인민회의에서 '민법'을 제정하기에 이르렀다.

1990년 9월 5일 최고인민회의 상설회의 결정 제4호로 제정된 북한 민법은 1993년 9월 23일의 최고인민회의 상설회의 결정 제34호로 1차로 개정된 이후, 1999년 3월 24일 최고인민회의 상임위원회 정령 제540호에 의해 2차로 개정되었다. 또 최근 2007년 3월 20일 최고인민회의 상임위원회 정령 제2161호에 의해 3차로 개정되었다

(2) 북한 민법과 물권법의 구성

북한 민법은 우리의 총칙편에 해당하는 '일반제도'(1조~36조), 물권편에 해당하는 '소유권제도'(37조~63조), 채권편에 해당하는 '채권채무제도'(64조~238조), 채권 및 총칙의 주요내용으로 다루어지는 '민사책임과 민사시효제도'(239조~271조)의 4개편 271개조로 구성되어 있다. 이 중 우리의 물권법에 해당하는 북한 민법 제2편 '소유권제도'는 생산수단에 대한 개인소유권을 원칙적으로 인정하지 않음으로써 소유권 이외의 제한물권이 인정될 여지가 없다는 점에서, 이는 북한민법에 있어서 물권제도의 단순성이 여실히 나타나고 있는 부분이다. 또한 소유권에 있어서도 사회주의 공공재산보호의 원칙에 입각해서 생산수단에 대한 국가적·집단적 소유형태(공유제)를 원칙으로 하고 개인에 대하여는 예외적으로 생활자료에 대한 소유만을 인정하고 있다. 이에 따라 제2편에서는 소유권의 종류·내용·보호 및 공동소유에 대하여 밝히고 있는 제1장 '일반규정'(37조~43조), 국가소유의 의미 및 국가소유권의 대상·주체·내용 등을 다루고 있는 제2장 '국가소유권'(44조~52조), 사회협동단체소유의 의미 및 협동단체소유권의 대상·주체·내용 등을 다루고 있는 제3장 '사회협동단체소유권'(53조~57조), 개인소유의 의미 및 개인소유권의 대상·주체·내용·상속 등을 다루고 있는 제4장 '개인소유권'(58조~63조)에 관하여 규정하고 있다.

2. 북한 개성공업지구 부동산규정의 연혁과 구성

북한은 "개성공업지구에서 부동산의 취득과 거래질서를 엄격히 세워 기업 및 개인

의 경제활동과 생활조건을 원만히 보장하는 데 이바지한다."는 목적으로 2004년 7월 29일 최고인민회의 상임위원회 결정 제33호로 '개성공업지구 부동산규정'을 제정하였다. 북한이 '개성공업지구 부동산규정'을 발표할 당시 개성공단 내 개발업자인 사업시행자(한국토지주택공사와 현대아산)와 입주예정 기업들은 개성공단 투자자들의 재산을 보호하고 부동산과 관련된 토지사용권 등 권리의 취득, 양도, 처분, 상속 등에 대한 구체적인 방법이 규정돼 있어 안정된 상태에서 사업을 본격적으로 추진할 수 있게 되었다(http://cafe.daum.net/bestauction/CISu/2613).

위 '개성공업지구 부동산규정'은 일반규정(1조~5조), 부동산의 취득(6조~22조), 부동산의 양도·임대·저당(23조~55조), 제재(65조~58조)의 4개장 58개조로 구성되어 있으며, 북한은 2005년 4월 28일 최고인민회의 상임위원회 결정 제54호로 1차 개정을 하였다.

다만 다른 특수지역지대에 적용되는 법과는 달리 개성공업지구법은 동법에서 정하지 않은 사항은 중앙공업지도기관과 공업지구관리기관이 협의하여 처리하도록 함으로써 다른 북한법이 개성공업지구에 원칙적으로 적용되지 않도록 하고 있다.

3. 북한 민법상 물권법의 지위

(1) 북한법의 법계와 북한 민법

법문화의 관점에서 세계를 동일한 계통의 법질서로 체계화하여 설명하는 법계론(法系論)에 있어서 법기술적 요소와 이념적 요소를 기준으로 법계를 나눈 René David의 법계론은 가변직 요소가 아닌 항상적 요소로서의 법기술적 요소와 이념적 요소를 기준으로 법계를 대륙법계(로마·게로만법 가족), 영미법계(Commom Law 가족), 사회주의법계(사회주의법 가족), 종교적 전통의 법질서로 나누고 있다(René David, Les grands Systèmes de droit contemporains, 1966, pp. 1~180; 현승종, "법계론과 한국법의 위치", 법학의 제문제〈유민 홍진기 선생 화갑기념논문집〉, 중앙일보, 1977, 196~199면). 이에 의하면, 북한법은 공산당에 의해 조작된 인민의 의사를 최고의 법규범으로 하는 동시에 법이란 경제적 여건에 의하여 지배된다고 보며, 또한 생산수단의 집단화라는 혁명적 성질을 주된 특징으로 하는 사회주의법계에 속한다. 이에 따라 북한의 물권법도 생산수단에 대한 집단화 등 전형적인 사회주의법계로서의 특징적인 요소를 그 주요내용으로 하고 있다.

또한 Zweigert-Kötz의 법계론은 상대성 원리와 역사적 발전과 변화를 중시하는 '시대적 상대적 원리'에 따라 역사적 발전(법질서의 역사적 유래와 발전)·법질서에 있어서 지배적인 특수한 법적 사고방식·특징적인 법적 제도·법원(法源)의 성질과 그 해석·이념적 요소 등 5가지를 중심으로 법계를 라틴법권, 독일법권, 북구법권, 영미법권, 사회주의법권, 극동법권, 이슬람법권, 힌두법권 등 8가지로 나누고 있다(Konrad Zweigert-Hein.Kötz, Einführung in die Rechtsvergleichung auf dem Gebiete des privatrechts, Bd. 1, 1971; 현승종, 앞의 글, 200~205면). 이에 의하면 북한법은 구소련의 법과 중국법과 더불어 정치·경제 원리에서 생산수단에 대하여 사적 소유를 배제하는 전인민과 집단을 주체로 하는 사회주의적 소유·계획경제질서와 사회주의 이데올로기에 기초한 것으로 사회주의법권에 속한다.

따라서 우리 민법의 물권제도가 사적 소유와 사유재산권에 기초한 자본주의법계로서 성문법주의를 그 주된 입법형식으로 한 대륙법계에 속한다는 점에서 사회주의법계에 속한 북한 물권법과는 본질적 차이가 있을 수밖에 없다.

(2) 북한 민법과 물권법의 지위

일반적으로 민법이라 함은 개인 상호 간의 사생활관계, 즉 재산관계와 가족관계를 규율하는 일반사법이라고 정의된다. 따라서 민법은 재산법과 가족법을 2대 지주(支柱)로 하는 국내법상 '사법의 일반법'으로서의 지위를 갖는다. 그러나 북한의 경우 민법이라 함은 사회주의적 여러 기관(즉, 기관·기업소·단체·공민) 사이에 이루어지는 등가적 보상관계를 규율하는 법이라고 정의하고 있다(동법 2조 참조). 여기서, 등가적 보상관계라 함은 화폐로 그 가치가 평가될 수 있고, 또한 서로 대등한 지위에서 맺는 재산관계만을 일컫는 것이므로, 우리 민법과는 달리 가족관계는 그 규율대상에서 제외된다. 그리고 북한법은 사회주의법의 공통된 특징으로서 모든 법이 공법화되어 있는바, 우리에게는 사적관계에 해당하는 것으로 보이는 법률관계마저도 개인 상호 간의 자유스러운 거래관계를 부인하고 국가권력 주도하의 공법적 관계로 다루고 있다. 따라서 1990년 10월 24일 제정된 이후 1993년 9월 22일과 2004년 12월 7일에 걸쳐 2차례 개정된 북한의 가족법이나, 2002년 3월 13일 제정된 상속법은 우리 민법의 편제에서와는 달리 북한 민법의 내용에 포함되지 않는다.

그러므로 북한 민법은 우리의 경우와 같이 사법의 일반법으로서의 지위를 갖는 것이 아니라 모두 공법화되어 있는 사회주의 법의 특징상 '등가보상적 재산관계를 규율하는 부문법'이다. 즉 북한 민법은 모두 공법화되어 있는 사회주의법의 특징을 나타내고 있다(Nobert Reich-Christian Recichel, Einführung in das sozialistische Recht, München, 1975, S. 85). 북한에서 민법은 광의로는 우리 법의 체계상 민법 이외에 특별사법인 상법과 사회법으로 다루어지는 경제법 등을 포괄하는 지위를 차지하고 있다고 이해되어 왔었다(조진제 편, 북한법연구(IV)-민법」, 법무부, 1987, 26~28면; 김상용, "중국과 북한의 매매법 비교", 북한법연구 제6호, 북한법연구회, 2003, 53~54면). 이러한 점에서 북한의 상업법도 광의의 민법분야에 속하나, 북한이 1992년 1월 29일 "상업활동에서 제도와 질서를 엄격히 세워 상품유통과 봉사사업을 발전시키며, 인민생활을 향상시키는데 이바지한다."는 목적 아래 '사회주의상업법'을 제정하고 1999년 1월 28일과 2002년 5월 22일, 2004년 6월 24일에 걸쳐 3차례의 개정을 하였는바, 이를 통해서 북한이 '상업법'을 별도의 독자적인 분야법으로서의 지위를 인정하고 있는 것으로 볼 수 있다. 또한 1976년 1월 10일 제정된 북한의 민사소송법은 우리 법제상 민사법의 한 영역이 될 것이나(이후 1994년 5월 25일, 2002년 10월 24일, 2004년 12월 7일, 2005년 10월 25일에 개정됨), 북한은 민법은 재산관계를 규율하는 기본법으로서 실체법만을 다루고 민사소송법은 민사법과 별도로 '소송법분야'로 다루고 있다.

또한 민법전 이외에 민사에 관한 관계법규도 물권과 관련된 재산관계를 규율하는 규정(예컨대 1977년 4월 29일 최고인민회의 제5기 제7차 회의에서 채택된 토지법 중 제2장 토지소유권에 관한 제9조 내지 제18조와 1986년 4월 9일 최고인민회의에서 채택된 환경보호법 중 생활방해의 금지와 인용과 관련된 상린관계에 관한 규정(제1장 환경보호의 기본원칙〈1조~9조〉·제2장 자연환경의 보존과 조성 〈10조~18조〉·제3장 환경오염방지〈19조~37조〉의 규정 등)과 북한의 가족법이나 상속법의 규정 중 상속의 대상이 되는 개인소유권에 관한 규정 및 민주적 법의식 등의 조리도 실질적 민법(물권법)으로 다루어질 수 있다.

이 밖에 북한이 특수지대에서 외국인(외국투자가와 외국투자기업)에게 필요한 토지를 임대차하여 토지이용에 대한 권원 인정하도록 하기 위한 입법으로서 토지임대법(1993년 10월 27일 제정, 1999년 2월 26일 1차 개정), 라선경제무역지대법(1993년 1월 31일 제정, 1999년 2월 26일 1차 개정, 2002년 11월 7일 2차 개정, 2005년 4월 19일 3차 개정), 신의주특별행정기본법(2002년 9월 12일 제정), 금강산관광지구법(2002년 11월 13일 제정, 2003년 4월 24일 1차 개정), 개성공업지구법(2002년 11월 20일 제정, 2003년 4월 24일 1차 개정) 등에서 토지이용권 관련 근거규정을 두고 있다. 이 중 특히 개성공업지구법의 토지이용권 관련 규정(25조 4호)은 그간 북한의 소위 특수지대에서의 외국인(외국투자가와 외국투자기업)에게 필요한 토지를 이용하도록 하는 근거규정으로서 기능하고 있으며, 이를 뒷받침하기 위하여 2004년에 제정된 '개성공업지구 부동산규정'에 의하여 개성공단에 입주해 있는 우리 기업들의 토지이용권 행사 등과 관련하여 실효성 있는 입법으로 기능해 왔다.

결국 북한 민법에 있어서도 우리와 마찬가지로 형식적 민법이 민법의 중심적 지위를 차지하고 있고, 이 중 제2편 '소유권제도'의 규정이 물권법의 지위를 갖는다고 할 수 있다. 즉 북한 민법은 제2편에서 제37조 내지 제67조에 걸쳐 '소유권제도'만을 다루고 있으나, 제47조 내지 제50조에서 '경영상관리권' 및 '국가재산이용권'이라는 소유권 이외의 권리를 인정하고 있으며, 이 밖에 북한의 토지임대법이나 개성공업지구 부동산규정 등에서 인정하고 있는 토지이용권은 용익물권으로서의 성격을 띤다. 따라서 북한 민법은 물권제도의 중심적인 권리인 소유권과 제한물권으로 물권 규정을 두고 있으며, 이에 따라 북한 민법에 있어서도 '물권법'의 독자적 지위를 인정할 수 있을 것이다. 이는 북한이 1950년의 북한 민법 제1초안에서 '물권'이란 표제를 사용했었던 점과 사회주의국가였던 폴란드 민법이 독립한 물권법 규정을 두고 있었던 점(법무부 편, 폴란드법령 해설〈법무자료 제1114집〉, 1989, 170~175면 참조) 및 북한 민법과 유사한 입법을 취하고 있는 중국 민법의 해석과 관련하여 대부분의 중국 민법학자들이 물권·물권제도·물권법이란 용어를 사용하고 있는 점(王利明·郭明瑞·吳漢東, 앞의 책, 1면; 鄭立 主編, 民法學, 中國人民大學出版社, 1991, 112~115면; 法學敎材編輯部 編, 民法原理〈修訂本〉, 法律出版社, 1989, 149, 157면) 등에서 뒷받침 될 수 있다.

Ⅲ. 남북한 물권법의 총칙상의 차이점

1. 물권의 재산법적 지위

북한 민법에 있어서는 물권에 관한 규정이 따로 독립되어 있지 않을 뿐만 아니라 물권이란 용어 자체도 사용하고 있지 않다. 다만, 그 성질상 물권에 관한 것이라고 볼 수 있는 규정으로서 제2편 소유권제도에 관한 제37조 내지 제63조와 국가소유권의 실현과 관련하여 인정되는 권리인 경영상 관리권에 관한 제47조·제48조와 생산수단에 대한 국가재산이용권에 관한 제50조·제51조 등이 있을 뿐이다. 이는 같은 사회주의 민법이지만 2007년 3월 16일 제정된 중국 물권법이 제1편 총칙과 각칙으로 제2편 소유권, 제3편 용익물권, 제4편 담보물권, 제5편 점유로 구체적으로 나누어 규정함으로써 물권제도가 다양함에서 비교하여 볼 수 있듯이 북한 민법상의 물권제도의 단순성을 여실히 드러내고 있는 것이다. 즉 중국 물권법의 제3편 용익물권(117조~169조)은 제10장 일반규정(117조~123조), 제11장 토지도급경영권(124조~134조), 제12장 건설용지사용권(135조~151조), 제13장 주택기지사용권(152조~155조), 제14장 지역권(156조~169조) 등 5개장으로 구성되어 있으며, 또한 제4편 담보물권(170조~240조)은 제15장 일반규정(170조~178조), 제16장 저당권(179조~207조), 제18장 질권(208조~229조), 제19장 유치권(230조~240조) 등 4개장으로 구성되어 있다. 이 중 제16장(저당권)의 경우는 다시 제1절 일반저당권(179조~202조)과 제2절 최고액저당권(203조~207조)으로, 제17장(질권)의 경우는 다시 제1절 동산질권(208조~222조)과 제2절 권리질권(223조~229조)으로 나누어져 있다.

이와 같이 북한 민법에 있어서 물권의 지위가 매우 열악한 것은 가장 폐쇄적인 사회주의 국가로서 종래 사유재산제를 인정하기를 거부해온 북한법의 체계상 개인적 법률관계의 발달이 대단히 미미한 까닭에 이를 바탕으로 하는 물권제도도 매우 빈약한 내용을 지닐 수밖에 없었던 데에 기인한다.

2. 물권의 개념 및 본질

종래 사회주의 민법이론에서는 물권의 개념은 이념적으로는 전체주의에 바탕을 두고 있고 가치관념에 있어서는 유물사관에 입각하여 이해하고 있다. 여기서 유물사관이란 역사를 이해함에 있어 경제적 해석에만 치중하는 역사관으로서, 사회의 구조 및 역사발전을 생산양식에 의하여 결정된다고 보는 물질적 경제결정론이다. 이에 의하면 물질적 존재가 정신적 의식을 결정하며, 따라서 경제구조가 그 사회의 법제도 등 각종 제도를 배태시킨다는 이론구성을 하고 있다(서문당 편, 세계백과대사전 15, 1978, 57~59면 참조). 유물사관에 따라 사회주의 민법의 물권개념은 자본주의 민법의 물권개념의 차이를 다음과 같은 관점에서 역설한다. 즉 부르조아지 학자들의 대부분은 근본적으로 물권을 사람의 물건에 대한 권리로 이해하고, 물권을 물건을 지배하는 재산권, 혹은 사람이 물건에 대하여 향유하는 일정한 권리, 또는 물건에 대하여 일반인에게 부과된 불가침의 의무라고 하는데, 이는 결코 물권의 본질적 내용을 규정하는 것은 아니라고 한다(法學教材編輯部 編, 앞의 책, 150면; 王利明·郭明瑞·吳漢東, 앞의 책, 2면).

또한 사회주의 민법학에서는, Marx는 "물건은 사람을 위한 존재이고 동시에 다른 사람에 대한 사람의 관계이며, 바로 사람의 사람에 대한 사회관계이다.… 이것은 자본주의 사회에서는 사람의 물건에 대한 지배관계라는 표상으로 나타나는데, 이는 사람의 사람에 대한 잔혹한 착취관계를 은폐하는 것이다. 그러므로 경제학이 연구할 것은 물건이 아니라 사람과 사람 간의 관계이며, 결국 계급과 계급 간의 관계로 귀속된다."(王利明·郭明瑞·吳漢東, 앞의 책, 2면)라고 지적하였는데, 이와 마찬가지로 Marx주의적 관점에 근거하면 물권의 본질은 결코 사람과 물건의 관계가 아니라 사람과 사람과의 관계로 보아야 한다는 것이다(王利明·郭明瑞·吳漢東, 앞의 책, 3면). 그러므로 Marx주의 민법학은 어떠한 사회의 물권제도도 모두 사람과 사람과의 사회관계의 반영으로서, 일정한 역사적 계급관계의 법률적 표현에 불과하다고 간주하게 되는 것이다. 즉, 고립된 개인은 물건에 대한 권리를 형성할 수 없으며 오직 일정한 사회관계 속에서 비로소 물건 위에 다른 사람에 대한 권리의 형성이 가능한 것이므로, 물건은 사회역사단계에서 사람과 사람의 관계가 정립될 때에 비로소 권리의 객체로 표현될 수 있는 것이라고 한다(王利明·郭明瑞·吳漢東, 앞의 책, 3면). 따라서 물권은 특정 사회의 소유제와 계급관계가 법률적으로 표현된 것이라는 점을 강조한 것이다.

그런데 이와 같은 물권개념의 본질적인 차이에도 불구하고 북한 민법의 물권에 관한 규정은 우리의 그것과 외견상 크게 다르지 않다. 예컨대 북한 민법 제39조는 "소유권을 가진 자는, 법이 정한 범위 안에서 자기의 소유재산을 차지하거나, 리용·처분할 수 있다. 재산에 대한 처분은 해당 소유권을 가진 자만이 할 수 있다."고 규정하고 있는데, 이는 우리 민법 제211조가 소유권의 내용에 관하여 "소유자는 법률의 범위 내에서 사용·수익·처분할 권리가 있다."라고 하여 단지 객체에 대한 주체의 관계를 규정하고 있는 점과 별반 다르지 않아 보인다. 그러나 사회주의적 물권의 개념은 사람의 물건에 대한 점유·지배관계임과 동시에 사람과 사람사이의 계급관계가 반영되는 것으로 이해하고 있으며(王利明·郭明瑞·吳漢東, 앞의 책, 3면), 따라서 물권의 개념을 사람과 물건과의 관계 속에서만 이해하는 우리의 물권개념과는 본질적 차이가 있다.

3. 물권법정주의

우리 민법은 물권의 종류와 내용에 관하여 "물권은 법률 또는 관습법에 의하는 외에는 임의로 창설하지 못한다."고 규정하여 물권의 유형을 확정하는 물권법정주의를 선언하고 있다.

그러나 북한 민법에서는 이러한 명문규정이 없다. 이와 관련하여 법률에 의하지 않고 물권이 창설이 가능한지 여부와 관련하여 종래 북한은, 북한의 법제정사를 '수령의 법사상과 이론을 구현하여 온 전 과정'으로 국가와 당의 정책이란 다름이 아니라 '수령의 혁명사상의 구현'이라고 이해하고 있으며(조선민주주의인민공화국법제정사, 과학·백과사전출판사, 1986, 4면; 법제처 편, 북한법제개요〈법제자료 제157집〉, 1991, 272면), 이러한 북한법의 태도에 비추어 볼 때 수령의 교시에 따른 국가의 정책은 북한에서 어떤 성문규범보다 우선하여 물권창설 또는 폐지가 가능한 것으로 해석될 수 있다. 북한이 최근(2009년 5월 15일) 개성공단에 적용해 오던 토지사용료 등의 계약 내용과 개성공업지구 부동산규정 제15조 등의 관련 규정의 무효화를 일방적으로 선언한 것은 계약의 부당파기인 위법행위이지만, 이는 토지사용권 당사자인 북한이 법이 정한 물권의 내용을 임의로 변경할 수 없다는 물권법정주의를 부인하는 태도에 기인하는 것이다. 따라서 우리 민법이 법률 및 관습법에 의하여 물권을 창설할 수 있음에 비하여, 북한 물권법에서는 법률 이외에 국가(당)의 정책에 의하여 물권이 창설되거나 폐지될 수 있기 때문에 물권법정주의가 인정되지 않는다고 할 수 있다.

4. 부동산 물권변동과 공시

우리 민법의 경우는, 소유권의 취득 등 부동산변권변동의 원인이 법률행위에 의한 것이냐 법률행위에 의하지 않는 것이냐에 따라 그 취득시기 및 등기를 요하느냐 여부에 차이가 있게 된다. 이에 비하여 북한 민법에서는, 소유권의 취득시기에 관하여 법에 의한 경우는 법이 정한 때, 계약에 의한 경우는 계약을 맺고 그 대상을 넘겨받은 때라고 규정하고 있을 뿐(동법 38조), 등기에 관하여는 아무런 규정이 없다.

즉 북한 민법에 있어서 소유권의 취득은 그 원인이 법률행위에 의한 것인 때에는 그 법률행위를 하고 목적물을 넘겨받은 때, 법에 의한 것인 때에는 법이 정한 때에 각각 그 취득시기가 결정된다. 그리고 동산·부동산을 불문하고, 소유권의 취득시기를 인도하는 때로 하여 등기와는 관련짓지 않고 있다. 따라서 북한 민법상 물권변동에 있어서 등기제도는 채용되어 있지 않다. 다만, 부동산에 관한 거래에 있어서는 그 중요성에 근거하여 부동산거래를 내용으로 하는 계약은 서면으로 맺고, 공증까지 받아야 효력을 발생하도록 하고 있으며(동법 94조), 이는 등기에 버금가는 요식성을 요구하는 것으로서 공시제도의 흠결을 보완하기 위한 것으로 해석된다(법원행정처 편, 북한의 민사법, 2007, 96면). 이 밖에 최근 제정된 북한의 부동산관리법은 부동산에 대해 등록제도를 도입하고 있다(동법 14조~19조).

5. 동산물권변동과 선의취득

우리 민법은 동산점유의 공신력을 인정함으로써 거래안전을 도모하기 위하여 선의취득을 인정하고 있으며(249조~251조), 여기서 소유권을 취득하는 주체인 양수인이 누구냐는 별로 중요하지 않다.

그러나 북한 민법은 소유권의 주체가 누구인가에 따라 선의취득의 인정 여부를 차별화하고 있다. 즉, 동법 제62조는 "공민은 자기의 소유개산을 권한 없는 자에게서 넘겨받는다는 것을 알면서 가진 공민에 대하여 그 반환을 요구할 수 있다."고 규정하고 있으며, 따라서 위 규정의 반대해석상 개인소유권에 대한 선의취득을 간접적으로 인정하고 있다.

또한 북한 민법은 국가소유권 및 사회협동단체소유권에 대하여는 "국가기관·기업소는 자기재산이 권한 없는 자로부터 사회협동단체나 공민에게 넘어 간 경우에 그 반환을 요구할 수 있다."(동법 51조)고 하여 선의취득을 부정하는 태도를 취하고 있다. 따라서 북한 민법상 국가소유권 및 사회협동단체소유권은 개인소유권보다 더욱 보호되며, 이는 북한 민법의 기본원칙의 하나인 '사회주의적 소유의 특별한 보호원칙'에 따른 것이라 할 수 있다(조진제 편, 앞의 책, 114면).

6. 물권의 보호

(1) 개 관

북한 민법은 물권의 보호와 관련해서 우리 민법과 유사한 물권적 청구권 규정을 두고 있다.

그러나 북한의 형법과 행정법은 특히 소유권의 보호를 중심으로 한 많은 관련 규정을 두는 특색을 띠고 있다.

(2) 물권적 청구권

우리 민법이 물권적 청구권제도를 두고 소유권 등의 물권을 보호하고 있는 것(204조~208조, 213조, 214조)과 마찬가지로 북한 민법에서도 물권적 청구권을 인정하고 있다. 다만 그 구체적 모습은 소유물반환청구권(동법 40조), 방해제거청구권(동법 41조)이 있고, 이 경우에 손해가 발생하였을 때에는 소유자 등의 물권자는 권리침해를 이유로 손해배상도 청구할 수 있으므로 그 내용은 우리 민법의 경우와 유사하다(동법 246조, 247조 참조).

그러나 북한 민법은 물권의 보호수단으로 방해예방청구권이 인정되지 않아 우리의 경우보다 단순하다고 할 수 있으며, 이에 대해서는 소유권에서 보다 구체적으로 살펴본다.

(3) 물권의 침해와 형법에 의한 보호

1) 소유권의 침해행위와 북한 형법의 태도

북한 민법은 소유권의 주체에 따라 국가소유권·사회협동단체소유권·개인소유권의 3가지 형태로 구분되고 그 사이에 성질상의 차이를 인정하고 있으며, 이는 북한 형법의 재산권침해행위에 대한 범죄와 형별을 규율함에 있어서도 반영되고 있다.

종래 북한법이론은 소유권을 보호하기 위한 법규범 중 중요한 자리를 차지하는 것으로 헌법·민법과 더불어 형법을 중요시하고 있으며, 북한 형법은 사회적으로 위험한 소유권침해행위를 범죄로 규정하고 그에 대한 형벌을 예견하는 방법으로 소유권을 보호하고 있음을 강조하고 있다(과학백과사전출판사, 조선대백과사전 14, 과학백과사전출판사, 2000, 337~338면). 이에 따라 북한 형법 제1조는 '형법의 사명'에 대하여 "조선민주주의인민공화국 형법은 범죄에 대한 형사책임 및 형벌제도를 바로세워 국가주권과 사회주의제도를 보위하고 인민들의 자주적이며 창조적인 생활을 보장하는데 이바지한다."고 규정하고 있으며, 범죄의 개념에서도 우리와는 달리 '국가주권'에 대한 침해와 '사회적 위험성'을 범죄의 핵심요소로 파악하고 있다. 여기서 북한 형법 제10조는 '범죄의 개념'에 대하여 "범죄는 국가주권과 사회주의제도와 법질서를 고의 또는 과실로 침해한 형벌을 줄 정도의 위험한 행위이다."라고 규정하고 있다. 따라서 우리 형법상 범죄를 구성요건에 해당하는 위법하고 유책한 행위라고 이해하고 있는 것과 차이를 보이고 있다.

또한 북한 형법은 사회주의적 소유권의 보호를 중시하여 소유권을 침해한 범죄행위를 제5장 사회주의 경제를 침해한 범죄 중 제1절 국가 및 사회협동단체 소유를 침해하는 범죄(89조~98조)를 노동단련형과 무기 및 유기의 노동교화형으로 무겁게 처벌하고 있으며, 또 제9장 공민의 생명, 재산을 침해하는 범죄 중 제2절 개인소유를 침해하는 범죄(296조~303조)의 규정을 통하여 노동단련형과 유기의 노동교화형으로 처벌하고 있다.

2) 북한 형법과 소유권을 침해하는 범죄와 형벌

위의 소유권을 침해하는 범죄에 대하여 2004년의 개정 이후 북한 형법은 범죄의 모습과 형벌의 내용 모두에 많은 개변을 보이고 있다. 즉 북한 형법은 1950년 3월 3일 제정(최고인민회의 제1기 제5차 회의 채택) 이후 1974년 12월 19일, 1987년 2월 5일, 1990년 12월 15일, 1995년 3월 15일의 5차례 개정되었었으며, 2004년 4월 29일 6차 개정에서 소유권을 침해하는 범죄와 형벌에 많은 개변이 있었다. 이후 북한 형법은 2005년 4월 19일, 2005년 7월 26일, 2006년 4월 4일, 2006년 10월 18일, 2007년 6월 26일, 2007년 10월 16일에 각각 개정되었다. 그러나 북한 형법상 소유권을 침해하는 범죄와 형벌의 내용은 2004년 개정된 내용이 그대로 유지되고 있으며, 그 특징적인 내용은 다음과 같다.

먼저 2004년 개정 북한 형법은 부동산을 포함하여 국가 및 사회협동단체의 재산에 대한 공갈죄를 신설하고 2년 이하의 노동교화형에 처하되, 정상이 무거운 경우에는 3년 이하의 노동교화형에 처하도록 하고 있다(동법 91조). 또 북한의 개정 형법은 주택 등 개인재산을 공갈하여 빼앗은 자에 대하여서도 2년 이하의 노동단련형에 처하되, 정상이 무거운 경우에는 3년 이하의 노동교화형에 처하도록 '개인재산 공갈죄'를 신설하고 있다(동법 298조).

또한 2004년 개정 북한 형법은 "사형, 무기로동교화형, 유기로동교화형, 로동단련형, 선거권박탈형, 재산몰수형, 자격박탈형, 자격정지형" 등 8가지 종류를 규정하여 종래 없던 '로동단련형'을 형벌로 신설하였고(동법 27조), 이를 소유권을 침해하는 범죄에 반영하고 있다. 위 형벌 중 '사형, 무기로동교화형, 유기로동교화형, 로동단련형'은 기본형벌로 다루고 있고, '선거권박탈형, 재산몰수형, 자격박탈형, 자격정지형'은 부가형벌로 다루고 있으며(동법 28조), 소유권을 침해하는 범죄에서는 기본형벌만을 규정하고 있다. 북한 형법의 기본형벌 중 노동단련형은 같은 자유형인 노동교화형과 달리 공민의 기본권이 보장되는 점에서 차이가 있다(동법 31조). 이 밖에 북한 형법상 형벌의 특징적인 것을 보면, 범죄자의 육체적 생명을 박탈하는 형벌인 '사형'은 "범죄를 저지를 당시 18살에 이르지 못한 자에 대하여서는 사형을 줄 수 없으며 임신녀성에 대하여서"는 사형을 집행할 수 없도록 규정하고 있으며(동법 29조), '유기로동교화형'의 기간은 "1년부터 15년까지로 규정하고 있고(동법 30조), 범죄자를 일정한 장소에 보내어 노동을 시키는 '로동단련형'의 기간은 6개월부터 2년까지로 규정하고 있다(동법 31조).

특히 북한의 2004년 개정 형법은 국가재산(국가 및 사회협동단체 소유권)을 침해하는 범죄의 형벌과 관련하여 국가재산 훔친 죄를 '2년 이하의 로동교화형'에서 '2년 이하의 로동단련형'으로(동법 89조), 국가재산 빼앗은 죄를 '3년 이하의 로동교화형'에서 '2년 이하의 로동단련형'으로(동법 90조), 국가재산 속여 가진 죄를 '1년 이하의 로동교화형'에서 '2년 이하의 로동단련형'으로(동법 92조), 국가재산횡령죄를 '3년 이하의 로동교화형'에서 '2년 이하의 로동단련형'으로(동법 93조), 국가재산 과실적 파손죄를 '2년 이하의 로동교화형'에서 '2년 이하의 로동단련형'으로(동법 98조) 각각 개정하여 수형자에게 자유형을 가하면서 공민권을 박탈하지 않도록 개선하고 있다. 또 북한 개정 형법은 개인재산(개인소유권)을 침해하는 범죄의 형벌과 관련하여서도 개인재산 훔친 죄·개인재산 빼앗은 죄·개인재산 속여 가진 죄·개인재산 횡령죄를 종래 '2년 이하의 로동교화형'에서 '2년 이하의 로동단련형'으로 각각 개선하고 있다(동법 296조, 297조, 299조, 300조).

위에서 개정 북한 형법이 새로이 도입한 기본형벌인 로동단련형의 기본형벌은 '2년 이하'를 기준으로 한다는 점에서 공통점을 보이고 있으며, 이에 따라 토지·건물 등의 국가재산과 주택 등의 부동산을 포함하는 개인 재산을 침해하는 자는 2년 이하의 로동단련형에 처해지게 된다. 여기서 북한의 개정 형법이 기본형벌로서 수형자에게 공민권을 보장하는 로동단련형을 도입한 이유는, 범법행위에 대한 국가의 처벌강화와 사회의 조직생활유지를 동시에 도모하려는 대책으로서 이해되고 있으며(윤대규, "북한 형법의 동향과 평가", 분단 60년: 북한법의 어제와 오늘〈광복 60주년 기념 통일대비 학술대회〉, 북한법연구회, 2005. 8. 30, 177면), 향후 형사책임의 부과에서 어떻게 활용되느냐에 따라 북한의 민사법제에도 간접적으로 영향을 미칠 것으로 전망된다.

이 밖에도 소유권을 침해하는 범죄와 형벌을 이해함에 있어서는, 북한의 개정 형법의 총칙이 유추해석의 적용을 인정하는 규정을 삭제하여 종래와 달리 죄형법정주의원칙을 채택하는 변화를 보이고 있는 점 예비와 미수를 기수와 같이 취급하고 있는 점 등에 유의하여야 한다. 다만 실제 적용과 관련하여 북한 형법은 '범죄자의 처리원칙'과 관련하여 '노동계급적 원칙'에 대한 확고한 견지를 강조하고 있고(동법 2조), 사회적 위험성을 범죄의 요소로 강조함은 물론 범죄의 성립준비인 예비와 미수를 기수와 같은 조항을 적용하고 있다는 점(동법 19조) 등에서 우리 형법과 차이를 보이고 있다.

(4) 물권의 침해와 행정상의 책임

1) 북한 행정법의 제재와 소유권침해에 따른 행정상의 책임 개관

북한은 행정질서에 관한 법인 행정법적인 위법행위에 대하여 국가적인 제재를 가하고 있으며, 이에 따른 행정상의 책임은 범죄에 따른 형벌을 가하는 형사책임과는 구별된다. 특히 북한의 행정상의 책임은 범죄보다는 사회적 위험성이 적은 행위에 대하여 가하여지는 것으로서 상대적으로 제재의 정도가 낮고, 공인의 권리와 의무의 실현에 크게 제한을 박지 않으며, 위법행위에 대해서 권한을 가진 국가기관의 심의결정으로 제 때에 바로잡는다는 점에서 재판절차보다 신속하게 법적인 제재를 가하게 된다는 것을 그 특징으로 들 수 있다(리성국, "행정법적 제재에 대한 이해", 정치법률연구, 제3호, 과학백과사전출판사, 2006, 23~24면; 박정원, "남북 행정법령 제도별 연구현황 및 과제", 2010 남북법제연구보고서〈Ⅱ〉, 법제처, 2010, 226면). 특히 북한은 "행정처벌의 적용에서 제도와 질서를 엄격히 세워 위법현상을 막고 온 사회에 준법기풍을 확립하는데 이바지한다."는 목적을 가지고 2004년 7월 14일 행정처벌법을 채택하였으며, 동법은 행정처벌의 종류로 "1. 경고, 엄중경고, 2. 무보수로동, 로동교양, 3. 강직, 행임, 철직, 4. 벌금, 5. 중지, 6. 변상, 7. 몰수, 8. 자격정지, 강급, 자격박탈" 등을 규정하고 있다(동법 14조).

위 행정처벌법은 제1장 행정처벌법의 기본(1조~6조), 제2장 일반규정(7조~28조), 제3장 위법행위(8조~174조), 제4장 행정처벌의 절차(175~199조) 등 4개장 199개조로 구성되어 있으며, 이 중 소유권침해와 관련해서는 제3장 중 제1절 경제관리질서를 어긴 행위에서 행정상의 책임 관련 규정을 두고 있다.

또한 북한은 "국가주권과 사회주의제도를 보위하고 인민의 헌법적 권리와 생명재산을 보호하는데 이바지 한다."는 목적을 가지고 1992년 12월 28일 사회안전단속법을 채택하였다가 현재는 법명(法名)을 인민보안단속법으로 개칭하여 시행하고 있다. 여기서 북한이 구 사회안전단속법을 인민보안단속법으로 법령 명칭을 바꾼 이유는 종전의 사회안전부(사회안전성)가 인민보안성(현 인민보안부)으로 개칭된 것을 반영하기 위한 것으로 보이며, 사회안전단속법은 1992년 12월 28일 제정되어 1999년 3월 24일, 2001년 9월 13일, 2002년 5월 22일, 2005년 7월 26일 각각 개정되었으며, 법의 명칭이 사회안전단속법에서 인민보안단속법으로 명칭이 변경되었는지는 분명하지 않다(이규창, "인민보안단속법〈구 사회안전단속법〉 개정과 북한의 주민통제 강화", 통일연구원, Online Series CO 11-31, 2011. 11. 15, 1면).

인민보안단속법은 형사책임을 추궁할 정도에 이르지 못한 법질서를 어긴 자에게 적용하기 위하여 인민보안단속의 대상과 그 방법 및 절차를 규정하고 있다(동법 7조).

위 인민보안단속법은 제1장 인민보안단속법의 기본(1조~7조), 제2장 인민보안단속법대상(8조~40조), 제3장 인민보안단속방법과 절차(41조~53조), 제4장 단속한 자의 처리(54조~62조) 등 4개장 62개조로 구성되어 있으며, 이 중 소유권침해와 관련해서는 제2장 인민보안단속법대상에서 국가 및 사회협동단체의 재산과 공민의 생명재산을 침해하는 행위 등을 단속대상으로 하는 행정상의 책임 관련 규정을 두고 있다.

2) 소유권의 침해와 행정처벌법의 행정상 책임

가) 경제관리질서를 어긴 행위의 유형과 소유권의 침해

북한 행정처별법 제3장 제1절의 경제관리질서를 어긴 행위 중 제39조(재산의 부패, 변질, 유실행위), 제40조(횡령행위), 46조(공동재산을 훔쳤거나 빼앗았거나 속여 가진 행위), 제51조(영농질서를 어긴 행위), 제68조(산림조정, 보호질서를 어긴 행위), 제68조(산림조정, 보호질서를 어긴 행위), 제69조(산림자원이용질서를 어긴 행위), 제70조(도로관리질서를 어긴 행위), 제71조(하천정리, 보호질서를 어긴 행위), 제72조(하천손상, 파괴행위), 제82조(건물, 살림집관리질서를 어긴 행위), 제83조(건물, 살림집이용질서를 어긴 행위) 등은 소유권침해와 직접 또는 간접으로 관련한 행정상 책임을 규정하고 있다.

나) 소유권침해에 대한 직접적 제재를 다루는 행정처벌법 규정과 내용

소유권침해에 대한 직접적 제재를 다루는 행정처벌법 규정은 국가 및 사회협동단체 재산에 대한 침해에 대하여 보다 특별히 보호하는 태도를 취하고 있다는 점, 제재수단으로 행정기관의 결정만으로 3개월 이하의 무보수노동, 노동교양을 행정처벌의 기준으로 하면서 그 정상이 무거운 경우에는 3개월 이상의 무보수노동, 노동교양으로 처할 수 있도록 하고 있다는 점, 이 밖에 강직, 해임 등으로 처벌할 수 잇도록 하고 있는 등 처벌수단이 집행하는 행정기관에게 광범위한 재량을 인정하고 있는 점 등을 그 특징으로 평가할 수 있다.

위 규정 중 특히 소유권침해에 대한 직접적 제재를 다루는 규정으로는 다음을 들 수 있다.

① 국가 및 사회협동단체 재산의 부패, 변질, 유실행위

자재를 비롯한 국가 및 사회협동단체의 재산을 부패, 변질, 유실시킨 자는 경고, 엄중경고를 주거나 3개월 이하의 무보수노동을 시킨다. 정상이 무거운 경우에는 3개월 이상의 무보수노동 또는 강직, 해임시킨다(동법 39조).

② 국가 및 사회협동단체 재산의 횡령행위

직무상 또는 의무실행상 자기가 보관관리 하고 있는 국가 및 사회협동단체의 재산을 횡령한 자는 3개월 이하의 무보수노동을 시킨다. 정상이 무거운 경우에는 3개월 이상의 무보수노동 또는 강직, 해임, 철직시킨다(동법 40조).

③ 국가 및 사회협동단체 재산을 훔쳤거나 빼앗았거나 속여 가진 행위

국가 및 사회협동단체의 재산을 파손시켰거나 훔쳤거나 빼앗았거나 속여 가진 자는 3개월 이하의 노동교양을 시킨다. 정상이 무거운 경우에는 3개월 이상의 노동교양을 시킨다(동법 46조).

④ 영농질서를 어긴 행위

종자, 농기구, 부림소관리와 농작물비배관리 같은 영농사업을 무책임하게 하여 농업생산에 지장을 준 자는 경고, 엄중경고를 주거나 3개월 이하의 무보수노동, 노동교양을 시킨다. 정상이 무거운 경우에는 3개월 이상의 무보수노동, 노동교양 또는 강직, 해임시킨다(동법 51조).

⑤ 산림자원이용질서를 어긴 행위

허가 없이 산을 일구었거나 나무를 찍었거나 과실로 산불을 일으킨 자는 벌금을 부과하거나 3개월 이하의 무보수노동, 노동교양을 시킨다. 정상이 무거운 경우에는 3개월 이상의 무보수노동, 노동교양을 시킨다(동법 69조).

⑥ 하천손상, 파괴행위

승인 없이 하천을 이용하였거나 물줄기를 변경시켰거나 하천제방에 건물, 시설물을 건설하였거나 농작물을 심었거나 축조한 돌을 뽑았거나 제방의 흙을 판 것 같은 행위를 한자는 벌금을 부과하거나 경고, 엄중경고를 주거나 3개월 이하의 무보수노동, 노동교양을 시킨다. 정상이 무거운 경우에는 3개월 이상의 무보수노동, 노동교양을 시킨다(동법 72조).

⑦ 건물, 살림집이용질서를 어긴 행위

건물, 살림집을 준공검사 또는 허가 없이 이용하게 하였거나 이용한 자, 실력행사로 차지하였거나 팔고산자, 돈이나 물건을 받고 동거 또는 숙박시킨 자는 경고, 엄중경고를 주거나 3개월 이하의 무보수노동, 노동교양을 시킨다. 정상이 무거운 경우에는 3개월 이상의 무보수노동, 노동교양 또는 강직, 해임시킨다(동법 83조).

3) 소유권의 침해와 인민보안단속법의 행정상 책임

북한은 사회안전단속법은 인민보안단속법으로 바꾸면서 법의 사명에서 인민의 권리와 생명·재산의 보호는 빠진 채 "인민보안단속에서 제도와 질서를 엄격히 세워 법질서를 어기는 행위를 저지시키고 정확히 조사·처리"하는데 이바지하는 것으로 변경하고 있다(동법 1조).

그러나 인민보안단속법은 소유권의 침해행위를 단속행위로 다루는 근거규정을 두고 있다. 즉 인민보안기관은 기관, 기업소, 단체와 공민의 재산을 약취하는 것 같은 행위를 단속하며(동법 10조), 설비, 자재, 생산물을 되는대로 관리하여 못쓰게 만들거나 또는 계획실행정형을 거짓 보고하거나 수출입질서를 어기는 것 같은 행위를 단속한다(동법 11조). 또 인민보안기관은 도적물건을 숨겨주거나 또는 팔아주거나 사는 행위를 단속한다(동법 11조).

이 밖에 동법에서는 규정하고 있지 않으나 북한의 국가 및 사회협동단체의 소유권 및 공민의 개인소유권을 침해하는 것은 단속행위의 대상이 될 것으로 해석된다. 즉 현행 북한 인민보안단속법은 구 사회안전단속법에서 규정하고 있던 "사회안전기관은 국가 및 사회협동단체의 재산과 공민의 헌법적 권리, 생명재산을 침해하는 것 같은 행위를 단속한다."는 규정은 두고 있지 않으나(동법 11조), 사회주의제도와 법질서 수호라는 법의 목적에 비추어 볼 때 북한의 현행법 하에서도 소유권을 침해하는 것은 단속행위의 대상이 되는 것으로 평가하여야 한다.

위에 따라 인민보안단속법을 어긴 자를 단속하였을 경우에는 그의 거주지나 직장을 관할하는 인민보안기관에 넘겨주거나 교양 처리할 수 있으며, 법질서를 어긴 자를 단속한 인민보안원은 법질서를 어긴 자료를 단위책임자의 비준을 받아 해당 인민보안기관 책임일군협의회에 제기하여야 한다(동법 55조, 56조). 여기서 인민보안기관 책임일군협의회는 법질서를 어긴 자료를 심의하고 노동교양, 자격정지, 강급, 자격박탈, 중지, 몰수처벌을 주거나 교양처리 할 수 있다(동법 56조 1항). 여기서 인민보안단속법 제56조 제1항에 지적되지 않은 행정적 처벌을 주려 할 경우에는 사회주의법무생활지도위원회에 제기하여야 하며 형사적 책임을 추궁하려 할 경우에는 형사소송법에 따라야 한다(동법 56조 2항).

7. 북한법의 일반적 특징과 물권법의 반영

위에서 검토한 남북한 물권법의 총칙상의 차이점 이외에 사회주의법계의 법으로서 북한법이 전반적으로 어떠한 특징을 갖고 있는가에 관한 것이라고 할 수 있는 다음의 '북한법의 일반적 특징'은 그대로 북한의 물권법에도 반영되어 있으며, 이는 남북한 물권법의 차이점으로 기능한다고 평가할 수 있다.

(1) 법률용어의 비간결성과 평이성

한 나라의 법이 얼마만큼 발전된 것이냐는 그 법전에 사용되고 있는 법률용어가 얼마만큼 '간결성'을 갖느냐에 있다고 할 수 있다. 이러한 점에서 북한법을 살펴보면 우리가 보통 생각하는 법률용어와는 달리 북한의 경우에는 마치 연설문을 방불케 하는 정도의 연설·교훈·설득하는 투의 표현을 법률용어로 사용한다는 점에서

'비간결성'을 그 특징으로 한다. 이러한 모습은 북한 민법은 소유권 등의 물권제도와 관련하여 국가는 재산관계에서 사회주의적 소유에 기초한 인민경제의 계획적 관리운영을 강화하여 사회주의 경제제도를 끊임없이 공고히 하도록 하여야 함을 밝히고 있는 데에서도 잘 나타나 있다(동법 3조 2항). 이러한 비간결성과 관련하여 북한 헌법이 제10조에서 "국가는 3대혁명붉은기쟁취운동을 비롯한 대중운동을 힘있게 벌여 사회주의건설을 최대한 다그친다."는 규정과 북한 가족법이 제4조 제1항에서 "인간의 존엄과 권리를 보장하는 것은 사람을 가장 귀중히 여기는 사회주의제도의 본성적 요구이다"는 규정도 연설투의 용어를 사용하고 있다. 또 북한 인민보건법이 제38조에서 "조선민주주의인민공화국에서 보건일꾼은 전체 인민이 건강한 몸으로 사회주의건설에 적극 참여하게 하는 인간생명의 기사이며 영예로운 혁명가이다."는 규정도 대표적인 연설투·설득투의 법률규정이라고 할 수 있다.

또한 북한의 각 단행법상의 법률용어는 법률가·법조인 등의 전문가 이외에 일반인들도 당해 법규를 보았을 때 어떤 내용을 담고 있는지 의미를 쉽게 이해할 수 있는 '평이성'이라는 특성을 갖는다. 이는 북한법이 갖는 특성 중 '비간결성'이라는 단점을 상쇄할만한 장점이라고 평가할 수 있으며, 거의 모든 북한법에서 공통적으로 찾아볼 수 있다. 특히 북한 민법의 물권 규정도 지분을 몫, 무주물을 '임자없는 물건', 주택을 '살림 집'으로 각각 사용한다는 점에서 서민들이 이해하기 쉬운 용어를 사용하고 있다(동법 49조, 52조, 59조). 이 밖에 북한 민법은 매매계약에 대하여 '팔고사기계약, 임치계약에 대하여 '보관계약', 임대차계약 및 사용대차계약에 대하여 '빌리기계약', 소비대차계약에 대하여 '꾸기계약'이라는 평이한 용어를 각각 사용하고 있다(동법 148조, 165조, 177조, 221조). 이러한 평이성은 북한 가족법 제4조 제2항이 '후견'의 정의를 "행위능력이 없는 공민의 권리와 리익을 보호"하는 것이라고 하고 있는 것과 인민보건법 제17조가 "인민들이 병에 걸리지 않도록 미리 대책을 세우는 것"을 '예방의학'이라고 정의하는 것에도 잘 나타나 있다.

(2) 모든 법의 공법화

북한의 모든 단행법은 개인 상호 간의 사생활관계를 부인하고 오로지 국가권력 주도하의 통치관계 내지 공생활관계를 규율하고 있으므로 자연히 공법적 성질을 띠게 된다. 그 대표적인 모습으로는 북한이, 조선민주주의인민공화국 민법은 재산관계에 대한 민사적 규제를 통하여 사회주의경제제도와 물질기술적 토대를 튼튼히 하며 인민들의 자주적이며 창조적인 생활을 보장하는데 이바지하도록 하는 것을 그 사명으로 밝히는 것(동법 1조)에서도 잘 살펴볼 수 있다. 이러한 북한법의 공법화의 경향은 북한 가족법 제1조가 '가족법의 목표'와 관련하여 "조선민주주의인민공화국 가족법은 사회주의적 결혼, 가족제도를 공고 발전시켜 온 사회를 화목하고 단합된 사회주의대가정으로 되게 하는 데 이바지한다."는 규정에서도 잘 살펴볼 수 있다.

(3) 집단주의원칙에 입각한 의무 중심의 법률구성

북한의 모든 법에는 집단 및 전체(국가)의 이익이 개인이익에 우선하는 집단주의·전체주의원칙이 지배하고 있다. 북한 민법도 집단주의는 사회주의 사회생활의 기초로서 국가는 기관, 기업소, 단체, 공민들이 서로 협력하고 방조하는 집단주의원칙에서 재산관계를 설정하고 실현하도록 하는 집단주의원칙을 밝히고 있으며(동법 8조), 이는 물권법의 기본원리로 기능한다. 북한 헌법도 제13조에서 "정치사업·사람과의 사업을 앞세워 대중의 자각적 열성을 불러일으키는 청산리정신, 청산리방법을 관철한다."는 규정을 통하여 집단주의원칙을 밝히고 있으며, 이는 동법 제63조가 법률관계에 관하여 "조선민주주의인민공화국에서 공민의 권리와 의무는 〈하나는 전체를 위하여, 전체는 하나를 위하여〉라는 집단주의원칙에 기초한다."고 규정하고 있는 데에서도 잘 나타나 있다.

이러한 집단주의원칙에 따라 북한 물권법 질서의 당사자로서의 각 개인에게 물권 등의 법률관계의 중심은 권리와 이익보다는 책임과 의무를 중심으로 이루어져 있다.

(4) 법제정 및 운용의 당에의 예속화

북한의 조선로동당규약은 그 전문에서 "조선로동당이 조선민족과 조선인민의 리익을 대표"하는 최고형태의 혁명조직임을 밝히고 있다. 이는 사회주의국가의 통치구조에서 일반적으로 나타나는 '국가기구에 대한 당의 우위'를 밝히는 것으로서,

북한 헌법 제11조도 "조선민주주의인민공화국은 조선로동당의 영도 밑에 모든 활동을 진행한다."고 규정함으로써 이를 뒷받침하고 있다. 이에 따라 북한에서는 현실적으로 새로운 법을 제정함에 있어서나 이미 제정된 법의 해석 및 운용에 있어서도 입법기관인 최고인민회의·최고인민회의상임위원회나 사법기관인 재판소·검찰소는 당의 정책을 충실히 따르는 부속기구라고 할 수 있으며, 이는 물권법의 해석·적용에서도 마찬가지이다.

(5) 초헌법적 원리로서의 주체사상

북한의 법은 헌법을 비롯하여 거의 모든 법 부문에서 주체사상의 법적 실천을 강조하고 있으며, 북한 헌법 제3조는 "조선민주주의인민공화국은 사람 중심의 세계관이며, 인민대중의 자주성을 실현하기 위한 혁명사상인 주체사상을 자기활동의 지도적 지침으로 삼는다."고 규정하고 있다. 이러한 주체사상은 형식적으로 인민이 모든 것의 중심이라는 것을 강조하고 있지만. 인민의 최고 뇌수(腦髓)인 수령에 의하여 지도되고 있는 사상이라는 점에서 이는 북한에서 초헌법적 원리로서 기능하고 있다.

김일성의 사후 북한은 '김정일이 곧 김일성이다'라고 하면서 종래 김일성에 대하여 '조선로동당의 최고수위' 인 수령이라고 한 표현을 그대로 김정일에게 언급하고 있으며(문학예술출판사, 백두광명전설그림책〈8〉 – 하늘나라 꽃, 평양종합인쇄공장, 2002, 94면), 이제는 3대째 세습체제를 이어가는 김정은에게도 보여지고 있다. 이는 북한에서 수령의 지위를 사실상 행사하는 김정일 국방위원장의 지시에 의하여 개성공업지구의 부동산규정 중 2014년까지 토지이용권의 사용료를 부과하지 않도록 한 조문(동 규정 15조 1항)이나 민법의 물권법 규정도 변경·폐기하도록 할 수도 있는 인치주의(人治主義)의 극단을 보여주는 것이라고 할 수 있다. 이와 같이 수령론에 의하여 왜곡되어 있는 오늘날의 북한의 주체사상에 대하여 황장엽 전 조선노동당비서가 "북한에서 세습적으로 계승되고 있는 '우리식 사회주의'를 아무리 미사여구를 다 동원하여 찬양하여도 그것이 인민들을 무더기로 굶겨죽이며 말 한 마디도 자유롭게 하지 못하게 하고 오직 위대한 수령님과 위대한 장군님의 만세만을 외치게 하는 반인민적 통치제제의 극치라는 그 정체를 가릴 수는 없을 것이다"라고 한 평가에서도 잘 지적되었듯이(황장엽, 어둠의 편이 된 햇볕은 어둠을 밝힐 수 없다〈황장엽 비록공개〉, 월간조선사, 2001, 10면), 이는 인치주의(人治主義)의 극단과 한계를 적나라하게 보여주는 것이다.

결국 수령론에 의하여 지도되는 북한의 주체사상은 조리에 의하여 북한법의 최고의 존재형식으로 기능하고 있다고 할 수 있다. 따라서 북한의 이러한 인치주의는 최근(2009년 4월 9일) 헌법 개정을 통하여 국방위원장을 국방위원장이 국방뿐만 아니라 입법 사법 행정 등 국가기관을 통솔하는 최고 지위를 부여하여 최고권력기구화하는 것을 통하여 법적으로 표현된 것이라고 할 수 있으며, 우리 물권법 질서의 법치주의(法治主義)와는 대치되는 것이라고 평가할 수 있다.

8. 물권법의 기본원칙

(1) 개 관

물권법의 고유한 기본원칙으로는 물권법정주의와 공시의 원칙, 일물일권주의 등을 들 수 있다.

그러나 북한 민법은 물권법정주의와 공시의 원칙에 대한 별도의 규정을 두고 있지 않다. 따라서 본고에서는 물권법정주의에 대해서 물권의 종류와 관련해서 이의 인정 여부를 검토하고자 한다. 그리고 공시의 원칙에 대해서는, 2009년 부동산관리법이 제정되면서 실질적 물권법의 개변이 이루어져왔다는 점에서 이를 중심으로 부동산등록 등의 공시 관련 규정을 검토한다. 또 북한의 민법이론은 일물일권주의를 자본주의 민법의 용어로 평가할 뿐, 이에 대해서도 북한 민법은 직접적인 규정을 두지 않고 있다. 즉 북한의 민법이론은 일물일권주의에 대하여 "한 개의 물건 우에 서로 용인되지 않는 내용을 가지는 물권이 동시에 두 개 이상 성립하지 못한다는 주의로서 부르죠아 민법상의 용어이다."라고 평가하고 있다(사회과학원 법학연구소 편, 민사법사전, 사회안전부출판사, 1997, 759면).

따라서 실질적으로 북한 물권법의 기본원칙으로서 기능하는 것은 민법의 기본원리라고 할 수 있으므로, 다음은 이를 중심으로 살펴본다.

민법의 기본원리는 민법을 올바르게 파악하고 타당한 해석을 하기 위한 전제일 뿐만 아니라 민사분쟁을 해결하는 지도원리이므로, 북한 민법의 구체적인 내용을 이해하는 데에 있어서도 그 기본원칙이 무엇인가를 파악하는 것은 그 선결과제이다.

사회주의 민법은 일반적으로 그 첫머리에 기본원칙을 선언하고 있는데, 구소련 민법을 비롯하여 일반적으로 드는 사회주의 민법의 기본원칙으로서는 사회주의공공재산보호의 원칙·국가경제계획실현의 원칙·개인이익과 사회이익의 일치원칙·중앙집권제의 원칙·권리능력평등의 원칙 등을 들 수 있다(최영택, "소련 민법이론과 기본형태", 북한, 1980. 3, 152면 참조).

북한 민법도 제1편 제1장 민법의 기본에서 위의 원칙들을 바탕으로 하는 기본원칙에 관하여 규정하고 있다.

(2) 생산수단에 대한 사회주의적 소유의 원칙

생산수단에 대한 소유제도의 차이에 의하여 국가의 기본적인 경제체제를 양분하는 전통적인 분류방법에 의하면, 생산수단의 개인소유(사유제)를 근본적으로 인정하는 경제체제를 자본주의라고 함에 반하여, 생산수단의 국가적, 집단적 소유형태(공유제)가 지배적인 경제체제는 사회주의라고 정의된다(Abraham Bergson, Productivity and The Social System－The USSR and the West, Cambridge mass : Harvard University Press, 1978, p. 3). 그러므로 사회주의 민법도 사회주의 공공재산의 보호의 취지에서 생산수단에 대한 사회주의적 소유를 그 기본원칙으로 한다. 이 원칙은 종래 사회주의민법이었던 구소련 민법 제5조와 구동독 민법 제6조 및 구소련 민법 제5조와 북한 헌법 제20조에서 언급되고 있을 뿐만 아니라 북한 민법 제3조도 "생산수단에 대한 사회주의적 소유는 조선민주주의인민공화국의 경제적 기초이다."라고 하여 이 원칙을 밝히고 있다. 이와 같이 사회주의공공재산의 보호를 기본원칙으로 한다는 점에서 북한민법은 개인적 소유권의 보호를 기본원칙으로 하는 자본주의 민법과의 근본적인 차이를 보여주고 있다. 이 원칙은 '사회주의공공재산보호의 원칙'이라고도 한다.

위 원칙과 관련해서 북한의 민법이론은 북한 민법의 소유권제도에 대해서 프로레타리아독재의 무기로서 계급적 본질을 가진 사회주의법의 가장 중요한 위치를 차지하고 사회주의적 소유를 튼튼히 하여 수령과 당이 혁명사상을 실현히는데 복무하는 것임을 강조하고 있다(김일성종합대학출판사 편, 민법〈1〉, 1973, 132면). 따라서 생산수단에 대한 사회주의적 소유의 원칙은 북한 민법과 물권제도의 최고의 기본 원칙으로 기능하는 것으로 평가된다.

(3) 국가경제계획실현의 원칙

북한에서는 원칙적으로 생산수단의 사유가 금지될 뿐만 아니라 '생산과 소비' 등의 경제활동도 중앙집권적 계획관리체제 하에 통제됨에 따라 모든 경제활동은 국가경제계획의 이행을 위한 기능분담에 지나지 않는다. 이에 따라 북한 민법은 제4조도 헌법 제34조에 근거하여 "계획적인 재산거래관계는 인민경제계획에 기초한 계획에 따라 이루어진다. 국가는 기관·기업소·단체가 계획과제를 어김없이 수행할 수 있도록 재산거래관계를 맺고 실현하도록 한다."고 규정하여(동법 4조) 재산관계와 경제활동을 중앙집권적 계획관리체제에 따르도록 하는 국가경제계획실현의 원칙을 천명하고 있다. 이 원칙은 '중앙집권제의 원칙'이라고도 하며, 민법 제4조 이외에 민법의 사명을 밝히고 있는 제1조와 제3조·제5조 등의 규정에서도 그 자취를 찾을 수 있다. 이 원칙은 이 밖에 민법의 사명을 밝히고 있는 제1조와 제3조·제5조 등의 규정에서도 그 자취를 찾을 수 있으며, 종래 사회주의민법이었던 구동독 민법 제6조, 러시아공화국 민법 전문(全文) 등도 이 원칙을 선언하고 있다.

한편, 종래 북한 민법이론은 '계약자유의 원칙'에 대하여, 개인은 사회생활에서 자기의 의사에 기초하여 자유로이 계약을 체결하여 거래관계를 이룩할 수 있고 국가는 될 수 있는 한 거기에 간섭하지 말아야 한다는 자본주의 민법의 기만적인 원칙으로서, 이는 신흥 부르죠아지들에 의하여 제창된 원칙이라고 비판하고 있다(사회과학원 법학연구소 편, 앞의 책, 128면). 이에 따라 북한 민법의 국가경제계획실현의 원칙은 사회주의 경제와 자본주의경제와의 차이를 극명하게 보여주는 것으로서 이는 민사관계에서 우리 민법이 취하는 사적 자치의 원칙 및 개인의사자치의 원칙과 근본적으로 대립되는 것이다. 따라서 소유권을 비롯한 북한의 물권제도도 이 원칙에 의하여 국가계획을 실천하기 위한 수단이 되며(최달곤, "북한 민법의 구조와 내용", 북한법률행정논총 제5집, 고려대학교 법학연구소, 1982, 53면), 국가경제계획실현의 원칙도 물권법의 기본원칙으로 기능하는 것으로 평가할 수 있다. 이 원칙은 '중앙집권제의 원칙'이라고도 한다.

(4) 그 밖의 기본원칙

1) 집단주의원칙

사회주의국가에서는 특히 개인의 이익이 국가·집단의 이익과 불가분의 관계를 가지므로, 국가·사회에 도움이 되지 못하는 개인의 이익은 부정되고 양자는 일치되어야 한다. 따라서 이 원칙을 '국가와 사회의 이익을 개인의 이익에 앞세우는 원칙'·'개인이익과 사회이익의 일치원칙'으로 표현하기도 한다. 종래 사회주의민법이었던 구동독 민법 제2조, 러시아공화국 민법 제5조 등도 이 원칙을 선언하고 있으며, 북한 헌법 제63조에서 '하나는 모두를 위하여, 모두는 하나를 위하여' 라는 언급에서도 살펴볼 수 있다.

이에 따라 북한의 모든 법에는 집단 및 전체(국가)의 이익이 개인이익에 우선하는 집단주의·전체주의원칙이 지배하고 있다. 북한 민법도 집단주의는 사회주의 사회생활의 기초로서 국가는 기관, 기업소, 단체, 공민들이 서로 협력하고 방조하는 집단주의원칙에 의하여 재산관계를 설정하고 실현하도록 하는 집단주의원칙을 규정하고 있으며(동법 8조), 이는 물권법의 기본원리로 기능한다. 북한 민법 제9조가 "국가는 재산관계를 설정하고 실현하는데서 국가와 사회의 이익을 앞세우면서 개별적인 기관·기업소·단체·공민들의 이익을 철저히 보장하도록 한다."고 규정하는 것도 집단주의원칙을 뒷받침하는 규정으로 파악할 수 있다.

이러한 집단주의원칙에 따라 북한 물권법 질서의 당사자로서의 각 개인에게 물권 등의 법률관계의 중심은 권리와 이익보다는 책임과 의무를 중심으로 이루어지는 것으로 평가할 수 있다.

2) 민사활동의 평등원칙

이는 민사활동에 있어서 각 주체들, 즉 당사자의 지위가 평등하여야 한다는 원칙이다. 북한 민법 제2조는 "조선민주주의 인민공화국 민법은 기관·기업소·단체·공민들 사이에 서로 같은 지위에서 이루어지는 재산 관계를 규제한다. 국가는 기관·기업소·단체·공민들에게 민사법률관세에서 딩사자로서의 독자적인 지위를 보장한다."고 규정하여 이를 천명하고 있다. 이 원칙은 우리 민법을 비롯한 자본주의 민법에서의 '권리능력평등의 원칙'과 그 내용은 거의 같지만, 그 적용에 있어서 자본주의 민법에서는 가장 근간의 원칙이 되는네 반하여 사회주의 민법인 북한 민법에서는 어디까지나 앞에서 살펴본 기본원칙들의 전제 아래서만 지켜지는 것이라는 점이 서로 다르다고 할 수 있다.

3) 채권법의 기본원칙

위의 원칙들 이외에 북한 민법은 채무의 현실적 이행의 원칙, 동지적 협력과 방조의 원칙, 법적 규율보장의 원칙 등을 다루고 있다. 이 중 북한 민법이론은 인민경제계획에 따른 정확한 수행을 보장하고 근로자의 물질문화적 수요의 충족을 보장한다는 목적을 달성한다는 취지에서 채무 내용이 '채무의 현실적 이행 원칙'과 법령·계획과제·계약내용에 따라 채무가 정확하게 수행되어야 한다는 원칙인 '채무의 정확한 이행 원칙'을 채무이행 원칙으로 강조하고 있다(이종복, "북한 채권법의 개관 : 1973년 심의용 민법〈1〉을 중심으로", 사법관계와 자율, 이종복교수논문집간행위원회, 1993, 178면). 이에 따라 북한 민법도 제90조에서 "계획에 기초한 계약은 인민경제계획을 실행하며 경제관리에서 독립채산제를 정확히 실시하기 위하여 계획에 기초하여 기관·기업소·단체들 사이에서 맺는다. 기관·기업소·단체는 계약을 정해진 절차와 방법에 따라 제 때에 맺어야 한다."고 규정하여, '채무의 정확한 이행 원칙'과 연관하여 '계약의 정확한 수행 원칙'을 명문으로 밝히고 있다고 할 수 있다. 즉 북한 민법은 제91조에서 "계약당사자들은 인민경제계획을 가장 정확히 합리적으로 수행할 수 있도록 계약내용을 정하여야 한다. 기관·기업소·단체는 계획에 명백히 부족점이 있다고 인정되는 경우에는 그에 대하여 계획기관에 제 때에 알려주어야 한다."고 규정하여 '채무의 현실적 이행 원칙'과 관련한 '계약의 현실적 이행 원칙'을 명문으로 밝히고 있다.

또한 '동지적 협력과 방조의 원칙'은 재산관계에 있어서 당사자는 주어진 여건하에서 모든 협력과 방조를 다하여야 한다는 원칙이라고 할 수 있고, '법적 규율보장의 원칙'은 법적 규율에 따라 사회주의재산을 특별히 보호하고 채무를 절약하여 이행하여야 하는 원칙이라고 할 수 있다.

이들 원칙들은 주로 채권법의 원칙으로 기능하는 것이나, 간접적으로 물권법의 기본원칙으로도 기능하는 것들이라고 할 수 있다. 특히 위 원칙 중 법적 규율보장의 원칙은 물권의 보호를 위한 소유물반환청구권이나 손해배상 등의 민사책임의 기본원칙으로 평가할 수 있다(최달곤, 앞의 글 〈북한 민법의 구조와 내용〉, 55면).

(5) 기본원칙에 대한 평가

우리 민법이 개인주의사상에 기초를 둔 자본주의 민법으로서 생산수단에 대한 개인소유와 사적 자치를 근본이념으로 한다면, 북한 민법은 전체주의사상을 기반으로 한 사회주의 민법으로서 원칙적으로 위의 이념을 배척한다는 점에서 가장 본질적인 차이가 있다. 따라서 남북한 물권법의 기본원리를 대비시켜보면, 첫째 사적 자치의 원칙과 국가경제계실현의 원칙, 개인소유권절대의 원칙과 생산수단에 대한 사회주의적 소유의 원칙(사회주의공공재산보호의 원칙), 개인이익우선의 원칙과 단체이익우선의 원칙(사회이익과 개인이익일치의 원칙)으로 대비된다는 점에서 현격한 차이를 발견할 수 있다. 물론 민사활동의 평등원칙과 같이 우리 민법의 기본원칙과 유사한 것도 있기는 하나, 북한 민법의 기본원리에서는 개인의 존재와 그 의사는 어느덧 사라지고 항상 국가 또는 단체의 존재와 그 의사가 전체 인민의 이익을 위한다는 명분하에 모든 민사생활관계의 전면에 등장하고 있다고 결론지을 수 있다. 뿐만 아니라 북한이 생산수단에 대한 사회주의적 소유의 원칙을 물권제도의 최고의 기본원칙으로 다루는 것은, 사소유권의 인정과 보장의 전제가 되는 인간 행동의 자유를 제한하는 북한 물권법의 한계를 보여주는 것이다(곽윤직 집필대표, 민법주해 V 〈김상용 집필부분〉, 박영사, 1992, 3면 참조).

Ⅳ. 남북한 물권법의 각칙상의 차이점

1. 점유권의 법적 지위

우리 민법은 소유권 등의 본권에 대립하는 물권으로 점유권을 인정하고, 이에

독립한 물권으로서의 독립적인 효력을 인정하고 있다

그러나 북한 민법은 점유권을 본권과 구별 없이 점유할 수 있는 권능을 소유권의 한 내용으로만 규정하고 있다(동법 39조). 따라서 북한 민법은 결국 본권과 분리하여 점유권을 독립한 물권적 지위를 인정하지 않고 있으며, 이는 종래 사회주의 민법의 입법형식과 맥락을 같이 하는 것으로서 사회의 평화와 질서유지, 거래의 신속 등과 같은 동태적인 측면이 중요시 되지 않는 현실적 상황을 반영한 것으로 해석된다(김영규, "중국 민법의 물권제도에 관한 연구," 박사학위논문〈단국대학교 대학원〉, 1993, 149~150면 참조).

이와 같이 점유권의 법적 지위를 인정하지 않는 북한 민법의 태도는 향후 북한의 물권 현실이 거래의 동적 측면이 활발하게 이루이게 된다면 2007년 제정된 중국 물권법에서와 같이 점유권에 대하여 독립한 물권의 지위로 다루어지는 입법의 추이를 보일 것으로 예견된다. 즉 중국 물권법은 점유에 대하여 제241조 내지 제245조에 걸쳐 점유자의 사용수익권(241조)·선의점유자의 비용상환청구권(243조)·점유자의 회복자에 대한 책임과 손해배상책임(242조~244조)·점유보호청구권의 인정(245조) 등 독립한 법률효과를 인정하고 있다. 따라서 중국 물권법도 우리 민법과 마찬가지로 점유권을 독립한 물권으로 인정하는 입법태도를 취하고 있다고 평가할 수 있으며, 북한 민법이 점유권의 독립적 권리로서의 지위를 인정하게 되면 중국 물권법의 태도를 계수할 수 있으리라 판단된다.

2. 소 유 권

(1) 소유주체에 따른 소유형태의 다양성

1) 개 관

종래 사회주의 민법에 있어서의 소유권은 나라에 따라서 약간의 차이가 있다. 예컨대 폴란드 민법은 소유권의 종류를 3개의 유형으로 구분하기는 하지만 국가소유권·집단소유권·개인소유권으로 구분하는 것이 아니라 국가소유권과 집단소유권을 포함하는 사회적 소유권·개인적 소유권(Individual Property of Means of Production)·완전사소유권(All Personal Property)으로 구별한다(법무부 편, 폴란드법령해

설〈법무자료 제114집〉, 1989, 117면).

그러나 사회주의 민법의 소유권은 대체적으로 소유권의 주체에 따라 국가소유권·협동단체소유권·개인소유권의 3가지 형태로 구분되고 그 사이에 성질상의 차이를 인정하고 있다. 이것은 사회주의국가가 사유재산제도를 부인하는 데에서 연유하는 것으로 국가소유권과 협동단체소유권을 특히 '사회주의적 소유'라고 하고 있다(최달곤, 앞의 글 〈북한 민법의 구조와 내용〉, 74면 참조). 이에 대하여 사회주의 법이론은, 위와 같은 3가지 형태의 소유권제도는 이른바 사회주의적 소유뿐만 아니라 개인소유까지도 모두 '프롤레타리아독재의 무기로서의 계급적 본질을 가진 사회주의법의 한 부문'으로서 특히 '사회주의적 소유는 국가의 융성발전과 사치들의 행복한 생활을 위한 확고한 경제적 기초를 이루며 가장 귀중한 사회주의 전취물의 하나'이므로 특별히 보호되어야 하는 바, 이러한 '국가·협동단체의 사회주의적 소유를 온갖 침해로부터 보호하는 것을 민법, 그중에서도 소유권제도의 가장 중요한 과업의 하나'로 된다고 강조하고 있다(조진제 편, 앞의 책, 108면 참조). 이와 같이 북한 민법에 있어서 국가소유권·사회협동단체소유권이 존재하고 있는 것은 사회주의 혁명과정에 있는 북한지역에서 현존하는 소유형태를 반영하는 것이다(조진제 편, 앞의 책, 110면). 다시 말하면 사회주의혁명이 종식되면 생산수단에 대한 국가소유와 소비품에 대한 개인소유의 2가지만 남게 되겠지만, 아직 그 혁명이 완성되지 않고 있는 북한에서는 위의 3가지 형태의 소유권이 잔존하기 때문에 소유권제도 역시도 그에 상응한 3가지 형태로 될 수밖에 없다는 것이다(조진제 편, 앞의 책, 110면).

그러므로 북한 민법이 소유권의 주체에 따라 국가소유권·사회협동단체소유권·개인소유권의 3가지 형태로 구분되고 그 사이에 성질상의 차이를 인정하는 것은, 우리 민법의 소유권이 그 주체가 개인이냐 법인이냐의 여부에 관계없이 모두 하나의 제도 아래에서 규율되고 그 사이에 성질상의 차이가 인정되지 않는 것과 차이를 보이고 있다.

또한 북한 민법은 개인소유권의 행사와 관련하여 '사회주의적 생활규범'에 맞게 하여야 함을 강조하고 있으며(동법 60조), 이는 북한 민법이 법률행위의 유효요건으로 "국가의 법과 사회주의적 생활규범에 맞게 하여야 법적효력을 가진다."고 하는 것(동법 26조)과 그 궤를 같이 하는 것으로서 민사관계를 농지관계의 일환으로 다루는 북한법의 단면을 보여주는 것이다.

2) 소유주체에 따른 입법의 변천

북한은 1948년 8월 10일 '산업, 교통운수, 체신, 은행 등의 국유화에 대한 법령'을 공포하면서 국가소유권을 발생시키는 입법조치를 단행하였다. 이와 관련해서 북한의 민법이론은, 국가소유권의 유래에 대하여 1948년 8월 10일에 제정된 '산업, 교통운수, 체신, 은행 등의 국유화에 대한 법령'에 의하여 일본 제국주의자들과 그 앞잡이인 예속 자본가들의 소유였던 모든 기관, 기업소, 광산, 발전소, 철도운수, 체신, 은행, 상업 및 문화기관 등이 무상으로 몰수되어 국가소유로 되면서 발생하였음을 강조하고 있다(사회과학원 법학연구소편, 앞의 책, 67면).

이후 북한은 1948년 9월 8일 최고인민회의 제1기 제1차 회의에서 '조선민주주의인민공화국 헌법을 제정·시행하면서 "조선민주주의인민공화국의 생산수단은 국가, 협동단체 또는 개인자연인이나 개인법인의 소유다."라고 규정하여 국가, 협동단체가 소유주체의 중심임을 공포하였으나(동법 5조), 이에는 토지 등의 생산수단도 개인이 소유할 수 있도록 하여 생산수단에 대한 사회주의적 소유제도가 정착되기 전의 과도기적인 입법태도를 보이고 있었다.

그 후 북한은 1972년 12월 27일 사회주의 헌법을 채택하면서 "조선민주주의인민공화국에서 생산수단은 국가 및 협동단체의 소유이다."라는 규정과 "개인소유는 근로자들의 개인적 소비를 위한 소유이다."라는 규정을 두면서 현재와 같이 소유주체에 따라 소유형태를 국가소유권·협동단체소유권·개인소유권의 3가지 형태로 구분하였다(동법 18조~22조). 이후 북한은 1990년 9월 5일 민법을 제정하면서 위 헌법의 내용을 그대로 반영하는 규정을 두었으며(동법 37조), 이는 조문의 위치만 바뀌었을 뿐 북한의 1992년 4월 9일 각각 개정된 헌법에서도 그대로 수용되고 있었다(동법 20조~24조).

그러나 북한은 1998년 9월 5일 이른바 김일성헌법을 새롭게 채택하면서 소유권제도와 관련해서 생산수단에 대한 소유주체를 '협동단체'에서 '사회협동단체'로 개정하였으며, 그 대상에서도 부림짐승을 제외하는 등의 변모를 보이고 있다(동법

22조). 위 헌법 개정 이후 1999년 3월 24일 단행된 북한의 2차 개정 민법은 종래 생산수단으로 집단소유권의 주체를 '협동단체'에서 '사회협동단체'로 개정하면서 그 소유권의 대상으로 하고 있던 '부림짐승, 건물, 문화보건시설'을 제외하고 '고기배'를 '배'로 개정하는 등 1998년 개정 헌법의 내용을 반영하고 있다(동법 54조). 이후 북한은 2009년 4월 26일, 2010년 4월 9일, 2012년 4월 13일 각각 헌법을 개정하였고, 2007년 3월 20일 민법을 개정하였으나, 소유권제도와 관련해서는 1998년 개정헌법과 1999년의 개정 민법에 따라 소유주체에 따라 소유형태를 국가소유권·사회협동단체소유권·개인소유권의 3가지 형태로 구분하는 내용을 그대로 담고 있다.

3) 소유주체에 따른 소유형태

가) 국가소유권

국가소유권은 사회주의적 전인민소유제에 대한 법률상의 표현이고, 사회주의적 전인민소유제라 함은 프롤레타리아계급 독재국가가 전인민을 대표하여 생산수단을 점유하는 형태의 소유제를 일컫는다(김영규, 앞의 글, 80면).

북한 민법의 국가소유권은 국유화한 재산, 국가투자로 마련한 재화, 국가기업소의 생산물, 국가기관, 기업소가 산 재판, 국가의 결정에 따라 국가기관, 기업소에 넘어온 재산, 사회협동단체나 공민이 국가에 바친 재산, 그밖에 국고에 넣기로 된 재산으로 이루어지며, 특히 사회협동단체소유권 및 개인소유권과는 달리 국가소유권의 객체에는 아무런 제한이 없다(동법 44조).

나) 사회협동단체소유권

사회협동단체소유권은 근로대중의 집단소유제를 법률에 반영한 것으로서 국가소유권과 더불어 사회주의공유제의 기초를 이루는 것이다. 이러한 사회협동단체소유권은 사회주의적 소유권제도의 현실을 반영한 것이기는 하나, 사회주의 혁명이 완성되어 완전한 사회주의적 소유권제도가 실현된다면, 국가소유권으로 전환되어야 할 과도기적 소유형태이다(김영규, 앞의 글, 82면).

북한 민법의 사회협동단체소유권은 사회협동단체성원들이 들여놓은 재산, 사회협동단체의 자체투자에 의하여 마련한 재산, 사회협동단체의 생산물, 사회협동단체가 산 재산, 국가에서 사회협동단체에 소유권을 넘겨준 재산으로 이루어진다(동법 53조). 사회협동단체소유권은 국가소유권에 비하여 이른바 사회화 수준이 낮은 것이어서 국가소유로 전환되는 과도기적 소유형태이나 이러한 소유형태는 오히려 그 범위가 더욱 확대되는 경향을 보이고 있다(최달곤, 앞의 글 〈북한 민법의 구조와 내용〉, 76~77면).

다) 개인소유권

개인소유권은 근로자들의 개인적이며 소비적 목적을 위한 소유이다(동법 58조). 북한에서 개인소유의 기본원칙을 이루는 것은 '노동에 의한 사회주의적 분배'와 '국가와 사회의 추가적 혜택'이다. 이것은 북한에서의 개인소유가 사회주의 소유와의 관계 속에서 그로부터 파생된 소유의 성질을 가진다는 것을 말해 준다(법제처 편, 앞의 책, 197면).

북한 민법의 개인소유권은 노동에 의한 사회주의분배, 국가 및 사회의 추가적 혜택, 공민이 샀거나 상속·증여 받는 재산, 터밭 경리를 비롯한 개인부업경리에서 나오는 생산물, 그 밖의 법적 근거에 의하여 생겨난 재산으로 이루어진다(동법 58조).

(2) 소유권의 취득원인

우리 민법에 있어서는 소유권의 취득원인으로서 크게 법률행위에 의한 경우와 법률행위에 의하지 않는 경우로 나누고, 뒷 것의 경우로서 취득시효(245조~246조), 선의취득(249조), 선점·습득·발현(252조~255조), 부합·혼화·가공(256조 ~261조) 등이 있다.

이에 비하여 북한 민법은 물권변동의 원인에 관한 일반규정을 두고 있지 않으나, 소유권취득의 원인과 관련해서 "소유권은 법이나 계약, 그 밖의 행위와 사건에 기초하여 발생한다."고 규정하고 있다(동법 38조 1항).

위 규정의 해석과 관련해서 북한의 민법이론은 '법'은 국가소유권을 발생시키는 국유화법령을, '계약'은 팔고사기계약과 같이 소유권을 발생시키는 것을, '행위'는 유언에 의하여 수증자에게 소유권을 발생시키는 것을, '사건'은 기간의 경과와 같이 사람의 의사에 의존하지 않는 법률사실이 지나도록 소유자가 나타나지 않아서 국가가 소유권을 취득시키는 경우를 그 예로 들고 있다(사회과학원 법학연구소 편, 앞의 책, 400~401면). 여기서 소유권취득의 원인에 대해서 '사건'은 법령에서 법률적 효과를 발생시키는 원인으로 상속과 증여를 의미하고, '행위'는 건물의 건축이나 간석지개간 등을 의미하는 것으로 해석하는 태도도 있다(법원행정처 편, 북한의 부동산제도, 1997, 140~141면).

따라서 북한 민법의 소유권취득원인 중 '계약'과 '행위'는 물권변동의 원인 중 우리 민법의 법률행위로, '법'과 '사건'은 법률의 규정으로 각각 나누어 볼 수 있다.

(3) 소유권의 보호

1) 소유권의 보호와 물권적 청구권

가) 소유물반환청구권

북한 민법은 소유권 등의 물권의 보호와 관련해서 "소유권을 가진 자는 자기의 재산을 다른 자가 비법적으로 차지하고 있는 경우에 그 반환을 요구할 수 있다"고 규정하여 소유물반환청구권을 규정하고 있다(동법 40조). 이는 우리 민법(213조)의 소유물반환청구권과 유사한 권리의 외형이 있다.

여기서 북한 민법이 규정하는 소유물반환청구권을 행사하기 위해서는 물건을 소유권자가 아닌 다른 사람이 점유하고 있을 것, 그 물건이 현실적으로 존재할 것, 그 물건이 다른 물건과 가를 수 있는 것일 것, 그 점유가 비법점유일 것을 요한다. 이 중 북한 민법이론은 소유물반환청구권을 행사요건으로 비법점유(소유권자의 재산을 다른 사람이 비법적으로 점유하고 있어야 하는 것)와 관련해서 정치색을 강조하고 있는 점에서 우리와 차이를 보이고 있다. 즉, 위의 비법점유의 해석에 대해서, 북한 민법이론은 법이나 계약에 기초한 정당한 근거 없이 남의 재산을 점유하는 것으로서 "북한의 사회주의제도에서는 남의 재산을 비법적으로 차지할 수 있는 사회경제적인 근원이 조금도 없으나, 낡은 개인적 이기주의사상 잔재를 말끔히 없애지 못한 극소수의 사람들과 일부 일군들의 사업상 착오와 부주의로 인하여 남의 재산을 비법적으로 점유하게 되는 경우가 있게 되는 것"으로 이해하고 있는 점에서 우리와 달리 정치색을 강조하고 있다.

또 북한 민법은 국가소유재산에 대해서는 반환청구의 대상을 부정하고 있는 점에서 우리 민법의 태도와 차이를 보이고 있다(사회과학원 법학연구소 편, 앞의 책, 314~315면).

나) 소유물방해배제청구권

북한 민법은 소유권 등의 물권의 보호와 관련해서 "소유권을 가진 자는 자기 소유권의 실현을 방해하는 행위를 하는 자에 대하여 그 행위를 그만둘 것을 요구할 수 있다."고 규정하여 소유물방해배제청구권을 규정하고 있다(동법 41조). 이에 대하여 북한 민법이론은 소유권자가 자기 소유권의 실현에 방해나 위험을 조성하는 행위를 어떤 사람이 하는 경우에 그것을 제거할 데 대하여 행위자에게 요구하거나 재판소에 법의 보호를 요구하는 권리로 이해하고 있다(사회과학원 법학연구소 편, 앞의 책, 315면). 따라서 위 권리는 우리 민법(214조)의 소유물방해제거청구권과 유사한 권리로 평가할 수 있다.

다) 소유물방해예방청구권

북한 민법은 소유권의 보호수단으로 방해예방청구권을 인정하지 않고 있다. 이는 소유권 등의 물권의 보호와 관련해서 이를 인정하는 우리 민법(206조, 290조, 319조)에 비교되는 북한 물권법의 단순성을 보여주는 것이라고 할 수 있다.

이와 관련해서 북한 민법은 우리 민법의 점유의 보전(206조)과 같은 규정을 두지 않고 있다. 이는 북한 민법이 우리와 달리 점유권을 독립한 물권으로 인정하지 않는 데 따른 남북한 물권법의 체계상의 차이를 반영하는 것으로 평가할 수 있다.

2) 물권적 청구권과 소유권 이외의 물권의 보호

북한의 민법이론은 소유물반환청구권 또는 소유물방해배제청구권의 행사와 관련해서 소유권자가 아니라 하더라도 적법하게 물건에 대하여 점유해서 이용권을 갖는 자도 그 물건을 비법점유 등으로 침해하고 있는 자에 대하여 그 소유물의 반환청구권 또는 배제청구권에 대한 규정이 유추적용됨을 강조하고 있다(사회과학원 법학연구소 편, 앞의 책, 401면).

결국 우리 민법이 본권에 기인한 물권적 청구권에 대해서 소유권에 기인한 물권적 청구권 규정을 두고 이를 제한물권에 준용하고 있음에 비하여, 북한 민법은 소유권에 기인한 물권적 청구권 규정을 두고 이를 소유권 이외의 권리에 유추적용하고 있는 점에서 서로 비슷한 태도를 취하는 것으로 평가할 수 있다.

3) 소유권의 보호와 손해배상책임의 병존

종래 북한의 민법이론은 종래 소유권의 침해에 대한 보호와 관련해서 손해배상책임과의 병존을 인정하고 있으며, 이와 관련해서 북한 민법은 "기관, 기업소, 단체, 공민은 남의 민사상 권리를 침해하였거나 자기의 민사상 의무를 위반하였을 경우에 민사책임을 진다."고 규정하고 있다(동법 240조). 따라서 북한 민법상 소유권자가 소유권의 침해로 인하여 손해를 입은 경우, 소유자 등의 물권자는 소유물반환청구권 또는 소유물방해배제청구권의 행사 이외에 권리침해를 이유로 손해배상도 청구할 수 있으므로 그 내용은 우리 민법의 경우와 유사하다(동법 246조, 247조 참조). 여기서 손해배상청구는 계약상의 의무불이행이나 불법행위의 어느 것에 근거해서도 할 수 있다.

4) 그 밖의 민사책임

이 밖에 북한 민법은 부당이득제도를 두고 있으므로(동법 235조), 물권침해를 통해 수익자가 법적 근거 없이 물권자의 손실을 원인으로 부당하게 이득을 얻은 경우에는, 물권자는 부당이득반환청구를 주장하여 보호받을 수 있게 된다. 또 북한 민법은 민사책임으로 손해배상 이외에 재산의 반환과 원상복구 등을 인정하고 있으므로(동법 242조), 물권침해를 받은 자는 그 구제수단으로 계약상의 물건반환청구나 원상회복을 주장할 수도 있게 된다.

5) 손해보상법의 제정과 물권 침해에 대한 보호의 구체화

북한은 2001년 8월 22일 최고인민회의 상임위원회 정령 제2513호로 손해보상법을 제정하였으며, 동법은 북한 민법 제4편 제1장의 '민사책임'의 적용과 관련하여 "재산이나 인신을 침해하여 발생한 손해의 보상에서 제도와 질서를 엄격히 세워 기관, 기업소, 단체와 공민의 민사상 권리와 이익을 보호하는데 이바지한다."는 것을 그 목적으로 밝히고 있다(동법 1조). 동법은 제1장 '손해보상법의 기본'(1조~8조), 제2장 '손해보상관계의 당사자'(9조~18조), 제3장 '재산침해에 대한 보상책임'(19조~39조),

제4장 '인신침해에 대한 보상책임'(40조~46조), 제5장 '손해보상액의 확징과 보상방법'(47조~56조) 등 5개장 56개조로 구성되어 있다.

물권침해와 손해배상책임의 병존과 관련해서 위 북한의 '손해보상법은 그 제3장 '재산침해에 대한 보상책임'에서 재산권침해의 모습을 유형화하여 손해배상책임의 성립을 구체화하고 있다(동법 19조~39조). 특히 북한 손해배상법은 물권침해에 따른 손해배상과 관련하여서는 특히 토지침해의 경우 국토감독기관 또는 농업지도기관이 손해의 액을 계산하도록 하고 있다(동법 20조). 이 밖에 산림침해의 경우에는 산림경영지도기관이, 환경오염의 경우는 환경보호감독기관이, 건물이나 시설물침해의 경우는 도시경영지도기관이 각각 손해의 액을 계산하도록 하고 있는 등 그 침해받은 재산권과 관련된 주무 국가기관이 손해배상액을 결정하도록 하는 입법태도를 보이고 있다. 이는 국가기관이 손해배상액의 결정에 관여한다는 점에서는 재산권의 침해와 그 배상을 통치관계로 다루는 북한법의 한계점을 보여주는 것이다(동법 21조, 27조, 28조 참조). 그러나 물권 등 재산권침해에 대해서 종래 단순화하고 있었던 것을 보다 구체화하는 것은 긍정적인 변모로 보인다.

이 밖에 북한은 1999년의 민법개정시 위자료책임을 인정하는 규정을 둔 것은(동법 248조 2항)과 같은 맥락에서 2001년 손해보상법을 제정하면서 인격권침해의 경우에 위자료책임을 인정하고 있다(동법 40조 2항). 이와 같이 북한 민법의 태도는 불법행위책임에서 위자료책임을 인정하는 것으로서 물권침해도 불법행위에 근거한다는 점에서 향후 물권의 보호와 관련해서 위자료를 인정할 수 있는 법적 근거를 마련한 것으로 평가할 수 있다. 다만 북한 민법이 손해배상의 대상에 위자료를 인정하는 것은 불법행위를 원인으로 하는 경우에 한정되고, 계약불이행에 따는 민사책임(계약책임)에서까지 위자료를 인정하는 것은 아닌 것으로 파악된다(김영규, "북한 계약법의 내용과 특색", 남북교류와 관련한 법적 문제점〈6〉, 특수사법제도연구위원회 제19·20차 회의 결과보고, 법원행정처, 2007, 136면).

그러나 동법은 손해배상액의 산정을 법원이 결정하는 것이 아니라 해당 부동산의 관리나 감독을 담당하는 행정기관이 결정하도록 하고 법원은 이를 따르도록 한다는 점(김상용, "북한 손해보상법의 동향과 평가", 분단 60년 : 북한법의 어제와 오늘〈광복

60주년 기념 통일대비 학술대회〉, 북한법연구회, 2005. 8. 30, 128면)에서 부동산을 대상으로 하는 재산권의 침해와 그 배상을 통치관계로 다루는 북한법의 단면을 드러내고 있다.

(4) 공동소유

1) 북한 민법의 공동소유와 지분

가) 공동소유의 유형

북한 민법은 "소유권은 여럿이 몫으로 나누어 공동으로 가질 수 있다."고 하여 공동소유에 대한 규정을 두고 있다(동법 42조 1항).

여기서 공동으로 소유권을 가진 자들은 공동소유재산에서 자기의 몫을 갈라 가질 수 있고, 공동소유재산을 차지하거나 이용·처분하는 것은 공동소유자의 합의에 따라 한다."고만 규정되어 있는 것으로 보아(동법 42조 2항), 북한 민법상의 공동소유는 우리 민법상의 공유와 같은 것이라고 할 수 있다. 따라서 북한 민법은 공동소유형태에 대하여 합유나 총유의 규정을 두고 있지 않으므로, 외견상 공유 이외의 공동소유는 인정되지 않고 있다고 파악된다(동지 : 법원행정처, 북한의 민사법, 2007, 101면). 다만 북한이 1958년의 민법 제2초안에서 공동소유를 일반공동소유와 합동소유로 나누고 있었던 점을 고려할 때(신영호, "북한민법 40년과 그 동향", 북한법률행정논총, 제8집, 고려대학교 법학연구소, 1990, 151면) 부부의 합동소유에 대해서 공유와 구별되는 합유로서의 성질을 띠는 것인가는 실제의 공동소유관계를 파악하여 판단하여야 할 것이다. 이와 관련해서 중국 민법이론은 공동소유를 우리의 공유에 상응하는 지분공유(일명, 안분공유〈按分共有〉)와 합유에 상응하는 공동공유(共同共有)로 나누면서 부부의 공동소유를 공동공유에 포함시키고 있다(江平, 民法學, 中國政法大學出版社, 2000, 97면).

나) 공유와 지분균등의 원칙

북한 민법은 공동으로 소유권을 가진 자들의 몫이 명백하지 않은 경우 그들의 몫은 같은 것으로 보도록 규정하고 있다(동법 43조 1항). 따라서 북한 민법은 공유의 지분이 불명확한 경우에는 이를 균등하게 다루는 점에서 우리 민법(262조 1항)의 경우와 유사하다(북한 민법 43조 참조). 또한 우리의 경우 지분균등의 원칙을 '추정'으로 취급하고 있으나, 북한 민법은 지분균등을 '본다.'로 규정하여 '간주'로 다루는 것과 같은 외형을 보이고 있다. 이의 해석과 관련해서 북한의 민법이론은 '추정'을 불명확한 사실을 일단 짐작으로 미루어 정하고 그에 대하여 법적 효과를 발생시켰다가 반증에 의하여 번복되는 것으로 해석하면서 이의 대표적인 예로 지분균등의 원칙을 들고 있으므로(사회과학원 법학연구소 편, 앞의 책, 624~625면), 남북한 모두 지분균등의 원칙으로 추정으로 다루는 점은 같다.

다) 가정재산과 공동소유

북한 민법은 개인소유권과 관련해서 "가정성원으로 된 공민은 가정의 재산에 대한 소유권을 공동으로 가진다."고 규정하여 '가정재산에 대한 공동소유권'을 인정하고 있다(동법 61조). 여기서 가정재산은 가정성원으로 있으면서 살림살이에 이용하기 위하여 공동으로 번 재산으로서, 노동에 의한 사회주의적 분배에 의해 이루어진 재산과 국가와 사회의 추가적 혜택으로 이루어진 것은 물론이고 가정생활의 기간 중에 개별성원들이 자기 이름으로 저금한 돈도 이에 포함된다. 특히 개별성원들이 번 재산을 가정재산에 포함시키는 것에 대해서 북한의 민법이론은, 개별적 가정성원들의 개별재산(결혼 전부터 가지고 있던 재산, 상속 또는 증여받은 재산 등의 개인적 성격을 띠는 재산)보다 가정재산을 더 증대시킨다는 점과 공동의 부를 증대시키는데 함께 깊은 관심을 가지게 함으로써 가정을 재산적으로 공고화하는데 이바지하게 할 수 있다는 점을 강조하고 있다(사회과학원 법학연구소 편, 앞의 책, 8~9면).

따라서 북한 민법의 가정재산은 당사자의 합의에 관계없이 법률의 규정에 의하여 가정성원의 재산을 공동소유로 규정한다는 점에서 우리 민법이 혼인한 부부나 가족 구성원이 합의에 의하여 소유물을 공유하는 것과는 나르다. 이와 관련해서 2007년 제정된 중국 물권법은 공동소유를 우리의 공유에 해당하는 지분공유(안분공유)와 대립하는 모습으로 공동공유로 2원화하면서 공동공유의 모습으로 가정재산을 강조하고 있다(동법 93조). 여기서 공동공유의 특징으로는, 재산관계 이외의 다른 신분관계의 존재를 전제 또는 기초로 하고 있는 점, 공동재산의 목적이 신분관계를 유지하는 것이라는 점, 공동공유자에게는 지분이 있으나 공동공유가 순수한 재산관계가 아니므로 공동재산의 분할의 금지된다는 점 등을 강조하고 있다(손한기, 중국의 기업소득세법 및 물권법 해석서〈Ⅱ〉 –중국의 물권법–, 법제처연구용역 최종보고서, 연세대학교 산학협력단, 2007. 12. 14, 110면).

다만 우리 민법(830조 2항)도 부부의 누구에게 속한 것인지 분명하지 아니한 재산은 부부의 공유로 추정하고 있으므로, 귀속불명재산에 대해서는 남북한 모두 공유로 다루는 것은 서로 유사하다.

2) 공유물의 분할

북한 민법은 공유물의 분할에 대해서, 공동으로 소유권을 가진 자들은 공동소유재산에서 자기의 몫을 갈라 가질 수 있으나, 재산을 현물로 가르기 어려울 경우에는 자기 몫에 해당하는 값을 받을 수 있도록 하고 있다(동법 43조 1항). 따라서 북한 민법은 현물분할을 원칙으로 하면서 현물분할이 어려울 경우에는 대금분할이 가능하도록 예외를 인정하는 점에서 우리 민법(269조)과 유사한 태도를 취하고 있다.

3) 이혼 등과 가정재산의 분할

북한 가족법은 가정재산의 분할과 관련해서, "리혼 또는 그 밖의 사유로 가정성원이 갈라져나가는 경우 가정에 들어올 때 가지고 왔거나 상속, 증여받았거나 그 밖에 개인적 성격을 띠는 개별재산은 각자가 가지며 살림살이에 공동으로 리용하기 위하여 취득한 가정재산은 당사자들이 합의하여 나누어 가진다. 합의가 이루어지지 않을 경우에는 재판소가 해결한다."고 규정하고 있다(동법 39조). 따라서 북한 가족법은 가정재산의 분할은 합의에 의하는 것이 원칙이나 합의가 이루어지지 않으면 재판소가 재산의 성격과 용도 당사자의 형편과 수입 등 당사자의 이익을 고려해서 분할의 대상과 비율을 재판소가 정하도록 하는 것으로 이해된다. 특히 가정재산의 분할과 관련한 북한 가족법의 해석과 관련해서, 북한의 민법이론은 부부의 이혼이나 자녀의 혼인 등으로 구성원이 가정에서 갈라져나가는 경우에 있어서도 그 가정의 재산적 토대에 큰 영향을 미치지 않게 함으로써 가정을 공고화할 수 있도록 이바지한다는 점을 강조하고 있다(사회과학원 법학연구소 편, 앞의 책, 9면).

(5) 무주물과 불법원인급여에 대한 국가의 소유권귀속

북한 민법은 임자 없는 물건은 동산과 부동산을 불문하고 국가소유가 되도록 하고 있으며, 여기서 임자 없는 물건에는 소유권을 가진 자가 없거나 소유권을 가진 자를 알 수 없는 경우를 모두 포함시키고 있다(동법 52조). 따라서 북한 민법의 태도는 부동산 무주물만이 국가소유로 되도록 하고 있는 우리 민법의 무주물선점제도(252조)와 차이를 보이고 있다.

또한 북한 민법은 법률행위의 유효요건을 갖추지 못한 경우의 무효의 효과인 원상회복과 관련하여 "그러나 국가의 법과 사회주의 생활규범에 어긋난다는 것을 알면서 행위를 한 자에게는 해당 돈이나 물건을 돌려주지 않고 국고에 넣는다."고 규정하여 원상회복을 부정하고 있다(동법 27조 단서). 이는 우리 민법상 불법원인급여(746조)와 그 취지가 일맥상통한다고 할 수 있으나, 단순히 무효행위로 인한 급여의 반환청구가 부정되는 것이 아니라 그 소유권이 국가에 귀속된다는 점에서 우리 민법과 차이가 있다. 이 밖에 북한 민법의 불법원인급여는 강행법규위반을 포함하고 있는 점 및 반사회질서행위를 판단함에 '사회주의' 생활규범이라는 정치색이 강조된다는 점 등에서도 우리 민법과 차이가 있다.

3. 소유권 이외의 물권

종래 사회주의 민법에서는 소유권 이외의 물권에 관하여 생산수단에 대한 국가기관 등의 경영상관리권과 자연자원에 대한 사용권을 인정하고 있었다. 예컨대 구소련 민법 제21조 제2항은 "국가기관은 그들에게 할당된 국가재산을 운영관리하며, 법률이 정한 범위 안에서 그들의 활동목적·계획사업 및 재산의 목적에 따라 그 재산을 점유·사용·처분한다."고 규정하여 '경영상관리권'을 인정하고 있으며, 동법 제21조 제4항은 "토지·광물·수자원·산림은 국가의 전속재산이며, 오직 사용만이 허용될 수 있다."고 규정하여 자연자원에 대한 사용권을 인정하고 있다(최달곤, "소비에트 연방의 신민법전", 국제문제 1978. 10, 86~87면 참조). 북한 민법도 사회주의 민법에서 소유권 이외의 물권의 모습의 전형으로서 다루어지고 있는 경영상관리권과 생산수단에 대한 이용권을 인정하고 있다(동법 47조, 48조 및 50조, 51조). 즉 북한 민법은 물권에 관하여 제2편 '소유권제도'에서 제37조 내지 제63조에 걸쳐 형식적으로 '소유권' 만을 규정하고 있는 것 같지만 위의 경영상관리권과 국가재산

국가재산이용권을 별도로 다루고 있으므로, 실질적으로 물권은 '소유권' 과 '소유권 이외의 물권'으로 나누는 것이 타당하다.

이 밖에 개성공업지구법(25조 4호)과 개성공업지구 부동산규정(4조)에서는 용익물권으로서 토지이용권을 규정하고 있다.

(1) 경영상관리권

1) 국가소유권의 실현방법으로서의 경영상관리권

국가소유권의 경우에 국가가 직접 그 소유권을 실현하지 아니하고 독립채산제에 의하여 경영상의 독자성이 보장되고 있는 개별적 국가기관·기업소에게 부여되는 권리를 통하여 구체적으로 실현되는데, 이러한 권리를 사회주의 민법에서는 일반적으로 경영상관리권이라 일컫는다(조진제 편, 앞의 책, 119면). 즉, 경영상관리권이라 함은 국가기관·기업소가 국가의 중앙집권적인 지도와 통제 아래에서 자기에게 주어진 권한의 범위 안에서 국가소유재산을 점유·이용·처분할 수 있는 권리라고 할 수 있다(조진제 편, 앞의 책, 119면).

2) 경영상관리권의 법적 성질

경영상관리권의 법적 성질에 관하여는 종래 법인으로서의 자격을 갖는 국가기관·기업소가 자기에게 맡겨진 국가재산을 국가 이외의 다른 당사자와의 관계에서는 아무런 지배·복종의 요소도 가지고 있지 않는 '민법상의 권리'라는 점과 국가소유권으로부터 완전히 독립된 것이 아니라 이에 종속적인 지위에 있는 '종속적 권리'라는 점을 든다(조진제 편, 앞의 책, 120면).

여기서 경영상관리권이 북한 민법의 규정에 비추어 볼 때 어떠한 성질을 갖는 물권인가가 규명되어야 한다. 이는 전통적인 민법의 이론체계에 의하여서는 수용하기 어려운 난점이 있으며, 경영상관리권과 매우 유사한 중국 민법의 '국영기업의 경영권'에 관하여서도 그 법적 성질에 대하여 중국의 민법학자들 사이에서도 상대적 소유권설·(기업)법인소유권설·소유권권능설·경영권설 등으로 견해의 대립을 보이고 있다(김영규, 앞의 글 〈중국 민법의 물권제도에 관한 연구〉, 126~129면 참조). 요컨대 북한 민법상의 경영상관리권은 북한이 처한 현실적 상황을 고려하여 그 법적 성질이 규명되어야 한다. 이렇게 볼 때 사회주의공유제의 원칙상 모든 국가기관·기업소의 재산은 국가를 통한 전인민의 재산이므로 국가기관·기업소의 재산은 국가에 절대적 소유권이 귀속되며, 국가기관·기업소는 최종적인 처분권을 국가로부터 제한받는 불완전한 상대적인 소유권을 갖는다고 보아야 할 것이다. 이는 경영상관리권에 국가기관·기업소 재산에 대한 이용·처분의 권능이 포함되는 것으로 보아(북한 민법 47조 참조) 소유권의 모습으로 보아도 별 무리가 없을 것이다. 법원행정처의 자료도 이와 같은 입장을 보이고 있다(법원행정처, 앞의 책 〈북한의 민사법〉, 116면).

3) 경영상관리권의 내용

북한 민법상 국가기관·기업소는 자기가 맡은 국가소유재산에 대한 경영상관리권을 가지고, 국가의 지도 밑에 그 재산을 자기의 이름으로 차지하거나 이용·처분할 수 있다(동법 47조). 또 국가기관·기업소의 재산이 사회협동단체나 공민에게 공급·판매되는 경우에 국가소유권은 그 사회협동단체나 공민에게 넘어간다. 그러나 국가기관·기업소의 재산이 다른 국가기관·기업소에 공급·판매되는 경우에는 경영상관리권만 넘어간다(동법 48조).

결국 경영상관리권은 점유·이용·처분의 권리나, 그 구체적 내용은 당해 국가기관·기업소(국가소유권)의 본래의 임무와 과업·당해 재산의 사명과 중요성에 따라 제한받는 상대적 소유권으로서 사회주의공유제에 따라 우리 민법의 제한물권에서는 인정될 수 없는 것으로서 남북한 물권법의 차이점을 상징적으로 드러내는 것이라고 할 수 있다(법원행정처 편, 앞의 책 〈북한의 민사법〉, 11면).

(2) 국가재산이용권

1) 국가소유권의 실현방법으로서의 국가재산이용권

북한에서는 국가소유재산을 국가기관·기업소를 통하여 관리하는 방법 이외에 고정자산 등의 국가재산을 협동농장 등에 넘겨주어 이용하는 방법으로 관리하는데, 이러한 권리를 국가재산이용권이라 일컫는다(조진제, 앞의 글, 122면).

2) 국가재산이용권의 법적 성질과 모습

국가재산이용권의 법적 성질에 관하여 이를 제한물권 중 용익물권으로 볼 것인지 아니면 임대차로 볼 것인지에 대한 논의가 있을 수 있으나, 북한 민법에서는 이를 소유권제도에서 '소유권 이외의 권리' 로서 다루고 있는 점(동법 49조·50조)으로 미루어 보아 용익물권으로 보아야 할 것이다.

국가재산이용권은 북한 민법의 규정에 의하여 살펴볼 때, 그 주체에 따라 협동농장의 이용권과 공민의 주택이용권으로 나누어진다. 이 중 협동농장의 이용권에 대하여 북한 민법은 "국가에서 협동농장에 배속시킨 뜨락또르·모내는 기계·수확기를 비롯한 현대적 농기계, 국가부담으로 협동농장에 마련하여 준 문화시설·탈곡장·집짐승우리·창고 같은 고정재산에 대하여 국가는 자기 소유권을 계속 가지고 있으면서 리용권을 해당 협동농장에 넘겨준다. 협동농장은 국가가 지원하여 준 고정재산을 그 사명에 맞게 자기의 재산처럼 리용할 수 있다."고 규정하여 협동농장의 고정자산 등에 대한 국가재산이용권의 내용을 밝히고 있다(동법 49조). 또 공민의 주택이용권에 대하여 북한 민법은 "국가는 살림집을 지어 그 리용권을 로동자·사무원·협동농민에게 넘겨주며, 그것을 법적으로 보호한다."고 규정하여 공민의 주택에 대한 국가재산이용권의 내용을 밝히고 있다(동법 50조).

또 위 각 주체는 앞 것의 경우는 고정재산을, 뒷 것의 경우는 주택을 각각 그 객체로 하는 특징을 갖는다.

이러한 북한 물권법의 국가재산이용권은 생산수단에 대한 사적 소유를 인정하지 않는 데에 기인하는 것으로서 남북한 물권법의 제한물권체계의 차이를 상징적으로 보여주는 것이다.

(3) 토지이용권

개성공업지구 부동산규정은 제1장 '일반규정'에서 그 적용대상을 개성공업지구에서 부동산을 취득하거나 양도, 임대, 저당하는 기업과 개인에게 적용하도록 하고 있고(동 규정 2조), '토지이용권 및 건물소유권의 범위'와 관련하여 공업지구에서 기업 또는 개인은 토지이용권을 취득하거나 건물을 소유할 수 있도록 하고 있다(동 규정 4조).

또 위 규정은 제2장 '부동산의 취득'에서 공업지구에서 개발업자는 중앙공업지구지도기관과 토지임대차계약을 맺어야 하며, 토지임대차계약서에는 토지의 위치와 면적·용도·토지임대기간, 계약 취소사유 같은 사항을 정확히 밝히도록 강제하고 있고(동 규정 6조), 공업지구에서의 토지이용권은 분양·양도받는 방법으로 취득하고 등록을 요하도록 하고 있다(동 규정 9조, 11조).

특히 위 규정은, 제2장에서 토지사용료의 부과와 관련하여 토지이용권을 소유한 자에게는 중앙공업지구지도기관과 개발업자가 해당 토지에 대한 임대차계약을 맺은 날로부터 10년이 지난 다음 해(2015년)부터 토지사용료를 부과하도록 하고 있고(동 규정 15조 1항), 합법적으로 취득한 토지이용권은 원칙적으로 취소될 수 없으나 중앙공업지구지도기관이 공공의 이익과 같은 부득이한 사유로 토지이용권을 취소하려 할 경우에는, 1년 전에 당사자에게 그 사실을 통지하도록 하고 있다(동 규정 16조 1항 및 2항 전단). 여기서 토지이용권의 취소와 관련하여 개성공업지구 부동산규정은 이용권의 남은 기간에 해당한 보상을 하거나 같은 조건의 토지를 교환하여 주어야 하며, 이 경우 해당 토지에 있는 건물이나 그 밖의 부착물에 대하여서도 보상을 하도록 규정하고 있다(동 규정 16조 2항 후단 및 3항).

또한 위 규정은 제3장 '부동산의 양도·임대·저당'에서 중앙공업지구지도기관에 토지이용권이나 건물소유권을 등록한 자는 그 전부 또는 일부를 그 이용기간의 범위 안에서 제한 없이 양도·임대·저당할 수 있도록 하고 있으며, 부동산의 등록임차권을 가진 자는 그것을 저당할 수 있다(동 규정 23조). 여기서, 부동산의 양도·저당은 공업지구기관에 등록을 하여야 효력을 가지며(동 규정 25조), 토지이용권과 건물소유권을 같이 가진 자가 토지이용권 또는 건물을 양도·임대·저당할 경우에는 건물소유권 또는 토지이용권도 함께 양도·임대·저당되도록 함으로써 처분의 수반성을 인정하고 있다(동 규정 27조). 또 위 규정은 부동산의 매매는 협상·입찰·경매 같은 방법으로 할 수 있도록 하고 있으며(동 규정 31조), 부동산의 양도나 상속을 인정하면서 상속자판정·상속재산분배비율 등은 사망당시 피상속자가 속한 나라 또는 지역의 법에 따라 정하도록 함으로써 우리의 국제사법 제49조와 같은 입장을 취하고 있다. 즉 우리 국제사법은 '상속'의 준거법에 대하여, 상속은 사망 당시 피상속인의 본국법에 의하도록 하고 있으며, 또 피상속인이 유언에 적용되는 방식에 의하여 명시적으로 '부동산에 관한 상속에 대하여는 그 부동산의 소재지법'을 지정하는 때에는 상속은 위의 규정에 불구하고 그 법에 의하도록 하고 있다(동법 49조).

또 위 규정은 제4장 '제재'에서 승인 없이 토지의 용도를 변경하였거나 정해진 토지면적을 초과하여 이용하였을 경우와 토지보호를 제대로 하지 않았거나 토지이용권등록증이 없이 토지를 이용하였거나 또는 등록을 하지 않고 토지이용권을 양도·저당하였을 경우에는 벌금을 물릴 수 있도록 하고 있다(동 규정 57조). 또 건물등록을 하지 않고 양도·임대·저당하였을 경우에도 벌금을 물릴 수 있도록 하고 있다(동 규정 58조). 이 밖에 개성공업지구 부동산규정은 토지에 있는 천연자원과 매장물을 비법적으로 채취하였거나 그것으로 부당한 수입을 얻었을 경우에는 벌금을 물릴 수 있도록 규정하고 있다(동 규정 56조).

위 규정은 공업지구에서 건물은 그 부지에 해당한 토지이용권이나 등록 임차권을 가진 경우에만 소유할 수 있고, 건물은 새로 건설하거나 이미 있던 건물을 분양 또는 양도받는 방법으로 소유할 수 있으며(동 규정 19조~20조), 이는 종래 살림집 이외의 건물에 대한 개인소유권을 인정하지 않는 북한 물권법에 대한 특례이다. 이 밖에 위 규정은 공업지구관리기관에 저당물의 처분을 위한 경매를 신청하도록 하고 있어서 관리기관이 집행기관으로서의 역할을 담당하도록 하고 있으며(동 규정 52조), 우리 민법상 전저당(轉抵當)이 인정되지 않는 것과는 달리 북한은 위 규정에서 "저당권자는 저당물을 다시 저당할 수 있다. 이 경우 저당권의 순위는 저당등록의 순위에 의한다."고 규정하여 우리의 전저당에 해당하는 덧저당을 인정하고 있어서 우리 물권법의 저당권법제와 차이를 보이고 있다(동 규정 46조).

한편 개성공업지구 부동산규정은 종래 물건의 분류 중 생산수단과 소비자료(생활물자)의 구별을 중요시하는 것과는 달리 부동산의 개념을 정립하여 이를 동산과 구별하는 태도를 취하므로 우리 민법상 물건의 실정법상의 분류와 유사한 태도를 취하고 있다. 그러나 동 규정은 부동산의 범위와 관련하여 토지이용권과 건물 및 이에 부착된 물건을 포함시켜서 토지이용권까지를 포함시키고 있어서 우리와 다른 태도를 보이고 있다(동 규정 3조 3호). 이 밖에 북한의 개성공업지구 부동산규정은 사기, 강박으로 인한 저당권에 대하여 취소사유로 다루어 위 민법(110조)과 유사한 입법태도를 보이고 있으나, 취소권행사의 존속기간을 3월로 한정하여(동 규정 28조) 우리 민법(146조)과 차이를 보이고 있다. 이는 제척기간 자체를 단기간만 인정하여 개인의 지위를 상대적으로 제한하는 것으로 북한에서의 사적 지위가 제한되는 단면으로 이해할 수 있다.

이 밖에 북한은 개성공업지구 부동산규정에서 토지이용권에 대하여 동 규정에서 별도 '제재'의 장(제4장)을 둠으로써 규정에 위반하는 행위에 대하여 벌금을 부과하도록 하고 있는 것(동 규정 58조)은 북한이 물권관계를 통치관계의 일환으로 파악하는데 기인하는 것으로 우리 물권법과의 차이를 보여주는 단면이다.

V. 북한 민법 제정 이후 북한 물권제도의 변모

1. 점유권능의 강화와 점유권으로서의 독립적 지위가능성

종래 북한의 민법이론은 점유권에 대하여, 자본주의 민법은 점유권을 소유권과 별개의 물권으로 봄으로써 물건을 현실적으로 점유하는 자의 이익을 보호하는 것을 본질로 한다고 비판하면서, 북한에서는 점유권이 소유권의 한 구성부분일 뿐이라고 이해하고 있다(사회과학원 법학연구소 편, 앞의 책, 473면). 이에 따라 북한 민법은 소유권의 내용으로서 점유할 수 있는 권능을 규정하고 있을 뿐 본권과 분리하여 점유권의 지위를 인정하지는 않는다(동법 39조). 특히 북한은 1990년 민법을 제정하면서 소유권의 권능으로서 '점유'의 표현을 '차지'라고 규정하였으나, 1999년 2차 민법개정시 소유권의 내용 및 행사와 관련해서, 소유재산에 대한 '차지'라는 표현을 '점유'라고 자구수정을 하는 변모를 보이고 있다(동법 40조, 42조).

위 점유권과 관련하여 1995년 9월 6일 최고인민회의 상설회의 결정 제62호로 제정된 북한의 '대외민사관계법'은 대외민사관계의 당사자의 권리와 관련해서 "점유권, 소유권 같은 재산과 관련한 권리에 대하여서는 재산이 있는 나라의 법을 적용한다."고 규정하여 점유권을 권리의 한 내용으로서의 권능이 아닌 독립한 재산권으로서 다루도록 함으로써 입법의 변화를 보이고 있다(동법 22조).

뿐만 아니라 북한의 민법이론은 물권적 청구권과 관련해서 법이나 계약에 의해서 타인의 물건을 점유하고 있는 자도 그 물건을 비법점유 등으로 침해하고 있는 자에 대하여 그 물건의 반환을 청구할 수 있으며, 이 경우 소유물반환청구권규정(40조)에 대한 준칙이 적용됨을 밝히고 있다(사회과학원 법학연구소 편, 앞의 책, 401면).

위에서 본 바와 같이 북한은 대외민사관계법에서 대외민사관계의 당사자의 권리와 관련해서 점유권을 인정하는 것과 적법하게 점유를 하고 있는 자가 비법점유를 하고 있는 자에 대하여 소유물반환청구권규정의 유추적용에 의해서 반환청구권을 인정하는 태도의 변화를 보이고 있다. 이는 점유권을 소유권의 권능으로만 다루는 북한 민법의 태도와 달리 소유권 등의 본권과 분리하여 독립한 물권적 지위로 인정하고, 나아가 물권의 종류와 체계를 재구성케 하는 것으로 나아갈 수 있는 과도기적인 입법태도의 변화로 평가할 수 있다.

2. 시장 등의 사영경제와 물권제도의 변화

종래 북한은 장마당으로 일컬어지는 농민시장에 대해서 협동농장들이 공동경리와 협동농민들의 개인부업경리에서 생산된 농축산물의 일부를 농민들이 일정한 장소에서 직접 파는 상업의 형태로서 가격이 수요공급의 원리에 의해서 결정되는 사회주의 과도기에서 일시적으로 존재하는 것으로 해석된다(사회과학원 주체경제학연구소 편, 경제사전〈제1권〉, 평양과학출판사, 1986, 367~368면).

그러나 북한은 2002년 7월 1일 국가의 재정난에 따른 타개책의 일환으로 개별기업이 생산계획·원자재 확보 및 배분에서 자율성을 인정하는 '경제관리개선조치'를 단행하였으며, 이 조치에 따라 '기업의 자율권 확대', '배급제 폐지 추진', '가격·임금·환율의 대폭 인상 '등이 이루어 졌고 개인이 임의로 개간·경작할 수 있는 텃밭·부업밭 및 뙈기밭(산비탈, 하천 등에서 개간한 밭)의 면적이 확대되었다(신현윤, "북한 계약법의 내용과 특색〈지정토론문문〉", 특수사법제도연구위원회 제19차 회의자료, 대법원 사법정책실, 2007. 5. 28, 134면 참조). 이에 따라 공민이 위 밭을 통하여 수확한 곡물은 실질적인 개인부업경리로서 개인소유권의 대상이 확대되고 있으며, 뿐만 아니라 당국의 묵인 아래 밭의 경작을 위해 노동의 대가를 주고받고 뙈기밭의 매매도 이루어지는 것으로 전해지고 있다. 따라서 이러한 모습은 북한 민법에 있어서의 공민 사이의 계약에 대한 무상의 원칙과 배치되는 것으로서 실제생활에 있어서 물권 내지 민사제도가 변모하고 있음을 보여주는 것이다.

또한 북한은 2003년 3월 종래의 '농민시장'을 '종합시장'으로 개편하는 조치를 취하였다가 2006년 이후 다시 시장통제조치에 들어갔으나 현재 북한에서 시장은 당국의 묵인 아래 이루어지는 생존본능의 수단으로 기능하고 있다. 특히 북한은 2003년 3월 북한은 농민시장을 종합적인 소비품시장으로 확대하여, 시장에서 농산물뿐만 아니라 각종 공업제품도 거래되는 현실에 맞게 종전의 '농민시장'을 전용건물에서 상설 운영되는 '종합시장'으로 전환하였다(http://www.nis.go.kr/app/north/information/economy/view?dataNo=48516). 이후 돈벌이수단이 되는 시장화의 부작용이 나타나자 김정일은 2005년 2월 26일 당중앙위원회에서 "일부 일군들은 경제지도와 관련된 당의 의도를 알지 못한 것으로 있는 것 같습니다. 일부 일군들은 시장을 나라의 경제를 운영하는데 보조적 공간으로 이용하는 것을 시장경제로 전환한다는 것으로 이해하고 있는 것 같습니다. 시장과 시장경제는 성격이 다릅니다."고 발언한 것이 시장통제를 위한 조치문건으로 전해지고 있다(송현욱, "북한 소유권 법제와 '비법적' 사영경제의 특징," 통일과 법률, 제7호, 법무부, 2011, 83면).

따라서 북한에서 시장은 합법적·불법적인 것에 관계없이 형성되고 있으며, 이는 사영 경제의 범위 및 이에 따른 개인소유권의 범위가 현실적으로 확대되고 있는 것으로 보인다.

3. 공민에 대한 부동산이용의 인정 및 공시제도의 구체화

종래 북한 민법은 부동산이란 용어만을 사용하고 있을 뿐 그 개념을 구체적으로 밝히지 않고 있었다. 즉 북한은 1990. 9. 5. 민법을 제정하면서 채권각칙 중 계약법의 총칙에서 "부동산거래를 내용으로 하는 계약은 서면으로 맺고 공증을 받아야 효력을 가진다."는 규정을 두면서 처음으로 '부동산'이라는 용어를 사용하였다(동법 141조). 그 후 북한은 1999. 3. 24. 2차 민법개정시 위 규정의 내용은 그대로 두면서 채권총칙으로 위치를 옮겨 규정하고 있다2 또한 부동산공시제도를 규율하는 규정 없이 토지법과 도시경영법에서 토지를 대상으로 한 몇 개의 조문만을 두고 있을 뿐 부동산공시제도에 대한 체계화된 법이 없었다. 즉 북한은 토지법에서 '토지등록 및 이용'과 관련해서 "국토관리기관은 나라의 모든 토지를 통일적으로 장악하고 등록하며 토지관리 및 리용에서 제정된 질서를 엄격히 지키며 토지를 국토건설총계획에 의하여 전망성 있게 리용하도록 감독 통제하여야 한다."는 규정과 '토지변동 및 등록'과 관련해서 "농업지도기관은 새로 일군 땅과 토지를 정리하여 얻은 땅을 제때에 등록하며 토지를 리용하는 기관, 기업소, 단체는 토지의 변동정형을 해당 기관에 제때에 알려야 한다."는 규정을 두고 있다. 이 밖에 북한은 도시경영법에서 '도시와 주민지구 등의 등록'과 관련해서 "건물과 시설물을 정확히 등록하는 것은 도시경영사업을 계획적으로 하는데서 나서는 중요요구이다. 국가는 건물과 시설물을 제때에 빠짐없이 등록하고 관리한계와 분담을 명확히 하도록 한다."는 규정(동법 4조)과 "지방정권기관은 관할지역 안의 건물과 시설물, 주민지구토지를 정확히 등록하여야 한다. 기관, 기업소, 단체는 자체로 관리하는 건물과 시설물, 주민지구토지를 정해진 기간 안에 지방정권기관에 등록하여야 한다."는 규정(동법 56조)을 각각 두고 있다.

그러나 북한은 2009년 11월 11일 조선민주주의인민공화국 부동산관리법을 제정하였으며(최고인민회의 상임위원회 정령 제395호, 이하 '북한 부동산관리법'이라 약칭함), 동법은 "부동산의 실사, 리용, 사용료납부에서 제도와 질서를 엄격히 세워 사회주의적 소유를 공고 발전시켜 경제건설을 다그치고 인민들의 물질문화생활을 높이는데 이바지한다."는 것을 그 목적으로 밝히고 있으며(동법 1조), 동법은 부동산관리법의 기본(1조~8조), 부동산의 관리분담(9조~13조), 부동산의 등록과 실사(14조~21조), 부동산의 이용(22조~31조), 부동산의 가격과 사용료(32조~36조), 부동산 관리사업에 대한 지도통제(37조~47조) 등 6개장 47개조로 구성되어 있다. 위 북한 부동산관리법의 제정 배경에 대해서는 2009년 11월 30일 북한이 단행한 화폐개혁과 관련하여 경제 관련 법령들을 대대적으로 손질하고 부동산 사용료 징수를 통해 국가재정을 튼튼히 하고 기업과 공장의 생산성 강화를 통해 계획통제경제 체제를 확고히 해 나가겠다는 것 등이 지적되고 있다(매일경제, 2009. 12. 16).

위 북한의 부동산관리법은 "부동산은 토지와 건물, 시설물, 자원 같은 것으로 나눈다."라고 규정하고 있다(동법 2조 1항). 이와 같이 북한이 부동산관리법을 제정하면서 부동산의 개념을 구체화한 것은 개성공업지구와 같은 특수지대에 한정하여 적용되는 것이 아닌 북한에 일반적으로 적용되는 법에서 1996년 제정된 재산관리법(15조)보다 구체적으로 부동산의 개념을 규정하고 있다는 점에서 법직 인정성의 도모뿐만 아니라 우리 민법(99조 1항)과 비슷하게 부동산의 개념을 정의함으로써 향후 부동산의 개념에 관한 한 양자의 접근이 보다 용이할 것으로 생각된다. 특히 북한은 개성공업지구 부동산규정(3조 2호)에서는 북한법이론이 생산수단과 부동산의 주된 대상으로 예시하고 있는 토지를 부동산의 범위에서 제외하여, 개발업자가 취득하는 부동산은 토지를 제외한 토지의 이용권과 이에 수반되는 건물 기타 정착물임을 다루고 있다는 점에서 우리 민법의 부동산의 정의규정과 차이를 보이고 있었다. 그러나 북한 부동산관리법은 우리 민법과 같은 맥락에서 토지를 부동산의 주된 것으로 파악하고 있다(장철익, "북한의 '부동산관리법' 제정의 의미와 평가", 제163회 북한법연구회 월례발표회 발표문, 북한법연구회, 2011. 3. 31, 3면 참고).

또한 북한은 공민 개인에게 주택이용권 이외에 부동산이용권을 인정하지 않았던 민법과는 달리 부동산관리법은 공민에게 부동산이용을 인정함으로써 입법의 변모를 보이고 있다. 이와 같이 개인에게 부동산 이용의 지위를 부여한 것은 생산성을 높여 북한 경제의 회생에도 도움을 주기 위한 조치로 보이지만, 주택 이외의 건물과 토지에도 허가에 의한 이용이 부여된다는 점에서 민법과 달리 공민 개인에게 법적으로 보호받을 수 있는 배타적 효력을 인정하는 결과를 가져오는 것이라 평가된다. 즉 부동산관리법에 의하여 공민에게 인정되는 토지를 비롯한 부동산의 허가받은 이용은 토지임대법 등에서 인정되는 용익물권으로서의 지위는 아니지만 적어도 점유권으로서의 부동산이용을 넘어서 독점적인 법적 지위가 인정되는 부동산이용권으로 평가될 수 있을 것으로 여겨진다(김상용, 앞의 글, 7면).

이 밖에 북한은 부동산관리법을 제정하면서 자체등록과 국가등록, 현물등록과 화폐등록을 통해서 부동산등록절차를 체계적으로 규정하고 있으며(동법 14조~21조), 이는 등기제도가 없는 북한에서는 부동산에 대한 부동산물권의 지위를 공시하는 기능을 사실상 수행하는 것으로 평가할 수 있다. 따라서 부동산관리법의 부동산등록(토지등록대장과 지적도를 포함한 토지등록, 건물 시설물등록, 자원등록)에 관한 규정은 부동산소유권 등의 물권을 인정하는 실체법인 민법에 대한 절차법으로서의 실질을 갖는 것으로, 개인의 지위와 관련해서는 주택에 대한 개인소유권을 공시하는 방법이 된다는 점에 그 의의가 있다. 다만, 부동산관리법은 부동산등록과 관련해서 "자체등록은 부동산을 리용하는 기관, 기업소, 단체가 하며, 국가등록은 해당 부동산관리기관이 한다."고 규정하여, 자체등록을 하는 등록의무자의 범위에 '공민'을 열거하지 않고 있다(동법 15조 2항). 다만 북한 부동산관리법이 자체등록을 하는 등록의무자의 범위에 '공민'을 열거하지 않고 있는 것은, 주택을 개인소유권의 대상으로 인정하면서도(동법 59조), 실제에 있어서 개인이 소유하는 주택을 건물의 등록에서 배제하는 것인지에 대한 의문이 있다(장철익, 앞의 글, 12면).

4. 물권 관련 입법의 다양화

북한은 1990년 민법 제정을 전후하여 철도법, 토지법, 산림법, 등 위의 국가소유 대상 관련 입법을 두고 있었다. 특히 북한은 1977년 4월 29일 최고인민회의 법령 제9호로 토지법을 제정하였으며, 동법 제9조는 "조선민주주의인민공화국에서 토지는 국가 및 협동단체의 소유이다. 나라의 모든 토지는 인민의 공동소유로서 그것을 누구도 팔고사거나 개인의 것으로 만들 수 없다."고 규정하고 있다.

특히 북한은 2000년을 전후하여 국가소유의 대상을 위의 규정들을 구체화하는 관련 입법을 제정하여 이를 보다 다양화하는 태도를 보이고 있다. 즉 북한은 1995년 1월 25일 제정된 문헌법에 의한 문헌(동법 3조), 1997년 2월 5일 제정된 체신법에 의한 체신기관, 기업소(동법 2조), 2000년 3월 23일에 제정된 민용항공법에 의한 비행장(동법 26조), 2003년 6월 11일에 제정된 컴퓨터쏘프트웨어보호법에 의한 쏘프트웨어(동법 27조), 2005년 7월 20일에 제정된 간석지법에 의한 간석지(동법 3조) 등을 국가소유의 대상으로 하는 입법을 두고 있으며, 이는 북한의 실질적 물권법 모습의 변모를 보여주는 것이다.

이 밖에 북한은 사회협동단체의 대상이 되는 입법과 관련해서 민법 제정 이전부터 1977년 제정된 토지법에 의한 토지, 1980년 8월 10일 제정된 해운법에 의한 배(동법 11조)와 개인의 물권과 관련해서 1977년 제정된 토지법에 의한 텃밭이용권과 그 생산물에 대한 소유권(동법 13조) 등 관련 입법을 두고 있었다. 이와 관련해서 북한은 2000년을 전후해서 지식재산권을 사회협동단체 또는 개인이 그 소유권행사의 대상이 되도록 하는 규정을 두고 있으며, 이러한 입법으로는 1998년 1월 14일 제정된 상표법에 의한 상표권(동법 28조), 1998 5월 13일 제정된 발명법에 의한 공업도안권(동법 28조), 2003년 6월 11일에 제정된 컴퓨터쏘프트웨어보호법은 쏘프트웨어(동법 24조) 등을 들 수 있다.

특히 지식재산권에 대하여 개인소유권의 대상으로 하는 위 입법은 상표권·공업도안권 등이 배타적, 직접적 지배권이라는 점에서 물권인 소유권의 대상으로 한 것으로 해석되고, 개인의 물권의 지위가 상대적으로 열악한 북한에서 개인의 재산적 지위를 강화시키는 변모를 가져오는 것으로 평가할 수 있다.

5. 동산·부동산의 구별과 관련 입법의 변화

종래 북한의 민법이론은 물건의 분류에 있어서 사회주의적 소유권(국가소유권, 집단소유권)의 대상인가 개인소유권의 대상인가를 구별하는 기준으로서 생산수단과 이에 대비되는 소비자료(생활물자)의 구별을 중요시하였을 뿐 동산과 부동산을 명문으로 구별하는 입법을 두고 있지 않았다.

그러나 1996년 3월 21일 최고인민회의 상설회의 결정 제70호로 "재산관리에서 제도와 질서를 세워 사회주의적 소유를 공고 발전시키며 경제건설을 다그치고 인민들의 물질문화생활을 높이는데 이바지한다."는 목적 아래 제정된 북한의 재산관리법은 사회주의재산은 경우에 따라 부동산, 동산 같은 것으로 나눌 수 있음을 밝히고 있다(동법 1조, 15조). 여기서 북한에서 부동산에 대응되는 개념으로서의 동산의 모습으로는 2009년 제정된 부동산관리법의 부동산의 정의규정을 반대해석하면 "토지와 건물, 시설물, 자원 같은 것이 아닌 재산"(동법 2조 1항 참고)이라고 할 수 있고 보다 구체적으로는 고정재산 중 "설비, 운수수단, 공구기구, 종자집짐승, 부림짐승, 비품, 설계도면, 도서, 문예작품, 관상용동식물, 천연기념물, 문화유물 같은 것"과 유동재산 중 "원료, 자재, 미성품, 반제품, 완제품, 상품, 귀금속, 화폐같은 것"이 그 대상이 될 것으로 생각된다. 이와 관련해서 북한 재산관리법은 "사회주의재산은 대상의 특성에 따라 자연부원과 고정재산, 류동재산으로 나눈다. 자연부원에는 토지, 산림, 지하자원, 수산자원 같은것이 고정대산에는 살림집을 비롯한 건물, 구축물, 전도장치, 설비, 운수수단, 공구기구, 종자집짐승, 부림짐승, 비품, 설계도면, 도서, 문예작품, 관상용동식물, 천연기념물, 문화유물 같은 것이, 류동재산에는 원료, 자재, 미성품, 반제품, 완제품, 상품, 귀금속, 화폐 같은 것이 속한다." 고 규정하고 있다(동법 14조).

특히 위 법 제정 이후 수개월 뒤에 제정된 북한의 '외국인투자은행 부기계산규정'은 "저당 잡은 동산, 부동산 계산 자리에는 저당권을 설정한 대부금을 회수할 수 없을 경우 담보물로 소유하고 있던 동산, 부동산을 처리하는 거래를 계산한다. 동산, 부동산을 담보들로 취득하였을 경우에는 차방에, 그것을 처리하였을 경우에는 대방에 기입하며 잔고는 차방에 생긴다."고 규정하여 동산과 부동산을 구별하는 입법을 두고 있다(동 규정 30조).

우리 민법은 공시방법 등에서 동산과 부동산을 법률상 달리 취급한다는 점에서 그 구별실익을 찾는데 비해, 북한의 경우는 재산을 동산과 부동산으로 나누는 것은, 대부분이 생산수단으로 사회주의적 소유인 부동산에 대해서 개인이 아닌 국가와 협동경리에 의하여 조직되어야 함을 밝히는 것이라는 점(과학백과사전출판사, 조선대백과사전 6, 과학백과사전출판사, 1998, 43면)에서 차이가 있다. 그럼에도 불구하고 물건의 지배권을 규율하는 물권제도와 관련하여 그 구별하는 이유가 어떠하든 우리민법처럼 물건을 동산과 부동산으로 나누어 규정하고 있다는 사실은 남북한 민법 사이의 접근가능성을 높여주는 또 하나의 점이라고 평가된다.

6. 토지임대법 등의 개변과 토지이용권의 지위 강화

북한은 외국투자가와 외국투자기업에 필요한 토지를 임대차하여 토지사용권을 인정하도록 하기 위하여 1993년 10월 27일 토지임대법을 제정하고 1999년 2월 26일 동법을 개정하여 토지임차인이 토지의 전부 또는 일부에 해당한 토지사용권을 제3자에게 양도(판매, 재임대, 증여, 상속)하거나 저당할 수 있도록 하고 있다(동법 4조, 15조, 33조).

위와 같은 북한의 새로운 형태의 법들은 중국의 일련의 법제도들을 계수한 것으로 보인다. 즉 중국이 경제개혁·대외개방을 추진하면서 외국투자가와 외국투자기업에 필요한 토지를 임대차하여 더 나아가 양도 등의 처분행위를 하거나 상속할 수 있도록 하는 것을 주요내용으로 하는 타물권·용익물권으로서의 도지사용권을 제정하였는데 이를 계수한 것으로 보인다(野村好弘, "中國における民事法および交通法の動向", ジュリスト, 第965號, 1990. 10. 15, 66면).

7. 특수지대 관련 입법의 제정과 물권제도의 변모

(1) 금강산관광지구법과 부동산규정 및 금강산 국제관광특구법과 물권 관련 입법

북한은 2002년 11월 13일 금강산관광지구법(13조 5호)에서 각각 특수지역에 대한 토지이용권을 인정하는 관련 규정을 두고 있으며, 이어 제정된 '금강산관광지구 부동산규정'에서는 위에서 살펴본 '개성공업지구 부동산규정'과 거의 유사하게 토지사용권을 비롯한 부동산의 취득, 양도, 임대, 저당 등을 인정하는 입법을 두고 있다.

또한 북한은 2011년 5월 31일 '조선민주주의인민공화국 금강산 국제관광특구법'을 제정하였다(최고인민회의 상임위 정령 제1673호, 이하 '북한 금강산 국제관광특구법'이라 약칭함). 동법은 2002년 남북한의 합의를 거쳐 북한이 제정한 금강산관광지구법과 시행령의 효력을 소멸시키고자 하는 정치적 의도에 따라 "금강산국제관광특구의 개발과 관리운영에서 제도와 질서를 바로 세워 금강산을 세계적인 관광특구로 발전시키는데 이바지한다."는 것을 그 목적으로 밝히고 있다(동법 1조).

이와 관련해서 북한은 2011. 6. 2. 중앙통신을 통해 최고인민회의 상임위 정령 제1673호로 '금강산 국제관광특구법'을 채택하였다고 밝히면서 '금강산 국제관광특구법'의 제정으로 '20002년 발표된 금강산관광지구법과 시행령의 효력을 소멸시켰다고 보도하였다. 이와 같이 북한이 '기존 금강산관광지구법 효력 소멸'을 주장하는 배경에는 현대아산의 금강산 관광에 대한 독점권 효력 취소 통보(2011. 4. 8)를 법적으로 뒷받침하기 위한 것으로 평가된다(http://unibook.unikor

ea.go.kr/?cate=1&idx=2507&pageNo=4&state=view&sub_num=132). 동법은 국제관광특구를 관리하는 현지집행기관으로 '국제관광특구관리위원회'의 지위를 밝히면서 위위원회의 임무와 권한과 관련하여 '토지, 건물의 임대'를 밝히고 있다. 그러므로 국제관광특구에 투자하는 남한을 비롯한 다른 나라 법인, 개인, 경제조직의 지위에서는 부동산이용권을 취득하는 것이라는 점에서 물권 규정으로서의 의미를 띤다. 이와 관련해서 북한 금강산 국제관광특구법은 '재산보호원칙'과 관련해서 "국가는 투자가가 투자한 자본과 합법적으로 얻은 소득, 그에게 부여된 권리를 법적으로 보호한다."고 규정하고 있다(동법 5조). 여기서 '권리'의 주된 것에 부동산이용권이 포함되는 것으로 해석된다. 그러나 북한의 금강산 국제관광특구법은 기존의 '금강산관광지구법'과는 달리 "공화국의 안전을 침해하거나 사회질서를 심히 위반하였을 경우에는 해당 법에 따라 행정적 또는 형사적 책임을 지운다."는 새로운 '제재'의 규정을 두는 특성을 보이고 있다(동법 40조). 종래 북한의 '금강산관광지구법'에는 '제재'와 관련 언급이 있으나(동법 28조), 여기서는 "이 법을 어겨 관광지구의 관리운영과 관광사업에 지장을 준 자에게는 정상에 따라 손해보상 같은 제재를 줄 수 있다. 정상이 엄주할 때는 추방할 수 있다."는 규정만을 두고 있을 뿐이다. 또 북한의 '금강산관광지구 부동산규정'에도 '제재'와 관련 언급이 있으나(동 규정 55조~57조), 여기서는 천연자원매장물의 불법채취에 대한 벌금의 제재, 승인 없이 토지를 이용하거나 용도를 변경한 경우에 대한 벌금의 제재, 건물등록을 하지 않고 양도·임대·저당한 것에 대한 벌금의 제재만을 규정하고 있을 뿐이다(법무부, 통일법무기본자료〈남북관계〉, 법무부 통일법무과, 2010, 1046면). 이는 특히 무엇이 '공화국의 안전을 침해하거나 사회질서를 심히 위반하였을 경우'에 해당하는 것인가의 여부가 매우 추상적이고 불확정한 개념이라는 점에서, 앞으로 북한이 정치적 이해관계에 따라 금강산 국제관광특구에 투자하는 부동산이용권자의 지위를 부정할 수도 있는 독소조항으로 평가된다.

(2) 그 밖의 특수지대 관련 입법의 제정과 물권 관련 규정

북한은 개성공업지구, 금강산관광지구 이외에도 특수지대에 제한적으로 적용하기 위한 입법을 하면서 물권 관련 규징을 두고 있다.

북한은 1993년 1월 31일 최고인민회의 상설회의로 결정 제28호로 "라신경제무역지대를 효과적으로 관리 운영하여 다른 나라들과의 경제협력과 교류를 확대발전시키는데 이바지한다."는 목적 아래 라선경제무역지대법을 제정하였고, 이후 1999년 2월 26일 최고인민회의 상임위원회 정령 제484호로 1차 개정, 2002년 11월 7일 최고인민회의 상임위원회 정령 제3400호로 2차 개정, 2005년 4월 19일 최고인민회의 상임위원회 정령 제1083호로 3차 개정을 하였다. 여기서 2005년 개정된 북한의 라선경제무역지대법은, 외국투자기업과 외국인은 라선경제무역지대 안에서 필요한 토지를 임차하여 토지사용권을 취득할 수 있고, 기간만료시 토지를 임대한 기관의 승인을 받아 그 기간을 연장받을 수 있도록 하고 있다(동법 20조).

또한 북한은 1992년 10월 5일 최고인민회의 상설회의로 결정 제17호로 "완전한 평등과 호혜의 원칙에서 외국투자가들이 공화국령역 안에 투자하는 것을 장려한다."는 목적 아래 외국인투자법을 제정하였고, 이후 1999년 2월 26일 최고인민회의 상임위원회 정령 제484호로 1차 개정, 2004년 2월 26일 최고인민회의 상임위원회 정령 제780호로 2차 개정을 하였다. 여기서 2004년 개정된 북한의 외국인투자법은, 외국투자가와 외국인투자기업설립에 필요한 토지를 최고 50년까지 임대하여 토지사용권을 취득하도록 하고 있으며, 임대받은 기간 안에 해당 기관의 승인 밑에 양도하거나 상속할 수 있도록 하고 있다(동법 15조). 이 밖에 신의주특별행정기본법 제14조 내지 제20조, 황금평·위화도경제지대법 제5조 등에서도 앞의 입법에서와 유사한 토지이용권 관련 규정을 두고 있다.

위에서 본 북한의 특수지대 관련 입법의 변모는 외국투자가와 외국투자기업에 필요한 토지를 임대차하여 토지사용권을 인정하고 더 나아가 양도 등의 처분행위를 하거나 상속할 수 있도록 하는 것이 그 핵심이다. 이와 같이 개성공업지구 등에서 토지이용권의 유상양도를 인정하는 최근 북한이 취한 입법조치는 현재 비록 특수지역에 제한적으로 적용되는 것이기는 하지만, 북한이 향후 경제개혁을 보다 확대하면 중국의 경우와 같은 맥락에서 경제특구 ⇒ 도시 ⇒ 전지역으로 점차 확대하여 일반법인 민법에서도 토지이용권의 양도 등 처분행위를 인정하는 입법의 변모를 가져오는 단초가 된다고 평가할 수 있다. 즉 중국은 토지사용권의 유상

양도를 심천(深圳) 등의 경제특구에 한정하여 규율하다가 2008년 물권법을 제정하여 전국적으로 적용되는 입법으로 확대하여 시행하여 오고 있다.

(3) 특수지대 적용될 물권 관련 절차법의 구체화

북한은 특수지대에 적용될 토지이용권 등의 물권 관련 실체법 규정의 권리실현을 구체화하기 위한 절차법으로 관련 시행규정을 제정하고 있다. 이의 대표적인 것으로는 개성공업지구 부동산 등록준칙과 개성공업지구 부동산 집행준칙을 들 수 있다.

다만 위의 준칙은 개성공업지구의 지도기관이나 관리위원회가 입법하는 것으로서 일반적인 북한법체계상의 효력을 부여받지 못하는 특성을 띤다. 그러나 개성공업지구 안에서의 토지이용권 등의 물권의 권리실현에 있어서는 개성공업지구법과 부동산규정에 근거해서 위 준칙이 적용되고 일반적인 북한법이 적용되지 않는다는 점에서, 위 준칙은 제한적으로 북한 물권법제로 기능한다고 평가할 수 있을 것이다

다음에서는 토지이용권 등의 물권의 실현을 위한 절차법으로 기능하는 개성공업지구 부동산 등록준칙과 개성공업지구 부동산 집행준칙의 주요내용을 살펴본다.

1) 개성공업지구 부동산 등록준칙의 제정과 부동산물권 및 공시제도의 구체화

북한은 개성공업지구 부동산규정을 제정하면서 "공업지구관리기관은 토지리용권, 건물별로 개발업자와 기업, 개인의 부동산관계를 정확히 등록하여야 한다. 부동산의 등록준칙은 공업지구관리기관이 작성하여 시행한다."고 규정하고 있다. 이에 따라 북한은 2008년 5월 16일 '개성공업지구 부동산등록준칙'을 제정하였으며, 동 준칙은 제1장 총칙(1조~4조), 제2장 등록에 관한 장부(5조~10조), 제3장 등록절차(11조~37조)와 부칙으로 구성되어 있다. 특히 북한이 2008년에 제정한 '개성공업지구 부동산등록준칙'은 북한이 종래 부동산등록에 대해 몇 개의 조문만을 두고 있었던 것(토지법 77조 및 78조, 도시경영법 4조)과 달리 부동산등록제도에 대한 북한 최초의 체계적인 입법으로서, 부동산물권과 공시제도를 구체화하는 기능을 담당하는

것으로 판단된다. 이에 대하여 북한에서 개성공업지구에서나마 부동산등기제도를 창설한 것으로서 의미를 갖는 것으로 평가하는 견해도 있다(유욱, "개성공단 법제의 현황과 개선과제", 남북교류와 관련한 법적 문제점〈6〉－특수사법제도연구위원회 제19·20차 회의 결과보고, 법원행정처, 2007, 253면).

특히 위 준칙은 토지이용권, 건물소유권, 저당권, 임차권 등의 권리의 설정, 양도, 변경 또는 소멸을 등록사항으로 하고, 동일한 부동산에 관하여 등록한 권리의 법적 순위는 등록의 전후(前後)에 의하도록 하고 있으며, 등록부는 토지이용권등록부와 건물등록부의 2종으로 규정하고 있다(동 준칙 3조~5조). 이 밖에 동 준칙은 1부동산1등록용지주의에 의하여 물적편성주의를 취하고 있는 점(동 준칙 6조), 등록부의 양식에 대해서 1용지를 등록번호란, 표제부와 갑·을의 2구(區)로 나누고 표제부에는 표시란·표시번호란을 두고, 각 구에는 사항란·순위번호란을 두도록 하고 있는 점(동 준칙 7조), 당사자신청주의에 의하여 등록은 다른 법령의 규정에 의해 직권으로 하는 경우를 제외하고는 당사자의 신청에 의하도록 하고 있는 점(동 준칙 8조), 등록관은 접수번호의 순서에 따라 등록하도록 하고 있는 점(동 준칙 17조), 신청의 각하제도를 두고 있는 점(동 준칙 18조) 등에서 우리의 부동산등기법과 비슷하다. 즉 개성공업지구 부동산등록준칙은 "등록관은 다음 각 호의 1에 해당하는 경우에 한하여 이유를 기재한 결정으로써 신청을 각하하여야 한다. 그러나 신청의 흠결이 보정될 수 있는 경우에 신청인이 등록관의 보정명령을 받고 즉시 이를 보정하였을 때에는 그러하지 아니하다."고 규정하면서 그 각하사유를 "1. 사건이 등록할 것이 아닌 때, 2. 당사자 또는 그 대리인이 출석하지 아니한 때, 3. 신청서가 방식에 적합하지 아니한 때, 4. 신청서에 기재된 부동산 또는 등록의 목적인 권리의 표시가 등록부와 저촉되는 때, 5. 신청서에 기재된 등록의무자의 표시가 등록부와 부합하지 아니한 때, 6. 신청서에 기재된 사항이 등록원인을 증명하는 서면과 부합하지 아니한 때, 7. 신청서에 필요한 서면을 첨부하지 아니한 때, 8. 등록신청과 관련하여 다른 규정에 의하여 부과된 의무를 이행하지 아니한 때, 9. 등록의 신청이 제19조의 규정에 위반된 때" 등을 규정하고 있다(동 준칙 18조).

위와 같은 '개성공업지구 부동산등록준칙'은 향후 부동산물권의 권리실현을 위한 남북한 절차법의 통합을 위한 접근가능성을 높인다는 점에서 그 가치가 크다고 판단된다. 즉 2011년 4월 12일 법률 제10580호로 개정된 우리 부동산등기법은 부동산등기부 전산화사업의 완료로 등기사무처리가 전산정보처리조직에 따라 수행되고 있고 전자신청이 전국적으로 시행되고 있으므로 종이등기부를 전제로 한 규정을 정비하고, 법률에 직접 규정하기에 적합하지 아니한 사항을 대법원규칙으로 위임하거나 삭제하여 탄력적인 등기절차를 운용하며, 악용의 소지가 있는 예고등기제도를 폐지하여 부동산에 관한 국민의 권리보전을 도모하고 거래의 안전성을 높이려는 것을 그 개정이유로 하고 있으며, 2011년 10월 13일부터 시행되고 있다. 따라서 향후 북한에서도 전산화조치 등을 반영하여 우리 부동산등기법의 개정에 따른 입법의 보완이 이루어질 것으로 판단된다.

2) 개성공업지구 부동산 집행준칙의 제정과 담보물권의 실행 및 절차법의 구체화

종래 북한의 민법이론은 담보물권에 대한 부정적인 태도를 취하고 있었다. 즉 북한의 민법이론은 우리 민법의 질권에 유사한 전당권에 대하여 채무자가 그 의무를 이행하지 않는 경우에 채권자가 채무의 담보를 위하여 잡아둔 재산의 가치 가운데서 우선적으로 청구의 실현을 보장받을 수 있는 권리로서, 전당권자(전당포)는 마치 근로자들을 위한 신용기관인 것처럼 가장하나 실제는 근로자들을 혹독하게 수탈하여 엄청난 이윤을 내고 고리대수탈을 표면상 숨기는데 있고, 대부의 주된 목적도 소비자들의 지급능력의 약점을 이용하여 담보물로 받는 물건을 헐값으로 수탈함에 있다고 평가하고 있다(사회과학원 법학연구소 편, 앞의 책, 470~471면).

그러나 북한은 개성공업지구법 및 개성공업지구 부동산규정에 의하여 부동산을 대상으로 한 저당권 등의 담보물권의 지위를 인정하고 있으며, "공업지구관리기관은 저당권자의 신청에 따라 저당물을 처분하였을 경우 세금, 수수료, 저당물의 처분비용 같은 정해진 우선공제대상금을 납부하며 남는 자금을 임대 또는 저당 등록순위에 따라 임차자, 저당권자에게 분배하고 나머지가 있으면 저당자에게 주어야 한다."고 규정하여 우선변제권을 내용으로 하는 우리 민법의 저당권(356조)과 유사한 입법태도를 두고 있다. 이에 따라 북한은 위에 따른 집행(경매)의 절차를 정함을 목적으로 2005년 9월 1일 '개성공업지구 부동산 집행준칙'을 제정하였으며, 동 준칙은 2005년 10월 1일부터 시행되고 있다.

특히 위 준칙은 개성공업지구 안에 있는 부동산, 등록임차권 및 부동산등록준칙(36조)의 공장저당의 효력이 미치는 공장의 공용물을 그 대상으로 하며, 개성공업지구 안에 있는 부동산제도의 특수성을 반영해서 우리 민사집행법의 총칙(1조~23조), 부동산에 대한 강제집행(78조~162조)과 담보권실행경매 규정(264조~275조)을 기초로 하여 입법화한 것으로 평가된다. 다만 위 준칙은 우리 법원에서 얻은 확정판결을 기초로 해서 집행하는 것을 전제로 하게 될 강제경매의 규정은 제외되어 있다. 이 밖에 위 준칙은 '개성공업지구 부동산규정'(52조)에 기초해서 행정기관인 관리기관으로 하여금 집행기관으로서의 역할을 담당하도록 하고 있다는 점(3조), 불복절차도 관리기관에서 하도록 하고 있는 점(18조) 등에서 위 절차가 제대로 기능할 것인가의 문제점이 있다. 따라서 우리 민사집행법의 담보권실행경매의 규정을 기초로 해서 제정된 개성공업지구 부동산 집행준칙의 규정은 향후 저당권 등 담보물권의 권리실현을 위한 남북한 절차법의 통합을 위한 접근가능성을 높인다는 점에서 그 입법가치가 있다고 판단되며, 향후 개성공업지구 관리기관 이외의 독립집행기관을 두는 입법이 이루어질 것으로 전망된다. 이와 관련해서는 궁극적으로 개성공업지구에 특수법원을 설치하는 방법으로 해결하여야 한다는 방안이 제시되고 있다(양영희, "남북교류협력 활성화와 남북민사분쟁 해결방안," 통일문제연구자료집, 제2집, 대한변호사협회 통일문제연구위원회, 2007, 398~400면).

8. 그 밖에 북한의 물권현실과 물권제도의 변모

북한 민법은 착취를 근절한다는 취지에서 주택 등의 부동산에 대해 개인 사이의 팔고사기 계약이나 빌리기계약 등 거래의 대상이 될 수 없도록 규정하고 있다(동법 148조, 179조). 즉 북한의 민법이론에 의하면 종래 자본주의사회에서 팔고사기계약은 자본가계급이 근로자들을 가혹하게 억압착취하며 최대한의 이윤을 짜내는 도구가 되고 있으나, 북한의 팔고사기계약은 개인적 소비용품을 주민들의 수요에 맞게 제때에 합리적으로 공급하는 효과적인 수단으로 복무한다고 강조하고 있다(사회과학원 법학연구소 편, 앞의 책, 668면). 이는 2009년 제정된 부동산관리법에서도 관철되고 있다(동법 28조, 30조).

그러나 최근 탈북자의 증언에 따르면 북한에서는 부동산중개인의 역할을 하는 사람이 생겨날 정도로 주택의 거래가 행해지고 있고, 임대료를 주고받고 비공식적으로 동거(살림집을 세주는 것)하는 경우가 많은 것으로 전해지고 있다. 즉 탈북자의 증언에 의하면 2~3천 달러면 북한에서 집을 사고 5천 달러면 평양에서 3~4칸짜리 집을 사며, 일부 주택관리지도원은 뇌물을 받고 집을 매매해주는 것으로 전해지고 있다(미국의 소리 2011. 7. 21, http://www.voanews.com/korean/news/north-korea-realestate-92347969.html). 또 북한에서는 공공연히 주택을 거래하고 벌어먹기 좋은 장마당 근처나 항구에 인접한 곳, 전망이 좋은 대동강변의 아파트는 비싼 값에 거래되는 경우가 많다고 한다(「주간동아」, 제573호, 2007. 2. 13, 42~43면). 따라서 북한은 민법과 부동산관리법에서 금지하는 것과는 달리 주택에 대한 개인 사이의 매매와 임대차를 사실상 묵인하고 있는 것으로 보이며, 이는 주택에 대한 법과 현실의 괴리를 메꾸기 위한 고육지책으로서 장차 북한의 물권법질서가 변화될 것이라는 것을 가늠케 하는 예시적 물권 현실로 보인다.

또한 탈북자의 증언에 따르면 금융거래와 관련해서 북한에서는 현실적으로 담보를 위한 수단으로 전당권과 이를 위한 전당포가 존재하는 것으로 전해지고 있으며(법원행정처 편, 앞의 책, 88~89면), 30% 미만의 이자를 받고 돈을 빌리는 소비대차가 일반적인 것으로 전해지고 있다. 따라서 북한의 이러한 모습들은, 민법에서 전당권 등의 담보물권을 인정하지 않고 꾸기계약에서 공민 사이에 이자를 주고받는 것을 금지하는 무상의 원칙(동법 221조)에 배치되는 것이다. 이는 북한에서 비록 암묵적·비공식적으로 이루어지는 것이기는 하나 공민 사이의 거래의 필요를 반영하는 것으로서 향후 이를 뒷받침하는 법적인 개변을 불러올 물권 현실이라고 할 수 있을 것이다.

Ⅵ. 결 론

이상에서 통일 민법에 있어서 물권법의 제정방향을 모색해보고자 하는 시각에서 북한 민법의 제2편과 개성공업시구 부동산규징을 중심으로 남북한 물권법의 차이점을 살펴보았다. 다만 북한 물권법의 규정과 각종 문헌 및 자료 이외에 실제 물권법 규정이 '법전 속의 법'이 아닌 '생활 속의 법'으로서 북한 사회에서 어떻게 해석·적용되고 있는가라는 실증적인 연구가 수행된다면 더욱 실제적이고도 현실적인, 특히 뒷부분에 대한 연구가 현실적 제약으로 인하여 제대로 이루어질 수 없었다는 데 대해 큰 아쉬움이 있다.

북한 물권법은 당이 조작한 인민의 의사를 최고의 법규범으로 하고 법이 경제적 여건에 의하여 지배되고 생산수단에 대한집단화라는 혁명적 성질을 주된 특징으로 하는 사회주의법계에 속하는 물권법으로서 사유재산제와 시장경제질서에 따른 사소유권을 뒷받침하는 하는 자본주의법계로서 대륙법계에 속하는 우리 물권법과 법계상의 지위에서 본질적 차이를 보이고 있다.

북한의 물권법은 물권의 개념을 유물사관에 입각하여 정립한 것, 법원에 있어서 법률 외에 국가나 당의 정책·지시도 중요한 법원으로 인정하여 물권법정주의를 인정하지 않고 있는 것, 사회주의공공재산보호의 원칙 및 국가경제계획실현의 원칙을 물권제도의 기본원리로 채택한 것 등에서 우리 물권법과 총칙상의 차이를 보이고 있다.

또한 북한 민법은 물권법은 점유권의 본권으로부터의 미분화 및 소유권 이외의 물권(제한물권)의 단순성을 보이고 있는 것, 소유주체에 따라 소유형태를 다양화하고 있는 것, 개인소유권의 행사와 관련하여 '사회주의적 생활규범'에 맞게 하여야 함을 강조하고 있는 것, 모든 무주물과 불법원인급여에 대하여 국가에게 소유권이 귀속되도록 하고 있는 것, 우리 민법의 물권제도에는 없는 선형적인 사회주의 민법상의 물권으로서의 경영상관리권·국가재산이용권의 인정하고 있는 것 등에서 자본주의 민법인 우리 물권법과 다른 각칙상의 특이한 모습을 보이고 있다.

이 밖에 북한의 물권법은 개성공업지구 부동산규정에서 토지이용권에 대하여 동 규정에서 별도 '제재'의 장(제4장)을 둠으로써 규정에 위반하는 행위에 대하여 벌금을 부과하도록 하고 있어서 공법적 성격을 드러내고 있다(동 규정 58조). 또 북한의 토지이용권은 동 규정에서 공업지구관리기관에 저당물의 처분을 위한 경매를 신청하도록 하고 있어서 관리기관이 집행기관으로서의 역할을 담당하도록 하고 있으며(동 규정 52조), 우리 민법상 전저당이 인정되지 않는 것과는 달리 북한은 우리의 전저당에 해당하는 덧저당을 인정하고 있어서 우리 물권법의 저당권법제와 차이를 보이고 있다(동 규정 46조). 또 동 규정은 부동산의 범위와 관련하여 토지이용권과 건물 및 이에 부착된 물건을 포함시켜서 토지이용권까지를 포함시키고 있어서 우리와 다른 태도를 보이고 있다(동 규정 3조 3호).

위에서 본 남북한 물권법의 차이점으로 인하여 남·북한 물권제도의 접근에는 다음과 같은 근본적인 한계가 있다. 즉 국가의 기본체제에 있어서 북한은 사회주의를, 우리는 자본주의를 채택하고 있는 점, 소유권제도에 있어서 북한은 국가 및 사회협동단체소유권을, 우리는 사소유권을 기본으로 하고 있는 점, 위의 이유로 인하여 민법의 지위가 북한에서는 공법, 우리의 경우에는 사법이라는 점 등이다. 이러한 근본적인 차이점은 양자 사이의 접근의 한계성을 보여주는 것이기도 하지만, 한편으로는 우리의 물권제도가 나아갈 방향을 제시해주는 중요한 지침이 된다고 할 수 있다. 즉 우리의 물권제도에 있어서 자본주의의 폐해가 아무리 극심하다고 하더라도 자본주의체제를 일탈한다든지 사소유권제도를 포기하고 공유제를 채택한다든지 민법의 지위가 공법화한다든지 하는 모습으로는 될 수 없는 것이다.

앞으로 장차 이루어질 통일방식에 관한 남·북한의 정치적 합의에 따라 통일민법상 물권제도도 달라질 수 있지만 개인의 자유와 평등 및 사적 자치가 핵심적인 골격으로 되어야 하며, 이의 법적 표현인 사유재산제도와 사소유권을 근본원칙으로 지키면서 그것이 낳은 폐해를 점진적으로 시정해 나가는 차원에서 통일 민법의 물권제도가 마련되어야 할 것이다.

또한 통일 민법의 물권법의 적용을 위하여 빠른 시일 안에 남북한 물권법의 차이점 외에 접근가능한 유사점에 대하여 남북한의 소유권 등의 물권 관련 규정의 매 조문마다 축조적인 검토를 통하여 통일 민법의 물권법의 초안을 마련함으로써 계속적인 수정보완을 위한 입법의 토대를 마련하여야 할 것이다. 특히 북한이 경제개혁과 개방을 적극적으로 추진하고 동시에 중국이 1999년 3월 15일 헌법상 사회주의적 시장경제질서'를 표방하면서 이에 발맞추어 2007년 제정한 중국 물권법 등의 재산법 규정들을 북한 민법의 개정방향에 대한 지침으로 삼게 된다면, 이는 그만큼 개인의 소유권 등의 재산권의 지위가 확대되는 것을 의미하는 것으로서 이러한 재산법의 변화 역시도 남북한 물권법의 접근가능성을 보다 제고시키는 계기가 될 것이다. 특히 북한이 단행한 2002년 7월의 경제관리개선조치와 2003년 3월의 '농민시장'을 '종합시장'으로 개편한 조치는 북한 경제체제가 향후 중국과 유사하게 사회주의 시장경제로 진전될 수 있는 토대를 마련한 변화로서, 중국의 초기개혁(1978년~1983년) 단계와 유사한 수준에 있는 것으로 민법에 직접적인 개정을 가져오지 않았지만 민사관계법제에 영향을 미친 것으로 평가되고 있다(이철수 외, 남북한 통합을 위한 법제도 인프라 확충방안, 통일연구원, 2005, 76~77면).

뿐만 아니라 통일 민법의 물권법을 위한 충분한 준비작업 전에 통일이 이루어진다면 우리의 물권법 규정을 적용의 제외 또는 적용의 제한을 중심으로 어떻게 북한 지역에도 적용할 것인지, 충돌되는 차이점 중 법률용어의 평이화 같이 적용이 가능한 것이 무엇인지, 어떤 규정에 대하여 경과규정을 어떻게 둘 것인지에 대한 구체적인 검토도 아울러 진행시켜 법 적용상의 혼란을 방지하고 법적 안정성을 확보하는 구체적 대안을 마련하여야 할 것이다.

2. 남북한 민법 제2편(물권, 소유권) 조문 비교

남한 민법	북한 민법
[1958. 2. 22. 제정, 2017. 10. 31. 개정]	[1990. 9. 5. 제정, 2007. 3. 20. 개정]
제185조 【물권의 종류】 물권은 법률 또는 관습법에 의하는 외에는 임의로 창설하지 못한다.	
제186조 【부동산물권변동의 효력】 부동산에 관한 법률행위로 인한 물권의 득실변경은 등기하여야 그 효력이 생긴다.	제38조 【소유권의 발생기초】 소유권은 법이나 계약, 그 밖의 행위와 사건에 기초하여 발생한다. 소유권은 법에 기초하는 경우 법이 정한 때, 계약에 기초하는 경우에는 따로 합의하지 않는 한 계약을 맺고 그 대상을 넘겨받은 때부터 발생한다.
제187조 【등기를 요하지 아니하는 부동산물권취득】 상속, 공용징수, 판결, 경매 기타 법률의 규정에 의한 부동산에 관한 물권의 취득은 등기를 요하지 아니한다. 그러나 등기를 하지 아니하면 이를 처분하지 못한다.	
제188조 【동산물권양도의 효력, 간이인도】 ① 동산에 관한 물권의 양도는 그 동산을 인도하여야 효력이 생긴다. ② 양수인이 이미 그 동산을 점유한 때에는 당사자의 의사표시만으로 그 효력이 생긴다.	
제189조 【점유개정】 동산에 관한 물권을 양도하는 경우에 당사자의 계약으로 양도인이 그 동산의 점유를 계속하는 때에는 양수인이 인도받은 것으로 본다.	
제190조 【목적물반환청구권의 양도】 제3자가 점유하고 있는 동산에 관한 물권을 양도하는경우에는 양도인이 그 제3자에 대한 반환청구권을 양수인에게 양도함으로써 동산을 인도한 것으로 본다.	
제191조 【혼동으로 인한 물권의 소멸】 ① 동일한 물건에 대한 소유권과 다른 물권이 동일한 사람	

남한 민법	북한 민법
에게 귀속한 때에는 다른 물권은 소멸한다. 그러나 그 물권이 제3자의 권리의 목적이 된 때에는 소멸하지 아니한다. ② 전항의 규정은 소유권 이외의 물권과 그를 목적으로 하는 다른 권리가 동일한 사람에게 귀속한 경우에 준용한다. ③ 점유권에 관하여는 전2항의 규정을 적용하지 아니한다.	
제192조【점유권의 취득과 소멸】① 물건을 사실상 지배하는 자는 점유권이 있다. ② 점유자가 물건에 대한 사실상의 지배를 상실한 때에는 점유권이 소멸한다. 그러나 제204조의 규정에 의하여 점유를 회수한 때에는 그러하지 아니하다.	
제193조【상속으로 인한 점유권의 이전】 점유권은 상속인에 이전한다.	
제194조【간접점유】 지상권, 전세권, 질권, 사용대차, 임대차, 임치 기타의 관계로 타인으로 하여금 물건을 점유하게 한 자는 간접으로 점유권이 있다.	
제195조【점유보조자】 가사상, 영업상 기타 유사한 관계에 의하여 타인의 지시를 받아 물건에 대한 사실상의 지배를 하는 때에는 그 타인만을 점유자로 한다.	
제196조【점유권의 양도】① 점유권의 양도는 점유물의 인도로 그 효력이 생긴다. ② 전항의 점유권의 양도에는 제188조 제2항, 제189조, 제190조의 규정을 준용한다.	
제197조【점유의 태양】① 점유자는 소유의 의사로 선의, 평온 및 공연하게 점유한 것으로 추정한다. ② 선의의 점유자라도 본권에 관한 소에 패소한	

남한 민법	북한 민법
때에는 그 소가 제기된 때로부터 악의의 점유자로 본다.	
제198조【점유계속의 추정】 전후양시에 점유한 사실이 있는 때에는 그 점유는 계속한 것으로 추정한다.	
제199조【점유의 승계의 주장과 그 효과】① 점유자의 승계인은 자기의 점유만을 주장하거나 자기의 점유와 전점유자의 점유를 아울러 주장할 수 있다. ② 전점유자의 점유를 아울러 주장하는 경우에는 그 하자도 계승한다.	
제200조【권리의 적법의 추정】 점유자가 점유물에 대하여 행사하는 권리는 적법하게 보유한 것으로 추정한다.	
제201조【점유자와 과실】① 선의의 점유자는 점유물의 과실을 취득한다. ② 악의의 점유자는 수취한 과실을 반환하여야 하며 소비하였거나 과실로 인하여 훼손 또는 수취하지 못한 경우에는 그 과실의 대가를 보상하여야 한다. ③ 전항의 규정은 폭력 또는 은비에 의한 점유자에 준용한다.	
제202조【점유자의 회복자에 대한 책임】 점유물이 점유자의 책임있는 사유로 인하여 멸실 또는 훼손한 때에는 악의의 점유자는 그 손해의 전부를 배상하여야 하며 선의의 점유자는 이익이 현존하는 한도에서 배상하여야 한다. 소유의 의사가 없는 점유자는 선의인 경우에도 손해의 전부를 배상하여야 한다.	
제203조【점유자의 상환청구권】① 점유자가 점유물을 반환할 때에는 회복자에 대하여 점유물을 보존하기 위하여 지출한 금액 기타 필요비의	

남한 민법	북한 민법
상환을 청구할 수 있다. 그러나 점유자가 과실을 취득한 경우에는 통상의 필요비는 청구하지 못한다. ② 점유자가 점유물을 개량하기 위하여 지출한 금액 기타 유익비에 관하여는 그 가액의 증가가 현존한 경우에 한하여 회복자의 선택에 좇아 그 지출금액이나 증가액의 상환을 청구할 수 있다. ③ 전항의 경우에 법원은 회복자의 청구에 의하여 상당한 상환기간을 허여할 수 있다.	
제204조 【점유의 회수】 ① 점유자가 점유의 침탈을 당한 때에는 그 물건의 반환 및 손해의 배상을 청구할 수 있다. ② 전항의 청구권은 침탈자의 특별승계인에 대하여는 행사하지 못한다. 그러나 승계인이 악의인 때에는 그러하지 아니하다. ③ 제1항의 청구권은 침탈을 당한 날로부터 1년 내에 행사하여야 한다.	
제205조 【점유의 보유】 ① 점유자가 점유의 방해를 받은 때에는 그 방해의 제거 및 손해의 배상을 청구할 수 있다. ② 전항의 청구권은 방해가 종료한 날로부터 1년 내에 행사하여야 한다. ③ 공사로 인하여 점유의 방해를 받은 경우에는 공사착수 후 1년을 경과하거나 그 공사가 완성한 때에는 방해의 제거를 청구하지 못한다.	
제206조 【점유의 보전】 ① 점유자가 점유의 방해를 받을 염려가 있는 때에는 그 방해의 예방 또는 손해배상의 담보를 청구할 수 있다. ② 공사로 인하여 점유의 방해를 받을 염려가 있는 경우에는 전조 제3항의 규정을 준용한다.	
제207조 【간접점유의 보호】 ① 전3조의 청구권은 제194조의 규정에 의한 간접점유자도 이를 행	

남한 민법	북한 민법
사할 수 있다. ② 점유자가 점유의 침탈을 당한 경우에 간접점유자는 그 물건을 점유자에게 반환할 것을 청구할 수 있고 점유자가 그 물건의 반환을 받을 수 없거나 이를 원하지 아니하는 때에는 자기에게 반환할 것을 청구할 수 있다.	
제208조 【점유의 소와 본권의 소와의 관계】 ① 점유권에 기인한 소와 본권에 기인한 소는 서로 영향을 미치지 아니한다. ② 점유권에 기인한 소는 본권에 관한 이유로 재판하지 못한다.	
제209조 【자력구제】 ① 점유자는 그 점유를 부정히 침탈 또는 방해하는 행위에 대하여 자력으로써 이를 방위할 수 있다. ② 점유물이 침탈되었을 경우에 부동산일 때에는 점유자는 침탈 후 직시 가해자를 배제하여 이를 탈환할 수 있고 동산일 때에는 점유자는 현장에서 또는 추적하여 가해자로부터 이를 탈환할 수 있다.	
제210조 【준점유】 본장의 규정은 재산권을 사실상 행사하는 경우에 준용한다.	
제211조 【소유권의 내용】 소유자는 법률의 범위 내에서 그 소유물을 사용, 수익, 처분할 권리가 있다.	제37조 【소유권의 형태】 조선민주주의인민공화국에서 재산에 대한 소유권은 그 소유 형태에 따라 국가소유권, 사회협동단체소유권, 개인소유권으로 나누어진다. 제39조 【소유권자의 권한】 소유권을 가진 자는 법이 정한 범위 안에서 자기의 소유재산을 점유하거나 리용, 처분할 수 있다. 재산에 대한 처분은 해당 소유권을 가진 자만이 할 수 있다.

남한 민법	북한 민법
제212조【토지소유권의 범위】 토지의 소유권은 정당한 이익있는 범위 내에서 토지의 상하에 미친다.	
제213조【소유물반환청구권】 소유자는 그 소유에 속한 물건을 점유한 자에 대하여 반환을 청구할 수 있다. 그러나 점유자가 그 물건을 점유할 권리가 있는 때에는 반환을 거부할 수 있다.	제40조【비법점유재산의 반환청구】 소유권을 가진 자는 자기의 재산을 다른 자가 비법적으로 점유하고 있을 경우 그 반환을 요구할 수 있다. 제41조【소유권실현방해행위의 배제청구】 소유권을 가진 자는 자기 소유권의 실현을 방해하는 행위를 하는 자에 대하여 그 행위를 그만둘 것을 요구할 수 있다.
제214조【소유물방해제거, 방해예방청구권】 소유자는 소유권을 방해하는 자에 대하여 방해의 제거를 청구할 수 있고 소유권을 방해할 염려있는 행위를 하는 자에 대하여 그 예방이나 손해배상의 담보를 청구할 수 있다.	제62조【개인소유재산의 반환청구】 공민은 자기의 소유재산을 권한없는 자에게서 넘겨받는다는 것을 알면서 가진 공민에 대하여 그 반환을 요구할 수 있다. 잃어버린 물건에 대하여서는 그 사실을 모르고 가진 경우에도 반환을 요구할 수 있다.
제215조【건물의 구분소유】① 수인이 한 채의 건물을 구분하여 각각 그 일부분을 소유한 때에는 건물과 그 부속물 중 공용하는 부분은 그의 공유로 추정한다. ② 공용부분의 보존에 관한 비용 기타의 부담은 각자의 소유부분의 가액에 비례하여 분담한다.	
제216조【인지사용청구권】① 토지소유자는 경계나 그 근방에서 담 또는 건물을 축조하거나 수선하기 위하여 필요한 범위 내에서 이웃토지의 사용을 청구할 수 있다. 그러나 이웃사람의 승낙이 없으면 그 주거에 들어가지 못한다. ② 전항의 경우에 이웃사람이 손해를 받은 때에는 보상을 청구할 수 있다.	

남한 민법	북한 민법
第217조【매연등에 의한 인지에 대한 방해금지】 ① 토지소유자는 매연, 열기체, 액체, 음향, 진동 기타 이에 유사한 것으로 이웃토지의 사용을 방해하거나 이웃거주자의 생활에 고통을 주지 아니하도록 적당한 조처를 할 의무가 있다. ② 이웃거주자는 전항의 사태가 이웃 토지의 통상의 용도에 적당한 것인 때에는 이를 인용할 의무가 있다.	
第218조【수도등 시설권】 ① 토지소유자는 타인의 토지를 통과하지 아니하면 필요한 수도, 소수관, 까스관, 전선등을 시설할 수 없거나 과다한 비용을 요하는 경우에는 타인의 토지를 통과하여 이를 시설할 수 있다. 그러나 이로 인한 손해가 가장 적은 장소와 방법을 선택하여 이를 시설할 것이며 타토지의 소유자의 청구에 의하여 손해를 보상하여야 한다. ② 전항에 의한 시설을 한 후 사정의 변경이 있는 때에는 타토지의 소유자는 그 시설의 변경을 청구할 수 있다. 시설변경의 비용은 토지소유자가 부담한다.	
第219조【주위토지통행권】 ① 어느 토지와 공로사이에 그 토지의 용도에 필요한 통로가 없는 경우에 그 토지소유자는 주위의 토지를 통행 또는 통로로 하지 아니하면 공로에 출입할 수 없거나 과다한 비용을 요하는 때에는 그 주위의 토지를 통행할 수 있고 필요한 경우에는 통로를 개설할 수 있다. 그러나 이로 인한 손해가 가장 적은 장소와 방법을 선택하여야 한다. ② 전항의 통행권자는 통행지 소유자의 손해를 보상하여야 한다.	
第220조【분할, 일부양도와 주위통행권】 ① 분할로 인하여 공로에 통하지 못하는 토지가 있는 때에는 그 토지소유자는 공로에 출입하기 위하여 다른 분할자의 토지를 통행할 수 있다. 이 경우	

남한 민법	북한 민법
에는 보상의 의무가 없다. ② 전항의 규정은 토지소유자가 그 토지의 일부를 양도한 경우에 준용한다.	
제221조 【자연유수의 승수의무와 권리】 ① 토지소유자는 이웃토지로부터 자연히 흘러오는 물을 막지 못한다. ② 고지소유자는 이웃저지에 자연히 흘러내리는 이웃저지에서 필요한 물을 자기의 정당한 사용범위를 넘어서 이를 막지 못한다.	
제222조 【소통공사권】 흐르는 물이 저지에서 폐색된 때에는 고지소유자는 자비로 소통에 필요한 공사를 할 수 있다.	
제223조 【저수, 배수, 인수를 위한 공작물에 대한 공사청구권】 토지소유자가 저수, 배수 또는 인수하기 위하여 공작물을 설치한 경우에 공작물의 파손 또는 폐색으로 타인의 토지에 손해를 가하거나 가할 염려가 있는 때에는 타인은 그 공작물의 보수, 폐색의 소통 또는 예방에 필요한 청구를 할 수 있다.	
제224조 【관습에 의한 비용부담】 전2조의 경우에 비용부담에 관한 관습이 있으면 그 관습에 의한다.	
제225조 【처마물에 대한 시설의무】 토지소유자는 처마물이 이웃에 직접 낙하하지 아니하도록 적당한 시설을 하여야 한다.	
제226조 【여수소통권】 ① 고지소유자는 침수지를 건조하기 위하여 또는 가용이나 농, 공업용의 여수를 소통하기 위하여 공로, 공류 또는 하수도에 달하기까지 저지에 물을 통과하게 할 수 있다. ② 전항의 경우에는 저지의 손해가 가장 적은 장소와 방법을 선택하여야 하며 손해를 보상하	

남한 민법	북한 민법
여야 한다.	
제227조 【유수용공작물의 사용권】 ① 토지소유자는 그 소유지의 물을 소통하기 위하여 이웃토지소유자의 시설한 공작물을 사용할 수 있다. ② 전항의 공작물을 사용하는 자는 그 이익을 받는 비율로 공작물의 설치와 보존의 비용을 분담하여야 한다.	
제228조 【여수급여청구권】 토지소유자는 과다한 비용이나 노력을 요하지 아니하고는 가용이나 토지이용에 필요한 물을 얻기 곤란한 때에는 이웃토지소유자에게 보상하고 여수의 급여를 청구할 수 있다.	
제229조 【수류의 변경】 ① 구거 기타 수류지의 소유자는 대안의 토지가 타인의 소유인 때에는 그 수로나 수류의 폭을 변경하지 못한다. ② 양안의 토지가 수류지소유자의 소유인 때에는 소유자는 수로와 수류의 폭을 변경할 수 있다. 그러나 하류는 자연의 수로와 일치하도록 하여야 한다. ③ 전2항의 규정은 다른 관습이 있으면 그 관습에 의한다.	
제230조 【언의 설치, 이용권】 ① 수류지의 소유자가 언을 설치할 필요가 있는 때에는 그 언을 대안에 접촉하게 할 수 있다. 그러나 이로 인한 손해를 보상하여야 한다. ② 대안의 소유자는 수류지의 일부가 자기소유인 때에는 그 언을 사용할 수 있다. 그러나 그 이익을 받는 비율로 언의 설치, 보존의 비용을 분담하여야 한다.	
제231조 【공유하천용수권】 ① 공유하천의 연안에서 농, 공업을 경영하는 자는 이에 이용하기 위하여 타인의 용수를 방해하지 아니하는 범위 내에서 필요한 인수를 할 수 있다.	

남한 민법	북한 민법
② 전항의 인수를 하기 위하여 필요한 공작물을 설치할 수 있다.	
제232조【하류연안의 용수권보호】 전조의 인수나 공작물로 인하여 하류연안의 용수권을 방해하는 때에는 그 용수권자는 방해의 제거 및 손해의 배상을 청구할 수 있다.	
제233조【용수권의 승계】 농, 공업의 경영에 이용하는 수로 기타 공작물의 소유자나 몽리자의 특별승계인은 그 용수에 관한 전소유자나 몽리자의 권리의무를 승계한다.	
제234조【용수권에 관한 다른 관습】 전3조의 규정은 다른 관습이 있으면 그 관습에 의한다.	
제235조【공용수의 용수권】 상린자는 그 공용에 속하는 원천이나 수도를 각 수요의 정도에 응하여 타인의 용수를 방해하지 아니하는 범위 내에서 각각 용수할 권리가 있다.	
제236조【용수장해의 공사와 손해배상, 원상회복】 ① 필요한 용도나 수익이 있는 원천이나 수도가 타인의 건축 기타 공사로 인하여 단수, 감수 기타 용도에 장해가 생긴 때에는 용수권자는 손해배상을 청구할 수 있다. ② 전항의 공사로 인하여 음료수 기타 생활상 필요한 용수에 장해가 있을 때에는 원상회복을 청구할 수 있다.	
제237조【경계표, 담의 설치권】 ① 인접하여 토지를 소유한 자는 공동비용으로 통상의 경계표나 담을 설치할 수 있다. ② 전항의 비용은 쌍방이 절반하여 부담한다. 그러나 측량비용은 토지의 면적에 비례하여 부	

남한 민법	북한 민법
담한다. ③ 전2항의 규정은 다른 관습이 있으면 그 관습에 의한다.	
제238조【담의 특수시설권】 인지소유자는 자기의 비용으로 담의 재료를 통상보다 양호한 것으로 할 수 있으며 그 높이를 통상 보다 높게 할 수 있고 또는 방화벽 기타 특수시설을 할 수 있다.	
제239조【경계표등의 공유추정】 경계에 설치된 경계표, 담, 구거등은 상린자의 공유로 추정한다. 그러나 경계표, 담, 구거등이 상린자일방의 단독비용으로 설치되었거나 담이 건물의 일부인 경우에는 그러하지 아니하다.	
제240조【수지, 목근의 제거권】① 인접지의 수목가지가 경계를 넘은 때에는 그 소유자에 대하여 가지의 제거를 청구할 수 있다. ② 전항의 청구에 응하지 아니한 때에는 청구자가 그 가지를 제거할 수 있다. ③ 인접지의 수목 뿌리가 경계를 넘은 때에는 임의로 제거할 수 있다.	
제241조【토지의 심굴금지】 토지소유자는 인접지의 지반이 붕괴할 정도로 자기의 토지를 심굴하지 못한다. 그러나 충분한 방어공사를 한 때에는 그러하지 아니하다.	
제242조【경계선부근의 건축】① 건물을 축조함에는 특별한 관습이 없으면 경계로부터 반미터 이상의 거리를 두어야 한다. ② 인접지소유자는 전항의 규정에 위반한 자에 대하여 건물의 변경이나 철거를 청구할 수 있다. 그러나 건축에 착수한 후 1년을 경과하거나 건물이 완성된 후에는 손해배상만을 청구할 수 있다.	

남한 민법	북한 민법
제243조【차면시설의무】 경계로부터 2미터 내의 거리에서 이웃 주택의 내부를 관망할 수 있는 창이나 마루를 설치하는 경우에는 적당한 차면시설을 하여야 한다.	
제244조【지하시설등에 대한 제한】① 우물을 파거나 용수, 하수 또는 오물등을 저치할 지하시설을 하는 때에는 경계로부터 2미터이상의 거리를 두어야 하며 저수지, 구거 또는 지하실공사에는 경계로부터 그 깊이의 반 이상의 거리를 두어야 한다. ②전항의 공사를 함에는 토사가 붕괴하거나 하수 또는 오액이 이웃에 흐르지 아니하도록 적당한 조처를 하여야 한다.	
제245조【점유로 인한 부동산소유권의 취득기간】① 20년간 소유의 의사로 평온, 공연하게 부동산을 점유하는 자는 등기함으로써 그 소유권을 취득한다. ② 부동산의 소유자로 등기한 자가 10년간 소유의 의사로 평온, 공연하게 선의이며 과실 없이 그 부동산을 점유한 때에는 소유권을 취득한다.	제38조【소유권의 발생기초】 소유권은 법이나 계약, 그 밖의 행위와 사건에 기초하여 발생한다. 소유권은 법에 기초하는 경우 법이 정한 때, 계약에 기초하는 경우에는 따로 합의하지 않는 한 계약을 맺고 그 대상을 넘겨받은 때부터 발생한다.
제246조【점유로 인한 동산소유권의 취득기간】① 10년간 소유의 의사로 평온, 공연하게 동산을 점유한 자는 그 소유권을 취득한다. ② 전항의 점유가 선의이며 과실 없이 개시된 경우에는 5년을 경과함으로써 그 소유권을 취득한다.	
제247조【소유권취득의 소급효, 중단사유】① 전2조의 규정에 의한 소유권취득의 효력은 점유를 개시한 때에 소급한다. ② 소멸시효의 중단에 관한 규정은 전2조의 소유권취득기간에 준용한다.	
제248조【소유권 이외의 재산권의 취득시효】 전3조의 규정은 소유권 이외의 재산권의 취득	

남한 민법	북한 민법
에 준용한다.	
제249조【선의취득】 평온, 공연하게 동산을 양수한 자가 선의이며 과실 없이 그 동산을 점유한 경우에는 양도인이 정당한 소유자가 아닌 때에도 즉시 그 동산의 소유권을 취득한다.	
제250조【도품, 유실물에 대한 특례】 전조의 경우에 그 동산이 도품이나 유실물인 때에는 피해자 또는 유실자는 도난 또는 유실한 날로부터 2년 내에 그 물건의 반환을 청구할 수 있다. 그러나 도품이나 유실물이 금전인 때에는 그러하지 아니하다. 제251조【도품, 유실물에 대한 특례】 양수인이 도품 또는 유실물을 경매나 공개시장에서 또는 동종류의 물건을 판매하는 상인에게서 선의로 매수한 때에는 피해자 또는 유실자는 양수인이 지급한 대가를 변상하고 그 물건의 반환을 청구할 수 있다.	제62조【개인소유재산의 반환청구】 공민은 자기의 소유재산을 권한없는 자에게서 넘겨받는다는 것을 알면서 가진 공민에 대하여 그 반환을 요구할 수 있다. 잃어버린 물건에 대하여서는 그 사실을 모르고 가진 경우에도 반환을 요구할 수 있다.
제252조【무주물의 귀속】① 무주의 동산을 소유의 의사로 점유한 자는 그 소유권을 취득한다. ② 무주의 부동산은 국유로 한다. ③ 야생하는 동물은 무주물로 하고 사양하는 야생동물도 다시 야생상태로 돌아가면 무주물로 한다. 제253조【유실물의 소유권취득】 유실물은 법률에 정한 바에 의하여 공고한 후 6월 내에 그 소유자가 권리를 주장하지 아니하면 습득자가 그 소유권을 취득한다. [개정 2013.4.5] 제254조【매장물의 소유권취득】 매장물은 법률에 정한 바에 의하여 공고한 후 1년 내에 그 소유자가 권리를 주장하지 아니하	제38조【소유권의 발생기초】 소유권은 법이나 계약, 그 밖의 행위와 사건에 기초하여 발생한다. 소유권은 법에 기초하는 경우 법이 정한 때, 계약에 기초하는 경우에는 따로 합의하지 않는 한 계약을 맺고 그 대상을 넘겨받은 때부터 발생한다.

남한 민법	북한 민법
면 발견자가 그 소유권을 취득한다. 그러나 타인의 토지 기타 물건으로부터 발견한 매장물은 그 토지 기타 물건의 소유자와 발견자가 절반하여 취득한다.	
제255조【문화재의 국유】① 학술, 기예 또는 고고의 중요한 재료가 되는 물건에 대하여는 제252조 제1항 및 전2조의 규정에 의하지 아니하고 국유로 한다. ② 전항의 경우에 습득자, 발견자 및 매장물이 발견된 토지 기타 물건의 소유자는 국가에 대하여 적당한 보상을 청구할 수 있다.	제52조【임자없는 물건의 소유권】 임자없는 물건은 국가소유로 한다. 임자없는 물건에는 소유권을 가진 자가 없거나 소유권을 가진 자를 알 수 없는 물건이 속한다.
제256조【부동산에의 부합】 부동산의 소유자는 그 부동산에 부합한 물건의 소유권을 취득한다. 그러나 타인의 권원에 의하여 부속된 것은 그러하지 아니하다.	제38조【소유권의 발생기초】 소유권은 법이나 계약, 그 밖의 행위와 사건에 기초하여 발생한다. 소유권은 법에 기초하는 경우 법이 정한 때, 계약에 기초하는 경우에는 따로 합의하지 않는 한 계약을 맺고 그 대상을 넘겨받은 때부터 발생한다.
제257조【동산 간의 부합】 동산과 동산이 부합하여 훼손하지 아니하면 분리할 수 없거나 그 분리에 과다한 비용을 요할 경우에는 그 합성물의 소유권은 주된 동산의 소유자에게 속한다. 부합한 동산의 주종을 구별할 수 없는 때에는 동산의 소유자는 부합당시의 가액의 비율로 합성물을 공유한다.	
제258조【혼화】 전조의 규정은 동산과 동산이 혼화하여 식별할 수 없는 경우에 준용한다.	
제259조【가공】① 타인의 동산에 가공한 때에는 그 물건의 소유권은 원재료의 소유자에게 속한다. 그러나 가공으로 인한 가액의 증가가 원재료의 가액보다 현저히 다액인 때에는 가공자의	

남한 민법	북한 민법
소유로 한다. ② 가공자가 재료의 일부를 제공하였을 때에는 그 가액은 전항의 증가액에 가산한다.	
제260조【첨부의 효과】① 전4조의 규정에 의하여 동산의 소유권이 소멸한 때에는 그 동산을 목적으로 한 다른 권리도 소멸한다. ② 동산의 소유자가 합성물, 혼화물 또는 가공물의 단독소유자가 된 때에는 전항의 권리는 합성물, 혼화물 또는 가공물에 존속하고 그 공유자가 된 때에는 그 지분에 존속한다.	
제261조【첨부로 인한 구상권】 전5조의 경우에 손해를 받은 자는 부당이득에 관한 규정에 의하여 보상을 청구할 수 있다.	
제262조【물건의 공유】① 물건이 지분에 의하여 수인의 소유로 된 때에는 공유로 한다. ② 공유자의 지분은 균등한 것으로 추정한다. 제263조【공유지분의 처분과 공유물의 사용, 수익】 공유자는 그 지분을 처분할 수 있고 공유물 전부를 지분의 비율로 사용, 수익할 수 있다. 제264조【공유물의 처분, 변경】 공유자는 다른 공유자의 동의없이 공유물을 처분하거나 변경하지 못한다.	제42조【공동소유권】 소유권은 여럿이 공동으로 가질 수 있다. 공동소유재산을 점유하거나 리용, 처분하는 것은 공동으로 소유권을 가진 자들의 합의에 따라 한다. 제43조【공동소유재산의 분할】 공동으로 소유권을 가진 자들은 공동소유재산에서 자기의 몫을 갈라 가질 수 있다. 재산을 현물로 가르기 어려울 경우에는 자기 몫에 해당하는 값을 받을 수 있다. 공동으로 소유권을 가진 자들의 몫이 명백하지 않은 경우 그들의 몫은 같은 것으로 본다.
제265조【공유물의 관리, 보존】 공유물의 관리에 관한 사항은 공유자의 지분의 과반수로써 결정한다. 그러나 보존행위는 각자가 할 수 있다.	
제266조【공유물의 부담】① 공유자는 그 지분의 비율로 공유물의 관리비용 기타 의무를 부담	

남한 민법	북한 민법
한다. ② 공유자가 1년 이상 전항의 의무이행을 지체한 때에는 다른 공유자는 상당한 가액으로 지분을 매수할 수 있다.	
제267조【지분포기등의 경우의 귀속】 공유자가 그 지분을 포기하거나 상속인 없이 사망한 때에는 그 지분은 다른 공유자에게 각 지분의 비율로 귀속한다.	
제268조【공유물의 분할청구】① 공유자는 공유물의 분할을 청구할 수 있다. 그러나 5년 내의 기간으로 분할하지 아니할 것을 약정할 수 있다. ② 전항의 계약을 갱신한 때에는 그 기간은 갱신한 날로부터 5년을 넘지 못한다. ③ 전2항의 규정은 제215조, 제239조의 공유물에는 적용하지 아니한다.	
제269조【분할의 방법】① 분할의 방법에 관하여 협의가 성립되지 아니한 때에는 공유자는 법원에 그 분할을 청구할 수 있다. ② 현물로 분할할 수 없거나 분할로 인하여 현저히 그 가액이 감손될 염려가 있는 때에는 법원은 물건의 경매를 명할 수 있다.	
제270조【분할로 인한 담보책임】 공유자는 다른 공유자가 분할로 인하여 취득한 물건에 대하여 그 지분의 비율로 매도인과 동일한 담보책임이 있다.	
제271조【물건의 합유】① 법률의 규정 또는 계약에 의하여 수인의 조합체로서 물건을 소유하는 때에는 합유로 한다. 합유자의 권리는 합유물 전부에 미친다. ② 합유에 관하여는 전항의 규정 또는 계약에 의하는 외에 다음 3조의 규정에 의한다.	
제272조【합유물의 처분, 변경과 보존】 합유물을 처분 또는 변경함에는 합유자 전원의	

남한 민법	북한 민법
동의가 있어야 한다. 그러나 보존행위는 각자가 할 수 있다.	
제273조【합유지분의 처분과 합유물의 분할금지】 ① 합유자는 전원의 동의 없이 합유물에 대한 지분을 처분하지 못한다. ② 합유자는 합유물의 분할을 청구하지 못한다.	
제274조【합유의 종료】 ① 합유는 조합체의 해산 또는 합유물의 양도로 인하여 종료한다. ② 전항의 경우에 합유물의 분할에 관하여는 공유물의 분할에 관한 규정을 준용한다.	
제275조【물건의 총유】 ① 법인이 아닌 사단의 사원이 집합체로서 물건을 소유할 때에는 총유로 한다. ② 총유에 관하여는 사단의 정관 기타 계약에 의하는 외에 다음 2조의 규정에 의한다.	
제276조【총유물의 관리, 처분과 사용, 수익】 ① 총유물의 관리 및 처분은 사원총회의 결의에 의한다. ② 각 사원은 정관 기타의 규약에 좇아 총유물을 사용, 수익할 수 있다.	
제277조【총유물에 관한 권리의무의 득상】 총유물에 관한 사원의 권리의무는 사원의 지위를 취득상실함으로써 취득상실된다.	
제278조【준공동소유】 본절의 규정은 소유권 이외의 재산권에 준용한다. 그러나 다른 법률에 특별한 규정이 있으면 그에 의한다.	
제279조【지상권의 내용】 지상권자는 타인의 토지에 건물 기타 공작물이나 수목을 소유하기 위하여 그 토지를 사용하는 권리가 있다.	
제280조【존속기간을 약정한 지상권】 ① 계약으로	

남한 민법	북한 민법
지상권의 존속기간을 정하는 경우에는 그 기간은 다음 연한보다 단축하지 못한다. 1. 석조, 석회조, 연와조 또는 이와 유사한 견고한 건물이나 수목의 소유를 목적으로 하는 때에는 30년 2. 전호 이외의 건물의 소유를 목적으로 하는 때에는 15년 3. 건물 이외의 공작물의 소유를 목적으로 하는 때에는 5년 ② 전항의 기간보다 단축한 기간을 정한 때에는 전항의 기간까지 연장한다.	
제281조【존속기간을 약정하지 아니한 지상권】 ① 계약으로 지상권의 존속기간을 정하지 아니한 때에는 그 기간은 전조의 최단존속기간으로 한다. ② 지상권설정당시에 공작물의 종류와 구조를 정하지 아니한 때에는 지상권은 전조 제2호의 건물의 소유를 목적으로 한 것으로 본다.	
제282조【지상권의 양도, 임대】 지상권자는 타인에게 그 권리를 양도하거나 그 권리의 존속기간 내에서 그 토지를 임대할 수 있다.	
제283조【지상권자의 갱신청구권, 매수청구권】 ① 지상권이 소멸한 경우에 건물 기타 공작물이나 수목이 현존한 때에는 지상권자는 계약의 갱신을 청구할 수 있다. ② 지상권설정자가 계약의 갱신을 원하지 아니하는 때에는 지상권자는 상당한 가액으로 전항의 공작물이나 수목의 매수를 청구할 수 있다.	
제284조【갱신과 존속기간】 당사자가 계약을 갱신하는 경우에는 지상권의 존속기간은 갱신한 날로부터 제280조의 최단존속기간보다 단축하지 못한다. 그러나 당사자는	

남한 민법	북한 민법
이보다 장기의 기간을 정할 수 있다.	
제285조 【수거의무, 매수청구권】 ① 지상권이 소멸한 때에는 지상권자는 건물 기타 공작물이나 수목을 수거하여 토지를 원상에 회복하여야 한다. ② 전항의 경우에 지상권설정자가 상당한 가액을 제공하여 그 공작물이나 수목의 매수를 청구한 때에는 지상권자는 정당한 이유 없이 이를 거절하지 못한다.	
제286조 【지료증감청구권】 지료가 토지에 관한 조세 기타 부담의 증감이나 지가의 변동으로 인하여 상당하지 아니하게 된 때에는 당사자는 그 증감을 청구할 수 있다.	
제287조 【지상권소멸청구권】 지상권자가 2년 이상의 지료를 지급하지 아니한 때에는 지상권설정자는 지상권의 소멸을 청구할 수 있다.	
제288조 【지상권소멸청구와 저당권자에 대한 통지】 지상권이 저당권의 목적인 때 또는 그 토지에 있는 건물, 수목이 저당권의 목적이 된 때에는 전조의 청구는 저당권자에게 통지한 후 상당한 기간이 경과함으로써 그 효력이 생긴다.	
제289조 【강행규정】 제280조 내지 제287조의 규정에 위반되는 계약으로 지상권자에게 불리한 것은 그 효력이 없다.	
제289조의2 【구분지상권】 ① 지하 또는 지상의 공간은 상하의 범위를 정하여 건물 기타 공작물을 소유하기 위한 지상권의 목적으로 할 수 있다. 이 경우 설정행위로써 지상권의 행사를 위하여 토지의 사용을 제한할 수 있다. ② 제1항의 규정에 의한 구분지상권은 제3자가 토지를 사용·수익할 권리를 가진 때에도 그 권	

남한 민법	북한 민법
리자 및 그 권리를 목적으로 하는 권리를 가진 자 전원의 승낙이 있으면 이를 설정할 수 있다. 이 경우 토지를 사용·수익할 권리를 가진 제3자는 그 지상권의 행사를 방해하여서는 아니 된다. [본조신설 1984.4.10]	
제290조【준용규정】① 제213조, 제214조, 제216조 내지 제244조의 규정은 지상권자 간 또는 지상권자와 인지소유자 간에 이를 준용한다. ② 제280조 내지 제289조 및 제1항의 규정은 제289조의2의 규정에 의한 구분지상권에 관하여 이를 준용한다. [신설 1984.4.10]	
제291조【지역권의 내용】 지역권자는 일정한 목적을 위하여 타인의 토지를 자기토지의 편익에 이용하는 권리가 있다.	
제292조【부종성】① 지역권은 요역지소유권에 부종하여 이전하며 또는 요역지에 대한 소유권이외의 권리의 목적이 된다. 그러나 다른 약정이 있는 때에는 그 약정에 의한다. ② 지역권은 요역지와 분리하여 양도하거나 다른 권리의 목적으로 하지 못한다.	
제293조【공유관계, 일부양도와 불가분성】① 토지공유자의 1인은 지분에 관하여 그 토지를 위한 지역권 또는 그 토지가 부담한 지역권을 소멸하게 하지 못한다. ② 토지의 분할이나 토지의 일부양도의 경우에는 지역권은 요역지의 각 부분을 위하여 또는 그 승역지의 각 부분에 존속한다. 그러나 지역권이 토지의 일부분에만 관한 것인 때에는 다른 부분에 대하여는 그러하지 아니하다.	
제294조【지역권취득기간】 지역권은 계속되고 표현된 것에 한하여 제245조의 규정을 준용한다.	

남한 민법	북한 민법
제295조【취득과 불가분성】① 공유자의 1인이 지역권을 취득한 때에는 다른 공유자도 이를 취득한다. ② 점유로 인한 지역권취득기간의 중단은 지역권을 행사하는 모든 공유자에 대한 사유가 아니면 그 효력이 없다.	
제296조【소멸시효의 중단, 정지와 불가분성】 요역지가 수인의 공유인 경우에 그 1인에 의한 지역권소멸시효의 중단 또는 정지는 다른 공유자를 위하여 효력이 있다.	
제297조【용수지역권】① 용수승역지의 수량이 요역지 및 승역지의 수요에 부족한 때에는 그 수요정도에 의하여 먼저 가용에 공급하고 다른 용도에 공급하여야 한다. 그러나 설정행위에 다른 약정이 있는 때에는 그 약정에 의한다. ② 승역지에 수개의 용수지역권이 설정된 때에는 후순위의 지역권자는 선순위의 지역권자의 용수를 방해하지 못한다.	
제298조【승역지소유자의 의무와 승계】 계약에 의하여 승역지소유자가 자기의 비용으로 지역권의 행사를 위하여 공작물의 설치 또는 수선의 의무를 부담한 때에는 승역지소유자의 특별승계인도 그 의무를 부담한다.	
제299조【위기에 의한 부담면제】 승역지의 소유자는 지역권에 필요한 부분의 토지소유권을 지역권자에게 위기하여 전조의 부담을 면할 수 있다.	
제300조【공작물의 공동사용】① 승역지의 소유자는 지역권의 행사를 방해하지 아니하는 범위 내에서 지역권자가 지역권의 행사를 위하여 승역지에 설치한 공작물을 사용할 수 있다. ② 전항의 경우에 승역지의 소유자는 수익정도의 비율로 공작물의 설치, 보존의 비용을 분담	

남한 민법	북한 민법
하여야 한다.	
제301조 【준용규정】 제214조의 규정은 지역권에 준용한다.	
제302조 【특수지역권】 어느 지역의 주민이 집합체의 관계로 각자가 타인의 토지에서 초목, 야생물 및 토사의 채취, 방목 기타의 수익을 하는 권리가 있는 경우에는 관습에 의하는 외에 본장의 규정을 준용한다.	
제303조 【전세권의 내용】 ① 전세권자는 전세금을 지급하고 타인의 부동산을 점유하여 그 부동산의 용도에 좇아 사용·수익하며, 그 부동산 전부에 대하여 후순위권리자 기타 채권자보다 전세금의 우선변제를 받을 권리가 있다. [개정 1984.4.10] ② 농경지는 전세권의 목적으로 하지 못한다.	
제304조 【건물의 전세권, 지상권, 임차권에 대한 효력】 ① 타인의 토지에 있는 건물에 전세권을 설정한 때에는 전세권의 효력은 그 건물의 소유를 목적으로 한 지상권 또는 임차권에 미친다. ② 전항의 경우에 전세권설정자는 전세권자의 동의 없이 지상권 또는 임차권을 소멸하게 하는 행위를 하지 못한다.	
제305조 【건물의 전세권과 법정지상권】 ① 대지와 건물이 동일한 소유자에 속한 경우에 건물에 전세권을 설정한 때에는 그 대지소유권의 특별승계인은 전세권설정자에 대하여 지상권을 설정한 것으로 본다. 그러나 지료는 당사자의 청구에 의하여 법원이 이를 정한다. ② 전항의 경우에 대지소유자는 타인에게 그 대지를 임대하거나 이를 목적으로 한 지상권 또는 전세권을 설정하지 못한다.	
제306조 【전세권의 양도, 임대등】 전세권자는 전세권을 타인에게 양도 또는 담보	

남한 민법	북한 민법
로 제공할 수 있고 그 존속기간 내에서 그 목적물을 타인에게 전전세 또는 임대할 수 있다. 그러나 설정행위로 이를 금지한 때에는 그러하지 아니하다.	
제307조【전세권양도의 효력】 전세권양수인은 전세권설정자에 대하여 전세권양도인과 동일한 권리의무가 있다.	
제308조【전전세등의 경우의 책임】 전세권의 목적물을 전전세 또는 임대한 경우에는 전세권자는 전전세 또는 임대하지 아니하였으면 면할 수 있는 불가항력으로 인한 손해에 대하여 그 책임을 부담한다.	
제309조【전세권자의 유지, 수선의무】 전세권자는 목적물의 현상을 유지하고 그 통상의 관리에 속한 수선을 하여야 한다.	
제310조【전세권자의 상환청구권】 ① 전세권자가 목적물을 개량하기 위하여 지출한 금액 기타 유익비에 관하여는 그 가액의 증가가 현존한 경우에 한하여 소유자의 선택에 좇아 그 지출액이나 증가액의 상환을 청구할 수 있다. ② 전항의 경우에 법원은 소유자의 청구에 의하여 상당한 상환기간을 허여할 수 있다.	
제311조【전세권의 소멸청구】 ① 전세권자가 전세권설정계약 또는 그 목적물의 성질에 의하여 정하여진 용법으로 이를 사용, 수익하지 아니한 경우에는 전세권설정자는 전세권의 소멸을 청구할 수 있다. ② 전항의 경우에 전세권설정자는 전세권자에 대하여 원상회복 또는 손해배상을 청구할 수 있다.	
제312조【전세권의 존속기간】 ① 전세권의 존속기간은 10년을 넘지 못한다. 당사자의 약정기간이 10년을 넘는 때에는 이를 10년으로 단축	

남한 민법	북한 민법
한다. ② 건물에 대한 전세권의 존속기간을 1년 미만으로 정한 때에는 이를 1년으로 한다. [신설 1984.4.10] ③ 전세권의 설정은 이를 갱신할 수 있다. 그 기간은 갱신한 날로부터 10년을 넘지 못한다. ④ 건물의 전세권설정자가 전세권의 존속기간 만료 전 6월부터 1월까지 사이에 전세권자에 대하여 갱신거절의 통지 또는 조건을 변경하지 아니하면 갱신하지 아니한다는 뜻의 통지를 하지 아니한 경우에는 그 기간이 만료된 때에 전전세권과 동일한 조건으로 다시 전세권을 설정한 것으로 본다. 이 경우 전세권의 존속기간은 그 정함이 없는 것으로 본다. [신설 1984.4.10]	
제312조의2【전세금 증감청구권】 전세금이 목적 부동산에 관한 조세·공과금 기타 부담의 증감이나 경제사정의 변동으로 인하여 상당하지 아니하게 된 때에는 당사자는 장래에 대하여 그 증감을 청구할 수 있다. 그러나 증액의 경우에는 대통령령이 정하는 기준에 따른 비율을 초과하지 못한다. [본조신설 1984.4.10]	
제313조【전세권의 소멸통고】 전세권의 존속기간을 약정하지 아니한 때에는 각 당사자는 언제든지 상대방에 대하여 전세권의 소멸을 통고할 수 있고 상대방이 이 통고를 받은 날로부터 6월이 경과하면 전세권은 소멸한다.	
제314조【불가항력으로 인한 멸실】① 전세권의 목적물의 전부 또는 일부가 불가항력으로 인하여 멸실된 때에는 그 멸실된 부분의 전세권은 소멸한다. ② 전항의 일부멸실의 경우에 전세권자가 그	

남한 민법	북한 민법
잔존부분으로 전세권의 목적을 달성할 수 없는 때에는 전세권설정자에 대하여 전세권 전부의 소멸을 통고하고 전세금의 반환을 청구할 수 있다.	
제315조【전세권자의 손해배상책임】① 전세권의 목적물의 전부 또는 일부가 전세권자에 책임있는 사유로 인하여 멸실된 때에는 전세권자는 손해를 배상할 책임이 있다. ② 전항의 경우에 전세권설정자는 전세권이 소멸된 후 전세금으로써 손해의 배상에 충당하고 잉여가 있으면 반환하여야 하며 부족이 있으면 다시 청구할 수 있다.	
제316조【원상회복의무, 매수청구권】① 전세권이 그 존속기간의 만료로 인하여 소멸한 때에는 전세권자는 그 목적물을 원상에 회복하여야 하며 그 목적물에 부속시킨 물건은 수거할 수 있다. 그러나 전세권설정자가 그 부속물건의 매수를 청구한 때에는 전세권자는 정당한 이유 없이 거절하지 못한다. ② 전항의 경우에 그 부속물건이 전세권설정자의 동의를 얻어 부속시킨 것인 때에는 전세권자는 전세권설정자에 대하여 그 부속물건의 매수를 청구할 수 있다. 그 부속물건이 전세권설정자로부터 매수한 것인 때에도 같다.	
제317조【전세권의 소멸과 동시이행】 전세권이 소멸한 때에는 전세권설정자는 전세권자로부터 그 목적물의 인도 및 전세권설정등기의 말소등기에 필요한 서류의 교부를 받는 동시에 전세금을 반환하여야 한다.	
제318조【전세권자의 경매청구권】 전세권설정자가 전세금의 반환을 지체한 때에는 전세권자는 민사집행법의 정한 바에 의하여 전세권의 목적물의 경매를 청구할 수 있다. [개정 1997.12.13, 2001.12.29]	

남한 민법	북한 민법
제319조 【준용규정】 제213조, 제214조, 제216조 내지 제244조의 규정은 전세권자 간 또는 전세권자와 인지소유자 및 지상권자 간에 이를 준용한다.	
제320조 【유치권의 내용】 ① 타인의 물건 또는 유가증권을 점유한 자는 그 물건이나 유가증권에 관하여 생긴 채권이 변제기에 있는 경우에는 변제를 받을 때까지 그 물건 또는 유가증권을 유치할 권리가 있다. ② 전항의 규정은 그 점유가 불법행위로 인한 경우에 적용하지 아니한다.	
제321조 【유치권의 불가분성】 유치권자는 채권전부의 변제를 받을 때까지 유치물전부에 대하여 그 권리를 행사할 수 있다.	
제322조 【경매, 간이변제충당】 ① 유치권자는 채권의 변제를 받기 위하여 유치물을 경매할 수 있다. ② 정당한 이유있는 때에는 유치권자는 감정인의 평가에 의하여 유치물로 직접변제에 충당할 것을 법원에 청구할 수 있다. 이 경우에는 유치권자는 미리 채무자에게 통지하여야 한다.	
제323조 【과실수취권】 ① 유치권자는 유치물의 과실을 수취하여 다른 채권보다 먼저 그 채권의 변제에 충당할 수 있다. 그러나 과실이 금전이 아닌 때에는 경매하여야 한다. ② 과실은 먼저 채권의 이자에 충당하고 그 잉여가 있으면 원본에 충당한다.	
제324조 【유치권자의 선관의무】 ① 유치권자는 선량한 관리자의 주의로 유치물을 점유하여야 한다. ② 유치권자는 채무자의 승낙없이 유치물의 사용, 대여 또는 담보제공을 하지 못한다. 그러나 유치물의 보존에 필요한 사용은 그러하지 아니	

남한 민법	북한 민법
하다. ③ 유치권자가 전2항의 규정에 위반한 때에는 채무자는 유치권의 소멸을 청구할 수 있다.	
제325조【유치권자의 상환청구권】① 유치권자가 유치물에 관하여 필요비를 지출한 때에는 소유자에게 그 상환을 청구할 수 있다. ② 유치권자가 유치물에 관하여 유익비를 지출한 때에는 그 가액의 증가가 현존한 경우에 한하여 소유자의 선택에 좇아 그 지출한 금액이나 증가액의 상환을 청구할 수 있다. 그러나 법원은 소유자의 청구에 의하여 상당한 상환기간을 허여할 수 있다.	
제326조【피담보채권의 소멸시효】 유치권의 행사는 채권의 소멸시효의 진행에 영향을 미치지 아니한다.	
제327조【타담보제공과 유치권소멸】 채무자는 상당한 담보를 제공하고 유치권의 소멸을 청구할 수 있다.	
제328조【점유상실과 유치권소멸】 유치권은 점유의 상실로 인하여 소멸한다.	
제329조【동산질권의 내용】 동산질권자는 채권의 담보로 채무자 또는 제3자가 제공한 동산을 점유하고 그 동산에 대하여 다른 채권자보다 자기채권의 우선변제를 받을 권리가 있다.	
제330조【설정계약의 요물성】 질권의 설정은 질권자에게 목적물을 인도함으로써 그 효력이 생긴다.	
제331조【질권의 목적물】 질권은 양도할 수 없는 물건을 목적으로 하지 못한다.	

남한 민법	북한 민법
第332條【설정자에 의한 대리점유의 금지】 질권자는 설정자로 하여금 질물의 점유를 하게 하지 못한다.	
第333條【동산질권의 순위】 수개의 채권을 담보하기 위하여 동일한 동산에 수개의 질권을 설정한 때에는 그 순위는 설정의 선후에 의한다.	
第334條【피담보채권의 범위】 질권은 원본, 이자, 위약금, 질권실행의 비용, 질물보존의 비용 및 채무불이행 또는 질물의 하자로 인한 손해배상의 채권을 담보한다. 그러나 다른 약정이 있는 때에는 그 약정에 의한다.	
第335條【유치적 효력】 질권자는 전조의 채권의 변제를 받을 때까지 질물을 유치할 수 있다. 그러나 자기보다 우선권이 있는 채권자에게 대항하지 못한다.	
第336條【전질권】 질권자는 그 권리의 범위 내에서 자기의 책임으로 질물을 전질할 수 있다. 이 경우에는 전질을 하지 아니하였으면 면할 수 있는 불가항력으로 인한 손해에 대하여도 책임을 부담한다.	
第337條【전질의 대항요건】 ① 전조의 경우에 질권자가 채무자에게 전질의 사실을 통지하거나 채무자가 이를 승낙함이 아니면 전질로써 채무자, 보증인, 질권설정자 및 그 승계인에게 대항하지 못한다. ② 채무자가 전항의 통지를 받거나 승낙을 한 때에는 전질권자의 동의없이 질권자에게 채무를 변제하여도 이로써 전질권자에게 대항하지 못한다.	
第338條【경매, 간이변제충당】 ① 질권자는 채권의 변제를 받기 위하여 질물을 경매할 수 있다. ② 정당한 이유있는 때에는 질권자는 감정인의	

남한 민법	북한 민법
평가에 의하여 질물로 직접변제에 충당할 것을 법원에 청구할 수 있다. 이 경우에는 질권자는 미리 채무자 및 질권설정자에게 통지하여야 한다.	
제339조【유질계약의 금지】 질권설정자는 채무변제기전의 계약으로 질권자에게 변제에 갈음하여 질물의 소유권을 취득하게 하거나 법률에 정한 방법에 의하지 아니하고 질물을 처분할 것을 약정하지 못한다. [개정 2014.12.30]	
제340조【질물 이외의 재산으로부터의 변제】① 질권자는 질물에 의하여 변제를 받지 못한 부분의 채권에 한하여 채무자의 다른 재산으로부터 변제를 받을 수 있다. ② 전항의 규정은 질물보다 먼저 다른 재산에 관한 배당을 실시하는 경우에는 적용하지 아니한다. 그러나 다른 채권자는 질권자에게 그 배당금액의 공탁을 청구할 수 있다.	
제341조【물상보증인의 구상권】 타인의 채무를 담보하기 위한 질권설정자가 그 채무를 변제하거나 질권의 실행으로 인하여 질물의 소유권을 잃은 때에는 보증채무에 관한 규정에 의하여 채무자에 대한 구상권이 있다.	
제342조【물상대위】 질권은 질물의 멸실, 훼손 또는 공용징수로 인하여 질권설정자가 받을 금전 기타 물건에 대하여도 이를 행사할 수 있다. 이 경우에는 그 지급 또는 인도전에 압류하여야 한다.	
제343조【준용규정】 제249조 내지 제251조, 제321조 내지 제325조의 규정은 동산질권에 준용한다.	
제344조【타법률에 의한 질권】 본절의 규정은 다른 법률의 규정에 의하여 설정	

남한 민법	북한 민법
된 질권에 준용한다.	
第345조【권리질권의 목적】 질권은 재산권을 그 목적으로 할 수 있다. 그러나 부동산의 사용, 수익을 목적으로 하는 권리는 그러하지 아니하다.	
第346조【권리질권의 설정방법】 권리질권의 설정은 법률에 다른 규정이 없으면 그 권리의 양도에 관한 방법에 의하여야 한다.	
第347조【설정계약의 요물성】 채권을 질권의 목적으로 하는 경우에 채권증서가 있는 때에는 질권의 설정은 그 증서를 질권자에게 교부함으로써 그 효력이 생긴다.	
第348조【저당채권에 대한 질권과 부기등기】 저당권으로 담보한 채권을 질권의 목적으로 한 때에는 그 저당권등기에 질권의 부기등기를 하여야 그 효력이 저당권에 미친다.	
第349조【지명채권에 대한 질권의 대항요건】 ① 지명채권을 목적으로 한 질권의 설정은 설정자가 제450조의 규정에 의하여 제삼채무자에게 질권설정의 사실을 통지하거나 제삼채무자가 이를 승낙함이 아니면 이로써 제3채무자 기타 제3자에게 대항하지 못한다. ② 제451조의 규정은 전항의 경우에 준용한다.	
第350조【지시채권에 대한 질권의 설정방법】 지시채권을 질권의 목적으로한 질권의 설정은 증서에 배서하여 질권자에게 교부함으로써 그 효력이 생긴다.	
第351조【무기명채권에 대한 질권의 설정방법】 무기명채권을 목적으로한 질권의 설정은 증서를 질권자에게 교부함으로써 그 효력이 생긴다.	
第352조【질권설정자의 권리처분제한】 질권설정자는 질권자의 동의 없이 질권의 목적	

남한 민법	북한 민법
된 권리를 소멸하게 하거나 질권자의 이익을 해하는 변경을 할 수 없다.	
제353조【질권의 목적이 된 채권의 실행방법】 ① 질권자는 질권의 목적이 된 채권을 직접 청구할 수 있다. ② 채권의 목적물이 금전인 때에는 질권자는 자기채권의 한도에서 직접 청구할 수 있다. ③ 전항의 채권의 변제기가 질권자의 채권의 변제기보다 먼저 도래한 때에는 질권자는 제삼채무자에 대하여 그 변제금액의 공탁을 청구할 수 있다. 이 경우에 질권은 그 공탁금에 존재한다. ④ 채권의 목적물이 금전 이외의 물건인 때에는 질권자는 그 변제를 받은 물건에 대하여 질권을 행사할 수 있다.	
제354조【동전】 질권자는 전조의 규정에 의하는 외에 민사집행법에 정한 집행방법에 의하여 질권을 실행할 수 있다. [개정 2001.12.29]	
제355조【준용규정】 권리질권에는 본절의 규정 외에 동산질권에 관한 규정을 준용한다.	
제356조【저당권의 내용】 저당권자는 채무자 또는 제3자가 점유를 이전하지 아니하고 채무의 담보로 제공한 부동산에 대하여 다른 채권자보다 자기채권의 우선변제를 받을 권리가 있다.	
제357조【근저당】① 저당권은 그 담보할 채무의 최고액만을 정하고 채무의 확정을 장래에 보류하여 이를 설정할 수 있다. 이 경우에는 그 확정될 때까지의 채무의 소멸 또는 이전은 저당권에 영향을 미치지 아니한다. ② 전항의 경우에는 채무의 이자는 최고액 중에	

남한 민법	북한 민법
산입한 것으로 본다.	
제358조【저당권의 효력의 범위】 저당권의 효력은 저당부동산에 부합된 물건과 종물에 미친다. 그러나 법률에 특별한 규정 또는 설정행위에 다른 약정이 있으면 그러하지 아니하다.	
제359조【과실에 대한 효력】 저당권의 효력은 저당부동산에 대한 압류가 있은 후에 저당권설정자가 그 부동산으로부터 수취한 과실 또는 수취할 수 있는 과실에 미친다. 그러나 저당권자가 그 부동산에 대한 소유권, 지상권 또는 전세권을 취득한 제3자에 대하여는 압류한 사실을 통지한 후가 아니면 이로써 대항하지 못한다.	
제360조【피담보채권의 범위】 저당권은 원본, 이자, 위약금, 채무불이행으로 인한 손해배상 및 저당권의 실행비용을 담보한다. 그러나 지연배상에 대하여는 원본의 이행기일을 경과한 후의 1년분에 한하여 저당권을 행사할 수 있다.	
제361조【저당권의 처분제한】 저당권은 그 담보한 채권과 분리하여 타인에게 양도하거나 다른 채권의 담보로 하지 못한다.	
제362조【저당물의 보충】 저당권설정자의 책임있는 사유로 인하여 저당물의 가액이 현저히 감소된 때에는 저당권자는 저당권설정자에 대하여 그 원상회복 또는 상당한 담보제공을 청구할 수 있다.	
제363조【저당권자의 경매청구권, 경매인】① 저당권자는 그 채권의 변제를 받기 위하여 저당물의 경매를 청구할 수 있다. ② 저당물의 소유권을 취득한 제3자도 경매인	

남한 민법	북한 민법
이 될 수 있다.	
제364조【제삼취득자의 변제】 저당부동산에 대하여 소유권, 지상권 또는 전세권을 취득한 제3자는 저당권자에게 그 부동산으로 담보된 채권을 변제하고 저당권의 소멸을 청구할 수 있다.	
제365조【저당지상의 건물에 대한 경매청구권】 토지를 목적으로 저당권을 설정한 후 그 설정자가 그 토지에 건물을 축조한 때에는 저당권자는 토지와 함께 그 건물에 대하여도 경매를 청구할 수 있다. 그러나 그 건물의 경매대가에 대하여는 우선변제를 받을 권리가 없다.	
제366조【법정지상권】 저당물의 경매로 인하여 토지와 그 지상건물이 다른 소유자에 속한 경우에는 토지소유자는 건물소유자에 대하여 지상권을 설정한 것으로 본다. 그러나 지료는 당사자의 청구에 의하여 법원이 이를 정한다.	
제367조【제삼취득자의 비용상환청구권】 저당물의 제삼취득자가 그 부동산의 보존, 개량을 위하여 필요비 또는 유익비를 지출한 때에는 제203조 제1항, 제2항의 규정에 의하여 저당물의 경매대가에서 우선상환을 받을 수 있다.	
제368조【공동저당과 대가의 배당, 차순위자의 대위】 ① 동일한 채권의 담보로 수개의 부동산에 저당권을 설정한 경우에 그 부동산의 경매대가를 동시에 배당하는 때에는 각부동산의 경매대가에 비례하여 그 채권의 분담을 정한다. ② 전항의 저당부동산 중 일부의 경매대가를 먼저 배당하는 경우에는 그 대가에서 그 채권전부의 변제를 받을 수 있다. 이 경우에 그 경매한 부동산의 차순위저당권자는 선순위저당권자가 전항의 규정에 의하여 다른 부동산의 경매대	

남한 민법	북한 민법
가에서 변제를 받을 수 있는 금액의 한도에서 선순위자를 대위하여 저당권을 행사할 수 있다.	
제369조 【부종성】 저당권으로 담보한 채권이 시효의 완성 기타 사유로 인하여 소멸한 때에는 저당권도 소멸한다.	
제370조 【준용규정】 제214조, 제321조, 제333조, 제340조, 제341조 및 제342조의 규정은 저당권에 준용한다.	
제371조 【지상권, 전세권을 목적으로 하는 저당권】 ① 본장의 규정은 지상권 또는 전세권을 저당권의 목적으로 한 경우에 준용한다. ② 지상권 또는 전세권을 목적으로 저당권을 설정한 자는 저당권자의 동의 없이 지상권 또는 전세권을 소멸하게 하는 행위를 하지 못한다.	
제372조 【타법률에 의한 저당권】 본장의 규정은 다른 법률에 의하여 설정된 저당권에 준용한다.	

판례색인

사항색인

ㄴ

ㄷ

저 자 약 력

김 영 규

〈약　력〉

- 서울고등학교 졸업
- 단국대학교 법과대학 졸업, 동대학원 졸업(법학박사)
- 고려대·국립창원대·국립한경대·단국대·서울사이버대 강사
- 고려대학교 연구교수(의사법학연구소)
- 감정평가사 시험위원(민법)
- 가맹거래사 시험위원(민법)
- 서울시 사무관승진시험 출제위원(민법총칙)
- 법무부 남북법령연구특별분과위원회 위원
- 법제처 국민법제관
- 백석대학교 경찰학부 교수

〈주요저서〉

- 「민법총칙(제3판)」, 진원사(2019)
- 「신법학개론(제5판)」(공저), 박영사(2017)
- 「북한민법 주석」(공저), 법무부(2015)
- 「북한가족법 주석」(공저), 법무부(2015)
- 「부동산사법(제4판)」, 부연사(2017)
- 「보건의료관계법규」, 법문사(2009)
- 「의료과오의 민사책임」(공저), 신양사(2005)
- 「북한민법연구」(공저), 신양사(2004)
- 「의료소송실무자료집(상·하)」, 제일법규(1996)

물권법 (제3판)

저　자	김 영 규	2013년 3월 5일 초 판 발행
발행인	양 진 수	2015년 3월 5일 제2판 발행
발행처	진 원 사	2019년 2월 25일 제3판 인쇄
		2019년 3월 5일 제3판 발행

서울시 송파구 법원로 9길 26, C동 1107호 (문정동, H비즈니스파크)
전화 : 02) 916-1850 / 팩스 : 02) 916-3442
신고번호 제 2018 - 000026호
http://www.jinwonsa.co.kr
http://www.lawbookstore.co.kr
e-mail : hhansin@hanmail.net

ISBN : 978-89-6346-548-7　　93360　　**정가 33,000 원**